卢扬洲　游　春　主编

中国对冲基金年度报告

2013

The Annual Report of Chinese Hedge Fund　（2013）

经济管理出版社

ECONOMY & MANAGEMENT PUBLISHING HOUSE

图书在版编目（CIP）数据

中国对冲基金年度报告（2013）/卢扬洲，游春主编. —北京：经济管理出版社，2013.10
ISBN 978 - 7 - 5096 - 2688 - 7

Ⅰ. ①中…　Ⅱ. ①卢…②游…　Ⅲ. ①对冲基金—研究报告—中国—2013　Ⅳ. ①F832.48

中国版本图书馆 CIP 数据核字（2013）第 245503 号

组稿编辑：宋　娜
责任编辑：宋　娜　赵　娜
责任印制：黄章平
责任校对：超　凡

出版发行：经济管理出版社
　　　　　（北京市海淀区北蜂窝 8 号中雅大厦 A 座 11 层　100038）
网　　址：www. E - mp. com. cn
电　　话：（010）51915602
印　　刷：北京晨旭印刷厂
经　　销：新华书店
开　　本：880mm×1230mm/16
印　　张：24.75
字　　数：650千字
版　　次：2014 年 1 月第 1 版　2014 年 1 月第 1 次印刷
书　　号：ISBN 978 - 7 - 5096 - 2688 - 7
定　　价：380.00 元

目　录

第一章

对冲基金的发展状况

从全球对冲基金的发展趋势来看，国外的对冲基金经过几十年的发展，每年以30%的增长速度在发展，到2008年，国外对冲基金的管理资产规模已经达2.5万亿美元。这是2008年之前的统计数据。2008年之后，对冲基金的规模曾有过短暂的下降，但是最近几年还是保持了20%~30%的增长速度。截至2012年第三季度末，对冲基金资产管理规模已达21900亿美元，如图1-1所示。

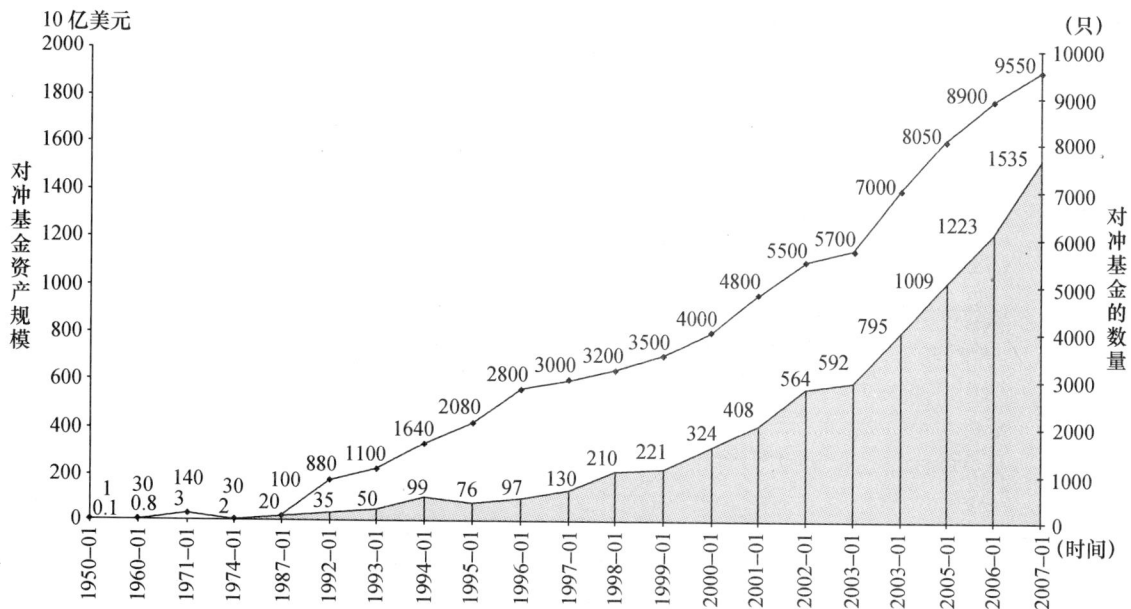

图1-1 对冲基金资产与对冲基金的数量

资料来源：Wind资讯，HFRI数据库。

国外的对冲基金有非常完善的数据库体系，所以笔者利用美国对冲基金研究公司的数据库体系来分析对冲基金各种指数的收益情况。图1-2中间颜色较深的曲线是2005~2012年全球HFRI指数。从这个对冲基金指数中就可以看出全球对冲基金行业的发展情况。后面颜色比较淡的曲线是标普500指数，从这里可以看出整个对冲基金行业抗熊市下跌的特性。2008年，标普指数有过剧烈的下跌，但是对冲基金指数下跌的情况比标普500指数要明显小一些。但是在 2010 年之后，全球股市，特别是在发达市场的股市处于复苏和反弹的情况下，最近几年全球的对冲基金指数实际上是没有跑离标普 500 指数。

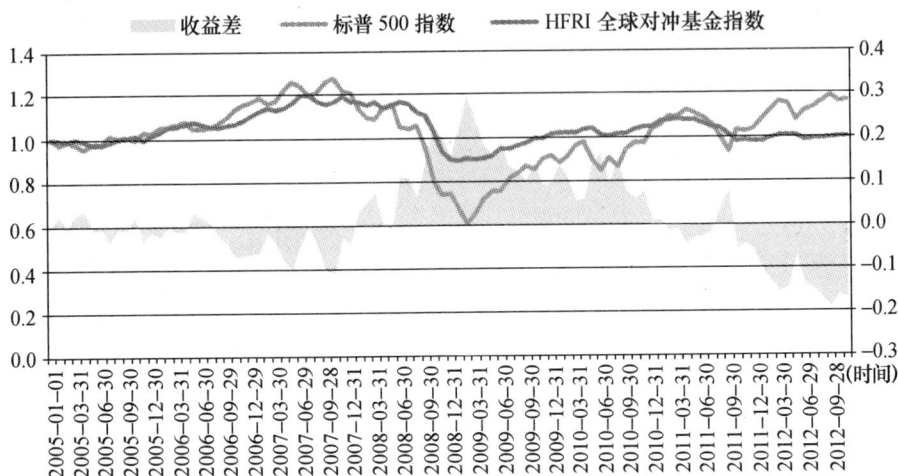

图 1 - 2　HFRI 全球对冲基金指数

资料来源：Wind 资讯，HFRI 数据库。

　　但是按照策略来分，实际上全球对冲基金各个分策略的指数收益还是非常好的。股票对冲总指数的数据显示，从 2010 年开始，对冲基金的指数持续地跑赢标普 500 指数。图 1 - 3 颜色淡的曲线表示标普 500 指数。自 2005 年以来，股票高峰期间的数据显示，对冲基金的指数一直跑赢标普 500 指数。

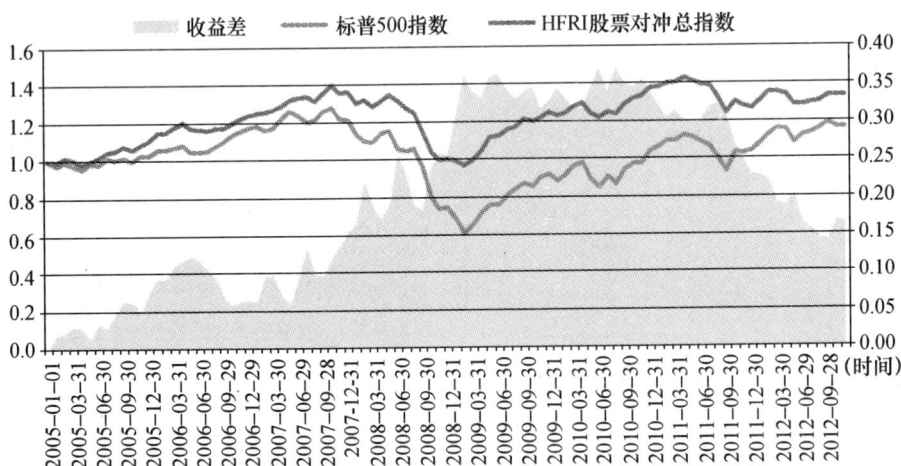

图 1 - 3　HFRI 股票对冲总指数

资料来源：Wind 资讯，HFRI 数据库。

　　HFRI 相对价值套利总指数也是对冲基金的指数跑赢标普 500 指数，如图 1 - 4 所示。

　　FOF 综合指数与标普 500 指数在 2008 年之前差不多，但是在 2008 年，标普 500 指数有明显的下跌，FOF 综合指数下跌的幅度只有它的 1/3，这也表现出了对冲基金策略的抗跌性，而且收益一直比较平稳，下挫比标普 500 指数明显要低（见图 1 - 5）。

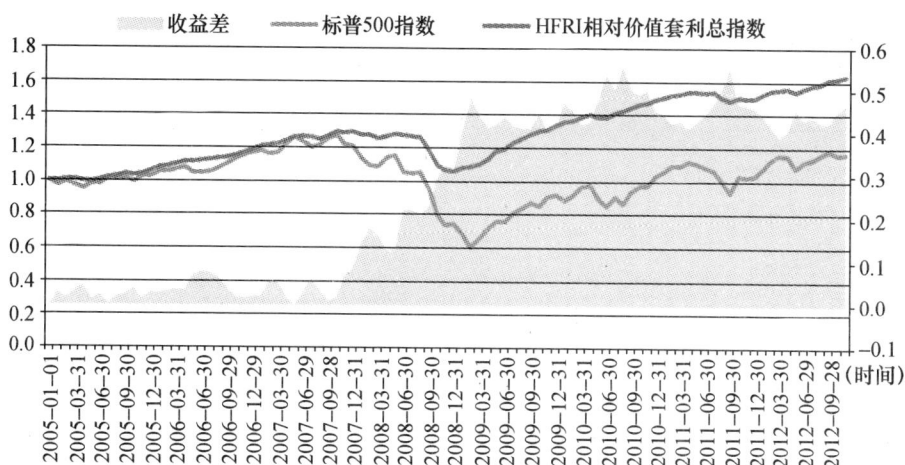

图1-4　HFRI相对价值套利总指数

资料来源：Wind资讯，HFRI数据库。

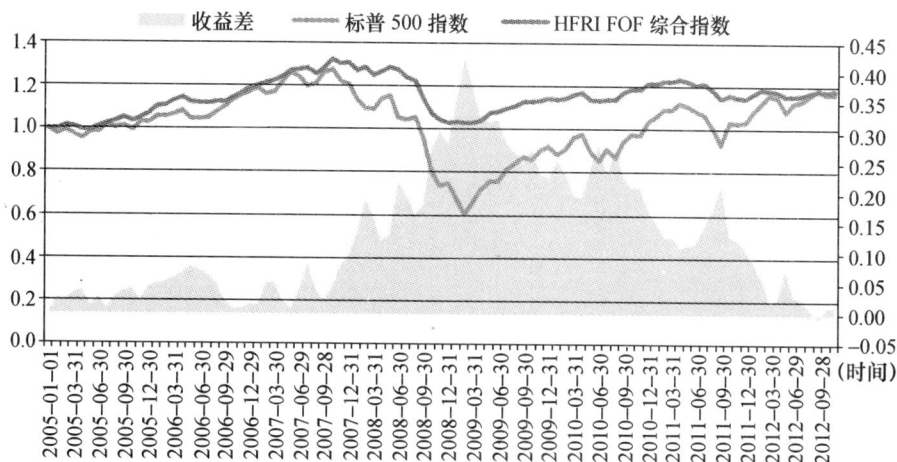

图1-5　HFRI FOF综合指数

资料来源：Wind资讯，HFRI数据库。

从HFRI事件驱动总指数来看，2005～2012年，对冲基金指数也是明显跑赢标普500指数（见图1-6）。

事实上，宏观策略总指数也是跑赢标普500指数的（见图1-7）。而且，几个主流对冲基金投资策略一直是跑赢标普500指数。

2007～2008年，整个市场呈熊市的时候，管理期货指数表现出与标普500指数呈比较明显的负相关，但是在全球市场发展较好的时候，这个指数就下降了，由此可以看出该策略的对冲基金与股市市场的相关性低（见图1-8）。

从全球各策略的总收益率来看，2005～2012年，排名第一的是相对价值策略，达62%，第二是事件驱动策略，第三是宏观策略，第四是股票对冲策略，第五是基金综合策略，以上策略跑赢标普500指数（见图1-9）。

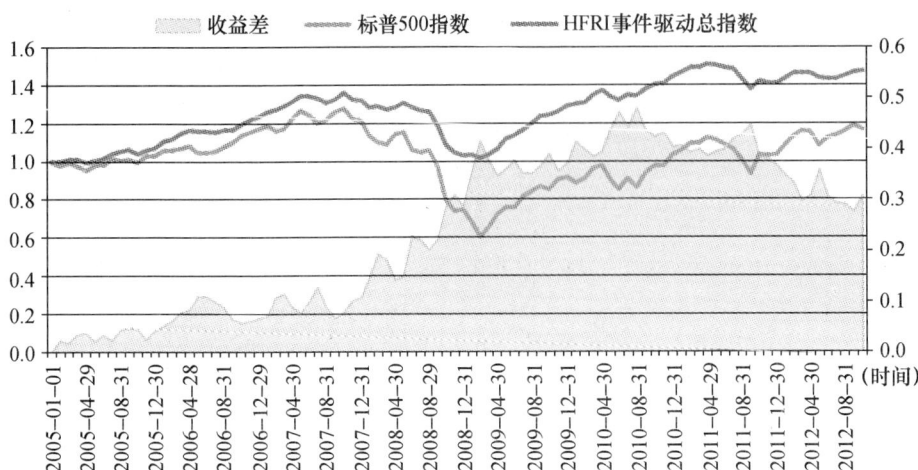

图 1-6　HFRI 事件驱动总指数

资料来源：Wind 资讯，HFRI 数据库。

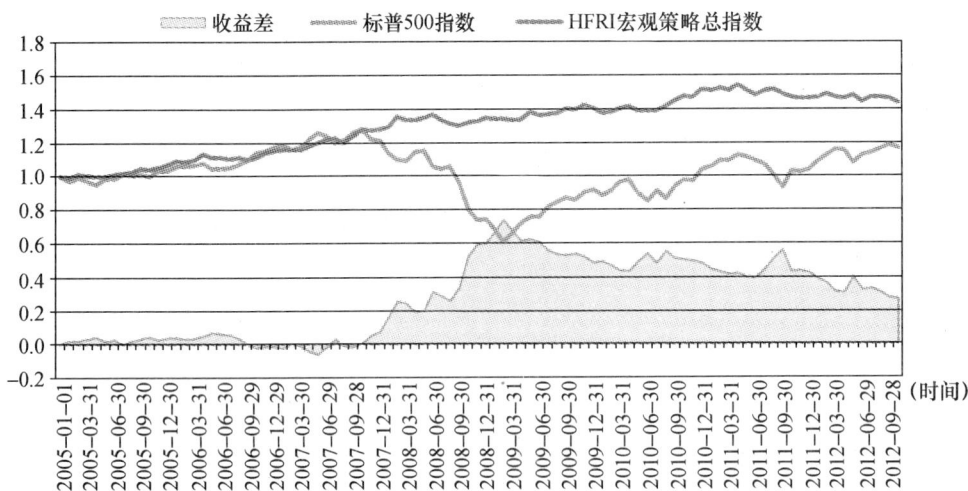

图 1-7　HFRI 宏观策略总指数

资料来源：Wind 资讯，HFRI 数据库。

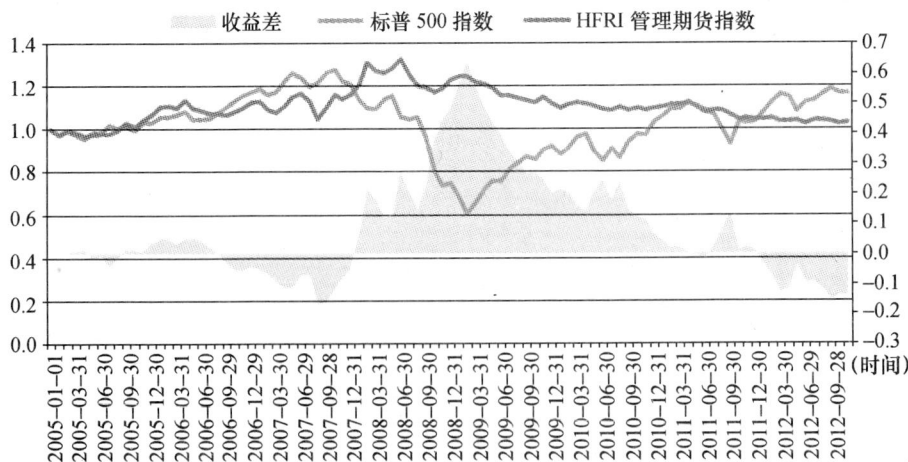

图 1-8　HFRI 管理期货指数

资料来源：Wind 资讯，HFRI 数据库。

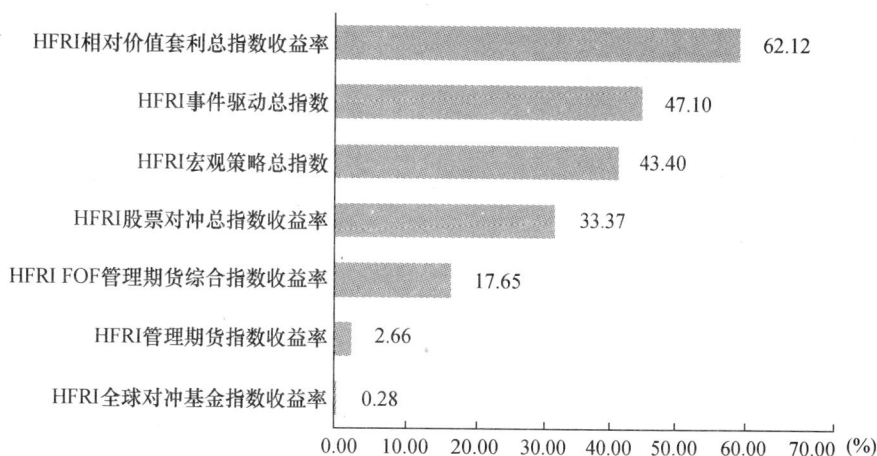

图 1-9 全球各策略总收益率排名

资料来源：Wind 资讯，HFRI 数据库。

从国内对冲基金的发展趋势来看，我们认为其发展空间很大，预计在未来的 10 年内会有十几倍的成长空间。中国基金业的排名始终在全球十强之外，整个公募基金和私募基金的资产规模还没有超过 3 万亿元，中国基金业的规模仅相当于 GDP 的 6%，但是美国的比例已达80%，巴黎达 45%，马来西亚达 31%，韩国达 27%。所以从这个数据来看，我们要想达到巴西的水平，可能还有 8~9 倍的成长空间，正因为如此，2012 年对冲基金的发展势头依然迅猛。

2012 年，证券市场积极进行各项改革和创新。新《基金法》的出炉将一直游离在法律监管之外的私募基金纳入管理范畴；渠道的拓宽允许私募绕过信托公司发行产品，直接与券商、银行合作；私募自身积极做出适应市场的调整和转变，固定收益类产品表现抢眼；面对市场的惨淡，有人决定退出二级市场，有人却坚守价值投资理念，不离不弃，行业洗牌正在进行。

当大盘指数被熊市纠缠不休时，随之而来的是投资信心和投资市场的"双暗淡"。当投资者在股市中摔得灰头土脸时，对冲基金却凭着一枝独秀的业绩脱颖而出，俨然成了温暖投资者的一缕"微光"。虽然目前国内对冲基金正处于初发展时的"小米加步枪"阶段——投资品种稀缺和投资范围受制，但依然阻挡不了它越来越快的脚步。

这或许和政策环境的逐渐放松不无关系。2011 年银监会推出的一系列政策就打开了信托产品参与股指期货的大门。不仅如此，封停多年的信托账户再次放开，加上券商对于各种创新业务的大力发展，都给致力于采取对冲策略的公募基金和私募基金带来福音，也让一些期货类的私募有望实现阳光化。

此外，低迷的市场环境让金融创新有了较多的"氧气"，对冲基金便在这个时候成长起来。中国金融市场正在进一步开放，这个时候推出创新的投资品种正契合时机，对冲基金在未来 10 年内将在中国迎来它的黄金时期。

如今，国内市场上的阳光私募基金与海外对冲基金有着追求绝对收益的共性，而且具备相似的费率结构。国内资本市场上的阳光私募基金被视为真正意义上的对冲基金的"雏形"，其收取总资金 2% 左右的管理费和投资盈利部分的 20% 作为佣金收入的盈利模式，即俗称的"2-20"收费模式（2% 管理费 +20% 盈利部分提成），更是国际上对冲基金的基本范式，作为国内新生代的阳光私募基金，它是我国金融市场进一步开放和完善、进一步走向全球迈出的重要一步，是我国对冲基金发展的一个平台。

第一节　对冲基金的数量与规模

中国对冲基金投资策略还是以单边做多为主，股票多空仓策略基金是我国对冲基金中运用最多的投资策略，因此其基金规模最大，接近2500亿元。固定收益方向型策略基金投向于债券、货币等稳定收益市场，而债券发行总量自2010年首度突破5万亿元关口以来，最近3年债券融资规模均以万亿元的量级增长，回顾2012年全年，货币在总体上也呈现出净投放的局面，其收益稳定且可放大规模，其规模仅次于股票多空仓策略。随着基金市场的迅速发展，其在欧美及一些新兴市场国家流行开来，FOF凭借其波动率较小但收益率较高受到机构和个人投资者的青睐，其管理的资产规模也日益庞大。由于宏观策略基金目前还无法在全球范围内进行资产配置，投资标的也仅限于国内的股票、债券、商品期货、股指期货，与此同时又受限于国内衍生品种的缺乏，因此宏观策略型对冲基金规模也受到一定程度的限制。事件驱动型基金主要通过掌握企业发生变化时市场对企业证券的定价与证券的实际价值之间的差异，交易事件发生前后的价格与价值之间的回归。近些年，企业分拆、企业收购、企业合并、破产重组、财务重组、资产重组以及股票回购等频发事件驱动策略基金在2003年以后便保持了强劲的增长趋势。我国期货市场发展已有十余年，但目前CTA（管理期货）策略对冲基金市场仍缺乏有效的法律监管，大众认知度较低，且在新《基金法》颁布之前期货公司不允许开展自营及资产管理业务，这将制约期货对冲基金的发展，但2012年量化投资风起云涌，期货资管全面放开，管理期货策略基金规模将迎来快速发展的黄金期（见图1－10）。

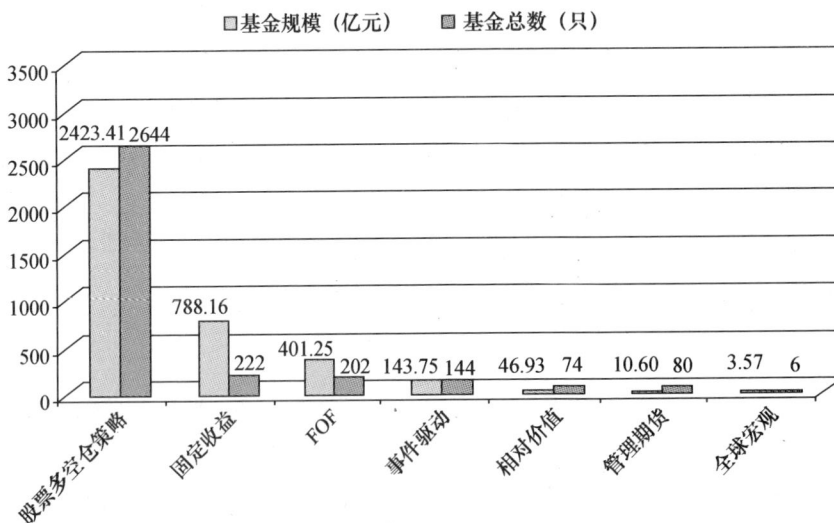

图1－10　对冲基金产品的累计发行数量与规模（含已结束的对冲基金）

资料来源：对冲网数据库，阿尔法研究中心。

一、2012 年对冲基金的发行情况

（一）发行市场的总体情况

"股市寒点"之下，主要投资于 A 股市场的对冲基金产品也"在劫难逃"，其业绩频频出现"滑铁卢"。在 2012 年市场低迷的情况下，对冲基金发行也出现了放缓的势态。据统计，2012 年新发行的对冲基金产品一共为 948 只，较 2011 年全年 984 只的发行量有所减少。

图 1－11 显示的是全国自 2012 年以来每月发行对冲基金的总数变化图。从图 1－12 可以看出，随着沪深 300 指数的起伏，2012 年对冲基金的发行总数变化和沪深 300 指数的走势大致相同。继 2011 年 3 月发行的 107 只之后，2012 年 3 月的发行总数达到 118 只的新高点。然而，可能由于春节长假等因素，2 月发行总数只有 54 只，是 2012 年全年发行数量最少的月份。2012 年的平均单月发行的对冲基金总数为 79 只，与 2011 年的平均单月发行总数 82 只相比有所减少。

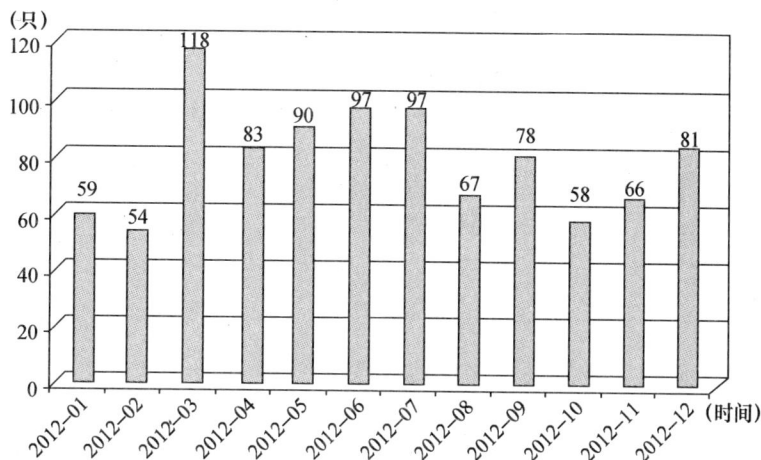

图 1－11　2012 年全国对冲基金的月度成立数量

资料来源：对冲网数据库，阿尔法研究中心。

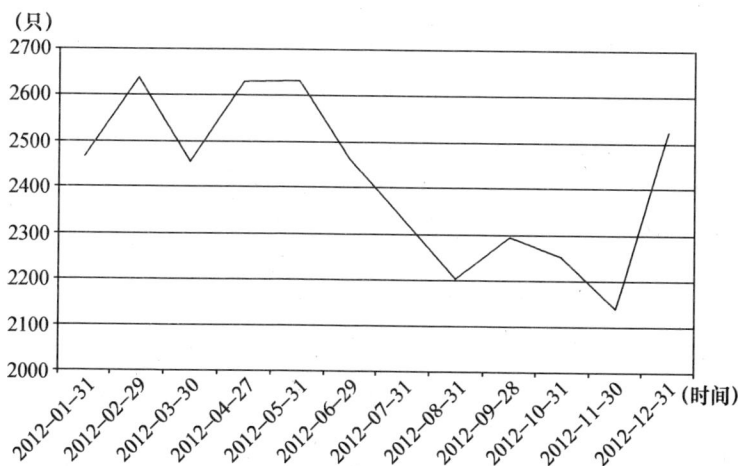

图 1－12　2012 年沪深 300 指数走势图

资料来源：对冲网数据库，阿尔法研究中心。

（二）发行市场的区域分布

如图 1-13 所示，2012 年，上海、深广和京津三大地区累计发行产品 642 只，占发行总量的 66.4%。据统计，上海、深圳和广州以及北京和天津地区发行新品总数之比为 1.37:1:1.32。由以上数据可以看出，从总量上来讲虽然和 2011 年（见图 1-14）相比上海地区新发行对冲基金的产品数量有所下降，但仍然在 2012 年的发行市场上更胜一筹，取得了更多的市场份额。其中，河北为首次"破冰"发行产品，2012 年发行了 1 只对冲基金产品，为当地的对冲基金的创立与发展创造了良好的开端。

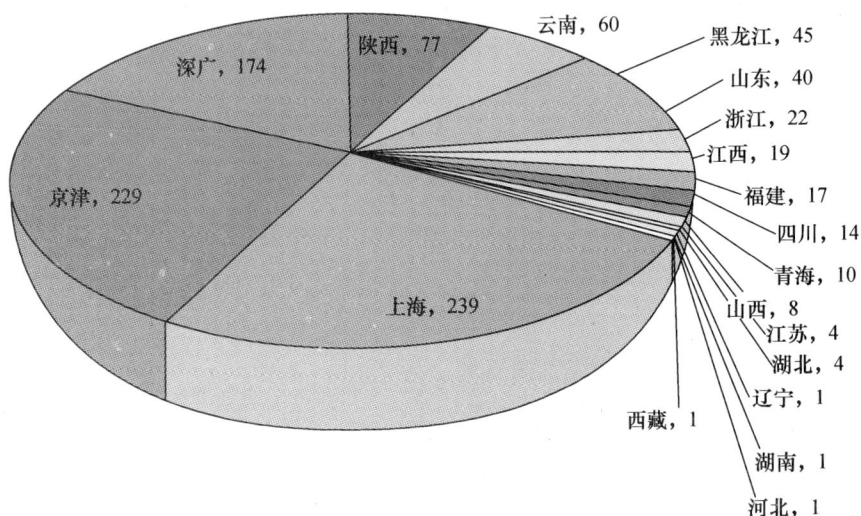

图 1-13　2012 年不同地区投资顾问发行对冲基金数量（单位：只）

资料来源：对冲网数据库，阿尔法研究中心。

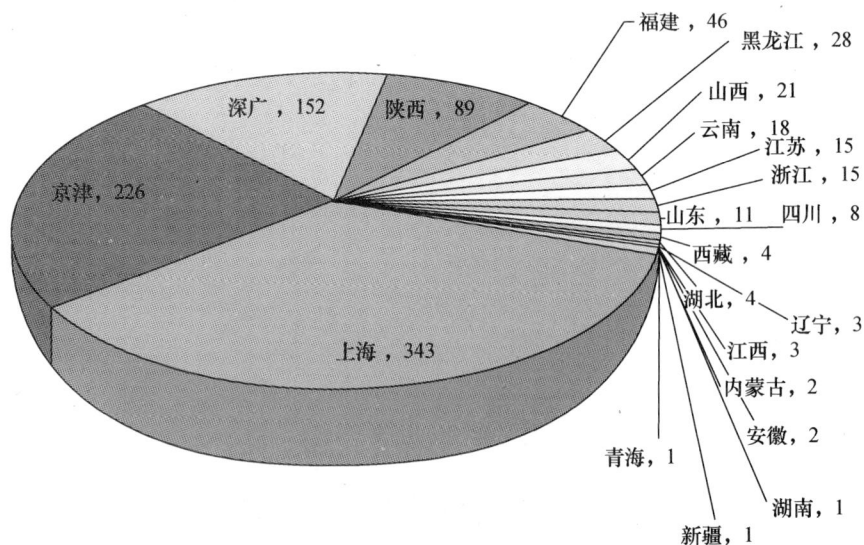

图 1-14　2011 年不同地区投资顾问发行对冲基金数量（单位：只）

资料来源：对冲网数据库，阿尔法研究中心。

上海、深广和京津作为国内金融业的三大发达地区，最近几年其对冲基金的规模快速地扩张，逐渐成为比较成熟的市场，目前在市场发行数量上占据了主导地位，2011年三大地区累计发行新品721只，占发行总量的72.6%。如图1-15所示，据统计，上海、深圳和广州以及北京和天津地区发行新品总数之比为2.26∶1∶1.49。由以上数据可以看出，上海地区在2011年的发行市场上以绝对优势获胜，取得了更多的市场份额。内蒙古地区和安徽地区在2011年首次发行产品，各自发行了2只对冲基金产品，为当地的对冲基金的创立与发展创造了良好的开端。

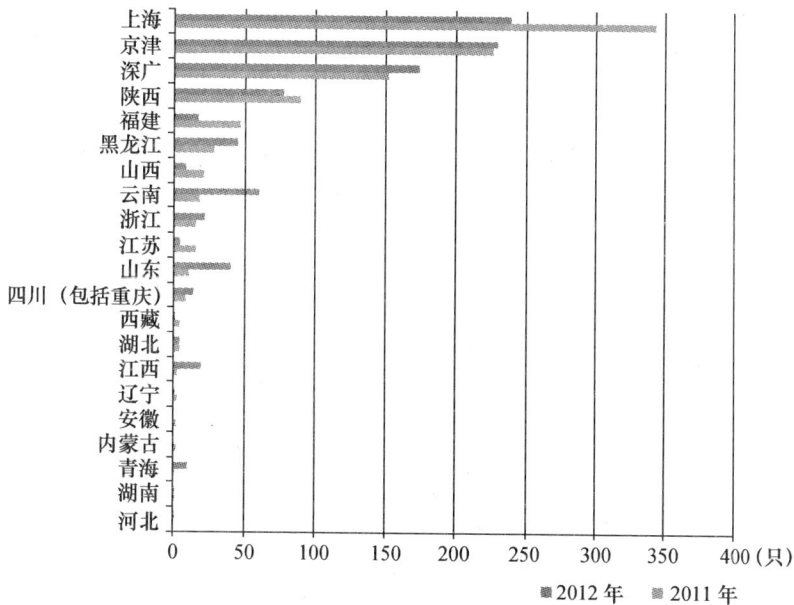

图1-15 2011~2012年不同地区投资顾问发行对冲基金数量
资料来源：对冲网数据库，阿尔法研究中心。

相比发展初期阶段的集聚效应（以上海、深广、京津和江浙为主），目前行业的发展已经开始辐射全国，中西部地区的发展尤为突出。图1-16分析了东部地区和中西部地区2012年发行产品的增长情况，其中东部地区2012年新发产品数量比2011年度有所下降，出现了负增

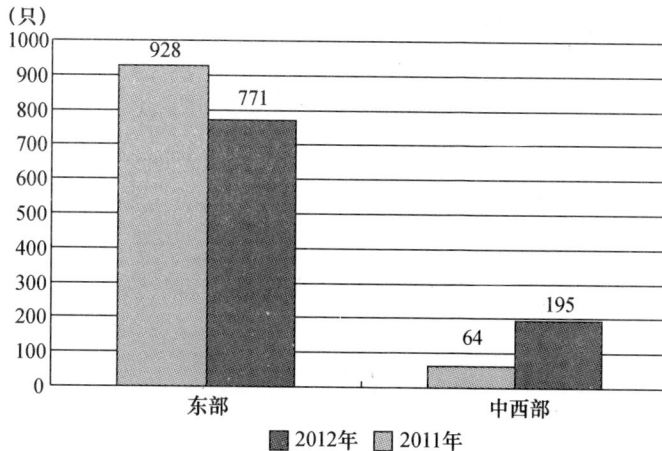

图1-16 2011~2012年东部和中西部地区投资顾问发行对冲基金数量
资料来源：对冲网数据库，阿尔法研究中心。

长，涨幅为 –17%；中西部地区在 2012 年新发产品数量出现高速增长，由 2011 年度的 64 只增长至 195 只，涨幅达到 205%。

其中，2012 年江西地区新发产品数量为 19 只，比 2011 年增加了 16 只，翻了 6 番；2012 年云南地区新发产品数量为 60 只，比 2011 年增加了 41 只，涨幅达 33.3%；2011 年内蒙古地区和安徽地区首次"破冰"各自发行 2 只产品，河北地区 2012 年首次"破冰"发行产品。上述数据表明，目前对冲基金已经开始在全国范围内广泛发展，各地区之间的差距正在逐步缩小，总体发展势头强劲。

（三）发行市场的投资顾问分布

截至 2012 年 12 月 31 日，淡水泉和朱雀投资以 37 只累计发行产品数并列第一。其中，淡水泉有 7 只产品期满清盘，淡水泉信仰"逆向投资"，投资方法主要是建立在估值基础上的左侧交易，是一种埋伏的策略。这种理念和策略使得淡水泉常常可以在市场出现转机时表现出色。当然，淡水泉高仓位、左侧交易的风格也会使其净值在一定时间内承受市场下跌所带来的波动；朱雀旗下有 1 只产品期满清盘，该公司坚持价值投资，倡导"长线人生、长线投资、快乐工作"的投资理念。

如图 1 – 17 所示，尚雅投资以 36 只累计发行产品数跻身第二名，星石投资以 31 只位列第三。之后按累计发行产品数量依次排序的对冲基金投资顾问公司之间的差距不大，大部分在 2012 年都有所收获，但收获不大。例外的是，北京佑瑞持投资管理有限公司在 2012 年新发产品数量为 20 只，发展势头强劲。

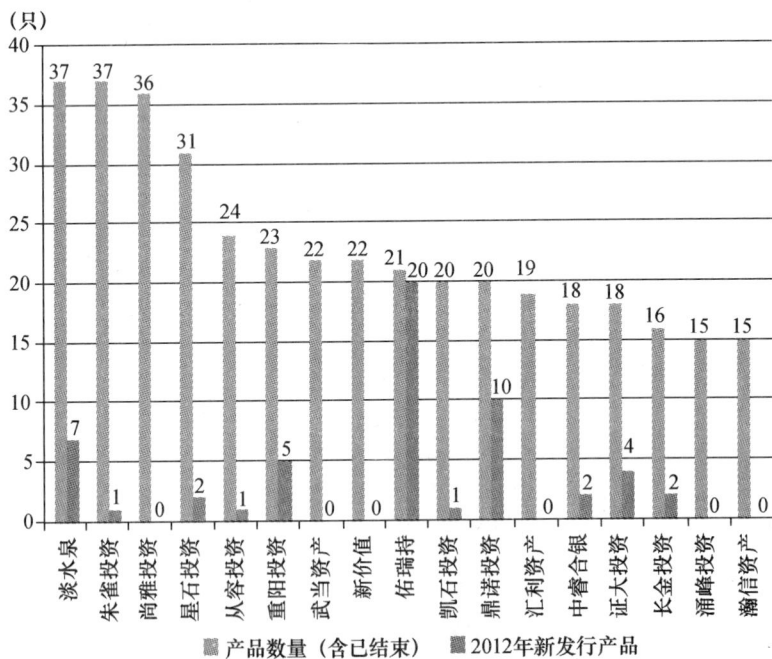

图 1 – 17　累计发行对冲基金产品数超过 15 只的投资顾问（含已结束产品）

资料来源：对冲网数据库，阿尔法研究中心。

2012 年对冲基金整体发行市场较 2011 年有所萎缩，也掩盖了各家投资顾问公司的光芒，除上述提到的佑瑞持投资管理有限公司以外，其余公司的新产品发行量都不超过 10 只。虽然绝对数量不大，但相对而言，一些公司在 2012 年的增量可观，如累计发行产品数量排名第八的佑瑞持投资管理有限公司，其发行的 21 只产品占累计产品数的 95.2%。

二、2012 年对冲基金的清盘情况

（一）清盘数量逐年增加

自 2011 年以来，一直处于低迷的 A 股市场给了私募基金沉重的打击，在机构投资者的一片哀号之中，2011 年已经成为私募基金的"清盘年"，筹资方式同样使私募性的对冲基金面临"清盘潮"。2011 年 1 月 21 日，第一创业"金益求金"首募资金 2.36 亿元，这是国内首只券商对冲量化基金。然而，在不到 1 年的时间里，即在 2012 年 1 月 4 日，由于预约赎回客户较多，该基金存续规模连续 20 个工作日低于 1 亿元，最终成为首只被清盘的对冲基金。

图 1-18 显示了 2008~2012 年每年成立的对冲基金新品数量以及当年清盘的产品数量，其中主要有以下几点值得注意：

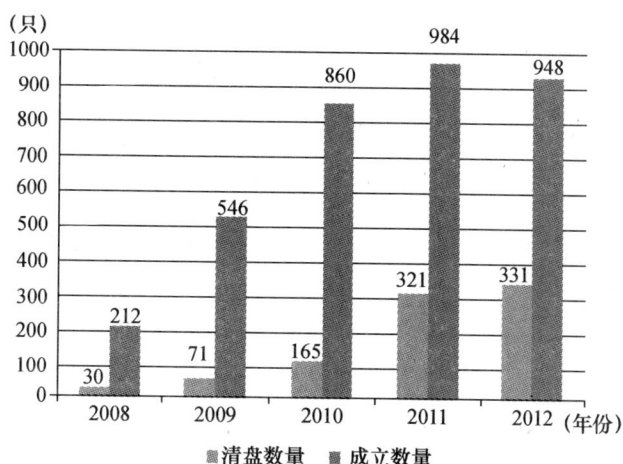

图 1-18 2008~2012 年对冲基金清盘及成立产品数量
资料来源：对冲网数据库，阿尔法研究中心。

1. 清盘产品逐年增加

自对冲基金诞生以来，此行业一直处于迅速膨胀的时期。对冲基金的清盘产品数量平均年增长率为 89.95%，新成立产品的数量平均年增长率仅为 56.45%。可见，近年来清盘产品的数量增长速度明显超过了当年新产品的发行速度。再以 2012 年为例，因为大盘的不断下跌，下半年全部产品清盘数量加速。2012 年共发行新品数量为 948 只，新品数量较 2011 年增幅为 0.61%，同期对冲基金产品清盘数量为 331 只，较 2011 年增幅为 0.62%，但是相比往年的清盘产品数量的增速明显放缓。

2. 每年清盘产品数量与大盘走势高度相关

如图 1 - 18 所示，2008 年及 2011 年，清盘产品数量的比例大幅上升，当年沪深 300 指数分别下跌 65.96% 和 25.01%。在对冲机制不健全的今天，大盘对对冲基金产品业绩产生的影响是巨大的。因此，由于大盘下探，2011 年年中和年末有两次集中清盘，但是数量和持续周期都不大，但是进入 2012 年以后，对冲基金产品清盘的数量持续上升，清盘基金达到 331 只。

对冲基金清盘的原因有多种，大致归结为以下几点：一是合同到期，自然清盘；二是基金募资规模未达到要求而被清盘；三是基金业绩不理想，投资者失去信心，大量赎回对冲基金产品而被迫清盘；四是基金经理判断后市行情不好而主动清盘或放弃延长已到期的私募；五是通过公司股权或资产并购，更换产品投资顾问。

清盘虽然对于投资者来说意味着投资失败，但是从行业的角度来看，清盘有利于创造优胜劣汰的竞争环境，不仅可以淘汰掉滥竽充数的投资顾问，还可以在有熊市业绩的参考下让更优秀的对冲基金脱颖而出。近年来私募行业扩充过快，风险控制和公司建设都没有跟上步伐，对于短时间内一战成名并迅速扩张的私募基金公司来说，如果其没有相匹配的资金管理能力，是不能承受长久的竞争的。

（二）2012 年的整体业绩状况

由于 2012 年股票市场低迷，对冲基金的整体业绩表现不佳。与"金益求金"类似的是，另一明星产品国泰君安的"君享量化"由于业绩未能达到预期也同样遭到了客户的巨量赎回。"君享量化"作为当时规模最大的券商集合产品，曾被称为中国首只对冲基金的券商集合理财产品。首发募资 5.08 亿元，而截至 2012 年第一季度末，其规模仅剩 1.447 亿元，缩水七成。自该产品设立之初，国泰君安提出 10%~15% 的预期年化收益率。但在实际运作中，2011 年年化收益率为 4.33%，远远低于预期。据对冲网数据库统计，2012 年收益为正的对冲基金仅占总基金总数的 46.23%，还不足一半。

表 1 - 1 为 2012 年亏损达 35% 以上的对冲基金产品名单。从表 1 - 1 中可以看出，平安信托和新价值投资这两家投资顾问公司的基金产品亏损严重。这些产品虽未清盘，但是因为其亏损严重，大幅跑输了指数，必定会遭到持有人方面的严重质疑。同时，因为其在业绩提成上没有收获，导致公司运营成本压力巨大。

表 1 - 1　2012 年亏损 35% 以上的对冲基金产品名单

产品简称	投资顾问简称	报告期	单位净值	2012 年收益率（%）
黄金优选 2 期 1 号	平安信托	2012 - 12 - 31	0.4549	-39.96
黄金优选 2 期 5 号	新价值投资	2012 - 12 - 31	0.4409	-39.81
新价值成长 1 期（A）	新价值投资	2012 - 12 - 31	0.4398	-39.80
新价值成长 1 期（B）	新价值投资	2012 - 12 - 31	0.44	-39.80
黄金优选 2 期 6 号	新价值投资	2012 - 12 - 31	0.4355	-39.76
黄金优选 2 期 7 号	平安信托	2012 - 12 - 31	0.3894	-39.74
黄金优选 2 期 8 号	平安信托	2012 - 12 - 31	0.3942	-39.73
黄金优选 2 期 9 号	新价值投资	2012 - 12 - 31	0.3791	-39.50
黄金优选 2 期 10 号	平安信托	2012 - 12 - 31	0.3684	-39.50

产品简称	投资顾问简称	报告期	单位净值	2012 年收益率（％）
黄金优选 2 期 4 号	平安信托	2012－12－31	0.4256	－39.45
黄金优选 2 期 2 号	平安信托	2012－12－31	0.4643	－38.97
黄金优选 2 期 11 号	平安信托	2012－12－31	0.4569	－38.97
新价值 2 期（粤财）	新价值投资	2012－12－28	0.8165	－38.58
黄金优选 2 期 3 号	平安信托	2012－12－31	0.4705	－37.24
新价值 8 号	新价值投资	2012－12－28	0.4938	－36.57
亿信财富 1 期	涌泉亿信	2012－12－28	0.5328	－35.67
亿信财富 2 期	涌泉亿信	2012－12－07	0.5441	－35.56
新价值 5 期	新价值投资	2012－12－31	0.5135	－35.31

资料来源：对冲网数据库，阿尔法研究中心。

2012 年国内私募的整体表现使我们不得不面对一个现实：目前我国缺乏完整的对冲机制，对冲基金设计的产品范围狭窄，难以与当前的市场状况相匹配，风险控制的有效开发和转移技术有待加强，对冲基金行业的发展任重而道远。

第二节　对冲基金产品的类型特征

目前，由于私募基金和相关行业政策的限制不同，国内对冲基金呈现出多种发行渠道，其中包括有限合伙制基金、信托型基金、专户型基金、银行理财产品和海外基金等多种形式。根据发行渠道对对冲基金分类可以更好地了解该渠道对冲基金的表现和发展状况，有利于不同渠道对冲基金进行横向比较。根据发行渠道不同，对冲基金可分为以下几种类型，如表 1－2 所示。

表 1－2　对冲基金的发行渠道分类

类　别	二级分类
有限合伙	有限合伙
信托	结构化、非结构化
专户理财	非限定性、限定性、公募一对多、单账户证券、单账户期货
银行理财	银行理财
海外基金	海外基金

一、有限合伙类产品

为符合国家相关规定，很多公司通过组建有限合伙制企业募集资金，通过该渠道募集的基金相对来讲受政策限制较小，因此其先行很多基金通过该方式发行。

（一）有限合伙类产品的特点

在国内的实践中，符合国际主流的开放式有限合伙的对冲基金已破壳而出。有限合伙的形式是国外对冲基金的主流。合伙型的企业一般依据其动产质押与不动产抵押的方式来提供贷款，能够实现真正的对冲。而且，新版《合伙企业法》为私募基金的发展提供了"有限合伙型"通道。深圳汇丰盈股权投资基金合伙企业（有限合伙）发行的基金以及上海嘉裕投资管理有限公司发行的几只股票多空、指数套利的对冲基金都是采取有限合伙的形式。这些公司之所以都选择天津市作为注册地，是因为天津市解决了成立有限合伙型基金的配套政策问题。例如，对于合伙制企业最关心的税收问题，股权投资可以享受税收返还。此外，基金变更时不需要投资者全部到场签字办理手续，从而使开放式对冲基金的成立成为可能。值得一提的是，嘉裕对冲基金在天津落户后，上海市有关部门也在积极推进相关制度的落实，就对冲基金运作涉及的问题进行分析讨论。可以说，有限合伙制虽然在目前还不能广泛展开，但是真正的对冲基金的运作在法律上已经没有障碍，在税收上虽然还有一些限制，但问题已不大。

（二）有限合伙类产品的发行和收益情况

有限合伙对冲基金受到的政策限制不但较少，享有税收优惠，并且符合国际主流的对冲基金发行方式，所以近年来发展势头良好。2010 年其新发产品数量为 7 只，2011 年达到了 17 只，2012 年维持了与 2011 年相近的发展势头，新发产品数量为 16 只。截至 2012 年 12 月 31 日，其共发行了 44 只有限合伙型对冲基金产品。

从国内经济的角度来看，最新公布的经济数据显示，我国经济仍处在衰退格局中，实体经济尚未真正实现好转。前期一系列政策组合拳的推出虽然对于减缓经济下行有一定的作用，但是从中期来看，无法改变我国经济整体下移的趋势。目前，实体经济的总需求尚未从疲弱的状态中走出也预示了未来经济仍将受到严峻的考验。

在此背景下，2012 年股票市场的波动很大，以上证综指说明，从年初的 2132.63 点到 2 月 27 日的 2478.37 点，之后一直处于下跌趋势，到 12 月 4 日跌至最低点 1949.46 点，而后市场一直上涨，到 12 月 31 日指数涨到了 2229.51 点。由于对冲基金的业绩与股市的关联性很大，在不同的时间点上，收益情况不同，而笔者统计的对冲基金自 2012 年以来的收益情况所对应的时间是不同的，为了准确衡量不同种类对冲基金的业绩，笔者采用超额收益（对冲基金当年的收益减去同一时点沪深 300 指数当年的收益）。

截至 2012 年 12 月 31 日，国内市场上的有限合伙型对冲基金的超额收益率为 12.62%，意味着其跑赢了沪深 300 指数 12 个百分点，在市场动荡不安的环境下仍然表现平稳，很好地平滑了股市的风险。

二、信托类产品

随着国内理财需求的上升，信托业近几年来发展较快，国内信托发行的产品主要分为结构化产品和非结构化产品两种，其中结构化产品满足了不同风险偏好者的需求，具有一定优势。另外，非结构化产品则对所有投资者提供相似的收益水平，目前在国内具有相当大的规模。

（一）信托类产品的特点

信托作为一种"受人之托，代人理财"的专业资产管理方式，从本质上来看，信托公司提供的是一种为他人管理财产的服务产品。这种理财服务产品的供给方是信托公司，需求方是委托人。信托这种金融工具具有很大的灵活性，投资范围广，可以将不同的金融品种进行组合运用。基金化产品本质上是一种以财产权转移为基础的集合投资方式,集合的基础是投资者风险收益偏好基本一致,集合的目标是为投资者实现价值增值。这种投资服务产品的供给方是基金管理公司,需求方是基金持有人。从本质上来看,基金化产品与信托的内在功能是一致的,都是为投资者提供一种专业化的投资理财服务产品。

基金化信托产品的主要特点有:增加资金募集量,便于投资者申购赎回,打破资金与项目之间的对应性,在不同项目之间实现风险对冲,同时满足客户的个性化需求。资金池产品的优势在于:构建先于项目的资金调转平台,把项目的长期融资需求与投资者的短期理财需求进行匹配,通过灵活申赎以降低整体的募资成本,搭建多层次和多品种的全权委托理财服务模式以及增加管理人的金融运营能力。

(二)信托类产品的发行情况

目前,我国的信托类对冲基金多投资于具有良好流动性的金融工具,投资范围包括国内依法发行上市的股票、可转换债券、债券、中央银行票据、债券逆回购、新股申购以及政策法规允许投资的其他金融工具等。自2010年以来,信托型对冲基金在对冲基金市场上一直起着举足轻重的作用,占整个市场份额的80%左右。2010年新发产品数量为700只,2011年达到了783只,新发产品数量的涨幅达112%,2012年受到市场波动的影响,新发产品数量有所下降为690只,但也维持了稳定的发展。截至2012年12月31日,共发行了2700只对冲基金类信托产品。

2012年,在发行市场整体遇冷的情况下,外贸信托保持了发行的强势,发行数量达到了91只,中海信托紧随其后,发行数达到了89只,平安信托的势头也不错,发行了80只。平安信托发行的"睿石计划"是典型的基金化地产信托,采用了混合投资于房地产企业债券和项目股权等形式,并取得了14%以上的收益,还有不少是创新类伞形信托及母子信托,包括固定收益类的"君恒稳健"系列(见图1-19)。

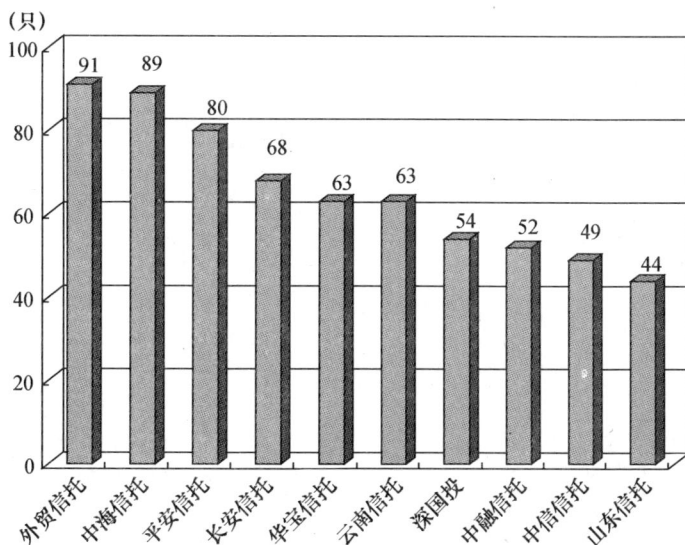

图1-19 发行信托类对冲基金产品数量排名前十的信托公司

资料来源:对冲网数据库,阿尔法研究中心。

按照产品属性的不同可以将信托类对冲基金分为结构化对冲基金和非结构化对冲基金。结构化对冲基金的本质是把投资者分割为"优先"和"劣后"两个层级，"优先"级通常为普通投资者，"劣后"级多为发行该产品并管理该产品的机构。对普通投资者而言，这类产品的特点是风险不大，但收益相对固定，类似固定收益类产品。对发起产品的机构而言则风险较大，但可以通过借别人的钱来获得超额收益。非结构化私募产品则与偏股型基金差不多，信托与管理人不保证收益，投资者承担所有的投资风险并享受大部分的投资收益。发行非结构化产品虽然风险较大，但可以给投资者带来较高的收益，更容易吸引社会资金和外部的客户群体，改变结构化产品需要私募自己垫资的局面，因此选择发行非结构化产品是必然的选择。

2008 年，非结构化产品设计是市场主流，信托类对冲基金中非结构化产品的发行量都多于结构化产品，非结构化产品与结构化产品的比值达到 2.47 的峰值，侧面反映了当年市场繁荣的存在（见表 1－3）。近年来，随着 A 股市场的震荡下跌，这一比值也出现了下降。2012年，首次出现结构化产品发行数量多于非结构化产品的现象，侧面反映了投资者厌恶风险的特性。

表 1－3　2008～2012 年每年新发行非结构化和结构化信托类对冲基金的情况　　单位：只

	2008 年	2009 年	2010 年	2011 年	2012 年
非结构化	136	258	404	445	379
结构化	55	199	286	342	386
比例	2.47	1.30	1.41	1.30	0.98

资料来源：对冲网数据库，阿尔法研究中心。

2012 年，股市虽有上涨，但波动剧烈，令人难以把握，导致非结构对冲基金整体表现不佳，平均收益只有 1.07%，远低于沪深 300 指数的 7.55% 的涨幅。相对而言，结构化对冲基金的表现较好，平均收益达到了 2.94%。

三、专户理财产品

（一）专户理财产品的特点

专户理财产品迎合了部分高净值人群的投资需求，主要分为限定性集合理财产品、非限定性集合理财产品、公募一对多、单账户证券和单账户期货等。专户理财根据不同客户的风险收益"量身定做"的特点，在股票资产、固定收益类资产的投资方向上也各有千秋。以中投汇盈核心优选集合资产管理计划为例，该产品主要投资于具有良好流动性的金融工具，包括中证100 指数成份股、备选成份股、新股和债券等。该集合计划还可以投资于法律法规及中国证监会允许集合理财产品投资的其他金融工具。

专户理财对基金公司有着积极的意义，随着我国基金业的对外开放，基金管理公司将在境内、境外两个市场面临与国际同行的激烈竞争，允许基金管理公司开展特定客户资产管理业务，逐步开辟并扩大机构理财市场，既有利于解决资产管理业务结构失衡的问题，也有利于提升基金业的综合竞争力，同时能够更好地促进证券市场的稳定和健康发展。

（二）专户理财产品的发行和收益情况

从第一只专户对冲产品诞生以来，已有多家基金公司发行了专户对冲产品，2011 年被业内人士称为"专户对冲产品元年"。尽管 2011 年 A 股市场跌幅超过 15%，但专户对冲产品均取得了正收益。以"嘉实基金"的专户理财产品为例，目前市场上的专户对冲产品主要采取市场中性策略。通过多因素选股模型，构建股票多头组合定期调整组合持仓以取得超越沪深300 指数的稳定超额收益；同时，根据多头现货组合仓位，卖空相应份额的沪深 300 股指期货，从而对冲市场风险，力争整个市场中性组合取得与市场行情不相关的绝对稳定的回报。

2012 年，受到市场波动的影响，专户理财的发行势头有所减缓，新发产品数量为 110 只。相比 2011 年有所减少。截至 2012 年 12 月 31 日，已发行 512 只专户理财类对冲基金产品，其中非限定集合理财产品 269 只，限定性产品 55 只，公募一对多产品 111 只，单账户证券产品11 只，单账户期货产品 66 只。专户理财的业绩分成机制让投资者和资产管理人的利益追求一致，从而增加了对于高风险偏好投资者的吸引，也会在客观上放大资产管理人的风险偏好，符合现在市场发展的趋势，有着良好的发展前景。

2012 年，不同类型的专户理财产品收益率的离散程度较大，单账户证券产品虽获得了正的收益，但都未跑赢大盘；单账户期货产品表现抢眼，只有两只产品亏损，平均收益率达 25.11%；在 2012 年股市行情不错的情况下，非限定集合理财产品平均收益率只有 0.06%，整体表现可谓糟糕；相对而言，限定性集合理财产品的业绩较好，平均收益率达到了 5.58%，但也未跑赢大盘；公募一对多由于披露信息有限，难以对行业进行整体评价，就目前披露的情况来看，不同产品的表现良莠不齐，表现好的产品远远地跑赢了大盘，表现差的产品出现了亏损。

四、银行理财产品

（一）银行理财产品的特点

顾名思义，此类对冲基金主要是指通过银行渠道发行的理财产品。其与一般银行理财产品的区别在于采用对冲 FOF（基金的基金）策略进行投资，即将募集的资金投向精选的证券投资基金，从而间接地持有股票、债券等证券资产，所以又称为"FOF"。它具有两个特点：一是 FOF 将多只基金捆绑在一起，投资 FOF 等于同时投资多只基金，但比分别投资的成本大大降低了。二是与基金超市和基金捆绑销售等纯销售计划不同的是，FOF 完全采用基金的法律形式按照基金的运作模式进行操作；FOF 中包含对基金市场的长期投资策略，与其他基金一样是一种可进行长期投资的金融工具，具体情况在下一节会详细介绍。

（二）银行理财产品的发行和收益情况

根据阿尔法研究中心的统计，自 2010 年以来，银行理财型对冲基金每年都有新产品发行，2010 年新发产品数量为 3 只，2011 年和 2012 年各有 1 只新产品发行。产品数量虽然很少，但也维持了稳定的发展。截至 2012 年 12 月 31 日，已累计发行 8 只银行理财类对冲基金产品。

目前，从给投资者提供产品和服务的角度来看，几乎所有的银行理财产品都是以满足客户投资收益为目的的。显然，对冲基金类理财产品更加凸显了这一目的。与此同时，银行理财类对冲基金还处于发展的初级阶段，更重视风险，投资的基金往往是稳健型的，以精·赢2009

年第 1 期为例，通过中融国际信托有限公司成立的信托计划投资于具有良好流动性的金融工具，包括国内依法发行上市的股票、可转换债券、债券、中央银行票据、债券逆回购、新股申购以及政策法规允许投资的其他金融工具。

2012 年，银行理财类对冲基金产品的业绩总体不够理想，8 只产品中有 3 只出现亏损，另外 5 只产品虽然收益为正，但都未超过沪深 300 指数的涨幅。在整体低迷的情况下，只有精·赢 2010 年第 1 期这只产品独领风骚，收益率高达 23.93%。

五、海外基金产品

稳定的资本流入和业绩带来的资本增长使全球对冲基金市场规模在 2012 年第四季度上涨了 600 亿美元，整个市场规模截至 2011 年年末达到历史最高的 22500 亿美元。全球对冲基金指数化、研究和分析机构 HFRI 公布的全球对冲基金市场报告显示，HFRI 基金权重综合指数第四季度上涨 1.3%，优于同期股市的表现，2012 年度业绩 6.2%，全球投资人将继续把资金投入对冲基金市场，第四季度资金流入对冲基金业额度为 34 亿美元，2012 年全年净流入 344 亿美元。尽管欧洲银行业、主权债务危机及美国财政悬崖、债务上限调整等政治经济的不确定性和挑战依然笼罩着金融市场，但报告指出，全球对冲基金在第四季度的逆势上涨被归结为固定收益资产为主的相对价值套利策略。

HFRI 相对价值套利指数在 2012 年上涨 10.5%，从 2008 年 12 月金融危机发生的 48 个月中，该策略已经连续 41 个月业绩为正，2011 年第四季度投资者共投入 65 亿美元的资本到相对价值策略，整个年度流入 414 亿美元。这些资金流入使得相对价值套利策略的资本规模成为对冲基金四大策略中最大的，达 6090 亿美元，自 1991 年以来第一次在规模上超过股票对冲策略。

相比之下，股票对冲策略在波动的环境下实现业绩扭正，但第四季度投资者从股票对冲策略中撤出 12 亿美元，年度共赎回 104 亿美元，截至 2012 年年末股票对冲策略的总资本下降到 5980 亿美元。事件驱动策略尽管表现尚佳，业绩上涨 3.22%，但同样遇到投资者撤出资金的情况，年度共流出 66 亿美元。宏观对冲策略基金的业绩在 2012 年出现下滑，但受市场欢迎度却不减，年度净流入 103 亿美元，截至 2012 年资金规模达到 4880 亿美元。

(一) 海外基金产品的特点

中国海外基金起步于 2003 年，赵丹阳创立了国内第一只投资中国概念股的中国海外基金——赤子之心价值投资。该基金主要投资于中国香港、新加坡、美国等地上市的中国概念股，随后发行的中国海外基金大多将视线集中在具有中国概念的公司。

据阿尔法研究中心的不完全统计，目前主要运作于国内且在海外发行对冲基金的私募基金公司有：淡水泉、盛海、晓杨、明达、东方港湾、柏坊、天马、景林、睿信、涌金等，这些公司基本分布在北京、上海、深圳三地，以深圳居多，这一点应与深圳背靠香港地区的地理区位有关。从其发展历程来看，既有首先立足于大陆地区再涉水海外的公司，也有先从海外市场做起，再从海内外产品线共同发展的公司。从投资范围来看，中国海外基金是在全球市场进行投资。从投资标的来看，除股票之外，这类基金还可以将触角伸至多种衍生品、外汇等。从投资策略来看，这些中国海外基金的策略已经不止于传统的多头股票策略，同时还会尝试更多的对冲策略，比如多/空仓策略、市场中性、管理期货、宏观对冲等。相对于在 A 股市场内进行投资的阳光私募来说，这些策略都极大地拓展了投资者可投资的领域和范围，对于投资者的资产配置来说具有积极的意义。

（二）海外基金产品的发行和收益情况

根据阿尔法研究中心的统计数据，海外基金型对冲基金在国内市场上一直稳步发展，2010年新发产品数量为 5 只，2011 年为 7 只，2012 年为 6 只，截至 2012 年 12 月 31 日，已累计发行 21 只海外基金产品，包括方舟中国基金、赤子之心自然选择、成吉思汗开元基金和信和全球等。海外基金型对冲基金的整体规模不是很大，这也反映出对冲基金的每种投资策略都有它的比例，目前单只规模不是很大，在这样的情况下应该更多地寻求投资策略的多样性和整个投资策略的创新。

在 2012 年全球海外股市表现良好的背景之下，24 只具有中国背景的海外对冲基金在前 11 个月中平均收益率超过 8%，其中睿信投资王丹枫管理的"睿信中国成长"收益率为 39.57%，排行第一。其他表现较好的海外对冲基金还包括由赵丹阳管理的主要投资于印度市场的"赤子之心自然选择"和"赤子之心价值投资"、新东方刘迅管理的"新东方动力基金"、国元资产旗下的"国元多策略"以及倚天阁投资旗下的"信合全球"，产品收益率均超过 20%。

在 2011 年，中国政府加快了推动国内资本全球流动的步伐，作为国内资本市场的重要参与力量，国内的阳光私募进军海外市场已是大势所趋。国内有 38.3% 的阳光私募参与香港地区市场的投资。在针对在香港地区发行对冲基金的意向调查中，有 1/3 国内阳光私募表示有相关的计划和安排。

中国海外基金具有很好的资产配置作用，在避免 A 股市场风险的同时也能够为投资者带来不错的收益。但在风险方面，除了证券投资风险，中国海外基金还面临着汇率风险，投资者的换汇成本以及向海外银行或海外银行间的汇款费等也都是此类基金涉及的主要费用。因此，投资者在投资的时候需要正确衡量。并且，我国的中国海外基金还相对处于一个起步阶段，多数依旧集中投资于海外或中国香港上市的具有中国概念的公司，随着我国对冲基金的逐步发展，相信投资者未来可以通过中国海外基金参与到海外更为广阔的资本市场中去。

第 二 章

对冲基金的收益及风险分析

第一节 对冲基金的收益分析

回顾 2012 年 A 股市场，可以发现 2012 年的股市走势可谓一波三折。前两个月沪指上涨，并创下 2478 点的年内新高。之后由于经济不景气，新股上市，大小非减持等因素的影响导致沪指持续下跌，并在 12 月 4 日创下 1949 点的年内新低点。不过，沪指在最后一个月奋起回升，月度涨幅达 14.6%，终于在最后一周成功翻红。代表优质蓝筹股公司的沪深 300 指数上涨 7.55%，上证 180 指数上涨 10.08%，上证 50 指数上涨 14.84%，远高于上证综合指数 3.17% 和深证综合指数 1.68% 的涨幅，而中小板指数和创业板指数则分别下跌 1.38% 和 2.14%。截至 2012 年年底，沪深 300 指数市盈率为 11.76 倍，低于新兴市场的巴西圣保罗证交所指数 21 倍和印度孟买 SENSEX30 指数 16.35 倍的市盈率，与发达国家股指估值水平基本相当。

截至 2012 年 12 月 31 日，沪深 300 指数报 2522.95 点，年上涨 161.45 点，年涨幅为 7.55%。根据对冲网资料显示，2012 年中国对冲基金综合指数（CAHFCI）受大盘影响，在上半年呈震荡起伏，下半年到 11 月一直持续下跌，12 月回升到 803.12 点，年平均净值为 802.7325 点。如图 2-1 所示，其指数净值走势明显强于沪深 300 指数表现，且指数净值一直稳步运行在沪深 300 指数之上，两者之间的投资收益率差有震荡扩大的趋势，这说明对冲基金管理人的投资操作能力明显优于一般投资者。

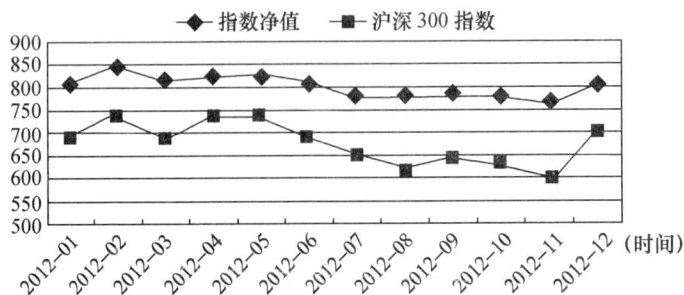

图 2-1 2012 年中国对冲基金的综合指数净值和沪深 300 指数走势

资料来源：对冲网数据库，阿尔法研究中心。

中国对冲基金在 2012 年各月的收益表现见表 2 - 1。2012 年对冲基金的月度收益率中值为 - 0.43%，年平均收益率为 - 0.06%，是亏损的。实现月度正收益的月份只有 2 月、4 月、8 月、9 月和 12 月。其中，2 月的收益率是最高的，达 5.19%，其次是 12 月的 4.83%，亏损最严重的月份是 3 月，亏损达 3.53%。

表 2 - 1　2012 年中国对冲基金的综合指数

更新时间	指数净值	沪深 300 指数	收益率（%）
2012 - 01	805.72	688.3413408	- 0.81
2012 - 02	847.54	735.7938547	5.19
2012 - 03	817.61	685.7268156	- 3.53
2012 - 04	824.69	733.5650838	0.87
2012 - 05	821.09	735.2067039	- 0.44
2012 - 06	810.65	688.4318507	- 1.27
2012 - 07	783.52	652.441214	- 3.35
2012 - 08	783.59	616.629564	0.01
2012 - 09	786.21	641.307947	0.33
2012 - 10	782.91	630.59921	- 0.42
2012 - 11	766.14	598.3927488	- 2.14
2012 - 12	803.12	705.58635	4.83

资料来源：对冲网数据库，阿尔法研究中心。

依据对冲基金的投资策略，借鉴国际对冲基金的分类体系，结合目前的行业现状和发展趋势，可以将一级投资策略分为方向型策略、相对价值型策略、事件驱动型策略和基金的基金（FOF）策略四大策略。这四大策略又可以分为主策略和子策略，具体说来，方向型策略又可分为股票多空仓、宏观策略、管理期货、固定收益方向型。相对价值型策略、事件驱动型策略和基金的基金（FOF）策略的子策略与主策略相同。

股票多空仓策略是我国对冲基金中运用最多的投资策略，顾名思义，其主要投资于股票市场，基金规模最大，2012 年股市虽有上涨，但波动剧烈，股票多空仓策略对冲基金的整体业绩下滑，出现了 1.52% 的亏损；国内金融衍生品种类不多，投资标的仅限于国内的股票、债券、商品期货和股指期货等，宏观策略对冲基金目前无法在全球范围内配置。其对冲基金规模也受到一定程度的限制，但这并不影响它的业绩表现，2012 年宏观策略对冲基金业绩表现优秀，平均收益率高达 21.73%，为对冲网策略分类体系中收益率最高的策略；相比靠天吃饭的股票型基金，管理期货策略对冲基金不依赖于市场行情的涨跌，与市场涨跌的相关性小，更加依赖于基金管理人的投资能力，其业绩具有可持续性，2012 年管理期货策略对冲基金平均收益率为 7.6%；固定收益方向型策略对冲基金投向于债券、货币等稳定收益市场，决定其收益相对稳定，不会很高，2012 年全年平均收益率只有 2.88%，低于同期一年期银行存款利率，表现不好；相对价值型策略对冲基金业绩具有可持续性，较其他指数波动性小，走势独立，抗跌能力强等特点，但同时收益有限。2012 年相对价值型策略对冲基金表现良好，平均收益率达 10.41%；事件驱动型对冲基金主要通过掌握企业发生变化时市场对企业证券的定价与证券的实际价值之间的差异，交易事件发生前后价格与价值之间的回归。近些年，企业分拆、企业收购、企业合并、破产重组、财务重组、资产重组以及股票回购等频发事件驱动型策略基金在2003 年以后便保持了强劲的增长趋势。2012 年事件驱动型对冲基金的平均收益率为 19.16%，为对冲网策略分类体系收益排名第二的策略。FOF 策略基金波动率较小，但收益率较高，受到机构和个人投资者的青睐。2012 年，FOF 整体表现不佳，全年平均收益率为 -0.43%。

一、方向型策略对冲基金的收益分析

（一）股票多空仓策略对冲基金的收益分析

1. 整体业绩概述

如图 2 - 2 所示，股票多空仓策略对冲基金作为方向型投资策略的一种，发行数量占有绝对的优势，2012 年整体业绩表现不尽如人意，具体说来，最近 1 个月其平均收益率达 5.01%，虽然绝对收益不错，但与沪深 300 指数 17.91% 的收益率相比逊色许多，最近 3 个月亦是如此，绝对收益率为 2.25%，远低于沪深 300 指数 10.02% 的收益率，而就全年来说，业绩更不理想，2012 年沪深 300 指数获得了 7.55% 的正收益率，而股票多空仓策略对冲基金平均收益竟然为负，整体亏损 1.52%。

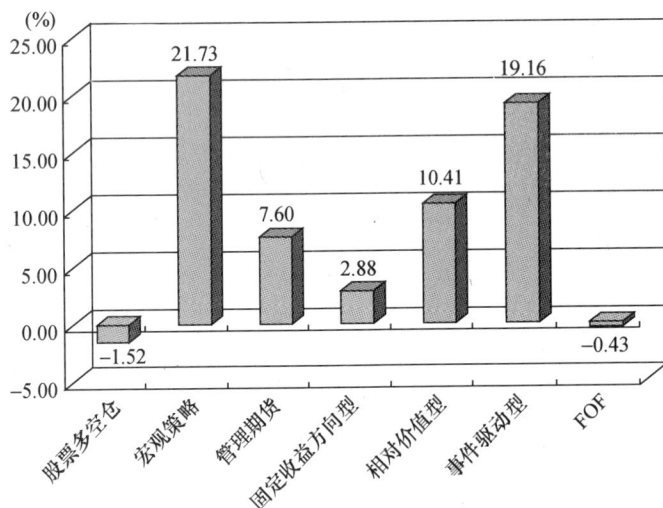

图 2 - 2　各种策略对冲基金 2012 年的收益

资料来源：对冲网数据库，阿尔法研究中心。

事实上，不仅在 2012 年，股票多空仓策略整体业绩表现不如沪深 300 指数，最近两年的业绩表现也是如此，近两年股票多空仓策略对冲基金亏损 24.03%，而沪深 300 指数的平均收益率为 -19.35%，但在最近 3 年，股票多空仓策略对冲基金业绩表现却好于沪深 300 指数，具体如图 2 - 3 所示。

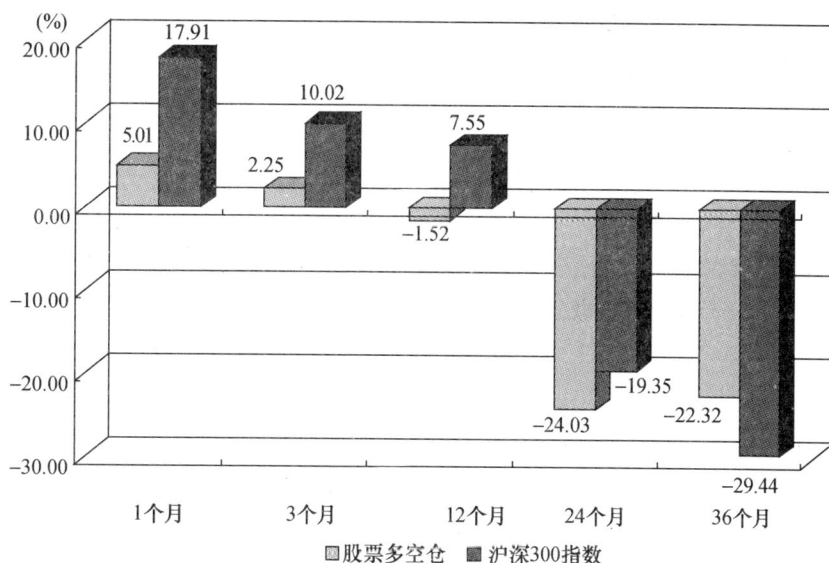

图 2-3　各时段股票多空仓策略平均收益与沪深 300 指数收益比较

资料来源：对冲网数据库，阿尔法研究中心。

如图 2-4 所示，综合比较各个时段股票多空仓策略对冲基金获得正收益的比例，除了近 1 个月的数据，其余统计时段均未超过 50%，而就近两年而言，获得正收益的对冲基金比例一直稳步提高。

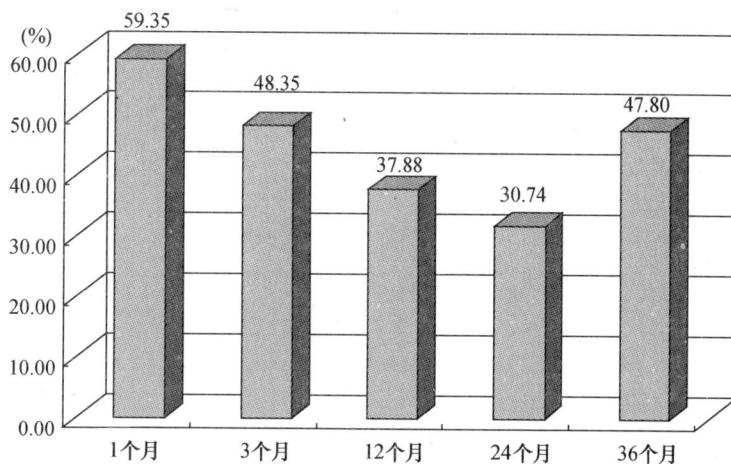

图 2-4　各时段股票多空仓策略对冲基金获得正收益比例

资料来源：对冲网数据库，阿尔法研究中心。

由图 2-4 可知，股票多空仓策略对冲基金总体表现不佳，但个别基金表现却异常突出，收益率很高，2012 年度股票多空仓策略对冲基金收益排名第一的金泉——量化成长 1 期，收益率高达 68.82%，排名前五的对冲基金收益率都达到了 40% 以上，这说明股票多空仓对冲基金同样存在很高的投资价值，股票偏好的投资者可以关注一些长期优异的股票多空仓策略对冲基金，选择合适的投资时机入场。

2. 各时段收益分析

股票多空仓策略对冲基金累计发行量占对冲基金的绝大部分，数量达2632只，可以进行收益分布统计分析，而且确实也有必要，便于进一步了解股票多空仓策略对冲基金的收益情况。2012年获得绝对收益排名前五位的股票多空仓策略对冲基金如表2-2所示。

表2-2　2012年获得绝对收益排名前五位的股票多空仓策略对冲基金

基金简称	成立时间	投资顾问	基金经理	更新时间	累计净值	年收益率（%）
金泉——量化成长1期	2012-02-08	哲灵投资	徐泽林	2012-12-31	1.6882	68.82
长安信托——银帆3期	2011-07-27	银帆投资	—	2012-12-28	1.7685	54.44
兴业信托——云腾1期	2011-03-09	云腾投资	王庆仁	2012-12-31	1.0074	53.59
中融信托——联合梦想二号第1期	2012-05-24	中融国际信托	—	2012-12-28	1.5849	44.53
兴业信托——呈瑞1期	2010-10-25	呈瑞投资	陈晓伟　陈杰	2012-12-14	2.0569	44.13

资料来源：对冲网数据库，阿尔法研究中心。

如图2-5所示，近1个月股票多空仓策略对冲基金的收益呈近似正态分布，符合资本市场产品收益的特征，收益率介于-5%～5%的对冲基金数占70.83%。伴随着最近1个月股市的大涨，对冲基金整体表现不错，收益率高于10%的对冲基金占7.23%，但收益率高于同期沪深300指数收益的只有18只产品，占0.83%。

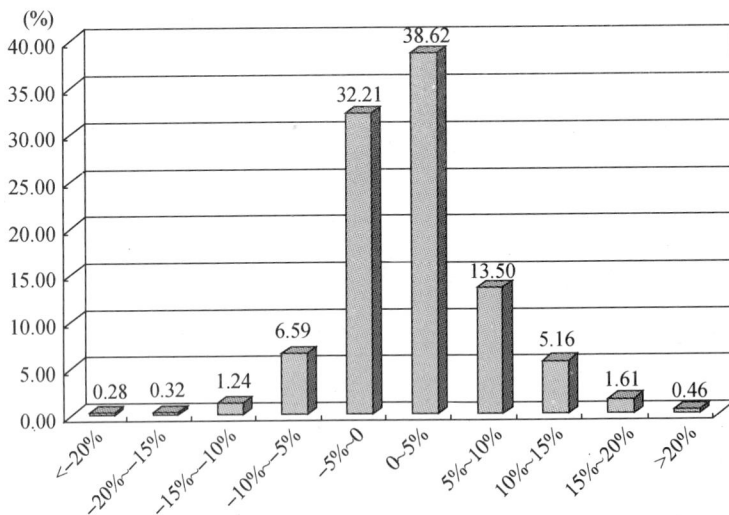

图2-5　近1个月股票多空仓策略对冲基金收益分布

资料来源：对冲网数据库，阿尔法研究中心。

如图2-6所示，近3个月来看对冲基金的业绩表现，笔者看到了不同的结果，收益分布混乱，收益率分布集中在5%～10%，占38.05%，收益为正的对冲基金在其他区间的分布比例很小，总占比为10.3%，亏损厉害的对冲基金比例较高，其中亏损超过15%的对冲基金占

38.58%，出现这种收益分布情况与最近3个月大盘的走势有很大关系，最近3个月大盘先抑后扬，波动巨大，难以把握，收益出现两极分化，不难理解。收益高于沪深300指数收益的只有160只产品，占6.08%。

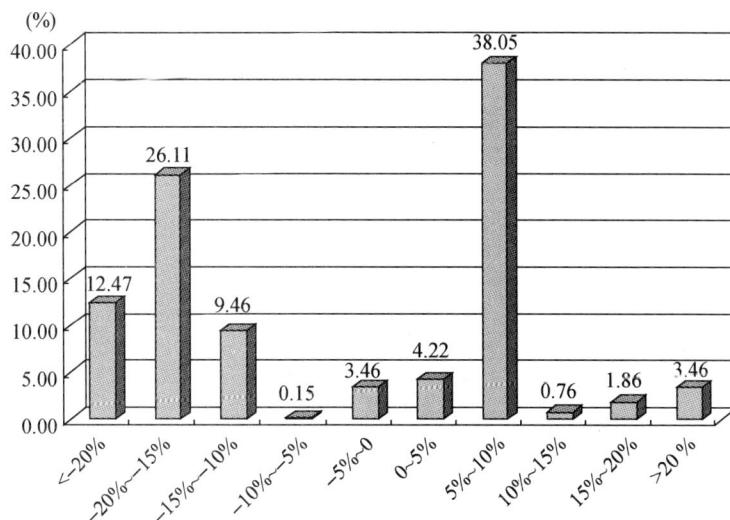

图2-6　近3个月股票多空仓策略对冲基金收益分布

资料来源：对冲网数据库，阿尔法研究中心。

如图2-7所示，2012年股票多空仓策略对冲基金收益分布更接近正态分布，这是健康资本市场的内在要求。具体说来，占比最高的对冲基金分布于-5%~0，其次位于0~5%，两端分布较少，即出现严重亏损或获得暴利的对冲基金较少。

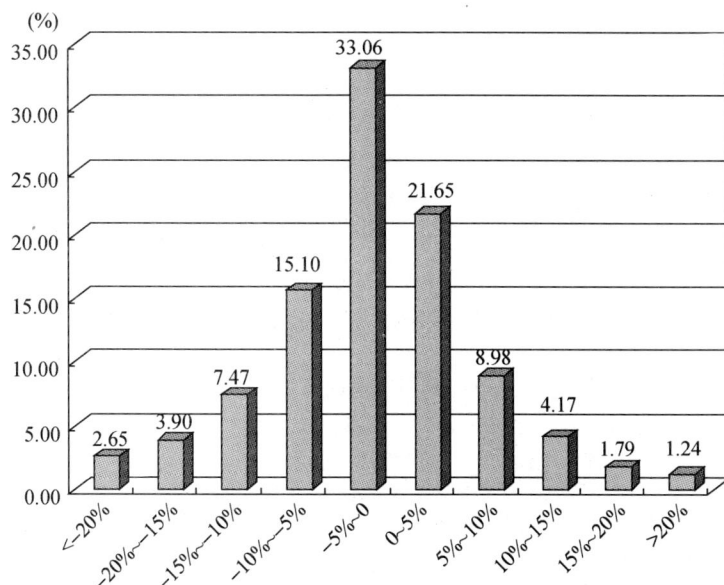

图2-7　近一年股票多空仓策略对冲基金收益分布

资料来源：对冲网数据库，阿尔法研究中心。

在过去两年，由于市场整体处于下跌状态，导致对冲基金出现大额亏损。如图2-8和图2-9所示，损失超过20%的占24.37%，但同时也有不少对冲基金逆势表现突出，有10.07%的对冲基金获得了20%以上的收益。

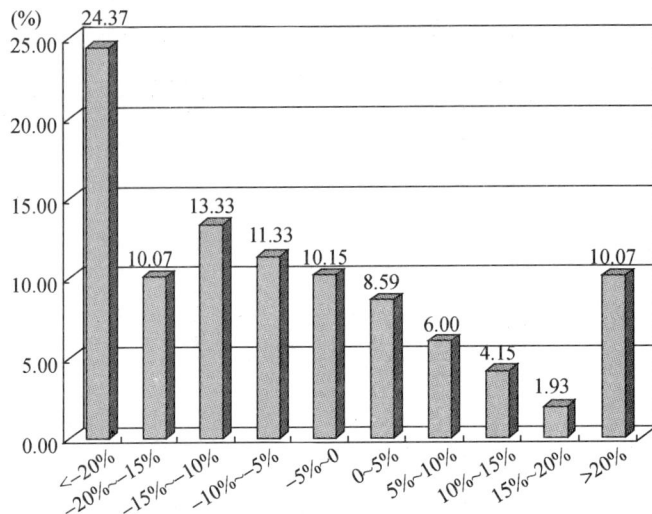

图2-8 近两年股票多空仓策略对冲基金收益分布

资料来源：对冲网数据库，阿尔法研究中心。

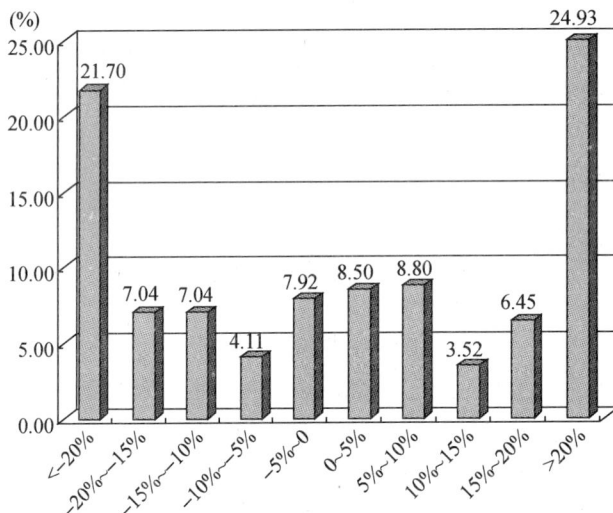

图2-9 近三年股票多空仓策略对冲基金收益分布

资料来源：对冲网数据库，阿尔法研究中心。

三年的情况与两年差不多，两极分化严重，收益率超过20%的产品占比24.93%，亏损超过20%的产品占21.70%，两者之和占了接近一半。

（二）宏观策略对冲基金的收益分析

宏观策略的投资范围最为广泛，可以在全世界范围内众多的资本市场中选择投资机会。不过，特殊的策略和宽泛的投资范围使得它对投资经理的宏观经济分析能力提出了更高的要求。

宏观策略一般是方向型投资，大多不会是市场中性投资，而是利用做多、做空对资产价格变动方向进行下注，该策略注重自上而下的宏观研究分析，利用宏观经济的基本原理来识别各类金融资产价格的未来趋势或错误定价。因此，要想运用这种策略取胜，就需要有对宏观经济的准确理解和择时判断能力。在对某一个投资方向下注时，宏观对冲策略通常会利用杠杆。因为方向型投资与杠杆的使用使全球宏观对冲策略天生就具有较大的波动性，一旦判断正确，投资者可获得巨额利润。当然，如果判断失误，其损失也非常巨大。

2012 年，宏观策略对冲基金业绩优秀，平均收益率高达 21.73%，为对冲网策略分类体系中收益率最高的策略，远超同期沪深 300 指数上涨 7.55%。在大盘持续表现弱势的行情中，宏观策略基金表现出了较好的绝对收益能力。由于宏观策略基金与股票和债券低相关性，而且收益高，宏观策略对冲基金吸引了不少投资者的眼球。由于宏观策略基金在国内仍处于萌芽阶段，基金数量很少，2011 年之前无该策略对冲基金，对指数维持初始状态，目前专注于宏观策略基金的几家机构在 2012 年以来的弱市中着实"秀"了一把，有望带动该策略对冲人气。

具体说来，如图 2 - 10 所示，全年宏观策略展现出了绝对的收益能力，在 A 股市场整体缺乏趋势性机会的情况下，顺利跑赢了大盘。但在最近 1 个月和最近 3 个月宏观策略收益却不如大盘，甚至在最近 3 个月沪深指数获得 10.02% 收益率的时候，宏观策略却出现了亏损，说明宏观策略对冲基金业绩表现并不稳定。

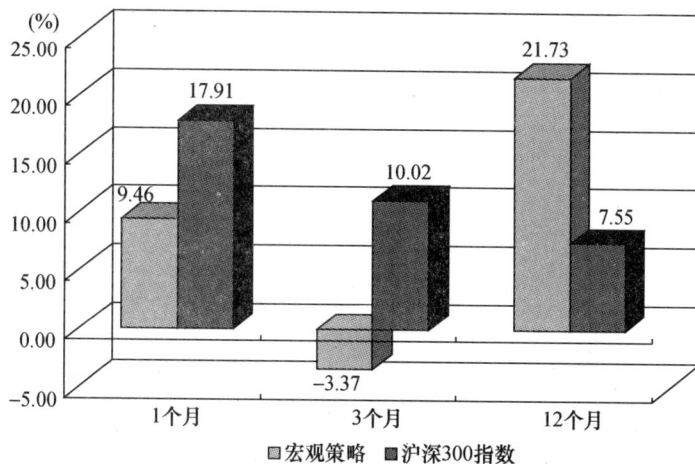

图 2 - 10　宏观策略对冲基金平均收益与沪深 300 指数收益比较
资料来源：对冲网数据库，阿尔法研究中心。

值得注意的是，由于国内金融市场不够开放，这种策略对海外市场的投资受到严格的限制。目前，宏观策略基金还无法在全球范围内进行资产配置，投资标的也仅限于国内的股票、债券、商品期货、股指期货。与此同时，国内的投资工具也"囊中羞涩"。受限于国内衍生品种的缺乏，宏观策略基金可使用的投资工具受到不少限制，例如，由于融资融券的券源较少、成本较高，因此做空股票大多只能依靠股指期货来实现。同时，由于缺乏利率期货，无法做空债券也是重要的原因。衍生品种的稀缺削弱了宏观策略基金具有灵活性的优势，严重影响了宏观策略对冲基金的业绩表现。

（三）管理期货（CTA）策略对冲基金的收益分析

2012 年，CTA 策略对冲基金平均收益率为 7.6%，与沪深 300 指数收益表现基本持平，后者 2012 年的收益率为 7.55%，由于 12 月股市火爆，上涨 17.91%，导致最近 1 个月和最近 3 个月管理期货的业绩都未跑过大盘，这也说明相比股票型基金，CTA 策略对冲基金不依赖于市场行情的涨跌，更加依赖于基金管理人的管理能力，其业绩具有可持续性。从历史数据来看，管理期货指数与沪深 300 指数收益率之差呈现稳步扩大趋势，如图 2-11 所示，两年的管理期货平均收益率达 21.42%，三年的高达 61.97%，而沪深 300 指数两年收益率为 -19.35%，三年收益率为 -29.44%，两者的差额随着投资期限加长逐步扩大。

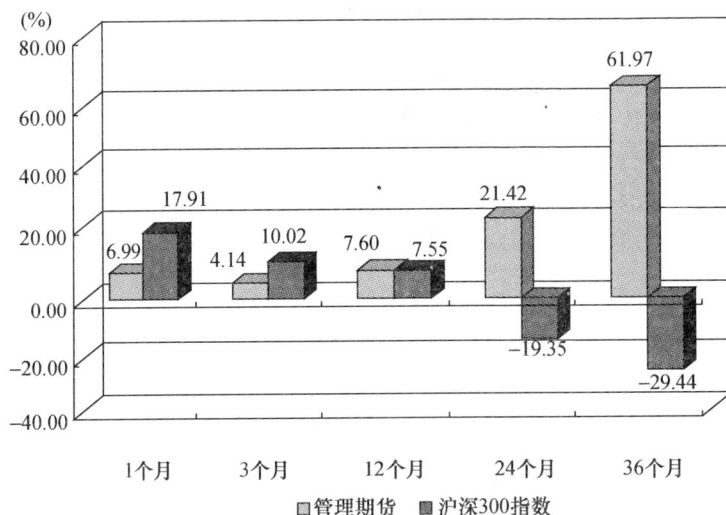

图 2-11　管理期货策略对冲基金平均收益与沪深 300 指数收益比较

资料来源：对冲网数据库，阿尔法研究中心。

在众多资产类别中，CTA 策略基金虽然回报不是最高，但被历史证明是业绩最平稳的。由于其与股票、债券等传统市场以及其他对冲策略基金的低（甚至负）相关性，在熊市中也能获利等特点，CTA 策略基金成为众多机构投资者的理想资产配置标的，尤其适合养老基金、捐赠基金等长期资金的风险偏好和收益需求。对于目前养老金"空账"规模保守估计约 1.3 万亿元的中国，如何实现养老金账户稳健地保值增值，无疑值得借鉴。在对冲基金家族，既能防范股票市场系统风险，又具有在熊市中赚钱能力的类别非 CTA 基金莫属。其显示出 CTA 策略对冲基金的投资魅力，该策略对冲基金的未来发展前景及收益被看好。表 2-3 为成熟市场 CTA 策略对冲基金与其他类别投资的相关系数。

表 2-3　成熟市场 CTA 策略对冲基金与其他类别投资的相关系数

资产类别	相关系数
全球股票（MSCI 全球总回报指数）	-0.089
美国股票（标普 500 总回报指数）	-0.153
欧洲股票（EUROSTOXX 总回报指数）	-0.173
新兴市场股票（MSCI 新兴市场总回报指数）	0.037

续表

资产类别	相关系数
全球债券（摩根大通全球累计回报指数）	0.267
大宗商品（标普高盛商品总回报指数）	0.174
股票型对冲基金（HFRX 股票对冲基金指数）	0.176
事件驱动型对冲基金（HFRX 事件驱动型对冲基金指数）	0.094
相对价值对冲基金（HFRX 相对价值套利指数）	0.000

资料来源：彭博资讯。

2012 年有完整净值发布周期的 CTA 策略对冲基金收益率前五名分别为凯丰基金、淘利趋势套利 1 号、颉昂——商品对冲 1 期、康腾 1 号、非却投资交易一部。见表 2 - 4，CTA 策略对冲基金排名第一的凯丰基金收益率达到惊人的 400.72%，但同时排名第五的非却投资交易一部收益率为 109.76%，两者收益竟相差 4 倍左右，可见管理期货策略对冲基金收益水平的差距巨大，一方面 CTA 策略对冲基金能为投资者带来超高额回报，另一方面基金经理的投资水平参差不齐，优质的 CTA 策略对冲基金数量稀少。因此，投资者在选择 CTA 策略对冲基金时需要认真考查基金经理的投资水平及投资风格，避免冒险。

表 2 - 4　2012 年 CTA 策略对冲基金收益率前五名

基金简称	成立时间	投资顾问	基金经理	更新时间	累计净值	年收益率（%）
凯丰基金	2010 - 09 - 08	凯丰投资	吴星	2012 - 12 - 31	8.7946	400.72
淘利趋势套利 1 号	2012 - 07 - 23	淘利资产	肖辉	2012 - 12 - 27	2.3697	136.97
颉昂——商品对冲 1 期	2011 - 09 - 23	颉昂投资	周亚东	2012 - 12 - 21	2.3268	115.03
康腾 1 号	2012 - 06 - 20	康腾投资	邓文杰	2012 - 12 - 31	2.1179	111.79
非却投资交易一部	2011 - 01 - 18	非却投资	林如涵	2012 - 12 - 31	1.4096	109.76

资料来源：对冲网数据库，阿尔法研究中心。

（四）固定收益方向型策略对冲基金的收益分析

固定收益方向型策略基金投向于债券、货币等稳定收益市场，更加依赖于相关宏观经济数据的变动，像消费者价格指数（CPI）、采购经理指数（PMI）、国内生产总值等，这些数据的好坏将影响国家宏观经济政策，如调整银行存款利率、银行存款准备金、银行间 7 天质押式回购利率等，而且将直接影响到债券货币二级市场价格及新发行品种的利率，投资者在选择此类策略对冲基金时应参照国家相关经济政策。此外，固定收益方向型基金存在结构化产品，该产品有收益杠杆，能满足寻求较高收益投资者的需求。

如图 2 - 12 所示，截至 2012 年 12 月 31 日，固定收益方向型对冲基金由于受到最后 1 个月和 3 个月的业绩拖累，全年平均收益率只有 2.88%，表现一般，低于同期一年期银行存款利率，更不及同期大盘的表现。但正如前面所述，由于受到投资范围的限制，固定收益方向型策略与其他对冲基金投资策略相比稳定性要高，风险要小。

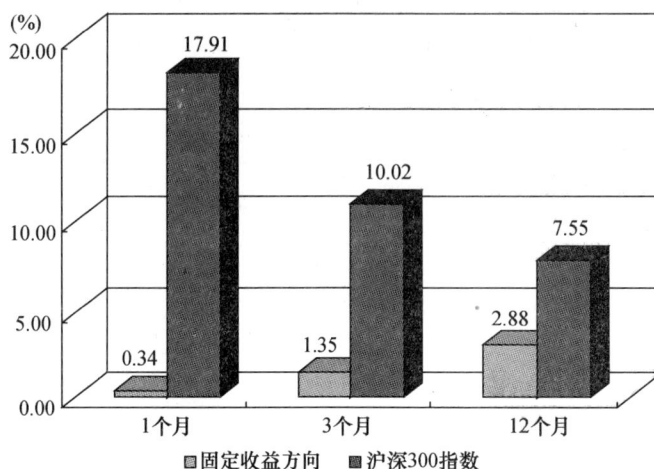

图 2－12　固定收益方向型策略对冲基金平均收益与沪深 300 指数收益比较

资料来源：对冲网数据库，阿尔法研究中心。

如表 2－5 所示，2012 年度有完整净值发布周期的中国固定收益方向型对冲基金收益率前五名分别为五矿信托——民晟盘马、光大阳光 5 号、安信理财 1 号、光大阳光稳健添利、兴业金麒麟 1 号。可以看到，中国固定收益方向型前 5 名策略中除了排名第一的五矿信托——民晟盘马，其余都是券商系的集合理财产品，一方面是由于券商在债券货币市场相比阳光私募公司有天然的优势，另一方面是由于目前固定收益方向型策略对冲基金收益率不高，阳光私募公司缺乏投资热情，但随着企业私募债的来临及结构化（提高收益杠杆）设计提高固定收益方向型策略对冲基金的收益，未来必将有更多的阳光私募公司介入该策略产品。同时从该策略前五名收益情况看，相比其他策略，该策略收益率较低，但净值持续稳步增长，具体走势投资者可以查看对冲网数据库，对于有资金安全需求且有抗通胀要求的投资者，该策略对冲基金有非常高的吸引力。

表 2－5　中国固定收益方向型对冲基金 2012 年年底收益率前五名

基金简称	成立时间	投资顾问	基金经理	更新时间	累计净值	年收益率（%）
五矿信托——民晟盘马	2011－07－15	民晟资产	蔡明	2012－12－28	1.2426	15.37
光大阳光 5 号	2009－01－21	光大证券	李剑铭	2012－12－30	1.191	14.25
安信理财 1 号	2012－01－17	安信证券	尹占华	2012－12－31	1.2852	14.12
光大阳光稳健添利	2012－05－25	光大证券	李剑铭	2012－12－31	1.1068	12.32
兴业金麒麟 1 号	2009－03－27	兴业证券	朱文杰	2012－12－31	1.0868	10.71

资料来源：对冲网数据库，阿尔法研究中心。

二、相对价值型策略对冲基金的收益分析

如图 2－13 所示，2012 年相对价值型策略对冲基金变现良好，平均收益率达 10.41%，高于沪深 300 指数收益。全年走势先扬后抑，上半年上涨势头良好，下半年表现不好，特别是在

最近 1 个月和 3 个月分别只上涨了 0.97% 和 1.40%，远低于沪深 300 指数收益。从稳定性上来看，相对价值策略月度波动小，2012 年最大月回撤仅 0.84%，稳定性仅次于投资于货币债券等市场的固定收益方向型策略指数，而股票型基金的未来业绩却有很强的不确定性，相对价值型策略对冲基金业绩可持续性强，但收益有限。从个别基金层面看，相对价值型策略高收益基金与低收益基金差距不大，平均收益离散程度较小，总体运行良好。

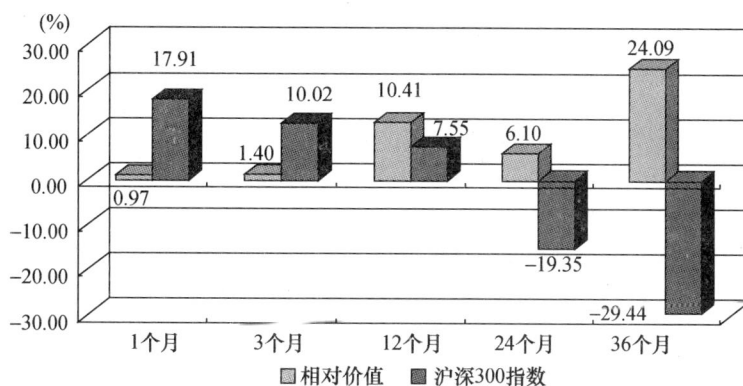

图 2 - 13 相对价值型策略对冲基金平均收益与沪深 300 指数收益比较

资料来源：对冲网数据库，阿尔法研究中心。

如表 2 - 6 所示，2012 年有完整净值发布周期的相对价值型策略对冲基金收益率前五名分别为信合全球、信合东方、淘利套利 1 号、锝金 1 号、国泰君安君享套利 2 号。值得一提的是，由于目前国内相对价值型策略对冲基金数量稀少，对冲网数据库收集的 74 只相对价值型策略对冲基金仅有 52 只在 2012 年 11 月之后有正常业绩公布，而无业绩公布的基金剔除出后续指数计算范围内，且此 52 只基金中有超过一半成立于 2012 年之后，本身收益并不是很高，成立时间短，按月度计算收益率就高很多了，如收益率排名第四的锝金 1 号截至 2012 年年底成立时间仅 7 个月左右，收益率为 8.13%，如果按此收益计算年化收益率约为 13.94%，故造成相对价值型指数收益率偏高不符合逻辑的假象，实际上相对价值指数收益率并未过高估算该类基金的收益，随着相对价值型策略对冲基金数量的增多，个别基金对指数值的走势影响弱化，该策略基金指数将更加科学。

表 2 - 6 相对价值型策略对冲基金 2012 年年底收益率前五名

基金简称	成立时间	投资顾问	基金经理	更新时间	累计净值	年收益率（%）
信合全球	2011 - 02 - 28	倚天阁	唐伟晔 黄如洪	2012 - 12 - 30	1.411	22.38
信合东方	2007 - 12 - 31	倚天阁	黄如洪 唐伟晔	2012 - 12 - 30	3.9201	22.11
淘利套利 1 号	2012 - 03 - 06	淘利资产	肖辉	2012 - 12 - 27	1.1238	12.38
锝金 1 号	2012 - 05 - 25	锝金资产	任思泓	2012 - 12 - 31	1.0813	8.13
国泰君安君享套利 2 号	2011 - 07 - 27	国泰君安证券	钟玉聪 章飚	2012 - 12 - 31	1.091	7.69

资料来源：对冲网数据库，阿尔法研究中心。

由相对价值型策略对冲基金收益率前 5 名可知，相对价值型策略对冲基金收益不会非常高，但远高于银行存款及债券货币市场收益，该策略对冲基金的走势十分稳健，具体可查看对冲网数据库（http://www.duichongwang.com.cn/），稳步获利，回撤风险小，追求较高收益（高于银行存款利率）但厌恶风险的投资者可以重点关注此策略对冲基金。

三、事件驱动型策略对冲基金的收益分析

2012 年事件驱动型对冲基金的平均收益率为 19.16%，为对冲网策略分类体系收益排名第二的策略。由于事件驱动型策略投资的主要标的物是股票，故其业绩表现走势与大盘比较一致，如图 2 - 14 所示，2012 年事件驱动型对冲基金收益与沪深 300 指数收益方向相同，只是具体在某一个时间段两者的走势强度不同，但随着事件驱动型策略逐步成熟，收益差有扩大的趋势，可见事件驱动型策略又优于普通的股票投资策略。

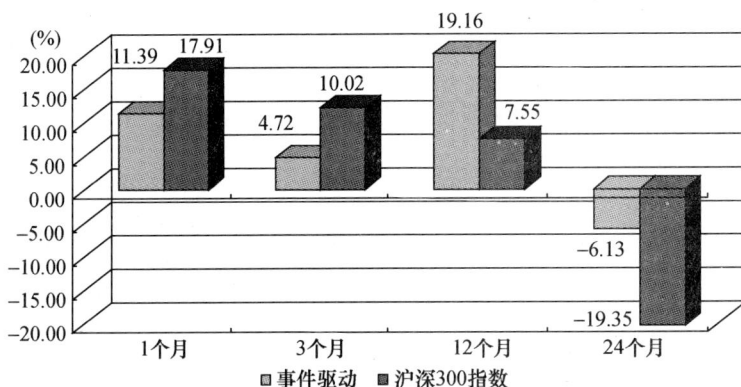

图 2 - 14　事件驱动型策略对冲基金平均收益与沪深 300 指数收益比较
资料来源：对冲网数据库，阿尔法研究中心。

如表 2 - 7 所示，2012 年有完整净值发布周期的事件驱动型策略对冲基金收益率前五名分别为昆仑信托——东源定增指数型基金 1 期、山东信托——泽熙 3 期、外贸信托——东源定增量化 1 期、苏州信托——东源定增指数型基金 1 期、中信信托——柘弓 1 期。从表 2 - 7 中可以看出，事件驱动型策略前五名策略中东源（天津）股权投资占据了三名的位置，这绝非偶然，而是事件驱动型策略更加依赖基金管理人对股价波动事件敏锐的眼光，而同个投资顾问旗下产品可以共享信息，因而出现了优异的基金集中现象。投资者在关照此类策略对冲基金的时候应该重点关照该公司旗下产品业绩是否具有普遍一致性以及对影响股价变动事件的观察把控能力。

表 2 - 7　事件驱动型策略对冲基金 2012 年年底收益率前五名

基金简称	成立时间	投资顾问	基金经理	更新时间	累计净值	年收益率（%）
昆仑信托——东源定增指数型基金 1 期	2011 - 10 - 14	东源（天津）股权投资	王伟林	2012 - 12 - 30	1.1484	38.42
山东信托——泽熙 3 期	2010 - 07 - 07	泽熙投资	徐翔	2012 - 12 - 30	1.4544	25.67

续表

基金简称	成立时间	投资顾问	基金经理	更新时间	累计净值	年收益率（%）
外贸信托——东源定增量化1期	2012－10－17	东源（天津）股权投资	王伟林	2012－12－31	1.2506	25.06
苏州信托——东源定增指数型基金1期	2012－05－25	东源（天津）股权投资	王伟林	2012－12－28	1.0367	19.07
中信信托——柘弓1期	2009－12－07	柘弓投资	陶然峰	2012－12－31	1.0836	17.85

资料来源：对冲网数据库，阿尔法研究中心。

四、基金的基金（FOF）策略对冲基金的收益分析

根据对冲网数据库数据显示，2012年中国FOF整体表现不佳，从2012年开始A股持续下跌，FOF仅有5个月平均收益上涨，而且涨幅较小，全年平均收益为－0.43%，同期沪深300指数上涨7.55%，跑输大盘。其主要原因在于股市长期低迷导致基金谨慎低仓位策略，2012年12月，A股在持续下跌后绝地反弹，当月沪深300指数上涨17.91%，FOF只获得4.04%的平均收益率，但从中长期走势而言，FOF策略表现一直优于沪深300指数，具体如图2－15所示，两年和三年的FOF业绩表现都好于沪深300指数。

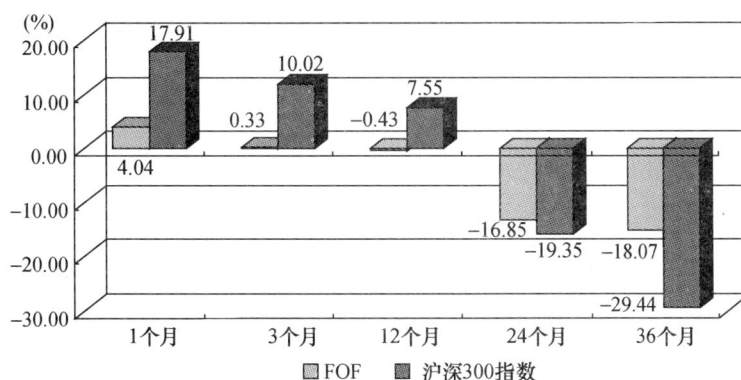

图2－15　FOF策略对冲基金平均收益与沪深300指数收益比较

资料来源：对冲网数据库，阿尔法研究中心。

中国FOF对冲基金投资策略主要以单边做多的股票市场为主，与市场行情相关性较强。12月，大盘走强，FOF也出现一定幅度的上涨。FOF策略在中国市场上还是没有实现绝对收益的策略，在市场下降的时候，没有对抗市场下跌的能力。其原因在于中国阳光私募的FOF目前的投资策略还是单边做多的股票市场，当股票市场下跌时无法实现风险的分散以及投资品种上的分散，同时目前的FOF投资也没有明显的战胜市场的能力，原因在于FOF投资策略单一、投资品种单一，投资组合的构建无法有效创造附加价值。

随着中国衍生品市场的发展，股指期货、融资融券的推出完善了股票市场内在的稳定机

制，抑制了单边市场，为市场提供了做空手段和双向交易机制，降低了市场的波动幅度，为市场提供了避险的工具，完善了金融产品提携，增加了市场的广度和深度，为中国基金的发展奠定了产品基础，因此国内 FOF 产品未来的发展前景广阔。

2012 年有完整净值发布周期的基金的基金策略对冲基金收益率前五名分别为东源（天津）股权投资基金、精·赢 2010 年第 1 期、外贸信托——双赢（12 期）、外贸信托——双赢（11 期）、外贸信托——中行 TOT——成长组合（见表 2 - 8）。FOF 策略采用的是组合策略，其收益率综合了众多投资基金的收益，相比其他策略对冲基金，其很难出现很高的收益率，但收益较为平稳，风险较其他容易出现高收益策略的基金低，从 FOF 策略对冲基金前五名的收益情况来看，排名第一的东源（天津）股权投资基金收益达到了 38.43%，已经相当可观。

表 2 - 8　2012 年基金的基金策略对冲基金收益率前五名

基金简称	成立时间	投资顾问	基金经理	更新时间	累计净值	年收益率（%）
东源（天津）股权投资基金	2011 - 08 - 08	东源股权	王伟林	2012 - 12 - 28	1.0367	38.43
精·赢 2010 年第 1 期	2010 - 08 - 12	星石投资	—	2012 - 12 - 31	1.1502	23.93
外贸信托——双赢（12 期）	2011 - 06 - 10	—	—	2012 - 12 - 31	1.0537	18.68
外贸信托——双赢（11 期）	2011 - 08 - 14	—	—	2012 - 12 - 31	1.0677	16.24
外贸信托——中行 TOT——成长组合	2011 - 05 - 11	鼎锋资产	张高	2012 - 12 - 31	1.0812	17.71

资料来源：对冲网数据库，阿尔法研究中心。

第二节　对冲基金的风险分析

一个成熟的投资顾问应该建立一个能够禁得起各种市场考验的风控体系，在 2012 年，这一点尤为重要。笔者将分析对冲基金的波动率、下行风险等风险控制指标，以期表现这个行业整体的风险特征。

一、波动率情况分析

风险控制机制是投资者必须要了解的。很多投资者之所以选择对冲基金是因为其看重的就是"绝对回报"的理念，对这一理念的解读之一就是产品净值的持续创新高能力以及较小的波动。因此，笔者依然从标注差的指标开始分析私募基金的收益波动情况。作为最直观的风险指标之一，标准差代表着基金收益率的波动程度，当标准差越大时，即基金的净值波动越大，相对来说风险也越高。图 2 - 16 显示了近一年对冲基金产品的收益波动率分布。可以看出，2012 年的收益波动率基本分布在纵坐标轴的两侧，2012 年全年的收益率与波动率基本呈负相关，即波动率越大，收益率越低，甚至收益率为负的部分产品波动率却很大。可见，2012 年全年的市场呈现很强的震荡趋势,风险较大。

从图 2-16 中可以看出波动率分布依然以负相关趋势为主,获得高收益的那些产品在各个波动率区间均有出现。如"信合东方",两年收益率为 22.55%,收益波动率仅为 5.0128%;也有"呈瑞 1 期"这样的产品,两年收益率为 37.58%,波动率为 27.10%,收益波动率高出平均值很多,属于较为典型的高风险、高收益类型的产品。

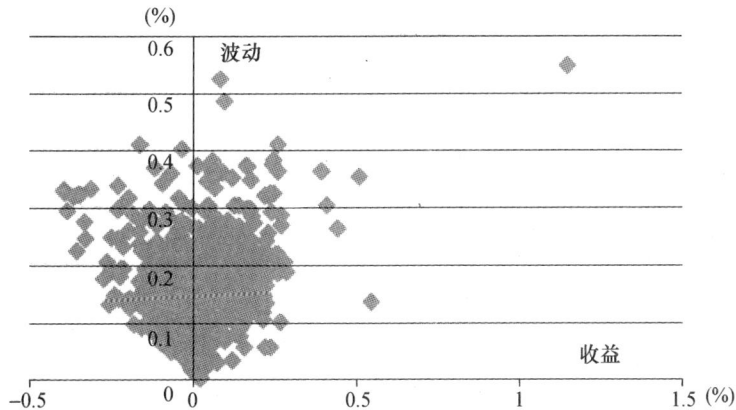

图 2-16 近一年对冲基金收益波动率分布

资料来源:对冲网数据库,阿尔法研究中心。

如图 2-17 和图 2-18 所示,近三年收益波动率分布与近一年和近两年的收益波动率分布相比要分散一些,但呈现出略微的正相关关系,其中不乏波动率较低同时获取高收益的产品。"信合东方有限合伙"三年年化收益率为 28.26%,排在三年期产品业绩的第一位,波动率仅为 7.11%,相当稳健。如"塔晶狮王",其三年年化收益率为 -9.69%,波动率却高达 41.94%,远高于平均波动率。

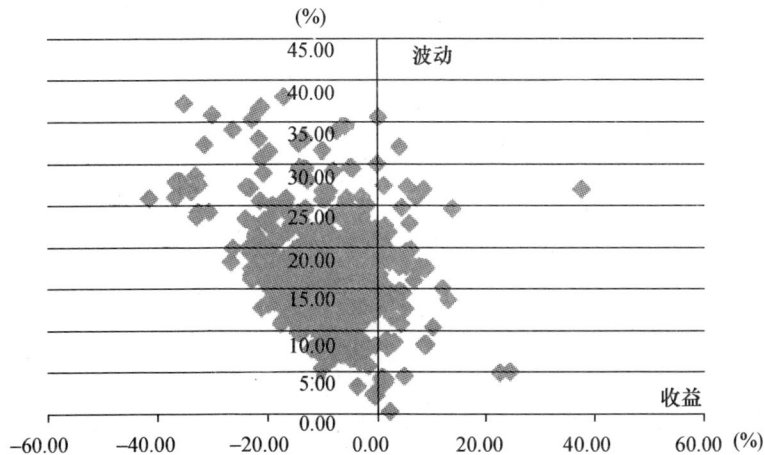

图 2-17 近两年对冲基金收益波动率分布

资料来源:对冲网数据库,阿尔法研究中心。

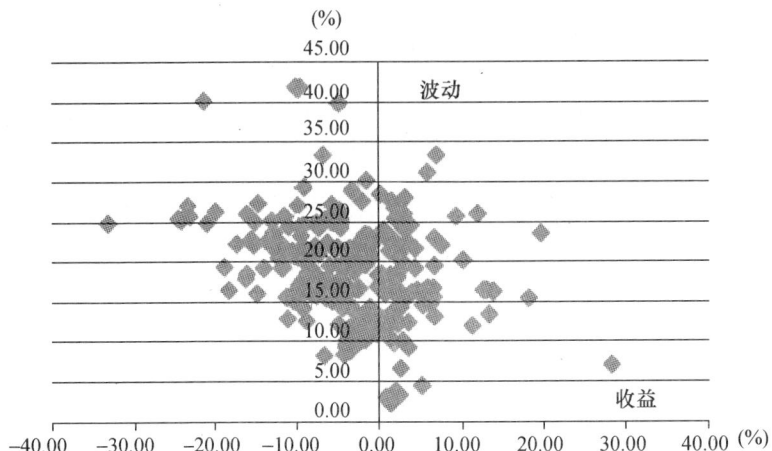

图2-18　近三年对冲基金收益波动率分布

资料来源：对冲网数据库，阿尔法研究中心。

二、下行风险控制

不同的盈利模式决定了不同的产品在不同阶段的爆发点不同。在一轮牛市或者一轮较长时间的震荡行情中，行业、风格的变动将使不同风格的对冲基金产品接连获利，产品净值出现阶段性的快速增长，而快速增长之后往往会紧跟市场一定程度的回撤。

对冲基金产品以获取绝对收益为目标，力求客户的资产保值增值。因此，对于净值的下行回撤应尤为注意。对于私募投资顾问来说，在净值下跌10%时，他们一般都会召开决策委员会，对仓位及个股的行情重新进行考虑和判断，利用没有最低仓位要求的优势，灵活地调整仓位，甚至在大盘出现危机时能够及时有效地清仓，防止净值进一步下跌造成更大的损失。

如图2-19所示，观察2012年对冲基金的最大回撤指标可以发现，受到2012年市场持续

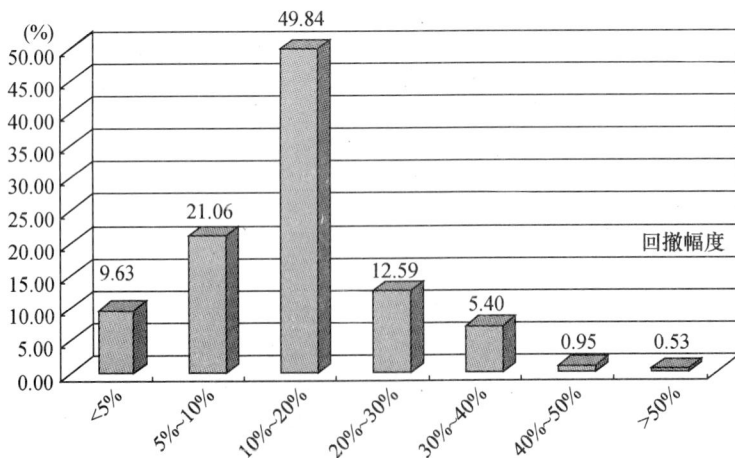

图2-19　近一年对冲基金的最大回撤幅度分布

资料来源：对冲网数据库，阿尔法研究中心。

震荡的影响，回撤幅度小于5%的产品较2011年大幅下降，仅有9.63%的产品下行回撤在5%以内。如图2-20所示近两年的最大回撤幅度总体比2012年要大，平均回撤达30%左右，而2012年平均最大回撤幅度不到20%。

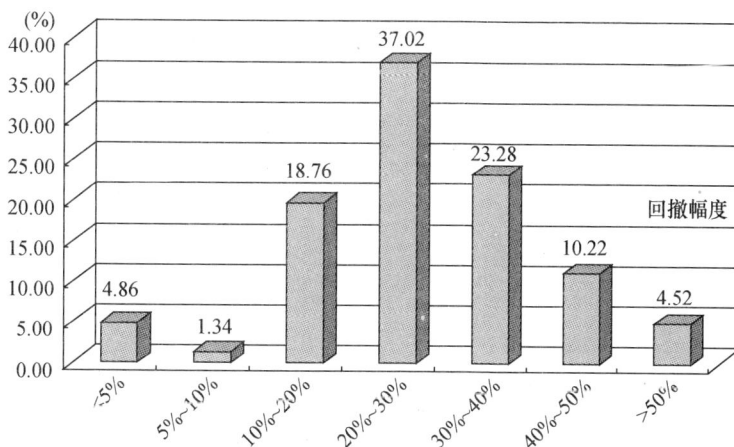

图2-20 近两年对冲基金的最大回撤幅度分布

资料来源：对冲网数据库，阿尔法研究中心。

由于将2009年排除在三年统计范围之外，因此三年最大回撤幅度分布要比2011年的同期分布稳定许多。超过一半的产品三年间最大回撤控制在30%以内，8.04%的产品回撤幅度在5%以内，对于运作满三年的对冲基金产品来说非常难得（见图2-21）。

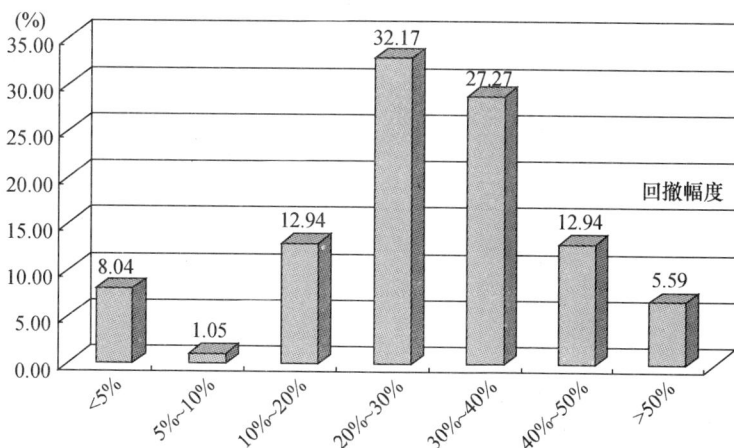

图2-21 近三年对冲基金的最大回撤幅度分布

资料来源：对冲网数据库，阿尔法研究中心。

表2-9显示的是2012年对冲基金最大回撤排名前十位的产品名单，排名第一的是"东方远见1期（国民）"，这只产品发行于2008年1月29日，自2011年下半年开始净值近乎直线。值得注意的是排名第九位和第十位的产品投资顾问星石投资的情况在2008年的大熊市中以稳健的投资策略脱颖而出，在2009年和2010年市场的震荡调整过程中业绩并没有特别突出，在2012年市场低迷的情况下，星石一改空头基调，两度高调唱多，转向战略进攻。但牛市不是一蹴而就的，政策上的风吹草动不会对宏观经济起到立竿见影的效果，因而星石也不会大幅加

仓，而是采取塔式建仓策略来逐步实现。

表 2-9　2012 年对冲基金的最大回撤幅度排名前十位

简称	投资顾问	成立时间	最大回撤（%）	2012 年收益率（%）
东方远见 1 期（国民）	东方远见资产	2008 - 01 - 29	0.12	1.57
慧安 10 期	慧安投资	2011 - 02 - 18	0.15	5.22
慧安 9 号	慧安投资	2011 - 09 - 28	0.37	7.55
万丰友方避险增值 2 期	万丰友方投资	2009 - 06 - 17	0.42	12.01
丰瑞世纪 2 期	丰瑞世纪投资	2010 - 03 - 31	0.76	2.26
信合东方有限合伙	倚天阁投资	2007 - 12 - 31	1.67	23.66
尊嘉 ALPHA	尊嘉资产	2011 - 04 - 21	1.72	8.27
信合东方	倚天阁投资	2010 - 09 - 27	1.76	21.75
星石 1 期	星石投资	2007 - 07 - 30	1.81	0.70
星石 4 期	星石投资	2008 - 02 - 02	1.85	0.58

资料来源：对冲网数据库，阿尔法研究中心。

此外，见表 2-10，近三年对冲基金最大回撤幅度排名第一的倚天阁投资旗下的信合东方有限合伙自 2008 年 1 月 1 日正式开始运行，截至 2012 年 12 月 31 日，近三年收益率达到 111.01%。信合东方无连续两个月出现亏损，实现了每个季度盈利的目标。

表 2-10　近三年对冲基金的最大回撤幅度排名前十位

简称	投资顾问	成立时间	最大回撤（%）	近三年收益率（%）
信合东方有限合伙	倚天阁投资	2007 - 12 - 31	1.67	111.01
星石 1 期	星石投资	2007 - 07 - 30	2.83	3.60
星石 13 期	星石投资	2009 - 05 - 21	2.84	4.15
星石 4 期	星石投资	2008 - 02 - 02	2.85	4.03
星石 10 期	星石投资	2009 - 03 - 12	2.89	3.39
星石 6 期	星石投资	2008 - 06 - 30	2.89	3.58
展博 1 期	展博投资	2009 - 06 - 15	2.90	69.67
星石 16 期	星石投资	2009 - 07 - 20	2.91	4.21
星石 7 期	星石投资	2008 - 08 - 18	2.91	3.52
星石 5 期	星石投资	2008 - 04 - 28	2.92	3.60

资料来源：对冲网数据库，阿尔法研究中心。

第三节　对冲基金风险调整后的收益分析

有了风险的理念，就可以讨论关于投资的另外一个重要问题：投资者和投资管理者的能力是如何体现和评判的？是收益吗？是风险吗？笔者认为，不只是投资收益，也不只是风险，而是收益与风险的比值。美国经济学家马科维茨是金融历史上第一个运用投资组合理论来考虑投资的风险与收益问题的人，建立了权衡收益与风险的理论框架，开创了现代投资组合理论的先河。

一、夏普比率

1990 年诺贝尔经济学奖得主威廉·夏普（William Sharpe）以投资学最重要的理论基础资本资产定价模式（Capital Asset Pricing Model，CAPM）为出发点，研究出闻名遐迩的夏普比率（Sharpe Ratio），又被称为夏普指数，用以衡量金融资产的绩效表现。

威廉·夏普理论的核心思想是：理性的投资者将选择并持有有效的投资组合，即那些在给定的风险水平下使期望回报最大化的投资组合，或那些在给定期望回报率的水平上使风险最小化的投资组合。这个思想解释起来非常简单，他认为投资者在建立有风险的投资组合时至少应该要求投资回报达到无风险投资的回报，或者更多。

夏普比率低意味着基金是通过承担较高的风险获取收益，夏普比率高意味着基金分散和降低非系统性风险的能力较高，收益率还有上升空间，当夏普比率位于 CML 上方时，表明基金表现优于市场的总体表现。

如图 2 - 22 所示，观察 2012 年对冲基金夏普比率分布情况，其在大于零的区间占产品总量的 60% 左右。2010～2012 年对冲基金夏普比率集中在大于零的区间的比率则只为 35% 左右（见图 2 - 23）。这些数据都表明，对冲基金的整体风险承受能力有所提高，单位风险带来的收益处于上升状态。

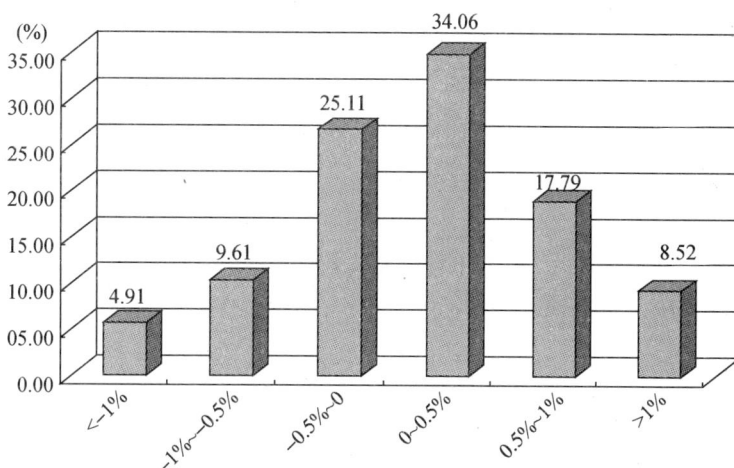

图 2 - 22　2012 年对冲基金夏普比率分布

资料来源：对冲网数据库，阿尔法研究中心。

二、詹森指数

1968 年，美国经济学家迈克尔·詹森（Michael C. Jensen）发表了《1945～1964 年共同基

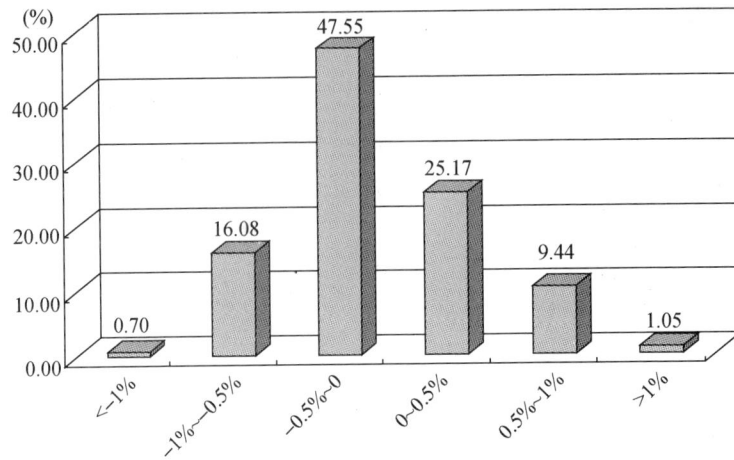

图 2 - 23 2010 ~ 2012 年三年对冲基金夏普比率分布

资料来源:对冲网数据库,阿尔法研究中心。

金的业绩》一文,提出了这个以资本资产定价模型(CAPM)为基础的业绩衡量指数,它能评估基金的业绩优于基准的程度,通过比较考察基金收益率与由定价模型 CAPM 得出的预期收益率之差,即用基金的实际收益超过它所承受风险对应的预期收益的部分来评价基金,此差额部分就是与基金经理业绩直接相关的收益。

优秀的基金产品在于能够通过主动投资管理,追求超越大盘的业绩表现。这说明基金投资不仅要有收益,更要获得超越市场平均水准的超额收益。将这一投资理念量化后贯彻到基金产品中来,就是要通过主动管理的方式,追求詹森指数(或称阿尔法值)的最大化,来创造基金投资超额收益的最大化。只有战胜了市场基准组合获得超额收益,才是专家理财概念的最佳诠释。投资者只有投资这样的基金产品,才能真正达到委托理财,获得最大收益的目的。

如图 2 - 24 所示,在 2012 的统计中,27.83% 的对冲基金产品詹森指数为正,较 2011 年大幅下降,而三年期的詹森指数高达 87.21%(见图 2 - 25)。

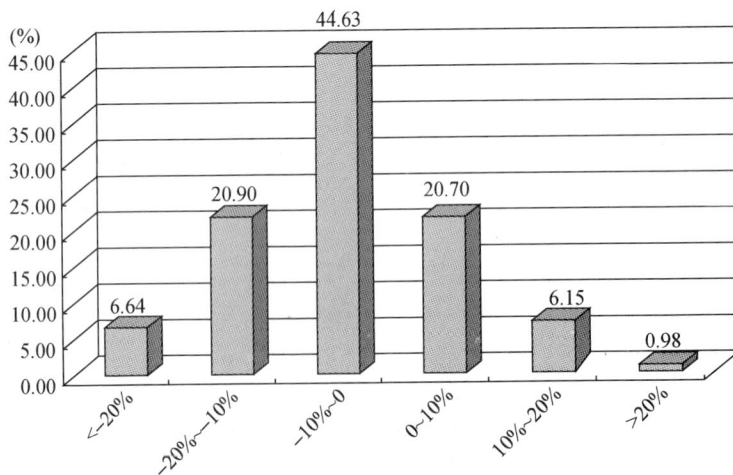

图 2 - 24 2012 年对冲基金詹森指数分布

资料来源:对冲网数据库,阿尔法研究中心。

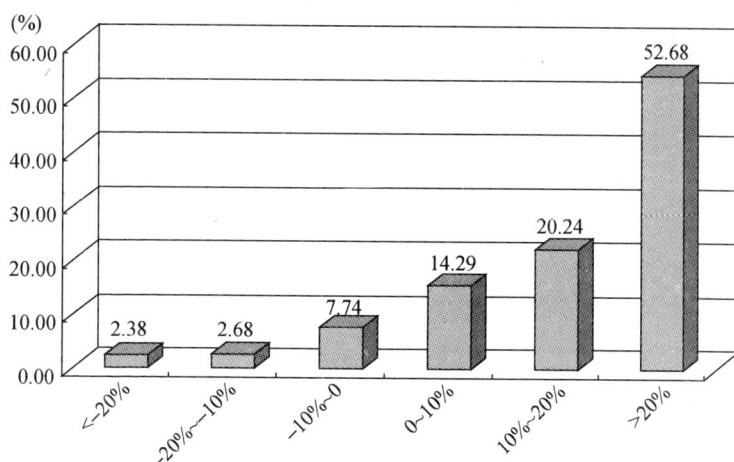

图 2 – 25 2010～2012 年三年对冲基金詹森指数分布

资料来源：对冲网数据库，阿尔法研究中心。

　　我国证券投资基金的绩效是以基金净资产为标准进行评价的，但是这种方法存在的局限性也是非常明显的，主要表现在以下两个方面：其一，该方法没有把风险作为评价基金业绩好坏的因素考虑在内，没有将收益率进行风险调整，而是停留在对收益率的量的衡量上，没有进一步对收益率的质进行衡量，而只有同质的量才具有较好的可比性；其二，该指标与基金是何时发行的有很大的关系，即与证券市场的周期相关，比如评价期 n 是牛市，而 n－1 期为熊市，而基金 A 是 n－1 期发行的，它经历了一个熊市和一个牛市，但是基金 B 则是 n 期发行的，它只经历了一个牛市，此时并不能以评价期末 B 的单位净值高于 A 的单位净值而得出在评价期 n 内基金 B 的业绩好于基金 A 的业绩的结论。因此，基金资产净值法在不同时期发行的基金之间不具有可比性。

　　这些都需要引进基金风险综合指标评价方法，才能相对科学、准确地对对冲基金进行评价。因此，笔者引入了夏普、詹森等风险调整后收益指标对对冲基金的收益能力进行评价。

第 三 章

对冲基金参与主体的情况分析

第一节 投资顾问的状况

一、投资顾问的分布情况

按公司注册地区统计，与往年相比，投资顾问公司的区域分布范围在不断扩大，但是2012年上海、深圳、广州、北京、天津地区仍然是对冲基金投资顾问的聚集地，目前集中分布在这些地区的投资顾问公司约占总数的83.24%，与2011年的83%大致相同。其中，最大占比的城市是上海，为34.99%，超出总数1/3的公司数量都集中在这里，其次是深广地区，占比27.26%，京津地区占比20.99%。此外，这些一线城市的周边地区受到影响，具有地理位置、经济、金融等方面的比较优势，并成为越来越多投资顾问公司开展业务的选址地。例如江苏、浙江、福建等地投资顾问公司数量也较多，江苏、浙江和福建地区的公司占比分别为2.95%、4.24%和2.03%。与沿海发达地区相比，中西部地区的数量仍然较少。

如图3-1、表3-1反映了近三年投资顾问公司分布地区占比和变化情况。可以看出，在

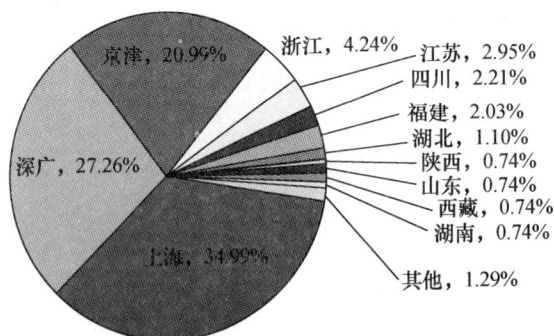

图3-1 2012年投资顾问公司地区分布

注：其他包括：山西、安徽、河南、贵州、新疆、江西、辽宁。

资料来源：对冲网数据库，阿尔法研究中心。

表 3 – 1 2010～2012 年投资顾问公司分布情况

地区	2010 年数量（家）	2010 年占比（%）	2011 年数量（家）	2011 年占比（%）	2012 年数量（家）	2012 年占比（%）	2012 年同比年增长率（%）
长三角地区	160	40.82	187	40.48	213	41.68	13.90
珠三角地区	112	28.57	128	27.71	141	27.59	10.16
京津地区	83	21.17	98	21.21	106	20.74	8.16
其他地区	37	9.44	49	10.61	51	9.98	4.08
总计	392	100.00	462	100.00	511	100.00	10.61

资料来源：对冲网数据库，阿尔法研究中心。

这三年中，投资顾问公司的总数量和分布在各地区的投资顾问公司的数量是递增的。2011 年比 2010 年的增长幅度不是很大，由 392 家增长至 462 家，其中长三角地区的投资顾问数量占比这两年差不多，都约为 41%，其次是珠三角地区的公司数量占比。2012 年的增长幅度是比较大的，总数量由 2011 年的 462 家增长至 2012 年的 511 家，其中，长三角地区数量的增幅是最大的，增长幅度为 13.90%，虽然各个地区分布的投资顾问公司的绝对数量增加，但是各个地区所占总数的比例变化不大，只有长三角地区的占比有小幅度的上升，其他地区则是小幅度下降。

二、投资顾问的特征变化

近几年中国的对冲基金异军突起，发展迅速，投资顾问公司跟随行业和市场的发展而处于动态变化的发展中。从近几年投资顾问公司的发展和分布可以看出，投资顾问大多数一直聚集在经济发达以及周边的地区，这些区域都是我国经济中取得飞快发展并起带头作用的区域，如北京、上海、深圳、广州等地。2011 年在西藏成立了一家阳光私募投资顾问，这算是投资顾问布局的一个突破，但是在中西部地区的投资顾问公司数量仍然较少。2012 年，虽然股市在最后一个月中有所上升，但是因为在前 11 个月中股市连连下跌，许多投资顾问公司遭受打击。许多对冲基金产品因为种种原因而清盘，整个对冲基金行业在市场下跌环境下面临着新一轮的洗牌。当前，投资顾问主要有如下几点新变化。

（一）高层管理人员"分道扬镳"

高层管理人员"分道扬镳"就是指近几年投资顾问中出现的"分家潮"现象严重，或者是内部管理层因为各种原因出现决裂。投资顾问公司中的基金经理队伍可谓人才济济，但人才流动性较大，造成该结果的原因可能是因为投资理念出现分歧，又或者是因为利益分配不均等各种因素。这种分分合合的现象已屡见不鲜，在前几年就有不少例子，例如成立新东方的刘迅，在 2010 年声望达到顶点的唐雪来离开"新价值"，从菁英时代辞职的文婷和苏志坚自立门户，2011 年前中金和投资总监邓继军和研究总监彭迅双双离开并创建了自己的公司。2012 年，私募"分家潮"再次升级，例如 2 月，合赢投资总经理曾昭雄带着原属合赢投资的 4 个研究员离开，并另行组建深圳明耀投资管理有限公司；3 月，从容投资合伙人姜广策和从容董事长吕俊在微博上先宣布道不同不相为谋的消息，之后分道扬镳。

事实上，投资顾问公司合伙人大多是以投资起家，对公司管理和运营操作方面却不一定在行。在自身缺乏管理经验，也没有明确分工的背景下，合伙人容易产生冲突，最后"分道扬镳"也就不足为奇了。在这点上，星石投资采取了一个较好的合作模式，公司合伙人江晖专注于投资，公司管理人则由另一合伙人杨玲操作。此外，为了留住优秀人才，公司已经进行两轮员工入股计划，目前的股东数量达到了 10 名。

由于私募行业内频频出现"分家潮"，这意味着私募行业以及对冲基金行业发展到了瓶颈期。探讨适合自己的发展模式，将成为私募业者下一步要思考的问题。

（二）不平衡原则

不平衡原则运用在投资顾问公司的规模和分布上主要是指投资顾问的规模与其所管理的资金出现了"二八现象"，造成管理资金规模和企业规模的严重不平衡，即规模比较大的 20% 的投资顾问管理着 80% 的资金。当前，对冲基金行业分布呈现金字塔结构，管理规模超过 50 亿元的投资顾问公司数量仅占整体的 5% 左右，管理规模在 2 亿 ~50 亿元的投资顾问数量占总体数量的 20% 左右，而管理资产规模在 2 亿元以下的投资顾问公司数量则占总数量的 80% 左右。造成这种状况的原因主要有：现在规模较大的企业多数是成立时间比较早的公司，已经走过了创业初期的艰难时期，并经过了私募行业发展的初始阶段，业绩经过长时间的考验已经获得了投资者的认可，同时公司内部管理结构比较健全，具备管理较大规模资产的能力和配备。资产管理规模小的投资顾问公司一般都是成立不久的，面临的主要是生存危机，业绩和发展都没有进入快速上升的阶段，竞争能力相对较弱。投资顾问这种分布格局的出现，会在未来一段时间内持续造成"强者更强，弱者更弱"的现象。

（三）私募熊市并购潮

在市场下跌的过程中，私募行业中的投资顾问公司存在并购现象。在股市熊市的大环境下，有些公司大受打击，而有些公司则看到了发展的机会。例如，有意在对冲基金行业扩大产品规模的上海宝银投资咨询有限公司董事长崔军抓住了机会，经过努力后不仅成功收购陕西创赢投资理财公司 50% 的股权，更接手了"创赢 1 号"的实际管理权，成为私募并购的典型案例。有了这个成功的案例之后，很多企业也开始萌生并购的想法。例如，西域投资在多方接触之后以资金入股的方式成功入股了上海一家私募基金公司。诸如此类的并购和入股，还有很多。

一般被并购的都是一些业绩较差的小型私募基金公司，尤其是在熊市的大环境下，这些企业遭遇大量赎回，产品有可能遭遇清盘，这时公司出现大量亏损，自身经营困难。在这种境况下，面对业绩较好的基金管理人并购的意图，为了自身和客户的利益，选择转让产品管理权，做出双赢的选择。

三、投资顾问的业务新趋势

（一）开拓固定收益类产品领域

虽然 2012 年 12 月大盘止跌回升，但是从 2011 年 A 股市场一路下探直到 2012 年的 12 月大盘不断下跌，不仅股票投资者的信心大受打击，管理股票基金的基金经理也受到刺激。一向比债券型基金收益高的股票型基金的业绩也让人寒心，这在近两年发生了逆转。2012 年，偏股型基金交出 10 年以来的"最差成绩单",平均亏损幅度达到 25%。因为"刚性兑付"的行业自律,固定收益类信托产品以 8%~11% 的年化收益率来看,五矿信托——民晟盘马、北京信托——丰实融信 8 号和中海信托——浦江之星 22 号表现最佳,成立以来年化收益率分别达到 25.74%、16.29% 和 14.28%,仅有两只债券产品成立以来年化收益率为负。所以,银行理财产品、债券逆回购以及各种债券等投资标的成为投资者偏爱的对象。

为了满足市场和投资需求,基金公司发行固定收益类基金的数量也在不断增加中。回顾 2012 年基金公司发行的基金产品,固定收益类产品占据主流位置,债券型基金中如果剔除短期理财债券型基金,剩余的普通债券型基金的平均募集份额达到 25 亿份。与之相比,股票型基金的平均募集份额则不足 6 亿份,而且大量新成立的股票型基金遭遇大规模的赎回。截至 2012 年 11 月 4 日,市面上共有 24 家私募公司成立了 55 只投资于债券的对冲基金产品,除去 6 只是 2011 年成立的,其余 49 只产品都是成立于 2012 年,占比高达近九成。从 2012 年 11 月债券私募的募集规模来看,首只 QDII 债券私募——大中华债券募集 10 亿元,居于榜首。2012 年 12 月,49 家信托公司成立 295 只固定收益信托产品,纳入统计的 216 只产品的总规模是 379.08 亿元,平均每只产品规模为 1.76 亿元。12 月产品数量环比减少 0.67%,同比增加 4.98%。从成立总规模来看,12 月比 11 月减少 15.20%,同比增加 19.39%。据资料显示,发行债券型基金产品数量最多的是北京的佑瑞持,该公司目前已经有 20 多只债券型私募产品。这些产品的投资方向是国债、金融债、公司债券、固定收益类信托计划、固定收益类银行理财产品、逆回购等。

对资产规模较大的投资者来说,配置一定比例的债券型私募基金可以降低资产整体风险,债券型产品数量不断地增加,是对对冲基金行业产品多样化的一个重要补充。但是因为国内的利率市场还没有完全市场化,债券市场成交量不够活跃,同时缺乏有效的利率对冲工具,债券的衍生品较少。随着债券市场的逐步完善,各类债券型私募基金也将不断涌现,将来成为与股票类私募比肩的一类重要的私募基金,对私募行业的发展具有重要意义。

(二)开展公募基金产品业务

据不完全统计,截至 2012 年年底,对冲基金总规模已经接近 2000 亿元,但是与公募基金 2.87 万亿元的巨舰相比,私募基金仍然是中国资本市场上的一只小舢板。为了适应私募基金的发展需要,2012 年 12 月 28 日新的《基金法》获得通过,针对私募基金的特点,制定了相关监管法律法规,明确将非公开募集基金纳入监管。在 12 月 30 日,证监会发布了《资产管理机构开展公募债券投资基金管理业务暂行规定(征求意见稿)》,并将于 2013 年 6 月与新的《基金法》一起实施,拟放开私募基金开展公募基金业务的资格。

在 2011 年 8 月就有两只创新型 QDII——投资海外 REITs 即房地产信托凭证的 QDII 基金已经获批发行,分别是"诺安收益不动产基金"和"鹏华美国房地产证券投资基金"。在之后的 11 月,鹏华基金又大胆地将投资目标锁定在了全球范围内已经上市的国际私募股权基金上。在私募借公募通道涉足合格境内投资者(QDII)专户模式中,QDII 专户资金的来源有的是由公募自身找来的一对一客户,有的则是私募多年积累的高净值客户。和公募 QDII 专户合作的私募多为阳光私募。据 Wind 数据显示,截至 2012 年 11 月底,在国内募资、投资于海外市场的全部 4 只券商 QDII 中,华泰证券紫金龙大中华、光大全球灵活配置和中金大中华股票配置 2012 年分别取得 18%、2.7% 和 0.9% 的正收益率,仅有国泰君安君富香江收益为负。其中,华泰证券紫金龙大中华的收益率列券商全部同类存续产品的首位。

私募基金公司已经有多年的资产管理业务经验，现有资产规模也相当巨大，风险控制体系和制度安排较为完善，进入公募基金领域可以为基金持有人提供更好的理财服务。同时，开展公募基金业务，也可以利用自身在资金、渠道、客户和研究能力等方面的优势吸引各类资金进入资本市场进行投资，有利于壮大投资者队伍，促进资本市场的长期稳定健康发展。但是私募基金申请开展公募基金业务有较高的资格要求，经过近3年的熊市之后，符合条件的私募基金却是凤毛麟角。其中，上海重阳投资、北京星石投资、上海朱雀投资、上海凯石益正、上海正大等几家机构各方面基本符合条件。可见，私募基金要通过公募基金的通道拓展业务范围，还有很长的路要走。

（三）快速推进柜台交易市场

中国证券业协会于2012年12月21日发布《证券公司柜台交易业务规范》，该规范将柜台交易市场的交易产品定位为私募产品，这标志着证券公司柜台交易业务试点正式启动。其中，海通证券、国泰君安证券、国信证券、申银万国证券、中信建投证券、广发证券、兴业证券7家证券公司成为首批试点券商。按照目前的政策，场外市场包括三个层次：全国性的场外市场即"新三板"、区域性股权市场，以及券商自办的柜台市场。新三板市场和区域性股权市场都是集中托管的市场，而券商柜台则分散在各个证券公司，券商可以自办柜台交易产品的登记、托管等中介业务，因此灵活性更高，更适合满足客户特殊需求。

通过现行的柜台交易市场（OTC），相应的对冲基金产品也呼之欲出。据了解，海通证券此次首批发售了预期年化收益率为5.6%的海通月月财优先级6月期1号和"一海通财"系列产品，"一海通财"包括365天1号、14天1号、91天1号、35天1号人民币理财产品共4款。其中，年化收益率分别为7%、4%、5.2%和5%，并且这些产品全是固定收益产品。据海通证券进行投资者风险承受能力评估显示，这5款产品均适合进取型、稳健型投资者，其中"一海通财"14天1号与海通月月财优先级6月期1号则是比较适合保守型的投资者。在柜台交易业务上线后，每家券商都设计出自己独具特色的产品，将多年来券商同质化经营的格局彻底打破。

柜台交易与主板市场相比较，不仅可以解决中小企业和新兴企业融资困难的问题，还可以为风险投资提供多层次的推出渠道。但是，因为柜台交易才刚刚起步，因交易信息不够透明和公开、流动性差及做市商和相应的监管政策不健全等风险因素，柜台交易市场还需要较长时间的发展才能够成熟。

（四）开发另类投资市场，有效对抗通胀风险

2011年，中国经济银根紧缩、房价调控、股债双杀，已经让不少投资人"心有余悸"，"跑赢通胀"也成为经济热词之一。所以，2012年刚开始，红酒、收藏艺术品等"非主流"投资方式开始日趋红火。在国外，股票、房地产和艺术品被誉为投资的"三驾马车"。艺术品投资以其风险小、升值快、格调高，而成为投资者青睐的投资新宠。书画、瓷玉器等艺术品，因为同时具备收藏价值和投资价值，价格一路飙升，成为投资领域的"新贵"。同时，"份额化交易"兴起，艺术基金、艺术银行、艺术股票等创新金融理财模式相继出现。

中国的艺术品基金是从2007年开始的，中国民生银行推出首个银行艺术品理财产品——"非凡理财·艺术品投资计划1号"，该基金虽然遭遇了2008年的金融危机，但是投资该基金的客户2年后净收益仍超过25%。这给更多投资者信心来投资艺术品基金。随后的2009年，艺术品基金迎来井喷期，2009年以来发行了13款产品，规模达11.04亿元。而截至2011年年

底，国内近 30 家艺术品基金公司已经发行成立了超过 70 只艺术品基金，资金规模已经达到了 60 亿元。2012 年年初发行的鼎艺艺术品私募基金（一期）的预期收益率也高达 40%。数据显示，数款产品预期收益率最高的接近 12%。其中，方正东亚信托的"楚凤 1 号丹青隐山艺术品投资信托"预期收益率 11.8%，募资 7374 万元，投资期限 18 个月，为权益类信托；"中信·文道恒庐书画 1 号投资基金信托"预期收益率 11.5%，募资 5000 万元，期限 36 个月；预期收益率 11% 的"中信文道·梵云雅玩 2 号投资基金集合资金信托计划"，规模 5000 万元，期限 24 个月。

从全球艺术品市场在中国激增 177% 的 2010 年，到持续飙升的交易额一直让众人跌破眼镜的 2011 年，到 2012 年投资人逐渐趋于理性，艺术品拍卖市场处于深度调整期。拍卖行情直接影响艺术品金融市场，仅以艺术品信托来说，2012 年以来市场总体呈下降趋势。2012 年上半年，新发行的艺术品信托规模减半，上海信托、花融信托等 9 家信托公司发行"天雅 1 号"、"楚凤 1 号"等 16 款产品，信托规模 11.25 亿元。2011 年同期，7 家信托公司发行 14 款产品，信托规模达 25.86 亿元。

在负利率、通胀的压力下，投资红酒日益成为一种潮流。投资者将注意力集中在顶级红酒上，将其作为规避资金风险、对抗通胀风险的一种手段。在红酒领域，借鉴于伦敦国际红酒交易所运营模式，上海红酒交易和上海国际酒业交易中线分别在 2011 年年中和年底正式营业，并预计到 2015 年，整个市场会达到 1500 亿元的交易额度。中国第一只红酒期权私募基金——"鼎红基金"于 2011 年 9 月成立，其封闭期是 5 年，资金总规模 10 亿元，投资配比是 60% 现货瓶装新酒和 40% 的期酒。

中国商业银行期酒理财产品也"附身"红酒投资热潮，年化收益率可接近 10%。最早推出红酒信托的是 2008 年工行和中粮信托，工行面向私人客户定期都会推出酒类理财产品。截至 2012 年 7 月，共发行了 4 款酒类信托，平均收益率为 8%。2008 年 8 月，工行联手中海信托、中粮集团共同推出首款期酒概念理财产品"君顶酒庄红酒收益权信托理财产品"；2009 年，建行云南分行推出红酒信托理财产品；2012 年 7 月，工行又推出主要面向 800 万元以上高端 VIP 客户的"张裕爱斐堡期酒信托投机计划"，销售火爆。

虽然高端红酒市场常以自己的"微经济"而不大受周围环境影响著称，但是经济的冲击还是影响到了红酒市场。作为高端红酒价格上涨领军品牌的王者拉菲也在其飞涨 8 年后，出现了价格下降，最高跌幅高达 40%。不过正是整个红酒市场的下滑，给投资者带来更多理性的思考，我国红酒市场也朝着理性与完善发展。

除了以上几种抗通胀类信托产品，2011 年 9 月底，平安信托首推"平安财富·超越通胀（防御型）2 号"产品，这是与物价指数（CPI）变动挂钩的信托理财产品，其收益率为 5% ~ 10%。这款产品在投资期间不能赎回，但为保障流动性，每季度分配利益一次，其收益根据这一季度中各个月的 CPI 决定。这款产品的投资起点是 100 万元，期限 1.5 年，预期收益率将跟随 CPI 浮动，每月收益以上月 CPI 加上 1.5% 的预期年化收益率来计算。也就是说，产品的实际收益取决于产品成立后的 18 个月 CPI 指数。该产品最高年化收益率不超过 10%，平安信托可保证 5% 的最低收益率。

平安信托公司还发行了结构性产品——"平安财富·君恒稳健系列集合资金信托计划"，将固定收益产品与金融衍生交易合而为一，其中衍生品投资部分的挂钩标的涵盖了全球范围内的股票、商品、利率、汇率、指数等多个领域。该信托计划挂钩的标的为在 A 股香港地区上市的安硕富时 A50 中国指数 ETF。自 2011 年以来，由于 A 股市场持续震荡，具有这种

"固定＋衍生"的信托结构性产品，既能分散投资风险，又有实现较高收益率的可能性，因此备受投资者青睐。在未来的一段时间，这种产品的发行和交易将不断增加。

（五）打造全方位资产配置平台

"不要把鸡蛋放在一个篮子里"是投资界的至理名言。随着中国资本市场的快速发展，投资者可以选择的金融工具越来越多，不妨摒弃单边做多的配置模式，多利用融券做空、结构性选股做多的组合模式应对。一些以具有足够多样化的产品线为支撑的大型私募公司已经将长期战略目标设为"为客户做资产配置"。例如，深圳民森投资有限公司，该公司具有四大产品线，分别是对冲基金、固定收益、阳光私募（证券投资类）和奢侈品投资，分别在天津民晟、深圳民森投资、龙天和康财富管理公司主体上运作，但这三家公司由同一股东控制。

投资顾问业务要定位在为客户进行全方位的理财规划，根据客户的具体情况和需求，为客户量身定制资产配置规划和理财方案。取得客户认可后，为客户做金融产品配置，通过销售各类金融产品来获得中间收入。投资顾问是为高净值客户服务的，应提供全能型的金融业务。

当然，能够提供这种全方位资产配置业务的投资顾问公司也须做好如下几点：一是加强投资顾问队伍建设。可以借鉴 AFP、CFP 建立投资顾问行业标准，实行持证上岗。加强更全面更广泛的相关知识培训。二是做大做强券商资产管理业务。要能提供尽可能多的金融产品。特别是中低风险的偏固定收益类产品，让顾客的需求在公司得到最大范围内的满足，同时也可以最大限度地提升客户价值。三是可以寻找外围战略伙伴。选择优秀的金融产品提供者，建立战略合作伙伴。四是做好高端客户分析。根据客户需求配置公司资产管理资源，研发相关金融产品。

第二节　产业链中的合作方

一、信托公司

（一）2012 年信托市场分析

如图 3－2 所示，2012 年，共有 68 个信托公司发行了 976 只对冲基金产品，外贸信托发行产品最多，达到 91 只，中海信托紧随其后，发行了 89 只，平安信托排在第三位，发行 80 只产品。排在第四、第五、第六名的长安信托、华宝信托、云南信托发行数量相差不大，分别为 68 只、63 只、63 只。排名前六位的信托公司发行总数达到 454 只，占有 46.5% 的市场份额。其余 62 家信托公司占余下的市场份额相对分散。

如图 3－3 所示，从累计发行产品数量来看，虽然 2012 年的发行速度有所减缓，但中融信托还是以明显的优势居于榜首，累计发行 202 只，深国投排在第二位，累计发行 184 只，外贸信托紧随其后，累计发行 180 只，平安信托和中信信托列第四、第五位，分别累计发行 168 只、137 只，其余信托公司发行数量都未超过 100 只，甚至除了排在第六位的兴业信托（发行 94 只），剩下的 82 家信托公司没有一家发行数量超过 70 只，一共只占有 36.89% 的市场份额，可见信托公司发行数量不平衡现象非常严重。

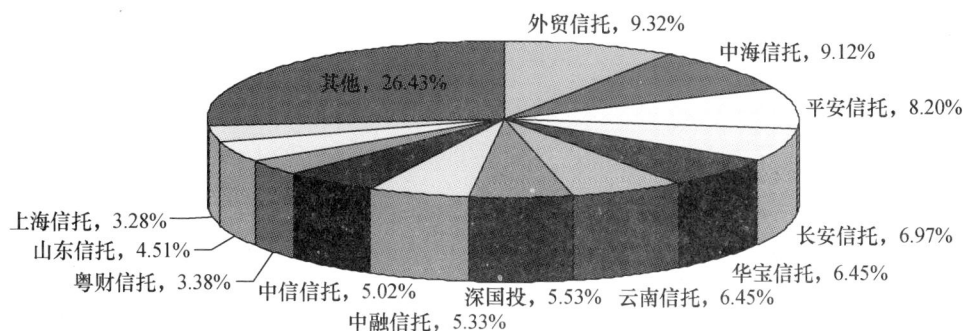

图 3 - 2　2012 年信托类对冲基金发行占比分布

资料来源：对冲网数据库，阿尔法研究中心。

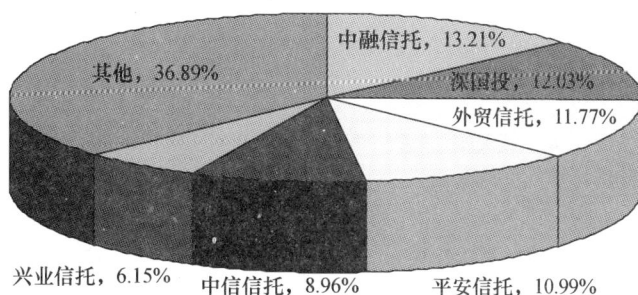

图 3 - 3　信托类对冲基金累计发行占比分布

资料来源：对冲网数据库，阿尔法研究中心。

从发行产品的类型来看，信托公司不再专注于一种产品（管理型或结构化），而是两种产品共同发展。2012 年发行结构化信托数量排名前三位的外贸信托、长安信托、中信信托，同时也出现在 2012 年发行管理型信托产品数量的前五名之列。

如表 3 - 2 所示，2012 年信托公司发行结构化信托产品数量减少，只有 100 只，较 2011 年减少了 55 只，外贸信托在最近三年发行结构化信托产品数量稳居第一位，但在 2012 年也只发行了 18 只，只占 2011 年发行数量的四成。2008 ~ 2010 年一直排在前五位的山东信托，最近两年在结构化市场的占有率优势不再明显，跌出五甲之外。中融信托的情况亦是如此，市场占有率一直下降。

表 3 - 2　在 2007 ~ 2012 年发行结构化信托产品数量排名前五位的信托公司

排名	2012 年	2011 年	2010 年	2009 年	2008 年	2007 年
1	外贸信托	外贸信托	外贸信托	山东信托	华宝信托	深国投
2	长安信托	兴业信托	中融信托	中融信托	长安信托	华宝信托
3	中信信托	长安信托	中信信托	中信信托	深国投	中泰信托
4	五矿信托	中信信托	山东信托	厦门信托	山东信托	
5	深国投、兴业信托	中融信托	中海信托	陕西信托、深国投、华宝信托	昆仑信托	

资料来源：对冲网数据库，阿尔法研究中心。

　　如图3-4所示，从累计发行结构化信托产品数量来看，由于最近三年的发行强势，外贸信托以120只的发行总数，遥遥领先。中融信托虽然2012年发行不佳，但凭借前几年的发行表现，仍排名第二位，累计发行64只。中信信托得益于最近三年的强势发行，累计发行数排名上升到了第三位。长安信托最近两年发行数量剧增，排名上升到了第四位。

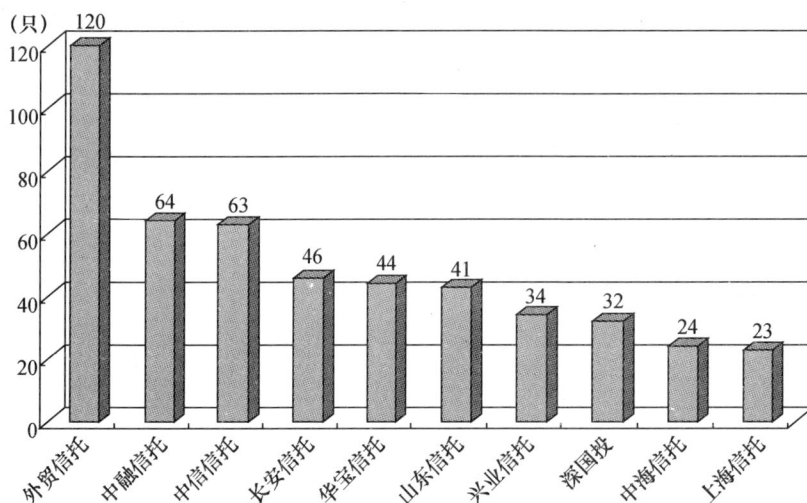

图3-4　累计发行结构化信托产品数排名前十位的信托公司
资料来源：对冲网数据库，阿尔法研究中心。

　　如表3-3所示，在管理型产品发行方面，外贸信托、平安信托延续2011年的强势劲头，在2012年继续排名前两位。国投信托突然发力，一下上升到第三位。中信信托强势回归，回到了第四位。长安信托在最近两年不仅在结构性信托发行市场上发展迅猛，在管理型信托发行市场上也不甘落后，2012年的名次上升到了第五位。

表3-3　在2007~2012年发行管理型信托产品数量排名前五位的信托公司

排名	2012年	2011年	2010年	2009年	2008年	2007年
1	外贸信托	外贸信托	中融信托	深国投	深国投	深国投
2	平安信托	平安信托	中信信托	中融信托	中融信托	平安信托
3	国投信托	兴业信托	平安信托	中信信托	厦门信托	云南信托
4	中信信托	中融信托	北京信托	平安信托	平安信托	厦门信托
5	长安信托	华宝信托	陕西信托、深国投	山东信托	山东信托、交银信托、云南信托	上海信托

资料来源：对冲网数据库，阿尔法研究中心。

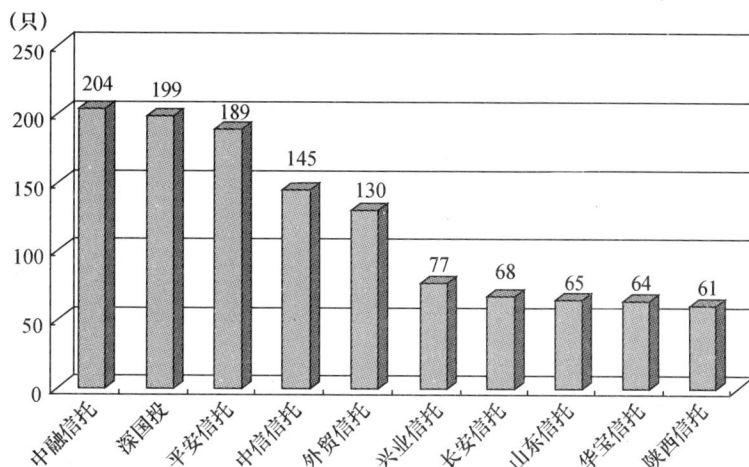

图3-5 累计发行管理型信托产品数排名前十位的信托公司

资料来源：对冲网数据库，阿尔法研究中心。

如图3-5所示，从累计发行管理型信托产品数看，中融信托虽然近三年发行态势有所减缓，但由于历史表现稳定，累计发行量居于第一位。深国投虽然最近三年的发行数量下滑严重，但由于在2007~2009年一直处于第一位置，累计发行量还排在第二位。平安信托发行数量一直稳中上升，2012年的发行数量上升到了第二位，累计发行量排在第三位。中信信托凭借前几年稳定的表现，以及2012年的反弹，现排名第四位。外贸信托近三年不仅在结构化信托发行市场优势明显，而且迅速抢占管理型信托发行市场，在2011年、2012年发行数量排名第一位，累计发行量上升至第五位。

（二）信托结构模式创新

在阳光私募经历连续多年的快速扩容后，证券信托账号稀少困扰行业继续发展的问题日益严峻，突围账户限制，私募结构创新频频。2011年以来，信托合伙制、伞形信托等结构模式创新逐渐面向市场。

1. 信托合伙制

所谓信托合伙制，是指信托公司发行信托产品计划向出资人募集资金，并以信托产品作为有限合伙人（LP）参与合伙制企业，而阳光私募基金团队则作为普通合伙人（GP）或者投资顾问提供投资决策，并按条款约定收取相应管理费和利润分红的私募组织形式。这种模式的优势是取长补短，有助于解决有限合伙制阳光私募与规模的限制问题，有利于规避政策限制，以及解决账户缺失的问题，并且可以规避个人所得税的征收问题。纯合伙制仍不被采纳，因为合伙制企业将面临双重征税（营业税和所得税双重税收）、工商注册烦琐和信息阳光化的问题。

有限合伙企业作为证券交易的主体，较好地解决了目前信托账户接近枯竭的现状。2012年这种模式的对冲基金取得了快速发展，目前长安信托、中融信托发行的产品多以这种模式为主，据对冲网、阿尔法研究中心不完全统计，2012年全年发行的对冲基金中有近一半采用了合伙制模式。

2. 伞形信托

伞形信托是指通过母子信托的模式成立阳光私募基金，其中母信托对应一个信托证券账号，在券商证券交易系统中实现股票买卖交易，子信托对应的是一个虚拟账号，子信托募集的资金在信托公司提供的虚拟交易系统中下达交易指令（见图3-6）。由于子信托采用的是虚拟账户，因而能克服证券投资信托账号短缺和账号费昂贵的问题。

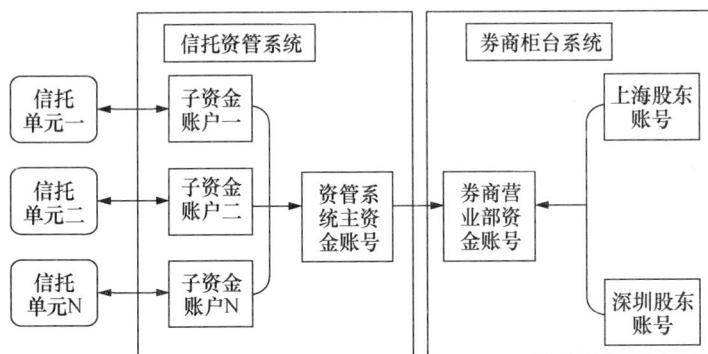

图3-6　伞形信托结构

重庆信托较早发行伞形私募基金，包括旗下的润丰系列产品；山西信托发行的大丰收系列也属于伞形私募基金，包括15个子信托和1个主信托。目前许多信托开始发行此类型产品，包括华润、平安和中融信托。

在信托账户成为稀缺资源后，采用伞形模式有以下几个优点：

首先，降低了产品的资金准入门槛。例如，传统的结构化产品一般要求3000万～5000万元起点，而采用伞形信托每个子信托一般1000万元起即可，甚至可以降低至300万～500万元，仅为传统规模的20%～30%，这可以让更多的客户参与到杠杆性投资中。

其次，利用规模效应可以降低子信托的账户费用，并实现在信托账户紧缺情况下的产品发行。按照伞形信托的设计原理，只要信托公司的IT系统能够承担交易指令负荷，理论上子信托可以无限扩充，总账户费用固定情况下，规模越大，子信托承担的成本也越低，同时解决了产品发行需求旺盛与信托账户稀缺之间的矛盾。

再次，实现同一种总信托账户下，满足各子信托单元对于资金运作方式、投资标的、杠杆比率以及期限等的不同需求。例如，对冲基金的不同客户群体对投资期限有着不同的偏好，通过伞形信托模式可以设计6个月、12个月、18个月等不同期限的产品，以此满足客户不同的时间匹配需求。

最后，伞形信托的一个交易席位下实际上存在多家对冲基金利用虚拟账户交易，也使得追踪对冲基金的操作痕迹变得很难实现，使部分对冲基金的交易保持了一定的私密性。

总之，这一新模式有以上创新，但是也存在"瓶颈"制约其发展。

例如，新模式下对冲基金面临初始成本过高的问题，或令一些中小对冲基金望而却步。如果伞形基金规模较大，每年定额缴账户费，可以实现规模效益，降低子信托的账户成本；如果伞形基金规模较小，以比例缴纳账户费则更节约成本，但总成本未必能够低于用传统账户的成本。

再如，为了从事伞形信托业务，信托公司前期需要重新安置一套装置以进行同一账户下的物理切割，据悉该套系统总成本不菲。若新《基金法》被发布，信托开新的证券账户的口子一定会打开，届时，伞形信托何去何从，值得深思。

伞形信托模式在投资顾问引入、投资操作规范、信息披露、净值清算和估值、投资比例限制等问题上也存在着一定的安全隐患，需要特别留意。

二、银行

（一）对冲基金托管业务

2012 年，对冲基金高速发展，进一步带动银行托管业务，整体业务水平稳中上升，市场基本延续 2011 年的分配格局，国有控股商业银行与全国性股份制商业银行平分天下。兴业银行继续领跑，但市场占有率优势有所下降。2011 年排名第四位的光大银行上升到了第二位，2011 年排名第五位的交通银行退出了前十位阵营，如图 3 – 7 和图 3 – 8 所示。

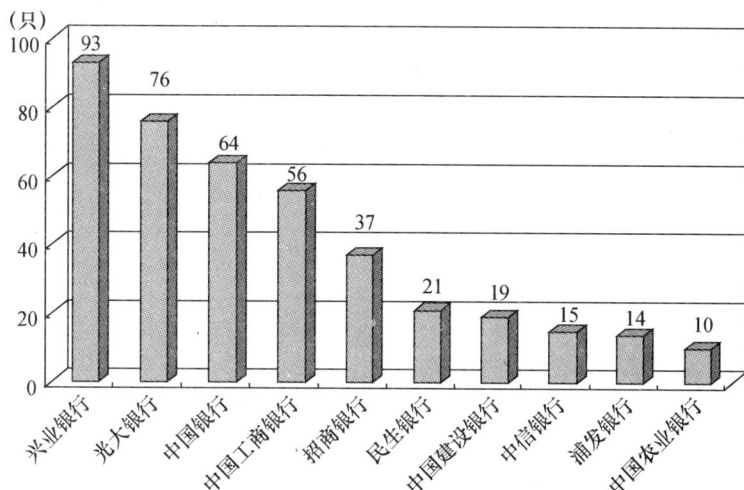

图 3 – 7　2012 年托管对冲基金产品数排名前十位的银行

资料来源：对冲网数据库，阿尔法研究中心。

如图 3 –9 所示，从累计托管对冲基金产品数量来看，虽然近两年被兴业银行超越，但凭借稳定的表现，中国工商银行、中国银行以及招商银行累计托管量排名前三位。兴业银行则相反，凭借这两年的冲击排名迅速上升至第四位。

（二）银行 FOF 的发展

除了托管业务，银行还以 FOF 形式参与对冲基金。自 2009 年以来，以银行为主导发行的 FOF 产品迅速发展，各大银行争相推出自己的筛选体系，为客户提供对冲基金的组合投资。

光大银行旗下的"阳光私募基金宝"是最早发行的一款银行系 FOF，产品设立之初，选择了 5 家对冲基金担任子信托的投资顾问，但近期将合作私募扩张到了 15 家，并根据自己不同的投资风格，将产品线在原有基点上向稳健型和进取型两个方向延伸，形成"平稳增长"、

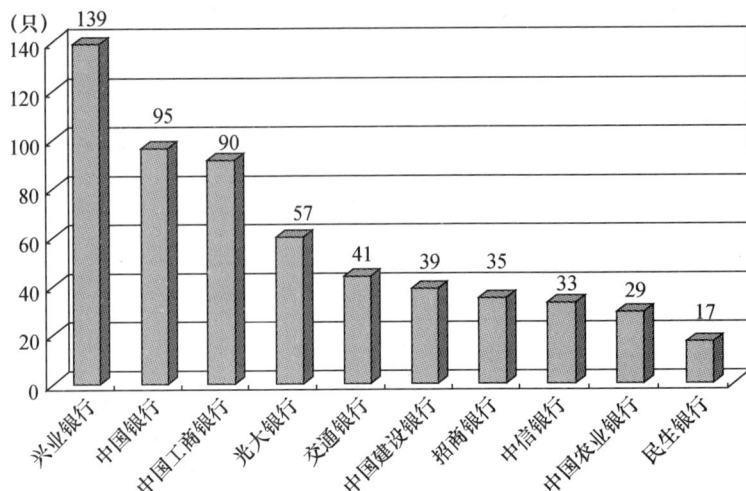

图3－8　2011年托管对冲基金产品数排名前十位的银行

资料来源：对冲网数据库，阿尔法研究中心。

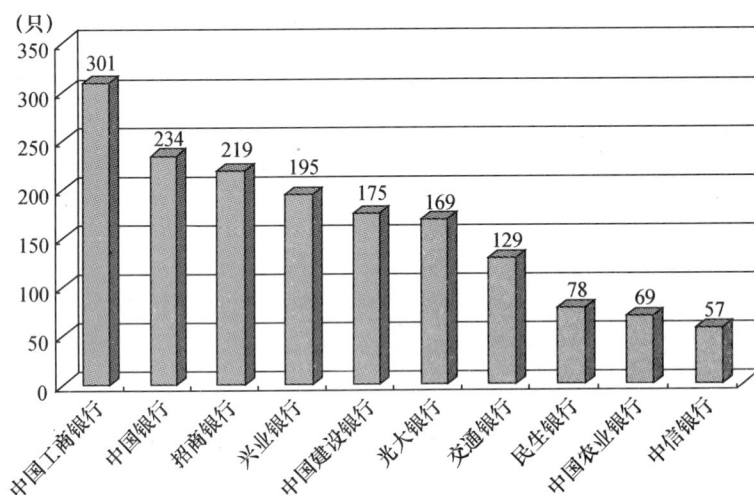

图3－9　累计托管对冲基金产品数排名前十位的银行

资料来源：对冲网数据库，阿尔法研究中心。

"均衡价值"、"积极成长"不同风险类型的子产品，造就伞形阳光私募基金宝理财产品。集中3款子产品的核心资产配置各有侧重：较为稳健的"平稳增长"以产品长期业绩波动率偏低的对冲基金为核心配置；"积极成长"则以投资风格偏向进取、偏爱中小盘成长公司投资的对冲基金为核心配置；"均衡价值"的投资风格介于两者之间。此外，该产品还提供上述3款产品以及稳健1号在内的4款产品之间的自由交换，投资者可以根据市场情况转换，以避免市场风险并获得绝对收益，中间不会再收取另外的申购和赎回费用。

不同于光大银行为客户提供多样性的选择，中国银行以提高抗风险能力的结构设计吸引客户。2011年11月17日成立的"时节—好雨4号"（又名"安心成长"）首次将"安全垫"设计嵌入每个子信托中，所选择的5家投资顾问必须以一定比例的自有资金有限补偿亏损，降低委托人的投资风险。中国银行率先发行了投资对冲基金的保本型银行理财产品，该款产品募集资金投向分为两部分，其中 60% 以上比例投向债券等固定收益资产，不超过 40% 的比例进行证券投资。

三、证券公司

伴随着理财市场的红火，2012 年券商集合理财发行数量剧增（见图 3 - 10），从 2011 年（见图 3 - 11）的 112 只增加到 197 只，排名前十位的券商发行数量普遍增加。

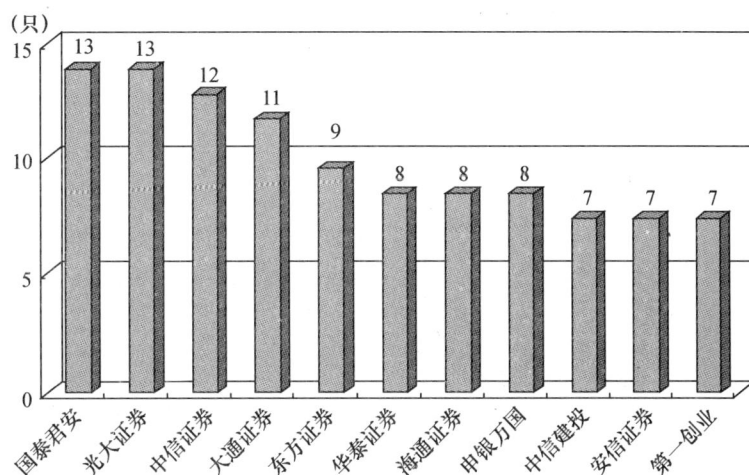

图 3 - 10　2012 年发行集合理财排名前十位的证券公司

资料来源：对冲网数据库，阿尔法研究中心。

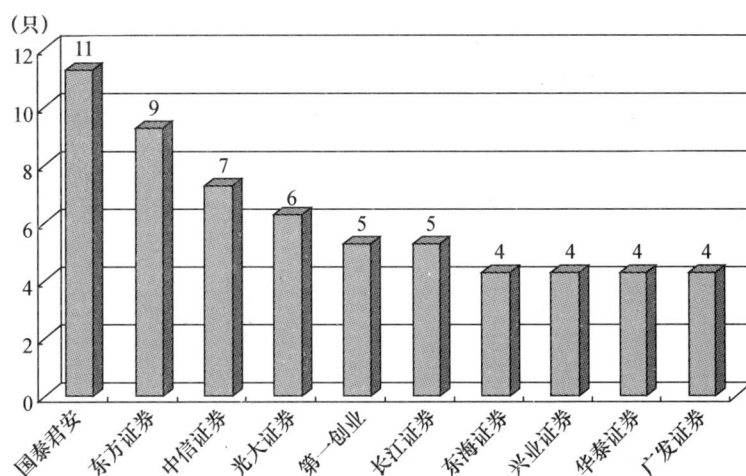

图 3 - 11　2011 年发行集合理财排名前十位的证券公司

资料来源：对冲网数据库，阿尔法研究中心。

如图 3 - 12 所示，从累计券商集合理财发行来看，市场占有率分配比较均匀，国泰君安凭借近两年的发行优势累计发行量排名第一位。东方证券虽然在 2012 年发行优势有所下降，但累计发行量仍排名第二位。

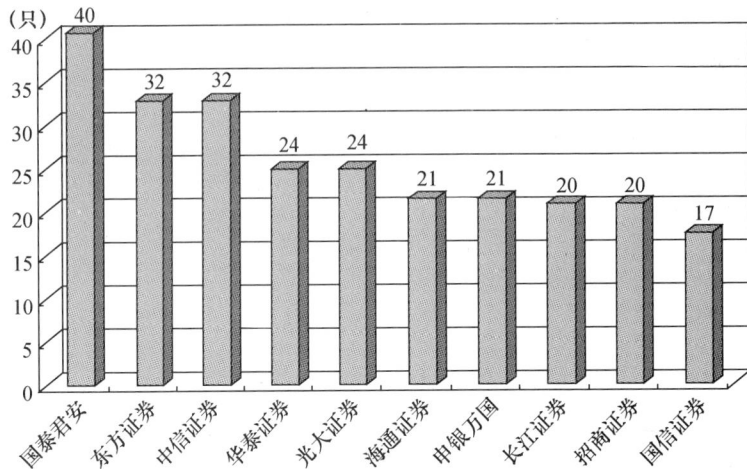

图 3 – 12　累计发行集合理财排名前十位的证券公司

资料来源：对冲网数据库，阿尔法研究中心。

四、第三方理财公司

与传统模式下的金融理财服务相比，第三方理财公司提供的是综合性理财服务，分为四种：专业理财规划建议与咨询，会员制服务，代销产品和进行委托理财。目前，我国的大多数第三方理财公司还处于初级阶段，仍主要担任"销售商"的角色：把市场上热门的产品销售给自己的客户，然后从相关金融机构收取一定的佣金。在对冲基金的发行中，也有不少第三方理财公司以"分销"的形式为主。数量庞大的第三方理财机构近几年如雨后春笋般涌出，与此同时，由于进入门槛低、盈利模式单一、竞争激烈、相对缺乏监管，行业存在的问题逐渐发酵、暴露。

（一）进入门槛低，乱象频现

目前，从事第三方理财机构注册资金只需 100 万元，只需完成工商注册即可开展业务，缺少严格的资格审查。由于进入门槛低，致使第三方理财行业内鱼龙混杂、良莠不齐，一些不合规的机构"浑水摸鱼"，对这一市场造成损害。与发达国家对比，国内的第三理财公司盈利模式单一，收入主要是产品佣金，结果存在很多不良竞争，比如"飞单"、"返佣"。迫于生存压力，一些第三方理财公司会做出损害客户利益的事，比如推荐佣金高但不适合客户的理财产品。

（二）监管空白亟待填补

目前，国内金融业是分业经营、分业监管，而财富管理行业需要在分业监管的环境下提供混业的服务，因此对第三方理财公司的监管主要不是体现在对机构的监管，而是对产品的监管。

第三方的理财产品涉及基金、信托、私募等多个种类，而除了证监会出台的《证券投资基金销售管理办法》、《证券投资基金销售结算资金管理暂行办法》覆盖公募基金销售这一块外，其他产品均处于真空状态，即对第三方理财公司销售对冲基金的监管还是空白。

由于缺乏监管体系，许多仓促成立的第三方理财机构实际上没有得到很好的指引，良莠不齐的现象也会让第三方理财"独立客观"的真正含义蒙上阴影，导致客户的不信任，长此以往不利于行业的发展。

（三）需积极探索商业模式

第三方理财公司应该是不依附于任何金融机构，中立并独立地为客户提供全方位、专业的理财规划，或根据客户要求提供委托理财的专业服务机构。目前，第三方理财市场的不规范行为客观上缺少监管，本质上我国第三方理财机构盈利模式单一，仅仅依靠代销各类理财产品为主要收入来源，缺乏完整的商业模式，而国外第三方理财机构以向客户收费为主流盈利模式，与国内向产品供应商收费的模式截然不同。因此，我国第三方理财需要不断创新，摸索出更加完善的商业盈利模式。

第 四 章

中国对冲策略面面观

第一节 股票多空仓策略

一、股票多空仓策略概况

股票多空仓策略是指运用基本面分析、技术分析、量化分析等方法投资于股票二级市场的一种对冲基金投资策略，是目前国内最常见的对冲基金投资策略，根据对冲网对冲基金策略分类体系，可以进一步把股票多空仓策略分为股票多空策略、股票多头策略、股票空头策略、股票行业策略4个子策略。

（一）股票多空策略

股票空头策略是指买入看好的股票，同时卖空看淡的股票。如果基金经理看好某公司的前景，他可以买入该公司的股票，如果基金经理不看好某公司的前景，他可以做空该公司的股票。通常，这两只股票属于同一行业，基于盈利前景、产品开发、管理才能、财政状况等因素，该策略与股票相关性很低，基金经理不会理会该两只股票的涨跌，仅获取两只股票未来股价变动的差价收益，投资收益更加依赖于基金经理的专业投资水平。

（二）股票多头策略

股票多头策略即人们通常的股票投资，是对冲基金最常使用的策略，同时也是股票多空仓策略对冲基金市场分类子策略中规模及数量份额最大的策略；占据对冲基金市场规模及数量统治地位，该策略注重于基金管理人个股的选择能力及对股市大盘的把控能力。

（三）股票空头策略

股票空头策略，顾名思义就是买进低估的股票的同时卖出高估的股票，经理人可以在不同的市场、产业和交易商品中转移部位，也可以利用期货和选择权等衍生性工具借以加大获利或进行避险。

过去，股票空头策略最常为机构投资人使用在现股与存股证（Depositary Receipt，DR）的价差套利上，经理人会先以历史数据模拟合理的价差，例如 DR 如果在海外出现折价的情况，经理人就可以在境内以高价放空现股，在海外则以相对低价买进等量的 DR。当 DR 在海外出现溢价的情况时，发行公司可以在赎回后的核准金额内再发行 DR，再在海外以较高的价钱卖出。以 DR 为例，由于存托凭证的权利、义务与一般普通股票相同，因此，两者的价格是有一致性的，这样有关联性的标的才能真正促成上述策略的操作。

不过上述方式有其实施的难度，最主要的原因在于市场套利机会有限，而每当套利机会发生，产生套利行为，则价差会迅速缩减，导致后来的经理人无法进行相同的操作。

（四）股票行业策略

将股票行业策略对冲基金募集资金定向投资于某一特定行业或者某几个特定行业股票，基金管理人通过研究预测出未来某些行业成长性高于其他行业，该策略更加注重基金管理人对宏观经济增长趋势的敏感度，也更加注重相关行业的专业分析技能。

二、我国股票多空仓策略对冲基金市场规模

根据对冲网数据显示，截至 2012 年 12 月底共收录了股票多空仓策略对冲基金 2644 只，占国内对冲基金总体规模的 78.41%，是我国对冲基金中运用最多的投资策略。

在这 2644 只股票多空仓策略对冲基金中，采用纯股票多头占绝大多数，有 2603 只，另外有 29 只股票采用股票多空策略，有 12 只股票采用行业对冲基金。由于目前国内市场做空机制的不健全，暂时未有股票空头策略的对冲基金。

按照发行渠道划分，其中以有限合伙运作基金 20 只、以信托结构化运作基金 1010 只、以信托非结构化运作基金 1271 只、专户理财 324 只、海外基金 19 只。

三、我国股票多空仓策略对冲基金业绩分析

2012 年年底，对冲网·中国股票多空仓指数（CAELSI）收于 776.82 点，较 2011 年年底下跌 11.95 点，跌幅为 1.54%，同期上证指数收于 2269.13 点，较 2011 年年底上涨 69.71 点，涨幅为 3.17%，沪深 300 指数收于 2522.95 点，较 2011 年年底上涨 177.21 点，涨幅为 7.55%；对冲网·中国对冲基金综合指数收于 803.12 点，较 2011 年年底下跌 9.09 点，跌幅为 1.13%。

2012 年股票多空仓策略对冲基金的表现较沪深 300 指数差。如图 4-1 所示，从走势上来看，2012 年 11 月之前股票多空仓指数一直领先于沪深 300 指数，但在 12 月股指大幅反弹过程中，绝大部分股票多空仓策略对冲基金反应迟钝，仓位较低，指数涨幅仅 5.01%，远落后于沪深 300 指数 17.91% 的涨幅，导致全年涨跌幅在最后一个月被沪深 300 指数反超。但由图 4-1 历史走势看，股票多空仓策略对冲基金表现一直优于沪深 300 指数，与沪深 300 指数收益率差一直处于正方向，股市连续 3 年的熊市导致基金经理股票仓位持仓谨慎，处于较低的持仓水平。也正因为此，在 2012 年最后一个月股市大幅反弹过程中，较低的持仓水平导致总体表现落后于沪深 300 指数，未来行情中基金经理是否能及时调整熊市过程中的惯性思维，有待市场验证。另外，由图 4-2 可以看出股票多空仓策略表现一直落后于对冲基金综合指数，熊市

行情导致股票多空仓策略为对冲基金各大策略体系中表现最差的策略，未来该策略对冲基金能否走出低迷状态，离不开股市行情的持续回暖拉动。

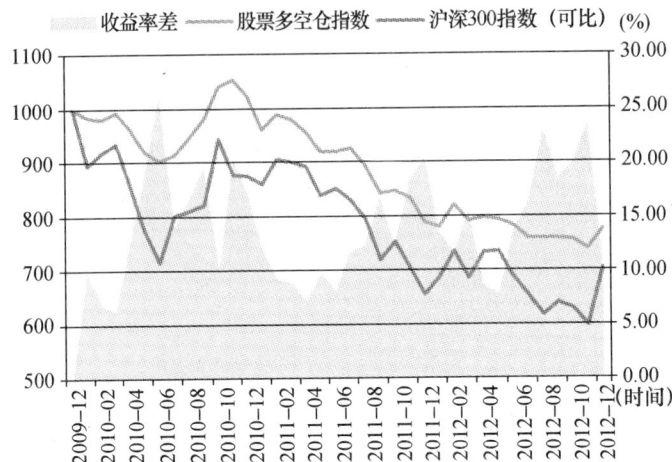

图 4 - 1　对冲网·中国股票多空仓指数与沪深 300 指数

资料来源：对冲网数据库，阿尔法研究中心。

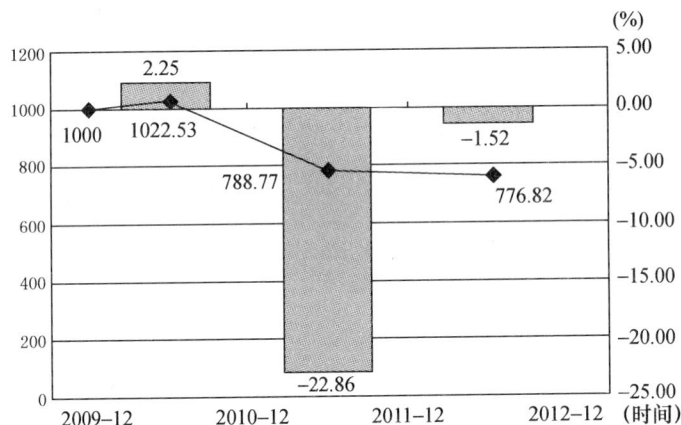

图 4 - 2　股票多空仓指数年涨跌幅及其指数值

资料来源：对冲网数据库，阿尔法研究中心。

2012 年有完整净值发布周期的相对价值策略对冲基金收益率前五名分别为金泉——量化成长 1 期、长安信托——银帆 3 期、兴业信托——云腾 1 期、中融信托——联合梦想二号第 1 期、兴业信托——呈瑞 1 期。由表 4 - 1 可知，股票多空仓策略对冲基金总体表现不佳，但个别基金的表现却异常突出，同样存在很高的投资价值，如收益排行第一的金泉——量化成长 1 期以创新的量化投资方法在短短的 10 个月获得了 68.82% 的收益率，同时该基金走势稳步向上回撤小，具有很好的参考价值，偏好股票的投资者可以关注一些长期优异的股票多空仓策略对冲基金，选择合适的投资时机入场，具体基金筛选标准可参考对冲网·股票多空仓指数策略月报（http://www.duichongwang.com.cn/），相信在未来可能会出现牛市行情，该策略对冲基金能为投资者带来可观的回报。

表 4 - 1　股票多空仓策略对冲基金 2012 年年底收益率前五名

基金简称	成立时间	投资顾问	基金经理	更新时间	累计净值	年收益率（%）
金泉——量化成长 1 期	2012 - 02 - 08	哲灵投资	徐泽林	2012 - 12 - 31	1.6882	68.82
长安信托——银帆 3 期	2011 - 07 - 27	银帆投资	—	2012 - 12 - 28	1.7685	54.44
兴业信托——云腾 1 期	2011 - 03 - 09	云腾投资	王庆仁	2012 - 12 - 31	1.0074	53.59
中融信托——联合梦想二号第 1 期	2012 - 05 - 24	中融国际信托	—	2012 - 12 - 28	1.5849	44.53
兴业信托——呈瑞 1 期	2010 - 10 - 25	呈瑞投资	陈晓伟　陈杰	2012 - 12 - 14	2.0569	44.13

资料来源：对冲网数据库，阿尔法研究中心。

第二节　管理期货策略

一、管理期货策略概况

管理期货也称作商品交易顾问（Commodity Trading Advisors，CTA）基金，它是指由专业的资金管理人运用客户委托的资金自主决定投资于全球各期货市场、期权市场以获取收益并收取相应的管理费和分红的一种基金组织形式，其投资风格可分为主观交易型及程序化交易型。CTA 策略对冲基金（Hedge Fund）属于非主流投资工具（Alternative Investment），是国际期货市场的主要机构投资者。近年来，养老基金、保险基金、捐赠基金、慈善基金等对非主流投资工具表现出浓厚的投资兴趣，CTA 的规模也随之急剧膨胀，CTA 基金在全球期货期权市场中的作用和影响也日渐显现。

我国期货市场已发展了十余年，但目前 CTA 策略对冲基金市场仍缺乏有效的法律监管，大众认知度较低，且期货公司不允许开展自营及资产管理业务，这将制约期货对冲基金的发展。随着期货资管业务的开闸，相关法律法规的推出，加之自 2010 年以来股市持续低迷，投资者对期货业的关注度逐步提升，一些追求绝对收益的资金从股市中退出被投入期货市场，CTA 策略对冲基金逐步受到越来越多投资者的青睐，CTA 策略对冲基金将迎来新的发展机遇。

二、管理期货公司的组织架构

目前 CTA 策略对冲基金主要有三类组织形式，一是有限责任公司，二是有限合伙期货基金，三是"期货工作室"。

在"有限责任公司"的投资运作中，客户提供账户，对冲基金公司代为操作的"专户管理"，因为公司制所需要的各种税费及其他费用额度过高，这类对冲基金公司一般规模较大，有一定的知名度和影响力。

在"有限合伙人"组织形式中，投资顾问则作为"普通合伙人"，属于"合伙人开办的投资公司自营式的基金"。这种形式的合伙制公司，具有明确的法律地位，以出资额或承诺出资额为上限承担有限责任，有限合伙的管理模式和运行机制适应风险投资的特点，能最大限度提高运营效率，降低运营成本。

第三类公司的组织形式则属于"期货工作室"模式，这类对冲基金处于"灰色地带"，由操盘手个人与客户签订"代客理财"协议，但协议并无明确的法律保障，容易发生法律纠纷，这类"期货工作室"却是期货私募各组织形式中为数最多的，早年成立的"期货工作室"也逐渐成长为投资管理公司。

如图 4 - 3 所示，管理期货公司包括以下层次组织结构。

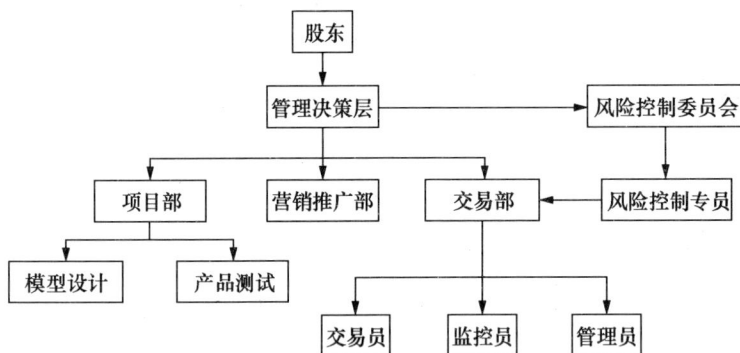

图 4 - 3　管理期货公司层次组织结构

（一）管理决策层

管理决策层是管理期货公司运作的最高管理机构，主要决定审议批准运作的相关项目、人力资源、财务管理，是风险控制委员会的最高权力机构。

（二）风险控制委员会

风险控制委员会是公司最高的风险决策机构，负责公司整体的风险控制并制定风险控制原则，对管理决策层、部门总经理负责，主要负责合规审核、风险监督。

（三）交易部

交易部是交易的核心部门，负责制定整个期货投资策略和直接交易，直接关系着受托资产的整体盈利能力。交易团队主要由交易员、监控员、管理员组成。

（四）项目部

项目部是产品设计部门，为交易部提供投资建议和策略，开发期货 CTA 产品及客户服务产品，是 CTA 业务发展的设计中心和测试中心。

（五）营销推广部

营销推广部是联系客户的纽带和桥梁，也是对客户进行二次开发的主要职能部门。

三、程序化交易

程序化交易作为 CTA 策略对冲基金最显著的投资亮点，根据巴克莱对冲数据显示，在国外期货市场，截至 2011 年年底，采取程序化交易系统的 CTA 基金占 82.61%，只有 8.58% 采用非系统化的手工操作。程序化交易典型代表詹姆斯·西蒙斯以纯量化投资理念为基础设计的全自动交易模式自 1989 年以来获得了年均 38.5% 的收益率，净回报率超过了"股神"巴菲特。国内仍处于起步阶段，显然程序化交易在国内还有很大的发展空间，也正因为此，抢先一步进入市场者往往更容易挖掘市场交易机会，具有更强业绩爆发性预期，如成立于 2012 年 6 月的康腾 1 号，截至 2012 年 12 月 31 日获得了 111.79% 的收益率，且走势稳健，回撤小，未来收益期望可观，但此类基金目前市场规模普遍不大，其投资模式还有待市场认可。

程序化交易是指投资者利用计算机技术、金融工程建模等手段将自己的金融操作用很明确的方式去定义和描述，用以协助投资者进行投资决策，并且严格按照所设定的规则去执行交易策略（买卖、价格、数量等）的交易方式，对交易系统的行情基础数据、交易和执行、策略研发等都有很高的要求。

大多数 CTA 策略对冲基金投资人都是"追逐趋势者"，当市场运行方向被计算机程序确认后才会采取行动，属于方向型投资。如果计算机程序确认运行方向往上，则买入；反之，则做空。在这种对冲策略下，如果是基于基本面分析而进行交易，则持仓时间较长；如果是以捕捉中、长线趋势为主的基金，如 Man - AHL、BlueCrest 和 Aspect，其中长期模型往往来源于惯性分析的趋势追逐方法。所以，一个有明显中长期趋势的市场环境更有利于 CTA 策略获得正回报，而 2~3 个月以内的短期趋势不容易给基金公司带来盈利机会。

由于 CTA 策略通常应用在股指、期货、期权、外汇等杠杆性市场，而鲜少用于不能使用杠杆或杠杆倍数过低的股票现货市场，因此严密的风险管理是 CTA 策略中非常重要的一部分，通常有严格的止盈止损策略及执行流程。比如，计算机系统一旦发出止损信号，或者由系统即刻自动执行斩仓，或由交易员根据系统交易信号完成操作。

四、欧美期货 CTA 基金的现状及研究

（一）欧美期货 CTA 基金的现状

尽管期货交易早在 17 世纪就已经出现，但 1949 年首只期货 CTA 基金才开始公开发行。期货 CTA 基金起源于美国，经过半个多世纪的发展，尤其是近 30 年来全球期货 CTA 基金发展迅猛，这其中又以美国、欧洲为代表。

自 2007 年下半年由次级债引发的全球金融危机爆发以来，全球股市大幅下挫，整体对冲基金规模缩减超过 1 万亿美元，但同期全球五大期货 CTA 基金旗下的资产却依然取得了正回报，整体期货管理基金也因此而跑赢全球股指逾 40 个百分点。

从表4-2可以看出，现在全球最大的期货 CTA 基金都在欧美，其中又以美国和英国为主，像美国的 Bridgewater Associates 管理的期货基金的规模就达到 400 亿美元，英国曼氏集团旗下的期货基金 Man AHL 规模也超过 200 亿美元。

表4-2　全球五大期货 CTA 基金规模及其收益率

CTA 基金名称	CTA 基金规模（亿美元）	2008 年收益率（％）	国家
Bridgewater Associates	400	8.7	美国
Man AHL	204	33.2	英国
Winton	130	21.0	英国
Transtrend	79	29.4	荷兰
FX Concepts	70	11.55	美国

（二）期货 CTA 基金的发起和设立

在美国，期货 CTA 基金主要由 CFTC 和 SEC 共同监管，因而其发起和设立需要接受上述两个机构的双重监管。期货 CTA 基金的发起条件主要体现在对基金发起人和相关当事人的资格限制和规定，这主要包括 CPO 和 CTA。例如，CFTC 规定除它所规定的某些特例外，其他所有的 CPO 都必须在 CFTC 注册，并提供符合会计准则要求的财务报告。CPO 还被要求将所管理的客户资金与其自有资金严格分开，所有来自客户的资金必须以期货投资基金的名义接受，而不能以 CPO 的名义接受，而且要求 CPO 建立完备的程序以保证基金资产与基金管理人的资产完全分离。CPO 管理的不同基金也应当分账户管理。期货 CTA 也必须在商品买卖委员会注册，要定期对其一般信息、商业背景、业绩记录（过去三年的投资业绩）、自营账户信息、法律事项、风险因素和相关的必要的财务信息等对外公布。

在期货 CTA 基金的设立上，要求投资公司至少拥有 10 万美元的净资产。也就是说，进行基金份额募集的最小额度是 10 万美元，超过募集期限，未达到 10 万美元的则视为基金募集失败，不予注册。即使达到此资产规模的底线，还要求此规模在成立后持续保持 90 天。其次，美国还对投资人的数量进行了硬性规定，它要求期货 CTA 基金的投资人或股东不得少于 25 个。此外，期货 CTA 基金在 SEC 注册时还需向 SEC 提供和披露一些必要的文件和信息，这包括基金的形式、投资范围、投资组合的状况、投资风格和相关从业人员的资料，等等。

（三）期货 CTA 基金的运作

期货 CTA 基金的运作包括以下几个部分：

1. 确定投资目标

投资目标的核心就是基金的资本增值，因此 CTA 基金首先要说明其主要的投资市场和投资品种，大多数基金常常是在投资目标后面附加强调，以避免陷入纠纷，因为市场是多变的，从而使基金投资亏损成为可能。期货 CTA 基金的主要目标就是利用全球期货及衍生品市场中各种投资工具，实现投资收益最大化。

2. 制定合适的投资策略

按照不同的交易特点，期货 CTA 基金的投资策略分为技术分析投资策略和基本分析投资策略，也包括短期、中期和长期等投资策略。在美国和英国，上述几种策略都被成功使用过，而使用最多的投资方式是程序化投资。通过计算机辅助投资决策系统，基金可以尽可能地避免由于管理者主观偏见所造成的决策失误。所以，拥有先进的投资决策模型和系统已经成为 CTA 的核心竞争。

3. 投资组合的选择

期货 CTA 基金为了最大限度地实现分散化投资，通常会选择全球各种期货市场及其衍生品市场的大部分作为其投资组合的选择范围，然后通过同时监控全球数十个期货市场中的几百种期货合约以及衍生工具的市场行情变动和交易状况，根据相关数据分析圈定自己的投资组合范围。笔者通过研究欧美业绩排名前 50 位的 CTA 的投资组合发现，大多数 CTA 选择的组合范围见表 4 - 3。

表 4 - 3　期货 CTA 的分类　　　　　　　　　　　　单位：10 亿美元

资产管理规模	2009 年第一季度	2008 年第四季度	2008 年第三季度
管理期货	193.8	206.4	227.0
行业			
农产品交易	0.83	0.82	0.93
货币交易	17.29	19.19	20.87
多元化交易	76.13	82.84	92.15
金融/金属交易	58.83	62.37	69.43
主观交易	14.95	16.47	18.88
程序化交易	132.22	143.34	160.79

4. 实际交易过程

CTA 在确定投资范围后，根据其投资理念应用一定的投资技术和手段进行投资工具的具体搭配和调整，然后实施其已确定了的投资组合。在实施的过程中，还需要完成一些必要的步骤：完成所有当事人的法律协议；调查并确定经纪公司等交易代理；开立交易账户，完成剩余资金的管理安排；讨论并确定管理费率；风险管理；等等。

5. 报告制度

CTA 将投资策略实施以后，将要定期向监管部门提供基金运作的报告，其中需要包括的内容有：市场行情回顾，交易行为总览，对风险因素的监督和审查，已交割和未交割的头寸，交易集中度，对组合的评估等。

（四）期货 CTA 基金的收入来源

期货投资基金的收入来源主要分为两部分：固定的管理费和基金超额收益的分红（也称为业绩激励费）。

笔者参考了两家国外较为知名且近两年表现较好的 CTA 的收入来源进行分析。

1. Oxeye Capital Management Limited

Oxeye Capital Management Limited 是近期美国 Futures Magazine 管理资金超过 1000 万美元的期货 CTA 中收益率排名第一位，公司注册地在开曼群岛。

它的主要收入来源以及具体的比例为：

（1）每年 2% 的管理费。

（2）超额收益的分成收费，只有盈利了才会收取这部分费用，期货 CTA 收取 20% 的盈利分成/季，由于是每季分成，因而会出现这样一种情况，即可能这个季度盈利了，但上个季度亏损，因而这里必须将上次的亏损补上，只有当补上时还有盈余，才会收取多出来的盈利的 20% 作为盈利分成。

2. The Clarke Capital Management

The Clarke Capital Management（CCM）是 1993 年在美国伊利诺伊州成立的期货 CTA，成立以来发展迅速，是美国大型期货 CTA 基金，其收益一直非常优秀，尤其是近几年的表现十分抢眼。

（五）期货 CTA 的收费主要包括管理费和收益分成

（1）每月收取名义上账户总额 0.15% 的管理费，名义上账户总额包含本金、赚取的利润（或减去亏损，未实现的利润或亏损，即浮动盈亏也算在内），并加上当中发生的任何赎回，管理费一旦确定下来，其收取比例不随账户盈利或亏损而变。举例来说，一个 10 万美元的初始账户，现在的名义账户总额是 25 万美元，则收取的管理费为 1.8% × 250000 = 4500 美元，因而，相对于初始资金，其收取的管理费率将达每年 4.5%。管理费是每月计算一次，然后每一季度扣除一次。

（2）收益分成。只有盈利了才会收取这部分费用，CCM 每季收取 25% 的盈利分成，这里的盈利分成是指当季的净赚减去之前遗留下来的损失（也可能之前没有损失）的剩余部分利润，然后 CCM 收取这部分盈利的 25% 作为收益分成。收益分成是每季度计算一次，并且每一季度扣除一次。

（六）期货 CTA 基金的申购、赎回、转换、终止和清算

在美国，期货 CTA 基金的申购是投资者向基金承销商购买基金的过程，美国法律规定，投资者须提供其职业经历、教育程度的证明，以证明其具备理解基金相关消息的能力。

基金的申购价和赎回价是以基金的单位净值为基础计算的。其计算方法如下：一般由基金的托管人来计算基金的净值，计算方法是用基金持有资产的市场价值减去其负债。基金单位净值是将基金净值除以发行的基金单位总数（包括基金内部持有的以及基金外部持有的所有份额）。

赎回是指基金投资者能够将基金单位在每个基金净值计算日以适用的单位净值进行赎回。赎回涉及赎回价格和赎回程序两部分内容，这些美国相关法律法规均有明确。

除了我们通常了解的申购和赎回外，转换也是比较常见的一种行为。由于一只期货CTA基金往往管理着不止一只基金，所以会在一定条件下允许投资者将所购买的某只基金的基金单位转换成其他基金的基金单位。承销商可能会对基金转换按转换基金净值一定比率来收取佣金。在基金份额转移到其他基金中时，投资者将会得到关于新基金的招募书。

终止和清算是指根据基金和托管人之间信托协议的规定，在基金投资人同意的情况下，管理人终止和清算该基金，但必须在终止日期之前至少90天内向所有投资人和托管人提供书面通知。在下列情况下，基金将自动终止：基金资产净值低于某一定值或是低于当前年度开始时基金资产净值一定的百分比；原托管人辞职或者免职之后，没有根据信托协议进行任命继任的托管人；基金经理离职；达到了基金在发起时规定的年限。

监管模式：欧美期货CTA实行政府部门、行业协会及交易所等市场主体的三级监管模式，但在不同国家，这三级监管主体的作用有所不同。例如，美国是基于法律约束下的基金自律监管模式，英国是基于基金行业自律监管的模式。其中，英国模式有利于保护投资基金的长期稳定和规范，但这种模式需要该国基金管理者和投资者有很高的职业道德素质。法律约束下的基金自律监管的美国模式正成为基金业监管的典范，许多国家纷纷效仿。

在当前全球经济和金融环境下，期货CTA基金的一个吸引人之处在于，与对冲基金等其他另类投资基金相比，它不仅投资作风相对稳健，期货CTA基金还受到法律约束，必须接受政府指定部门的监管。这使得美国投资者在经历了Madoff事件后，显然对于受到法律监管和约束的期货CTA基金更愿意信任和投入资金。

美国所有的衍生品交易必须受到商品期货交易委员会（CFTC）的管理，其中也包括期货投资基金，而且对于不同形式的期货CTA基金，其监管也有所不同。美国对公募期货基金的监管更侧重于政府和法律方面的约束，而对私募期货基金的监管则更多的是依靠行业协会等市场手段。对公募期货基金而言，由于持有的人数众多，涉及广大投资者的利益，因而其发起设立及运作都较为规范，披露的信息量最大，所受到的监管也较私募多很多，运作透明度较高。对于私募期货基金，其对象往往是一些高收入的个人或机构投资者，并且在投资者资格与最低出资额上受到严格的限制，因此其所受监管较少，运作的透明度相对偏低。

五、我国管理期货策略对冲基金市场规模

在国外期货市场，CTA起源于1949年，早在20世纪70年代就已经迎来一个重要的发展期，并在2000年以后高速发展，市场规模逐步扩大，且已经达到一个成熟的市场水平，管理资产约占对冲基金总规模的9.6%，市场规模如图4-4所示。

在国内具体到投资中涉及期货的基金在2004年的青马投资就已经出现，CTA策略基金逐渐发展起来，在金融市场表现不理想的情况下，在采用期货投资策略的基金仍有2/3实现盈利，这极大地体现出期货良好的风险对冲性。同时，由于监管的限制，也可以看到创新型私募采用期货作为投资对象较少。截至2012年12月底，对冲网数据库共收录CTA策略对冲基金85只，仅占国内对冲基金总体规模的2.52%。其中，程序化交易方式CTA策略基金仅有13只，市场发展仍处于萌芽期，参照国外成熟市场的市场规模及市场所占份额，国内市场发展空间巨大。随着2012年《期货公司资产管理业务试点办法》的推出以及后续一系列政策的推出，

国内 CTA 策略对冲基金必将迎来一个高速发展期，成为 2013 年的主流。

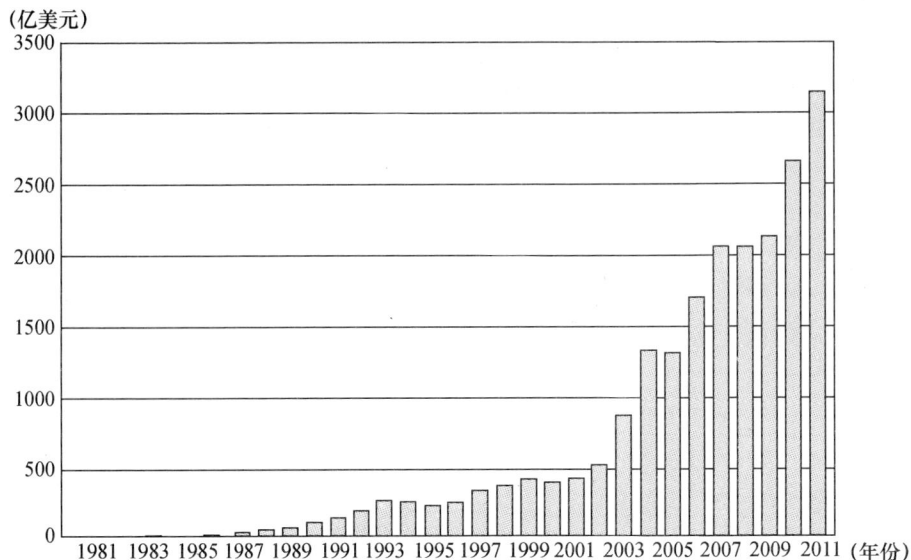

图 4-4　全球 CTA 策略对冲基金市场规模

资料来源：巴克莱。

六、我国管理期货策略对冲基金业绩分析

2012 年对冲网·中国 CTA 策略对冲基金指数收于 1619.71 点，较 2011 年年底上涨 14.34 点，涨幅为 7.6%；同期上证指数收于 2269.13 点，较 2011 年年底上涨 69.71 点，涨幅为 3.17%，沪深 300 指数收于 2522.95 点，较 2011 年年底上涨 177.21 点，涨幅为 7.55%；对冲网·中国对冲基金综合指数收于 803.12 点，较 2011 年年底下跌 9.09 点，跌幅为 1.13%。

如图 4-5、图 4-6 所示，2012 年 CTA 策略对冲基金表现优于沪深 300 指数，但从历史数

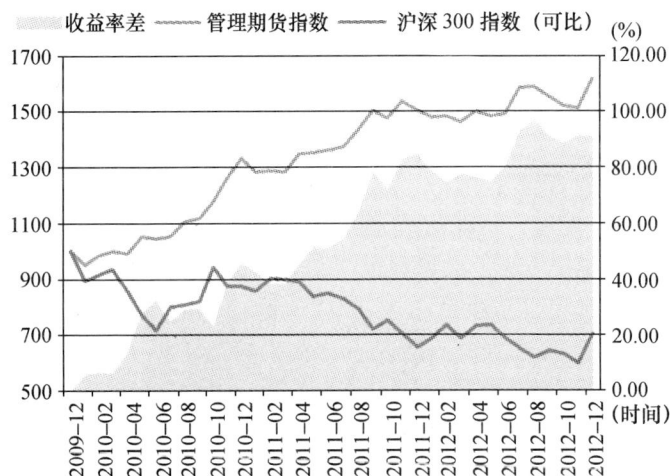

图 4-5　对冲网·中国管理期货指数

资料来源：对冲网数据库，阿尔法研究中心。

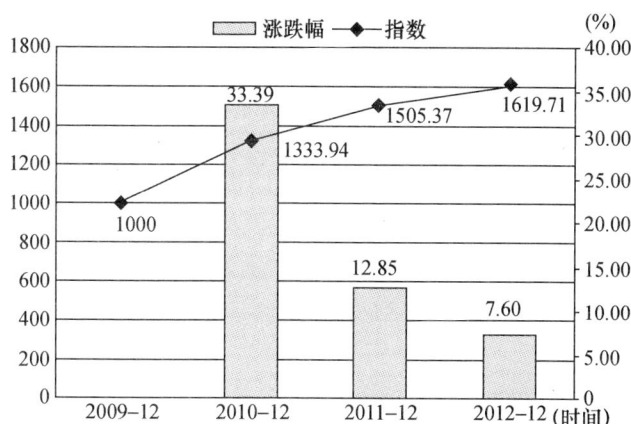

图 4 - 6 管理期货指数年涨跌幅及其指数值

资料来源：对冲网数据库，阿尔法研究中心。

据来看，管理期货指数与沪深 300 指数收益率差呈现稳步扩大趋势，对冲网·管理期货策略指数成立至今年化收益均为正数。表 4 - 4 为成熟市场 CTA 策略对冲基金与其他类别资产的相关系数，显示了 CTA 策略对冲基金与其他资产类别的相关性偏低。

表 4 - 4 成熟市场 CTA 策略对冲基金与其他类别投资相关系数

资产类别	相关系数
全球股票（MSCI 全球总回报指数）	-0.089
美国股票（标普 500 总回报指数）	-0.153
欧洲股票（EUROSTOXX 总回报指数）	-0.173
新兴市场股票（MSCI 新兴市场总回报指数）	0.037
全球债券（摩根大通全球累计回报指数）	0.267
大宗商品（标普高盛商品总回报指数）	0.174
股票型对冲基金（HFRX 股票对冲基金指数）	0.176
事件驱动型对冲基金（HFRX 事件驱动型对冲基金指数）	0.094
相对价值对冲基金（HFRX 相对价值套利指数）	0.000

资料来源：彭博资讯。

2012 年度有完整净值发布周期的 CTA 策略对冲基金收益率前五名分别为凯丰基金、淘利趋势套利 1 号、颉昂——商品对冲 1 期、康腾 1 号、非却投资交易一部。见表 4 - 5，CTA 策略对冲基金排名第一位的凯丰基金收益率达到惊人的 400.72%，但同时排名第五位的非却投资交易一部收益率为 109.76%，两者收益竟相差 4 倍左右，可见管理期货策略对冲基金收益水平差距巨大，一方面 CTA 策略对冲基金能为投资者带来超高额回报，另一方面基金经理的投资水平参差不齐，优质的 CTA 策略对冲基金数量稀少。投资者在选择 CTA 策略对冲基金时需要认真考查基金经理的投资水平及投资风格，避免风险过大。

表4-5　2012年CTA策略对冲基金收益率前五名

基金简称	成立时间	投资顾问	基金经理	更新时间	累计净值	年收益率（%）
凯丰基金	2010-09-08	凯丰投资	吴星	2012-12-31	8.7946	400.72
淘利趋势套利1号	2012-07-23	淘利资产	肖辉	2012-12-27	2.3697	136.97
颉昂——商品对冲1期	2011-09-23	颉昂投资	周亚东	2012-12-21	2.3268	115.03
康腾1号	2012-06-20	康腾投资	邓文杰	2012-12-31	2.1179	111.79
非却投资交易一部	2011-01-18	非却投资	林如涵	2012-12-31	1.4096	109.76

资料来源：对冲网数据库，阿尔法研究中心。

第三节　基金的基金(FOF)策略

一、对冲基金的基金的定义

对冲基金的基金是指专门投资于其他证券投资基金的基金（Fund of Hedge Fund，FOF）。对冲基金的基金采用与传统基金相同的组织形式，但并不直接投资股票或债券，其投资范围仅限于其他基金，通过持有其他证券投资基金而间接持有股票、债券等证券资产。

在国外，FOF作为一种投资方式并非某一种或某几种基金产品，而是普遍渗透到共同基金（我国的普通证券投资基金）、信托基金、对冲基金和私募股权基金等各种类型的基金中。

在国内则以证券投资FOF和私募股权FOF为典型代表。证券投资FOF是指通过公开募集的方式向不特定的投资者募集社会中的闲散资金，通过投资一篮子基金间接持有这些基金持有的股票、债券等投资性凭证，并以此为投资者获得投资收益的一种新型投资方式。私募股权FOF将非公开发行募集的基金资产投资到其他私募基金的份额中去，并以此获得投资收入。

对冲基金是"绝对收益"的基金，它不以击败某个特定的标尺或指数为目标，而专注于净回报，它们不管市场的情况如何，均能获得净收益，对冲基金的基金则是通过投资很大数量的对冲基金来到达这个领域的投资多样化的基金。通过投资不同策略的对冲基金，不仅可以为小额投资者提供多样化的对冲基金投资，而且可以充分利用对冲基金的基金专业研究团队的研究成果、风险管理能力、与对冲基金的良好关系等。

二、对冲基金的基金的发展规模

FOF 最早出现在美国，20 世纪 90 年代，基金在产品数量、种类以及销售方式上发生了较大变化。FOF 最初是基金管理公司为方便销售其旗下基金或关联基金（Affiliated Funds）而创设的一种基金形式，随后美国市场也出现了可投资非关联的其他证券投资基金的 FOF。目前，FOF 的投资范围很广，投资策略和结构呈现多样化，这种产品并不会形成比较确定的风险收益水平。有些 FOF 承担的风险较低，而有些 FOF 也可以表现出较高的风险收益特征，其目的当然是指向不同偏好投资者的需求。随着基金市场的迅速发展，其在欧美及一些新兴市场国家中流行开来，受到机构和个人投资者的青睐，其管理的资产规模也日益庞大，从最初的 548.4 亿美元到 2007 年高峰时期的过万亿美元，具体情况如图 4 - 7 所示。

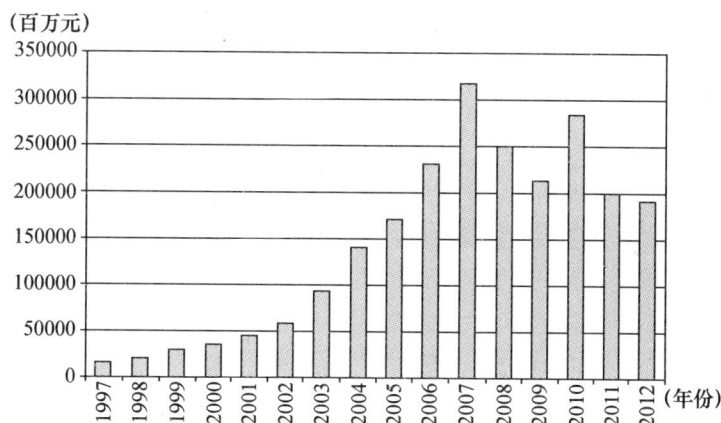

图 4 - 7　FOF 资产管理规模

资料来源：Wind 资讯。

三、对冲基金的基金的优势

从投资者的类型来看，FOF 是有限合伙人（Limited Partner，LP）的一种形式，它代表一批投资人担当 LP 角色；从金融产品的角度来看，FOF 提供了一种私募股权投资基金市场的集合理财产品；从企业管理的角度来看，FOF 提供了对直投基金进行监控和激励的机制。FOF 的出现与快速发展有如下几点原因，也可以被视为其优势所在。

（1）更高回报率。FOF 提供了投资优秀私募股权基金的可能。业内优秀的基金往往相对封闭，要么不对公众开放，要么最低资本金要求高，将新投资者、小投资者拒之门外。FOF 的管理人长期活跃于该领域，同优秀的基金及其管理人保持着良好的关系，从而提供了投资渠道。

（2）更低资金要求。单只私募股权基金一般要求 500 万 ~ 1000 万美元的最低投资，如果要在 20 只以上的基金中进行分散投资，那么投资者最少需要 1 亿 ~ 2 亿美元的资金，这对于单个投资者而言是难以承受的，FOF 能够使投资者在投资多个直接投资基金的同时避免高额资金门槛。

（3）风险控制。一只私募股权基金一般会同时投资于数个项目，但这并不能满足部分投资者的需求，FOF可以在更广阔的地域、行业、投资策略、投资阶段、管理者等方面进行风险规避。

（4）接近目标市场渠道。在新兴市场经济国家，本土PE有其特有的优势，通过FOF进入比直接进入节省时间和成本，能够抓住稍纵即逝的市场机会；有些PE市场目标非常分散，如美国就有大约2000只VC基金，而且要了解投资目标成本较高，FOF提供了便捷的渠道；对新投资者以及对某些行业不熟悉而希望进入的投资者而言，FOF也是一种高效的选择。

（5）尽职地调查。FOF把基金调查作为一项日常工作，包括基金经理人背景、基金历史业绩、基金投资方向、基金风险收益对比。然后，再做出客观、公正的评估，选择既定风险下最高收益率的基金作为备选方案。

（6）专业动态管理。一般基金的投资者在5~8年的投资期内一般只能静静等待普通合伙人的运作与投资结果，而FOF管理人则能做更多的工作以控制投资，保持增值，其中包括：与投资的基金开展合作直投；不断与基金的一般合伙人保持联系和沟通，为其提供支持；承担信托责任，管理投资者尚未使用的现金和证券；向投资者作定期专业报告，评估资产组合风险等。

四、我国对冲基金的基金的现状

随着我国私募基金行业的发展，阳光私募产品的差异化程度在不断提高，业绩也逐渐分化，这虽然为投资者提供了更多类型的可选产品，但同时也加大了普通投资者挑选私募基金的难度，因为普通投资者相对缺乏及时准确的信息和专业分析能力，很难从数量众多的私募基金中识别出"优胜者"并进行投资，FOF产品则很好地解决了这个问题。对于普通投资者来说，由专业机构去筛选基金，构造合理的基金组合，通过双重专业管理使资产的非系统性风险进一步降低，从而获取较高回报。对于私募基金管理人来说，客户更容易与FOF管理人这样的机构沟通，从而降低一般客户对投资的干扰和管理成本。

受现行《基金法》的限制，国内基金公司不能以公开募集基金的方式向投资者推出FOF产品，因此能够发行FOF的渠道主要有以下几个：证券公司集合理财产品、银行理财产品和信托公司的TOT产品。2009年之前发行的证券公司集合理财FOF和银行理财FOF多是以公募基金为主要投资标的，辅以股票、债券和货币市场票据等，这类产品规模较大，多为数十亿元，门槛较低，一般为5万元或10万元，费率结构与公募基金相似，无业绩提成。2009年5月，第一只以阳光私募基金为主要投资对象的信托产品（TOT）开始发行，它沿袭了私募基金"追求绝对收益"的投资理念，产品结构和风险收益水平类似于阳光私募基金。根据管理形式的不同，这种产品可分为两种：一种是银行领衔开发的被动管理型产品。这类产品的投资目标已给出且在FOF存续期内基本不变，其优点是信息透明且银行平台可以摆脱信托公司的限制，挑选托管在不同信托公司的产品；缺点是母基金管理相对固化，业绩过多依赖于子基金管理人，双重管理特性不突出。另一种是主动管理型TOT，根据基金经理对未来市场发展趋势的判断和对基金经理的判断，其在投资管理过程中会发生基金的买卖行为。这类TOT的优势是真正实现了双重的优化组合，更利于控制系统性风险，缺点是子信托池仅限定在母信托平台上的产品，为优选增加了难度。

根据对冲网数据库的统计，截至 2012 年 12 月底，我国采用 FOF 策略的对冲基金共有 202 只，占总对冲基金数量的 5.99%，其规模仅次于股票多空仓策略基金与固定收益方向型对冲基金，与上月相比基本持平。其中，结构化信托产品为 14 只，非结构信托产品 138 只，专户理财产品 36 只，银行理财产品 8 只，其他为有限合伙的形式。中国 FOF 产品发展的大幕才刚刚拉开，随着未来基金行业法律、制度的不断健全，私募基金运营模式的不断发展，投资手段的不断丰富，尤其是对冲基金的基金将会有更大的发展空间。

五、我国 FOF 策略对冲基金的业绩分析

根据对冲网数据库的数据显示（见图 4 - 8 ~ 图 4 - 10），2012 年中国 FOF 对冲基金指数（CAFOFI）不佳，从 2012 年指数走势中可以看出，A 股持续下跌，FOF 对冲基金指数仅有 5 个

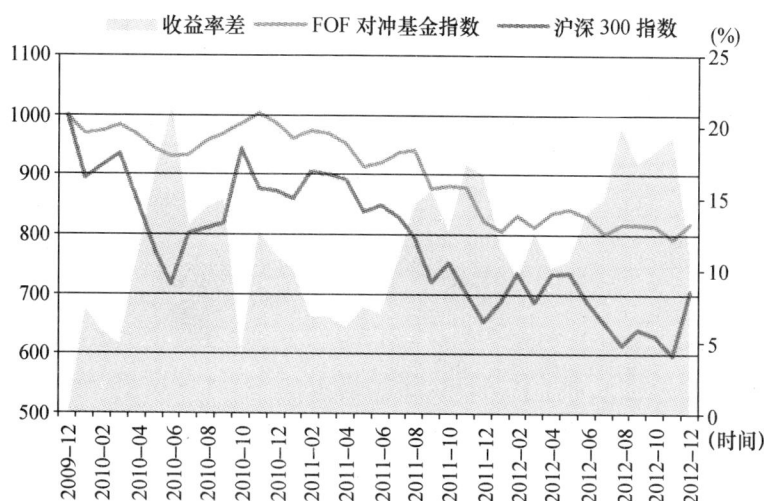

图 4 - 8　FOF 对冲基金指数走势

资料来源：对冲网数据库，阿尔法研究中心。

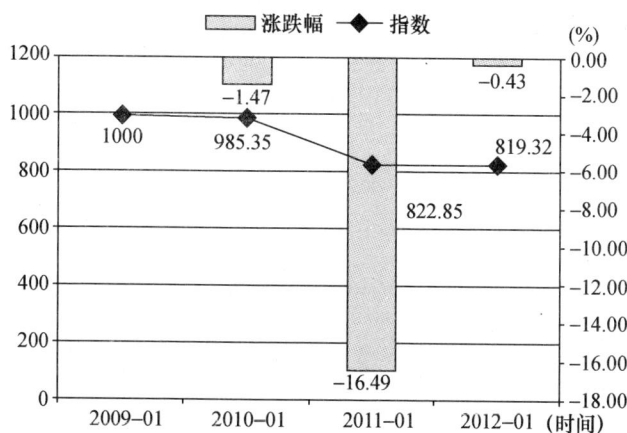

图 4 - 9　FOF 策略年涨跌幅及其指数值

资料来源：对冲网数据库，阿尔法研究中心。

□累计正收益　■累计负收益

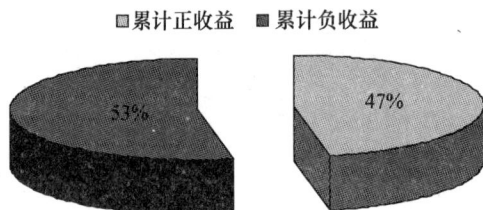

图 4 – 10　2011～2012 年 FOF 策略实现正收益的统计数

资料来源：对冲网数据库，阿尔法研究中心。

月表现为上涨，而且涨幅较小，截至 2012 年年底指数收于 819.32 点，较 2011 年指数下跌 0.43%，同期沪深 300 指数上涨 7.55%，跑输大盘。其主要原因在于股市长期低迷导致基金谨慎低仓位策略，2012 年 12 月，A 股在持续下跌后绝地反弹，当月沪深 300 指数上涨 17.91%，而中国 FOF 对冲基金指数仅上涨 4.04%，但从中长期的走势来看，FOF 策略表现一直优于沪深 300 指数。

FOF 策略在中国市场上还是没有实现绝对收益，2011～2012 年 FOF 产品业绩难逃下滑的命运。在业绩下降的时候，FOF 策略没有对抗的能力。

从图 4 – 11 可以看出 FOF 综合指数收益和对冲基金综合指数收益相差无几。

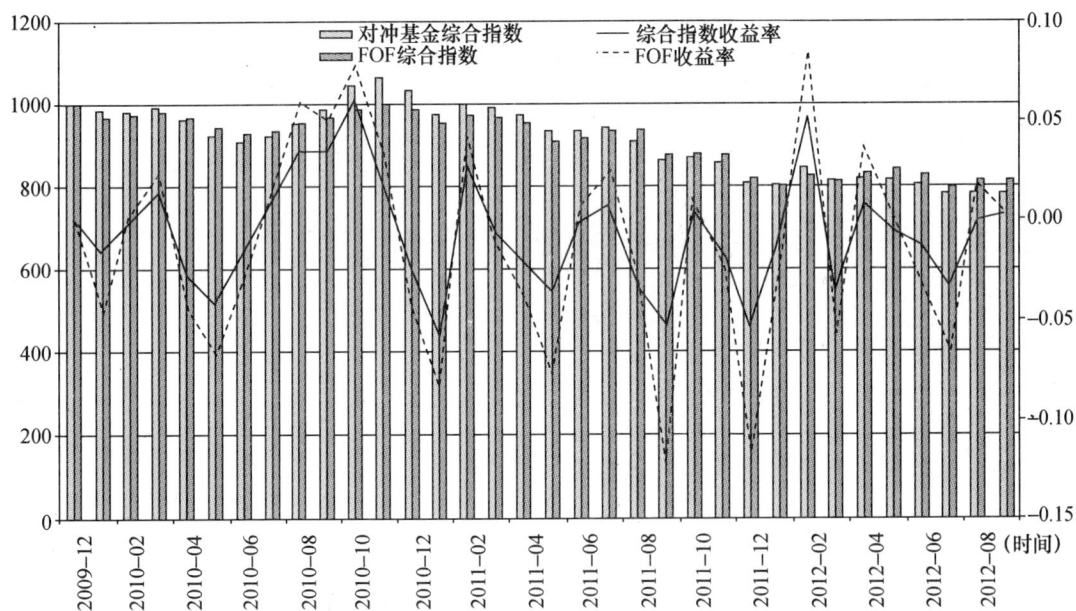

图 4 – 11　FOF 综合指数和对冲基金综合指数比较

资料来源：对冲网数据库，阿尔法研究中心。

从图 4 – 12 可以看出 FOF 策略还是战胜了市场指数，具有比市场指数收益率更平滑的特征。

通过 FOF 综合指数与对冲基金综合指数和沪深 300 指数比较可以得出以下结论：

结论 1：FOF 策略在中国市场上还是没有实现绝对收益，在市场下降的时候，没有对抗的能力。

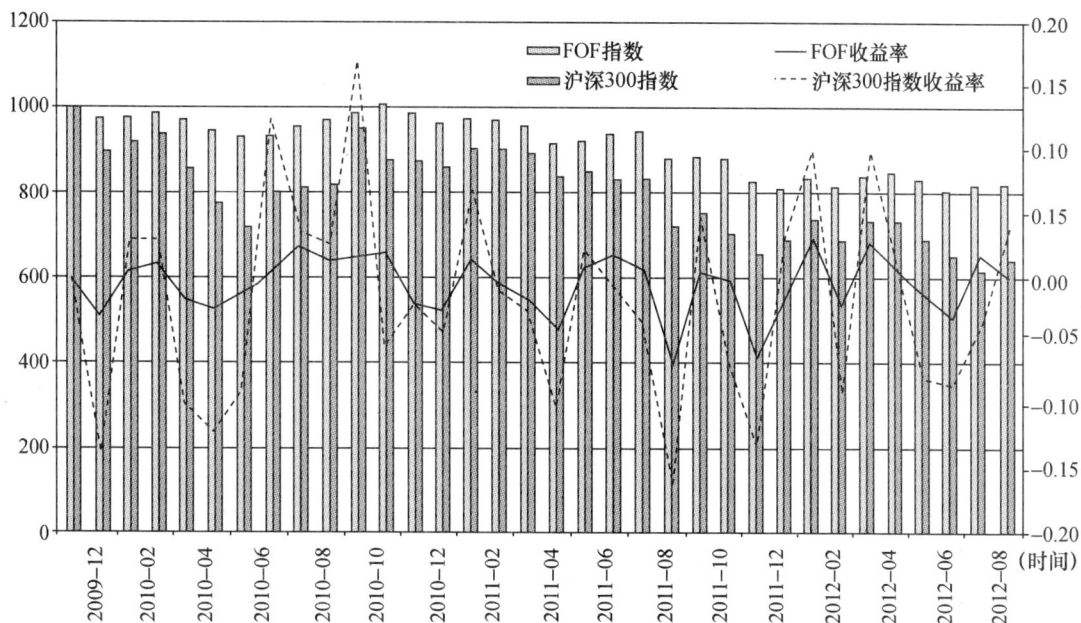

图 4-12 FOF 指数和沪深 300 指数比较

资料来源：对冲网数据库，阿尔法研究中心。

原因：中国的阳光私募 FOF 目前的投资策略还是单边做多，当股票市场下跌时，无法实现风险的分散，以及投资品种的分散。

结论 2：FOF 策略的夏普比率和沪深 300 指数的夏普比率类似，这表明目前的 FOF 投资没有明显的战胜市场的能力。

原因：FOF 的投资策略单一、投资品种单一，投资组合的构建无法有效创造附加价值。

2012 年有完整净值发布周期的 FOF 策略对冲基金收益前五名分别为东源（天津）股权投资基金、精·赢 2010 年第 1 期、外贸信托——双赢（12 期）、外贸信托——双赢（11 期）、外贸信托——中行 TOT——成长组合。如图 4-12 所示。FOF 策略采用的是组合策略，其收益率综合了众多投资基金的收益，相比其他策略对冲基金，其很难出现很高的收益率，但收益较为平稳，风险较其他策略容易出现高收益策略的基金低，从 FOF 策略对冲基金前五名的收益情况来看，排名第一名的东源（天津）股权投资基金收益率达到了 38.43%，相当可观（见表 4-6）。

表 4-6 2012 年 FOF 策略对冲基金收益前五名

基金简称	成立时间	投资顾问	基金经理	更新时间	累计净值	年收益率（%）
东源（天津）股权投资基金	2011-08-08	东源股权	王伟林	2012-12-28	1.0367	38.43
精·赢 2010 年第 1 期	2010-08-12	星石投资		2012-12-31	1.1502	23.93
外贸信托——双赢（12 期）	2011-06-10			2012-12-31	1.0537	18.68
外贸信托——双赢（11 期）	2011-08-14			2012-12-31	1.0677	16.24
外贸信托——中行 TOT——成长组合	2011-05-11	鼎锋资产	张高	2012-12-31	1.0812	17.71

资料来源：对冲网数据库，阿尔法研究中心。

第四节　相对价值策略

一、相对价值策略的概况

相对价值型对冲基金可以说是低风险基金中最主流的策略之一，其最主要的操作方式是通过买多和放空部位造成资产价值的收敛来获利，目的是要降低投资组合的市场风险。由于多空仓位都有，相对价值策略的风险比传统投资或者单一趋势的避险策略大为降低，过去所取得的绩效也比较稳定。对于保守型投资人或是寻求与股市无相关性回报的投资人来说，相对价值策略是理想的选择。相对价值策略的最大优势在于可以减少基金业绩的波动性。根据对冲网对冲基金策略分类体系，相对价值策略主要包含以下几种子策略：可转债套利、固定收益套利、期货套利、指数套利、股票市场中性、分级基金套利（结构化产品套利）、抵押支持证券套利、统计套利。

二、相对价值策略的获利原理

（一）波动率

就交易面来说，相对价值策略是一种同时间内买进低估证券、卖出高估证券的交易模式，因此其表现如何的关键就在于市场的波动率（Volatility）：波动率越高，相对价值策略型的对冲基金的表现就越好；波动率越低则表现越差。

简单地说，波动率的作用是衡量标的资产报酬的变动程度，其也是一个衡量资产价值变动的幅度与速度的指标，更是对标的资产价格未来变化不确定性程度的度量标准。市场中常用的实际波动率（Actual Volatility）则是描述标的报酬在过去一段时间内的实际变动情形，是通过对过去一段时间的历史价格数据计算而得，因此又称为"历史波动率"。

波动率越大，就间接暗示市场越无效率（Inefficiency）。寻找市场的无效率并借由这样的无效率获利乃是大多数对冲基金经理人最主要的工作，波动率越大，标的资产价格未来的波动性就越大，即其涨跌的可能性与幅度就越大，投资人获利的幅度也越大，但其蕴含的风险也越高。

在效率市场中，因为所有的价格趋于一致，所以即使波动率降至极低，也不会有套利行为出现。因此，随着金融工具的发展，越来越多的市场资金在运用这些金融工具进行套利，使成熟市场的波动率越来越低。不过，因为市场金融工具的持续开发，波动率已经被金融机构包装成期货或选择权的合约来交易，提供给投资人更多的理财或避险的选择。

与传统投资不同，波动率的价值并非取决于市场的多空趋势，其纯粹以标的资产上涨或下跌的幅度与速度来决定，因此其与市场的关联性并不高，对于资产配置来说，这无疑是一项非常理想的投资标的。举例来说，历史上几次著名的股灾都可以视作市场波动率大增，例如美国"9·11"事件后股市大跌，2010年5月6日美股大幅异常波动，若投资人在整体部位中加入小部分波动率部位，几乎可以完全规避股市大跌的风险。美林证券就曾做过相关研究，只要在投资部位中加入10%的波动率部位，即使其余90%与标普500指数完全一致，也足以使该投资组合规避1987年的股灾（标普500指数下跌28%，波动率部位则可使整体获利上扬超过20%），足见其规避市场风险的功能。这一点是对冲基金强调其在资产配置中能有效提升报酬并降低风险的最主要原因。

（二）利率

除了波动率之外，利率走势是另一个影响相对价值策略类对冲基金的重要因素。利率上扬时对其极为不利，因为这一类对冲基金以赚取差价为主，空间较为有限，因此往往通过杠杆工具的使用来增加获利，当利率上扬时，无疑也提高了经理人的融资成本，对冲基金往往视其为利空因素。

（三）利差

以近年来风行的高收益债为例，由于其收益高于利率，投资人认购踊跃，企业也乐于发债，使近年来高收益债券的发行量大量增加。充裕的供给量可以让固定收益套利基金大量运用新、旧债券间的流动性与价差来进行套利，但时间一长，流入的庞大资金将使市场的投资机会越来越少，也压缩了利差空间，市场资金越大，未来利差越小，该类型基金的投资收益也只能维持在低水准。

由于价值型对冲基金是通过买卖多空部位来进行操作的，因此过去有许多业界人士将风险套利、并购套利、固定收益套利、可转债套利、股市多空套利等类型的基金都归于相对价值策略之中。这些策略的共同点是经理人不以市场趋势为导向，而是在寻求和投资标的市场无相关性的投资报酬，加上多空部位都有，因此其风险比传统投资或单一趋势的对冲基金策略大为降低，过去所取得的绩效也始终稳定，对于保守型投资人或是寻求报酬与股市无相关性的投资人来说，相对价值操作策略是非常理想的选择。

不过，就像其他分项指标一样，不同的相对价值策略间也会出现很大的差异，例如联结资产的稳定性、波动性与实际的市场报酬表现等。这些差异是投资人在买进对冲基金之前必须弄清楚的。

三、相对价值策略的子策略体系

（一）可转换债券套利

其操作方式通常为买入可转换债券，再按一定比例卖空对应普通股。如果可转换债券出现溢价，则投资者将会获益。可转换债券赋予持有人在发债后一定时间内选择是否依约定的条件将持有的债券转换为发行公司的股票或者另一家公司股票的权利。对于套利者来说，可转换债券因其转换权的存在而成为理想的套利工具，即标的股票和相关衍生品随着预测比例交易，任何价格偏离都会给对冲基金带来套利机会。

（二）固定收益套利

固定收益套利者主要针对债券，通过同时建立多头头寸抵消空头头寸寻求相关证券间的暂时性不匹配而获利。国际市场上比较常见的固定收益套利策略有以下几种：互换息差套利（Swap Spread Arbitrage）、收益率曲线套利（Yield Curve Arbitrage）、按揭贷款套利（Mortgage Arbitrage）、波动率套利（Volatility Arbitrage）、资本结构套利（Capital Structure Arbitrage）。随着包括现券及其衍生品在内的固定收益市场的发展，国内的固定收益类策略与相关的产品将会极大地丰富。与境外成熟市场相比，其发展空间巨大，面临的挑战也很大，其中最重要的是人才，这些复杂的投资策略从设计到执行都需要投入大量的"知识资本"（Intellectual Capital）。国外研究表明，投入越多的知识资本的策略，其所能产生的超额收益也越显著，这也证明了在金融领域知识能够产生额外的收益，因此在这方面的投入是非常有价值的。

（三）期货套利

期货套利是指利用相关市场或者相关合约之间的价差变化，在相关市场或者相关合约上进行交易方向相反的交易，以期在价差发生有利变化而获利的交易行为。如果发生利用期货市场与现货市场之间的价差进行的套利行为，那么就称为期现套利。如果发生利用期货市场上不同合约之间的价差进行的套利行为，那么就称为价差交易。正是由于期货市场上套利行为的存在，从而极大丰富了市场的操作方式，增加了期货市场投资交易的艺术特色。在价差交易刚开始出现时，市场上的大多数人都把它当成是投机活动的一种。

（四）指数套利

指数套利泛指以指数为基础的产品和衍生品之间的套利。2007年陆续推出股指期货、ETF备兑权证、指数期权，这无疑将进一步把指数套利的其他可能模式带入真实可以操作的阶段。股指期货是对指数组合未来价值的提前交易，ETF和一篮子股票则可理解为对指数现在价值的交易，其定价通常存在一定范围内的偏差，一旦超过一定幅度，便可能存在套利的空间，这被称为期现套利。例如，当期指溢价足以弥补各项成本的时候，卖空期指，买入现货；反之，则买入期指，卖空现货。虽然这种形式的期现套利和ETF及一篮子股票之间的套利都同属指数套利的范畴，但它们在形式上有很大的不同，ETF和一篮子股票是可以实时兑换的，因此它们之间的套利可以被瞬时完成，而期现套利也可能要持续到期货到期日才能完成。

（五）股票市场中性套利

股票市场中性对冲基金，是指通过同时构建多头头寸和空头头寸中性化市场风险，以期获得绝对收益的一类对冲基金。与股票多空仓策略不同，股票市场中性对冲基金要求投资组合的Beta值近似为零。股票市场中性对冲基金的运作过程较为复杂，基金经理必须构建严谨的投资组合风险对冲模型进行估算，以保证其多头头寸和空头头寸的风险敞口相等。

（六）分级基金套利

分级基金套利是利用分级基金的配对转换机制和折溢价进行套利活动，包括分拆套利和合并套利两种基本形式。溢价套利的思路是：当分级基金的子基金份额在二级市场上有溢价时，套利者通过场内申购基础份额并在二级市场上分拆成子基金份额后，等额卖出子基金份额，即可获利。合并套利即当分级基金的子基金份额在二级市场上处于折价状态时，套利者在二级市场买入子基金份额，合并成场内基础份额后进行基金的赎回，即可获利。

（七）抵押支持证券套利

抵押支持证券以期权调整价差相互区分，提供最高 OAS 价值的 MBS 将被购买并以卖空相同久期的国债或国债期货来对冲，从而构建久期为零的仓位，即对利率风险进行对冲的仓位。由于多头和空头间的价差通常相对很小，所以对冲基金经理通常使用杠杆来放大收益。

（八）统计套利

统计套利又称为数量化套利、相对价值套利，是基于数量的交易技术，利用数学模型来搜索股票、债券、期权、期货等各种证券之间系统的或偶然的价格不均衡并从中进行对冲交易以获利。

四、我国相对价值策略对冲基金的市场规模

根据对冲网数据库统计，截至 2012 年 12 月底，我国采用相对价值的对冲基金仅有 74 只，占总对冲基金数量的 2.19%，占较低的市场份额，其中有限合伙产品 8 只，结构化信托产品 17 只，非结构信托产品 29 只，专户理财产品 19 只，海外基金 1 只。

随着 A 股市场长期低迷以及国内不断放宽金融管制，投资者的投资理念逐渐成熟，将投资目光逐渐转移到包括相对价值策略基金在内的低风险而收益率较银行存款利息高的投资品种上来，参考国际成熟市场相对价值对冲基金发展规模，如图 4 - 13 所示。在未来一段时期内，相对价值策略基金将迎来一个高速发展期。

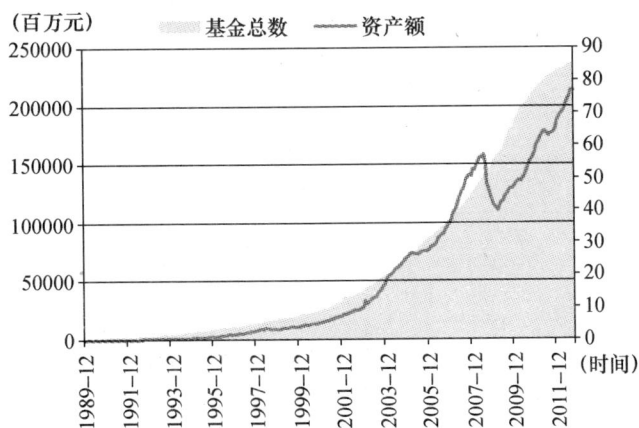

图 4 - 13　HFRI 相对价值策略对冲基金规模及数量

资料来源：Wind 资讯。

五、我国相对价值策略对冲基金的业绩分析

2012 年年底，中国相对价值指数策略收于 1240.87 点，较 2011 年年底的 1123.82 点上

涨 117.05 点，指数创历史新高，涨幅为 10.42%，位列 2012 年对冲网·对冲基金策略分类体系各大策略中收益率排名第三位，同期上证指数上涨 3.17%，沪深 300 指数上涨 7.55%。

从图 4-14、图 4-15 可以看出，2012 年相对价值策略对冲基金 10.42% 的涨幅表现略优于沪深 300 指数 7.55% 的涨幅。

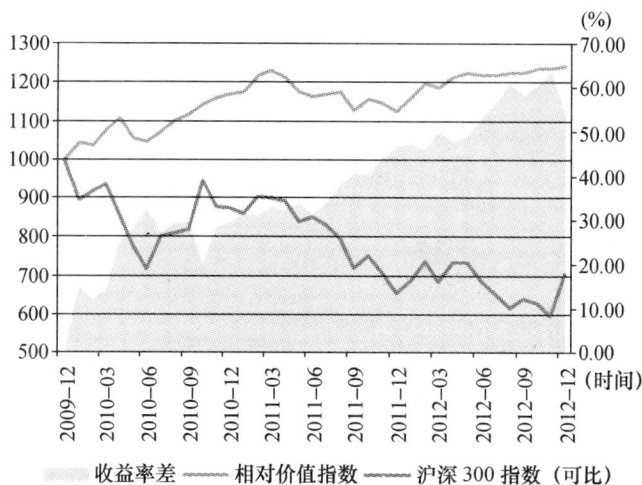

图 4-14　对冲网·中国相对价值指数
资料来源：对冲网数据库，阿尔法研究中心。

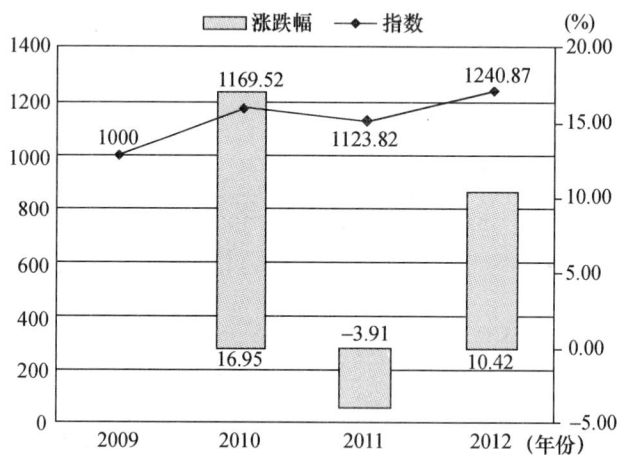

图 4-15　相对价值策略年涨跌幅及其指数值
资料来源：对冲网数据库，阿尔法研究中心。

2012 年有完整净值发布周期的相对价值策略对冲基金收益率前五名分别为信合全球、信合东方、淘利套利 1 号、锝金 1 号、国泰君安君享套利 2 号。

第五节 全球宏观策略

全球宏观策略（Global Macro Strategy）是一种方向型对冲基金策略，其主要的投资方法是通过对股票、货币、利率以及大宗商品市场的价格波动进行杠杆押注来尝试获得尽可能高的正投资收益。这个术语中的"宏观"一词来源于基金经理试图利用宏观经济的基本原理来识别金融资产的失衡错配现象，而"全球"则是指可以在全世界范围内寻找发现这种价格错配的现象。全球宏观策略的收益来源主要取决于行为偏差、理论与学术研究模型和不对称信息。

一、全球宏观对冲基金的发展

1949 年，琼斯发起并成立了全球第一家对冲基金，截至 1968 年，在这 20 年的时间中，他的累计回报率几乎达到惊人的 5000%，但这一划时代的另类金融创新投资工具一直没有引起媒体和金融界的关注，一直到 20 世纪 80 年代末其极高的收益率的惊人表现开始引起市场的关注，但在该阶段发展较慢。在该时期内，索罗斯和斯坦哈特做出了一个投资策略从股票多空仓向全球宏观转向的重大转变。他们的成功导致他们管理的对冲基金资产急剧地增加起来，使得他们在市场操作时会影响到市场价格的短暂波动，全球宏观投资策略使得他们可以运用流动性非常好的货币市场工具、大宗商品以及国库券市场，这样他们就不用再担心市场容量的问题。全球宏观对冲基金的资产管理规模虽然在 21 世纪初出现了全面的收缩和下降趋势，但不可否认的是，全球宏观对冲基金相较于采用其他投资策略的对冲基金来说依然倾向于采用更大的管理规模。并且，截至 2004 年年底，作为全球最大的对冲基金之一的 Caxton，管理着超过 100 亿美元的资产，依然采用的是全球宏观投资策略（见图 4-16）。

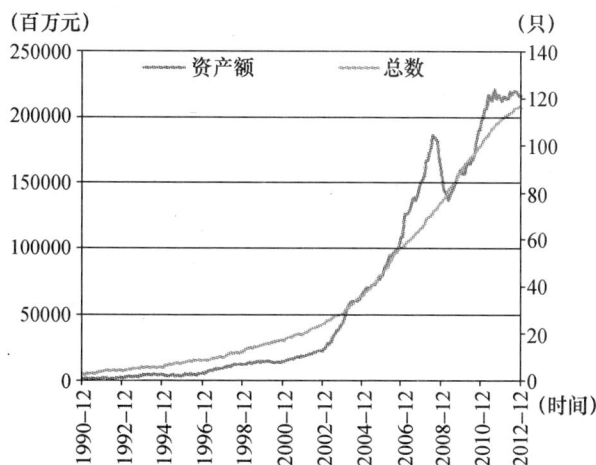

图 4-16 全球宏观策略基金的总数和资产规模

资料来源：Wind 资讯。

全球宏观对冲基金的投资经理认为，宏观经济周期的走势和运动具有很强的持续性和可预测性，完成一个完整的经济周期往往需要一段较长的时间和周期跨度（见图4-17）。这也直接导致市场价格波动的持续性和获利机会的可能性，而作为国民经济"晴雨表"的债券、股票及外汇市场常常跟随宏观经济形势的变化而发生宽幅度、长周期的趋势性运动，这是全球宏观对冲策略基金盈利的理论基石和支撑。概括地说，全球宏观对冲基金重要的投资方法和操作哲理就是"美林证券经济时钟理论"。

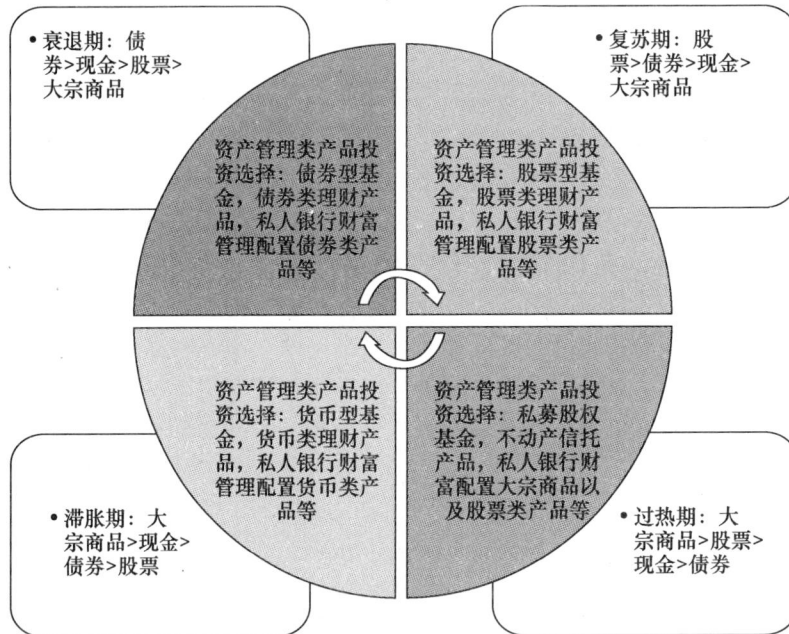

- 衰退期：债券>现金>股票>大宗商品

资产管理类产品投资选择：债券型基金，债券类理财产品，私人银行财富管理配置债券类产品等

- 复苏期：股票>债券>现金>大宗商品

资产管理类产品投资选择：股票型基金，股票类理财产品，私人银行财富管理配置股票类产品等

- 滞胀期：大宗商品>现金>债券>股票

资产管理类产品投资选择：货币型基金，货币类理财产品，私人银行财富管理配置货币类产品等

资产管理类产品投资选择：私募股权基金，不动产信托产品，私人银行财富配置大宗商品以及股票类产品等

- 过热期：大宗商品>股票>现金>债券

图4-17　资产管理行业投资周期性规律

二、全球宏观策略基金的业绩表现

全球宏观对冲策略基金成绩优异，通过对近十几年的投资业绩的观察，全球宏观策略对冲基金的收益率远远超过标普500指数，尤其在2008年全球股市处于大熊市期间，全球宏观策略对冲基金在熊市中的跌幅远远小于标普500指数，使得全球宏观策略对冲基金的表现长期偏强（见图4-18）。

伴随着全球股市前几年的低迷表现，对冲基金异军突起成为低迷市场上的一大亮点，而作为对冲基金昔日霸主的全球宏观对冲基金自20世纪90年代中后期开始进入了低谷，其市场表现也是一度低于对冲基金指数的整体收益水平。但不可否认的是，全球宏观对冲基金虽然一度表现低迷，出现了基金规模占比和年化复合收益率的双下滑，但其绝对收益水平一直远远超过标普500指数的收益水平，并且自21世纪以来表现卓著，再度成为对冲基金的一支中坚力量。

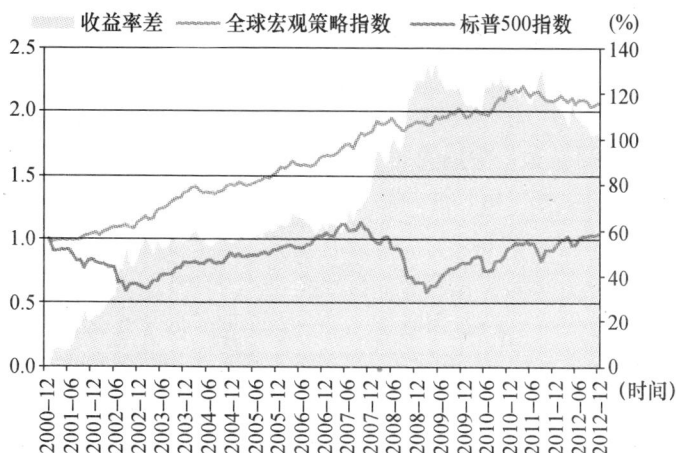

图 4 - 18　全球宏观策略基金的业绩表现
资料来源：对冲网数据库，阿尔法研究中心。

　　需要注意的是，由于宏观策略大量使用杠杆交易及衍生品以加大盈利的能力，全球宏观基金相对于其他对冲基金而言风险和收益波动率要大很多。而且，作为国内阳光私募普遍的产品形式，信托产品无法投资商品期货，因此国内的宏观策略基金均使用有限合伙企业的产品形式，不过由于有限合伙企业缺乏信托公司的参与，在基金估值、风险控制等方面缺乏第三方的有力制约，使得宏观策略产品在公信力方面较传统信托产品缺乏优势。

三、我国全球宏观策略基金的市场规模

　　国内宏观策略对冲基金仍处于萌芽阶段。自从内地首只宏观策略对冲基金"梵基 1 号"问世之后，陆续涌现出几只宏观策略基金。随着中国金融市场的快速发展，金融市场的不断开放，新投资品种的纷纷引入，国内衍生产品的不断推出以及海外投资限制的逐步放开，未来国内宏观对冲基金的发展空间巨大。随着国内私募基金策略多元化步伐的加快，宏观策略凭借其收益高于其他普通投资工具、投资灵活、投资范围广以及与股票和债券低相关性等优点，使宏观策略私募基金成为传统私募较为热衷的策略转型的形式之一，宏观策略对冲基金规模将会不断发展壮大。据介绍，在国际成熟金融市场上，对冲基金常用策略达 20 多种，其中最灵活、最具攻击性的就数全球宏观策略对冲基金了，而在管理总资产超过 2 万亿美元的金融市场上却只有 15% 的基金采用全球宏观策略，因为它对管理方的视野和操作能力要求是最高的，但同时带来的财富回报也是惊人的，比如索罗斯的"量子基金"和朱利安·罗伯逊的"老虎基金"。

　　据对冲网数据库统计，截至 2012 年 12 月 31 日，我国共有 6 只宏观策略对冲基金，它们分别是普邦恒升宏利、梵基 1 号、拉芳舍—天津合伙、泓湖重域、盈冲 1 号和国元多策略，数量占全部对冲基金数量的 0.18%。因此，宏观策略型对冲基金是我国对冲基金最少采用的策略。自 2012 年以来，无宏观策略型对冲基金发行。

四、我国全球宏观策略基金的业绩分析

据对冲网数据库的数据显示，2012 年中国宏观策略指数（CAGMSI）稳步上升，截至 2012 年年底指数收于 1361.72 点，较 2011 年大幅上涨 21.73%，是对冲网策略分类体系中收益率最高的策略（见图 4 - 19 和图 4 - 20）。

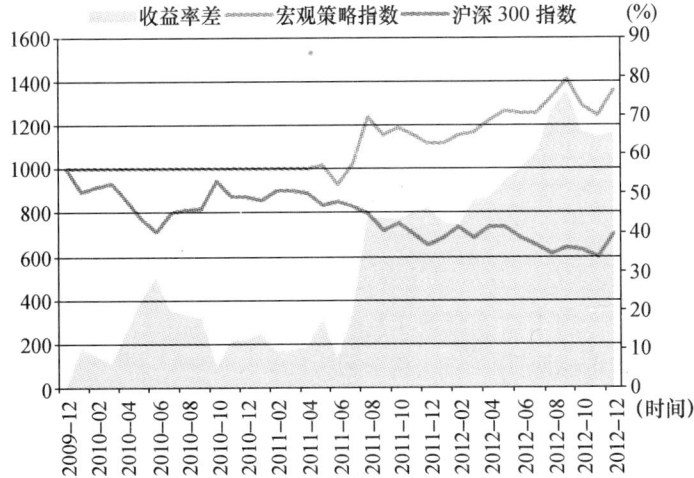

图 4 - 19　中国宏观策略指数走势

资料来源：对冲网数据库，阿尔法研究中心。

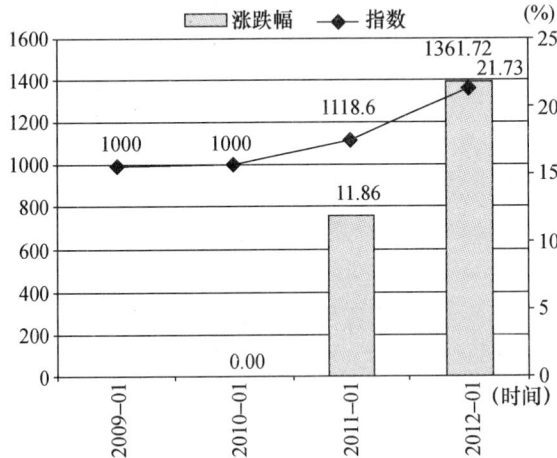

图 4 - 20　全球宏观策略年涨跌幅及其指数值

资料来源：对冲网数据库，阿尔法研究中心。

但需要冷静思考的是该策略对冲基金数量稀少导致单个基金对指数涨跌影响很大，收益稳定性还有待通过基金数量增长来验证，符合能承受较高风险的投资者。

第六节　事件驱动策略

一、事件驱动策略的概况

（一）定义和特征

特殊事件会使公司资产出现潜在的错误定价，事件驱动策略基金从错误定价中获利，其主要事件包括：兼并、破产、财务或经营压力、重组、资产出售、资本结构调整、分拆、诉讼、法规变动等。可投资的对象有股票、固定收益（投资评级、银行债、可转债和困境债）、期权和其他衍生品。此策略主要采用基本面分析，策略的成功取决于其能独立地预测到事件未来的发展结果。自1994年以来事件套利平均为9.40%，排在对冲策略的第三位，收益一般较稳定，因此常使用杠杆。由于单个证券价格相比证券市场更容易受到个别事件的影响，所以事件驱动策略的收益一般独立于证券市场的总体表现。事件驱动交易策略流程包括短期趋势研判、潜在事件分析等4个部分，简要概括如下（见图4-21）。

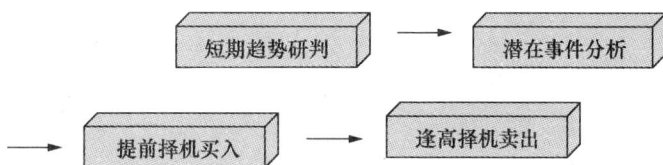

图4-21　事件驱动交易策略流程

（1）短期趋势研判。判断大盘的中短期趋势是实施事件驱动策略能否成功获利的关键。

（2）潜在事件分析。通过实地调研、业内沟通、传闻求证、数据统计、规则分析、数据挖掘、逻辑判断等一系列合理手段提前分析出"利好"将要公布的内容和时间范围。该环节的主要目的是找到近期平均超额收益率较高的事件类型，并根据未来事件内容的确定性程度、未来事件明朗时间的确定性程度、近期市场的主流偏好等一系列的条件找到最符合条件的股票品种，再通过对历史同类事件的规律性分析和总结制定目标个股的交易策略。

（3）提前择机买入。所谓"提前"，就是指在目标个股的潜在事件明朗化或在市场广泛传播前逢低买入。

（4）逢高择机卖出。事件驱动策略的卖出条件有两个：一是潜在事件的明朗化，例如预期中的送转股实施公告如期公布；二是目标个股的超额收益率接近或超过的该类事件近期的平均超额收益率。只要符合上述条件中的任意一条，投资者均应考虑逢高卖出。

（二）规模与收益

根据 Barclay Hedge 数据显示，2011 年，事件驱动对冲基金规模已经达到 1697 亿美元。事件驱动策略基金规模在所有策略中长期占有较大比例，约为 16%，为仅次于股票多空仓策略基金规模的全球第二大对冲交易策略，该策略基金在 2003 年以后便保持了强劲的增长趋势，由于受欧债危机的负面影响，2011 年其总规模、整体水平略有下降，但长期发展仍然非常乐观（见图 4 - 22）。

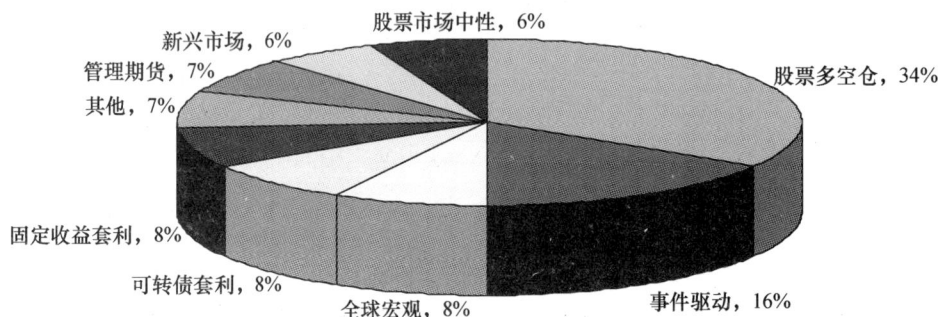

图 4 - 22　全球各策略对冲基金资产占比

资料来源：LIPPER TASS，Tremont Capital Management，Inc.

事件驱动策略指数收益率在 2012 年前 3 年达 9.72%，总体收益率较高，位于全球宏观和 FOF 策略收益率之上，处在股票多空仓和相对价值策略之下。在 2008 ~ 2011 年，因受美国次贷危机和欧债危机的影响，事件驱动策略基金表现较差。从 2012 年第一季度的收益来看，事件驱动策略重新"收复失地"，收益率达 4.93%，为仅次于股票多空的第二大收益较高的对冲策略。总体而言，事件驱动策略基金收益水平较高，并具有一定的稳定性。

二、事件驱动策略的体系

（一）困境证券

困境证券策略又叫受压资产策略，其主要投资于那些处于重组或破产的公司股票及相关产品，可分为主动型和被动型两种。主动型策略是指直接参与目标公司的管理和政策制定，以影响公司的政策和战略方向。此策略锁定的目标是正在或将要进行公司事件的股票或相关证券。被动型策略是指仅买入锁定目标的折价股票或债券持有至升值目标。比如，投资于由于经营或管理不善等原因致使公司的证券或债券处于深度折价带来的投资机会。困境证券的主要风险主要有以下几点：能否准确为证券、债券和抵押品定价，对进入时间的正确判断以及较差的流动性。困境证券策略基金的回报期一般也很长。

1997 ~ 2007 年困境证券策略基金得到了较大发展，据 Barclay Hedge 统计显示，全球困境证券基金规模从 1997 年的 26.6 亿美元稳步增长至 1669.4 亿美元，增长了 62 倍左右。在 2008 年次贷危机发生以后，全球经济复苏缓慢，其规模出现下降趋势，这与全球经济处于后危机时代有关，困境证券基金发展需要全球经济回暖的支持（见图 4 - 23）。

（10亿美元）

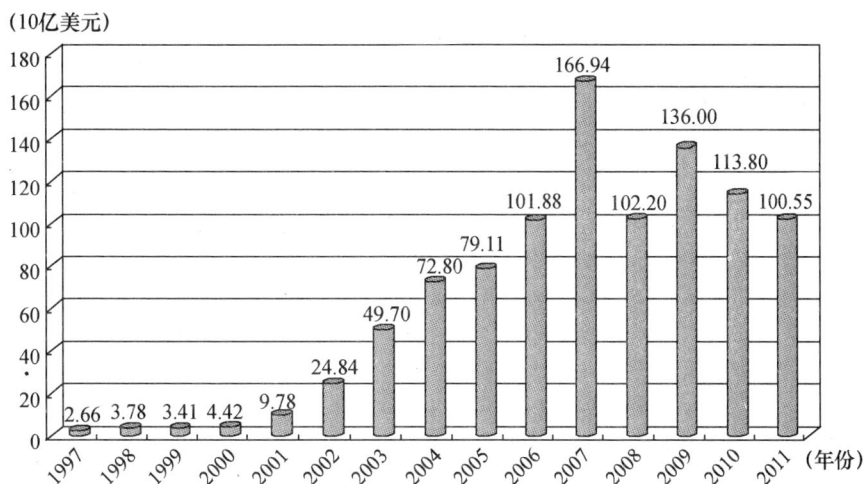

图 4 – 23　全球困境证券基金规模发展

资料来源：Barclay Hedge.

（二）并购套利策略

并购套利策略主要投资于被并购或收购的公司股票及相关的证券，通常的做法是买入被并购的公司资产而卖出收购方的资产，一般是风险中性套利并伴有杠杆（见图 4 – 24）。

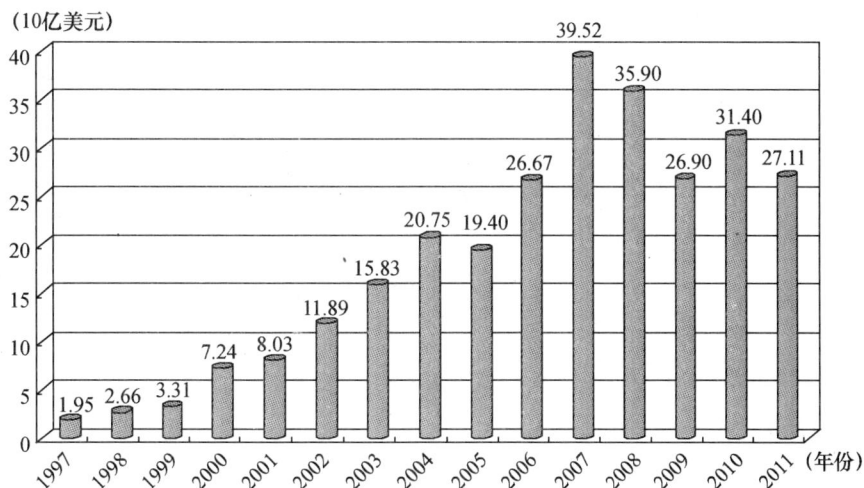

（10亿美元）

图 4 – 24　全球兼并套利基金规模发展

资料来源：Barclay Hedge.

（三）信用套利策略

信用套利策略主要投资于信用风险较小的公司债券或与公司债券相关的其他证券，仅持有有限的政府债券、股票、可转换债券或者其他债券。其不直接参与发行债券公司的管理，由于净信用风险低，因此参与市场对冲的头寸较小，这也是其与固定收益套利的主要区别。

（四）大宗交易策略

大宗交易针对的是一笔数额较大的证券买卖，其交易数量和金额一般都非常大。我国现行有关交易制度规定，如果证券单笔买卖申报达到一定数额，证券交易所可以采用大宗交易方式进行交易。

与大宗交易相关的重要概念是大小非，即非流通股或限售股。小非是指限售流通股占总股的比例小于5%，在股改一年后方可流通，一年以后可有限度地抛售一小部分，目的是不对二级市场造成大的冲击。大非指的是限售流通股占总股5%以上，在股改后两年以上才可以流通。由此可见，流动性限制及错误的市场定价会给大宗交易套利者带来机会。

大小非减持的目的通常有两点，一是融资，二是获利。近期，二级市场估价连续创新低，"大小非"惜售明显，大宗交易成交量较少，流动性收缩。对于大宗交易套利者来说，这意味着货源的紧缺。因此，大宗交易策略基金承受较大压力。2012年以来大宗交易每月成交额如图4-25所示。

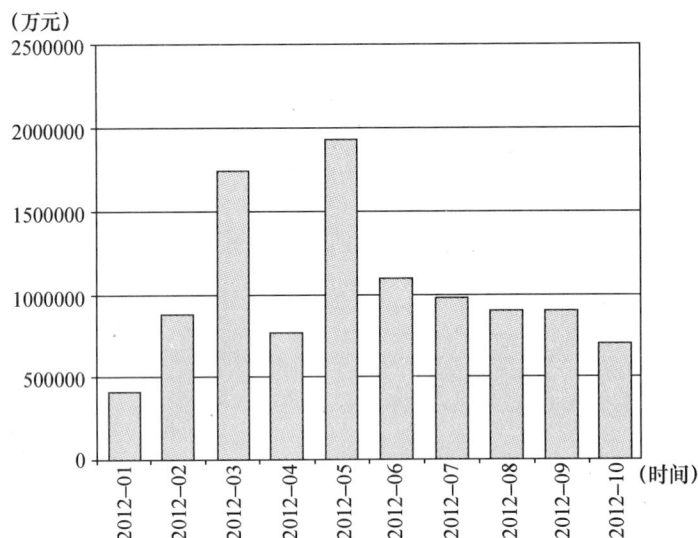

图4-25　2012年以来大宗交易每月成交额（万元）

资料来源：Wind 资讯，阿尔法研究中心。

（五）定向增发的特点

定向增发相对比较好地平衡了流通性和收益率之间的关系，成为绝对收益的系统性标的。

参与定向增发具有一定的安全垫。参与定向增发对于市价一般都有10%～30%的折扣，这些折扣给定向增发的项目提供了比较大的安全垫。

定向增发具有绩优和成长性的特点。上市公司定向增发的项目须经过主承销商认同和证监会审核批准，以保证项目的优质性。优质的项目对上市公司的未来业绩有增长作用，可以提振未来的股价。

定向增发具有长线投资的特点。一般投资者参与定向增发的股票需要锁定12个月才能卖出，这样就让投资者被动做出一个长线投资的选择。

（六）定向增发的收益

定向增发的平均资产包为1.3亿元，资金门槛十分高。对于有条件参与的机构和超级散户来说，参与定向增发，锁定一年后在二级市场上卖出，可以获得十分可观的绝对收益。超额收益主要来自以下四个方面。

首先，现有的管理办法对上市公司定向增发规定增发价格不低于定价基准日前20个交易日平均股价的90%，而且定价基准日选取规定模糊，让机构投资者拥有了一定的定价权和谈判权，定向增发实施价格相对于二级市场价格一般有折扣，正常为20%左右，高的甚至达30%。

其次，定向增发的目的一般是增加产能、新增业务或改善公司的经营状况，这些都将给上市公司带来成长机会和基本面的巨大提升，而且都会在未来反映在股价上。

再次，定向增发项目首先要经过证监会的严格审核和批复，后续的主要参与方机构投资者又有实力和专业对增发募集资金投资项目做更强更深入的研究，双重把关进一步保障了超额收益的获取。

最后，定向增发项目中有50%以上的案例有大股东或其关联方参与，使得上市公司有更大的动力和压力做好业绩，这在无形中等于把参与投资的机构投资者的利益和上市公司大股东的利益捆绑在了一起。

三、我国事件驱动策略基金的市场规模

根据对冲网数据显示，截至2012年12月底共收录了事件驱动策略对冲基金144只，占国内对冲基金总体规模的4.26%，在对冲网策略分类体系各大策略基金数量中排名第四位。

在这144只事件驱动策略对冲基金中，采用兼并重组子策略的基金有1只，困境证券子策略基金5只，定向增发子策略基金101只，占事件驱动策略的绝大多数，大宗交易子策略为15只。

四、我国事件驱动策略对冲基金的业绩分析

如图4-26和图4-27所示，2012年年底，对冲网·中国事件驱动指数（CAEDVI）收于938.72点，较2011年年底上涨19.61点，涨幅为19.16%，同期沪深300指数收于522.95点，较2011年年底上涨177.21点，涨幅为7.55%，涨幅超过沪深300指数，为对冲网策略分类体系涨幅排名第二位的策略。

由于事件驱动策略投资的主要标的物是股票，故其指数走势离不开股市大盘走势。另外，事件驱动指数与沪深300指数收益差大部分时间处于正方向位置，且随着事件驱动策略逐步成熟。

如表4-7所示，2012年有完整净值发布周期的事件驱动策略对冲基金收益率前五名分别为昆仑信托—东源定增指数型基金1期、山东信托—泽熙3期、外贸信托—东源定增量化1期、苏州信托—东源定增指数型基金1期、中信信托—柘弓1期。

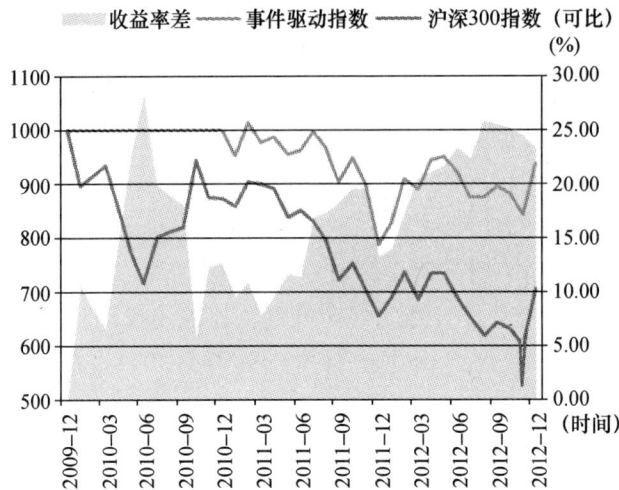

图4-26 中国事件驱动指数走势

资料来源:对冲网数据库,阿尔法研究中心。

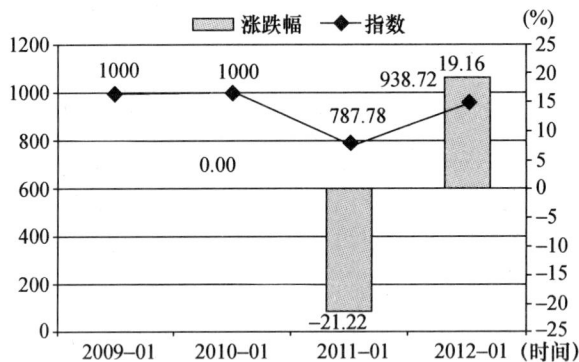

图4-27 事件驱动策略年涨跌幅及其指数值

资料来源:对冲网数据库,阿尔法研究中心。

表4-7 事件驱动策略对冲基金2012年年底收益率前五名

基金简称	成立时间	投资顾问	基金经理	更新时间	累计净值	年收益率(%)
昆仑信托——东源定增指数型基金1期	2011-10-14	东源(天津)股权投资	王伟林	2012-12-30	1.1484	38.42
山东信托——泽熙3期	2010-07-07	泽熙投资	徐翔	2012-12-30	1.4544	25.67
外贸信托——东源定增量化1期	2012-01-17	东源(天津)股权投资	王伟林	2012-12-31	1.2506	25.06
苏州信托——东源定增指数型基金1期	2012-05-25	东源(天津)股权投资	王伟林	2012-12-28	1.0367	19.07
中信信托——柘弓1期	2009-12-07	柘弓投资	陶然峰	2012-12-31	1.0836	17.85

资料来源:对冲网数据库,阿尔法研究中心。

第七节 固定收益方向型策略

固定收益是投资者按事先制定好的利息率获得的收益，如在债券和存单到期时，投资者即可领取约定利息。固定收益类投资指投资于银行定期存款、协议存款、国债、金融债、企业债、可转换债券、债券型基金等固定收益类资产。可以按照银行定期存款、国库券等金融产品的特性来理解"固定收益"的含义，一般来说，这类产品的收益不高但比较稳定，风险也比较低。

一、固定收益的概况

固定收益投资策略是"另类"于传统的，包括纯多头固定收益投资和套利及投机策略。套利策略涉及投资一到多个固定收益证券，并且通过同时投资其他固定收益证券来对冲潜在的市场风险。在维持最小化利率风险敞口和其他系统风险敞口的同时，基金经理力图捕捉市场上较小的定价异常所呈现的获利机会。在大多数情况下，当受市场事件、投资者偏好、外部供给或需求冲击、固定收益市场结构的影响，类似的固定收益证券之间的数学或历史性的相关关系临时失真时，基金经理持有抵消的多空仓位。这些头寸可能是公司债、美国国债、美国机构债、主权债、市政债券或者新兴市场主权债。这些交易还包括违约互换和期货。当证券收益回归到正常范围或"收敛"时，交易经理利用出现的偏差实现获利。1990 年 1 月至 2002 年 12月固定收益策略表现如图 4 - 28 所示。

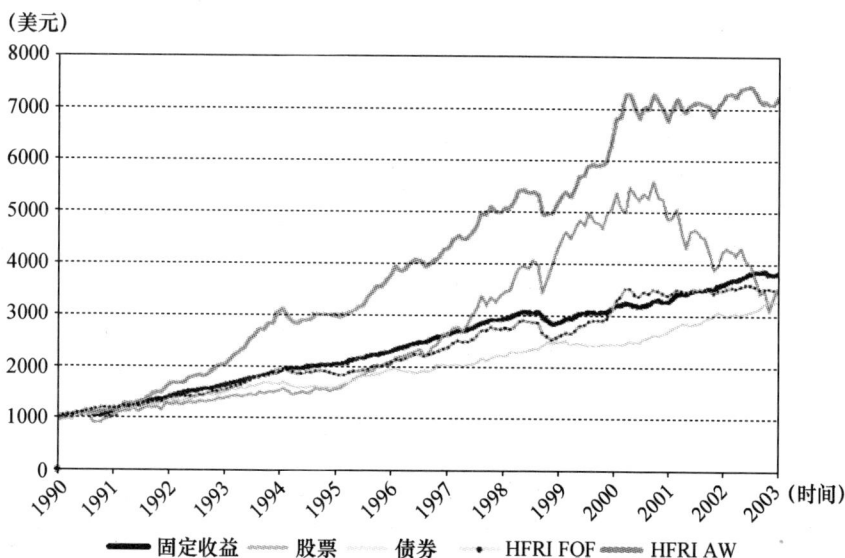

图 4 - 28　固定收益策略表现（1990 年 1 月至 2002 年 12 月）

基金经理常常会中立利率风险，同时利用其判断确认一些价格相对错配的股票的能力来获得利益。因为固定收益工具的价格依赖于收益率波动性曲线、期望现金流、信贷评级、特别债券和期权特征,基金经理必须使用复杂的分析模型来确定定价差别。定价策略涉及显著的杠杆比率。投机性固定收益策略在各种固定收益工具中可能是长仓或短仓,本质是向基金经理提供他们认为的"最好的"固定收益市场。

二、固定收益子策略的体系

在两个子策略中,套利涉及相关固定收益证券的多空仓交易,其旨在使类似利率这样的市场导向型因素保持中性。在投资策略中,杠杆的使用、所有的净敞口、净部门或债券类型敞口、头寸集中度、信用敞口、久期及区域性敞口决定了风险水平。可见,在这一类策略中杠杆的运用特别重要。1990年1月至2002年12月的债券(固定收益)策略表现如图4-29所示。

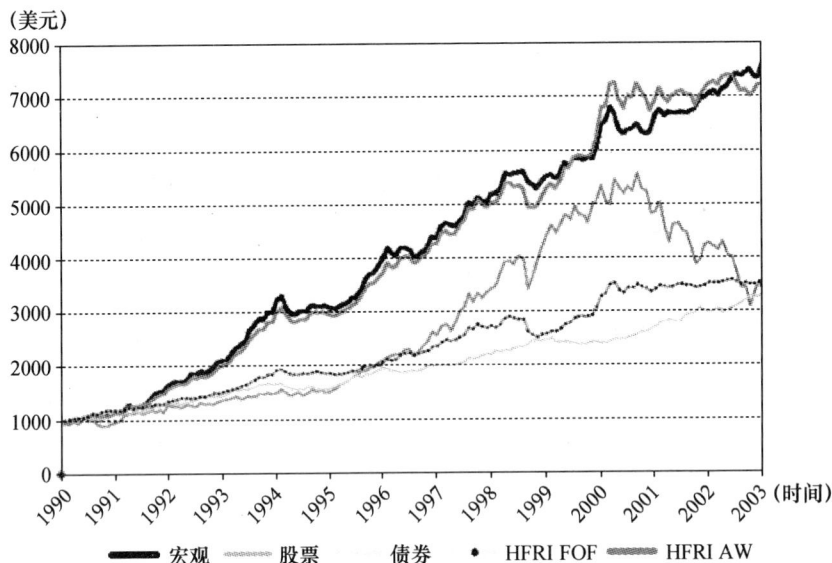

图4-29 债券(固定收益)策略表现(1990年1月至2002年12月)

在投机性子策略中,对不一定相关的固定收益工具也会进行多空交易。这个策略会具有市场导向型并涉及固定收益部门的相关评估。投资策略中杠杆的使用、所有的净敞口、净部门或债券类型敞口、信用敞口、久期、头寸集中度及区域性敞口决定了风险水平。

三、2012年固定收益市场宏观数据回顾

债券市场方面:债券发行总量自2010年首度突破5万亿元关口以来,最近3年债券融资规模均以万亿元的量级增长。来自Wind的统计数据显示,2012年以来债市累计新债发行总规模为80688.68亿元,较2011年的64056.79亿元增加16631.89亿元,即上升25.96%。

类利率债发行比重下滑9.78%,降至54.99%,国债、地方债、金融债、政府支持机构债(铁道债)等利率债(或类利率债)2012年累计发行44371.48亿元,较2011年小幅增长2879.59亿元,即上升6.94%。2012年利率债发行比重为54.99%,较2011年的64.77%下滑

9.78 个百分点。

信用债发行猛增六成，发行比重上升 9.78%，企业债、公司债、中期票据、短期融资券、资产支持证券、可转债等主流信用债发行 36317.20 亿元，较 2011 年增长 13752.30 亿元，即上升 60.95%。2012 年信用债的发行比重则达到了 45.01%，较 2011 年的 35.23% 上升 9.78 个百分点（见表 4 - 8）。

表 4 - 8 债券市场主流品种发行情况

类别	2011 年		2012 年	
	发行总额（亿元）	发行比重（%）	发行总额（亿元）	发行比重（%）
国债	15417.59	24.07	14442.38	17.90
地方政府债	2000.00	3.12	2500.00	3.10
金融债	23074.30	36.02	25929.10	32.13
利率债合计	41491.89	64.77	44371.48	54.99
企业债	2485.48	3.88	6430.31	7.97
公司债	1291.20	2.02	2598.33	3.22
中期票据	8199.93	12.80	11510.62	14.27
短期融资券	10162.30	15.86	15333.47	19.00
信用债合计	22564.90	35.23	36317.20	45.01
新债合计	64056.79	100.00	80688.68	100.00

（1）企业债发行 6430.31 亿元，为 2011 年的 2.6 倍。

（2）中期票据发行 11510.62 亿元，首次突破 1 万亿元。

（3）短期融资券的发行量水平上升至 1.5 万亿元以上。

（4）国债发行总量较 2011 年出现小幅下降。

（5）其他地方债、金融债、政府支持机构债均出现小幅增长。

货币市场方面：回顾 2012 年全年，货币市场总体上呈现净投放的局面，净投放量为 14380 亿元，较 2011 年净投放量的 19070 亿元有所下降，主要是由于 2012 年逆回购到期资金较多，达 55400 亿元，从而在一定程度上稀释了市场投放资金，央行在 2012 年采取的投放流动性的主要方式是进行逆回购，全年逆回购达到了 60380 亿元。笔者认为未来管理层可能会采取结构性的货币政策，以达到释放流动性的目的。

四、我国固定收益方向型策略基金的市场规模

根据对冲网数据显示，截至 2012 年 12 月底共收录固定收益策略对冲基金 222 只，占国内对冲基金总体规模的 6.57%，仅次于对冲网策略分类体系中的股票多空仓策略基金。

在这 222 只固定收益策略对冲基金中，采用信托渠道结构化的产品为 88 只，信托渠道非结构化产品 36 只，专户理财渠道产品 95 只，是该策略规模做多的发行渠道，另有银行理财渠道产品 1 只。

五、我国固定收益方向型策略对冲基金的业绩分析

如图 4 - 30 和图 4 - 31 所示，2012 年年底，对冲网·中国固定收益方向型基金指数收于1231.45 点，较 2011 年年底上涨 34.49 点，涨幅为 2.88%，涨幅略低于同期一年期银行存款利率，表现一般，固定收益方向型策略与其他对冲基金投资策略相比，稳定性要高，风险要小。同样，固定收益策略的收益不如其他投资策略波动大。

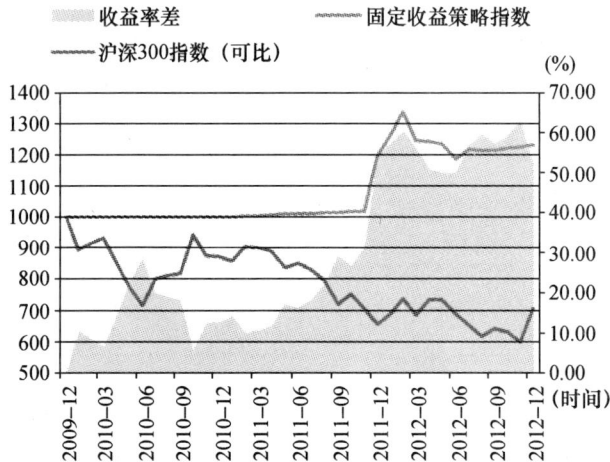

图 4 - 30　中国固定收益方向型基金指数走势
资料来源：对冲网数据库，阿尔法研究中心。

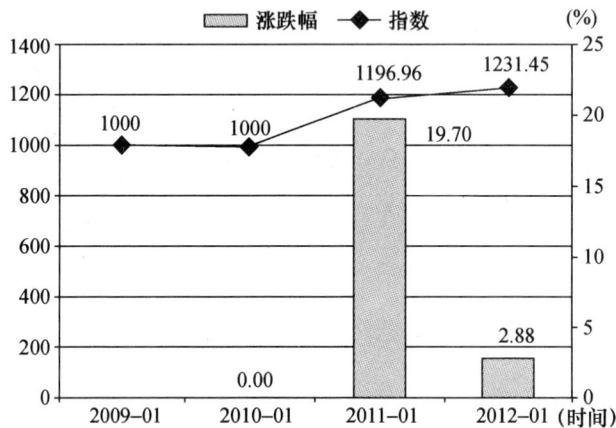

图 4 - 31　中国固定收益方向型基金年涨跌幅及其指数值
资料来源：对冲网数据库，阿尔法研究中心。

如表 4 - 9 所示，2012 年有完整净值发布周期的中国固定收益方向型对冲基金收益率前五名分别为五矿信托—民晟盘马、光大阳光 5 号、安信理财 1 号、光大阳光稳健添利、兴业金麒麟 1 号。

表 4 - 9　中国固定收益方向型对冲基金 2012 年年底收益率前五名

基金简称	成立时间	投资顾问	基金经理	更新时间	累计净值	年收益率（%）
五矿信托——民晟盘马	2011 - 07 - 15	民晟资产	蔡明	2012 - 12 - 28	1.2426	15.37
光大阳光 5 号	2009 - 01 - 21	光大证券	李剑铭	2012 - 12 - 30	1.191	14.25
安信理财 1 号	2012 - 01 - 17	安信证券	尹占华	2012 - 12 - 31	1.2852	14.12
光大阳光稳健添利	2012 - 05 - 25	光大证券	李剑铭	2012 - 12 - 31	1.1068	12.32
兴业金麒麟 1 号	2009 - 03 - 27	兴业证券	朱文杰	2012 - 12 - 31	1.0868	10.71

资料来源：对冲网数据库，阿尔法研究中心。

第五章

对冲基金的监管

近年来，随着基金行业的逐步发展壮大，对冲基金开始进入中国投资者的视野，各种风险也随之产生。我国金融市场仍处于发展初期，一方面市场规则有待完善，市场基础设施不够健全；另一方面金融投资工具不够丰富，投资者的风险意识有待提高。随着我国金融市场逐步对外开放，国内外日渐活跃的经济和金融交流以及融资融券、股指期货等新金融业务和金融产品的出现为对冲基金提供了基本的生存条件。正确把握对冲基金的发展路径，构建合理的对冲基金监管框架，任重道远。

引进和发展对冲基金必须与资本市场的改革和完善同步。国内的对冲基金在投资目标、策略选择、客户群体等方面都与海外的对冲基金相类似。为实现趋利避害，可以参考国外对冲基金的监管体系、主体、目标、原则和措施，推行符合具有中国特色的监管体系，并将坚持保护投资者的利益、维护市场的完整性与降低系统性风险三大目标均衡考虑。

近10年来，对冲基金的迅速增长无疑已成为国际金融领域中最引人瞩目的现象。以资产规模、投资者基础、所涉投资领域的广泛性多方面指标衡量，对冲基金已成为国际主流投资工具，其交易活动对全球资产价格与流动性的影响已经上升到一个举足轻重的地位。在国际上，对私募基金的监管一般都以保护投资者权益、稳定市场为最基本原则，但由于不同国家私募基金行业发展历程不同，私募基金监管制度和内容都体现出不同的原则和理念。综合来看，金融自由化程度高、金融体系发展完善的经济体对私募基金的监管相对宽松，更多体现效率原则；金融开放不久、金融自由化程度低、金融体系不完善的经济体对私募基金的监管则更多体现安全原则。

2007年次贷危机的爆发及此后它所引发的全球性的金融危机和经济衰退使世界各国意识到了金融机构信息不透明和监管缺失所引发的严重后果，同时纷纷提出措施来加强金融监管。2010年7月，美国通过了《多德·弗兰克华尔街改革与消费者保护法案》（简称《多德·弗兰克法案》），该法案明确要求资产规模在1.5亿美元以上的对冲基金需要到美国证监会注册和接受监管。同年11月，欧洲议会也通过了《另类投资者基金管理人指令》，该指令要求对在欧盟运作的另类投资基金经理实施更加广泛的监督和控制。

第一节 美国对冲基金的监管措施

美国作为全球对冲基金业的发源地，具有"对冲基金王国"的美称。对冲基金是随着美国金融发展，特别是期货、期权等衍生工具的出现而逐步发展壮大的。同时，美国对冲基金业的迅速发展与其监管制度密切相关。

一、美国对冲基金的监管主体

美国联邦证券交易委员会（SEC）是统一管理美国证券活动的最高机构，直接对国会负责。无论是以什么形式或什么平台发行的对冲基金，只要符合美国相关法规的规定，就必须接受 SEC 的监管。SEC 具有极高的权威性，其职权包括依法检查、稽查投资基金公司的经营活动，《监督证券法》、《信托契约法》、《投资公司法》、《投资顾问法》等相关法律的执行情况，以保护投资者的合法权益。

在联邦证券交易委员会的管理之下，美国各州有权制定本州的监管法规，对本州的证券市场及基金市场进行监管。1996 年颁布的《国家证券市场促进法》对各州的证券监管活动进行了调整，其职权仅限于接受在该州发行基金的投资公司提交的广告备案，以及对基金销售过程中的欺诈和舞弊等行为提起诉讼。2010 年颁布的《多德·弗兰克法案》对联邦证券交易委员会和各州的监管职权再次做了划分，赋予了各州更多的监管责任。

除了以上监管机构以外，根据对冲基金的运作和资金来源情况，其还面临其他机构的约束。如果对冲基金从事期货或期权合约交易，必须受到商品期货委员会（Commodity Futures Trading Commission，CFTC）的监管。当养老金占对冲基金总资产 25% 以上的比例时，对冲基金还必须受到劳工部的监管。

二、美国对冲基金监管的法规体系简介

美国对冲基金的监管内容主要通过一系列豁免条款以及证监会发布的解释条例来实现。美国的证券监管以保证市场效率为优先原则，从对冲基金监管的角度主要是关注投资者保护。这样的监管理念决定了美国对冲基金监管内容方面的设计：一是监管豁免，二是投资者保护，三是间接监管，主要针对对冲基金投资顾问进行监管。

美国没有专门针对私募基金制定的监管法，证券行业主要受《证券法》、《投资公司法》、《投资顾问法》和《证券交易法》四部核心法律监管。从监管内容上来看，一方面，私募基金一般适用于美国《证券监管法》中的豁免内容，美国针对证券行业监管的法律文本中一般都有豁免规定，对冲基金为规避监管往往从基金成立之初就依据豁免条款设计运作，享受监管豁免；另一方面，私募基金适用于美国相关法律对私募基金投资顾问的监管内容。

美国证券监管法律主要从注册、投资者的资格、投资者的数量方面规定了豁免条款，因为大多数私募基金都按这些豁免条款设计。因此，上述 3 个方面也可以看作是美国私募基金监管的内容。此外，《投资顾问法》还规定了对私募基金投资顾问的监管条款。

（一）对冲基金发行登记豁免

对冲基金证券发行的登记豁免体现在 1933 年的《证券法》中。制定该法的根本目的在于保护投资者，主要目标在于规制公开发售的证券，要求证券在公开发售前向 SEC 登记和发布某些证券信息，从而规范证券的首次发行，而不是之后的交易。另外，对冲基金主要利用该法的 Section4（2）及 D 条例豁免于登记。

（1）Section4（2）例外。1933 年《证券法》Section4（2）规定，任何与公开募集无关的发行人的交易不适于 Section5 关于未经注册不得公开募集证券的规定，即豁免适用于该法关于证券公开募集的规定。Section4（2）的豁免仅仅适用于向少数有限的投资者进行的特定、单独的证券发行，即非公开地向老练、富裕的自然人或机构投资者的发行。大部分私募基金，包括对冲基金，主要是利用 Section4（2）的私募豁免设计其发行结构，选择非公开发行，避免基金登记。

（2）D 条例。1982 年 SEC 根据 1933 年《证券法》颁布的 D 条例给依据 Section4（2）非公开发行的发行人提供了一种基金设立方式。具体来说，对冲基金根据 D 条例的规则 506 私募发行其证券，豁免于《证券法》Section4（2）的规定。规则 506 给利用 Section4（2）豁免登记的对冲基金的发行者提供了一个"安全港"。该规则既没有限制发行者可以发行证券的总金额，也没有限制其可以销售证券的"合格投资者"的数量。在此规则下，如果发行人不从事一般的广告宣传，且仅发售给 35 个以下的"非合格投资者"，即认定为非公开发行。如果向"合格投资者"发行，则不受数量限制。D 条例限制了非合格投资者的数量，但是由于对冲基金一般仅仅面向合格投资者，该限制几乎没有意义。

（二）对冲基金交易人、经纪人登记豁免

关于对冲基金交易人、经纪人登记豁免的规定主要体现在 1934 年的《证券交易法》中。与 1933 年的《证券法》主要规范证券的首次发行不同，该法几乎调整了证券市场的所有方面以及所有的证券交易。

《证券交易法》Section15 要求利用美国州际商业的邮政或其他工具的经纪人、交易人都必须在 SEC 登记。《证券交易法》将经纪人定义为"除例外情况，为了他人利益进行证券交易的人"，交易人被定义为"任何通过经纪人或其他方式，为自己的账户从事购买和销售证券活动的人，但不包括银行，或者任何单独地或出于诚信义务，为自己的账户购买和销售证券，但购销证券并非其正常营业的一部分的人"。由于对冲基金及其经理一般不被视为经纪人、交易人，因而不需要向 SEC 登记。对冲基金经理不被视为经纪人的原因在于经纪人是"为了他人的账户从事促进证券交易的活动"，对冲基金及其经理并非为他人的账户进行证券交易，而是为了自己的账户。对冲基金及其经理属于"非交易人"，因为其为自己的账户交易证券，并非证券业务的一部分。

（三）投资公司登记豁免

对冲基金为了实现其灵活的投资策略，往往利用 1940 年颁布的《投资公司法》的有关规定达到豁免登记为投资公司的目的。该法将投资公司定义为"主要从事证券投资或交易业务的发行人"。根据该法，投资公司必须向 SEC 登记。国内投资证券的对冲基金被视为投资公司，因为其经营业务在于代表其股东进行证券投资。为了避免被定义为投资公司，对冲基金的典型

做法是，设计其运行结构以满足《投资公司法》Section3（c）（1）和 Section3（c）（7）规定的豁免要求。

（1）Section3（c）（1）豁免。《投资公司法》的 Section3（c）（1）规定，对受益权人不超过100人，并且没有公开发行，也不打算公开发行其证券的任何投资工具都豁免于投资公司的定义。一般而言，对冲基金都在结构上符合此豁免规定。

第一，受益权人的数量。大多数对冲基金的投资者少于100人，满足100人的人数限制。但是，获得 Section3（c）（1）豁免的对冲基金必须持续控制其投资者数量。根据 Section3（c）（1）的规定，对冲基金的每个投资者都被视为一个受益权人，除非投资者是一个"投资实体"。对冲基金能否将一个投资实体称为"一个受益权人"取决于投资实体是否持有对冲基金10%以上的具有投票权的证券。如果低于10%，则被视为一个受益权人；反之，若达到或高于10%，《投资公司法》则要求对冲基金"穿透"该投资实体，将实体中的每一个投资者计算成为对冲基金的一个受益权人。

第二，非公开发行。如果对冲基金遵守《证券法》Section4（2）设立的私募发行标准，那么对冲基金则满足了《投资公司法》公开发行的禁止规定。为了豁免登记，对冲基金不能公开发行其证券。

（2）Section3（c）（7）豁免。《投资公司法》Section3（c）（7）规定，对于任何仅向"合格购买者"销售，并且没有公开发行，也不打算公开发行证券的投资工具豁免于投资公司的定义。合格购买者是指：第一，拥有至少500万美元投资的自然人；第二，拥有至少500万美元投资的家族公司；第三，某些信托；第四，任何拥有2500万美元投资的实体。与 Section3（c）（1）豁免规定不同的是，Section3（c）（7）豁免不限制投资者的数量。但是，利用 Section3（c）（7）豁免的对冲基金一般都将投资者限制在500人以内，以避免1934年《证券交易法》规定的报告要求。需要强调的是，对冲基金无论利用 Section3（c）（1）或 Section3（c）（7）条规定谋求豁免，根据1933年《证券法》基金证券只能私募发行。

进行对冲基金豁免登记后，与受到监管的投资公司，如共同基金不同的是，其豁免于该法有关投资策略限制，如杠杆、卖空，以及在某一行业、公司或部门集中持仓等。而且，对冲基金不受适用于登记的投资公司的估值要求的约束，后者必须每天按市场价格对其资产组合进行估值。如果没有市场价格，则按合理价格进行估值。当然，对于反欺诈规定，对冲基金仍然应当严格遵守。

（四）投资顾问登记豁免

对冲基金管理人为了操作的便利也往往利用1940年颁布的《投资顾问法》的有关规定获得投资顾问登记豁免的待遇。

该法 Section202（a）（11）规定，投资顾问是指为了利益通过直接或间接出版物的方式从事向他人提供咨询，提供关于证券的价值建议或建议投资、购买或卖出证券的人或为了利益发行或出版关于证券分析报告为部分业务的人。投资顾问的定义排除了以从事投资顾问活动为次要业务和不从投资咨询中收取额外费用的经纪人和交易人。根据此定义，对冲基金的普通合伙人属于投资顾问，尽管管理的对冲基金在《投资公司法》的规定下可能享有豁免权。为了避免登记及随之而来的有关法律义务，对冲基金经理经常精心设计其运行结构，以利用《投资顾问法》的 Section203（b）（3），以获得其中的"小顾问"豁免待遇。Section203（b）（3）规定，过去12个月内顾客少于15名，并且没有向一般公众宣称自己为投资顾问或担任《投资公司法》的规定下登记基金的顾问，就可以豁免登记。具体分析如下：第一，顾客限制。该法要求对冲基金经理在前 12 个月内顾客数量最多为 14 名。根据此法发布的规则 203（b）（3），对顾客的定义包括自然人与非自然人。规则允许将一个有限合伙视为一个顾客，而不是将其中的每个有限合伙人视为一个顾客。第二，对外身份。该法要求投资顾问一般不能向公众宣称其为投资顾问。

联邦证券法规定的上述豁免基于两种理论设想：第一，投资于这些基金的投资者足够老练，不需要这些法律保护；第二，这些基金的私募性质、投资者的有限数量，以及某些情况下的"个人、家庭及类似"纽带关系表明，对这些投资基金的监管不现实或者不必要。

（五）税收优惠

传统对冲基金的一个重要特征就是采用有限合伙的形式取得税收优惠。

美国联邦税法主要是 1986 年颁布的《国内税法典》，该法对对冲基金的影响表现在三个方面：第一，对对冲基金的组织形式产生影响，组织形式不同，享有的税收待遇也不同；第二，对对冲基金不同的投资策略产生不同的税务问题；第三，对对冲基金的不同投资者产生不同的税务问题。

《国内税法典》规定，属于有限合伙的对冲基金不需要以合伙实体缴纳所得税，而是按个人从基金中获得的红利作为个人收入的一部分进行纳税申报。州税法规定，如果有限合伙是某州成立的，还要接受州所得税法的调整。州所得税法也只对合伙人征税，不对合伙征税。对冲基金选择有限合伙的组织形式，其目的就在于追求合伙的税收待遇，主要是通过避免公司的特征，如集中管理、有限责任、自由转让和无限延续来进行的，而且还要避免被作为公开交易的有限合伙对待。对冲基金寻求符合私募的条件就是为了规避公开交易合伙规则。根据目前的《国内税法典》规定，豁免的条件包括参与人的人数不能超过 100 人和属于 S 公司、赠与信托或合伙，适用于透视规则以判断参与人的人数。

（六）豁免登记商品集合

根据《商品交易法》（Commodity Exchange Act，CEA）的规定，从事期货、期货期权或商品期权交易的对冲基金为"商品集合"，必须接受商品期货交易委员会（Commodity Futures Trading Commission，CFTC）的监管。但是，根据 CFTC 规则 4.7 的规定，收益只分配给合格参与者的对冲基金可以作为"豁免集合"。合格者（Qualified Eligible Persous，QEPs）的定义相当灵活，包括大多数同时受其他立法监管的机构投资者，如银行、保险公司等，以及投资专业人士、知识雇员，1940 年颁布的《投资公司法》中的合格购买者、非美国人、D 条例下证券组合达 200 万美元以上的"合格投资者"。依据 1933 年颁布的《证券法》，非公开发售并且按照 CFTC 规则 4.7 作为"豁免集合"的对冲基金，其商品集合经理人（Commodity Pool Operator，CPO）和商品交易顾问（Commodity Trading Advisor，CTA）的报告、记录和披露义务相对较轻。但是，对冲基金的投资顾问不能豁免根据反欺诈条款 Section6（b）的规定向美国商品交易委员会报告的义务。

（七）有关基本义务

尽管对冲基金可以利用相关证券法中的豁免规定，在投资策略上享有更大的自主权和灵活性，但是与其他共同基金一样，其也必须遵守有关基本义务。这些义务的设置大多是立法者出于维护基本社会公共利益和投资者利益的目的。

（1）报告义务。总体上而言，对冲基金由于享受了各种豁免登记的便利，其报告义务远远小于共同基金，但是其仍须履行相关立法规定的有关基本报告义务。

根据《证券交易法》，虽然对冲基金一般不被视为经纪人、交易人，但持有一定金融证券的对冲基金仍然必须向 SEC 报告持仓情况。当投资者持有证券超过某个具体的门槛时，对冲基金就必须遵守《证券交易法》的报告规定。Section13（d）和 Section13（g）要求当任何直接或间接拥有某类具有投票权股票证券 5% 以上时，必须做出披露。披露的目的在于使其他投资者和发行公司注意到公司可能成为收购目标。根据 Section13（d）和 Section13（g）的披露要求，证券收购者在达到 5% 的门槛后 10 日内必须向 SEC 递交计划表 13D。在该计划表中，必须披露有关其自身、经理、董事、主要经营业务，以及所有为购买此证券所进行的交易。而且，当对冲基金拥有某类在《证券交易法》下登记的具有投票权的股票证券的 10% 以上时，被视为"内幕交易人"，根据 Section16（a），其必须向 SEC 提交表格 3，披露其所持仓位。表格 3 必须作为最初的受益所有权声明，予以提交。Section16（b）要求内幕交易人必须退还过去 6 个月内购买或销售此发行人证券所获得的利润。事实上，从这些交易中获得利润的内幕交易人可能不得不退还较实际获利更多的金额，因为很多法院是通过从过去 6 个月内最高销售价减去最低购买价的方式计算盈利数额的。

（2）反洗钱义务。对冲基金也必须遵守美国反洗钱（AML）监管规定。2001 年 10 月，美国《爱国者法》（Patriot Act）对主要的反洗钱立法《银行保密法》（Bank Secrecy Act，BSA）做了重大修改。2002 年 9 月 18 日，美国财政部在 BSA 的规定下提出了一项新规则，该规则确立了对于某些未受监管的投资公司，包括对冲基金、商品集合及不动产基金等的有关 AML 的最低要求。如果一只对冲基金给予其投资者在购买后两年回赎的权利，并且在最近的日历季度内总资产达到 100 万美元，则必须受建议规则的约束。符合同样标准的离岸对冲基金，如果基金份额发售给美国人，或由美国人组织、运作、发起，如居住在美国的基金发起人或经理，则也受该建议规则的约束。

根据建议规则，对冲基金的 AML 项目必须合理设计，防止被洗钱者和恐怖分子利用，并遵守 BSA 的有关规定：第一，确立和实施有助于实现上述目的的政策、程序和内部控制机制；第二，提供遵守程度的检验机制；第三，指定专人负责实施和监控 AML 项目；第四，给 AML 项目提供合适的培训人员。该规则也要求对冲基金向财政部的金融犯罪预防网络提出报告，包括基金合同、发行人、AML 负责人、基金管理的总资产额、基金份额持有人数量等信息。财政部还鼓励对冲基金主动报告可疑的洗钱行为。

（3）消费者隐私权保护义务。1999 年颁布的《格兰姆—利奇—布利里法》（Gramm-Leach-Bliley Act，GLB 法）要求 SEC 和其他联邦机构采取监管措施，限制金融机构（包括对冲基金）披露个人的非公开隐私金融信息给无关的第三方的能力。根据 GLB 法，对冲基金发起人和其他未向 SEC 登记的顾问受联邦交易委员会（Federal Trade Commission，FTC）的监管。SEC 和 FTC 的隐私规定都要求对冲基金及其发起人向其"消费者"和"顾客"通知其有关非公开隐私信息政策和指南。如果发起人或对冲基金需要与某些无关的第三方分享消费者和顾客的非公开隐私信息，顾客有权反对这种行为。尤为重要的是，这些要求仅仅适用于对冲基金或发起人的个人消费者或顾客。这些规定包含很多通知例外、信息共享及退出条款等。

（4）反欺诈义务。反欺诈义务是美国证券立法的重要内容，大部分立法都对此做出了十分明确的规定。对冲基金也不例外，其必须遵守这些反欺诈义务。根据《证券法》，尽管对冲基金根据 Section4（2）例外和 D 条例的规定可以豁免于登记，但是仍必须无条件遵守 Section17（a）及其相关条例的有关反欺诈规定。

《证券交易法》Section 10（b）（5）是关于反欺诈的规定，适用于所有的基金，包括对冲基金。其规定凡直接或间接利用洲际贸易的任何手段或工具，利用邮寄或全国证券交易所的任何设施的个人，下述情况均属违法：对于购买或者出售在全国证券交易所登记注册的证券和没有登记注册的证券，使用操纵的和误导的手段和方法，违反 SEC 为了公共利益或者保护投资者利益而必须适当地制定的规则。

根据《投资顾问法》，对冲基金经理在豁免登记及遵守相关法律义务的同时仍然必须遵守该法规定的有关反欺诈义务。《投资顾问法》Section206 的反欺诈规定适用于所有类型的投资顾问，包括已经在 SEC 登记的、被要求登记的和豁免登记的。反欺诈条款在广告规则、监督要求和披露义务方面都做了详细的规定。

三、对于私募发行的认定

美国证券法中关于调整私募发行的法律规范主要有 3 部，分别是 1933 年颁布的《证券法》，1982 年 SEC 颁布的 D 条例（Regulation D）和 1999 年颁布的《144A 规则》（Rule 144A）。这 3 部法律规范共同构成了私募发行法律制度的主体，其余内容则散见于证券法律体系的各个部分，包括 1934 年颁布的《证券交易法》、1940 年颁布的《投资公司法》等多部证券法律。

通过 1933 年颁布的《证券法》第 4（2）条的规定，证券私募发行法律制度被正式确立。但由于规定得过于笼统和模糊，所以私募发行的界定主要依靠联邦法院和州法院的权威判例以及 SEC 在这一时期颁布的行政解释。这些判例和行政解释只是对私募发行的界定提供指导性的原则和相关的考虑因素。所以，在缺乏明确规则的情况下，各法院对具体理解和使用这些标准持有不同的主张，其对待私募发行的界定态度也是"张弛有致"，有时宽松，而有时又很严厉。由此可见，私募发行的法律界定存在明显的混乱和不确定性。

直到 20 世纪 70 年代中期，SEC 颁布了《146 规则》（Rule 146）才为私募发行豁免提供了较为客观和更具操作性的标准。该规则旨在为私募发行豁免提供一个"安全港"，即只要符合了规定的条件，该发行就自动取得豁免，免予向 SEC 注册；如果没有满足规定的条件，也并不意味着发行就丧失了豁免，发行人还可以寻求《证券法》4（2）豁免。该规则明确了私募发行法律界定的两大目标，"一是为有责任感的企业家利用私募发行提供客观标准，二是防止这种豁免注册发行及于在信息取得和风险承担方面无法实现自我保护的投资者"。虽然该规则一出台就被指责为对待私募发行的态度过于严厉，限制私募融资功能的发挥，而且几次被置于濒临废止的境地，但不能否认的是，该规则为私募发行的法律界定提出了明确的目标，这两个目标的提出无疑为以后私募发行的界定指明了方向，也为以后私募发行豁免的适用创造更大的确定性提供了条件，从这点上来讲，《146 规则》虽然只适用了 8 年就为之后的 D 条例所取代，但其在私募法律界定发展史上仍占有重要地位。

在颁布《146 规则》的同一时期，美国律师协会（ABA）也为私募发行的法律界定做出了努力。该协会于 1975 年提交了一份报告，对私募发行的法律界定提出了 4 个关键考虑因素，以期能够为法院的判决和当事人的发行提供一份操作指南。这 4 个因素在法院的审判实践中并未全部被采纳，但它对界定私募发行的司法实践还是起到了很大的指引作用。1982 年，SEC 在《146 规则》的基础上正式出台了 D 条例，它沿用了《146 规则》的"安全港"性质，属于"非排他性"的规则。该条例为 SEC 和法院对私募发行的判断提供了更客观的标准和更具操作性的规则。同时，也使当事人，尤其是发行人对其发行行为是否属于私募有了更加清晰和准确的预测。该条例对《146 规则》所提出的两大目标的实现起到了很好的协调和平衡作用，得到了人们的广泛认同。至此，美国证券私募发行已具备一套完整而成熟的规范体系。

四、对于合格投资者的认定

对合格投资者的认定是私募发行的重要判断标准之一。美国是世界上最早探讨也是迄今为止对合格投资者立法最为完善的国家，其制度体系的形成也经历了一个不断探索、不断明确和细化的发展过程。

美国 1933 年《证券法》第 4（2）条是美国最早涉及合格投资者的立法，该法规定，"（本法第 5 条不适用于）不涉及公开发行之发行人的交易"。该条规定非常简单，对"公开发行"没有做出解释；对不公开发行的对象也没有明确界定。但是，该条却奠定了美国，包括合格投资者在内的整个不公开发行法律制度的基础。

美国联邦最高法院于 1953 年审理的 SEC v. Ralston Purina Co. 案对"公开发行"和"私募发行"的标准、判断"合格投资者"的标准提出了相对细化、易于掌握且事后也被实践证明符合立法本意的解释。在该案的判决中，联邦最高法院认为，证券立法注册制度的本意在于通过促进信息充分披露以保护投资者的利益，对于那些有证据证明其有能力实施自我保护的人进行要约发行，就无须《证券法》注册制度的保护。这里的"有能力实施自我保护的人"就是联邦最高法院认为的"合格投资者"。SEC v. Ralston Purina Co. 案是美国证券法历史上非常重要的一个案件，这个案件在对证券法的目的进行追根溯源的过程中发现了"是否需要注册（保护）"这一判断是否属于合格投资者的标准。SEC 在 1962 年 11 月针对私募发行的一个通告中对联邦最高法院的这个观点表示了认同。

1975 年，美国律师协会（ABA）下属的联邦证券管理委员会（FRSC）也对合格投资者的确定标准提出了自己的看法。他们认为，原则上只要有能力承担风险，就应该被看作是具备成为合格投资者的资格。不过，当时美国立法、司法和 SEC 对"合格投资者"的认定主要针对的都是"受要约人"。直到 1982 年 SEC 发布了一份报告，人们才将关注的重点从"受要约人"转移到"购买者"。SEC 认为，对"受要约人"资格的过分强调是对 SEC v. Ralston Purina Co. 案的严苛解读，只要证券实际购买人具有金融商业相关知识和经验，有能力评估投资的价值和风险，投资者的利益就算是得到了保护。

对合格投资者的判断标准做出最大贡献的要属 SEC 于 1982 年颁布的 D 条例。D 条例对前述所谓的"需要（注册）保护"的标准进行了细化，使合格投资者的判断标准更加客观和易于操作。D 条例由 6 项规则组成（规则 501～506），其中规则 506 涉及"私募发行豁免"，1989 年修正时增加了规则 507 和规则 508。规则 506 规定，该项下私募发行的发行人在销售前必须合理地相信，每一个购买者（"获许投资者"除外）都具备应有的商务知识和经验，以使其能够评估投资所蕴含的价值和风险。同时，D 条例还在规则 501 中对"获许投资者"进行了详细的解释。

五、《多德·弗兰克法案》及《私募基金投资顾问注册法》的主要变革

2010 年，美国总统奥巴马正式签署了《多德·弗兰克华尔街改革与消费者保护法案》（简称新法案），私募基金的监管改革也终有定论。新法案同时授权美国证券交易委员会（以下简称 SEC）在其颁布一年之内出台有关私募基金监管细则的部分后续条款，便于政策的有序过渡及实务操作。

新法案对私募基金投资顾问（简称投资顾问）采取了加强注册监管，其中第六条（又称沃尔克法则）直指大型私募投资基金，明确将管理资产规模在 1.5 亿美元以上的私募股权基金、对冲基金及其他投资顾问机构纳入监管范畴，要求其在 SEC 注册登记，披露交易信息，并接受定期检查，若此类机构具有特大规模或巨大风险，将同时接受美联储的系统风险监管，主要表现在以下三个方面。

一是新法案须接受联邦强制注册的投资顾问管理资产的门槛从 3000 万美元提高到 1 亿美元的要求，但同时取消了绝大多数美国私募基金投资顾问目前所依赖的"14 客户豁免"。根据新法案，一个美国投资顾问即使仅管理一只基金，只要该基金达到 1 亿美元的规模，就必须进行联邦注册，除非满足其他豁免情形。新法案下重要的其他豁免情形包括：在美资产不足 1.5 亿美元且客户仅限于"私募基金"，客户仅限于"风险投资基金"、家族基金管理人等。

二是对在美国之外成立的基金投资顾问，"14 客户豁免"还将在一定程度上继续适用，但门槛被大大提高：其美国客户及所管理私募基金中的美国投资人总数不得超过 14 个，在美国境内不得有任何业务地（而非之前要求的"主要业务地"不在美国），且所管理的美国客户和私募基金中美国投资人的总资产必须少于 2500 万美元。可见，新法案下豁免的高门槛可能会在一定程度上令海外私募基金管理人对美国投资者敬而远之。

三是新法案通过取消或限制"14 客户豁免"等改革措施大大强化了对私募基金（尤其是大中型私募股权基金和对冲基金）投资顾问以及海外投资顾问的监管，但同时也规定了对风险投资基金投资顾问等的豁免，且没有就私募基金（特别是对冲基金）的资本充足率、投资杠杆率等运营方面进行实质性限制。

2011 年 6 月 22 日，SEC 出台了法则 IA - 3221 及 IA - 3222（"后续文件"），对相关基金的信息披露要求、豁免注册对象的界定等方面进行了更为详细的规定。

首先，延长注册期限，并厘清 3 类豁免注册对象。

"后续文件"中较为重要的一点便是延长《投资顾问法》中所要求的注册截至期限，将规定注册日期延迟至 2012 年 3 月 30 日，但仍建议在 2012 年 2 月 14 日前递交相关文件以确保有充分的时间来完成注册程序。由法案生效到延长期限，主要是因为 SEC 在此期间收集业界各方的意见，集思广益。

"后续文件"IA - 3221 主要就私募基金应该受联邦的 SEC 还是州一级的机构监管做出界定，提出"中级规模基金投资顾问"的概念（2500 万美元到 1 亿美元），由州监管机构主理监管。据此，预计有 3000 多家基金的监管将从联邦 SEC 下放到州。可见，实施金字塔管理，抓大放小，能优化资源，从而让 SEC 集中管理更大规模的基金。

"后续文件"IA - 3222 主要厘清 3 类豁免注册对象，即创业投资基金（Venture Capital）、纯私募基金投资顾问以及外国私募基金投资顾问。

（1）豁免创业投资基金。由于创业投资基金一般不涉及杠杆，而且投资锁定期较长，对流动性较不敏感，故此法案对创业投资基金做出注册豁免。SEC的"后续文件"对豁免注册的创业投资基金的定义，以及对外进行借款或其他杠杆性融资、对投资者提供回赎或其他变现权利的限制做出了详细的阐释，必须向投资者或者潜在投资者表明采用的风险投资策略。

（2）豁免纯私募基金投资顾问。总的来说，如果基金管理顾问提供基金管理服务所管理的资产规模在1.5亿美元以下，而且纯粹由私募获得，则可豁免注册。"后续文件"中展开业界的意见，并反复从法律的技术层面上探讨了豁免的详细条件。

（3）豁免外国私募基金投资顾问。对于满足下述条件之一的外国私募基金继续实行注册登记豁免：在美国无经营场所；在美国拥有的客户或投资者少于15人而且资产管理金额低于2500万美元；未向美国公众公开表明自身为投资顾问，同时也未担任美国共同基金或业务拓展公司的投资顾问。除此之外，其他的外国私募基金均应进行注册登记管理，同时也应承担信息披露及报告义务。

其次，严格基金登记注册及信息披露。

SEC的"后续文件"进一步明确，在SEC注册的基金管理人须完全遵循《投资顾问法》的相关要求，尤其是在基金托管、道德规范、市场推广、管理费用、账簿记录、商业计划等方面的规定，并要求基金管理人必须指定专门的管理人员负责此类合规性及信息报告工作。同时，SEC也对基金每年所递交的ADV表格（ADV FORM）进行修订。最新的ADV表格要求基金在历史沿革、客户类别、费用补偿、资产管理、专业服务人员、政策合规性以及投资重大风险等方面进行细节性披露。

在过去，许多美国本土或在美国进行投资业务的私募投资基金（包括股权投资基金、对冲基金和创业投资基金）的管理人往往依据当时法律条款的规定，例如《投资顾问法》中的"私募基金投资顾问豁免"条款，提出豁免注册的要求，甚至撤回注册，以规避相关的行政监管。根据1940年颁布的《投资顾问法》的规定，投资顾问除非符合该法规定的豁免条件，在通过邮件或其他方法从事投资顾问业务中，必须在一定期限内保存相关记录，并且在SEC的要求下随时提供。对于那些符合豁免注册条件的投资顾问（私募股权基金管理人）而言，实际上并无实质性的信息报告要求。在此情形下，SEC对未注册的投资顾问和基金情况知之甚少，也难以获取私募基金运作的相关信息，无法更好地检测美国金融系统性风险。

新法案删除了《投资顾问法》中有关投资顾问豁免注册的规定，使得大多数投资顾问必须按照《投资顾问法》进行注册，遵循信息保存和报告的规定，并按照SEC的要求向其报告。其要旨是为监管机构获取基金的情况，预防因高杠杆、缺乏流动性引起的系统性风险。

事实上，美国金融市场发达，分工精细。广义的私募投资基金包括以下几类：对冲基金、股权投资基金、创业投资基金，以及房地产基金。各种基金的出资人结构、投资标的、投资策略都不尽相同，以致相关的风险因素、景气周期也不一样。2007年秋次级按揭拉开了序幕，2008年秋华尔街上演高潮的全球金融危机，就是由房地产市场引起，经过衍生工具而流到金融市场的其他子系统，其中又以对冲基金高杠杆而显得高风险。对比之下，股权投资基金中的并购基金虽也动用杠杆，但一般的并购对象都有充分而可持续的未来现金流，而且跟创业投资基金一样有较长的投资锁定期，而新法案却把它与对冲基金一视同仁，这点值得商榷。

法案要求申报的相关信息包括：资产管理规模，杠杆使用以及表外杠杆使用情况，交易对手的信用风险，交易和投资情况，持有资产的类型，估值政策及基金实际采用的方法，其他经由SEC和金融稳定理事会协商后认为基于公共利益、投资人保护或系统风险评估需要而要求提供的信息。

此外，新法案还对私募基金投资顾问的信息保存和记录归档做出了专门规定，同时授权SEC 对其保存的记录进行定期和不定期的检查。

第二节　中国香港地区对冲基金的监管及其变革

香港地区基金业伴随着香港地区证券市场的不断发展而不断壮大，香港地区已成为亚洲重要的资产管理中心之一，尤其是香港地区对冲基金规模稳步发展，已成为证券市场上的重要力量。

在香港地区，无论从事公募基金的资产管理业务，还是从事以对冲基金为主要表现形式的私募基金业务的公司及个人，都必须得到香港地区证监会批准而获发牌照或注册，否则就是从事非法活动。香港地区较早对对冲基金实行准入制度，目的是为了建立完善的对冲基金监管法律架构。根据香港地区《证券及期货条例》和《牌照资料册》的相关规定，"资产管理"指该人为另一人提供管理证券或期货合约投资组合的服务（除规定情形以外）。资产管理业务属于受规管活动，进行受规管活动的公司或从业人员应当向香港地区证监会领取牌照（证监会直接监管的机构）或在证监会注册（主要指非证监会直接监管的机构，如银行），中介人的牌照或注册证明书会列明其获准进行的受规管活动。

2002 年 6 月，香港地区证监会出台了《对冲基金指引》，允许对冲基金在港公募。随后，根据该指引又制定了《对冲基金汇报规定指引》，指导对冲基金进行信息披露。目前，香港地区《对冲基金指引》是世界上较全面的专门对对冲基金进行明确规定的法律文件。即使是美国这样对冲基金发达的国家，其法律并没有区分对冲基金和共同基金，而是统一作为基金纳入《证券法》、《证券交易法》、《投资公司法》、《投资顾问法》等法律的豁免条款中，没有专项的法律规定。

一、有关对冲基金公募的主要规则

（一）对冲基金的管理人

除《单位信托及互惠基金守则》的规定外，香港地区证监会主要从以下几个方面评估管理公司的适当性：第一，管理公司或已具有投资管理职能的投资顾问公司的关键投资人员在管理对冲基金方面的经验；第二，管理资产的数额；第三，管理公司的风险管理概况及内部监控系统；第四，基金的投资管理运营总部是否设立于检查制度获得香港地区证监会接纳、认同的司法管辖区。

（二）最低认购金额

对冲基金的每名投资者首次认购金额不得少于 5 万美元，对冲基金则不少于 1 万美元。

（三）投资及借贷限制

根据《对冲基金指引》的规定，基金的组成文件及销售文件内应载有一套明确的投资及借贷规定。销售文件应清楚地解释该计划将会投资的金融工具的类别、分散或集中投资的程度或策略、杠杆借贷的程度及基准（包括最高杠杆借贷比率），以及有关投资及借贷规定的相关风险影响。同时，禁止该计划投资于房地产。借贷比例虽不受限制，但是事先必须获得受托人、代管人的书面同意。放贷、承担债务、进行担保、票据背书，或直接为任何人的责任或债务承担责任，或因与任何人的责任或债务有关联而承担责任，也都必须获得受托人、代管人的书面许可。

（四）业绩表现费用

如果征收业绩表现费用，则该计划必须遵守《单位信托及互惠基金守则》。销售文件应全面、清楚地披露有关计算方法。《单位信托及互惠基金守则》的规定并不适用于对冲基金所投资的基金。就对冲基金而言，该计划的销售文件必须披露是否同时在该计划及其所投资的基金的层面征收业绩表现费用，销售文件也应概述其所投资的基金在计算及支付业绩表现费用的标准。

（五）赎回

关于赎回的具体规定主要有以下三点：第一，每月要有赎回日；第二，由持有人递交书面形式的股份赎回要求（不论是否需要给予通知期）及向持有人支付赎回款项的时间，最长不得超过 90 天；第三，该计划的销售文件应加入警告声明，说明赎回价格可能会受递交赎回要求至计算出赎回价格期间相关投资价值波动的影响。

（六）信息披露

《对冲基金指引》主要在计划的销售文件方面做出信息披露要求，即必须在销售文件的醒目处做出相关风险警告声明，并清楚、清晰地解释该计划的投资策略及其固有风险。此外，《对冲基金指引》还规定，所有广告必须在显眼处标明上述警告提示。

（七）财务报告

对冲基金管理人至少每季度定期向持有人发出有关该计划的活动的报告，有关报告应依照《对冲基金汇报规定指引》提交和分发。

香港地区《对冲基金指引》及《对冲基金汇报规定指引》在对冲基金监管方面的突破是提高了公募对冲基金的层次，打破了长期以来美国金融法律确立的基金管理只有私募对冲基金和公募基金两个层次。因为美国基金法律调整的对象就是基金，而不区分是否是对冲基金。对冲基金可以选择公募，那么就要承担和其他基金一样的信息披露和投资组合限制的负担，因而也就与共同基金而没有区别，现在香港地区基金监管制度扩展为私募对冲基金、公募对冲基金和其他公募基金三个层次。在公募对冲基金层次，监管机构给予对冲基金公募发行便利、承担较重的信息披露义务、继续享受灵活的投资策略，形成典型的中间形态，对一些对冲基金具有吸引力。这个规定可能会促进对冲基金业的繁荣，但是防范金融系统性目标还任重而道远。

二、有关对冲基金的基金的规定

（1）对冲基金的基金必须最少投资于5只基金，而且任何一只基金的投资额不得超过该对冲基金自身总资产的30%，同时不得投资于另外一只对冲基金的基金。

（2）针对对冲基金的基金的管理人的特殊规定。第一，所投资的基金管理公司中的每一位关键成员必须具备相关对冲基金投资策略最少两年的经验；第二，所投资的基金设有独立的受托人（保管人）；第三，对冲基金的基金投资于同一管理公司或者关联人员管理的基金，其所投资的基金首次征收的费用全部获得宽免；第四，对冲基金的基金的管理公司或关联人员不得对所投资的基金、管理公司以及任何相关人员所征收的费用收取回佣；第五，对冲基金的基金的销售文件应清楚地披露对冲基金的继今年及其所投资的基金所有费用及收费总额，或有关费用提供指示性幅度；第六，如果对冲基金的基金投资于没有获得证监会认可的基金，那么必须在销售文件中对该事实进行披露，并在风险警告中进行警告声明。

第三节　我国对冲基金监管趋向正规化

一、新《证券投资基金法》对私募基金的规定

2012年12月28日，十一届全国人大常委会第三十次会议表决通过了修改后的《证券投资基金法》（以下简称新基金法），明确将非公开募集的证券投资基金纳入监管范畴，新基金法于2013年6月1日起施行。12月30日，证监会发布了《资产管理机构开展公募证券投资基金管理业务暂行规定（征求意见稿）》，拟开放私募证券投资基金开展公募基金管理业务。此轮修法是立法机构和政府监管部门首次从法律上承认私募证券投资基金的合法地位。

（一）将私募证券投资基金纳入监管

在投融资领域，广义的私募基金通常包括：一是由政府批准成立的主权财富基金、产业投资基金等；二是通常由民间资本发起设立的创业投资基金、私募股权基金和民间私募证券投资基金等；三是由金融机构发行的信托计划，基金管理公司发行的证券投资基金，证券公司发行的资产管理计划，商业银行发行的理财产品和保险公司发行的保险投资产品等。

新基金法第二条规定，"在中华人民共和国境内，公开或者非公开募集资金设立证券投资基金"。也就是说，纳入新基金法监管的私募基金仅指"非公开募集资金设立证券投资基金"，而排除了私募股权基金等从事股权投资业务的私募基金。

此类从事证券投资的私募基金主要是通过信托公司、基金管理公司的业务平台和管理证券投资产品的"阳光私募"基金。随着新基金法的实施和配套法规的出台，符合条件的"阳光私募"基金管理公司将可以以自己的名义合法、独立地发行和管理私募基金，而无须再借助其他金融机构的通道，将节省高额的通道费用或账户费用。

（二）确立基金管理人登记制度

新基金法第九十条规定："担任非公开募集基金的基金管理人应当按照规定向基金行业协会履行登记手续，报送基本情况。"据此，现行立法对私募基金管理人与公募基金管理人采用了不同的监管措施，私募证券投资基金不实行核准制，而是向基金行业协会履行登记手续即可。

但这一规定并不意味着任何机构都可以向基金行业协会进行登记进而开展私募证券投资业务。根据新基金法第三十二条的规定，"对非公开募集基金的基金管理人进行规范的具体办法，由国务院金融监督管理机构依照本章的原则制定"。目前，中国金融业在银、证、保"三会"分业监管的大框架下，有待于"三会"就各自监管领域的机构开展私募证券投资基金业务的条件进一步做出细则规定；对于民间私募证券投资基金管理人则尚未明确其上一级监管机构，在新基金法未来的具体实施中不排除基金行业协会出台有关的指导登记意见，对民间私募基金管理人的证券投资管理规模、注册资本、经营年限、合规情况、诚信记录等作为办理登记的条件之一。

根据新基金法的规定，在新基金法实施以后，未经登记，任何单位或个人不得使用"基金"或"基金管理"的字样或者近似名称进行证券投资活动，法律、行政法规另有规定的除外。因此，在新基金法出台至正式施行的过渡期内，有关配套规定亟待出台，以进一步明确私募基金管理人的登记条件，为私募基金管理人登记做好充分的准备工作。目前，现有基金管理人可能仍将继续通过投资顾问的模式借道金融机构的私募业务平台发行和管理其私募证券投资产品。

（三）明确合格投资者制度

新基金法首次明确了私募证券投资基金的合格投资者制度，旨在规范基金募集行为，以防止借私募基金之名行"乱集资"之实。

根据新基金法第八十八条的规定，"非公开募集基金应当向合格投资者募集，合格投资者累计不得超过二百人。前款所称合格投资者，是指达到规定资产管理规模或者收入水平，并且具备相应的风险识别能力和风险承担能力，其基金份额认购金额不低于规定限额的单位和个人。合格投资者的具体标准由国务院证券监督管理机构规定"。

另外，根据新基金法第一百三十六条的规定，如果私募基金的投资者转让基金份额，也只能以非公开方式向合格投资者转让，否则将面临没收违法所得和罚款等行政处罚。具体规定是："违反本法规定，向合格投资者之外的单位或者个人非公开募集资金或者转让基金份额的，没收违法所得，并处违法所得一倍以上五倍以下罚款；没有违法所得或者违法所得不足一百万元的，并处十万元以上一百万元以下罚款。对直接负责的主管人员和其他直接负责人员给予警告，并处三万元以上三十万元以下罚款。"

（四）规范非公开募集行为

新基金法规范了非公开募集基金的方式，并进一步明确了非公开募集基金的托管制度和基金合同的必备条款。

根据新基金法第九十二条的规定，"非公开募集基金不得向合格投资者之外的单位和个人募集资金，不得通过报刊、电台、电视台、互联网等公众传播媒体或者讲座、报告会、分析会等方式向不特定的对象宣传、推介"。

另外，新基金法第八十九条、第九十三条等明确了基金的托管制度以及基金合同的必备条款。关于托管制度，考虑到私募基金投资者基于对基金管理人的信任，有存在自愿选择而不进行托管的情形，法律在此对非公开募集基金不强制要求其托管人，在基金合同未予明确的情况下应当予以托管。关于基金合同的必备条款，基金的具体事务主要由当事人通过基金合同自主约定，基金的出资方式、投资范围、收益分配、信息披露等内容都由基金合同约定，法律并未做强制性规定，这充分体现了非公开募集基金合同在基金运作中的中心地位，也符合非公开募集基金灵活运作的需要。

二、对冲基金行业的监管现状

中国证券监督管理委员会原主席、党委书记郭树清在十八大新闻中心接受媒体采访时表示，私募基金监管应与公募基金区别开，且采取相对宽松的监管方式。郭树清强调，创新肯定会出错，需要各方面的理解和包容。但证券行业也要注意学习和借鉴发达国家的经验和教训，努力避免重复过去的错误。具体而言，要注意把握以下几项原则：一是严格区分公募和私募，逐步完善投资者适当性制度；二是永远不要做自己不懂的产品；三是不取不义之财，不能蒙蔽客户、欺骗客户，这是好的投资银行和差的投资银行的根本区别；四是要将风险敞口始终保持在可以控制的范围内；五是时刻做好经营状况向最坏的方向发展的准备。

（一）有关非公开募集资金的规定

非公开发行只针对特定少数人进行股票发售，而不进行公开的劝募行为，因此也被称为"私募"、"定向募集"等。在我国现有的法律体系下，公开发行基金产品的管理公司必须拿到证监会颁发的牌照，并且每个公募基金产品也必须逐一得到监管部门的批准。因此，我国对冲基金唯一存在的方式是非公开发行。

目前，我国证券法律、法规中对"非公开发行"并没有统一的界定，特别是《证券法》中所规定的范围过于狭窄，对非公开发行的界定并没有成为保护中小投资者的普遍原则。除此之外，我国其他法律中也没有对"非公开"发行这一词有明确的定义，而且其他法律法规中只对某一个领域中的私募发行做出了有限的规定，并没有统一的原则，不利于投资者合法权益的保护和市场的有效监管。

1. 我国《证券法》及相关规定中有关公开与非公开的界定

《中华人民共和国证券法》（以下简称《证券法》，1998 年制定，后经两次修改）第十条规定："公开发行证券，必须符合法律、行政法规规定的条件，并依法报经国务院证券监督管理机构或者国务院授权的部门核准；未经依法核准，任何单位和个人不得公开发行证券。"同时，在《证券法》中明确规定了公开发行与非公开发行的情形。同样，根据《证券法》第十条的规定，有下列情形之一的为公开发行：

（1）向不特定对象发行证券的；

（2）向特定对象发行证券累计超过两百人的；

（3）法律、行政法规规定的其他发行行为。

该《证券法》还规定，非公开发行证券不得采用广告、公开劝诱和变相公开的方式。

除《证券法》之外，国务院发文以及两高院司法解释对"非公开"发行也进行了一番解释。

国办发〔2006〕99 号规定，向特定对象发行股票后股东累计不超过 200 人的，为非公开发行。非公开发行股票及其股权转让不得采用广告、公告、广播、电话、传真、信函、推介会、说明会、网络、短信、公开劝诱等公开方式或变相公开方式向社会公众发行。严禁任何公司股东自行或委托他人以公开方式向社会公众转让股票。向特定对象转让股票，未依法报经证监会核准的，转让公司股东累计不得超过 200 人。

2008 年，最高人民法院、最高人民检察院、公安部、证监会四部门联合下发的《关于整治非法证券活动有关问题的通知》中也对非公开发行证券做出了相关要求。

但是，相比美国 1933 年颁布的《证券法》可以发现，我国《证券法》的协调范围很窄，根据我国《证券法》第二条的规定："在中华人民共和国境内，股票、公司债券和国务院依法认定的其他证券的发行和交易适用本法；本法未规定的，适用《中华人民共和国公司法》和其他法律、行政法规的规定。政府债券、证券投资基金份额的上市交易适用本法；其他法律、行政法规另有规定的适用其规定。证券衍生品种发行、交易的管理办法由国务院依照本法的原则规定。"

所以，《证券法》中对公开和非公开募资做了区分并下了定义，但是信托制或者合伙制的对冲基金不在该法律的协调范围之内。

2. 《上市公司证券发行管理办法》及其细则中有关非公开发行的规定

于 2006 年 5 月 8 日起施行的《上市公司证券发行管理办法》中规定非公开发行股票的特定对象应当符合两项规定：一是特定对象符合股东大会决议规定的条件，二是发行对象不超过 10 名。其中，发行对象为境外战略投资者的应当经国务院相关部门事先批准。

《上市公司非公开发行股票实施细则》中第八条规定"发行对象不超过 10 名"，是指认购并获得本次非公开发行股票的法人、自然人或者其他合法投资组织不超过 10 名。证券投资基金管理公司以其管理的 2 只以上基金认购的，视为一个发行对象。信托公司作为发行对象，只能以自由资金认购，同时规定上市公司、保荐人对非公开发行股票进行推介或者向特定对象提供投资价值研究报告的，不得采用任何公开方式。

该细则主要细化规范了以下几个方面的问题：一是进一步规范了非公开发行的定价机制，根据不同的发行目的区分不同的发行对象，规定不同的定价方式，既有利于满足企业的客观需求，提高市场效率，又有利于保证发行过程中的公正公平；二是进一步规范了非公开发行董事会、股东大会的决策事项和决策程序，有利于保障投资者参与决策的权利，降低决策过程中的法律风险；三是进一步规范了非公开发行过程中的信息披露，有利于保障投资者真实、准确、完整、及时地获得相关信息；四是针对非公开发行股票涉及重大资产重组的操作问题，规定重大资产重组与非公开发行股票筹集资金应分开办理，分两次发行。

3. 基金公司特定客户资金管理业务中有关非公开发行的监管

于 2011 年实施，2012 年 6 月修改，并于 2012 年 11 月 1 日起实施的《基金管理公司特定客户资产管理业务试点办法》中第十三条规定："资产管理人为多个客户办理特定资产管理业务的，单个资产管理计划的委托人不得超过 200 人，但单笔委托金额在 300 万元人民币以上的投资者数量不受限制；客户委托的初始资产合计不得低于 3000 万元人民币，但不得超过 20 亿元人民币；中国证监会另有规定的除外。"这一规定和我国《基金法》中关于非公开募集的规定相符。

而且，该办法中的第三十五条明确规定，不得通过报刊、电视、广播、互联网站（资产管理人、销售机构网站除外）和其他公共媒体公开推介具体的特定资产管理业务方案和资产管理计划。根据规定，基金公司特定客户资产管理产品仅可以在基金管理公司及销售机构网站上推介，或者私下募集。

对于上述规定，2009年上海证监局基金监管处针对其辖区内的基金公司推出的关于专户销售提示函中又有明确的补充。在该提示函中，规定基金公司只能向特定对象进行宣传推介（例如，应该在客户登录基金管理公司、代销机构网站并通过网上交易、查询平台验证后，向其宣传推介"一对多专户计划"），而不得通过任何方式向不特定对象进行宣传推介（包括在基金管理公司和代理销售机构网站发布以下不特定对象为受众的宣传推介内容），但在宣传"一对多"专户业务本身而不涉及具体计划时不受此限。同时还规定，如果基金公司存在通过超链接的方式将本公司网站上关于"一对多专户计划"的宣传内容链接到其他互联网站进行变相公开宣传推介的情况也属于违法行为，应当制止。

无独有偶，深圳证监局于2009年也出具了关于"一对多专户计划"产品宣传推介的要求，并认为利用新闻稿件对"一对多"产品进行变相公开宣传推介也属于违法违规行为。

4. 信托计划的私募发行

2007年3月1日实施的《信托公司集合资金信托计划管理办法》中有明确的规定，信托公司推介信托计划时不得进行公开营销宣传，但是具体哪些属于公开营销宣传并没有明确的界定。例如，现在很多信托公司在该公司网站、第三方网站、微博或QQ/MSN群中向合格或不合格的投资者公开宣传推介信托计划，这些行为并没有受到相关监管部门的制止。

但是，该办法对合格投资者的数量明确地规定："单个信托计划的自然人人数不得超过50人，合格的机构投资者数量不受限制。"2009年，银监会对该管理办法做了修改，对"单笔委托金额在300万元以上的自然人投资者"的数量改为"不受限制"。

不仅如此，关于此方面的规定还有2011年10月银监会非银司向各银监局下发的《关于对〈中国银监会关于规范信托产品营销有关问题的通知〉征求意见的通知》。该通知的第三十八条明确规定："信托公司、代理推介机构宣传推介信托产品时，不得通过报刊、电视、广播、互联网（信托公司或代理推介机构官方网站除外）以及其他公共媒介公开宣传推介信托产品；不得通过手机短信等方式向不特定客户以群体发送方式宣传推介信托产品；不得以散发广告传单、报刊夹带等方式宣传推介信托产品；推介材料不得含有与信托文件不符的内容，或者不得存在虚假记载、误导性陈述或重大遗漏等情况。"该通知还规定，不得委托非金融机构推介信托产品，所以目前在第三方财富管理公司以及其他互联网网站、微博上宣传推介信托产品的行为都是不符合相关规定的。

5. 非上市股权投资的私募规定

为规范在我国境内设立的从事非公开交易企业股权投资业务的股权投资企业（含以股权投资企业为投资对象的股权投资母基金）的运作和备案管理，促进股权投资企业规范发展，2011年国家发展改革委办公厅发布《关于促进股权投资企业规范发展的通知》。

该通知规定，股权投资企业的资本只能以私募方式向特定的具有风险识别能力和风险承受能力的合格投资者募集，不得通过在媒体（包括各类网站）发布公告，在社区张贴布告，向社会散发传单，向公众发送手机短信或通过举办研讨会、讲座及其他公开或变相公开方式（包括在商业银行、证券公司、信托投资公司等机构的柜台投放招募说明书等），直接或间接向不特定或非合格投资者进行推介。

同时，该通知在投资者人数方面也做出了规定："股权投资企业的投资人数应当符合《中华人民共和国公司法》和《中华人民共和国合伙企业法》的规定"，"投资者为集合资金信托、合伙企业等非法人机构的，应核查最终的自然人和法人机构是否为合格投资者，并计算投资者总数，但投资者为股权投资母基金的除外。"其中，《中华人民共和国公司法》规定，有限责任公司由 50 个以下股东出资设立，股份有限公司应该有 2 人以上 200 人以下为发起人。如果股东超过 200 个，则违反了非公开发行的规定。《中华人民共和国合伙企业法》规定，企业的合伙人不超过 50 人，有限合伙公司除了至少 1 名普通合伙人以外，有限合伙人不超过 49 个。

6. 最高法院关于非法集资的司法解释中对"公开"的认定

自 2011 年 1 月 4 日起实施的《关于审理非法集资刑事案件具体应用法律若干问题法人解释》中第一条规定，违反国家金融管理法律规定，向社会公众（包括单位和个人）吸收资金的行为，同时具备下列四个条件的，除《刑法》另有规定的以外，应当认定为《刑法》第一百七十六条规定的"非法吸收公众存款或者变相吸收公众存款"：

（1）未经有关部门依法批准或者借用合法经营的形式吸收资金；

（2）通过媒体、推介会、传单、手机短信等途径向社会公开宣传；

（3）承诺在一定期限内以货币、实物、股权等方式还本付息或者给予回报；

（4）向社会公众，即社会不特定对象吸收资金。

同时还规定："未向社会公开宣传，在亲友或者单位内部针对特定对象吸收资金的，不属于非法吸收或者变相吸收公众存款。"

在制定对冲基金私募发行监管办法时，可以借鉴上述司法解释对"公开"与"非公开"的界定方法和原则。

（二）有关合格投资者的认定

对"非公开募集"做出相关规定的目的是保护合格投资者的利益。哪些投资者是"合格投资者"？这就需要相关法律法规对此做出明确的规定。

1. 基金公司特定客户资产管理业务中有关合格投资者的认定

2012 年 9 月 26 日，中国证券监督管理委员会令第 83 号公布的《基金管理公司特定客户资产管理业务试点办法》中第十一条规定："为单一客户办理特定资产管理业务的，客户委托的初始资产不得低于 3000 万元人民币，中国证监会另有规定的除外。"第十二条规定："为多个客户办理特定资产管理业务的，资产管理人应当向符合条件的特定客户销售资产管理计划。"这里所指的符合条件的特定客户即"合格投资者"在该办法中也有明确的规定："特定客户（合格投资者），是指委托投资单个资产管理计划初始金额不低于 100 万元人民币，且能够识别、判断和承担相应投资风险的自然人、法人、依法成立的组织或中国证监会认可的其他特定客户。"

2012 年 11 月 21 日首批 18 家期货公司资产管理业务资格已获监管部门批复，国泰君安期货、广发期货、海通期货、永安期货等入围首批名单。期货公司资管业务将进入实际操作阶段，相关资管产品近期将正式推出。

业内人士指出，期货公司获批资管业务资格标志着期货公司进入资管时代，将给期货公司带来相比单纯经纪业务更高的收入，如资管管理费、盈利分成等。广发期货总经理肖成指出，资管业务开闸将增加期货公司服务实体经济、现货企业的工具，并增加期货公司的收入来源，改变之前单纯依靠经纪业务的模式。

期货资管业务开闸之后可以投资于期货、期权及其他金融衍生品，还包括股票、债券、证券投资基金、集合资产管理计划、央行票据、短期融资券、资产支持证券等。就客户而言，目前期货公司的意向客户中既有高净值的个人客户，也有专业的资产管理机构及其他企业法人。

对于期货公司资管业务品种的设计，国泰君安期货总裁徐鹏表示，初期将重点发展中低风险产品，以套利交易、价差交易及现金管理产品为主，还将开展商品期货产业链、上下游套利产品的推介，股指期货期现套利，逐步发展尝试通胀对冲和大宗商品指数型产品，以具有独特风格的期货特色产品形成差异化竞争，争取市场份额。

虽然期货公司开展资管业务将面临与券商资管、基金等机构的竞争，但在商品期货、对冲策略上拥有一定优势。银河期货副总经理佟强表示，期货公司缺少资产管理经验，并且在股票和固定收益类资产投资方面能力较弱，但在商品投资方面有策略储备和人才优势，并在对冲型产品研究方面有一定优势，未来将推出差异化产品，为投资者提供多样化选择。

2. 《信托公司集合资金信托计划管理办法》对合格投资者的要求

同样，在自 2007 年 3 月 1 日起实施的《信托公司集合资金信托计划管理办法》中对"合格投资者"也有相应规定。其中，第六条规定，合格投资者，是指符合下列条件之一，能够识别、判断和承担信托计划相应风险的人：

（1）投资一个信托计划的最低金额不少于 100 万元人民币的自然人、法人或者依法成立的其他组织；

（2）个人或家庭金融资产总计在其认购时超过 100 万元人民币，且能提供相关财产证明的自然人；

（3）个人收入在最近 3 年内每年收入超过 20 万元人民币或者夫妻双方合计收入在最近 3 年内每年收入超过 30 万元人民币，且能提供相关收入证明的自然人。

（三）杠杆使用

因为我国金融市场的发展还不是很成熟，可利用的金融工具的种类还不是很多，整个资产管理行业的杠杆水平有限。根据《信托公司管理办法》（以下简称《管理办法》）第十九条的规定："信托公司不得以卖出回购方式管理运用信托财产。"这就严格限制了信托公司通过回购这一方式在银行间市场放大融资杠杆。由于对冲私募基金很多都是由信托公司运行操作的，上述规定就导致了这些私募基金无法使用内生融资能力提高杠杆。

《证券公司客户资产管理业务试行办法》（以下简称《办法》）中的第三十六条也有规定："集合资产管理计划资产中的证券，不得用于回购。"这就说明证券公司私募发行的限额特定集合资产管理计划（俗称"小集合"）也不得使用回购这一方式以放大杠杆。

对于杠杆使用的限制和程度，1999 年颁布的《基金管理公司进入银行间同业市场管理规定》中第三条就规定："中国证券监督管理委员会批准设立的基金管理公司可以申请加入全国银行间同业市场，从事购买债券、债券现券交易和债券回购业务。"第八条还规定："进入全国银行间同业市场的基金管理公司进行债券回购的资金余额不得超过基金净资产的40%。"这就限制了通过回购方式可以放大杠杆的倍数不得超过1.4倍。

对于通过回购方式使用杠杆的具体法规，《上海证券交易所债券质押式回购交易风险控制指引》中第四条规定："投资者进行融资回购交易，回购放大倍数不得超过5倍。"根据这条规定，基金公司所发行的私募产品可以进行融资回购交易，杠杆倍数不再受1.4倍的限制，而是可以达到5倍。

同样，对冲基金也不允许利用融资融券的方式使用杠杆。此外，对以合伙制方式成立的私募证券投资基金，法律上也没有关于其外部融资的明确规定，所以它们不能通过银行通道获得杠杆，但是可以在交易所获得杠杆。

理论上我国基金管理公司、证券公司定向管理业务和以合伙制方式发行的私募基金可以参与交易所的质押式回购融资，但是质押式融资只能通过债券放大杠杆倍数，而以股票投资为主的私募基金就很难放大杠杆。目前，信托类的对冲基金还没有任何可以放大杠杆的途径。所以，国内的信托类对冲基金主要通过发行分级产品的方式从外部获得杠杆。但是，分级产品的期限一般是1~2年，发行之后基本不能改变，在期限范围之内缺乏灵活性，这就会造成资金流动性差，融资成本较高。

（四）投资标的及分散化投资

在证券市场上，机构投资者面临着提高投资收益和降低投资风险的问题。从已有研究结果来看，在证券市场上当组合数量增加到一定程度后，组合收益的变动范围基本上保持不变甚至会下降。根据现代投资组合理论，投资组合只能通过分散化投资降低非系统风险，而无法降低系统风险。

我国对于私募基金的投资标的范围以及比例都有较严格的规定。目前，在信托平台上发行的私募产品一般只能投资于股票、债券、基金和股指期货等场内交易品种，且单一股票的投资比例不得超过信托资产的20%，其他资产的投资比例也都有较为严格的限制。除此之外，基金管理公司的特定客户资产管理业务的限额，特定集合资产管理业务对投资范围、单一股票的投资比例等也都有严格的限制，即必须符合国家的相关法律法规。新基金法第九十五条第二款规定："非公开募集基金财产的证券投资包括买卖公开发行的股份有限公司股票、债券、基金份额，以及国务院证券监督管理机构规定的其他证券及其衍生品种。"

私募基金阳光化的通道由以前的信托通道为主，马上变成证券、基金、期货等通道全面开放。《办法》拓宽了资产管理计划的投资范围，允许开展专项资产管理业务，提升基金管理公司服务实体经济的能力，包括拓宽资产管理计划的投资范围，取消了投资比例限制。

同时，《办法》进一步放松管制，为基金管理公司开展特定资产管理业务创造了相对宽松和公平的监管环境，包括允许基金公司采用子公司的形式开展特定资产管理业务；取消关于费率管制的规定，给予特定资产管理业务较为宽松的监管环境；优化申购赎回频率的安排；允许资产管理计划份额通过大宗交易平台转让，增加流动性；借鉴信托行业的做法，放松特定多个客户资产管理业务的人数限制，但对单只"一对多"资产管理计划设定规模上限，以降低单只产品的系统重要性；进一步简化备案程序，专户产品由事前备案改为事后备案。

《管理办法》将在鼓励基金公司开展差异化、专业化竞争方面进行修改，允许基金公司设立专业子公司开展部分业务，并允许基金公司将部分业务进行外包。

　　至于《办法》，负责人称将在严格执行合格投资人制度的前提下研究并探索新的业务模式。首先，《办法》拟拓宽特定资产管理业务的范围，在强制风险隔离的基础上允许基金管理公司开展专项资产管理业务，拓宽投资范围，放松投资比例限制，将专项资产管理计划打造成投融资平台；其次，《办法》将在严格执行合格投资人制度的前提下进一步放松"一对一"、"一对多"专户计划的管制，为特定资产管理业务创造相对宽松和公平的监管环境。此外，《办法》将增加基金业协会自律管理的内容，允许其他类型的机构自愿向基金业协会登记备案并开展特定资产管理业务。

（五）备案和核准

　　根据我国现有的法律制度，基金管理公司和证券公司的资产管理业务都需要监管部门的核准。在基金产品方面，2012 年 12 月 13 日，证监会发布实施《关于深化基金审核制度改革有关问题的通知》，取消了基金产品通道制；简化了审核程序，缩短了审核期限；实施网上审批，强化市场主体责任。规定常规产品按照简易程序在 20 个工作日内完成审核。实行简易程序审核的常规产品包括普通股票型（混合型）、债券型、指数型、货币基金、发起式基金、常规QDII 产品及单市场交易型开放式指数基金（ETF）。对于其他类型的基金产品，如分级基金、理财基金、跨市场（境）ETF 等，考虑到其尚不成熟或运作机制复杂，暂不实行简易程序。

（六）证券公司资产管理业务的监管

　　2012 年 10 月 19 日，中国证监会召开新闻发布会，正式发布修订后的《证券公司客户资产管理业务管理办法》（以下简称《办法》）。该《办法》主要对证券公司资产管理业务有如下具体规定。

　　（1）放松管制，放宽限制。取消集合计划行政审批，改为事后由证券业协会备案管理。取消集合计划行政审批，有利于证券公司根据客户需求及市场情况灵活设计产品，并及时推出，以满足客户多样化、个性化的需求。

　　（2）适度扩大资产管理的投资范围和资产运用方式。适度扩大投资范围。根据客户的认知能力、投资偏好及风险承受能力，对大集合、小集合和定向资产管理区别对待，投资范围逐渐放宽。大集合投资范围增加了中期票据、保证收益及保本浮动收益商业银行理财计划；小集合允许投资证券期货交易所交易的投资品种、银行间市场交易的投资品种以及金融监管部门批准或备案发行的金融产品。对于定向资产管理，允许投资者和证券公司自愿协商，通过合同约定投资范围。适度扩大资产运用方式。①允许证券公司集合资产管理计划和定向资产管理参与融资融券交易，扩大融资融券的市场覆盖面，健全融资融券市场机制；②允许集合计划和定向资产管理将其持有的证券作为融券标的证券出借给证券金融公司，有利于集合计划、定向资产管理以获取低风险利息收入，实现资产增值，同时也有利于增加融券标的来源，缓解融券标的短缺的情况，促进融资融券业务发展；③允许集合计划进行正回购，在丰富集合计划流动性管理手段的同时，客观上有利于提高集合计划收益水平，有利于保护投资者利益；④提高自有资金参与一个集合计划的比重，允许自有资金在集合计划存续期间有条件参与或退出集合计划，以应对集合计划巨额退出，解决流动性风险，保持集合计划资产和投资的稳定，同时充分发挥证券公司资本金充足的优势，通过向集合计划投入自有资金，适当承担责任，增强客户的信心。

　　（3）调整资产管理的相关投资限制。一是取消小集合和定向资产管理双 10% 的限制，以便于证券公司根据产品特点和客户需求自行约定投资比例，设计更为灵活的产品，例如投资单一中小企业私募债的资产管理产品、股票市值管理产品等。二是豁免指数化集合计划的双10%及相关联交易投资限制，以准确跟踪基准指数，减少跟踪误差，提高集合计划业绩，保护客户的权益。

（4）允许集合计划份额分级和有条件转让。一是允许对集合计划份额根据风险收益特征进行分级，有利于证券公司根据客户的风险承受能力和预期收益目标设计相应的资产管理产品，从而丰富产品类型，满足不同层次的客户的需求。二是适当允许集合计划份额在投资者之间有条件转让，以减少因大量退出导致集合计划投资的大幅波动，保持集合计划份额的稳定，从而更好地保护客户的利益，维护市场稳定。

（5）删除《集合细则》中"理财产品连续20个交易日资产净值低于1亿元人民币应终止"的规定。理财产品是否因资产净值低于一定下限而终止应由当事人自主判断和协商决定，因此充分尊重客户的选择权，保护客户的权益。

（6）允许证券公司自己办理登记结算业务，允许经证监会认可的证券公司为资产管理提供资产托管服务。这样有利于拓展证券公司登记、托管、结算等证券中介服务功能，推动证券公司资产管理业务的创新发展。

（七）对冲基金监管现状的总结

虽然对冲基金在国外已经是比较成熟的投资工具，但是在我国仍然是新生事物，对冲基金行业在中国正以较快的速度发展壮大，对私募基金的监管体系也在不断完善。

首先，在现有的法律体系下，已经有相关的监管法律法规出台。例如，信托类的对冲基金受到《信托法》以及相关的规章制度的约束，其在募集发行、管理人责任、投资顾问资格、投资范围、投资比例等方面做出了明确规定。对于基金管理公司特定客户资产管理业务和证券的限额特定资产管理业务方面，证监会等监管部门也出台了详细的监管政策。

但是，我国对冲基金的监管仍存在很多不足之处，总体上来看是制度供给短缺，没有关于对冲基金的统一完整的法律法规。在对冲基金投资顾问本身的监管方面也缺乏全面、明确的法律条令，只有在资本金、从业人员的数量等方面有较少的限制，其他方面的监管基本处于空白阶段。在基金发行方面的监管，对非公开发行、合格投资者的定义也没有统一的说法。

从监管流程的角度来看，对冲基金的监管措施主要集中在市场准入环节，对冲基金持续监管和市场退出环节缺少必要的监管措施，例如在对冲基金的信息披露方面，尽管实践中要求对冲基金应披露年报，但其要求的披露频率过高，无法及时反映基金的投资现状，要求披露的内容也不具体，不利于投资者合法利益的保护。

三、保险资产管理公司开展资产管理产品业务

为支持保险资产管理公司开展资产管理产品（以下简称产品）业务试点，保护产品持有人的权益，防范和控制风险，根据《保险资金运用管理暂行办法》等相关规定，中国保监会于2013年2月4日对各保险集团（控股）公司、保险公司、保险资产管理公司发布了《关于保险资产管理公司开展资产管理产品业务试点有关问题的通知》。具体事项如下：

（1）本通知所称产品是指保险资产管理公司作为管理人向投资人发售标准化产品份额，募集资金，由托管机构担任资产托管人，为投资人利益运用产品资产进行投资管理的金融工

具。产品限于向境内保险集团（控股）公司、保险公司、保险资产管理公司等具有风险识别和承受能力的合格投资人发行，包括向单一投资人发行的定向产品和向多个投资人发行的集合产品。

向单一投资人发行的定向产品，投资人初始认购资金不得低于3000万元人民币；向多个投资人发行的集合产品，投资人总数不得超过200人，单一投资人初始认购资金不得低于100万元人民币。

（2）保险资产管理公司开展产品业务所需资质参照《保险资金委托投资管理暂行办法》关于保险资金投资管理人的规定执行，而且公司应当制定完善的产品业务管理制度。

（3）产品资产应当实施托管，托管人需具备保险资金托管人资格，履行保管产品资产、监督产品投资行为、复核产品净值、披露托管信息、参与产品资产清算等职责。

（4）保险资产管理公司发行产品实行初次申报核准，后续产品事后报告。

如果保险资产管理公司初次发行产品，应当在发行前向中国保监会报送下列材料：①发行申请；②具备开展产品业务的情况说明，并附有中国保监会出具的《投资管理人受托管理保险资金报告表》；③产品合同；④集合产品的募集说明书；⑤托管协议；⑥其他相关文件。中国保监会对申报材料进行审核，如果符合条件，则将向保险资产管理公司出具确认函。

保险资产管理公司后续发行集合产品，在完成发行后的15个工作日内向中国保监会报送前款第3项至第6项材料，以及验资报告和认购情况报告。

保险资产管理公司后续发行定向产品，应当在合同签订后的15个工作日内向中国保监会提交产品说明书和产品合同。

（5）保险资产管理公司发行集合产品，应当制定风险揭示书充分揭示风险。投资人认购或申购集合产品，保险资产管理公司需确认投资人已签署风险揭示书，若投资人未签署风险揭示书，那么保险资产管理公司不得向其发行或允许其申购集合产品。

（6）产品投资范围限于银行存款、股票、债券、证券投资基金、央行票据、非金融企业债务融资工具、信贷资产支持证券、基础设施投资计划、不动产投资计划、项目资产支持计划及中国保监会认可的其他资产。

产品投资范围包括基础设施投资计划、不动产投资计划、项目资产支持计划等投资品种的，保险资产管理公司应当在产品合同和产品募集说明书中说明相应的投资比例、估值原则、估值方法和流动性支持措施等内容。

（7）保险资产管理公司在产品募集期间可以自行或委托相应的销售机构推介产品，但不得通过互联网站、电视、广播、报刊等公共媒体公开推介。推介时应当恪守职业道德和行为规范，全面、公正、准确地介绍产品特征和风险。推介材料必须真实、准确，不得存在虚假记载、误导性陈述或重大遗漏，或向投资人违规承诺收益和承担损失。

（8）保险资产管理公司、托管人以及产品的其他信息披露义务人应当依据法律法规及产品合同的约定向监管机构和投资人披露信息，并确保所披露信息的真实性、准确性和完整性。

（9）保险资产管理公司应当对每只产品进行独立核算、独立管理，公平对待所管理的不同产品的资产，避免利益冲突，禁止可能导致利益输送、不公平交易的各种行为。

保险资产管理公司、托管人应当在每年结束之日起的3个月内分别编制上一年度的产品业务管理报告和托管报告并上报中国保监会，产品业务管理报告内容包括但不限于产品运作管理、公平交易制度执行、异常交易行为等情况。

（10）如果产品终止，保险资产管理公司应当在清算完成后及时进行信息披露，并在15个工作日内将清算结果上报中国保监会。

（11）在试点期间，中国保监会视有关情况可对产品发行人的资质条件、投资人范围、产品发行审核方式、产品投资范围等进行适时调整。

（12）本通知自发布之日起施行。

四、监管建议

（一）我国对冲基金监管的目标和原则

1. 对冲基金监管的目标

制定我国对冲基金监管的法律法规具有一定的目标性。

第一，保护投资者的利益。这是对冲基金监管工作中的重中之重，投资者是市场的支撑者，保护和维护投资者的利益是我国基金管理监管的首要目标。只有在对冲基金市场管理中采取相应的监管措施，使投资者得到公平的对待，维护其合法权益，才能更有力地促使人们增加投资。具体而言，这一目标就是指要使基金投资者免受误导、操纵、欺诈、内幕交易、不公平交易和资产被滥用等行为的损害。

第二，保证市场的公平、效率和透明。监管部门应该通过适当的制度安排保障交易公平、公正、公开，使投资者能平等地进入市场，并公平地使用市场资源和获得市场信息，同时又能发现、防止和惩罚操作市场和其他导致市场交易不公平的行为。为保证市场的有效性，监管部门应当保证市场公布及时、传播广泛并有效反映在市场价格中。监管部门还应该提高市场的有效性，保证市场高度透明。

第三，降低对冲基金市场系统风险。目前，我国对冲基金行业发展尚不成熟，市场运行仍有很多风险因素存在。从监管的角度来看，监管部门应当尽量减少能控制的风险因素。例如，监管部门应当严格制定基金管理机构及其他相关机构的准入条件和资格，要求投资者将承担的风险限制在其能力范围之内，并监控过度的风险行为。

第四，推动对冲基金行业的规范发展。我国对冲基金行业起步较晚，与世界上其他发达市场之间仍有很大差距。因此，在加强对对冲基金行业监管的同时，要进一步发展我国基金业，并且要在发展中求规范。要更多地鼓励产品创新和业务创新，并为一切推动对冲基金行业发展的行为创造良好的环境。还要更多地引进国外的现金经验，提升我国的行业水平，推动对冲基金市场开展公平、健康、有序的竞争，形成一个有效的对冲基金市场。

2. 对冲基金监管的原则

（1）依法监管原则。在基金监管活动中，严格遵守法律法规，既要依法履行监管职权，又要依法承担监管责任；既要尊重监管对象的权利，保护市场各方参与者的合法权益，又要做到不徇情、不枉法。

（2）"三公"原则。对冲基金是证券市场的重要参与者，证券市场"公平、公开、公正"的原则同样适用于基金市场。公开原则要求基金市场具有很高的透明度，要实现市场信息的公开化。公平原则是指市场中不存在歧视，参与市场的主体具有完全平等的权利。公正原则要求监管部门在公开、公平原则的基础上给予被监管对象公正的待遇。

（3）监管与自律并重的原则。在加强政府、证券主管机关对基金市场监管的同时，也要加强从业者的自我约束、自我教育和自我管理。

（4）监管的连续性和有效性原则。我国对冲基金行业正处于发展壮大的初期，基金监管应遵循连续性的原则，避免出现大起大落的情形，以致影响该行业的正常发展。同时，应坚持有效监管的原则，处理好监管成本和监管效益之间的关系，应做到：对于市场能自身调节的，不监管；对于必须监管的，应当在保证监管效益前提下将监管成本降到最低。

（5）审慎监管的原则。这主要是对基金管理公司清偿能力的监管，旨在督促基金管理公司约束其风险承担行为，避免产生因贪图高收益而过分冒险，最终导致牺牲投资者的利益和出现系统性风险的恶果。

（二）对冲基金监管的主要措施建议

对冲基金监管法律制度的设计必须在紧紧把握对冲基金的影响效果与传导机制的过程中，提高针对性，力求趋利避害。对冲基金的监管法律是具有社会本位属性、体现公法私法融合特点的衡权法，其制度的设计和实施必须同步实现金融监管法秩序、效率、公平的价值目标。

对冲基金监管法律必须坚持对三大价值目标的动态平衡把握，引导市场主体参与形成多元治理结构，在监管原则与规则相配合的前提下坚持激励相容，核算成本效益，推进监管协调与合作。下面主要从投资顾问、基金的成立、基金的运作、信息披露以及参与市场基金活动的主体等方面给出建议。

1. 对对冲基金投资顾问的监管

美国的监管法中通过设计对对冲基金投资顾问监管的内容间接监管对冲基金。我国可以借鉴美国对投资顾问监管的具体规定，再根据我国的基本国情颁布专门针对投资顾问的《投资顾问法》，对投资顾问进行全面监管，并规定投资顾问公司采用"全面备案制"。具体规定私募基金的投资顾问需满足以下要求：首先，在过去的12个月中必须少于15个客户；其次，不能对外公开声称自己是投资顾问；最后，不能成为我国《公司法》规定下注册的投资顾问公司。

法律法规不仅从投资顾问准入条件等进行了明确的规定，对投资顾问运作的监管也应该有严格的监管。建议从投资顾问公司的经营管理制度、内部控制制度、风险管理制度、内部审计制度、主要从业人员的任职资格等方面给予明确规定。

2. 对私募基金的备案要求

在我国当前对冲基金发展的市场环境下，应该采用私募基金的"全面备案制"，这不但有利于保护投资者和社会公众的利益，也能够有效地控制系统性风险。所谓"全面备案制"，主要是指所有在中国大陆市场非公开发行的私募证券基金都必须由投资顾问向监管当局备案。监管当局应该制定并公布私募基金备案的内容，例如基金管理人、基金受托人等主要参与主体，基金合同、风险控制原则、投资者的身份信息以及基金场内外交易情况等。

3. 私募基金发行的监管

对私募基金发行的监管不仅包括"非公开发行"的规定，还应该包括对合格投资者的界定。由证监会对所有在中国大陆发行的私募证券基金进行统一监管。严格界定"非公开发行"的定义，要求投资者总人数不得超过200人，且不得通过报刊、电视、网络等公共宣传推介手段进行宣传。在这方面，我国可以借鉴美国的做法，设置密码保护系统，即只有获得网站密码的投资者才可以看到对冲基金产品的信息，而获得密码的前提是潜在投资者通过了网站的前期资格审查。对"合格投资者"的要求也应该从投资门槛、金融资产、年收入、资产负债等情况规定明确的投资者准入条件。

4. 私募基金的投资监管

在保证风险可控范围内，应该合理地限定私募基金的投资领域使其充分发挥有效资本工具的作用，并加快产业资本与金融资本的融合。国家应该利用其承担风险能力强、追求高风险高回报的特点，率先开放能够有效规避私募证券基金投资风险的领域。允许私募基金可以通过同行业间拆借、回购、融资融券等方式放大杠杆倍数，但是应警惕最高杠杆可能带来的风险。

5. 完善信息披露制度

信息披露应该包括杠杆率的定期披露和大宗金融交易报告制度。由于绝大多数小规模对冲基金不会对金融稳定构成威胁，因此应加强对大规模对冲基金的杠杆监控，比如可以要求所有管理资产达到一定规模的对冲基金管理人统一定期披露杠杆率。因为对冲基金具有投资规模较小的特点，所以可以采用非公开信息披露的方式，以信函或邮件等方式发送给管理当局和投资者。

6. 建立对冲基金行业自律机制

成立由投资顾问、金融机构及金融专家学者自愿组织的自我约束、自我管理、自我服务的有独立法人资格的非营利性社会团体，充分利用私募基金结构下规范运行的主体间的互动博弈，发展私募基金的行业市场，协调企业间的关系，促进金融行业间的相互沟通，维护行业经营秩序和利益，提高行业竞争水平，发展行业市场。

第 六 章

对冲基金行业的展望

第一节 2012 年对冲基金行业的重要事项回顾

一、新《证券投资基金法》颁布，私募监管入法

28 日，第十一届全国人大常委会第三十次会议审议通过了修订后的《中华人民共和国证券投资基金法》，新基金法将于 2013 年 6 月 1 日正式实施。法律的修订完善夯实了基金业的制度基础，优化了基金业的发展环境，拓展了基金业改革创新的空间，强化了依法治市、依法监管和对投资者的保护。作为基金业基础性制度顶层设计和整体安排的总纲领、财富管理行业规范的新标杆，新基金法必将增强行业的公信力和市场的吸引力，促进培育专业、长期、理性的投资文化，对于推动资本市场的稳定健康发展具有非常重要而深远的意义。

这次修改在两方面扩大了调整范围：一是拓展了证券的定义；二是把私募基金纳入本法。

针对私募基金的特点，基金法特别构建了区别于公开募集基金的法律框架，包括合格投资者制度、基金管理人注册或登记制度、基金备案制度、基金非公开宣传制度等。"尽管大部分规定是私募基金实际操作中的通行做法，但立法使私募基金有了明确的监管部门和监管依据，改变了此前私募基金处于监管真空的状态"。这意味着私募基金现有的监管格局没有改变，私募基金投资公开发行的股票由证监会监管，投资非公开发行的股权或股票仍然由国家发展改革委监管。

二、《期货公司资产管理业务试点办法》颁布

《期货公司资产管理业务试点办法》经 2012 年 5 月 22 日中国证券监督管理委员会第 18 次主席办公会议审议通过，2012 年 7 月 31 日中国证券监督管理委员会第 81 号令公布，自 2012 年 9 月 1 日起正式施行。

根据《期货公司资产管理业务试点办法》，期货资产管理业务的投资范围包括：期货、期权及其他金融衍生品；股票、债券、证券投资基金、集合资产管理计划、央行票据、短期融资

券、资产支持证券等，以及中国证监会认可的其他投资品种。

证监会将继续完善期货资产管理合同的相关条款，有序地开展资管业务试点，在积极防控创新业务风险和利益冲突的同时引导期货行业发挥主动性和创造性，稳步扩大资管业务试点的范围。

《期货公司资产管理业务试点办法》改变了期货公司以往业务单一的局面，原先"在地下"的理财活动可以顺理成章地正常化、阳光化，有利于行业的健康发展，更重要的是，这个办法的出现使期货公司在期货市场的地位将有实质性的转变，期货公司从原先市场外围的参与者直接参与到期货市场的博弈中。

通道是对冲基金产品发行的关键，一直以来，对冲基金都是通过信托、券商及基金专户实现产品阳光化的。随着期货资管业务的成行，对冲基金将开辟新的发行通道，对冲基金产品发行将更加多元化。

对于期货对冲基金来讲，最大的优势是交易灵活、快速，基金专户风控严格大大影响了交易速度，信托的投资比例和范围都有限制，券商资管则较少涉及期货产品。此外，期货对冲基金可以实现程序化交易及高频交易等创新交易模式，随着相关政策法律法规的逐步完善，期货对冲基金将迎来较大发展空间。

三、《证券公司资管业务管理办法》颁布

2012 年 10 月 19 日，中国证监会召开新闻通气会，正式发布修订后的《证券公司客户资产管理业务管理办法》（以下简称《管理办法》）、《证券公司集合资产管理业务实施细则》（以下简称《集合细则》）及《证券公司定向资产管理业务实施细则》（以下简称《定向细则》），自公布之日起施行。

此次修订主要体现在两个方面：一是放松管制，放宽限制；二是强化监管，防控风险。

《管理办法》取消了集合计划行政审批，改为事后由证券业协会备案管理；适度扩大了资产管理的投资范围与资产运用方式；调整了资产管理的相关投资限制；允许集合计划份额分级和有条件转让；删除《集合细则》中"理财产品连续 20 个交易日资产净值低于 1 亿元人民币应终止"的规定；允许证券公司自己办理登记结算业务，允许经证监会认可的证券公司为资产管理提供资产托管服务。

《管理办法》还强化了对集合计划适当销售的监管，要求证券公司充分揭示风险和强化市场主体责任，完善公平交易、利益冲突管理的监管要求，提高资产管理业务的透明度，方便社会监督，并加强集合计划取消审判的日常监管。

《管理办法》、《集合细则》和《定向细则》正式实施后，中国证监会将加强对证券公司资产管理业务的监管，督促证券公司落实各项监管要求，依法查处各项违法违规行为，充分保护投资者的合法权益。

四、中国首个对冲基金的基金（FOHF）在前海诞生

据统计，截至 2010 年年底，全球 FOHF 规模大约占共同基金规模的 2.25%，全球每 1 万富裕人口拥有的 FOHF 资产规模在 5 亿美元以上，相对而言，我国现在的 TOT/FOHF 产品规模仅占公募基金规模的 0.38% 左右，每 1 万个富裕人士拥有的 TOT/FOHF 类资产仅为 0.23 亿美

元。可以预见，随着国内家庭可支配收入的快速增长，中国对财富管理的需求将迅速膨胀。与此同时，国内金融改革步骤也在逐步加快，一大批阳光私募如雨后春笋般崛起，FOHF 的投资对象又极大地丰富起来，中国的 FOHF 也将面临巨大的发展空间。

由深圳前海中金阿尔法资产管理有限公司发起的中国首个 FOHF 正式在深圳前海注册成立，有着"特区中的特区"之称的前海深港现代服务业合作区自国家批复其先行先试特殊政策后，便以其将有的税务优惠政策、创新制度建设、良好的法律环境、规范的市场运作机制等吸引了大量金融企业的关注，入区企业项目更是体现出强烈的高端性、创新性等特点，标志着我国对冲基金进入了一个新的发展阶段。

五、中小企业私募债券登上资本舞台

2012 年 5 月 22 日，上海、深圳交易所分别发布了《中小企业私募债券业务试点办法》，2012 年 5 月 23 日，证券业协会发布了《证券公司开展中小企业私募债券承销业务试点办法》，对前一日交易所公布的《试点办法》进行补充和细化。自此，被称为"中国版垃圾债"的中小企业私募债登上资本舞台。

六、证监会发布《资产管理机构开展公募证券投资基金管理业务暂行规定》

证监会于 18 日公布了《资产管理机构开展公募证券投资基金管理业务暂行规定》，自 2013 年 6 月 1 日起施行。以下为《暂行规定》的全文：

第一条　为了规范符合条件的资产管理机构开展公开募集证券投资基金（以下简称基金）管理业务，维护基金份额持有人合法权益，促进基金行业和资本市场持续健康发展，根据《证券法》、《保险法》、《证券投资基金法》等法律法规，制定本规定。

第二条　本规定所称资产管理机构是指在中国境内依法设立的证券公司、保险资产管理公司以及专门从事非公开募集证券投资基金管理业务的资产管理机构（以下简称"私募证券基金管理机构"）。

第三条　资产管理机构向中国证券监督管理委员会（以下简称"中国证监会"）申请开展基金管理业务，中国证监会依法核准其业务资格。

第四条　中国证监会及其派出机构依法对资产管理机构从事基金管理业务活动进行监督管理。中国证券投资基金业协会（以下简称"基金业协会"）对资产管理机构从事基金管理业务活动实行自律管理。

第五条　申请开展基金管理业务的资产管理机构，应当符合下列条件：

（1）具有 3 年以上证券资产管理经验，最近 3 年管理的证券类产品业绩良好；

（2）公司治理完善，内部控制健全，风险管理有效；

（3）最近 3 年经营状况良好，财务稳健；

（4）诚信合规，最近 3 年在监管部门无重大违法违规记录，没有因违法违规行为正在被监管部门调查，或者正处于整改期间；

（5）为基金业协会会员；

（6）中国证监会规定的其他条件。

第六条 证券公司申请开展基金管理业务，除符合第五条规定外，还应当符合下列条件：

（1）资产管理总规模不低于 200 亿元或者集合资产管理业务规模不低于 20 亿元；

（2）最近 12 个月各项风险控制指标持续符合规定标准。

第七条 保险资产管理公司申请开展基金管理业务，除符合第五条规定外，还应当符合下列条件：

（1）管理资产规模不低于 200 亿元；

（2）最近 1 个季度末净资产不低于 5 亿元。

第八条 私募证券基金管理机构申请开展基金管理业务，除符合第五条规定外，还应当符合下列条件：

（1）实缴资本或者实际缴付出资不低于 1000 万元；

（2）最近 3 年证券资产管理规模年均不低于 20 亿元。

第九条 资产管理机构申请开展基金管理业务，应当向中国证监会提交申请材料，中国证监会依法对资产管理机构的申请进行审核。取得基金管理业务资格的，向其核发《基金管理资格证书》。

第十条 资产管理机构开展基金管理业务，应当遵守法律、行政法规、中国证监会的规定，恪守诚信，审慎勤勉，忠实尽责，为基金份额持有人的利益管理和运用基金财产。

第十一条 资产管理机构开展基金管理业务，应当设立专门的基金业务部门，建立独立的基金投资决策流程及相关防火墙制度，有效防范利益输送和利益冲突。

资产管理机构开展基金管理业务，应当有符合要求的信息系统和安全防范设施或者有完善的信息系统、业务外包方案。资产管理机构可以为开展基金管理业务提供研究、风险控制、监察稽核、人力资源管理、信息技术和运营服务等方面的支持。

第十二条 资产管理机构应当建立公平交易和关联交易管理制度，完善公平交易和异常交易监控机制，公平对待管理的不同资产，防范内幕交易。

第十三条 资产管理机构开展基金管理业务，应当有符合法律法规规定的高级管理人员，从事投资、研究业务并取得基金从业资格的专业人员不少于 10 人。

高级管理人员及其他从业人员应当遵守法律法规，恪守职业道德和行为规范，履行诚实守信、谨慎勤勉的义务，不得从事损害基金份额持有人利益的活动。

第十四条 中国证监会依照法律法规对资产管理机构开展基金管理业务情况进行非现场检查和现场检查。

第十五条 资产管理机构开展基金管理业务违反相关法律法规以及中国证监会规定的，中国证监会依法对资产管理机构及其直接负责的主管人员和其他直接责任人员采取行政监管措施。依法应予行政处罚的，依照有关规定进行行政处罚；涉嫌犯罪的，依法移送司法机关，追究刑事责任。

第十六条 证券公司通过其控股的资产管理子公司开展基金管理业务的，比照本规定执行。

股权投资管理机构、创业投资管理机构等其他资产管理机构符合本规定第五条、第八条规定条件，申请开展基金管理业务的，比照本规定执行。

第十七条 资产管理机构开展基金管理业务，本规定没有规定的，适用《证券投资基金法》及相关法律法规和中国证监会的规定。

第十八条 本规定自 2013 年 6 月 1 日起施行。

《暂行规定》充分吸收了社会各界的意见，适当降低了证券公司、保险资产管理公司、私募证券基金管理机构直接开展公募基金管理业务的门槛，增加了符合条件的股权投资管理机构、创业投资管理机构等其他资产管理机构也可以申请开展基金管理业务的规定。

七、保险私募基金开闸

保监会网站正式发布《中国保监会关于保险资产管理公司开展资产管理产品业务试点有关问题的通知》，标志着保险资产管理公司发行私募产品开闸。

这意味着以后富人除了可以向券商、信托、基金机构购买理财产品外，还有一个新渠道——保险资产管理公司。据保监会披露，目前，人保资产、泰康资产、太平资产这三家公司申请发行的 5 只股票、债券、基金型产品已按《通知》要求获得保监会备案。

按照《通知》的规定，包括向单一投资人发行的定向产品和向多个投资人发行的集合产品。向单一投资人发行的定向产品，投资人初始认购资金不得低于 3000 万元人民币；向多个投资人发行的集合产品，投资人总数不得超过 200 人，单一投资人初始认购资金不得低于 100 万元。

产品投资范围限于银行存款、股票、债券、证券投资基金、央行票据、非金融企业债务融资工具、信贷资产支持证券、基础设施投资计划、不动产投资计划、项目资产支持计划及中国保监会认可的其他资产。

保险资产管理公司在产品募集期间可以自行或委托相应的销售机构推介产品，但不得通过互联网站、电视、广播、报刊等公共媒体公开推介。

那么，保险资产管理公司与券商、信托、基金同台竞技，共享高端理财蛋糕有无优势呢？开卖私募理财产品会否给保险企业带来收入大增长呢？

如此一来，保险资管与基金、信托、券商资管完全是在同一平台上竞争，保险资管不仅可以打理保险资产，而且可以打理第三方资产，投资渠道也与其他资产管理公司在同一平台上。由此可见，此举为保险资管的发展带来了重大契机。

至于保险资管与券商、基金、信托同台竞技有无优势，一位资深人士称，资金是逐利的，人才也是可以流动的，只要大家在同一平台上竞技，保险资管就可能有赚大钱的机会。目前，信托管理的资产已超过保险，信托理财获得了丰厚的收益。上述资管人士还称，信托主要赢在渠道。由于渠道的限制，保险资管即使有本事，以前也很难赚到钱。但以后就不同了，好的保险资管公司就可能挣到钱，不好的则可能被淘汰出局。他表示，中长期看好保险资管很可能成为保险企业盈利的新增长点。

目前，保险资管产品的重点应当还是固定收益类产品，信托公司的主流产品也是固定收益类的，因为权益类产品还不被系统看好。不过，他也表示，在产品方面需要随着市场的变化调整。

八、私募券商合作绕开信托

2012 年公布的《证券公司客户资产管理业务管理办法》（以下简称"管理办法"）及配套实施细则中，定位于私募的"小集合"产品的投资范围被全面放开，包括"证券期货交易所交易的投资品种、银行间市场交易的投资品种以及金融监管部门批准或备案发行的金融产品"。

证监部门放松政策的目的是希望迅速帮助券商发展资管业务，但这还将涉及与其他各部门的协调与配合。可见，资产管理市场的蛋糕分割大战即将上演。

（一）券商"小集合"独领风骚

投资范围的拓宽直接激发了券商资产管理业务发展的热情，尤其是对"小集合"产品的放行。"小集合"是"限额特定资产管理计划"的俗称，是指符合下列条件的集合资产管理计划：募集资金规模在 50 亿元以下；单个客户参与金额不低于 100 万元；客户人数在 200 人以下，但单笔委托金额在 300 万元以上的客户数量不受限制。

此次券商资管新政对于面向中高端客户的"小集合"放行幅度尤为宽松。如允许其投资商品期货、利率远期、利率互换、信托计划等；大小集合均可参与融资融券、正回购交易；资管新政在"一对一"定向资产管理的投资范围内的放行幅度更大，投资范围由券商与客户协商确定，只要是不违反法规且得到客户认可的项目就可以投。只要券商与客户沟通好，双方自行协议，"你情我愿，风险自担，想做什么都可以"。

（二）挑战信托

调查显示，超过八成的私募机构将通过券商资管渠道发行产品，未来券商和私募的合作将覆盖私募基金全产业链，有利于私募行业规范健康的发展。之所以选择通过券商资管发行产品，最明显的好处就是能够降低产品的发行成本。通过券商资管发行产品的通道费用在 0.3% 左右，与信托的 1% 或者至少上百万元的固定管理费相比便宜了许多。

其次，券商资管通道的优势主要在于投资范围限制少，比如股指期货、融资融券，目前只有 8 家信托公司可以开展股指期货业务，融资融券还未对信托开放，而券商资管就不存在限制或者限制相对较少。

另外，与券商合作也有利于产品规模的扩大，券商在推动产品销售的动力和能量方面比信托要大许多。券商此番获准开展"类信托"业务，为其他理财机构所不及的是占据投行与营业部的双重优势。既有项目资源，又有经纪业务客户资源，内部"两头资源"较易帮助券商获得信托业务先机。举例来说，上市公司 A 因自身业务发展需投资一家矿业公司，面临资金缺乏问题。另外一个公司 B 在上市后筹集了很多钱，却没有投资标的。"这种情况下，需要券商帮他们牵线，委托管理资产。我们可以帮助 A 公司设计一个类似矿产信托的产品，面向 B 公司发行，作为中间商，券商收取管理费"。

第二节　量化投资风起云涌

虽然量化投资在国外已经较为成熟，但在国内仍是新生事物，在 2012 年下半年突然变得风起云涌。量化投资的兴起得益于电子计算机的普及，它是借助市场技术指标，由预定的程序计算买卖点位，然后由计算机进行操作的一种交易系统。程序化交易系统因其具备的信号迅速捕捉能力、策略历史回测验证能力以及不受情绪干扰的稳定性越来越受到投资者的青睐。

量化投资起源于 20 世纪 70 年代，截至 2009 年，其在全球投资中所占比例达 30% 以上。目前，指数类投资几乎全部使用量化技术，主动投资中有 20%~30% 使用量化技术。

自 20 世纪 80 年代以来各类证券和期权类产品的丰富和交易量的大增，华尔街已别无选择，不使用这些模型，不使用电脑运算这些公式，他们便会陷于困境，面临风险。1997 ~ 1998年亚洲金融危机爆发，市场暴跌，量化投资的算法交易也起到了同样的副作用。此外，在始于 2007 年的金融危机中，量化投资也未能幸免。时过境迁，2011 年量化基金再次表现优异。

稍微接触过资本市场的人大都听说过基本面投资和价值投资，而这方面的天才人物"股神"巴菲特更是家喻户晓。他以企业财务报表的分析见长，擅长挖掘企业的内在价值，一旦买入便长期持有，持续获得稳定的高额收益，为股东创造了丰厚的利润。相比之下，与价值投资同等重要的量化投资，即借助数学、物理学、几何学、心理学甚至仿生学的知识，通过建立模型、进行估值、择时及选股则没有那么幸运——在大多数人眼里，量化投资是一个神秘的领域，深不可测，玄妙无比，令人望而却步。世人皆知巴菲特，而号称最能赚钱的基金经理人，在 20 年的时间里创造了年均净回报率高达 35% 的惊人传奇的量化投资大师西蒙斯（见图 6 - 1）却只能成为少数人的专属。

图 6 - 1　量化投资大师西蒙斯

James Simons，数学家，伟大的对冲基金经理，创办了文艺复兴科技公司，用数学模型捕捉市场机会，由电脑做出交易决策，其黑盒子交易系统每年盈利数十亿美元，自 1988 年以来，年均回报高达 34%，是过去 10 年最赚钱的对冲基金经理。

量化投资将投资专家的思想、经验和直觉反映在量化模型中，使用大量数据和信息帮助投资判断，利用电脑帮助人脑处理大量信息，进而可以取得很好的业绩。量化投资者的成功典范是詹姆斯·西蒙斯。文艺复兴旗下的大奖章基金（见图 6 - 2）依靠黑盒子交易系统取得了丰厚、持续、稳定的回报业绩，不仅大幅超越 SP500 指数，也击败了价值投资大师巴菲特。

目前，在 A 股市场上采用量化手段的基金占基金总规模 2.16 万亿元的 1.05%。与全球市场中其他量化手段的基金的比例相比，A 股市场的量化投资发展空间很大。

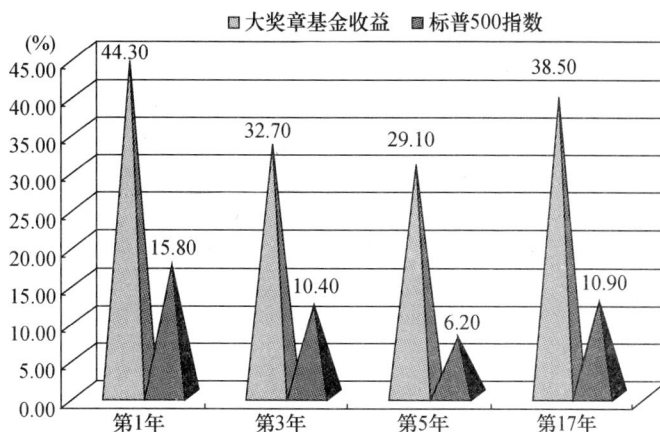

图6-2 大奖章基金收益

资料来源：Renaissance Report.

一、量化投资的概述

（一）量化投资的定义

从广义上来讲，量化交易是指投资者利用计算机技术、金融工程建模等手段将自己的金融操作用很明确的方式去定义和描述，用以协助投资者进行投资决策，并且严格按照所设定的规则去执行交易策略（买卖、价格、数量等）的交易方式。

按照数学模型的理念和对计算机技术的利用方式，量化交易可以进一步细分为自动化交易（Automatic Trading）、量化投资（Quantitative Investment）、程序化交易（Program Trading）、算法交易（Algorithm Trading）以及高频交易（High Frequency Trading）。这5种量化交易方式的侧重点各有不同，是量化交易技术发展到不同阶段的产物，也是不同量化交易用户群的不同的交易方式。

（二）量化投资的核心

量化投资的核心是模型的设计和实施，模型体现的是人的思想，通过计算机实现基金经理的投资理念、投资哲学与投资方法。量化投资强调投资的科学性，它意味着投资艺术性的减少与科学性的增加。与人脑相比，计算机系统强大的信息处理能力具有更大的投资宽度，也能最小化人的情绪对组合的影响。

量化投资最核心的部分是纪律，其能够克服基金经理个人主观因素的影响，恪守纪律的量化投资才有可能为投资带来超额收益。另外，量化投资能够借助计算机强大的运算能力去筛选个股，捕捉到被市场忽略的个股或者板块，这是量化投资的魅力之所在。

量化投资包括两个核心：理论核心是，一个在过去长时间内证实了的好的投资方法，极有可能在将来也会有类似的好结果；技术核心是，如何动态地调整各选股因子的权重，从而能最大地优化投资结果。电脑只是一个工具，可以快速实现基金经理的目标。

量化投资的核心是纪律，严格按照模型运作减少了人为的随意性判断，依靠大概率事件来保证投资业绩的可持续性与稳定性。事实上，做定性投资的基金经理也会有类似的策略与方法，但很难严格执行。量化投资的纪律性最大程度地减少了主观判断，减少了投资的不确定性，业绩的稳定性与持续性都会高一些。

（三）量化投资与定性投资之间的区别

定性投资是科学与艺术的结合，但艺术这部分个体发挥的差别非常大，艺术从概率上来看并不是好事，1000 个艺术家中优秀的可能只有 10 个，能够把艺术学好的只能是少数人，是小概率事件。量化投资是把艺术的成分去掉，把理论的东西拿过来数量化，避免了基金经理的主观和偏见，从市场的不理智行为中发现获利机会。

首先是科学性，量化投资强调投资思想的科学验证，它采用长期历史数据对大量的股票进行研究，只有是在多数情况下有效的思想，才会在最终的投资模型中采用。其次是纪律性，定量投资会严格执行模型所产生的交易单，这种由模型确定交易的过程能帮助人们克服交易中人性的弱点。

策略基金基本上是完全量化的，更重要的是笔者希望能够在实践中去摸索和积累量化投资的经验。当然，由于在股票池、投资比例等方面需要遵守公司各项风险控制的规定，因此从策略结果到交易执行环节也并非一个完全自动化的系统。

（四）量化投资存在的困难

量化投资最大的困难有两点：一是资讯的及时性，A 股市场上市公司的盈利变化很快，如果按照现有的全年盈利预期来做归因值，跟踪误差可能就会比较大，比较理想的是在季度盈利预测的基础上测算归因值，但大部分卖方机构都不做这样预测。另外，部分企业可能会对账面进行会计调整，当基础数据的真实性出现问题时，模型量化分析的结果自然也会与企业的实际情况出现偏离。二是策略的有效性，策略有效性的问题又可以分成长期和短期两种。策略的长期有效性需要一个长周期来检验，我们是否对这个策略有信心，是否能够坚定地采用它，取决于这个策略是否有符合逻辑的投资哲学来支撑，这样就能避免掉入统计的陷阱。

策略的短期有效性在公募基金这个环境下也是很大的挑战，一个策略在获取超额收益方面总会起起落落，在考核周期短期化的背景下策略短期表现不佳可能会影响到后续策略的执行。

在数量化的过程中总会出现一些问题，比如数据的准确性，但这些困难都是可以克服的，算不上很大的问题。

量化投资不会随意对模型进行调整，因为一旦模型建立就意味着量化投资的风格已经确立，调整量化模型实际上就是改变基金的投资风格。如果因为一时的市场调整就随意改变模型，无异于在做选时操作。

除非经过市场一段时间的验证，新的归因值确实比旧的显示出更多优势，这时候才需要进行一定的调整，但总体而言，成熟的量化模型在运作中不会出现太大的变化，量化投资的纪律就在于不能因为一时的市场上涨就做调整。

（五）量化投资模型搭建

量化策略基本上可以分成两种，即 Alpha 策略和 Beta 策略。无论是哪一种策略都需要采取下面的步骤：收集数据，产生初步交易信号，使用规则进行预测，利用历史数据进行模拟试验，产生模型，运行模型，生成动态权重，进行风险管理，关联度计算，设计市场冲击模型，通过投资组合优化模型（CAPM，Black–Litterman 等）生成订单，通过计算机系统进行交易，最后进行风险分析和交易成本分析等。搭建模型的关键是预测，而预测可以分成以下几类。

第一，相对稳定量的预测。譬如印花税是相对稳定的量，预测印花税的改变对市场的影响就是一个针对相对稳定量的预测。

第二，对趋势（Trend）的预测，又称对动量（Momentum）的预测。简单地说，预测昨天上涨的股票今天是否还会继续上涨就是一个对趋势的预测。

第三，对均值回归（Mean Reversion）的预测。前几天一直在上涨的股票今天会不会下跌，就是对均值回归的预测。

第四，事件对市场影响的预测。譬如大选和中选年的 11 月选举就是一个会影响股市的事件。季报、美联储会议以及普通新闻发布都会影响到股市。定量地预测事件对股票价格的影响就是此类预测的本质。

二、量化投资策略的特征

量化投资注重数理分析与逻辑推导，不依赖主观判定形成交易决策，当模型思想来源于投资者市场体会，基于历史数据所做的概率统计，也可以是技术指标，甚至是基本面分析，只要能形成一定的数理逻辑并得到市场验证即可作为量化投资策略。

量化投资是指将投资理念或市场洞见转化为数学模型，并依据历史数据对模型进行预测实验，总结收益—风险特性以及相关参数，最后通过运算机技术实现自主化交易的投资方法。量化投资主要运用在具有高流动性与历史数据丰盛的金融投资市场，就期货市场而言，量化投资既可以在商品类品种上进行，也可以在股指等金融类品种上进行。总的来说，一个完整的量化投资策略具备以下四个方面的特征。

一是具有特定的定量分析策略。量化投资是基于一定的市场逻辑或依据历史数据做出的概率统计，形成特定的数学模型用以分析和评判市场表现，进而形成交易策略，这与当前大多数分析师所采用的定性分析方法有很大的区别。量化投资注重数理分析与逻辑推导，不依赖体会主义和主观判定形成交易决策，当然其模型思想仍旧来源于投资者的市场体会，这种来源可以是基于历史数据所做的概率统计，也可以是一些技术指标，甚至可以来源于基本面分析，只要能形成一定数理逻辑并得到市场验证即可作为量化投资策略。

二是绩效具有可追溯性。量化投资是基于特定的交易模型，可以用历史数据输入模型进行绩效检测，从而计算出交易策略的胜算率、期望收益与风险度等，并且可以根据这些检测值来预测模型未来的收益表现。相反，基于体会主义的主观交易方法无法通过历史数据进行合理的检测，不具有可追溯性，也无法对以后的交易行为进行合理的预估。

三是具有极高的纪律性。量化投资依据经过历史验证的模型进行分析和交易，从而规避了主观判定带来的局限性，而在具体操作上大多采用计算机程序实现自动化交易，不会呈现主观交易中经常会呈现的人性的弱点。

四是在信息处置上具有主观交易不可比拟的优势。当前金融投资品种非常丰盛，以国内商品期货市场为例，其品种已经超过 20 个，加上每个品种有数份合约同时交易，可供选择的标的组合可以达到成百上千个，倘若再考虑海外商品市场以及金融类市场，信息将更是呈几何倍递增，处置如此海量的数据，显然依赖数学模型与运算机程序处置的量化投资比传统交易方法的效率更高。

从特性上来看，量化投资相较主观交易方法具有许多优势，所以自20世纪70年代诞生以来受到很多投资者，尤其是机构投资者的追捧。经过30多年的发展，其已经成为国际金融市场主流的交易方法之一，包含对冲基金和共同基金等在内的大批机构投资者采用量化投资方法进行资产管理。

关于期货量化投资模式的研究在内容框架搭建上包括四个方面的内容：一是交易策略模型，即将各种交易理念或方式转化为数学模型，方便用计算机程序实现定量化操作，这些交易策略可以是单品种投机交易策略、套利策略、指数化策略以及各类组合策略；二是风险测算与管理，即通过一定的数量模型实现对各类风险点的测度以及动态的管理，保障期货交易的安全性与高效率，主要模型可以包含头寸分配模型、持仓风险监控模型、流动性风险管理模型等；三是用于提高执行效率的量化模型，比如通过计量工具测算交易成本，进行保证金动态管理，提高成交效率以及优化展期策略等；四是操作平台的研发，主要是指提高计算机与网络硬件构架，以及提升程序编写等软件支持。

三、程序化交易、算法及高频交易之间的区别

程序化交易、算法交易在欧美发达国家的金融市场上运用得较为广泛，在日本、中国香港、韩国等亚洲发达市场次之，在发展中国家的市场上使用得则更少一些。随着以股指期货为代表的金融衍生品的上市，国内金融市场将出现越来越多的对冲、期现套利、统计套利等较为复杂的交易策略，而这些策略的运用和实施对程序化交易、算法交易提出了更多的需求和更高的要求。

（一）程序化交易、算法及高频交易的概念

关于程序化交易、算法交易以及高频交易，国际学术界与产业界并没有统一的权威定义，并且这些概念及理解也是随着市场与交易技术的发展与时俱进的。目前国际市场上对这三者的理解如下：

1. 程序化交易

根据纽约证券交易所（NYSE）的定义，程序化交易是指包含15只股票以上、成交额在100万美元以上的一篮子交易。在后来的市场实践中，程序化交易的对象通常包括在纽约证券交易所上市的股票、在芝加哥期权交易所（CBOE）和美国证券交易所（AMEX）交易的与这些股票或股票价格指数相对应的期权，以及在芝加哥商业交易所（CME）交易的标普500股指期货合约等，这种交易方式完全是基于这些投资品种（标的资产以及相应的期货期权等衍生品）之间的相互定价关系。在交易执行方面，程序化交易是指从交易者的电脑下单指令直接进入市场的电脑系统并自动执行，主要被机构投资者用于大宗交易。

2. 算法交易

算法交易是指使用计算机来确定订单最佳的执行路径、执行时间、执行价格及执行数量的交易方法。算法交易已在金融市场上得到广泛运用，养老基金、共同基金、对冲基金等机构的投资者通常使用算法交易对大单指令进行分拆，寻找最佳路由和最有利的执行价格，以降低市场的冲击成本，提高执行效率和订单执行的隐蔽性。算法交易可运用于任何投资策略之中，如

进行市场内价差交易、套利及趋势跟随交易等。

3. 高频交易

高频交易（HFT）是一种特殊的算法交易，它是利用超级计算机以极快的速度处理市场上最新出现的快速传递的信息流（包括行情信息、公布经济数据、政策发布等），并进行买卖交易。

（二）程序化交易、算法交易在国际市场上的运用

2004 年 1 月至 2010 年 6 月，纽约证券交易所中的程序化交易在总成交量中的百分比：在这段时间内，程序化交易占总成交量的百分比最大为 48.8%，最小为 16.2%，平均为 28.6%。截至 2010 年 6 月 11 日，当周程序化交易成交量占 26.9%，用于指数套利的程序化交易占比仅为 0.81%，非指数套利的占比为 24.75%。最大的程序化交易者包括高盛、摩根士丹利、德意志银行、巴克莱资本、韦德布什·摩根、法兴美国、摩根大通、加拿大皇家银行资本等。

算法交易在交易中的作用主要体现在交易的执行方面，具体包括智能路由、降低冲击成本、提高执行效率、减少人力成本和增加投资组合收益等方面。国际市场上有四种主要类型的交易算法：一是时间表驱动算法，它遵循时间表，有固定的开始时间与结束时间，如 VWAP、TWAP 等；二是动态市场驱动算法，它实时监控市场波动并做出反应，如 Implementation Short-fall、Price in line、Volume in line 等；三是高自由度 Alpha 算法，如 Float、Hidden、AtOpen、AtClose 等；四是主动的流动性搜索捕捉算法，它可以智能地访问多个明池和暗池，如 TAP 等。截至 2009 年，高频交易公司的成交量占美国股票市场总交易量的 73%。从事金融服务行业研究的 TABB 集团于 2009 年 8 月公布了一份报告，估计在 2008 年进行快速算法交易的 300 家证券公司和对冲基金共从中获利 210 亿美元左右。

在美国，总共大约有 2 万家交易商，其中采用高频交易的约占 2.0%，也就是 400 家左右，但这 2.0% 的高频交易商在所有股票成交量中却占了 73.0%。从事高频交易的公司包括：少数大投行（如高盛、美林等）的自营席位、数百家最神秘的自营集团（如豹熊公司 Wolverine、文艺复兴科技公司 Renaissance Technologies、IMC 公司和 Getco 公司）、不到 100 家最复杂的对冲基金等，根据行业规则，它们往往倾向于秘密化、隐身化、智能化。

高频交易的特点是资金流动性很高，持仓时间极短，计算机不断地根据市场行情的变化做出极快的反应。典型的高频交易通常是每天都完成很多笔交易，每笔交易获取小额收益，在极少数情况下可能会有少量隔夜持仓。隔夜持仓对于高频交易者来说通常是不予考虑的，因为在如今高波动率的市场上，这样做的风险特别高。此外，隔夜持仓所占用的保证金还需支付利息，这会降低交易的收益率。

高频交易策略的构成要素包括：

1. 低延时

高频交易策略高度依赖于超低延时性。为了获得这些策略所带来的好处，高频交易公司必须拥有实时、与交易所同位的高频交易平台，通过这个平台来接受市场行情、生成交易指令、选择路由并执行指令，所有这些都是在不到 1 毫秒的时间内完成的。

2. 多种资产类别和多个交易所

由于许多高频交易策略需要在一种以上的资产类别以及多个交易所之间进行交易，因此需要配备适当的基础设施，以便在不同的数据中心之间进行远程连接。

3. 有限的有效期

一个高频交易策略的竞争优势会随着时间的推移而削弱。尽管对于交易商而言其高水平的交易策略可能会随着时间的推移保持前后一致的稳定性，但在微观层面上这些策略仍在进行动态调整，这样做有两个重要的理由：第一，由于高频交易依赖于极其精确的市场互动以及证券之间的相关性，因此交易者需要时常调整算法的程序代码，以反映动态市场的微妙变化；第二，他们的交易策略信息可能被交易对手探测出来，这样容易受到对方反制，令他们最有利可图的想法成为最大的风险所在。

（三）程序化交易、算法交易在国际市场上遇到的问题

程序化交易最易引发争议的一个问题是，很多人认为程序化交易加剧了市场价格波动。由于机构投资者是程序化交易的主要市场参与者，因此有人认为程序化交易更多地损害了中小投资者的利益。对于这种观点，诸多欧美金融经济学家进行了大量的理论和实证研究，经济学家的研究结果表明：程序化交易与市场价格波动之间没有必然的联系，同样也没有证据显示指数套利加剧了市场价格的波动。

另外，美国证券交易委员会（SEC）曾对1997年10月27～28日美国股市经历的大动荡进行了调查，结果发现，指数套利、动态对冲以及指数期货等程序化交易在这两日内的交易行为均属正常，没有对市场震荡和价格巨幅下挫产生负面影响。

最近一两年，高频交易越来越受到欧美金融市场监管层的关注。在某些经纪商看来，有些高频交易方式，例如闪电指令，属于"有毒"的下单方式。正是闪电指令这种有毒的交易方式导致成交量激增，尤其是在纽约证券交易所上市的股票，同时报价变化也相应地出现激增，短期的波动率剧烈上升。如今，纽约证券交易所的专业交易员所进行的交易大约只占总成交量的25％，过去为80％。有些高频交易者（如高盛）利用市场下单指令流的内幕信息来交易，从市场的其他参与者处提取数以十亿计的美元。鉴于所谓的闪电指令技术给予使用闪电般迅速的计算机的高频交易者不公平的优势，纳斯达克市场从2009年9月1日开始终止使用闪电指令。

（四）程序化交易、算法交易在国内期货市场运用的可行性

首先，程序化交易、算法交易的运用与金融市场的微观结构密切相关。在国际市场上，随着交易电子化的迅猛发展，主要成交量也是在交易所以外的电子盘上完成的。因为包括这些电子盘的交易场所非常多，所以才会需要智能路由等算法，也正是由于交易场所太多，市场受到一些轻微的扰动就可能出现大的波动。例如，2010年5月6日美国主要股票市场盘中大跌，监管部门至今仍在寻找明确的引发原因。国内的证券和期货交易都是在指定的几个交易所内进行，因此国际市场上的有些交易方式在国内市场并无多大的用武之地，因为国内交易场所比较少，整个市场系统的稳定性也相对较好。

其次，在监管方面，国内市场对程序化交易等交易方式非常重视，因此出现问题的可能性

比较小，即使出现问题也能比较及时地发现并快速解决。例如，《中国金融期货交易所交易细则》中规定："会员、客户使用或者会员向客户提供可以通过计算机程序实现自动批量下单或者快速下单等功能的交易软件的，会员应当事先报交易所备案。会员、客户采取可能影响交易所系统安全或者正常交易程序的方式下达交易指令的，交易所可以采取相关措施。"

程序化交易在国际市场上已有近40年的发展历史，具备了应用于不同市场和商品交易的可能性。与国际期货市场相比，国内的程序化交易起步较晚，但发展速度和势头非常迅猛。程序化交易最早由国内证券市场起步，近两年在期货市场开始被越来越多的投资者接受，特别是软件商推出程序化交易功能，为短线交易者提供了快捷的下单方式。此外，期货市场的程序化交易模型也正逐步由投资者编制自用，演变为有一定规模的投资咨询顾问组成的专业团队参与。

目前，单兵作战的个人投资者和有一定规模的专业团队构成了国内程序化交易模型的供给主体，其中个人投资者占了七成左右。从相关资料来看，目前程序化交易模型已经覆盖了日内交易、波段交易和长线交易的国内商品期货的所有品种。其中，日内交易模型占50%左右，波段交易占40%左右，适合机构操作的长线交易模型并不多见，而且目前绝大部分的期货交易模型基本上只针对国内的商品期货，应用于外盘的交易模型极少。

目前的程序化交易模型的供给可谓五花八门，特别是在某些期货论坛上几乎每天都有大量的新模型在展示，这些模型以个人编写为主，并且基本上都会把相应的测试结果公布出来。有一定规模的团队也会参与其中，但通常会建立独立的网站或博客每日公布系统的状况。综合来看，程序化交易供给主体虽然存在着无序、杂乱、缺乏组织的现象，但整体规模不可小视。随着专业化程序编制团队的加盟，这种局面将会改变，未来专业化的期货程序化交易公司或将出现。

随着期货市场的发展壮大，市场流动性将大大增强。在这种背景下，中国的程序化交易可能会出现绝对回报程序化交易、金融产品定价程序化交易与做市商程序化交易三种类型同时发展的现象。从趋势上来讲，程序化交易会在中国得到更丰富的诠释。可见，程序化交易的大规模发展是建立在成熟的期货市场基础上的。不过，如果不能建立相关市场监管机制和配套措施，那么程序化交易也可能产生负面效果。在制定相关政策之前，需要充分考虑当前的市场环境以及未来市场可能的发展前景，同时需要考虑恰当的技术手段以及市场投资者组成。

（五）程序化交易需要配套的市场机制

一个成熟的期货市场包括诸多方面，即市场参与结构的成熟、相关制度建设的成熟、品种设计的成熟和监管措施的成熟等。对于程序化交易而言，能够最大程度地有效发挥程序化交易效率的前提是拥有一个相对成熟、健康的期货市场，因此需要在成熟市场建设方面配套相关措施。

首先，建立完善的自上而下的监控措施。目前，我国实行的监控措施包含多个层次：监管当局从政府层面通过颁布各项法律法规来规范投资者的行为，规范经纪商的行为，从法律上杜绝违法违规行为。行业协会从自律角度来规范市场参与各方的行为，达到监控目的。经纪商从风控角度来对投资者的交易行为进行一定程度的监控，一旦发现问题则及时提示风险，并积极采取应对措施。此外，还有市场参与的其他层面，比如期货保证金监控中心等。只要每个市场参与方都努力通过行为规范来参与和建立市场整体的监控体系，这些措施又尽可能地不要阻碍市场的健康平稳运行，那么程序化交易就会在一个相对健康、公平的市场环境中发挥最大作用。

其次，提倡交易指令和报价系统的创新，积极推出有利于程序化交易的新机制。目前，我国的交易指令比较单一，投资者在大多数情况下只能选择套保或者投机两种交易策略，虽然已有郑商所和大商所推出的跨期套利交易指令和跨品种套利交易指令，但依然缺乏与程序化交易相对应的更多交易指令。在国外的成熟市场，几乎都有专门用于程序化交易的指令，比如NASDAQ Level系列报价系统。显然，国内期市的整体步伐落后，这对于程序化交易的推广是不利的。

此外，由于程序化交易对于交易成本和交易时间都有较高要求，因此可以考虑在保证金单边收取、交易跑道的畅通等方面做出努力。

（六）程序化交易需要大量机构投资者参与

在国际成熟期货市场，机构投资者是程序化交易的主体。目前，我国期货市场投资者的结构不尽合理，个人占了绝大多数，法人机构和企业参与量较少，专业从事程序化交易的法人机构更是十分缺乏。在这样的情况下，市场整体的交易效率发挥存在一定障碍。程序化交易对于市场环境要求较高，越是成熟的市场，其发挥的效率越大。因此，引导和建立合理的投资者结构是当务之急，可以考虑通过立法等方式让期货基金合法化，考虑在期货市场引入QFII等，大力培养合格机构投资者，使国内期货市场投资者结构趋于合理。反过来说，大力发展程序化交易可以培养期货市场机构投资者。两者相辅相成，可以令市场更快地走向成熟。

在我国，CTA的功能已经为市场所熟知，但关于CTA制度的建设却一直没有太大进展。大力培育中国的CTA队伍对于程序化交易效率的发挥也将带来积极有效的作用。可以通过建立合理有效的法律法规制度来规范CTA的行为，然后通过CTA来引导投资者理性投资，进而达到市场效率充分发挥的目的。

笔者认为，程序化交易对于发挥期货市场的效率是非常有效的，尽管其中也存在一些问题，但只要在制度建设以及市场机制建设等方面做好充分的准备，避免人为因素的出现，程序化交易的负面影响就可以降低。从全球期货市场发展规律来看，程序化交易必将成为未来投资的主流。

四、量化投资在中国的学步

因为我国的金融工具较少，量化投资在中国的发展可能会相对慢一些，但随着机构投资者的快速发展，量化投资在中国的运用会更普遍也会更深入。国内证券市场只有20年的历史，相比欧美以及亚太其他发达地区，其市场成熟度还有很大差距，不仅如此，国内市场的一些特性也使程序化交易在国内发展受到限制。

首先，国内的交易场所比较单一，股票只在交易所进行交易。国外的情况则是大量的流动性存在于交易所以外，比如大大小小的暗池、ECN等。即使同一只股票也会在多个交易所交易，目前NYSE股票只有25%左右的交易量是通过NYSE执行的。国外很多执行算法就是为这种条件量身定做的，比如各种智能路由算法，而在国内这些算法都没了用武之地。

其次，国内市场的T+1交割制度使得大量日内交易策略不能得以实施，高频交易策略更是无从谈起。除此以外，股票市场不允许卖空，缺乏做市商制度，可供交易的产品简单，交易指令不够完善等，这些都不利于程序化交易策略的开展。

尽管如此，笔者还是看好量化投资在国内的发展前景。自沪深 300 股指期货被正式推出以来，大量的程序化套利策略纷纷出炉并创造出惊人的交易量。从沪深 300 股指期货月交易额和标普指数期货（包括普通合约和迷你合约）的月交易额对比来看，基本上国内的股指期货交易额已经和标普指数在同一水平。标普指数期货是面向整个市场的，可以想象未来市场全面开放后国内的市场潜力有多大。目前国内量化投资先行者在 2012 年也取得了非常惊人的成绩（见表 6 – 1、图 6 – 3）。

表 6 – 1　2012 年程序化交易排名

排名	基金名称	投资顾问	最新净值	年收益率（%）
1	康腾 1 号	广州康腾投资有限公司	2.1179	111.79
2	猎鹰基金	上海猎鹰程序化交易团队	1.5823	58.23
3	香港 ROS	香港职业操盘手	1.4272	49.50
4	量化风华 1 号	广州职业交易团队	1.3933	39.33
5	大和量化		1.3922	39.22
6	索罗量化	索罗量化投资（亚洲）	1.3386	33.86
7	慧才多品种程序化	山东慧才添富投资有限公司	1.25	25.00
8	金衍湾	金衍湾（北京）投资管理有限公司	1.2216	22.16
9	台湾鹿鸣程序	台湾团队	1.1953	19.53
10	THS 三维量化	深圳职业操盘手	1.131	13.10

注：业绩均从操盘团队提供的期货保证金监控中心数据获取。

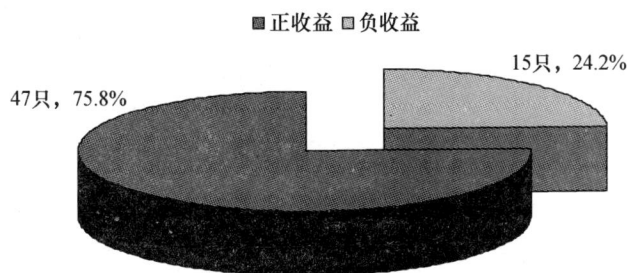

图 6 – 3　2012 年量化投资基金的收益情况

资料来源：对冲网数据库，阿尔法研究中心。

据对冲网数据库统计，截至 2012 年 12 月 31 日，其一共收录了 62 只量化投资基金，虽然量化投资在国内刚刚起步，但 2011 年取得正收益的基金为 47 只，占 75.8%，在去年 A 股市场持续低迷、整体缺乏趋势性机会的情况下，中国对冲基金业绩近七成为亏损，因此 2012 年以来量化投资基金业绩表现引人注目，以康腾 1 号为例，如图 6 – 4 所示。

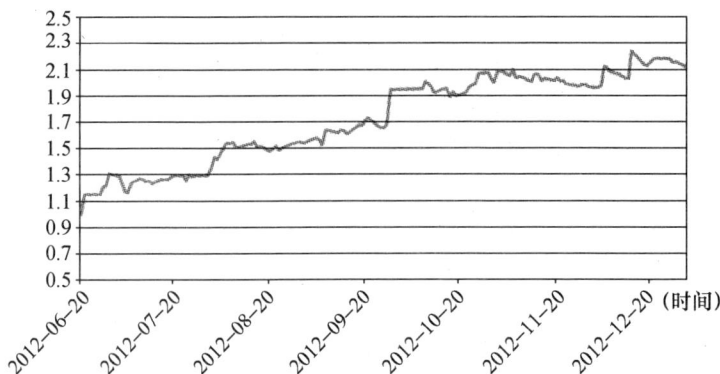

图6-4 康腾1号净值走势

资料来源：对冲网数据库，阿尔法研究中心。

自康腾1号2012年6月20日成立以来，净值稳步上升，截至2012年12月31日，最新净值达2.12，在A股市场整体缺乏趋势性机会的情况下，顺利跑赢了大盘，而且年化波动率较低，标准差很小。可见量化投资方法的一些优势和特点确实有力地推动了这类产品业绩的快速上升。

结合目前国内的情况，笔者认为量化投资有望得到大力发展的几个原因：

（1）股指期货和ETF的套利交易需要更多的算法支持，因为类似的交易策略都涉及一篮子股票的交易执行，有效的算法可以很大程度上降低执行风险。

（2）国内券商对执行算法的服务很少。目前国内的股票市场，机构投资者都是通过券商提供的市场直连通道（Direct Market Access）直接下单交易，而券商并没有提供规模化的算法附加服务，未来还有广阔的发展空间。

（3）其他潜在市场。其他市场比如商品期货、权证等同样实行T+0交割制度，也是程序化交易的潜在市场。事实上，目前已经有不少从事短线交易（趋势跟踪、反转）的投资者开发出各种程序化交易平台和策略，只是专业化和规模化有待提高。

（4）人才优势。程序化交易通常需要有扎实数理基础和过硬编程能力的人才，而国内这方面有很好的人才储备，越来越多的国外量化基金来华开办分公司并在当地雇用人才从事算法策略研究和开发也证明了这点。

每种投资理念与投资方式都有自己的生存空间，量化投资未来在中国一定会有一个大发展的过程，随着股指期货、融资融券的推出，量化投资的应用也会更加广泛。目前，整个基金业在投资风格上存在非常明显飘移，投资流程也不清晰，大大降低了投资者的资产配置效率。量化投资对机构投资者的重要意义在于，通过量化策略的方式为投资者提供风格鲜明、稳定的资产配置工具。量化投资不仅可以管理基金，还可以协助研究员的研究工作。用量化方式去筛选，基金研究员可以借助自身的行业研究经验来设置参数，通过数量模型自动跟踪行业内企业相关参数的变化，自行筛选出值得研究的对象，改变目前依赖卖方研究的被动局面。机构投资者对量化投资的接受程度明显高于普通投资者，一方面，量化投资风格相对比较固定，可预测性强，不会因为基金经理的调整带来投资风格变化；另一方面，机构投资者有较强的择时能力，更愿意通过高仓位基金来实现对股市的投资。

五、量化交易服务体系及现状

量化投资的兴起得益于电子计算机的普及，从完成量化交易的过程来看，这条产业链大体分为跑道租赁—模型提供—代写服务—系统销售—机房托管等，其中跑道租赁和机房托管主要提供交易网络与硬件的运维服务，低延迟交换机等特种设备比较适合此类交易。上海期货交易所具备目前期货行业顶级的托管机房环境和其他托管机房不可比拟的交易所链路直接接入资源。上海机房已被列为上期技术标杆机房，行业单位多次到上海机房参观学习，良好的机房环境为量化投资者提供了行业最优的服务期间的托管服务，进一步提高了行情接收速度和报单速度。下面比较以下目前国内市场使用较多的交易系统的处理速度，见表6-2。

表6-2　交易系统处理速度比较

交易系统	综合交易平台	金仕达	易盛
核心系统的数据通信方式	UDP 多播、总线，效率高	TCP，效率低	TCP，效率低
委托性能	8000 笔/秒	300 笔/秒	800 笔/秒
委托响应速度	3 毫秒	500 毫秒	70 毫秒
数据库	内存数据库，满足高性能、实时数据访问需求	传统的基于磁盘的关系型数据库，无法满足高性能、实时数据访问需求	传统的基于磁盘的关系型数据库，无法满足高性能、实时数据访问需求
API 接口	提供开放的 API 接口（C++）以及开发指南，投资者可基于该接口自主开发程序化交易终端	提供 API 接口	不提供 API 接口

没有发达的电脑技术，量化投资也将成为无源之水，无米之炊。在电脑革命发生前，根本无法根据上述模型进行运算。1961 年，与马科维茨共同获得 1990 年诺贝尔奖的夏普曾说，当时即使是用 IBM 最好的商用电脑，解出含有 100 只证券的问题也需要 33 分钟。当今，面对数不胜数的证券产品，以及庞大的成交量，缺了先进电脑的运算速度和容量，许多复杂的证券定价甚至不可能完成。国内整个的量化投资突然带动了整个期货和证券行业、IT 基础设施进入了新一轮的军备竞赛，都开始建机房，搞服务器、软件、服务通道。量化投资在下半年突然变得风起云涌，现在起的名字都是××科技公司，都注册在科技园的孵化器中，都不是传统的投资银行聚集区了，一天到晚谈的都是各式各样软件的编程等东西。被认为"宽客"的科技人才突然进入资产管理行业，有大量理工科背景的博士军团进入量化投资资产管理行业，大部分人都具有博士学位，都是理工科人才。

众多 IT 人彻底转型为对冲基金经理，软件科技公司变成资产管理公司。宽客也成为当今热门的一词，特指一群靠数学模型分析金融市场的物理学家和数学家。他们相信数学的精确性是分析最复杂的人类活动的基础，还曾用分析神经系统的数学技巧来赚钱。

六、CTP 程序化交易系统

综合交易平台（Comprehensive Transaction Platform，CTP），是专门为期货公司开发的一套期货经纪业务管理系统，由交易、风险控制和结算三大系统组成 CTP。

以"新一代交易所系统"的核心技术为基础，适合程序化交易软件运用和短线炒单客户使用的交易平台，如图 6-5 所示。

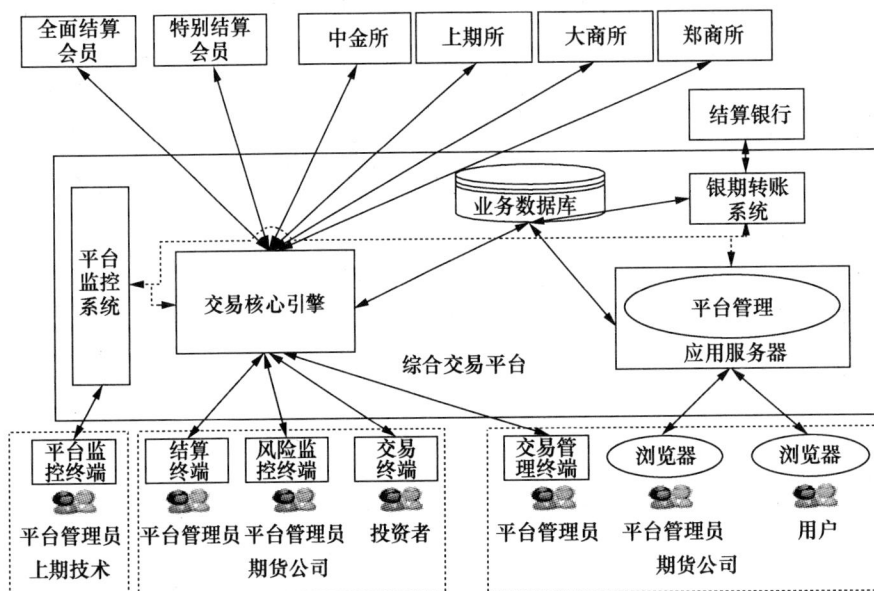

图 6-5 CTP 交易系统

（1）期货公司在使用综合交易平台接入程序化交易前，需要首先成为综合交易平台主席（或二席）客户。

（2）综合交易平台提供开放的 API（基于 C++）及相关文档，并在客户进行程序化交易终端开发时提供技术帮助。

（3）为方便程序化交易终端的开发测试，综合交易平台免费提供其他成熟的交易终端供客户使用。在客户的程序化交易终端出现故障时，也可以使用该终端进行紧急处理。

（4）程序化交易终端可以使用专线接入综合交易平台，为进一步提高接入速度，客户也可以将程序化交易终端托管在上海期货交易所技术机房，如图 6-6 所示。

综合交易平台作为一个开放、快速、稳定、安全的期货交易、结算系统解决方案，随着接入期货公司的增多，其在期货界也获得了越来越普遍的认同。国内期货界程序化交易热情的不断高涨，也为综合交易平台的蓬勃发展提供了契机。综合交易平台开放的接口、优异的性能、集中部署的创新模式以及经验丰富的技术背景都为程序化交易在国内的快速发展提供了最为优异的平台。综合交易平台现有的程序化交易客户对综合交易平台的解决方案给了很高的评价，其交易量也不断攀升。

CTP 的交易应用：

（1）程序化交易；

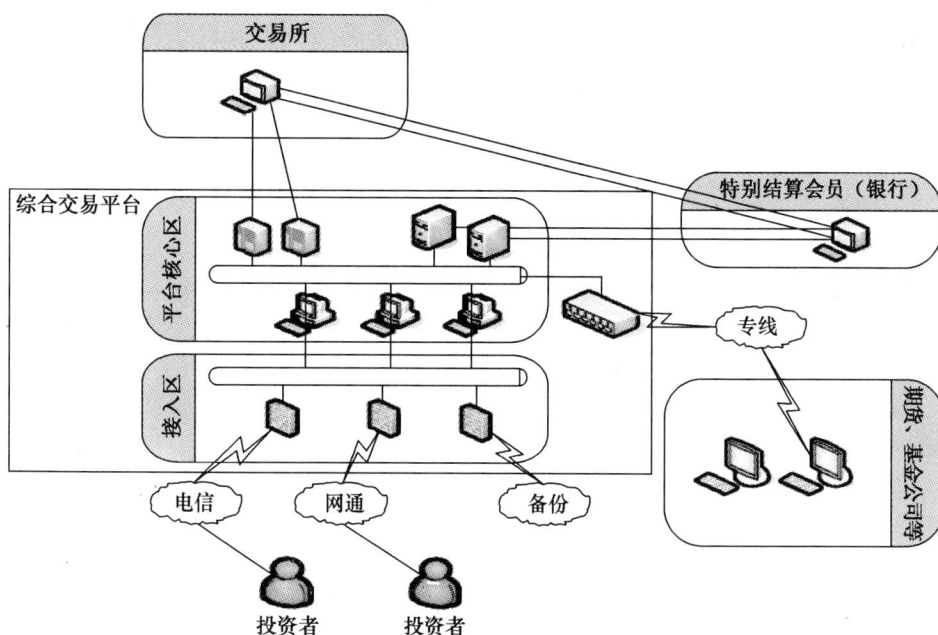

图 6 - 6 综合交易平台

（2）高频短线交易；

（3）套利交易；

（4）应用 CTP 的开放接口自己编写软件，支持 C + + 语言、NET 语言。

CTP 的优势：

（1）开放的 API 接口，应用程序编程接口（Application Programming Interface，API 接口）是一些预先定义的函数，目的是提供应用程序与开发人员基于某软件或硬件的以访问一组例程的能力，而又无须访问源码，或理解内部工作机制的细节。CTP 的 API 和 CTP 服务器之间使用的通信协议是期货交易数据协议（Futures Trading Data Exchange Protocol，FTD），它基于 TCP 协议，见表 6 - 3。

表 6 - 3 API 程序库

File Name	File Description
ThostFtdc Trader Api. h	Trading interface C + + head file
ThostFtdcMdApi. h	Quotation interface C + + head file
ThostFtdcUserApiStruct. h	Defines all data type
ThostFtdcUserApiData Type. h	Defines all data structure
thosttraderapi. du	The dynamic link library of trading interface
thosttraderapi. lib	
thostmduserapi. du	The dynamic link library of quotation interface
thostmduserapi. lib	
error. dtd	The api error code and information in xml format
error. xml	

综合交易平台从一开始就秉承"整合更多的技术资源为期货界提供最高端的解决方案"的宗旨，开放性的 API 接口是贯彻这一宗旨的必要前提。只有开放接口，综合交易平台才能在提供稳定高效的交易结算后台的同时满足期货交易客户的多样性、个性化的需求。

首先，开放性的接口给程序化交易者提供了直接接入交易后台的合法平台，程序化交易者再也不需要承受破解市面流行交易系统的私密接口进行非法接入的系统和商务风险，也不需要忍气吞声地使用交易系统厂商提供的、经过层层包裹而慢得要命的网关平台。

其次，程序化交易者可以使用开放的接口自行开发或是寻求可控的第三方技术帮助，这样程序化交易者既实现了交易的程序化，又能将自己的核心交易策略控制在自己手中。

另外，使用开放性的接口的程序化交易策略，在执行时采取的是编译后直接运行的模式，而不同于目前市面上提供的交易策略公式实现平台的解释执行模式，在瞬息万变的期货实时交易中，解释执行造成的时间延误往往会将一个成功的交易策略变成烧钱的机器。

（2）高性能的交易后台。综合交易平台 8000 笔/秒处理速度的交易引擎，整套系统在 0.5 毫秒以内处理完成报单、成交全过程的资金持仓计算的能力，以及无单点故障并实现负载均衡的交易系统体系架构树立了综合交易平台高性能的业界形象。综合交易平台高性能的处理能力，对撤单率极高的程序化交易策略提供了最强大的支持，期货公司再也不需要在交易系统中关闭对程序化交易客户几十上百万笔报单回报的收取，而使风险控制流于形式。使用综合交易平台，期货公司在拥有高速交易能力的同时，也不用担心多上几个客户系统就会岌岌可危。综合交易平台目前的系统配置就拥有 2 万个客户同时在线的处理能力，还可以通过扩展前置机群进一步提升系统对更多客户在线的处理能力。

（3）高速的交易所通信线路。综合交易平台通过千兆局域网接入中金所和上期所交易系统，通过三所联网主干接入大商所和郑商所。投资者在综合交易平台的报单直接进入综合交易平台的前置机，经过交易后台高速的资金持仓计算后再经局域网报到中金所和上期所，通过三所联网主干报到大商所和郑商所。行情服务器直连交易所并在同一个进程实现分发到行情前置，接收和分发完全在内存中完成，网络迟延也被压缩到了极点。托管于上期技术的程序化交易终端，因为通过局域网接入综合交易平台，其报单和行情速度处于目前业内最快水平。

七、量化投资交易平台

如图 6-7 所示，量化交易平台是指能分别满足量化投资、算法交易、高频交易、自动化交易、程序化交易方式的平台，要求其从交易系统的行情和基础数据、交易和执行、策略研发和运营三个主要方面既要做到大而全，也要做到深而精。这对目前大中型金融机构的 IT 以及实际运营部门是很大的挑战，同时也提供了发展机遇。

目前的量化交易平台可以从开发语言、技术架构、系统架构、策略方向、交易方式等几个方面，分为中低端和高端量化交易平台。

（一）中低端量化交易平台

中低端平台只支持复杂度不高的脚本语言实现策略逻辑，多数的实现只能在图表上加载技术指标进行自动化交易、程序化交易等量化交易方式。

中低端平台一般采用的技术架构是投资者使用平台商提供的客户端软件，采用互联网接入方式连接平台商或者金融经纪公司提供的行情和基础数据服务器，投资者在本地运行的策略

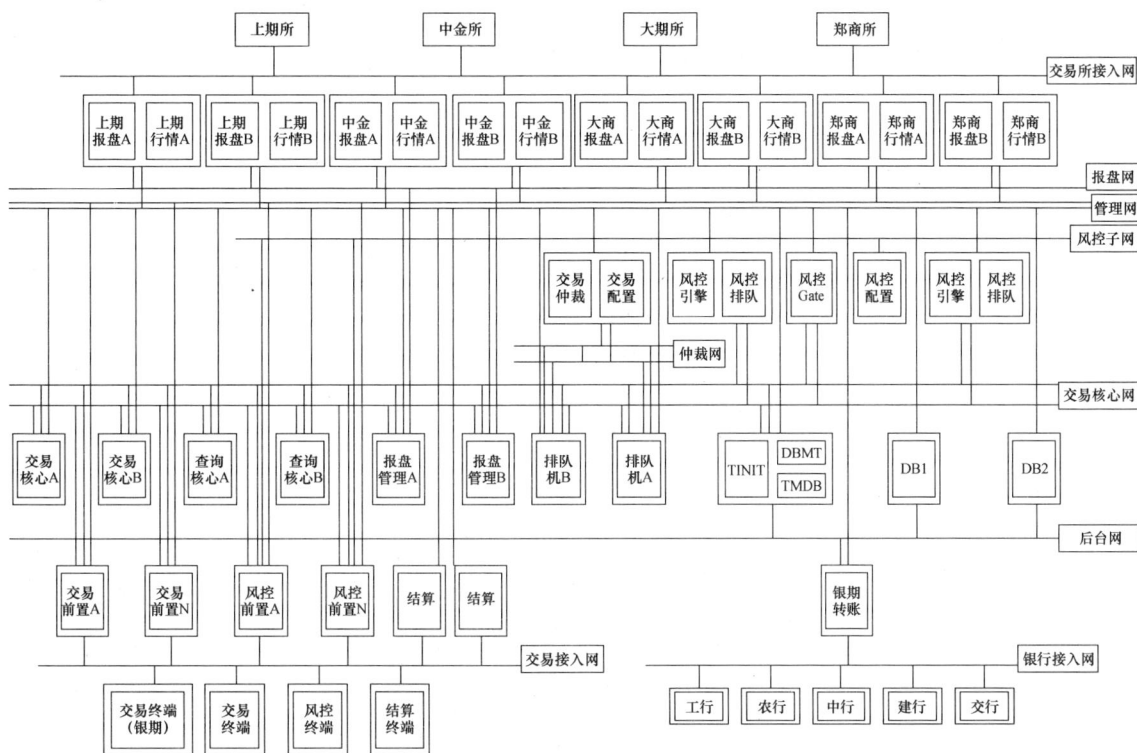

图 6-7 上期平台网络架构

触发后，通过经纪公司的普通交易席位进行交易。由于技术架构的限制，行情、交易有一定的延时。

受策略脚本解析和执行效率、技术架构的限制，中低端平台对于多品种、多周期、多账户、多交易市场、多策略、复杂金融工具包等复杂系统架构的支持都有一定的限制。一般的系统实现流程为：投资者的策略在本地接收市场数据后，根据策略简单计算的触发条件进行简单的账户持仓、资金计算和管理，进而下达买卖方向、数量、价格等指令，进行自动交易。

中低端平台适合投资者进行趋势、反趋势等对行情和交易逻辑要求不高的策略，是目前市场上个人投资者应用最多的一类大众化的量化交易平台。

（二）国内中低端量化交易平台

国内应用的中低端量化交易平台主要有文华赢智程序化交易、交易开拓者、金字塔决策交易系统、达钱 &multicharts、安翼金融终端等。

1. 文华赢智程序化交易平台

文华赢智采用"麦语言"开发技术指标模型，产生买卖信号后驱动交易下单。在量化模型研发方面，赢智提供了国内股票和期货的全部品种多周期的时间序列历史行情数据和近期的TICK 数据，同时提供了丰富的行情函数、账户和交易的部分函数和一些统计函数用于策略开发，还提供了丰富的策略回测报告项作为策略绩效评估的依据。在量化交易方面，赢智提供支持最多24个品种进行的多线程独立的程序化交易，同时使用下单精细化组件，实现了部分算法交易的功能。由于采用客户端的技术架构，虽然赢智实现了高频交易的功能模块，但是在实际应用中，高频交易建议托管在文华机房。在现阶段，赢智以其程序化实现简单、性价比高等特点，在中低端量化交易平台中占有一定的优势。

2. 交易开拓者程序化交易平台

交易开拓者（TB）采用语法类似Pascal的TBL语言开发策略模型，根据账户持仓状况和图表买卖信号驱动交易下单。在量化模型研发方面，TB提供了国内期货多周期的历史行情数据和近期的TICK数据，提供了较为全面的行情数据函数、账户和交易函数、统计函数用于策略开发，提供了丰富策略回测报告项作为策略绩效评估的依据。在量化交易方面，单个TB终端支持20~30个单品种的图表并发接收行情并交易，但由于客户端技术架构的限制，其对于高频和更复杂策略的支持不足。现阶段，TB市场推广做得较好，合作的期货公司较多，在中低端量化交易平台的市场占有率较高。

3. 金字塔决策交易系统

金字塔决策交易系统（下称"金字塔"）采用VB脚本语言开发策略模型，使用较复杂的账户函数和交易函数进行资金管理，既可以使用图表买卖点，也可使用非图表的交易判断驱动交易下单。在量化模型研发方面，"金字塔"提供了国内股票和期货的历史行情数据和TICK数据，也可以使用外盘数据，更为全面的行情数据函数、较多账户和交易函数、统计函数用于策略开发，同时也支持外接统计数据库和专业的统计分析软件Lib库做扩展；提供了较为丰富策略回测报告项作为策略绩效评估的依据。在量化交易方面，除了支持图表驱动的程序化交易外，也可以进行篮子交易、算法交易和较复杂的对冲交易，但是同样受客户端的技术架构限制，其对于高频交易、全市场策略的交易等更复杂的策略支持不够。在现阶段，"金字塔"合作的期货公司逐渐增多，在中低端量化交易平台的市场占有率较高。

4. 达钱 &multicharts 自动化交易

达钱&multicharts自动化交易系统（MC）采用Power Language开发策略模型，达钱提供行情和交易网关，multicharts实现策略开发和执行平台。在量化模型研发方面，由达钱提供一段时间内的国内期货历史行情和TICK行情。MC承袭了TradeStation丰富的函数库和策略库以及便捷的开发特点，提供了更为完善的回测和绩效评价体系，为策略的研发提供了完善的评估。在量化交易方面，MC只支持程序化和自动化交易，对于高端的量化交易模式支持不够。由于MC进入国内不久，在中低端量化交易平台的市场占有率还不高。

5. 安翼金融终端程序化交易

安翼金融终端（下称"安翼"）采用技术指标的通用脚本语言开发交易模型，进行图表驱动的自动化交易，是由某券商独立开发的进行国内股票和期货的自动化交易工具。目前，安翼提供了国内股票和期货的历史行情，可以进行相对简单的图表交易和股票、期货的对冲交易，程序化交易工具免费使用。虽然安翼只能用该券商交易通道进行交易，但它却标志着国内股票和期货的量化交易已经进入一个全面发展阶段（见表6-4）。

表6-4 程序化交易软件比较

编程方式	说　明
Windows C++	适合成熟的投资者，或自己有成熟的 IT 团队
Linux C++	适合成熟的投资者，或自己有成熟的 IT 团队。交易效率较 Windows C++ 高，编程难度相对更大
文华	开发速度较快，但功能受限，不适合较高及以上频率的交易，支付第三方成本较低
TB	开发速度较快，功能较文华丰富，不适合较高及以上频率的交易，支付第三方成本较高，目前市场占有率相对较高
金字塔	开发速度较快，功能较文华、TB 丰富，不适合较高及以上频率的交易，支付第三方成本介于文华和 TB 之间
MultiCharts	全球化平台，支持外汇等，使用 EL 标准语言
Matlab	有非常丰富的函数库，回测分析效果好
Excel	有较丰富的函数库，速度相对较慢

（三）高端量化交易平台

高端量化平台除了支持复杂的脚本语言实现策略逻辑外，还支持直接使用C++、JAVA等开发语言实现复杂的策略逻辑，一般为了追求执行效率，不采用界面显示图表，而采用多进程、多线程的方式进行自动化交易、程序化交易、算法交易，甚至为了追求极致使用硬件技术进行高频交易等量化交易方式。高端交易平台通常采用的技术架构是使用服务器执行策略的架构，行情使用转发路径最少的极速、深度行情，采用专用、直连的交易通道进行交易。行情和交易的延时都要求尽可能最低。

高端交易平台定位于资产管理，在系统架构上严格区分策略研发和策略运营执行两个阶段。对于策略研发阶段，需要多品种、多周期、多账户、多交易市场、多策略、复杂金融工程包的支持，以实现复杂的策略逻辑；对于策略运营执行阶段，系统架构要保证各种风控、应急处理、交易方式和策略的平稳有效执行。系统的实现流程除了满足交易本身的要求外，还要满足机构本身的业务流程和规范，以及监管层的要求。

高端交易平台适合机构投资者进行趋势、套利、对冲、高频等对行情和交易要求高、逻辑复杂度高的策略。随着国内金融市场创新的提速，机构投资者对高端交易平台的需求和潜在需求呈快速上升趋势。

（四）国内高端量化交易平台

国内应用的高端量化交易平台主要有 Progress Apama、龙软 DTS、国泰安量化投资平台、天软量化研究和交易平台、飞创 STP、易盛程序化交易平台、盛立 SPT 平台等。

1. Progress Apama

Apama 采用 EPL 和 JAVA 语言开发或者定制策略模型，通过行情、资讯等驱动 CEP 引擎进行交易、风控等操作。在量化模型研发方面，Apama 使用第三方的行情授权，提供了各市场行情接口和各种柜台交易接口的接入，可以接入国内股票和期货多周期的时间序列历史行情数据和 TICK 数据；提供了丰富的金融工具包进行复杂策略开发；提供了便捷的 Studio 开发工具，可以进行复杂策略的快速开发和定制；提供了 1 万倍加速测试进行策略回测，可以方便地定制测试报告。在量化交易方面，Apama 提供了 150 万笔/秒的交易并发处理能力，进行高频交易、算法交易。Apama 高端的并发处理能力，使全市场的多品种并发套利、对冲等交易策略和实时风控策略可以高速执行。现阶段，Apama 在国际投行的自营、资管、经纪业务中占有很大的市场份额。从 2012 年开始，Apama 逐步拓展国内的业务，几家较大的证券和期货公司已经开始正式上线推广 Apama 和相关的量化交易应用。

2. 龙软 DTS

DTS 采用 LUA 脚本语言开发策略模型，通过平台提供的历史和实时行情、基本资料数据、宏观数据的统计分析，实现投研和交易。在量化模型研发方面，DTS 既可使用平台自有的数据源，也可以接入第三方数据源。DTS 还提供了一些金融工具包，进行复杂策略开发、回测和绩效评价。在量化交易方面，DTS 提供的可以扩展的服务器端技术架构，保证了策略的高并发和高速执行，其在程序化交易、量化交易、算法交易、对冲和套利交易方面都有实际应用。

3. 国泰安量化投资平台

国泰安量化投资平台分为研究平台（QIA – Lite）和交易平台（QRC），采用 Matlab 的 Toolbox 的形式无缝兼容了 Matlab 的研发环境，由交易平台实现策略交易。在量化模型研发方面，国泰安投研平台使用自有的行情源、基本面数据、高频数据、量化因子数据库，完全兼容 Matlab 所有的函数，实现了模型的研发和回测。在量化交易方面，其支持了国内主流证券和期货的柜台，在股票和期货的程序化交易、算法交易等方面都有实际应用。

4. 天软量化研究和交易平台

天软量化研究和交易平台采用天软特有的 TSL 语言开发策略模型，通过天软的交易网关，实现量化交易的执行。在量化模型研发方面，采用高性能数据仓库提供的历史和 TICK 行情、基础资料数据、宏观数据等数据源，同时提供了 7000 种开源的函数库，进行策略的研发、回测、绩效分析。在量化交易方面，其基本实现了自动交易、程序化交易、算法交易等量化交易方式。

5. 飞创 STP

飞创量化交易平台采用 JAVA 语言，通过可定制的模板开发策略模型，进行高频交易。STP 通过统一的开发和资管运营平台，实现策略的研发、回测、风控和资管运营。由于使用了高速的柜台交易接口，其主要面向高频套利、程序化交易等交易模式的用户。

6. 易盛程序化交易平台

易盛程序化交易既可采用类似 Easy Language 的语言开发策略模型，实现程序化交易和套利交易，也可以根据易盛柜台提供的行情和交易 API，采用 C + + 开发外接应用的方式，实现期货、股票的更复杂的量化交易。在量化模型研发方面，易盛程序化提供的 EL 开发模型，类似于中低端的量化交易平台，但在行情的速度、交易和账户函数的实时性和精细化处理方面，达到了高端量化交易平台的要求。在量化交易方面，易盛柜台的行情和交易速度具有一定的比较优势，量化交易平台支撑的应用主要是期货的程序化交易、自动交易、对冲和套利交易。

7. 盛立 SPT 平台

盛立金融软件的 SPT 平台，采用 C＋＋语言和定制的策略开发模板进行策略研发，采用独立的运营和回测平台进行模拟和真实交易。虽然 SPT 平台在国内应用不多，但凭借其 100 万笔/秒的行情并发处理能力、交易的毫秒级别的延迟，在量化交易平台中引人注目。SPT 提供了一些策略模板，可以很方便地实现程序化交易、套利和对冲交易、算法交易、高频交易等。

现阶段，除了上述几个相对成熟且具有一定应用客户的高端量化交易平台外，也有较大金融机构使用像 Sysbase CEP、StreamBase 等高频中间件来构建量化交易平台。此外，一些传统的交易柜台厂商如金仕达、恒生等，也在逐步推出高端量化交易平台。

第三节　2013 年对冲基金发展趋势

一、国内对冲基金未来规模增长空间巨大

中国基金业在全球排名始终在 10 强门槛之外。这几年来，基金行业做了不少努力，但行业总体资产管理规模刚过 3 万亿元，其中专户业务不过 1000 亿元。2011 年，基金公司持有的流通股，只占到沪深两市的 7.71%，而美国共同基金和 ETF 持有美国股票市场份额的将近 1/4。近年来中国基金业在全球排名始终在 10 强门槛之外，这与我们的经济总量和资本市场名列前茅的地位极不相称。2010 年，中国基金规模仅相当于 GDP 的 6%，而同期，美国的这一比例高达 80%，巴西、马来西亚和韩国也分别达到 45%、31% 和 27%。

国内对冲基金的发展空间很大，预计在未来的 10 年有十几倍的成长空间。截至 2007 年底，全球共同基金管理资产规模约为 26 万亿美元，而对冲基金管理资产规模约在 1.9 万亿美元，占比为 7.3%，目前国内公募基金管理资产约 2.08 万亿元，按全球 7.3% 的比例计算，私募证券投资类产品目前的市场容量应该在 1500 亿元左右，而实际规模仅为其 1/3。全球对冲基金近 10 年以平均每年 25% 的速度增长，按照这个速度，3 年后我国私募证券投资类产品的理论规模应在 3000 亿元。而我国自 2003 年推出第一个产品以来，近些年来私募证券投资类产品的发行远远超过这个增速，可见国内对冲基金未来规模增长发展空间巨大，如图 6－8 所示。

据波士顿咨询集团 2012 中国财富管理白皮书称，中国人可以管理的财富总额已经达到 62 万亿元人民币。中国高净值人士（600 万元人民币可投资资产）可以支配的财富总额也已经达到 27 万亿元人民币。

近日，天相投顾公布了 2012 年第三季度末基金公司管理规模排名（不含 ETF 连结基金）。截至 2012 年 9 月 30 日，基金行业公募基金数量为 1100 只，资产为 24662.88 亿元，份额规模为 28931.44 亿份。全国 520 家私募基金管理机构的总规模为 1420 亿元。

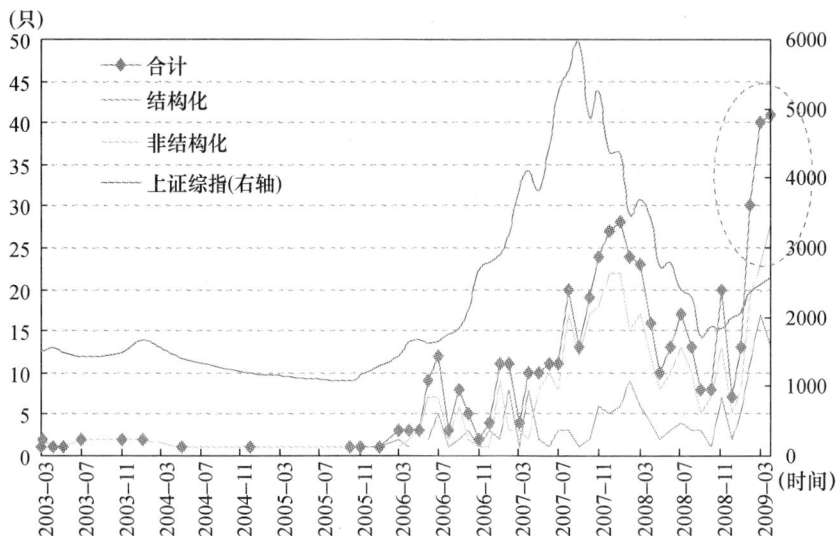

图6-8 国内阳光私募产品成立数量

资料来源：对冲网数据库，阿尔法研究中心。

二、多元化投资策略时代来临

（一）投资策略创新

投资策略、投资品种极大地丰富，使私募基金进入了百花齐放的竞争时代，图6-9推理得出，我国私募投资会有大发展。《期货公司资产管理业务试点办法》以及后续相关政策的出台，大量的对冲策略和国际接轨，使各种创新策略对冲基金将迎来新的发展机遇，创新策略对冲基金发行数量及资产规模所占对冲基金数量份额及资产份额将不断提高。对于追求高投资回报的投资者，可以考虑选择以期货、大宗商品投资为主的管理期货（CTA）策略基金替代传统的股票多空仓策略对冲基金；风险厌恶者可以选择固定收益方向型策略对冲基金和相对价值策略对冲基金，此两类基金稳定性高，但收益相对有限；依据投资风险度（波动率）由高至低划分，依次为管理期货策略对冲基金、宏观策略对冲基金、股票类对冲基金（包括股票多空仓、事件驱动策略对冲基金）、基金的基金策略对冲基金、相对价值策略对冲基金、固定收益方向型策略对冲基金，投资者可以根据自己的风险偏好选择合适的品种进行投资。

通过构建指数为对冲基金与另类投资提供比较基准，便于业界把握行业的整体趋势，如图6-10~图6-19所示。

相对价值策略表现出明显的和市场下跌无关，具有明显的保守型特征，可以在目前低迷的A股市场下获得良好的抗跌效果。

1	2	3
截至2007年年底，全球共同基金管理资产规模约为26万亿美元，而对冲基金管理资产规模约为1.9万亿美元，占比为7.3%	目前国内公募基金管理资产约为2.08万亿元，按全球7.3%的比例计算，私募证券投资类产品目前的市场容量应该在1500亿元左右，而实际规模仅为其1/3	全球对冲基金近10年来以平均每年25%的速度增长，按照这个速度，3年后我国私募证券投资类产品的理论规模应为3000亿元。而我国自2003年推出第一个产品以来，近些年来私募证券投资类产品的发行远远超过这个增速

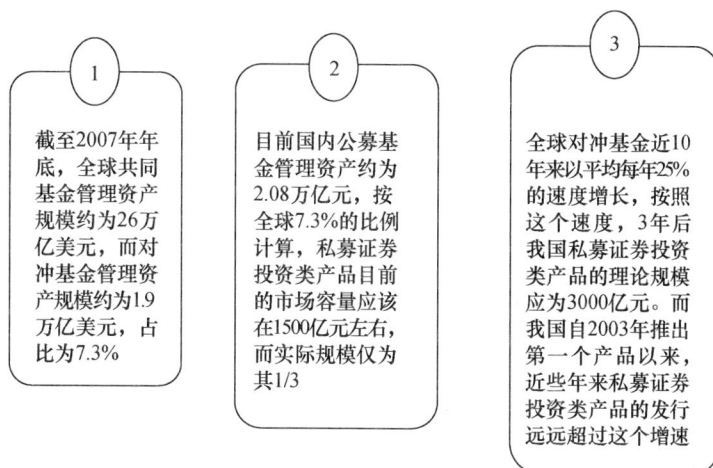

图6-9 私募基金数量依据三级策略分类占比（%）

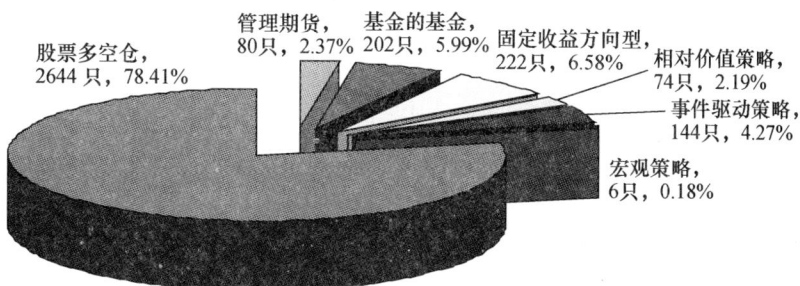

图6-10 构建数据库收集对冲基金3000多只

资料来源：对冲网数据库，阿尔法研究中心。

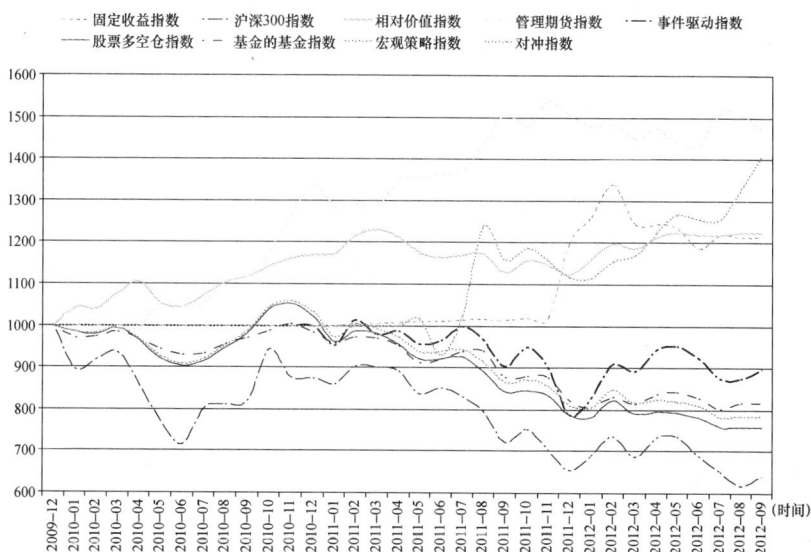

图6-11 对冲网·领先对冲基金指数体系

资料来源：对冲网数据库，阿尔法研究中心。

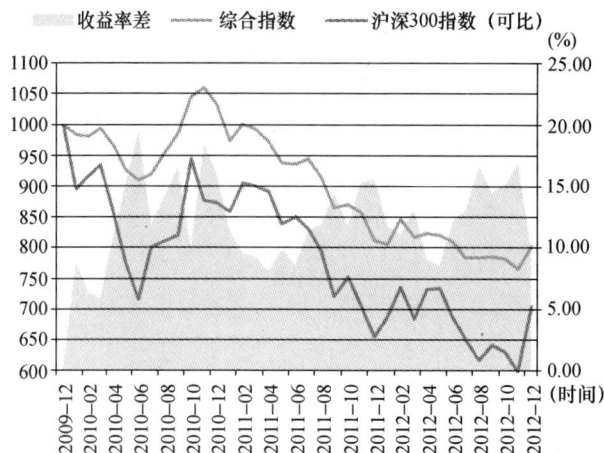

图 6 - 12　中国对冲基金综合指数（CAHFCI）

资料来源：对冲网数据库，阿尔法研究中心。

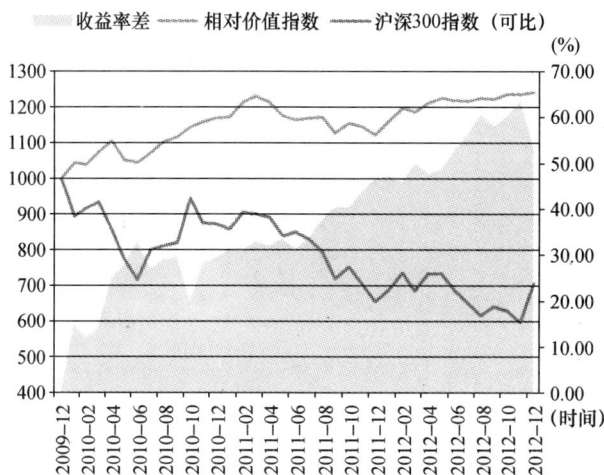

图 6 - 13　中国相对价值指数（CARVI）

资料来源：对冲网数据库，阿尔法研究中心。

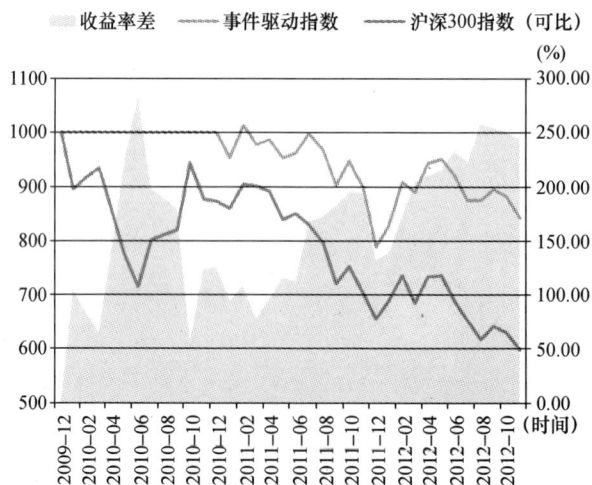

图 6 - 14　中国事件驱动指数（CAEDI）

资料来源：对冲网数据库，阿尔法研究中心。

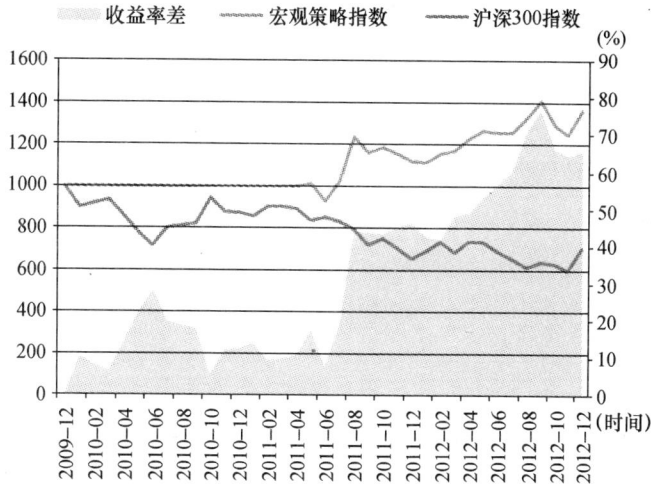

图 6-15 中国宏观策略指数（CAMI）

资料来源：对冲网数据库，阿尔法研究中心。

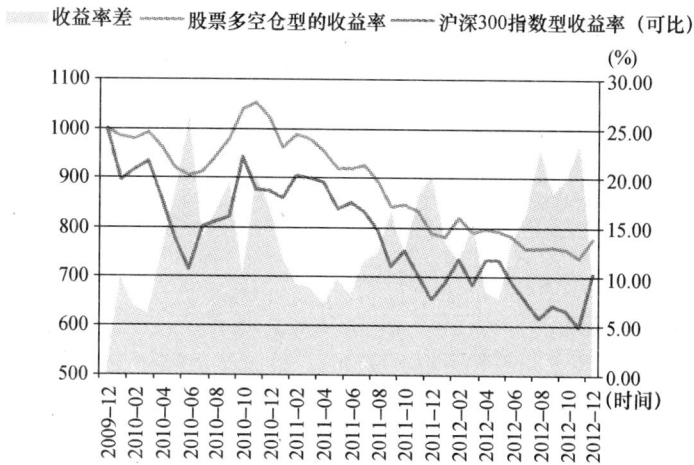

图 6-16 中国股票多空仓指数（CAELSI）

资料来源：对冲网数据库，阿尔法研究中心。

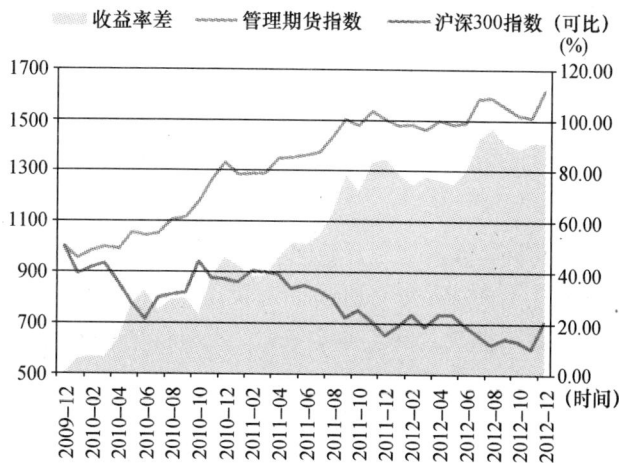

图 6-17 中国管理期货（CTA）指数（CAMFI）

资料来源：对冲网数据库，阿尔法研究中心。

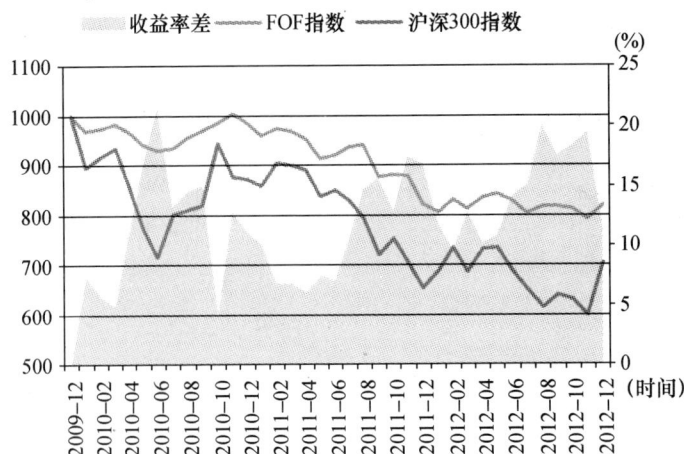

图 6 – 18　中国基金的基金（FOF）指数（CAFOFI）

资料来源：对冲网数据库，阿尔法研究中心。

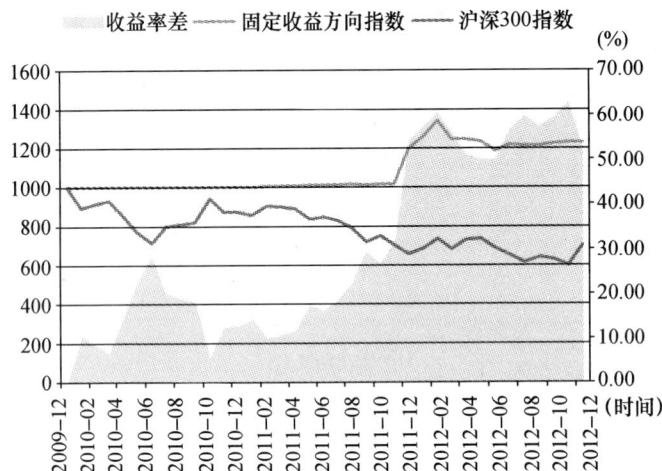

图 6 – 19　中国固定收益方向型指数（CAFIDI）

资料来源：对冲网数据库，阿尔法研究中心。

（二）投资品种创新

2012 年 4 月 23 日，国债期货仿真交易开始向整个市场推广。

2012 年 2 月 13 日，中国金融期货交易所国债期货仿真交易联网测试启动。8 家金融机构参与首轮联网测试，其中 5 家为期货公司。截至收盘，3 个合约较首日基准价全线上涨。

中金所法律部总监、期权业务负责人王彩虹表示，自 2012 年 4 月股指期权内部仿真交易开展以来，已经良好运行了 7 个多月，检验了规则和系统，目前已有 20 多个会员和交易所实现了技术和业务上的对接，如图 6 – 20 所示。

投资技术和方式的重大革命：量化投资。

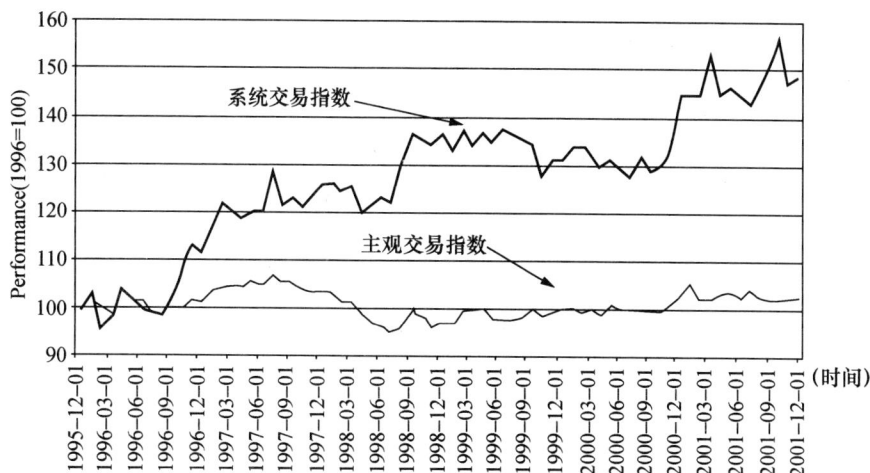

图 6 - 20　系统交易指数和主观交易指数对比

　　有很多量化投资在下半年突然风起云涌。其实从国外市场来看，整个程序化交易的策略收益明显比主观收益要好。2011 年，文艺复兴基金以 34.66% 的年收益拔得对冲基金收益榜头筹；同期标普指数持平，道指只上涨了 5.53%，占比高出 8%，如图 6 - 21 所示。

Top 20/2011

Investment Funds	Return	Date
RENAISSANCE ENSTITUTIONAL EQUITIES LP(8)	34.66	23 Dec 11
MARSHAIL WACE-HW GLOBAL OPPORTUNITES A USD	28.57	27 Dec 11
BLACKROCK B CAPITAL MASTER FUND SPC.LTD(THE) -A/1	24.41	23 Dec 11
DISCUS FEEOER LTD CLB USD STANDAR LEDDAGE	21.50	23 Dec 11
BLACKROCKE FIXED INCOME GLOBAL ALPHA FUND	19.93	28 Dec 11
PLATUNM PARTNERS VALUE ARBITRAGE INT.FUND LTD	19.17	30 Dec 11
STRATUS FUND LIYITED CLASS B	15.75	23 Dec 11
GSA CAPITAL INTERNATIONAL FUND LTD-CLASS A	15.06	23 Dec 11
DRRVAN HOUWARD FUND LTD-USD CLASS A	12.31	23 Dec 11
MKP OPPORTUNITY OFFSHORE.LTD	11.10	23 Dec 11
AMAZON MARKET NEUTRAL FUND CLASS A USD	10.97	23 Dec 11
CAZUNOYE UK ADSOUTE TARGET FUND-P2 GDP	10.85	23 Dec 11
ENNSMORE EUROPEAN SMALLER COMPA NIES	10.21	15 Dec 11
JPMORGAM PORT.STRAT.FUNDS-EUROPE DYNAMIC US FUND.EUR	10.21	23 Dec 11
III REATIVE VALUE CREDIT STRA TEGIES FUND LTD	10.41	
FINSTIE SOVERGN DEBT FUND	9.92	30 Dec 11
CAZUDNOVL UK COURTY AUSOTE MEDTUN FUND	9.92	30 Dec 11
III FUND LTD	9.61	23 Dec 11
MARSHALL WACE NW EURE KA A1 EUR	9.59	27 Dec 11
LAGED GLOAAL FUND	9.28	23 Dec 11

Soot H3BC Pricn Bark.

图 6 - 21　2011 年对冲基金收益前 20 名

三、逐步同全球的对冲基金和共同基金发展模式接轨

除了一些基本的制度差别以外，私募基金和公募基金在投资理念、机制、风险承担上都有较大的差别。

首先，两者的投资目标不一样。公募基金投资目标是超越业绩比较基准，追求同行业的排名；私募基金的目标是追求绝对收益和超额收益但私募投资者所要承担的风险也较高。

其次，两者的业绩激励机制不一样。公募基金公司的收益就是每日提取的基金管理费，与基金的盈利亏损无关；私募的收益主要是收益分享，在私募产品单位净值是正的情况下才可以提取管理费，如果其管理的基金是亏损的，那么他们就不会有任何收益。一般私募基金按业绩提取的报酬是利润的20%。

此外，公募基金在投资上有严格的流程和政策上的限制措施，包括持股比例、投资比例的限制等。公募基金在投资时因为牵扯到广大投资者的利益，公募的操作受到了严格的监管。私募基金的投资行为除了不能违反《证券法》操纵市场的法规以外，在投资方式、持股比例、仓位等方面都比较灵活。

以前，公募往往被视为"乖孩子"，而私募则是"坏孩子"，受到更多的限制。虽然这次讨论的话题在业内并不新鲜，但证监会邀请私募直指公募弊端的做法是前所未有的。

2012年9月7日，证监会主持召开闭门会议，主席郭树清参与了该次会议。此次会议的主题包括公募基金投资行为散户化、如何发展机构投资者两个议题。

此次会议的阵容空前强大，证监会方面有十几人出席，重阳投资、星石投资、凯石投资三家私募获邀出席，一并参会的还有4家PE以及华润信托。

在这次关于机构投资者投资行为的闭门会议上，公募基金成为批评的靶子，而阳光私募则成为证监会"取经"的对象。这不经意的"一捧一杀"之间，对中国的资产管理行业意味良多。

2012年6月7日，中国证券投资基金业协会在北京召开成立大会暨第一届年会，郭树清在会上指出，希望公募基金坚持价值投资、长期投资的理念，建立科学、清晰的决策流程和管理制度，形成成熟、稳定的投资风格，争取能够发挥对市场的引领作用。

中国证券监督管理委员会主席、党委书记郭树清在十八大新闻中心接受媒体采访时表示，将在《证券投资基金法》中把私募基金纳入监管，同时相关的部门也会加入监管行列。郭树清还表示，应把私募基金监管与公募基金区别开来，且采取相对宽松的监管方式。

四、以客户为导向划分投资策略的财富管理混业经营时代来临

如果继续沿用分业监管，除了监管覆盖不足，各种交叉性的金融产品会让金融系统性风险进一步扩散，不利于金融安全，尤其是金融控股集团的业务涉及多个金融领域，业务遍及多个国家和地区，于是风险变得更加分散和难以监控，因此建立统一的金融混业监管机制迫在眉睫。

对此，金融改革"十二五"规划也格外重视这个问题，明确提出要避免监管缺位和错位的情况，要完善金融稳定信息共享机制，实现信息共享的规范化和常态化。但说起来容易做起来难，各监督管理部门太重利而轻义，而且各监管机构都以部门利益为重，尤其是各大部委之

间的利益博弈不是一般人能够撼动和协调的，这种"五龙治水"的分业监管格局一直在扭曲着中国金融业，如果没有一个超越部门权力的统一监管、协调机构，则很难让"一行三会"齐步走，也很难做到统一监管和信息共享。

第四节　国内外对冲基金的差距和挑战

一、对冲基金"谈虎色变"，风险很高，被妖魔化

对冲基金为近几年全球基金管理事业中最快速成长，即高报酬的部门之一。由于避险基金操作的高度弹性及其灵活运用各类投资工具进行投资组合，目前已被华尔街顶尖投资经理人视为累积财富最快速的工具之一。据研究，全球有 4000～5000 个活跃的对冲基金，管理资产规模在 2000 亿～3000 亿美元，每年呈现 20% 的高成长率。

一直以来，对冲基金不仅绩效高于共同基金和市场指数，而且通常风险程度亦较低，主要是避险基金在市场走弱时有得到较好的保护性，见表 6－5。自 1997 年 6 月 30 日以来的九年半时间里，对冲基金年报酬率达 17.6%，相对于摩根世界股价指数 9.6%，雷曼兄弟债券指数 9% 及 S&P 的 17.9%，不仅获利卓越，下跌风险也比世界股价指数、美国股票共同基金及 S&P 低。

表 6－5　美国对冲基金和共同基金的比较

绩效最好或最差的对冲基金与共同基金间的比数		
1998 年第一季度至 2003 年第三季度 5 年期复合年化收益率		
	对冲基金（%）	共同基金（%）
前 10	39.8	34.7
前 10%	30.3	14.8
前 25%	23.5	10.7
后 25%	0.6	−1.4
后 10%	−4.9	−4.2
后 10	−14.2	−26.9

© 2003 by Van Hedge Fund Advisors International, LLC and/or its licensors, Nashville, TN, USA.

[1] Please see Explanatory Notes under Legal Considerations section.

[2] U. S. hedge funds have been used as proxy for the universe.

资料来源：先锋对冲基金国际顾问公司。

市场低迷时，对冲基金优于共同基金。一般而言，对冲基金的绩效与传统基金有关，当市场指数呈现下滑时，对冲基金绩效几乎不受影响仍能稳定，其本身因测量的不同而有不同的经营风险，对冲基金绩效和市场波动性相关性低，但和经理人本身的技术高度相关。2008 年对冲基金全年亏损为有史以来最高，堪称业内佼佼者的几家对冲基金公司遭受了沉重的打击，但对冲基金的亏损率低于股票共同基金平均 38% 的亏损率。

所以，从整个策略上来看，对冲基金具有明显的抗跌性，而且国外的大机构，特别是实钱投资，就是说这些钱是捐赠基金，是不能亏的。这些投资是用来办学校的，如果亏了学校就要破

产。还有保险基金等纷纷投资对冲基金，所以从中就可以看出这个策略的抗跌性吸引了他们。

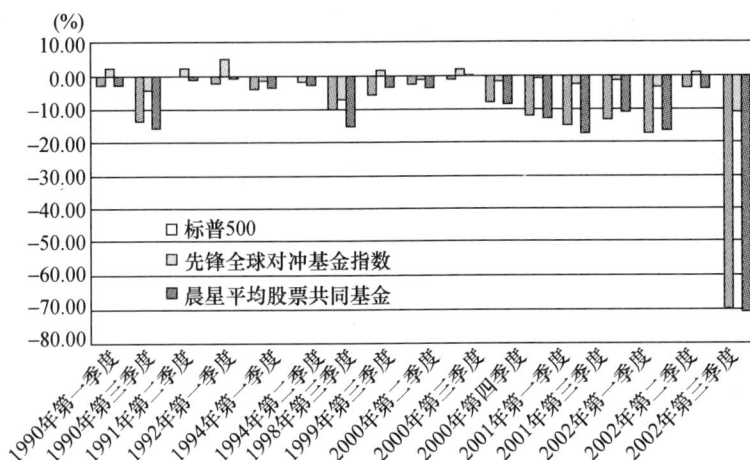

图6-22　下跌的股票市场中对冲基金超额收益

这类的捐赠基金、慈善基金、主权财富基金投资对冲基金的浪潮是由耶鲁大学的首席投资官 David F. Swensen 发起的。当他大规模的投资取得了非常不错的收益之后，整个捐赠基金、慈善基金行业掀起了耶鲁模式，把20%的钱投入了对冲基金，10%的钱投到了PE。所以，发展到现在，对冲基金在投资者心目中已变成了一种非常抗跌的资金，受到了不想跌的基金的青睐，非常适合实钱投资。

耶鲁大学捐赠基金资产高达225亿美元，该基金在2007年取得单年最高收益率——28%，在此前10年中，该基金的年化收益率约为18%，是美国业绩最好的大学捐赠基金，而同期标普500指数的年化收益率仅为7%，尽管该基金在2009年也遭受了24.6%的惨重损失，但1996～2009年的平均收益率仍有14.99%，如图6-23所示。

耶鲁大学

耶鲁大学首席投资官
David F. Swensen

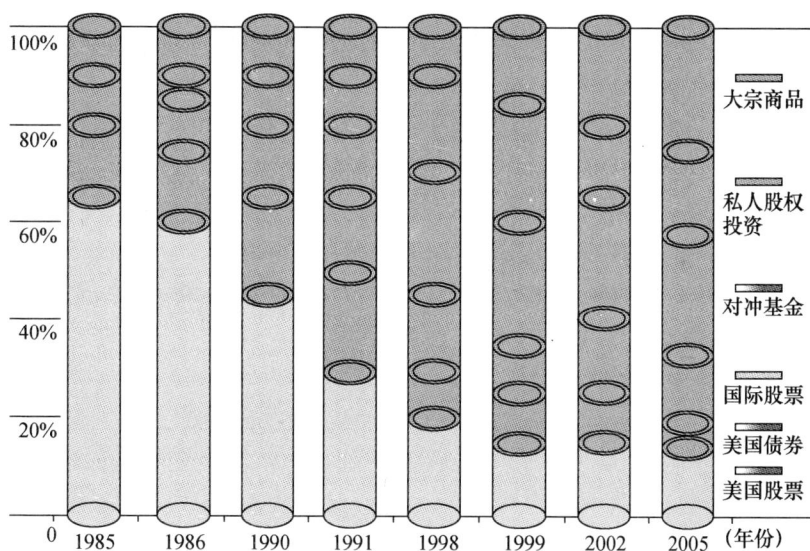

图 6－23 "耶鲁模式"＝另类化

传统股票和债券市场有效性高，但超额收益潜力有限。Swensen 大幅提高了"另类投资"的比例以获得超额收益，同时实现多元化投资，降低了投资组合风险，投资宽度多元化：将资金尽量平均地分配到美国股票、美国债券、国际股票、对冲基金、私人股权、大宗商品这 6 种核心资产中规避流动性，提高非流动投资比例，以换取超额收益，见表 6－6。

表 6－6 另类投资带来高回报   单位：%

耶鲁与其他捐赠基金持有资产占比		
	耶鲁大学捐赠基金	大学捐赠基金平均
股票/债券（美国/海外/现金）	31.0	79.7
固定资产	27.1	5.1
私募股权	18.7	3.2
对冲基金	23.3	10.6
10 年平均收益率	17.8	8.6

注：耶鲁大学配置大量另类资产，导致更高的收益。

资料来源：耶鲁大学捐赠基金 2007 年年度报告。

美国其他高校纷纷效仿耶鲁大学成功的另类化投资理念，竞相扩大对冲基金的投资比例。

NACUBO 统计显示，美国的高校普遍将 20% 的资产投资在对冲基金，部分高校为追求投资回报甚至将 40% ~ 80% 的资产投资在对冲基金，见表 6－7。

现在，耶鲁、哈佛十几年的创新投资经验正被欧美的不少机构投资者，如美国十多所名牌大学的资金、企业年金、上市公司等争相效仿。

其他机构投资者，例如香港赛马会以及很多主权（财富）基金也开始将部分资金投入对冲基金，对冲基金的投资人以从个人投资人逐步转变成机构投资人为主（见图 6－24）。

表6－7　耶鲁大学捐赠基金投资组合比例

资产类别	2007年6月	2009年
绝对回报	23.3	21.0
国内股票	11.0	10.0
固定收益	4.0	4.0
国外股票	14.1	15.0
私募股权	18.7	21.0
房地产和资源组合	27.1	29.0
现金	1.9	0.0

注：耶鲁是美国收益最好的捐赠基金。虽然2008年其遭受部分损失，但David F. Swensen选择在2009年继续加大PE和房地产的比例，减少了对冲基金和国内股票的比例。

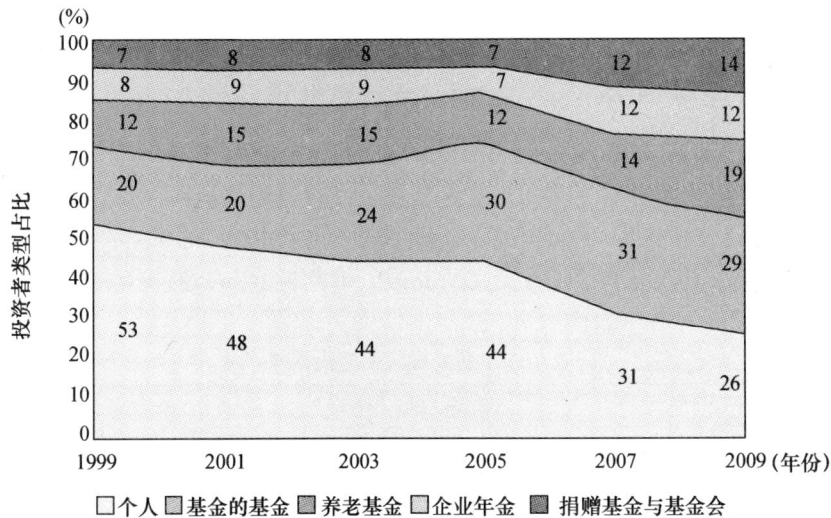

图6－24　1999～2009年对冲基金投资者占比

二、公募基金和私募基金不分，对冲基金和共同基金不分

美国金融作家塞巴斯蒂安·马拉比在《学习热爱对冲基金》一文中总结了对冲基金的四个特征：

私募：不公开发行，有较高的投资门槛，有限的投资者数量，使对冲基金可以规避监管，从而采用灵活、复杂的投资策略获取超额收益。

业绩提成：通常是双向的，使投资人和投资管理人共享收益和损失。

对冲：屏蔽市场风险，只承担胜率较大的风险，以获得较确定的收益。

杠杆：同时放大风险和收益，可根据风险承受能力调整预期收益和风险。

如今，在成熟市场上对冲基金已发展出多种流派、多种策略，它们并不都像国人过去所误解的那样，是一系列高杠杆、高风险的投资品。相反，由于对冲工具能够有效降低市场风险，低杠杆的对冲基金在风险的可控性方面比追求相对收益的共同基金更具优势。

而且，在经历金融风暴"物竞天择"的淘汰洗礼之后，对冲基金业也更加重视开发风险较低、投资确定性较高的产品。共同基金与对冲基金投资报酬同市场行情对比情况如图6-25和表6-8所示。

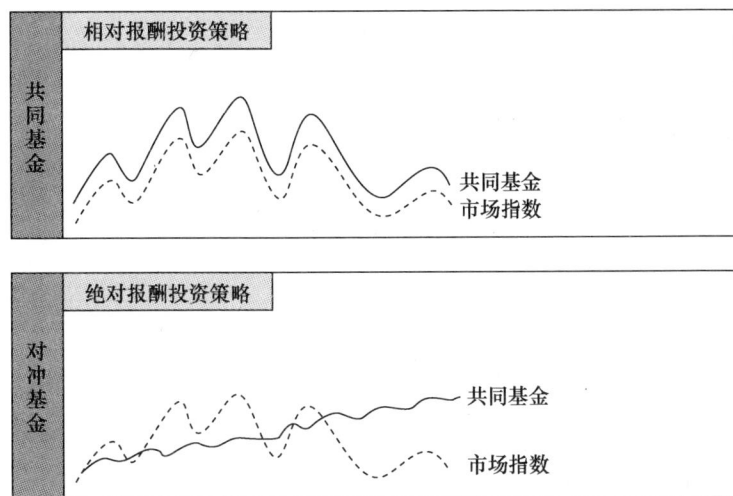

图6-25 对比情况

表6-8 对冲基金及共同基金比较

	对冲基金	共同基金
报酬目标	绝对报酬	相对报酬
与投资人关系	合伙关系	信托关系
募集对象	合格购买者	一般大众
法规限制（组成形式）	可规避	严谨
操作策略	弹性	简单 Long/Hold
风险	较小	较大
报价方式	Bid – Offer	每日净值
收取费用	管理费1%与绩效费20%	管理费
定价与流动性	较差	较佳

对冲基金与共同基金的比较：

一般而言，对冲基金绩效受传统共同基金影响。当市场指数呈现下滑时，避险基金绩效表现几乎不受影响仍能表现稳定。

对冲基金本身因策略的不同而有不同的经营风险。绩效和市场波动相关性低但和经理人本身技术高度相关，见表6-9～表6-13。

表6-9　组织形式对比

共同基金	公司型：即将基金的资金组成一个公司，投资人为股东，需向 SEC 登记（美国即采用此种方法） 契约型：将募集而来的资金以契约的方式成立基金投资人取得收益凭证
对冲基金	投资有限合伙或是有限公司的能避免主管机关对公司的相关规范。以美国为例，公司不必向证管会注册，在法律上也无过多规范

表6-10　收费方式对比

共同基金	管理费：1%～2%
对冲基金	管理费（Management Fee）：1%～2% 绩效费（Incentive Fee）：大多为20%。让基金经理人和投资人利益一致，有助于绩效的提升，此种收费方式可以说是避险基金的一大特色

表6-11　操作策略对比

共同基金	国内证券投资信托基金，不得投资未上市、未上柜股票，亦不得提供放款、担保或从事信用交易等。（基金管理办法第十二条第一款）在美国的杠杆操作上也不能超过所持有的部位。传统的策略只能做多，由经理人挑选优于大盘的股票和债券，且不利用杠杆操作
对冲基金	可以自由选择各种金融工具与交易策略，也不受负债与资产比例（Leverage）以及卖空的限制，可采用高杠杆操作，这正是避险基金的标志

表6-12　定价与流动性对比

共同基金	计算并公布每日的净资产价值（NAV），若为开放型基金，投资人可随时要求以净值赎回或投资，封闭型基金则以市价买卖，流动性较好
对冲基金	不会每天公布绩效，在计算 NAV 上并无特别的规定，通常是由基金经理人自行估算；在封闭期间（Lock-Up Period），投资人不能自己赎回。资讯并不需公开披露，投资人没有义务对外公布他们的资产负债交易策略

表6-13　对冲基金与传统资产管理公司之间的区别

	传统	对冲基金
收益目标	相对收益	绝对收益
风险的定义	跟踪误差	损失，风险价值
收益的影响因素	市场走向	阿尔法
投资策略	买空、持仓、非线性规划	长短仓
成果的定义	业绩表现	绝对收益/风险
激励制度	固定报酬	业绩报酬

　　对冲基金的定义：对冲基金也称避险基金或套利基金，是指由金融期货（Financial Futures）和金融期权（Financial Option）等金融衍生工具（Financial Derivatives）与金融组织结合后以高风险投机为手段并以盈利为目的的金融基金。它是投资基金的一种形式，属于免责市场（Exempt Market）产品，意为"风险对冲过的基金"，对冲基金名为基金，实际与互惠基金安全、收益、增值的投资理念有本质的区别，如图6－26所示。

投资经理	这是一个比传统投资经理约束更少的投资经理
进入同一市场	选择投资股票类、固定收益类、货币和大宗商品
哪些是没有约束的	可以没有基准约束地利用杠杆，卖空交易和衍生品
激励制度	报酬和业绩直接相关
是一个基于技术的投资者	允许投资者在资金管理上咨询一些最优秀的人才

图6－26 对冲基金的定义与其基本要素1

投资组合的收益：α和β。

根据资本资产定价模型（CAPM），投资组合收益可分解成：

$$r - r_f = \beta(r_m - r_f) + \alpha$$

市场收益也叫β收益，较容易得到，例如指数ETF、指数基金，而且相对比较便宜。

与市场不关联的超额收益也叫α收益，较难得到，管理费用昂贵，但也是投资者和资产管理人追求的目标。

主动基金的卖点都是可取得超额收益。对冲基金收取2/20的管理费和业绩提成，也是因为它可以获取与市场不关联的α收益，如图6－27～图6－29所示。

具有不同的收益驱动	可以从推动传统资产类别的驱动中获得不同来源的回报
采用许多不同策略	对冲基金包括一个庞大的并不断扩大的策略集
在一个更宽松的环境中	比传统经理人需要更高水平的初步尽职调查和持续监控
可能业绩表现不同	与传统经理人相比提供不同的回报分布
提供多元化的好处	产生与传统策略低相关的回报

图6－27 对冲基金定义与其基本要素2

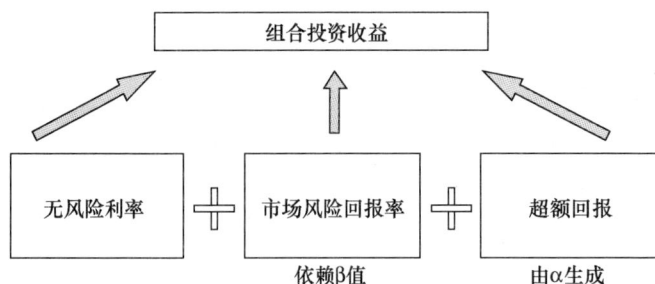

图 6 - 28　对冲基金定义与其基本要素 3

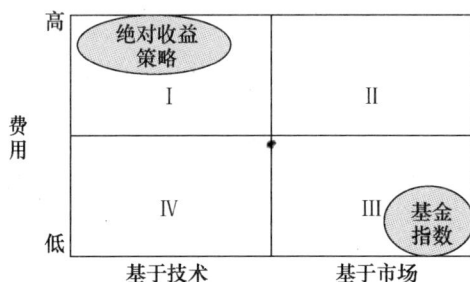

图 6 - 29　对冲基金定义与其基本要素 4

三、对冲基金就是带对冲带套利的基金

国外对冲基金基本上泛指追求绝对回报的基金，可能对冲也可能不对冲，策略非常灵活，类型很多，如图 6 - 30 ~ 图 6 - 32 所示。

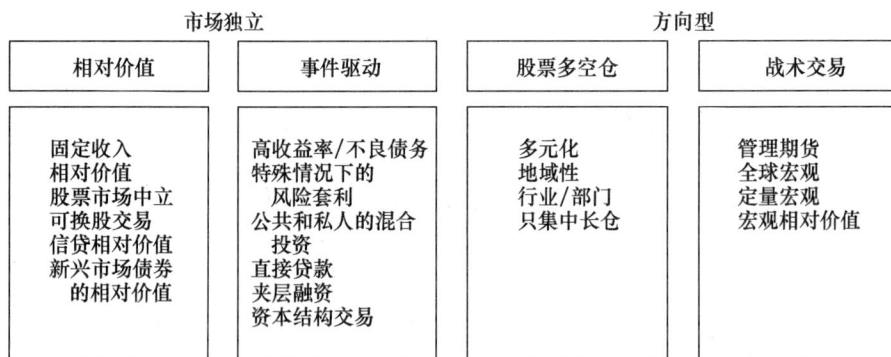

图 6 - 30　对冲基金投资策略

对冲基金的主要策略：

经过近 60 年的发展，对冲基金的交易策略越发纷繁复杂，每一个对冲基金的交易策略都不完全相同。笔者按照标准普尔对冲基金索引基金类型基准将海外市场对冲基金的交易策略分为三大类：①方向型策略；②事件驱动策略；③相对价值策略。

损失

相对价值：长仓和短仓，最小的净市场风险

事件驱动：净长仓乖离率，强调因为企业的特殊交易（兼并、收购、重组等）在限定时段内（通常为3~12个月）可能造成价值的变化

股票对冲基金："微小"投资者关注选股及公司分析，通过使用杠杆和卖空增强能力

更多风险

全球资产配置："大量"投资者可能是多头、空头或现货市场（利率、货币、股票指数、商品）

卖空者：持有净空头头寸，通常侧重于美国市场，为对冲下跌市场风险设计的

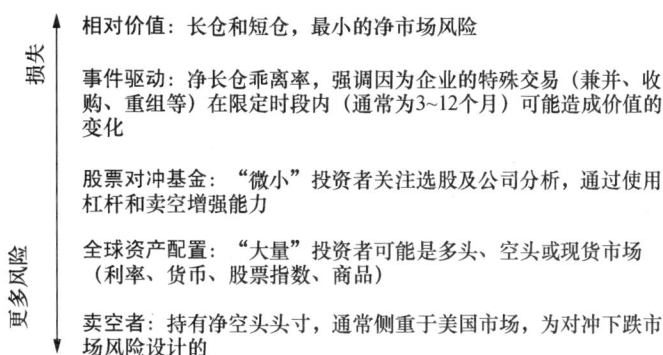

图6－31 大型对冲基金分类

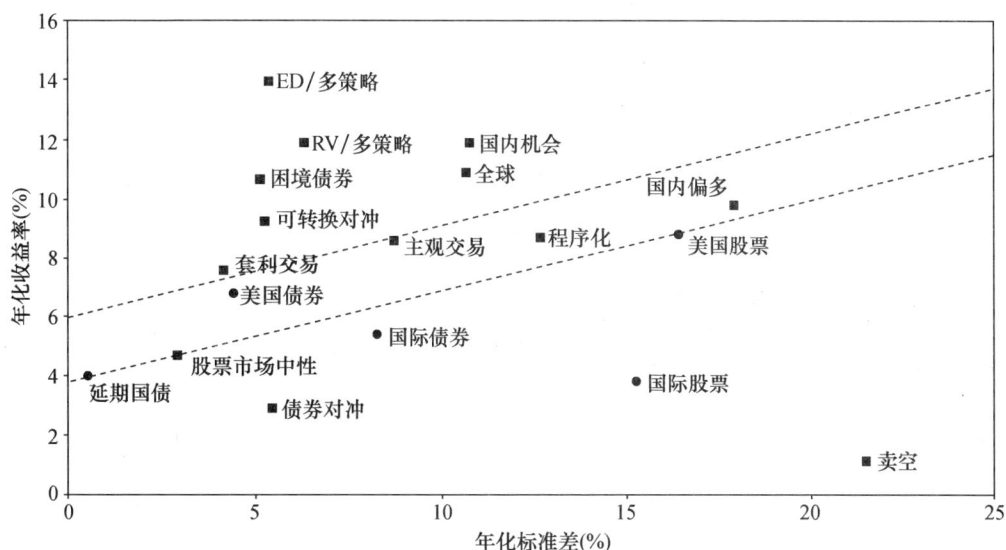

图6－32 历史上的风险/回报特性（1995年至2004年10月）

此外，随着对冲基金市场的发展，除上述三大类对冲基金策略之外，还产生了多样策略（单个对冲基金实行多策略管理）和组合基金（投资对冲基金的基金）等新对冲基金策略。

方向型策略指需要对相关市场的价格走势进行判断的对冲基金策略。常见的方向型策略包括股票多空头、管理期货和全球宏观策略等。股票多空头策略是最早的对冲基金策略，该策略涉及交易两组证券。在实际交易中，可以针对不同行业、同行业不同个股、不同风格（大盘/小盘、成长/价值等）等条件构造股票多空头策略。需要注意的是，股票多空头策略并不强制要求多头交易量与空头交易量一致，也不要求组合的市场中性，管理期货是一种由期货交易顾问（CTA）利用技术或基本面分析对各期货品种进行投机交易的期货投资基金，目前在美国大约有800家注册CTA。与其他对冲基金策略不同的是，管理期货主要投资于期货、远期等交易品种，较少涉及股票和债券等基础资产。全球宏观策略则是一种基于对各国利率变化趋势、资金流动、政策变化、政府间关系等因素进行预测而设计的策略。

事件驱动策略指针对特定公司出现某些特殊事件（破产、重组、收购和合并等）而进行交易的对冲基金策略。常见的事件驱动类投资策略包括兼并套利、困境投资和特殊境况投资

等。兼并套利多发生在宏观经济较为景气的时期，一般而言，被成功兼并的公司股价会上升，而实施兼并的公司股价会下降，因此兼并套利投资者可买入被兼并公司的股票并融券卖空实施兼并公司股票，从而"锁定"成功兼并的收益。困境投资则多发生于陷入困境（财务状况恶化、无法履约等）的公司，通过持有困境公司的股票甚至债权来影响债务重组过程并获利。

相对价值套利策略指投资者关注两组相互关联的证券的相对价值而不是绝对价值，通过对两组证券双边下注来博取相对价值变化所带来的收益。

常见的相对价值策略包括股票市场中性策略、可转换套利和固定收益套利等。股票市场中性的投资者会同时进行多头和空头方向的买卖活动，但与股票多空头的投资者不同的是，他们同时会通过调整多空头的比例来确保投资组合是中性甚至是部门和行业中性的。可转换套利则是针对可转换债券而言的，可转换套利投资者可持有债券的多头，同时以持有可转换的股票或者以该股票为标的的权证或期权来对冲风险。固定收益套利策略则是通过寻找、挖掘所有固定收益证券之间微弱的价差变化规律而获利，该策略会随着长期资本管理公司的横空出世而风光一时，也会随着长期资本管理公司的陨落而迅速没落。其中，股票市场中性策略应该成为笔者当前的主要研究方向。

四、国内公募操作私募化，私募操作同质化

国外资产管理产品按照阿尔法和贝塔分为积极阿尔法产品和消极贝塔产品，但二者两极分化越来越严重，该被动的主动，该主动的消极，而且不同产品匹配不同的监管体系和投资群体。

自 1952 年哈里·马科维茨提出现代投资组合理论以来，投资收益可分为两部分：与市场相关的 β 收益，即相对收益，以及与市场无关的 α 收益，即绝对收益，也称超额收益。整个成熟市场资产管理行业过去 30 年的发展历程就是 Cheap（便宜的贝塔：指数基金，ETF）和 High α（高阿尔法：对冲基金，另类投资）分离的过程，如图 6-33、图 6-34 所示。

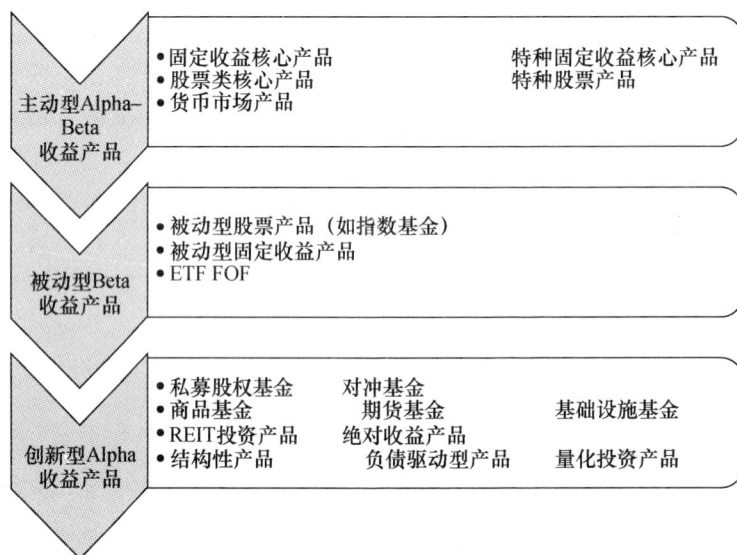

图 6-33　资产管理产品的发展层级

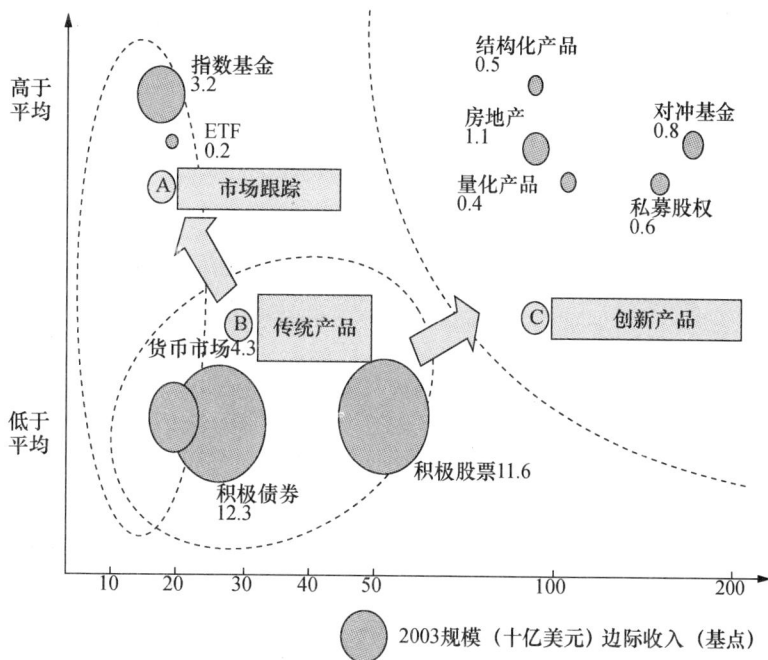

图表内容（第一幅图）：

高于平均 / 低于平均

指数基金 3.2
ETF 0.2
结构化产品 0.5
房地产 1.1
对冲基金 0.8
量化产品 0.4
私募股权 0.6

(A) 市场跟踪
(B) 传统产品
(C) 创新产品

货币市场4.3
积极债券 12.3
积极股票11.6

10 20 30 40 50 100 200

2003规模（十亿美元）边际收入（基点）

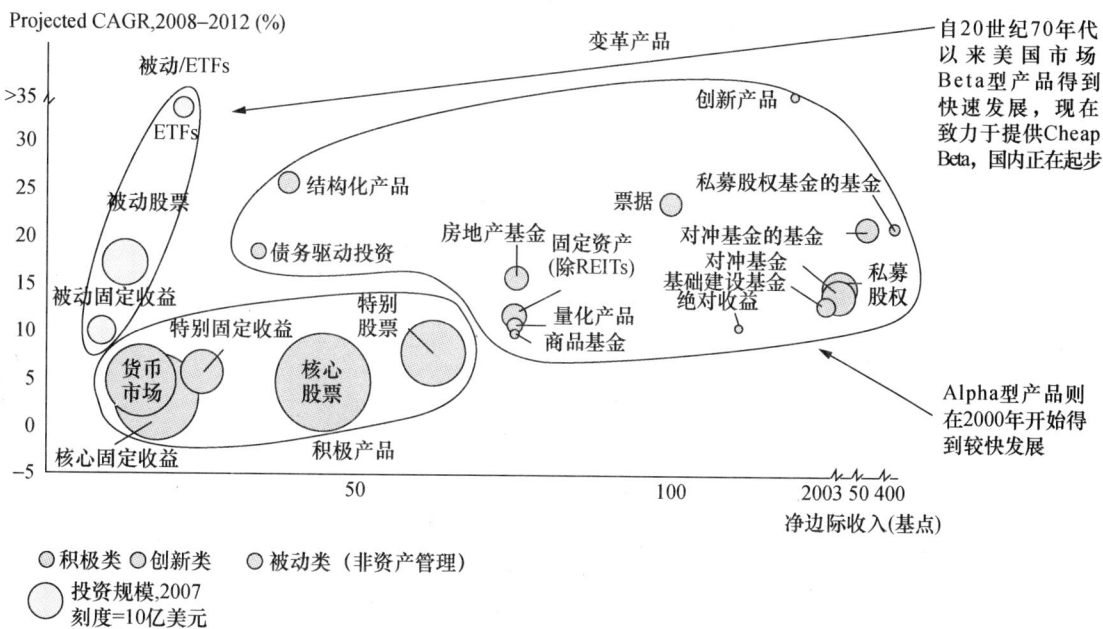

Projected CAGR,2008–2012 (%)

>35 30 25 20 15 10 5 0 -5

被动/ETFs
ETFs
被动股票
被动固定收益
核心固定收益

特别固定收益
货币市场
核心股票

特别股票

结构化产品
债务驱动投资
房地产基金
固定资产（除REITs）
量化产品
商品基金

变革产品
创新产品
票据
私募股权基金的基金
对冲基金的基金
对冲基金
基础建设基金
绝对收益
私募股权

积极产品

自20世纪70年代以来美国市场Beta型产品得到快速发展，现在致力于提供Cheap Beta，国内正在起步

Alpha型产品则在2000年开始得到较快发展

50 100 2003 50 400
净边际收入（基点）

○积极类 ○创新类 ○被动类（非资产管理）
○投资规模,2007
刻度=10亿美元

图6-34 Alpha产品和Beta产品了断挤压结流基金生存空间

资料来源：中信证券研究部整理，BCG Global Asset Management database.

　　在成熟的市场上，α产品和β产品已经明显地分开，大家认为β产品比较便宜，采取收管理费的模式，而α比较贵。这里有非常明显的分工，普通投资人零售渠道卖共同基金，有钱人就买对冲基金，而且整个分类体系也已经非常完善，这是对冲基金研究公司的数据，而且指数基金就做了40亿元。

　　根据波士顿咨询公司对全球资产管理行业的调查报告显示，目前全球资产管理公司正在发生一场新型基金取代传统型基金的变革：次贷危机发生后，包括 High Alpha 和 Cheap Beta 在内的新型产品在逐渐挤压传统股票和债券型基金的市场份额，使基金公司的收入来源也发生了结构性的变化，无论是美国还是欧洲市场，传统的债券基金和股票型基金都受到重创，以对冲基金为代表的 Alpha 型产品却吸引了大量的资金流入（见图 6－35）。

全球资产管理业不同类型产品规模和市场份额

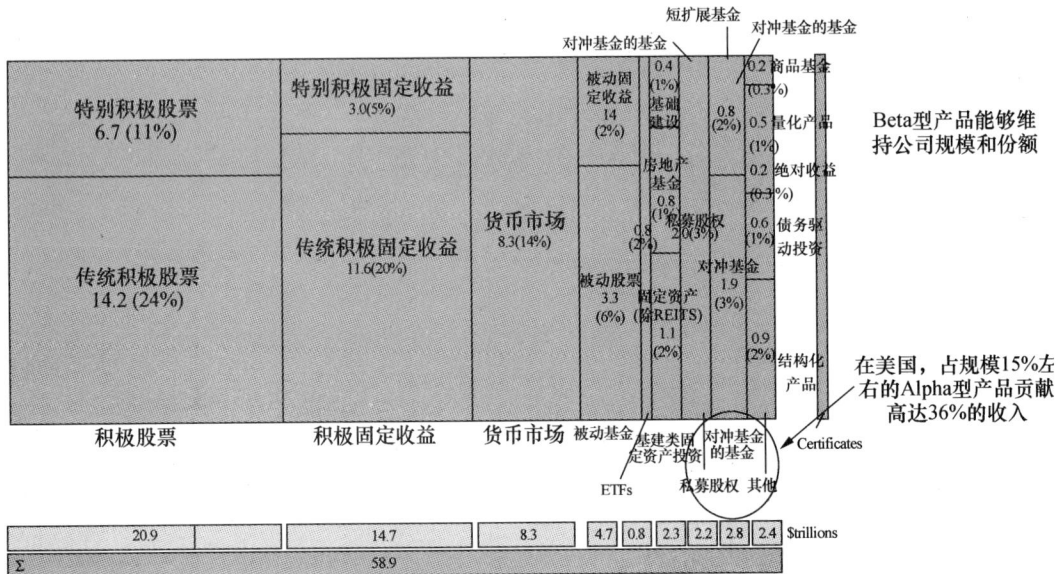

资料来源：中信证券研究部整理：BCG Global Asset Management database.

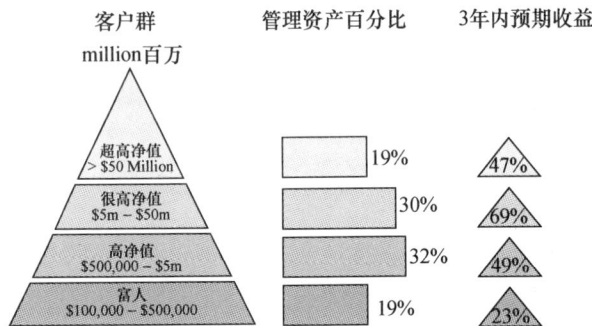

图 6－35　财富管理金字塔

资料来源：PricewaterhouseCoopers（2005）. Global Wealth Management Survey'. Reproduced by permission.

投资者适当性制度是境外成熟市场普遍采用的一种保护性措施，以避免在金融产品创新的过程中将金融产品提供给风险并不匹配的投资群体。具有完备的金融投资者保护制度是发达金融体系的共同特征，也是构成一国金融体系国际竞争力的重要因素。中国"新兴＋转轨"资本市场的一个突出特征是存在多层次资本市场快速发展与投资者结构不合理的矛盾，因此建立和完善投资者适当性制度是现阶段金融市场制度创新的关键。

境外成熟资本市场发展投资者适当性制度的经验表明，必须通过法律法规等方式做出有关投资者适当性的强制性规定，为投资者提供解决适当性纠纷的司法救济途径，才能真正起到保护投资者权益的作用。中国投资者适当性制度仅以证监会规章的方式呈现，尚未上升到立法高度，更没有制定有效的投诉与处理机制，很难真正有效。而且，目前中国仅仅在创业板市场、股指期货和融资融券业务方面实施了投资者适当性制度，在证券经纪业务、基金销售业务和银行理财产品发售引入了适当性原则，还未能从整体市场的角度来合理划分风险等级，形成覆盖整个金融体系的完善的投资者适当性制度体系。具体到实施流程方法等细节上，其也有很多可改进的空间（见图6－36）。

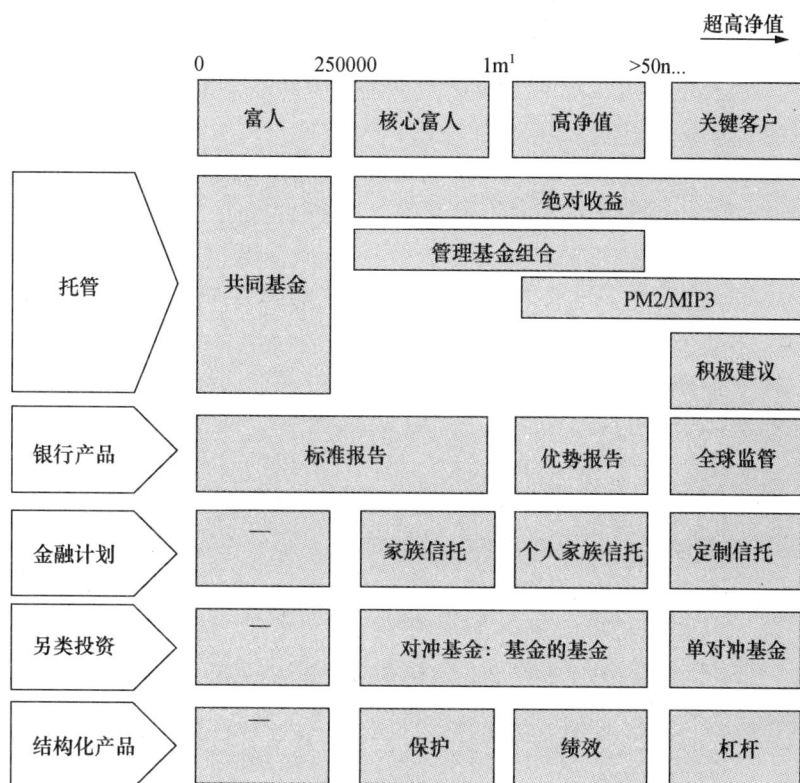

图6－36　不同的资产管理产品为不同的群体服务

随着证券市场交易手段、交易品种的不断丰富与完善，其直接参与市场投资的能力与愿望被不断削弱，迫切需要资产管理者提供与其需求相适应的投资产品，通过购买产品的方式间接分享市场发展的成果。因此，资产管理公司完全可以发挥证券公司经营历史较长、业务门类齐全的综合经营特色，以及能及时捕捉客户需求的优势，坚持产品多元化的经营定位，围绕客户需求加快产品创新，通过为中高端客户提供特色化、定制化的一揽子服务，形成与其他资产管理主体的错位竞争，实现业务的新突破，最终实现"产品系列化、服务定制化、管理平台化"的发展目标。

五、对冲基金与私募基金、对冲基金与公募基金、对冲基金与券商专户、信托理财与银行理财产品的关系，对冲基金与量化投资的关系

行业术语没有很好地对对冲基金下定义和分类，因此对冲基金的分类体系急需规范，这样才能得出标准的对冲基金的分策略的指数，才有对冲基金行业和每个策略的 Benchmark。可

见，金融行业的基准非常重要，因为它是大家进行沟通的共同语言。否则行业的数据库就没法儿做，每家的结果都不一样，以后做财富管理资产配置的时候，没有数据是无法定量解释的。在比较成熟的国外市场，HFR 专注于指数的创建与对冲基金数据的分析，其数据库不只包含了基金历史绩效与投资组合，而且囊括了具影响力的基金经理人的操作资料。在该机构编制的基金指数中，以 HFRI 基金加权综合指数（HFRI Fund Weighted Composite Index）最广为人知。

HFR 集团有限公司成立于1993 年，总部在芝加哥，是全球对冲基金数据研究指数化和资产管理的领头公司。HFR 集团包括 HFR 研究公司和 HFR 资产管理有限公司。HFR 研究公司提供 HFR 数据库，被业内认为是最能确切反映对冲基金业绩信息的来源。HFR 研究公司公布的 HFRI 是衡量对冲基金市场业绩的首选基准指数，从2003 年开始，HFR 研究公司开始发布可投资 HFRX 指数，HFRX 指数设计旨在提供一个透明的、可投资的、持续的每天能重新定价的基金选择。编制指数的基金都要求对新的投资开放，并且通过拓展的定性分析以及尽职调查。

HFR 研究公司专注于建立指数和对冲基金数据分析。HFR 数据库——全球对冲基金投资人最推崇的最丰富的资源，包含了基金历史业绩和资产的详细资料，以及最宽泛和最有影响力的基金特征数据。HFR 研究公司研发了产业中详尽的基金分类系统，使得投资人能从更细化的分类中了解相对的业绩衡量、同类基金分析和业绩的基准选择。HFR 研究公司建立了超过100 个对冲基金指数，从产业的最宽泛的级别到最细致的特定支持策略或者投资区域。从1990 年开始，HFRI 基金权重综合指数一直是产业内最广泛引用的对冲基金市场基准。HFR 研究公司的分析产品系列利用 HFR 数据库提供详尽、及时、全面的相关总结数据来阐述对冲基金市场的各个方面。HFR 研究公司还为客户提供咨询服务，为客户提供顶级的、细致的分析（见表6-14）。

表6-14　HFR 对冲基金策略分类体系

股票对冲	事件驱动	宏观	相对价值
股票市场中性	积极	积极交易	固定收益：资产支持
基础增长	信用套利	商品：农业	固定收益：可转债套利
基础价值	困境/重组	商品：能源	固定收益：企业
量化方向	并购	商品：金属	固定收益：个人
行业：能源/基础原料	私人事务/D 条例	商品：多元	另类高收益：能源基础
行业：科技/健康	特别情况	货币：主观	另类高收益：固定资产
偏空	多策略	货币：程序化	多策略
多策略		主观： 主题 程序化 多元 多策略	

第 七 章

对冲基金的分类与
指数体系简介

目前，国内私募基金分类都从私募基金组织形式出发，已经不能够公平合理地评价有些使用特殊策略的基金业绩。为了更准确地对目前国内对冲基金进行分类，笔者参照国际知名对冲基金分类标准，结合国内行业运行现状及趋势，按照基金策略、发行渠道、投资品种以及实现技术方式四个不同的维度进行划分，形成分类体系。分类的品种涵盖了阿尔法评级数据库所涵盖的所有中国私募证券基金，包括中国境内通过信托平台发行的阳光私募基金、TOT、有限合伙制私募基金、中国海外对冲基金、券商集合理财产品及私募期货等产品。

对冲基金指数体系建立于中金阿尔法公司科学的对冲基金分类体系之上，旨在及时、忠实地记录和反映中国对冲基金市场发展的历史、现状及其趋势，为投资者提供中国对冲基金市场的业绩比较基准和收益分析工具，笔者以科学、专业、客观的原则为宗旨，在长期跟踪研究的基础上充分借鉴国际指数编制方法，结合国内对冲基金的发展特点与规律开发出本指数体系。

第一节 对冲基金的分类体系简介

一、对冲基金策略分类

根据对冲基金的投资属性可把国内对冲基金分为四大类，包括策略分类、发行渠道分类、投资品种分类和实现方式分类，其中策略分类为该体系的灵魂。

对冲基金策略分类依据基金的投资策略，借鉴国际对冲基金分类体系，结合目前的行业现状和发展趋势进行划分。一级策略分为方向型策略、相对价值型策略、事件驱动型策略和基金的基金（FOF）策略，其中，四大策略分类又可分为主策略分类和子策略分类两个级别，其分类概况见表7-1。

表7-1 一级策略分类概况

一级策略	二级策略
方向型策略	股票多空仓、宏观策略、管理期货（CTA）、固定收益方向型策略
相对价值型策略	相对价值策略
事件驱动型策略	事件驱动策略
基金的基金（FOF）策略	基金的基金策略

另外,根据对冲基金具体的投资策略可以把二级策略对冲基金进一步进行划分。方向型主策略包括股票多空仓、宏观策略、管理期货(CTA)和固定收益方向型策略。其中,股票多空仓又包括:股票多空、股票多头和股票空头;相对价值策略包括:可转债套利、固定收益套利、期货套利、指数套利、股票市场中性、结构化产品套利、资产证券化产品套利和统计套利;事件驱动策略包括:兼并重组、困境证券、定向增发和大宗交易;其他策略则有基金的基金(FOF)。具体分类情况如图7-1所示,通过三级策略的层层细化,投资者可以更清楚地了解该基金的投资风格,并把该对冲基金与其他同类型的对冲基金进行比较。可见,该划分方式对对冲基金的评价评级和指数研究都具有重要意义。

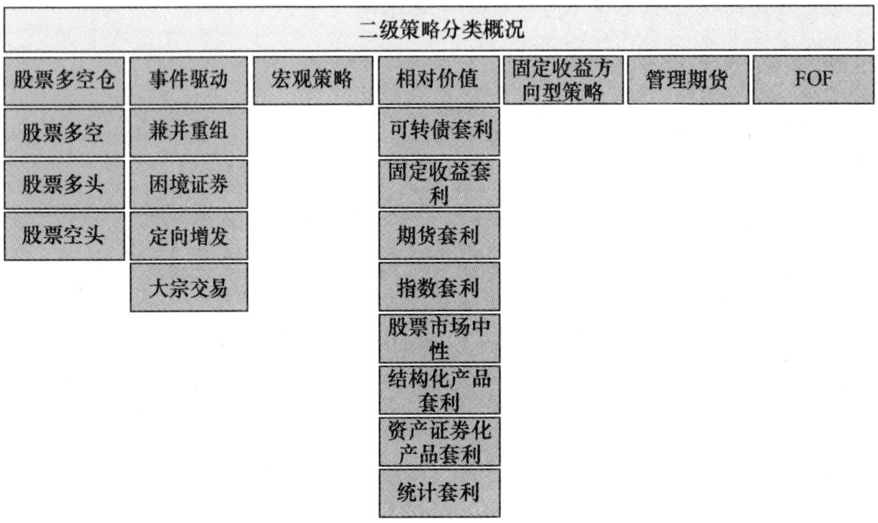

二级策略分类概况						
股票多空仓	事件驱动	宏观策略	相对价值	固定收益方向型策略	管理期货	FOF
股票多空	兼并重组		可转债套利			
股票多头	困境证券		固定收益套利			
股票空头	定向增发		期货套利			
	大宗交易		指数套利			
			股票市场中性			
			结构化产品套利			
			资产证券化产品套利			
			统计套利			

图7-1 对冲基金二级策略分类体系

二、发行渠道分类

目前,由于私募基金和相关行业政策的限制与不同,可以把对冲基金分为以下几种类型,见表7-2。

表7-2 对冲基金发行渠道分类

类别	二级分类
有限合伙	有限合伙
信托	结构化、非结构化
专户理财	非限定性、限定性、公募一对多、单账户证券、单账户期货
银行理财	银行理财
海外基金	海外基金

三、投资品种分类

目前,国际对冲基金的政策限制较少,其中多使用股指期货、商品期货等一些金融衍生品对冲相关风险暴露。投资标的范围广泛，涉及大宗商品、期权期货、信用衍生品、艺术品、ETF等多种金融产品，因此从全球范围来看，对冲基金投资品种并不局限在某一个特定领域，它几乎涵盖了金融领域所有可以投资的产品。但对于我国对冲基金市场来说，其正处于一个初级发展时期，各方面的政策限制仍没有完全放开，因此很多投资产品的对冲研究仍停留在理论阶段，目前股指期货、融资融券以及中小企业私募债的推行逐渐丰富了国内可以投资的对冲基金标的。为适应国内对冲基金的发展现状，根据对冲基金投资品种的不同可分为债券与固定收益，期货、期权与大宗商品，股票与融资融券，信用衍生品，资产证券化产品，结构化产品和基金七类。

（1）债券与固定收益。

（2）期货、期权与大宗商品。期货是现在进行买卖但是在将来进行交收或交割的标的物，这个标的物可以是某种商品（例如黄金、原油、农产品），也可以是金融工具，还可以是金融指标。期权（Option）又称为选择权，是在期货的基础上产生的一种衍生性金融工具。从其本质上来讲，期权实质上是在金融领域中将权利和义务分开进行定价，使得权利的受让人在规定时间内对于是否进行交易，行使其权利，而义务方必须履行。大宗商品（Bulk Stock）是指可进入流通领域，但非零售环节，具有商品属性，用于工农业生产与消费使用的大批量买卖的物质商品。在金融投资市场，大宗商品指同质化、可交易，被广泛作为工业基础原材料的商品，如原油、有色金属、农产品、铁矿石、煤炭等。它包括三个类别，即能源商品、基础原材料和农副产品。

（3）股票与融资融券。融资融券（Securities Margin Trading）又称证券信用交易，是指投资者向具有上海证券交易所或深圳证券交易所会员资格的证券公司提供担保物，借入资金买入本所上市证券或借入本所上市证券并卖出的行为，包括券商对投资者的融资、融券和金融机构对券商的融资、融券。修订前的证券法禁止融资融券的证券信用交易。

（4）信用衍生品。信用衍生工具是一种金融合约，提供与信用有关的损失保险。对于债券发行者、投资者和银行来说，信用衍生工具是贷款出售及资产证券化之后新的管理信用风险的工具。信用衍生产品是用来分离和转移信用风险的各种工具和技术的统称，仅有10年的历史，但在全球发展得非常迅速且日趋成熟，比较有代表性的信用衍生产品主要有信用违约互换、总收益互换、信用联系票据和信用利差期权四种。

（5）资产证券化产品。资产证券化仅指狭义的资产证券化。自1970年美国政府国民抵押协会首次发行以抵押贷款组合为基础资产的抵押支持证券——房贷转付证券，完成首笔资产证券化交易以来，资产证券化逐渐成为一种被广泛采用的金融创新工具而得到了迅猛的发展，在此基础上，现在又衍生出如风险证券化产品。

（6）结构化产品。结构化产品是以金融工程学知识为基础，利用基础金融工具和金融衍生工具进行不同的组合得到的一类金融创新产品。目前，最为流行的结构化金融衍生品主要是由商业银行开发的各类结构化理财产品以及在交易所市场上可上市交易的各类结构化票据，它们通常与某种金融价格相联系，其投资收益随该价格的变化而变化。

（7）基金。从广义上来说，基金是指为了某种目的而设立的具有一定数量的资金，包括国内公开与非公开发行的证券投资基金和证券信托计划。

四、实现方式分类

目前，我国的量化投资发展还处于起步阶段。在国内，由于股票市场较期货市场发展更为成熟，因此量化投资首先在股票市场上得到了应用，但就目前的发展情况来看，量化投资在部分机构投资者中应用较多。这主要是因为，一方面量化投资风格相对比较固定，可预测性强，不会因为基金经理的调整带来投资风格的变化，所以容易受到机构投资者的青睐；另一方面机构投资者有较强的人力、物力、财力，能够对量化投资进行学习和创新，使其更容易具备进行量化投资的各种条件。

与量化交易紧密相连的一个概念是程序化交易，对冲基金在操作上根据实现方式的不同可以分为程序化交易和主观交易两类。程序化交易系统是指设计人员将交易策略的逻辑与参数进行计算机程序运算，并将交易策略系统化。主观交易与程序化交易概念相对，主要是指人为通过对市场行情的判断做出交易决策，在很多情况下，主观交易容易受到交易者的情绪和主观感受的影响。

第二节　对冲基金指数

对冲基金指数体系主要基于对冲基金策略分类体系建立，主要分为四大类，包括：对冲基金综合指数、对冲基金策略指数、对冲基金可投资指数和对冲基金区域指数，其中使用最多的是对冲基金综合指数和对冲基金策略指数（见表7-3）。

表7-3　对冲基金分类体系

指数分类	策略指数分类	主策略指数分类
综合指数	对冲基金综合指数（CAHFCI）	
策略指数	方向型策略指数	股票多空仓策略指数（CAELSI）
		宏观策略指数（CAGMSI）
		管理期货策略指数（CAMGFI）
		固定收益方向型策略指数（CAFIDI）
	相对价值型策略指数	相对价值策略指数（CARLVI）
	事件驱动型策略指数	事件驱动策略指数（CAEDVI）
	基金的基金（FOF）指数	基金的基金（FOF）策略指数（CAFOFI）
可投资指数		可投资指数（CAHFXI）
区域指数		中国大陆指数（CACMI）
		中国香港指数（CAHKI）
		中国台湾指数（CATWI）

对冲基金指数体系的建立依赖于其成分基金数据库，对冲基金指数数据库样本基金覆盖了中国目前存在的全部阳光私募基金，包括结构式和非结构式的证券投资信托计划。对冲基金附属指数成分基金是在分类的基础上，针对某一特定的策略、行业或者地域的对冲基金进行编制。

对冲基金指数样本基金需要满足的条件有以下几个：产品的投资顾问运作规范，不存在违法违规和不诚信经营的行为；产品稳定运行，并有3个月以上（含3个月）的连续净值；产品为开放式管理型；基金经理需要及时上报基金的业绩数据，基金收益为扣除管理费和绩效费用之后的净收益。它可以以基金单位净值的形式提交，也可以以收益率的方式提交，无论采取哪种方式，需要具有一定的连续性，不能随意更改。当出现以下两种情况时，新成立的基金经营满 3 个月或者连续 3 个月公布净值后计入指数。新加入的基金的历史业绩不需要对指数进行调整，但我们需要对对冲基金成分基金进行调整。

其中，特殊情况的处理方法如下：

（1）合同变更：基金合同发生变更，根据最新合同内容加入或剔除指数。

（2）清算：凡有样本基金发生清算，在指数公布日剔除指数。

（3）暂停公布净值：凡有样本基金因故暂停公布净值，在指数公布日剔除指数计算，待其正常公布后再计入。

（4）公司有重大违规、违法事件：对公司存在违法违规事件的产品给予一年考察期，考察期自相关部门调查完毕并处分之后开始计算，若一年内公司正常运营且无类似事件发生，则重新计入指数。

（5）其他需要修正的事件：为了最大限度地减少指数的生存偏差（Survivorship Bias），上述情况下的基金最后一次上报的业绩将会继续保留在指数的计算中，直到基金经理要求撤销其数据为止。

（6）当一只基金改变它最初的策略时，它将会被重新分类并加入到新策略所在的指数编制。基金过去的业绩将会继续保留在它之前所在的那个指数计算中。

（7）当基金经理提交的数据不足时，指数计算可能会推迟。

（8）其他变更情况。

对冲基金指数及相关信息每月发布一次，在每月的 10 个工作日内发布上月末的数据。发布机构为对冲基金指数服务商和相关财经媒体。其中，对冲基金指数以 2006 年 12 月 31 日为基日。$t=0$，基点为 1000.00 点，每个月计算一次。指数计算采用简单加权平均法，假设 $t-1$ 期指数的点位为 I_{t-1}，t 时期指数点位为 I_t，$t-1$ 期到 t 期指数的变化率为 $\bar{r}$，则：

$$I_t = I_{t-1}(1+\bar{r})$$

其中，$\bar{r} = \sum_{i=1}^{n} r_i/n$，$r_i$ 是成分基金 i 从 $t-1$ 期到 t 期的净收益。私募基金收益率的计算应考虑分红、注资、撤资和拆分等变动因素，因此采用复权收益率公式计算：

$$r = \left\{ \frac{Ne}{Nb} \prod_{i=1}^{n} \left[\left(1 + \frac{-D_i}{N_i} \right) \cdot SR_i \right] \right\} - 1$$

公式中字母所代表的含义见表 7-4。

表 7-4 对冲基金基准指数的编制参数

r	当期某私募基金的收益率
N_i	i 时点单位净值
Nb	期初单位净值
Ne	期末单位净值
D_i	i 时点资金变动值： 资金流出为负值（分红、撤资） 资金流入为正值（注资）
SR_i	i 时点拆分系数

对冲基金基准指数包括综合指数和策略指数两种。其中，对冲基金综合指数取全部符合上述条件的私募产品作为成分基金；各策略指数取所有符合上述条件的各策略对冲基金作为成分基金；对冲基金基准指数反映了中国对冲基金市场发展的历史、现状及趋势，为投资者提供中国对冲基金市场的业绩比较基准和收益分析工具。另外，对冲基金基准指数的编制参考以下标准，见表7-5。

表7-5　对冲基金基准指数的编制标准

指数类型	指数全称	简称	指数基点	成分基金数
基准指数	对冲基金综合指数	CAHFCI	1000	待定
	股票多空仓策略指数	CAELSI	1000	待定
	事件驱动策略指数	CAEDVI	1000	待定
	相对价值策略指数	CARLVI	1000	待定
	宏观策略指数	CAGMSI	1000	待定
	管理期货策略指数	CAMGFI	1000	待定
	固定收益方向型策略指数	CAFIDI	1000	待定
	FOF策略指数	CAFOFI	1000	待定

第 八 章

投资策略研究报告

第一节　股票多空仓策略研究报告

一、股票多空仓策略的定义和特征

股票多空仓策略的基本思想是将基金的部分资产买入股票，将部分资产卖空股票。买入股票的多头资产金额经其（衡量股票与市场相关度的系数）调整后形成多头头寸，卖空股票的空头资产金额经其系数调整后形成空头头寸，多头头寸与空头头寸的差形成所有基金资产的市场头寸。该市场头寸可为多头、空头或是零，从而调节基金面临的市场风险。当市场头寸为零时，多空策略成为市场中立策略，此时基金的收益与市场波动完全无关。通过调整市场头寸或进一步调整组合中股票的种类，可以调节组合所面临的风险程度以及风险种类。

股票多空仓策略产生于 20 世纪六七十年代的 Jones 基金，距今约有半个世纪的历史。伴随金融市场和对冲基金的发展，股票多空仓策略的内涵逐渐扩大并发展为具有更多子策略的策略体系，但其仍然保有一些公认的市场特征，见表 8-1。

表 8-1　股票多空仓策略市场特征

投资对象	主要投资于股权市场，通过做多和做空两种方式来投资股票和股票衍生物
交易杠杆	利用资金杠杆或股票及其衍生品进一步放大投资杠杆来增强收益
政策监管	法规管制较少
锁定期	一般为 1~2 年
投资者	投资者主要包括大资金的个体投资者和机构，比如养老基金、高校捐款基金、基金会和其他的合格机构投资者
相关费用	费用高，根据绩效奖励给基金经理。管理费一般为基金净值的 1%~4%，标准为 2%，绩效费为基金利润的 20%，一般在 10%~50% 波动

资料来源：中金阿尔法。

二、股票多空仓策略的规模和收益

股票多空仓对冲基金的规模达 6016.2 亿美元。对冲基金研究（HFR）数据显示，截至 2011 年 4 月，对冲基金策略关于股票的交易策略占 51.3% 的主导地位，其中股票多空仓策略基金交易总额达 6016.2 亿美元，所占比例为 27.10%，多种策略中股权投资市场份额占据了首要地位，如图 8-1 所示。

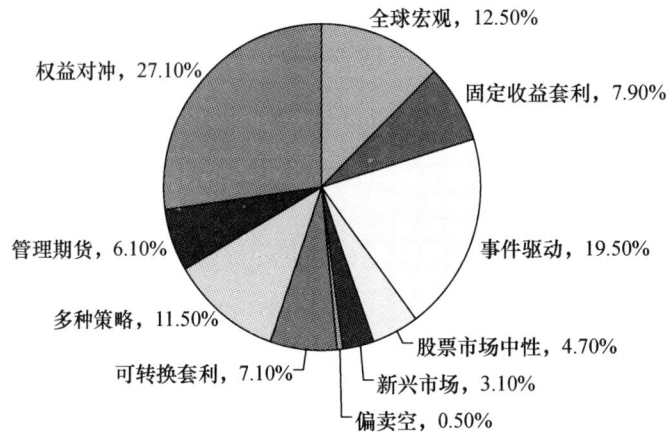

图 8-1 全球对冲基金类型分布

资料来源：Hedgeindex.

股票多空仓策略指数收益率在 2012 年前 3 年达到 12.73%，总体收益率较高，位于全球宏观和 FOF 策略收益率之上，但处在事件驱动和相对价值策略之下。由于 2011 年欧债危机继续蔓延，全球经济股市低迷，其收益率相对于其他策略处于较低位置，但从 2012 年第一季度的收益率来看，股票多空仓策略收益率遥遥领先于其他策略收益，鉴于当前全球经济形势仍不明朗，其发展情况仍有待考察，见表 8-2。

表 8-2 各策略对冲基金收益率 单位:%

对冲指数	2012 年 1 月收益率	近 12 个月（年化）	近 36 个月（年化）	近 60 个月（年化）
事件驱动基金指数	3.78	-5.23	9.72	0.96
全球宏观基金指数	2.55	-2.46	11.39	2.63
相对价值基金指数	1.07	-2.31	3.06	4.88
FOF 指数	1.79	0.81	11.88	4.72
新兴市场基金指数	1.96	-3.96	4.01	-0.61
股票多空仓基金指数	4.39	-9.87	12.73	1.68

资料来源：HFRI.

三、策略市场风险

基金经理可以决定持有积极的市场风险暴露头寸（净长仓），采取在牛市中普遍看涨的优势，另外其也可能持有净负市场风险暴露头寸（净短仓）。对某只股票而言，β 测量其在市场上的表现即股票的表现，它衡量的是股票对市场走势的灵敏度。w 是某只股票在股票组合中所占的权重（如基金净资产值的百分比）。如果股票被卖空，w 也许会是消极的。L 代表长仓股票总数量。S 代表组合中短仓股票的总数量。市场风险净额（净头寸）等于经过 β 调整后的长仓比重大小总和经 β 调整后的空头头寸的权重总和的绝对值。

这里定义两个基本指标，用来描述一个长期/短期股票长短仓对冲基金净头寸和市场风险：总市场风险暴露值（Gross Exposure）和净市场风险暴露值（Net Exposure）。

$$\text{Gross Exposure} = \sum_{i=1}^{L} w_i \times \beta_i + \left| \sum_{i=1}^{S} w_i \times \beta_i \right|$$

总市场风险暴露值等于经过 β 调整后的多头头寸加上经过 β 调整后的空头头寸权重总和的绝对值的总和。总市场风险暴露值会告诉人们基金经理实际上持有多少风险头寸。

$$\text{Net Exposure} = \sum_{i=1}^{L+S} w_i \times \beta_i$$

净市场风险暴露值等于经过 β 调整后的多仓权重和经过 β 调整后的空头头寸的权重总和。但是，人们不能被净市场风险暴露值的概念欺骗。人们可能会认为一个净市场风险暴露值接近零的对冲基金市场风险等于零。相反，这个经理可能会在多仓和短仓两边亏钱，所以实际上比传统基金亏损更快。因此，除了净市场风险暴露值外，为分析对冲基金的表现，人们更需要运用总市场风险暴露值指标来度量对冲基金所面临的市场风险。

在图 8-2 中建立了一个由两只股票组成的股票长短仓基金组合。多头头寸的 β 为 0.5，空头头寸的 β 为 1.5，得到一个经过 β 调整后的总市场风险暴露值（Gross Exposure）和净市场风险暴露值（Net Exposure）。

Gross Exposure =100% ×0.5 + |−40% ×1.5 | =110%

Net Exposure =100% ×0.5 −40% ×1.5 = −10%

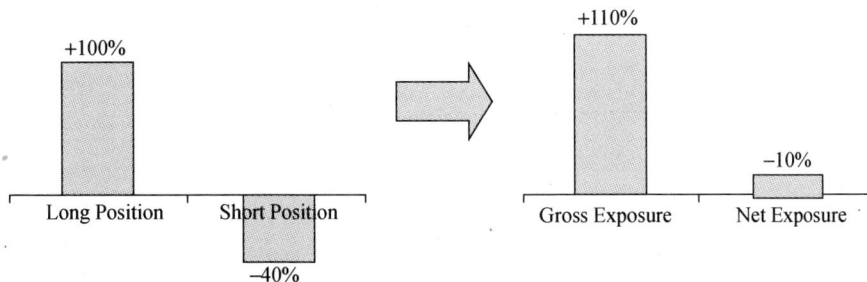

图 8-2　组合长短仓头寸比例与市场风险

资料来源：中金阿尔法。

图 8-2 中的结果令人惊讶：组合头寸净敞口等于 +60%（100% −40%），但经过 β 调整后的净市场风险暴露值（Net Exposure）为 −10%。因此，虽然乍一看组合似乎有一个多方的

净市场地位，但经过深入的分析会发现，当考虑市场变化的证券不同的敏感性，净市场风险敞口结果为负。

四、股票多空仓基金的发展历史

（一）起步时期（1949～1986 年）

阿尔弗雷德·温斯洛·琼斯（1923～1989 年）被认为是对冲基金的创始人。琼斯不相信他有能力来预测市场走势，但他认为他有良好的选股能力，他的基本观点是基金经理可以使用两种方法：用杠杆购买股票，并卖空其他股票。每一种技术是由在市场上已广为人知，被认为具有高度投机性，但是适当地结合在一起可以减少市场组合风险。琼斯在 1949 年成立了由 4 个朋友组成的普通合伙企业，成为合伙人，并开始了股票多空仓基金。为了吸引投资者，琼斯用对冲基金投资自己的积蓄，并选择支付 20% 的基金收益，而不是固定费用。从此对冲基金诞生了，同时这也是股票多空仓策略基金发展的起点。1966 年，琼斯基金的巨大收益率被曝光，在其示范作用下美国对冲基金开始快速发展起来。据 SEC 调查，截至 1968 年年底成立的 215 家投资合伙公司中有 140 家是对冲基金，其中股票多空仓基金占了大多数。

因为通过卖空来对冲投资组合风险不仅难度大、耗时多，而且成本高。为了扩大投资总收益率的水平，许多基金开始求助于高额头寸放大股票多头的战略，采用融资杠杆，从此股票多空仓策略对冲基金类别向多元化发展。1970 年的经济危机导致对冲基金大量倒闭，股票多空仓策略基金也遭受重创。1974～1985 年，股权类对冲基金重新以相对秘密的姿态进行运作。

（二）繁荣时期（1986～2000 年）

随着金融管制放松后金融创新工具的大量出现，特别是 20 世纪 90 年代经济和金融全球化趋势的加剧，对冲基金迎来了发展机遇，开始在全球金融市场上叱咤风云。从 1992 年量子基金战胜英格兰银行到 2000 年老虎基金宣布停业，这标志着宏观对冲基金黄金时代的结束。其中，最为著名的"价值型"股票投资者——老虎基金总资产曾达到 230 亿美元的高峰，一度成为美国最大的对冲基金。

（三）继续发展时期（2000 年至今）

2002 年以后，欧洲和日本的对冲基金有了很大的发展，特别是伦敦发展迅速，仅排在纽约之后成为第二大对冲基金城市。新兴市场对冲基金也如雨后春笋般逐渐发展起来。图 8-3 显示 2004～2011 年全球股票多空仓对冲基金管理资产的发展概况，其中 2004～2008 年股票多空仓基金快速发展，大多数策略基金规模扩大了将近一倍。在这期间一批基金迅速崛起，其中西蒙斯的大奖章基金收益率达 80% 左右，肖氏对冲基金主要采用股票统计套利的策略，股权对冲策略为不雕花基金带来可观的收益。至 2008 年，由于受到美国次贷危机的影响，全球股票多空仓对冲基金规模巨幅缩水，几乎接近 2004 年年初的水平。2008 年以后，次贷危机的阴霾继续扩散，欧债危机接踵而来，全球经济复苏形势不明朗，股票多空仓个别策略基金规模得到了进一步扩大，但整体仍徘徊在最初水平。

五、股票多空仓策略体系

基金经理通过做多和做空两种方式投资股票和股票衍生物来实施股票多空仓策略。其主策略被进一步分为 8 个子策略：股市中性策略、基本增长和基本价值策略、定量定向子策略、行业：能源/材料子策略、行业：科技/医保子策略、侧重做空子策略、股票对冲：复合子策略。

（一）股市中性策略

股市中性策略运用复杂的定量技巧去分析关于未来价格变动以及证券间的相互关系，进而选择要交易的证券。策略包括因素基准和统计套利/交易策略。因素基准投资策略的投资理念是建立在系统地分析证券之间的相关性。大多数情况下，基金建立的投资组合对一个或者多个变量，比如对股市的美元价值或者 β 值中性，融资杠杆经常用来提高投资组合的收益率。统计套利/交易策略的投资理念是利用价格异常后会带来的股价回归规律，高频率交易技巧也被运用。典型的股市中性子策略保持净股票市场敞口在 −10% ~10%，见表 8 −3。

表 8 −3　2011 年收益率前 10 名股市中性策略对冲基金

	对冲基金	2011 年收益率（%）
1	Aphilion SIF	2.44
2	Wada Capital Japan Trust	18.25
3	Talentum Enhanced Fund EUR – Class A	2.93
4	CSat Market Neutral	5.66
5	MNJ Asia – Pacific Absolute Return Fund	6.83
6	Talentum Activedge Fund EUR	1.65
7	Artorius Partners II, L. P.	− 0.19
8	Wisdom of Japan Fund Class F	1.37
9	Cerebellum ATM Fund, L. P.	7.12
10	Brookdale International Partners, L. P.	1.78

资料来源：Barclay Hedge.

（二）基本增长和基本价值策略

该投资适用于那些与整个市场相比有更好的盈利增长和股票增值前景的上市公司。投资理念在于公司财务报表中的绝对或者与同业以及市场指标相对的优势。子策略使用投资流程来寻找出具有潜力的公司股票，这些公司正在或者即将盈利，销售或者市场份额有猛烈的增长。基本价值子策略的投资过程是基金经理在价值层面寻找便宜或者相对于相关基准价值被低估的公司的股票。同基本增长子策略相比，基本价值子策略着眼于市场份额扩张和收入增加带来的盈利增长和股票升值，基本增长子策略着眼于正在产生大量现金流的公司，这些公司的股票交易价值乘数因为增长空间有限，或者因为市场失宠而被低估。这些股票可能存在于特定行业或者是被特殊持有的股票，见表 8 −4。

表 8 - 4　2011 年收益率前 10 名基本增长/价值策略对冲基金

	对冲基金	2011 年收益率（%）
1	Taylor Fund, L. P.	6.38
2	Intrinsic Edge Plus, L. P.	6.15
3	PBU Partners L. P.	1.95
4	Intrinsic Edge Capture, L. P.	-4.31
5	Northglen Aggressive Fund SP	-14.20
6	Saint George UCITS Sicav - European Equity High Dividend	-16.36
7	Fortuno Capital Fund L. P.	-20.21
8	Forest Hill Select Fund, L. P.	-20.84
9	Royce Razor Fund	-21.78
10	Saint George UCITS Sicav - European Equity Relative Value	-11.18

资料来源：Barclay Hedge.

（三）侧重做空策略

侧重做空子策略运用的投资理念是从公司股票的定价特点分析出发，寻找价值被高估的公司。运用这种子策略的基金在市场周期不同阶段或在投资程度和做空敞口上有一定的差别，但是最显著的特点是这些基金经理一直保持做空的敞口，希望在股市下跌的时候盈利超过传统股票经理。投资的分析可以是基本面分析或者数理定量分析，见表 8 - 5。

表 8 - 5　2011 年收益率前 10 名侧重做空策略对冲基金

	对冲基金	2011 年收益率（%）
1	Continental Multi - Strategy Fund	28.10
2	Shoreline Fund I, L. P.	2.60
3	AdvantHedge Fund, L. P.	-1.70
4	Tuckerbrook Short Alpha Composite 150	-1.80
5	Octagon Tactical Short Fund	-3.50
6	Island Drive Partners L. P.	-4.50
7	Waterloo Partners, L. P.	-4.90
8	Reynard International Partners, Ltd.	-8.40
9	Reynard American Partners, L. P.	-8.50
10	Connective Capital II QP, L. P.	-16.80

资料来源：Barclay Hedge.

（四）其他策略

定量定向子策略运用复杂的价格分析数理技巧来确定未来价格变动以及证券价格之间的关系来进行股票买卖决策。这些策略包括因素基准和统计套利/交易策略。因素基准投资策略的投资理念是建立在系统地分析证券之间的相关性。统计套利/交易策略的投资理念是利用价格异常后会带来的股价回归规律，高频率交易技巧也被运用。交易策略还包括运用技术分析或者基金经理投机地利用被认为是未被完整或准确反映在证券当前价格的信息进行交易。定量定向子策略通常在各个市场周期阶段保持不同的净多方或者净空方的风险敞口。

能源/材料子策略的投资过程是寻找特定缝隙市场中的投资机会。基金经理在这些市场有着比一般投资者更专业的技能，投资的标的是从事工业流程原材料生产、采购，对供需关系造成的价格移动趋势，对宏观经济趋势间接敏感的公司。能源/材料子策略通常在市场周期各个环节都有超过50%的资本投资在以上产业。

科技/医保子策略的投资过程是寻找特定缝隙市场中的投资机会。基金经理在这些市场有着比一般投资者更专业的技能。投资标的是从事科技、生化、医药和保健产业的公司。尽管运用这个策略的基金之间有一定的差异，但这些子策略都体现出对宏观增长趋势的敏感。从事医疗保健的投资基金还特别对医保行业增长表现出敏感度。科技/医保子策略通常在市场周期各个阶段都持有超过50%的资本在以上产业。

（五）策略收益

根据 HFRI 数据库统计，2009～2011 年能源/材料子策略年平均收益率达到 12.56%，为各股票多空仓子策略收益率最高的投资策略，侧重做空子策略为仅获得负收益的一个对冲策略。但在 2011 年全球欧债危机继续蔓延的影响下，各策略整体表现相对较差，仅科技/医疗子策略获得正收益，但这一情况在 2012 年得到改善，各策略基金获得一定盈利，这主要得益于全球股市在 2012 年年初止跌回升，见表 8－6。

表 8－6　股票多空仓子策略收益率比较

单位:%

股票多空仓子策略指数	2012 年收益率	近 12 个月	近 36 个月（年化）	近 60 个月（年化）
股权中性策略	1.54	－1.35	1.16	0.37
定量定向策略	3.27	－3.91	7.01	0.31
能源/材料子策略	5.13	－13.81	12.56	0.72
科技/医疗子策略	2.77	3.11	12.45	6.41
偏空策略	－6.15	－5.50	－17.06	－4.06

资料来源：HFRI.

（六）策略发展变化（2004～2011 年）

由于全球股票市场的繁荣，股票和信用衍生品的规模急剧扩大，2004～2007 年股票多空仓各子策略的规模均得到了快速发展。根据巴克莱对冲基金数据库的数据，基本价值和增长子策略的基金规模增长将近一倍，市场中性策略规模也几乎翻了一番，其他策略基金也分别得到了一定发展。2008 年美国次贷危机爆发后，各策略基金急剧缩水，资产减值接近一半，但全球经济在 2008～2012 年并没有明显的复苏迹象，金融危机的阴影仍然存在，欧债危机影响蔓延全球，除了基本价值、增长子策略发展较快外，其他策略几乎仍然停留在 2008 年的规模、水平上，股票多空仓策略基金发展步履维艰，如图 8－3 所示。

Equity Long Biaas Equity Long/Short

Equity Long-0nly Equity Market Neutral

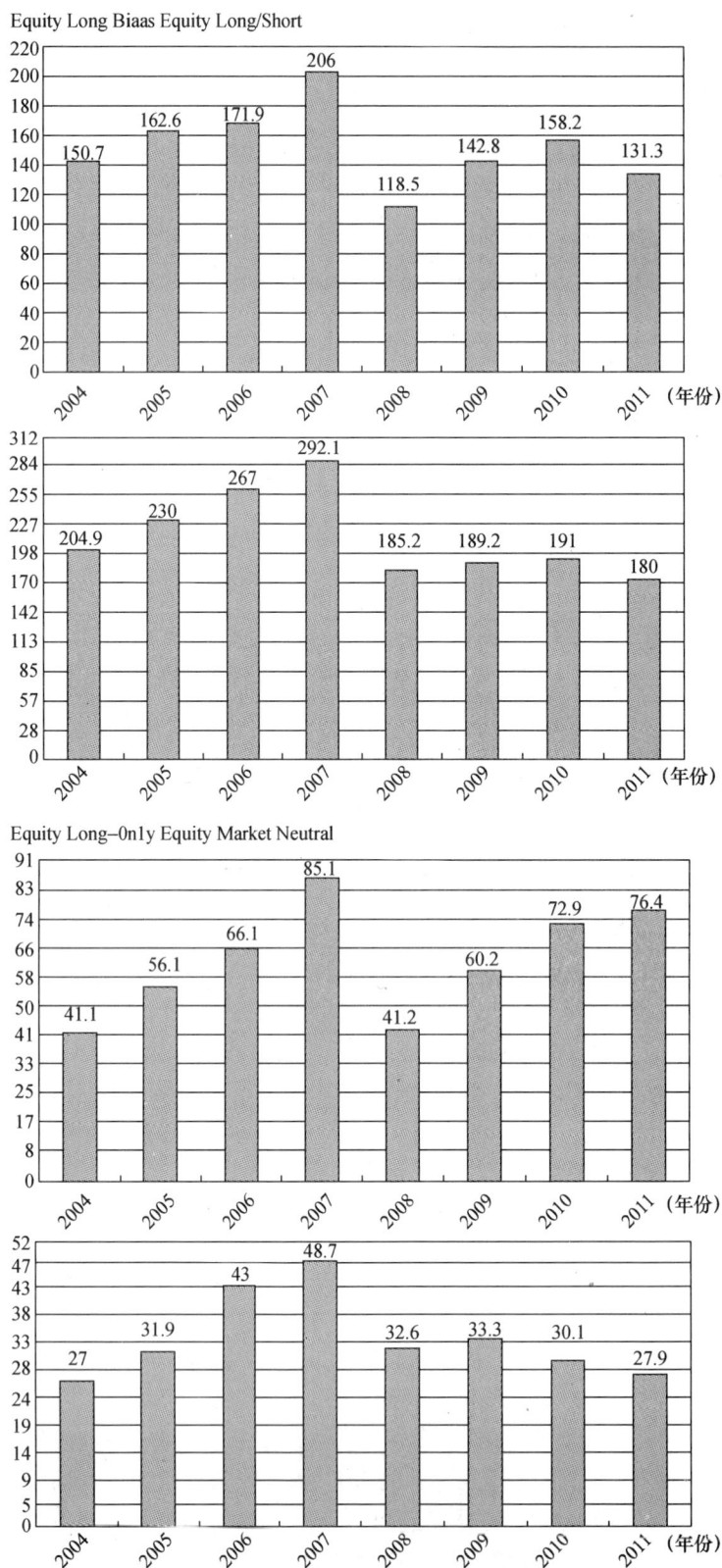

图 8 - 3 　股票多空仓子策略规模变化（2004～2011 年）

资料来源：Barclay Hedge.

六、著名股票投资基金：老虎基金

（一）"价值型"股票投资者老虎基金的繁荣与衰亡

1980 年，罗伯逊集资 800 万美元创立了自己的公司——老虎管理公司。旗下的对冲基金在 1993 年攻击英镑、里拉成功，大赚一笔。此后，老虎基金管理公司的业绩节节攀升，在股市、汇市投资双双告捷的带动下，公司的最高盈利（扣除管理费）达 32%，在 1998 年的夏天，其总资产达到 230 亿美元的高峰，一度成为美国最大的对冲基金。

但进入 1998 年下半年，老虎基金开始交上厄运，在俄罗斯发生金融危机后，老虎管理公司在日元的投机上丧失了近 50 亿美元。祸不单行，1999 年罗伯逊在股市上的投资也以失败告终，重仓股票美国航空集团和废料管理公司的股价却持续下跌。从 1998 年 12 月开始，近 20 亿美元的短期资金从美洲豹基金撤出，到 1999 年 10 月，总共有 50 亿美元的资金从老虎基金管理公司被撤走，投资者的撤资使基金经理无法专注于长期投资，影响了长期投资者的信心。因此，1999 年 10 月 6 日，罗伯逊要求从 2000 年 3 月 31 日开始"老虎"、"美洲狮"、"美洲豹" 3 只基金的赎回期改为半年一次，但到 2000 年 3 月 31 日，罗伯逊宣布将结束旗下 6 只对冲基金的全部业务。

（二）罗伯逊的投资理念

老虎基金的创始人朱利安·罗伯逊 25 岁时担任股票经纪人，他以精选价值型股票闻名于华尔街，被称为"明星经纪人"。罗伯逊一直笃信自己的投资理念，那就是重点投资于属于传统经济部门的"价值股"，对那些公司没有盈利但价格飞涨的高科技股避而远之。但遗憾的是，1999 ~ 2000 年，老虎公司投资的大多数"价值股"惨跌，如老虎公司持有近 25% 股份的美国航空公司的股价从 1998 年 4 月的每股 80 美元跌到了 2000 年的每股 25 美元。业内人士分析，罗伯逊是"老革命遇到了新问题"，由于他一直奉行"价值投资法"，也就是依上市公司的获利能力推算其合理价位，再逢低进场买进高档抛售，使他错过了搭上高科技快车的机会，并流失了相当一批优秀的、具有独到眼光和潜质的操盘手，从这种意义上讲，罗伯逊的失败是一个落伍者的失败。

七、股票多空仓策略绩效评估

（一）风险调整收益

在评价基金业绩的时候经常会用到平均收益率、Sharp 比、Terynor 比、Jensen 测度、估价比率等风险调整收益评价方法。但是，由于对冲基金本身的特点并不能完全分散非系统风险，所以不宜采用 Terynor 比和 Jensen 测度。这里笔者运用平均年收益率来衡量其投资回报，月波动率衡量相应的策略投资风险大小，根据 Credit Suisse/Tremont Index LLC 的统计分析得到图 8 – 4。

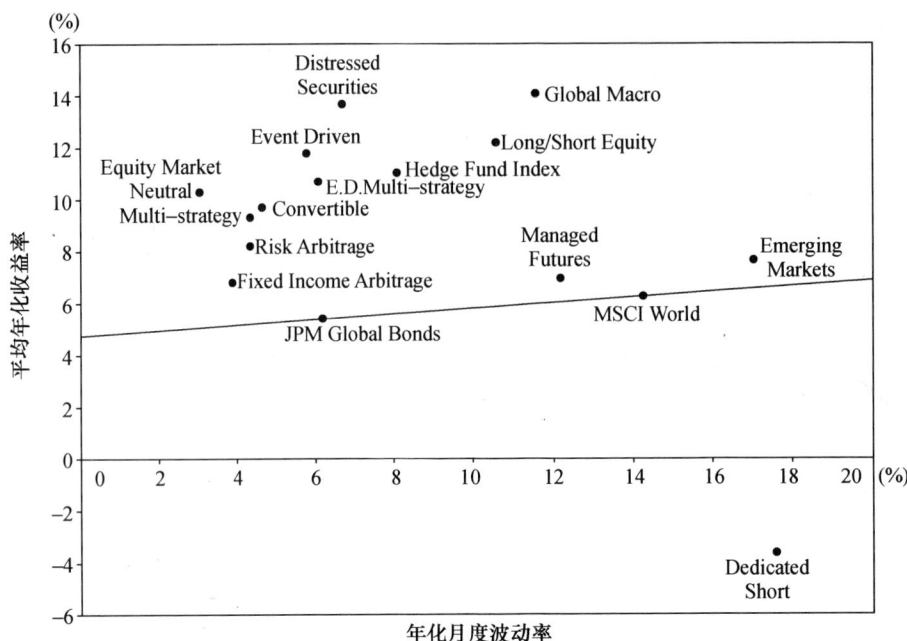

图 8 - 4　对冲基金策略收益/风险对比（1994～2004 年）

资料来源：Credit Suisse/Tremont Index LLC.

　　资本市场线由股票和债券投资的线性组合形成。在图 8 - 4 中，它是摩根大通全球债券和摩根士丹利世界指数之间的直线。在所有投资策略中，除了偏空策略和固定收益套利策略以外，其他策略都比传统投资更有效率，因为它们处在资本市场线以上。其中，股票多空仓策略获得约 12.3% 的平均年收益率，仅次于全球宏观策略和困境证券策略，属于较高水平。其月波动率为 10.3%，在对冲策略中属于较高风险类策略；股市中性策略收益相对较高，月波动率约为 3%，在所有策略基金中是投资风险最小的一种。因此总体而言，1994～2004 年这 10 年间，股票多空仓策略业绩较为可观，其投资回报远远高于市场平均标准，在其他策略中也属于较高水平。

　　基于 CS/Tremont 中股票长短仓指数的月度回报，笔者来分析一下股票长短仓策略的历史表现。虽然历史长短仓的表现不一定能指示其未来的表现，但可以通过研究历史数据来了解该策略对投资有利与否，见表 8 - 7。

表 8 - 7　CS/Tremont 股票多空仓策略指数统计分析（1994～2004 年）

	CS/Tremont 股票长短仓	MSCI（世界美元）	JP 摩根全球政府债券
在险价值（1 月，95%）（%）	- 3.30	- 6.40	- 1.90
在险价值（1 月，99%）（%）	- 6.40	- 10.40	- 3.60
最好月份回报（%）	13.00	8.90	7.00
正收益月份平均收益（%）	2.50	3.20	1.60
最坏月份回报（%）	- 11.40	- 13.50	- 5.10
负收益月份平均收益（%）	- 2.00	- 3.50	- 1.00
正收益月份占比（%）	67	61	57

	CS/Tremont 股票长短仓	MSCI（世界美元）	JP 摩根全球政府债券
复合年度增长率（%）	12.20	6.30	5.40
月波动率（%）	10.60	14.20	6.20
偏态	0.23	0.6	0.65
峰度	3.69	0.59	2.21
最大亏损（%）	15.00	48.40	8.60
亏损持续期	29	30	4
恢复期	17	n. a.	9
亏损开始点	31st Mar. 2000	30th Apr. 2000	28th Feb. 1994
亏损结束点	31st JuL . 2002	30th Sep. 2002	31st May 1994

资料来源：CS/Tremont Index LLC.

从历史上看，CS/Tremont 长短仓策略年化收益率为 12.2%，月波动率达 10.6%，而此时世界股权市场的年化收益率接近 6.3%，波动率达 14.2%。CS/Tremont 长短仓策略与摩根士丹利世界指数之间的相关性是 +0.61，故两者显著正相关。股票长短仓策略收益最高的几个月达 67%。风险价值（1 个月，99%），意味着"我们有 99% 的概率不在下 1 个月失去超过 4% 的投资"。但是，我们已经观察到每月的 -11.4% 的表现。这需要仔细研究统计数据，因为数据本身并没有错误。月度回报的分布是非常对称（偏度等于 0.23）而且留有肥尾（峰度大于 3）的，这意味着我们不能使用 VaR 估计极值分布，因为我们需要更多数据分析。

CS/Tremont 股票长短仓策略最大亏损达 15%，历时两年多。指数经过了 17 个月才"收复失地"。图 8 - 5 显示了 CS/Tremont 长短仓策略股票指数的月度回报（1994～2004 年）。图8 - 6 显示了作为 CS/Tremont 长短仓股票指数风险衡量功能的历史表现（1994～2004 年）。

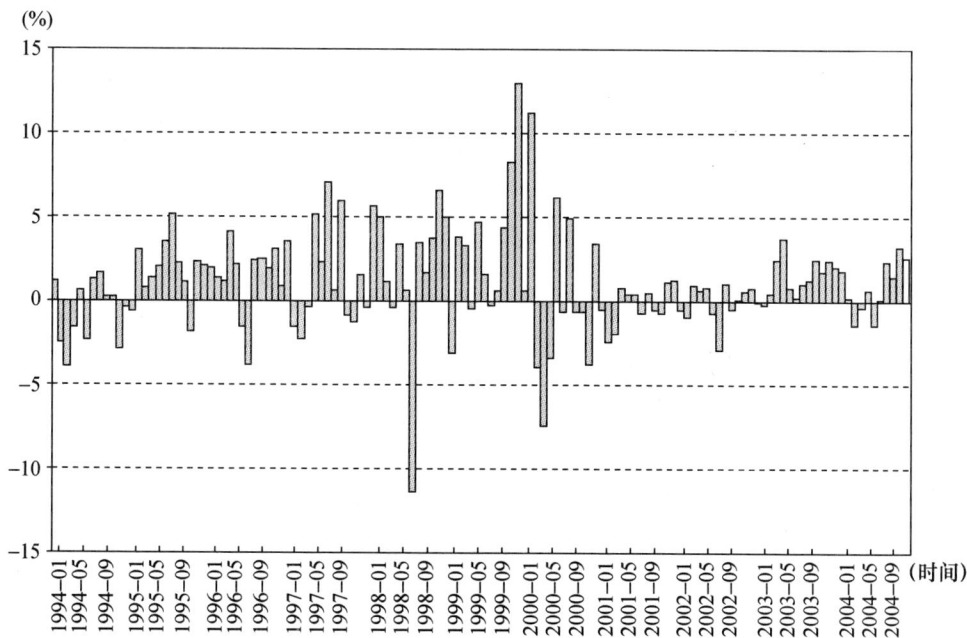

图 8 - 5　股票多空仓对冲基金收益（1994～2004 年）

资料来源：CS/Tremont Index LLC.

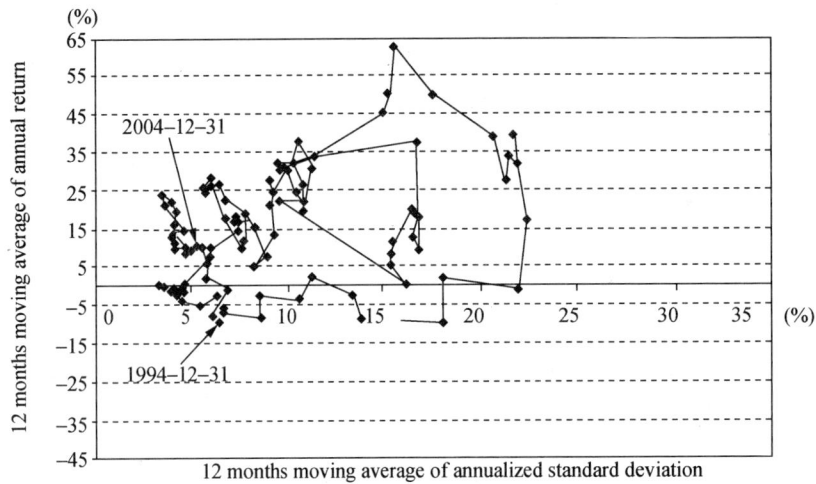

图8-6　股票多空仓基金收益/风险组合（1994~2004年）

资料来源：CS/Tremont Index LLC.

图8-7显示，1994~2004年的股权对冲基金往往处于缩水状态。这些数据必须把亏损考虑在内：在整个缩水期和恢复期，股票长短仓对冲基金都处在高风险之下。从1994年2月美联储引发的首次缩水开始，利率意想不到地上升。1998年8月，在俄罗斯进行的一次安全资产转移运动引发了世界股票市场第二次缩水。2000年3月，新经济泡沫爆裂，引发了股票长短仓基金最严重的一次缩水，紧接着2001年"9·11"事件发生。2000年3月股票长短仓基金缩水历时29个月。指数经过17个月才"收复失地"。

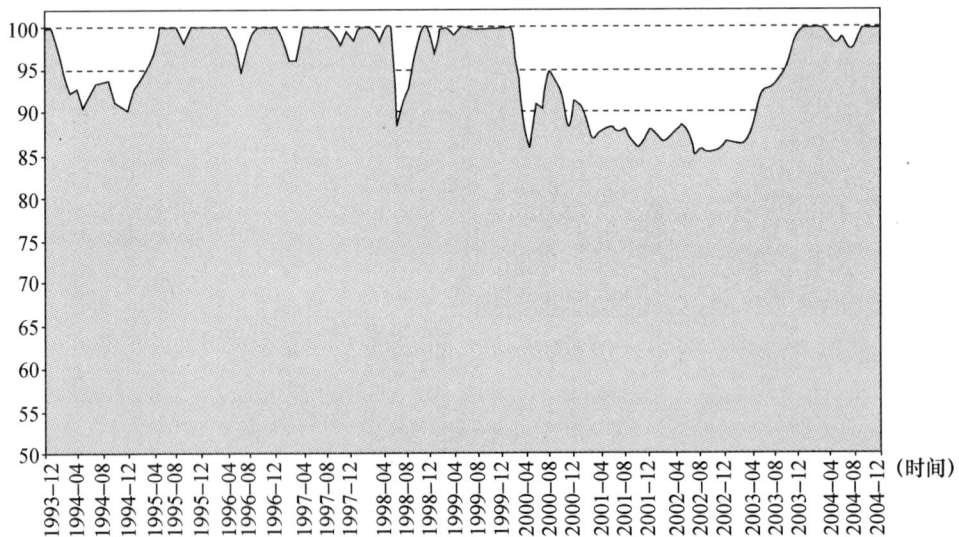

图8-7　股票多空仓基金资产缩水期走势（1994~2004年）

资料来源：CS/Tremont Index LLC.

（二）全球股票基金业绩

根据 Thomson Reuters Lipper 公布的数据，2011 年全球股票多空仓策略收益率达 6.1%，其中欧元区和摩洛哥收益率为正，摩洛哥收益率达 11.7%。其他国家和地区的股票型基金普遍出现亏损，其中埃及股票基金亏损达 -28.6%。总体而言，全球大部分地区股票型基金收益率为负，这主要源于后危机时代全球经济形势仍然严峻，欧债危机影响继续蔓延，如图 8 - 8 所示。

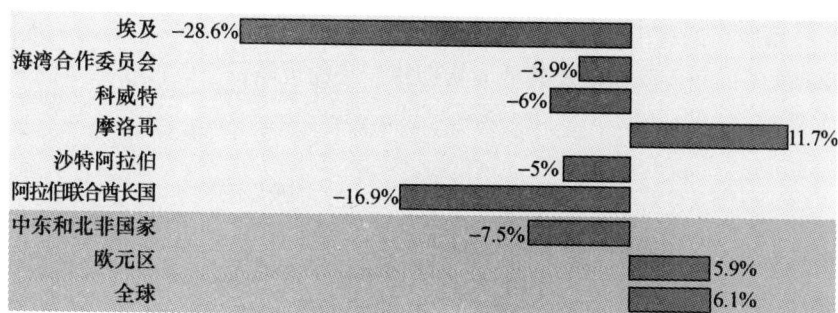

图 8 - 8　各地区股票型基金平均回报

资料来源：Thomson Reuters Lipper.

八、中国股票多空仓对冲基金投资环境

（一）国内对冲基金的发展

目前，国内成本市场上的阳光私募基金与海外对冲基金有着追求绝对收益的共性，而且具备相似的费率结构，其被视为真正意义上的对冲基金的"雏形"。

但中国本土的第一只对冲基金并没有降生在阳光私募基金业内。2010 年 9 月，国投瑞银在"一对多"专户产品中加进股指期货投资，拉开了基金产品介入股指期货市场的序幕，基金中的对冲基金由此亮相。

国内排名前五位的公司也先后与渠道进行了沟通，拟通过专户理财平台发行采用中性策略的对冲基金。其中，易方达基金治理公司已经于 2 月 24 日获批发行国内基金业的首只"一对多"对冲基金。

在券商方面，第一创业证券和国泰君安证券也已经分别推出了经由股指期货对冲系统性风险的理财产品。国泰君安的"君享量化"集合理财产品甚至被业内冠以"中国本土首只对冲基金"的称号。

反观私募行业，自股指期货开通之日起，一些对冲基金的私募机构就已经在操纵自己的账户试验对冲基金。但因为信托投资股指期货的政策一直没有推出，所以至今信托阳光私募仍然无法推出自己的"阳光化"对冲基金。

在此情况下，深圳和上海已经有不少私募机构开始绕道"合资制"做对冲基金。虽然股指期货、融资融券已经推出，但对冲产品（基金）的发展速度还是低于预期的。公开资料统计发现，国泰君安约有 7 只对冲产品，易方达基金在同业中推进算比较快的，据了解约有 6 只对冲专户，国投瑞银大概有 3 只对冲专户，博时、南方等也在专户业务中推出过对冲基金。

（二）股指期货成交量、成交额将逐渐放大

自 2010 年 4 月 16 日上市以来，股指期货的成交量和成交额稳步上升，2010 年日均成交额为 2360 亿元，沪深 300 指数日均成交额为 913 亿元（股指期货上市后）；2011 年至今，股指期货日均成交额为 1773 亿元，沪深 300 指数成交额为 715 亿元。自股指期货上市以来最大持仓量为 4.87 万手，平均为 3.35 万手，假设当月、次月保证金比率为 20%，当季和下季合约的保证金为 25%，则股指期货市场最大资金占用 95.1 亿元，平均为 62.7 亿元，规模还相当小。随着机构入市制度的进一步放宽以及其他股指期货产品的可能推出，股指期货的成交量将会放大，如图 8-9 所示。

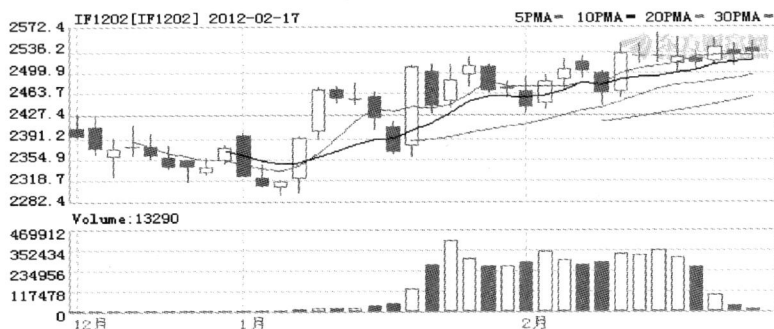

图 8-9　股指期货合约（IF1202）走势

资料来源：东方财富。

（三）融资融券余额即将突破 400 亿元

2012 年 1 月 20 日至 2 月 20 日，沪深 300 指数收于 2540.71 点，震荡上涨 2.93%。由于市场反弹，融资融券交易额呈波动上升态势，截至统计期末，融资融券交易余额为 391.01 亿元，相对于 1 月 19 日的 361.67 亿元增加了 8.11%，其中融资余额为 381.52 亿元，融券余额为 9.49 亿元，融资占 97.57%，融券只占 2.43%。近期 A 股市场的缓慢上涨使得投资者的买入欲望已逐渐增强，这可以从逐步增加的两融交易量中得到证明，融资融券余额突破 400 亿元近在咫尺。

（四）股权基金将主要来自私募、基金专户和券商

目前，国内可以从事股票对冲操作的机构主要有券商、私募、基金、QFII 和信托。券商主要是指券商自营和资管，不过资管和自营参与对冲的交易类型和头寸限制是不同的；私募、基金专户和单一信托参与对冲时限制较少。未来中国的对冲基金应主要来自私募、基金专户、券商自营和资管，从可获得的资源上比较，券商将更占优势。阳光私募规模较小，笔者统计了国内阳光私募产品及其规模（见表 8-8），阳光私募基金在 2010 年发行 733 只产品，总发行规模为 305.13 亿元，股票型占 69.30%。截至 2011 年 11 月，其共发行 683 只产品，资产规模为 233.33 亿元，股票型基金占 95.16%。与 1.58 万亿元股票型和混合型公募基金相比，阳光私募的资产未来将有较大的发展空间。

表 8 - 8 股票型基金在阳光私募基金的发行占比

截止日期	全部阳光私募发行规模（亿元）	股票型基金发行占比（%）
2010	305.13	69.30
2011	233.33	95.16

资料来源：Wind 资讯。

九、股票多空仓策略在国内市场的应用

（一）国内股票型对冲产品喜获佳绩

自 2010 年股指期货和融资融券上市以来，国内股票型对冲产品取得了让人惊喜的业绩：①在大盘最大跌幅近 20%、累计跌幅 12.9% 的情况下，股票型对冲基金绝大多数取得了正收益；②股票型对冲基金远远跑赢同期大盘和融智私募指数，相对来说收益可喜。其中，股票型对冲基金中表现抢眼的国泰君安基金收益颇丰，君享富利基金同步跑赢沪深 300 指数、晨星公募和融智私募指数，表现最为抢眼，至 2012 年 2 月取得了 6.34% 的相对收益率（见图 8 - 10）。

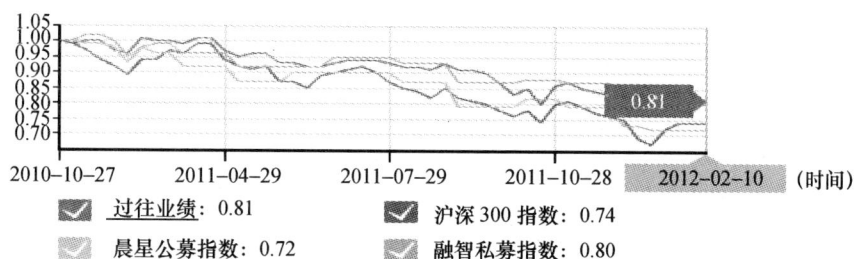

图 8 - 10 君享富利基金收益率走势

资料来源：私募排排。

（二）市场中性策略投资面临挑战

虽然 A 股市场中性对冲机会多，但把握较难。从过去的 5 年来看，中国 A 股市场的波动性要远大于欧美市场，从历史经验来判断，大起大落的趋势对市场中性策略的盈利性会有一定的抑制作用。而且，市场中性策略的核心在于价值的回归，很显然，A 股市场相对于欧美市场更容易偏离真实价值，受市场情绪的影响更大，同时更难或需要更长的时间恢复理性。这对策略的实用性也提出了挑战。

（三）侧重做空策略 A 股实施成本较高

该策略在 A 股市场不太适用，主要是因为无对冲空头部位风险的工具，股票期权的推出将增加此策略的可行性。目前我国的转融通刚实施，融资融券规模还较小，成本较高，不利于偏空对冲策略的灵活运用。

（四）基本增长和行业策略应用良好

A股市场各行业的发展并不平衡，由于受国际金融危机的影响，目前国内制造业发展较为缓慢，能源、环保和农业受政策利好，表现较好。国内A股市场长期具有板块轮动和风格轮动的特点，因此及时捕捉高增长潜力行业和挖掘价值增长类股票具有积极的意义。

（五）量化策略A股发展潜力巨大

目前，我国的量化投资发展还处于起步阶段。在国内，由于股票市场较期货市场发展更为成熟，因此量化投资首先在股票市场上得到了应用，但就目前的发展情况来看，量化投资还只在部分机构投资者中推行，普通的投资者对此可以说除了"神秘"之外一无所知。

截至目前，已有申万量化小盘、国泰君安君享量化系列等多种股票型量化基金出现，基金净值在全球金融危机的冲击下大多出现下滑，但在2012年后又呈现出止跌反弹的趋势。因此，纵观我国的股票量化市场环境，量化策略在A股市场的发展潜力仍然巨大，如图8-11所示。

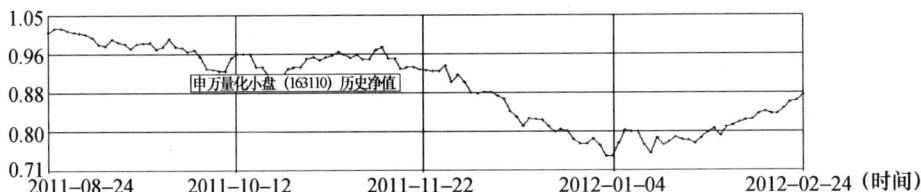

图8-11 申万量化小盘（163110）单位净值走势

资料来源：天天基金。

十、2012年年初国内股票市场走势

（一）投资者对后市普遍看涨

2012年1月20日到2月20日，反映看涨指标的融资买入额/偿还额之比在0.51~1.55波动，2月20日该比率为1.15，说明投资者对市场持乐观态度，市场可能仍维持震荡反弹。融资买入额有所增加，偿还额相对减少，同样融券卖出量相对有所减少。这些指标都相互验证了投资者认为的市场看涨。

（二）金融、有色金属等行业被看好，饮食行业被看空

从行业统计数据来看，融资融券余额排名靠前的是金融服务、有色金属、煤炭采掘、机械设备、房地产等，房地产融资余额变动比较大，说明投资者看好该行业，相对而言食品饮料等防御性行业的融券余额变动比较小，暗示投资者看空该行业，而有色金属等低估值的周期性行业受到了融资投资者的青睐。7只ETF融资融券余额为2.17亿元，占总额的0.56%，ETF累计融资买入额为10.17亿元，占2.83%，其中华夏上证50ETF高达8.34亿元。ETF融券余额为3590.48万元，占3.78%，其中华安上证180ETF为996.97万元。可见，ETF品种也受到了投资者的欢迎。

（三）个券融资融券交易差异比较大

在 2012 年 1 月 20 日到 2 月 20 日统计期间，融资买入额累计达 359.56 亿元，排名前五位的标的是中国平安（9.36 亿元）、华夏上证 50ETF（8.34 亿元）、兴业银行（6.84 亿元）、包钢稀土（6.70 亿元）、民生银行（6.55 亿元）。其中，中国平安融资买入额占市场的比例为 2.6%，华夏上证 50ETF 为第二名，兴业银行融资买入表现较好。融券余额排名前五位的分别为中国平安（4954.46 万元）、贵州茅台（3232.405 万元）、中国太保（3021.76 万元）、五粮液（2981.27 万元）、中信证券（2892.36 万元），融券卖空相对增加，反映了投资者对市场理解的分歧。

十一、国内股票多空仓策略所面临的挑战

（一）多空仓投资中机构较多，普通投资者较少

在国内，由于股票市场较期货市场发展更为成熟，因此股票多空仓投资策略在股票市场上得到了应用，但就目前的发展情况来看，股票多空仓投资策略还只是在部分机构投资者中推行，普通的投资者对此可以说除了"神秘"之外一无所知。这主要是因为，一方面，股票多空仓策略需要股指期货和融资融券手段进行做空，我国股指期货和融资融券交易制度对投资者投资资格具有较严格的限制，机构投资者有较强的人力、物力、财力，使其更容易具备进行股票多空仓投资的各种条件；另一方面，由于股指期货和融资融券需要较高风险控制水平，而机构投资者相比普通投资者具备专业的投资知识、更强的风险抵御能力，因此更适合进行股票多空仓策略投资。

（二）A 股 T + 1 交易模式限制了多空仓策略的应用

股票市场采取的 T + 1 的交易模式在很大程度上限制了股票多空仓策略的应用。高频交易在股票多空仓策略中占据重要的地位，毕竟借助计算机进行的量化投资在捕捉转瞬即逝的微小价格偏差时比人脑更具优势。但 A 股迄今为止还未实行 T + 0 的交易制度，而且交易成本相对较高，这两大原因使股票多空仓中的很多策略在 A 股无法实现。

（三）融资融券成本过高，市场吸引力有限

目前，我国的转融通刚实施，首批试点券商融资融券利率费率已被敲定，国泰君安证券、国信证券、中信证券等 6 家券商采取统一的融资利率 7.86% 和融券费率 9.86%，制定标准是在中国人民银行 6 个月以内贷款基准利率 4.86% 的基础上上浮 3 个百分点作为融资利率，上浮 5 个百分点作为融券费率，这一标准与国际惯例接轨。融资融券费率高出银行利率约一倍，甚至比部分民间借贷利率都高出许多，由于成本较高，市场吸引力有限，因此不利于股票偏空对冲策略的运用。

（四）股权对冲基金身份不明，监管者缺位

我国对冲基金在法律监管之外。《证券投资基金法》第二条规定，"在中华人民共和国境内，通过公开发售基金份额募集证券投资基金适用本法"，该法仅适用于公募基金，将"向特

定对象募集资金或者接受特定对象财产委托"的私募基金排除在外，并且公募基金业务仅限于股票、债券等投资领域，对于新兴金融品种是否涉足没有跟进的规定。其他法律，如《证券法》、《信托法》也没有对私募基金的含义、资金来源、组织方式、运作模式等问题做出明确规定。这就意味着私募基金不被基金法律承认，不受法律保护，只受民法、合同法等一般法律保护，证监会也不保护私募基金投资者的利益，缺乏有效的监管和引导，显然难以保证对冲基金的健康发展。

第二节　事件驱动策略研究报告

一、事件驱动策略概况

事件驱动投资策略，又称企业生命周期投资，是基于发生在企业身上的显著性交易事件，如公司分拆、合并，兼并收购，产业重组、流动性危机、破产、重新资本化、股票回购和其他特别的公司交易创造出的投资机会。公司事件驱动交易涉及对公司特别交易结果的价值预测，对参与交易的最佳时机的把握。能够对这些公司事件产生的交易做出正确预测的基金经理才能把不确定性转化为投资机会。正因为如此，公司事件驱动交易和兼并套利、不良公司证券、价值催化、特别情况投资有着紧密的联系。

区分发生的事件不同类型，其他的机会主义者在各种类型下使用不同的核心策略，专注于兼并套利和不良证券经理可以被视为持有期权，然而事件驱动是多策略投资途径。投资工具包括买空卖空普通股和优先股及债务证券、权证、存根、期权。基金经理也可能使用衍生品，如卖空指数期权或者看跌期权差价来获得杠杆收益，对冲掉利率风险和市场风险。这种类型的策略使用的成功或者失败取决于基金经理对交易事件的结果和时机的准确预测。

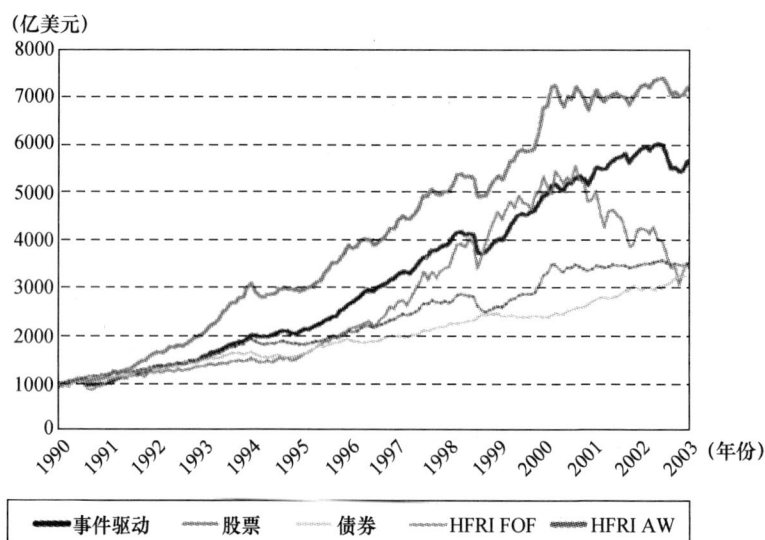

图 8-12　事件驱动策略表现（1990 年 1 月至 2002 年 12 月）

事件驱动管理者并不依赖于市场的走势，然而，当主要的市场衰退时，会导致交易价格受到影响，风险溢价降低，并会对策略产生消极的影响。

二、事件驱动子策略

在三种子策略所在的分类中，价值走向决定了时间分析中买空卖空股票策略使用的头寸。基金经理根据股票市场可能往上或者往下的趋势，事件发生或者可能不发生来决定持有的头寸。投资策略中使用的财务杠杆率、所有的净敞口、净部门敞口、头寸集中度、现金使用度决定了风险水平。

在特殊的子策略情况下，基金经理常常使用不良资产分析类型分析去投资那些还未破产的公司，并且使用流动性更好的证券来代替不好的证券。这些头寸可能包括单一股票涉及重组和分拆的情形。投资策略中使用的财务杠杆率、所有的净敞口、净部门敞口、头寸集中度、现金使用度决定了风险水平。

机会主义策略的基金经理会采用包括合并套利、不良证券、价值分析和特殊情况投资等多种不同手段投资策略，投资收入常常取决于资金分配在各种不同事件策略下的不同表现。投资策略中使用的财务杠杆率、所有的净敞口、净部门敞口、头寸集中度、现金使用度决定了风险水平。

表 8-9 给出了截至 2011 年 12 月的世界收益位居前 10 名的对冲基金。排在前面的有著名的约克（York）对冲基金，其主要采取受压资产策略，收益高达 9.10%，Gates Capital 收益达 9.00%，其他大部分均得到高于 5.00% 的收益水平，远超同期 HFRI 对冲基金综合指数收益率 -2.11%。

表 8-9 2011 年全球收益前 10 名事件驱动对冲基金

	对冲基金	2011 年收益率（%）
1	York Select, L. P. Class A	9.10
2	Gates Capital Management – ECF Value Fund, L. P.	9.00
3	RAB Special Situations L. P. USD	7.80
4	JANA Nirvana Offshore Fund, Ltd.	7.40
5	Metropolitan Capital Advisors Select Fund L. P.	5.91
6	Sentat Event Driven	5.65
7	IBS Opportunity Fund, Ltd.	5.53
8	IBS Turnaround Fund（QP）	5.04
9	JANA Offshore Partners, Ltd.	5.00
10	Kayne Anderson Argonaut Fund, L. P.	4.85

资料来源：Barclay Hedge.

三、事件驱动策略的发展演进

（一）起步阶段（1949~1970 年）

1949 年，琼斯发起成立了全球第一家对冲基金，截至 1968 年，它的累计回报率几乎达到惊人的5000%，但这一划时代的另类金融创新投资工具一直没有引起媒体和金融界的关注，一直到20世纪80年代末其极高的收益率的惊人表现开始引起市场的关注，但在该阶段发展较慢。

（二）缓慢发展阶段（1970～1998年）

1970年的经济危机导致对冲基金大量倒闭。SEC在1968年年底调查了28家最大的对冲基金，至20世纪70年代末其管理的资产减少了70%（由于亏损和撤资），其中有5家关门大吉。1974～1985年，事件驱动对冲基金以相对秘密的姿态进行运作。1994年以后，由于受美国联邦储备委员会加息的影响，全球事件驱动基金资产总量出现一定幅度的下滑，但这并没有阻挡其发展进程，在1995年以后事件驱动基金迅速恢复元气，这期间事件驱动基金总体呈现缓慢的发展趋势。

（三）艰难前进阶段（1998～2003年）

1998年8月，俄罗斯经济陷入多重危机，在3月23日叶利钦总统突然解散切尔诺梅尔金政府以后，在俄罗斯经济领域中爆发了金融危机、生产危机、预算危机和债务危机，受俄罗斯经济危机的影响，全球事件驱动对冲基金出现了历史上最为严重的一次缩水。在2002年夏天，在阿德尔菲亚发现世通公司会计欺诈行为之后，企业债券的信用利差扩大，造成相当大的以信贷为导向的战略损失，这是自1994年以来全球事件驱动基金出现的第三次大规模缩水。经过两次大规模的资产损失，到2003年左右事件驱动基金才重新"收复失地"。

（四）蓬勃发展阶段（2003～2011年）

对冲基金研究的统计显示，2003～2011年，事件驱动策略收益排名仅次于全球宏观与股票多空仓策略，其中受压资产策略的投资回报在所有对冲基金策略中居于高位。像艾威基金（Avenue Capitai）、橡树资本（Oaktree Capitai）、孤星基金（Lone Star Funds）、约克（York）等大名鼎鼎的对冲基金都采取了受压资产策略，这一策略在共同基金界也曾被彼得·林奇发扬光大。保尔森基金善于从并购中寻求收购溢价，进行并购套利，1994～2007年，该基金的年复合回报率达到17.78%。在此期间，全球事件驱动基金蓬勃发展，资产总量由最初的991亿美元稳步攀升至1697亿美元，总体增长约一倍，如图8-13所示。

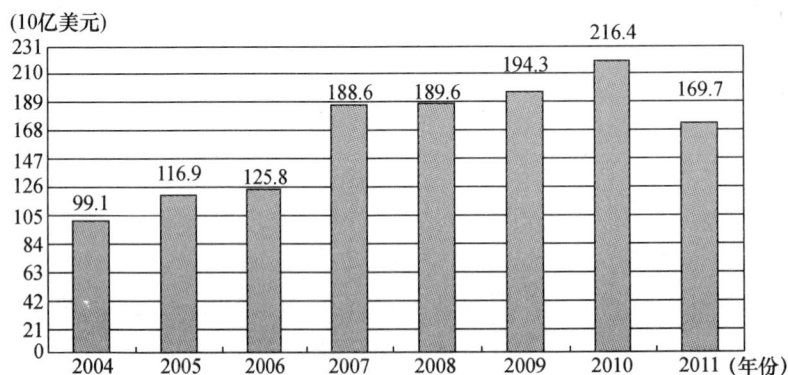

图8-13　全球事件驱动基金资产增长

资料来源：Barclay Hedge.

四、次贷危机中的大赢家：保尔森对冲基金

（一）保尔森公司的发展历程

保尔森公司管理着（截至 2007 年 6 月 1 日）125 亿元（95% 的金额来自机构），截至 2008 年 11 月，基金已经跃升为 360 亿美元。在保尔森的指导下，保尔森公司在抵押赎回证券市场获利。2008 年，他决定发行一家新的基金，用来投资那些因为次贷风暴而面临危机的投资银行及其金融机构。2008 年 5 月 15 日，保尔森在第一季度购买了 5000 万股雅虎的股票，这表明他支持 Carl Icahn 代替雅虎董事会。2008 年年初，保尔森公司聘请了美国联邦储备委员会前主席格林斯潘。

2008 年 9 月，保尔森在英国最大的 5 家银行中的 4 家身上押宝，3.5 亿英镑用于巴克莱银行，2.92 亿英镑用于苏格兰皇家银行，2.6 亿英镑用于劳埃德 TSB 集团，他最后获利 2.8 亿英镑。2009 年 8 月 12 日，保尔森购买了 200 万股高盛股票和 3500 万股 Regions Financial 股票，还购买了美国银行的股票，预计到 2011 年会翻一倍。2009 年 11 月，保尔森宣布他发行了一只黄金基金，用于投资开发金矿的公司和进行黄金投资。

（二）"空神"保尔森的事件驱动策略

在全球很多大型并购案中都闪现着保尔森基金的身影。保尔森在套利时机选择以及交易安排上的技巧均值得借鉴。1994 年，时年 37 岁的保尔森（见图 8-14）设立了对冲基金，专门从事并购套利（Merger Arbitrage）和事件驱动投资（Event-Driven），一直到 2007 年次贷危机爆发才大规模做空相关衍生品。在次贷危机接近尾声时的 2009 年年初，他又大举建仓黄金和金融股。在此之前，保尔森曾在贝尔斯登的并购部门供职，积累了丰富的并购经验。保尔森公司最早设立的保尔森伙伴基金（Paulson Partners，LP）即是专门从事自己的老本行——并购套利，1994~2007 年，该基金的年复合回报率为 17.78%，虽不

图 8-14 保尔森

及其信贷机会基金，但已较标普 500 指数的平均回报高出了 7.53%。

保尔森善于从常规并购中寻求收购溢价。保尔森基金 2007 年第四季度持有特灵 881 万股，在随后的一个季度加仓至 1100 万股，2008 年第一季度末，特灵股价达 45.9 美元，收购溢价基本被填平。2008 年 6 月 5 日，保尔森基金及时清空了特灵的仓位。另外，保尔森还擅长做空式并购套利。据有关数据显示，1998~2000 年，全球并购交易总额达 4 万亿美元，超过此前 30 年的交易额之和。保尔森预计并购将达到顶峰，而不少并购案中由于双方股价虚高，很有可能不能完成。因此，这一期间保尔森通过大举做空并购对价虚高的股份获得大发展。在互联网危机破灭的前夕，保尔森公司的资产管理规模仅为 2000 万美元。两年后其资产管理规模激增 25 倍，至 5 亿美元。保尔森是如何在竞购中得利的？关键在于对被收购对象收购价值的准确判断。2004 年强生公司与波士顿科学竞买医疗设备生产商佳藤（Guidant）即是其竞购成功的经典案例。

五、事件驱动基金业绩分析

（一）事件驱动策略绩效评价

笔者基于 CS/Tremont 事件驱动策略指数的月度回报，分析事件驱动策略的历史表现。虽然历史事件驱动基金表现不一定能指示其未来的表现，不过它能增强人们对该策略投资绩效的理解（见表 8 – 10）。

表 8 – 10　CS/Tremont 事件驱动策略指数统计分析（1994 ~ 2004 年）

	CS/Tremont 事件驱动指数	MSCI（世界美元）	JP 摩根全球政府债券
在险价值（1 个月，95%）（%）	11	64	19
在险价值（1 个月，99%）（%）	31	10. 4	—
最好月份回报（%）	+ 3. 7	+ 8. 9	+ 7. 0
正收益月份平均收益（%）	+ 15	+ 32	+ 16
最坏月份回报（%）	− 11. 8	− 13. 5	− 5. 1
负收益月份平均收益（%）	− 1. 3	− 3. 5	− 1. 0
正收益月份占比（%）	81	61	57
复合年度增长率（%）	+ 11. 8	+ 6. 3	+ 5. 4
月波动率（%）	5. 8	14. 2	6. 2
偏态	3. 47	0. 60	0. 65
峰度	1. 025	0. 59	2. 21
最大亏损（%）	16. 0	48. 4	8. 6
亏损持续期	5	30	4
恢复期	10	n. a.	9
亏损开始点	31st May 1998	30th Apr. 2000	28th Feb. 1994
亏损结束点	30th Sep. 1998	30th Sep. 2002	31st May 1994

资料来源：CS/Tremont Index LLC.

事件驱动基金在积极几个月的收益水平非常高（81%），平均每月达 + 15%。其表现一直非常可观，1994 ~ 2004 年的年均回报为 11.8%，并且波幅温和（5.8%）。在 1998 年 8 月峰度出现极端值，此时每月收益为 − 11.8%。一个偏态的负值意味着统计的每月回报分布是不对称的。因此，可以得出结论，这种分布不是正态分布。在险价值（1 个月，99%）表示，"我们有 99% 的概率不在接下来的 1 个月失去超过 1% 的投资"。但是，我们已经开始观察每月的 − 11.8% 的负回报。这需要仔细研究统计数据，因为数据本身并没有错误。月度回报的分布是不对称（偏度等于 3.47）的，而且留有肥尾（峰度大于 3），这意味着不能使用 VaR 估计极值分布，因此需要更多数据分析。

图 8-15 显示了 CS/Tremont 事件驱动指数在 1994~2004 年的月度回报。除了两处极端值外，月度回报随着时间的推移是正常的：积极月份占比高达 81%。图 8-16 显示了 CS/Tremont 事件驱动指数在 1994~2004 年的业绩与风险组合。浓度如椭球体显示，在 1994~2004 年的大部分事件驱动策略的风险/回报组合在椭球体限制的范围内，特征令人满意。

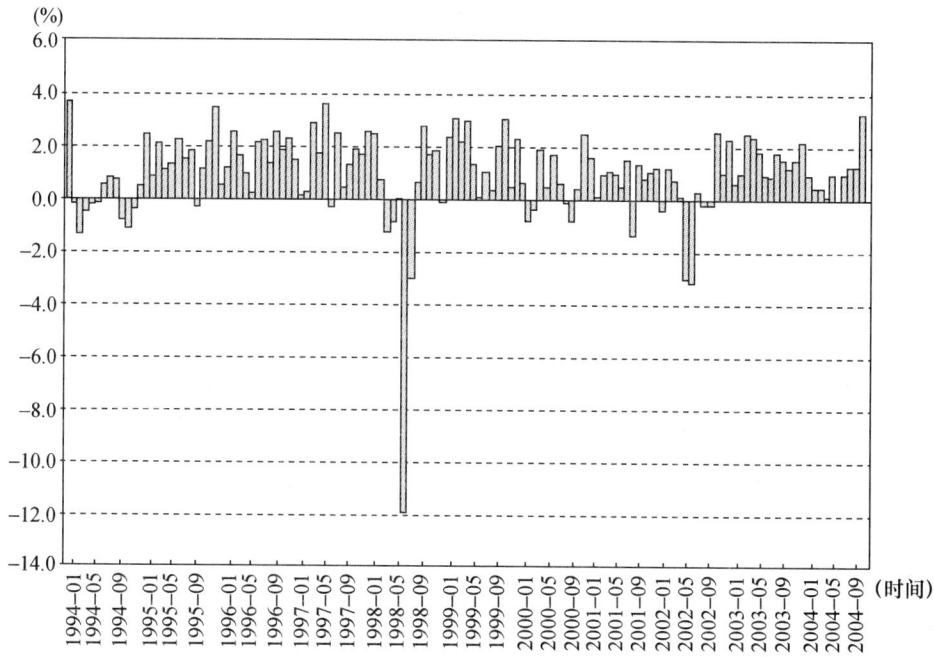

图 8-15　CS/Tremont 事件驱动策略基金收益（1994~2004 年）

资料来源：CS/Tremont Index LLC.

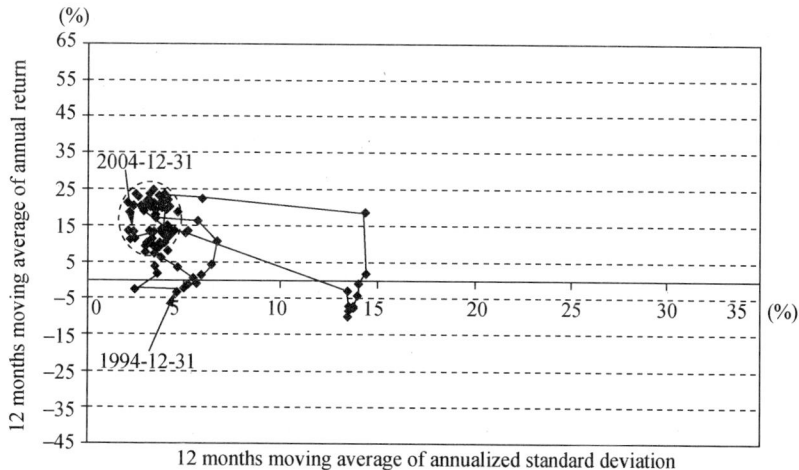

图 8-16　CS/Tremont 事件驱动基金收益/风险组合（1994~2004 年）

资料来源：CS/Tremont Index LLC.

图 8-17 显示了 1994~2004 年事件驱动策略对冲基金遭遇了 3 次重要的亏损滑坡。把亏损考虑在内，图 8-17 显示了采用这种策略的对冲基金处在高风险水平。事件驱动基金首次亏

损发生在美国联邦储备委员会 1994 年 2 月加息之后。第二次更严重的缩水发生在 1998 年 8 月俄罗斯进行的一次安全资产转移运动之后。第三次亏损发生在 2002 年夏天，在阿德尔菲亚发现世通公司会计欺诈行为之后，对企业债券的信用利差扩大，造成相当大的以信贷为导向的战略损失。

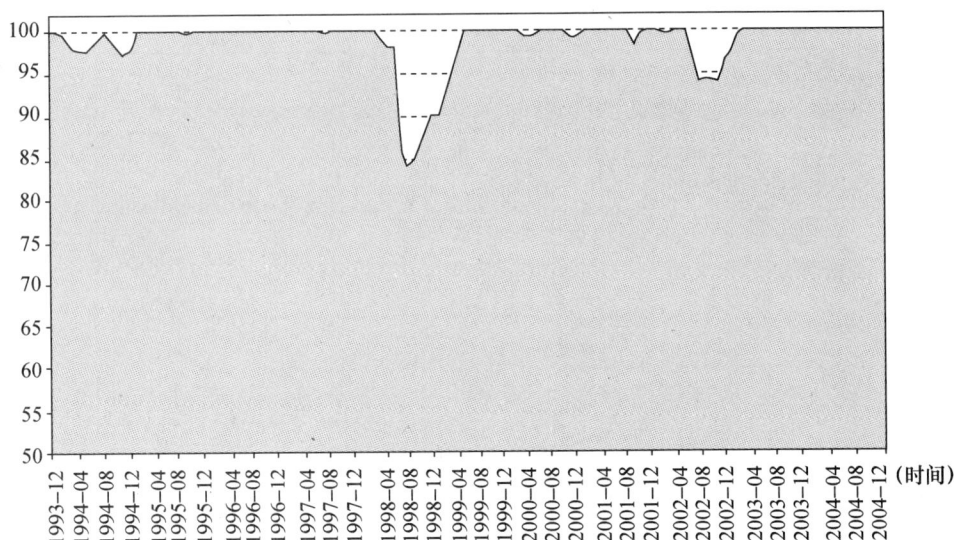

图 8 - 17   CS/Tremont 事件驱动基金资产缩水期走势（1994 ~ 2004 年）
资料来源：CS/Tremont Index LLC.

（二）全球事件驱动基金的业绩表现

据 The Dow Jones Credit Suisse Hedge Fund 数据显示，从 1993 年 12 月到 2012 年 2 月，全球事件驱动基金年化收益率 9.37%，高出同期道琼斯对冲基金指数累计收益 8.87%，并远远超过同期标准普尔 8.14% 的收益水平。表 8 - 11 显示了 1993 年 12 月到 2012 年 2 月对冲基金各策略基金的业绩表现，其中事件驱动年化收益率仅次于全球宏观和股票对冲策略，标准差显示其策略风险适中，夏普比率在各策略中表现最好，说明事件驱动基金近年来整体表现优良。

表 8 - 11   全球事件驱动基金业绩表现

指数/指数成分策略	年化收益率（%）	标准差（%）	夏普比率
对冲基金指数	8.87	7.60	0.75
股票放空	- 4.04	17.03	- 0.42
新兴市场	7.65	14.96	0.30
股票市场中性	5.10	10.37	0.19
事件驱动	9.37	6.37	0.98
固定收益套利	5.31	5.76	0.37
全球宏观	12.13	9.76	0.92
股票对冲	9.49	9.97	0.63
管理期货	6.08	11.72	0.25
多重策略	8.03	5.42	0.90

资料来源：Dow Jones Credit Suisse.

从图 8-18、图 8-19 中可以看出，各策略事件驱动基金净值在 1993 年 12 月到 2012 年 2 月间基本上呈持续上升的趋势，在 2008 年左右事件驱动基金净值有大幅度的缩水，这主要源于美国次贷危机对全球经济的影响，该策略基金收益在此期间也曾面临 -5% 左右的亏损。困境证券策略基金净值整体高于整个事件驱动基金，并远远优于兼并套利策略基金净值，是该策略中表现最好的一种。

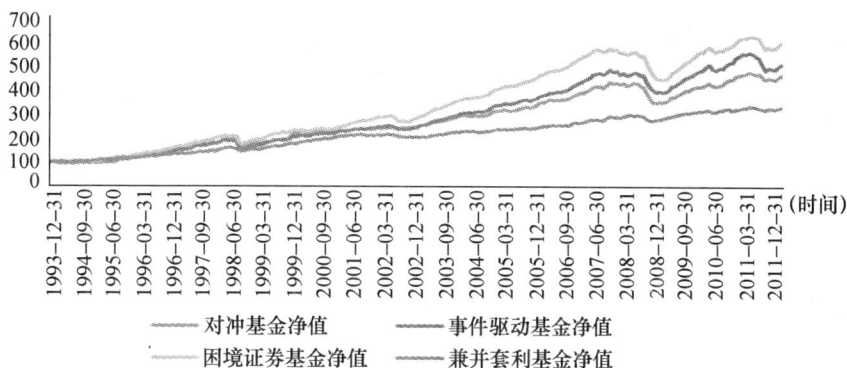

图 8-18 全球事件驱动基金净值走势

资料来源：中金阿尔法研究部。

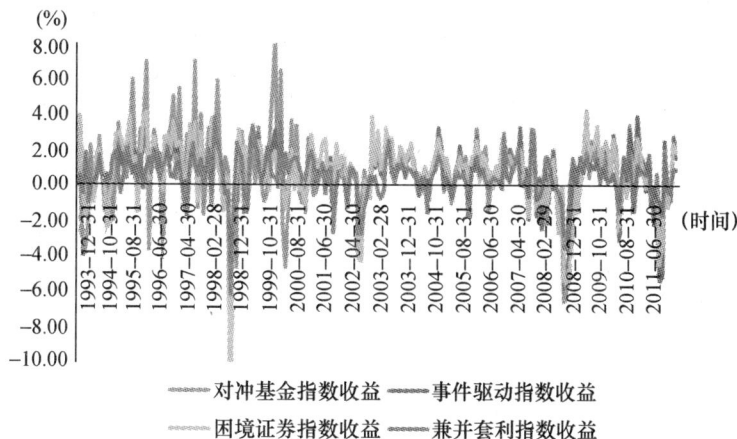

图 8-19 全球事件驱动基金收益走势

资料来源：中金阿尔法研究部。

六、事件驱动策略在国内市场的应用

（一）事件驱动投资策略：从私募到公募

事件驱动策略其实并不罕见，在国外它已经是一种非常成熟的投资策略。事件驱动型基金已占整个对冲基金行业管理资产规模的 25% 以上，即便是在亚洲等金融工具相对缺少的新兴市场，这一比重也为 15% 左右。但是在国内，由于缺乏有效的做空机制，事件驱动投资策略更多地被解读为"炒题材"、"炒消息"。由于制度和信息披露等原因，目前其在私募领域应用得较多。根据私募排排网数据统计，截至 2011 年 11 月，国内共有各类创新型策略私募基金产品123只，事件驱动基金达53只（见图8-20），占43%，为国内策略基金中最大的一类。其中，定向增发作为事件驱动的子策略，为52只，其中以数君投资为代表的主基金——连结基金模式，为定向增发策略产品贡献了主要力量，目前诸如国泰君安、东方证券等众多券商也在筹备发行定增集合理财产品，准备分一杯羹。

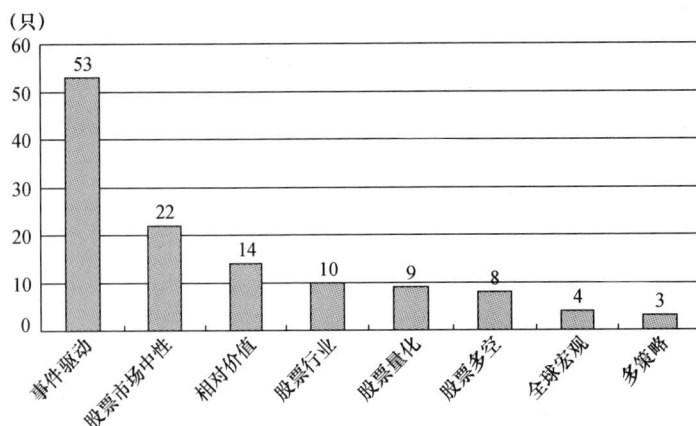

图8-20 中国创新策略私募基金策略分布

国泰事件驱动策略股票型基金是国内首只公募事件驱动基金，8月17日国泰事件驱动基金正式成立，首发募集17.31亿元。据Wind统计数据显示，截至2011年9月9日，在新成立的63只偏股型基金中，除了仅有鹏华新兴产业、国泰事件驱动2只次新基金净值在面值之上，其他61只次新基金均跌破了面值，部分指数基金自发行以来跌幅更是达到了17.5%。随着次新基金大面积跌破面值，近期成立的新基金建仓变得谨慎，建仓速度放缓。随着2012年股票市场止跌反弹，国内事件驱动基金逐步加快建仓节奏，累计收益率稳步上升，有望超越同期大盘累计收益水平。图8-21显示了国泰事件驱动基金自2011年9月至2012年3月的累计收益走势。在2011年第三季度，其累计收益率远远超过同期上证指数收益率和沪深300收益率，2012年其收益略低于同期大盘收益，但后期有望上升。

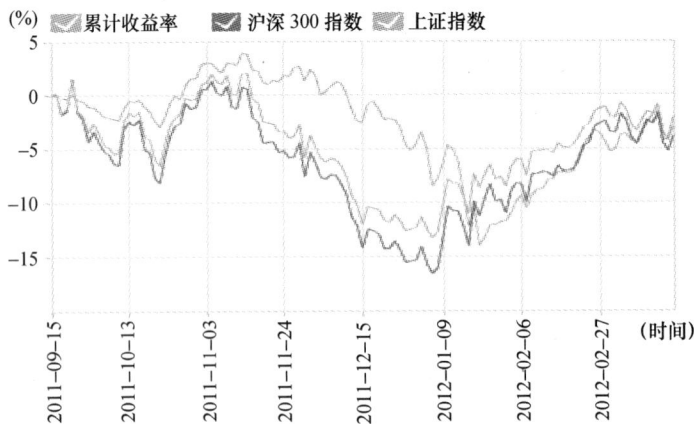

图8-21 国泰事件驱动（020023）累计收益走势

（二）困境证券基金潜力巨大

由于法律环境等各种因素的不同，目前中国尚未形成系统性的"受压资产"投资策略，但受压资产投资标的却已随处可见，比如安全问题频发的食品企业、环境侵权或灾难多发的矿业企业等。ST 公司也是一种较为典型的中国式"受压资产"。"戴帽"过程类似于美国上市公司进入破产保护程序，而"脱帽"过程则相当于"破产重组"程序。从受"三聚氰胺"事件影响伊利股份（600887）被"ST"到去"ST"的整个过程中，我们可以总结出中国式"受压资产"投资路线的大致脉络。

1. 食品业和矿业是受压资产较集中的领域

2011 年 7 月底爆出的"汤骨门"事件使得味千股价从约 18 港元最低跌至 8.7 港元，8 月 26 日收于 11.16 港元，仍较高位时下跌了 38%。近几年食品安全问题频发，使得食品行业成为国内"受压资产"较集中的领域。2008 年受"三聚氰胺"事件影响的伊利股份和蒙牛乳业，受"瘦肉精"事件打击的双汇发展（000895）等，均是中国式的受压资产投资标的。环保领域也是如此，其实行"举证责任倒置"的原则，由侵权公司负举证责任，也就是说如果侵权公司无法证明自己没有侵权，那么将承担侵权责任。如果发生侵权行为，侵权公司难辞其咎，那么将承担赔偿责任。进而言之，当有环境损害发生时，这类公司很容易陷入危机。由于中国并没有专门针对此类受压公司的策略，在 2010 年 9 月 21 日事发后，紫金矿业遭遇的系列索赔并没有引起资本市场的连锁反应，其股价反而连创新高。但在其后的一年中，投资者从未青睐过紫金矿业，紫金矿业股价最多时下跌 55%。随着人们对环境保护的日益重视，这类公司将成为受压资产投资策略的绝佳标的，见表 8-12。

表 8-12　八种举证责任倒置的侵权诉讼

侵权诉讼种类	举证责任方
因新产品制造方法发明专利引起的专利侵权诉讼	由制造同样产品的单位或个人对其产品制造方法不同于专利方法承担举证责任
高度危险作业致人损害的侵权诉讼	由加害人就受害人故意造成损伤承担举证责任
因环境污染引起的损害赔偿诉讼	由加害人就法律规定的免责事由及其行为与损害结果之间不存在因果关系承担举证责任
建筑物或者其他设施以及建筑物上的搁置物、悬挂物发生倒塌、脱落、坠落致人损害的侵权诉讼	由所有人或者管理人对其无过错承担举证责任
饲养动物致人损害的侵权诉讼	由动物饲养人或者管理人就受害人有过错或者第三人有过错承担举证责任
因缺陷产品致人损伤的侵权诉讼	由产品生产者就免责事由承担举证责任
因共同危险行为致人损害的侵权诉讼	由实施危险行为的人就其行为与受害结果之间不存在因果关系承担举证责任
因医疗行为引起的侵权诉讼	由医疗机构就医疗行为与损害结果之间不存在因果关系及不存在医疗过错承担举证责任

资料来源：新财富。

2. "ST"公司是较易复制困境证券策略的标的

虽然 2007 年 6 月 1 日执行的中国《破产法》第八章规定了债务人的重整，如第七十条规定，"债务人或者债权人可以依照本法规定，直接向人民法院申请对债务人进行重整。债权人申请对债务人进行破产清算的，在人民法院受理破产申请后，宣告债务人破产前，债务人或者出资额占债务人注册资本 1/10 以上的出资人，可以向人民法院申请重整"。但鲜有陷入亏损的上市公司经由破产法庭中各方力量的博弈和重整而重新进入盈利周期。中国资本市场中有一种类型的股票非常类似于美国成熟的受压力资产。根据交易所股票上市规则的相关规定，当上市公司连续两个会计年度的净利润为负值时，该上市公司会被冠以"ST"（Special Treatment，特别对待）之名。"三聚氰胺"事件发生后，伊利股份价格跌入低谷，但由于公司应对有方，生产销售很快恢复正常，股价逐步回升。如果在最低谷时介入，在 2010 年年底或 2011 年年初套现，收益率则超过 500%，如图 8-22 所示。

图 8-22　伊利股份股价走势（2007~2012 年）

资料来源：新浪财经。

（三）定向增发基金大放异彩

伴随着龙年股市的大幅反弹，定增产品大放异彩，率先掉头领涨阳光私募产品，而且多只定增产品业绩居于榜首。2012 年 2 月也迎来了定向增发产品募集发行的小高峰，募集中的定增产品共 11 只，其中 2 只于 2012 年 2 月成功发行。截至 2012 年 2 月底，包括募集中的产品在内的定增产品共 82 只，成为创新策略产品的第一大军。

根据相关数据统计，截至 2012 年 2 月 29 日，所有创新策略私募基金中运行满 1 个月且有净值披露的产品共 93 只，2 月平均收益率为 6.17%，而同期沪深 300 指数上涨 6.89%。在 7 种代表性策略中，定向增发总体表现出色，单月上涨 9.85%，定增系列同时也是上月的冠军策略，由于定增项目存在 1 年的封闭期，投资人无法根据对市场的研判进行仓位调整，自 2012 年以来在私募基金普遍谨慎持仓的环境下，重仓位的定增产品反弹迅速，连续两个月涨幅超越大盘，体现了上涨势态中单边策略整体优于对冲策略，见表 8-13。

表 8-13　策略收益率排名（截至 2012 年 2 月 29 日）　　　　单位：%

策略类型	2012 年 2 月	2012 年 1 月	近 3 个月收益率
定向增发	9.85	6.30	1.98
股票量化	5.37	-0.68	2.17
股票多空	3.19	2.28	14.38
全球宏观	2.25	5.95	4.43
股票行业	2.09	-3.69	-6.37

策略类型	2012 年 2 月	2012 年 1 月	近 3 个月收益率
相对价值	1.52	0.20	2.15
股票市场中性	0.87	−0.54	0.30
总计	6.17	0.75	1.43
沪深 300 指数	6.89	5.05	4.47

定增产品毫无争议地成为 2012 年 2 月的大赢家，数君投资旗下的 25 只定增产品雄踞前 25 位，外贸信托·博弘定增 1 期以 15.24% 的涨幅居于榜首。由于数君投资和东源投资旗下的定增产品均采用主基金—连结基金模式，子基金募得的资金注入主基金统一申购定增项目，因而在这种模式下系列产品的收益率相似，以下将仅以主基金为业绩代表纳入业绩分析范围。另外，由于截至报告期部分产品尚未公布 2 月净值，总体纳入本月业绩排名统计的创新策略产品共 61 只，2012 年 2 月业绩前十位见表 8−14。

表 8−14 创新策略产品收益率前十位（截至 2012 年 2 月 29 日）

序号	产品名称	策略类型	管理人	2 月收益率（%）	累计净值
1	博弘数君	定向增发	数君投资	13.99	1.1140
2	广晟量化优选 1 号	股票量化	广晟财富	12.71	0.9150
3	中融·中融执耳医药	股票行业	执耳投资	11.19	0.8722
4	东源（天津）股权投资基金	定向增发	东源投资	8.62	0.8894
5	中信信托·升阳 3 期	股票量化	升阳资产	7.92	103.5700
6	中信信托·升阳 2 期	股票量化	升阳资产	7.09	104.9700
7	外贸信托·茂源 2 号	股票量化	茂源投资	6.75	0.9652
8	兴业信托·道冲 ETF 套利稳增	相对价值	道冲投资	6.43	0.9942
9	中信信托·升阳 1 期	股票量化	升阳资产	6.24	102.1400
10	兴业信托·申毅量化 1 号	股票量化	申毅投资	5.85	1.0418

博弘数君主基金 2012 年 2 月盈利 13.99%，排在第一位，广晟财富旗下的量化基金广晟量化优选 1 号上涨 12.71%，位于第二，第三位的执耳投资旗下的医药行业基金中融·中融执耳医药，收益率为 11.19%。2012 年 2 月有 4 只产品出现亏损，中海·广发证券定向增发 1 号回撤 4.03%，位于榜尾，其他 3 只产品的跌幅均在 1% 以内。其中，宏观策略产品潮鑫泰安·量化成长 1 期下跌 0.79%，1 只定增产品中海·定增包三期和 1 只相对价值策略产品华宝·海集方 1 期分别下跌 0.32% 和 0.05%。总体而言，本月国内私募基金中定增基金表现突出，遥遥领先。以下是博弘数君产品的业绩走势，博弘数君收益在 2011 年下半年呈下降趋势，这与年末大盘单边下行有关。2011 年以后，随着大盘单边反弹的推动，博弘数君产品表现良好，取得了 37.75% 的相对收益，基金净值逐日上升，如图 8−23 所示。

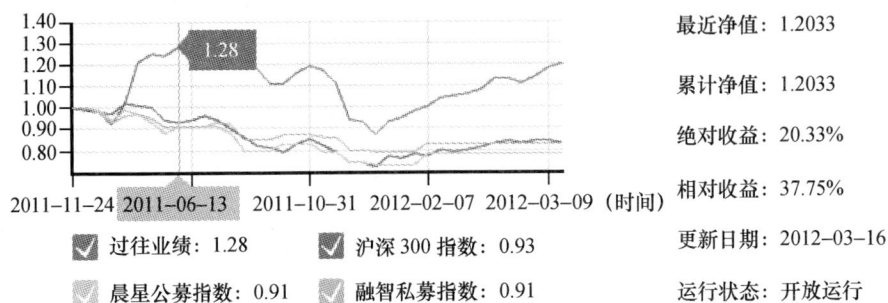

	最近净值：1.2033
	累计净值：1.2033
	绝对收益：20.33%
	相对收益：37.75%
	更新日期：2012-03-16
	运行状态：开放运行

☑ 过往业绩：1.28　　☑ 沪深300指数：0.93

☑ 晨星公募指数：0.91　　☑ 融智私募指数：0.91

图8-23　博弘数君产品业绩走势

七、国内事件驱动策略发展优势与挑战

（一）事件驱动策略优势

1. 降低市场相关性，获取超额收益

事件驱动基金没有采用传统"配置"的思路，而是根据影响上市公司的一些事件驱动因素来进行组合构建，以降低与整个市场的相关度，在某种程度上规避了市场的系统性风险。针对国内证券市场做空机制尚不健全的现状，目前还无法完全复制国际市场中成熟的事件驱动策略，但是事件驱动策略本身的收益不仅包括系统性风险的回报，还包括事件驱动因素带来的回报，理论上仍然能够获得长期稳定的超越市场的表现。而且，相比于海外市场，国内市场信息摩擦相对来说更大，因事件性驱动因素导致股票价格和价值之间的偏差更为显性和频繁，因此专业投资机构更易发挥其专业优势，把握事件性投资机会的可能性和获利空间更大。事实上，从公募基金历史净值的表现来看，基金投资同质化特征非常明显，牛市中歌舞升平，熊市中一损俱损。这是由于公募基金群体在一个相同的经济环境中采取了基本雷同的投资策略，无论是自上而下还是自下而上，和宏观经济周期、所投资行业的景气周期相关度都非常高。

2. 适应市场现状，投资另辟蹊径

价值投资、成长投资主要解决"买什么"的问题，而事件驱动策略是在经过价值和成长等基本面因素筛选后试图解决"何时买"的问题。中国证券市场目前远非有效市场，虽然从长期看价格终将反映价值，但市场经常会失灵（错误定价），而失灵往往发生在企业发生一些重大事件之后，市场参与者不能及时、准确地解读，甚至做出误判，这对事件驱动策略而言便意味着投资机会。事件驱动投资策略和2011年大热的主题投资的主要区别在于，主题投资仅仅考虑对某一时间的某个主题做投资，并不考虑市场的反应是不足还是过度，而事件驱动策略投资主要基于市场对事件的反应，从市场的反应不足或者反应过度中找到投资机会。长期来看，国内经济增速趋势性减缓的态势已经比较清晰。2012年上市公司盈利尽管不会有大幅下降，但由于成本上升、库存压力等原因增速会适当放缓，对二级市场整体的估值形成制约。中国经济高增长的阶段即将过去，投资拉动的经济增长模式将难以为继。在这样的大背景下，A股市场将很难出现趋势性的投资机会。结构性的投资机会在2011年已经表现得比较充分，

2012 年很难再延续。在这种市场特征下，相对于传统的靠资产配置和板块轮动，采取自下而上的事件驱动策略选股会带来更好的投资效果。

（二）定向增发投资机会众多，折价率高

图 8 - 24 显示了 2006 ~ 2010 年各年国内定向增发公司的平均折价率，5 年来，A 股再融资市场每年的定向增发数量基本稳定，从 2006 年到 2010 年完成定向增发股票的数量分别是 37 只、90 只、44 只、66 只和 102 只。2006 年定向增发的 37 只股票平均涨幅为 201.7%，同期定向增发指数上涨 68%，超过大盘 57% 的涨幅，其中个股名流置业（000667）、苏宁电器（002024）、中信证券（600030）等涨幅超过 300%。虽然 2007 年定向增发的 90 只股票半数以上经历了 2008 年的大熊市后解禁，但平均涨幅依然达到 14.1%。同期定向增发指数上涨 253%，远超大盘 99% 的涨幅，而且产生了云南铜业（000878）、山西三维（000755）等涨幅超过 200% 的个股。2008 年定向增发的 44 只股票，尽管前期发行股票经历了 2008 年的大熊市，但平均涨幅依然达 28%。同期定向增发指数虽然下跌 50%，也远高于大盘 66% 的跌幅。2009 年定向增发的 62 只股票，已解禁部分的平均涨幅为 51.2%，同期定向增发指数上涨 160%，远远高于大盘 74% 的涨幅，并产生了沧州明珠（002108）、青海明胶（000606）、新疆城建（600545）等 9 只翻番的股票。2010 年定向增发的 102 只股票同期定向增发指数上涨 28.5%，大盘下跌 14.3%。纵观在此期间定向增发的发展趋势可以看出，国内定增折价率较高，投资机会众多。2006 年以来 247 次定向增发中有 240 次具有折价，平均达 27%。另外，折价率随时间变化而较少，2006 年至 2010 年第一季度末，定向增发的平均折价率为 20% ~ 30%。

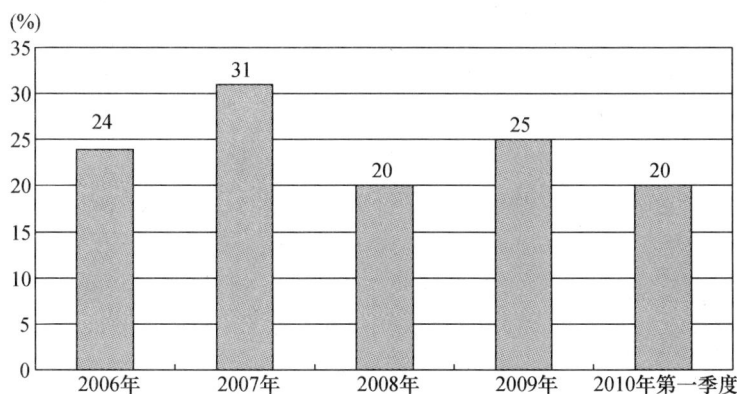

图 8 - 24 2006 ~ 2010 年定向增发平均折价率

资料来源：上海证券交易所、深圳证券交易所。

（三）做空机制不健全，相关法规有待完善

目前我国的转融通刚实施，虽然将股指期货纳入可投资品种之一，但由于证监会现在还没有一个明确的规定公募基金参与股指期货的准则，譬如如何参与、如何开户、参与的比例、持有期货的头寸等，这些具体操作都还没有，所以没有任何一家公募基金能运用股指期货进行相应的事件驱动投资。这对事件驱动策略在公募行业发展不利。

经过 2011 年下半年连续亏损和 2012 年年初的反弹上涨，我国定向增发投资基金表现出极强的市场相关性，体现出上涨势态中单边策略整体优于对冲策略。做空机制不健全与相关法规

限制是造成定增基金高市场相关性的重要原因。另外，由于法律环境等各种因素的不同，目前中国尚未形成系统性的"受压资产"投资策略，但受压资产投资标的却已随处可见。逐渐降低融资融券费率和完善相关法规建设是促进我国事件驱动策略发展的重要条件。

（四）业内人才捉襟见肘，事件基金经理难求

2011年9月，《望东方周刊》发布了"中国基金经理创富榜"，在前十大最赚钱的基金经理中，华夏基金的巩怀志、童汀分别列第6位、第7位，其中王亚伟名列第9位。华夏基金是唯一有3位基金经理进入前10名的公司，嘉实和易方达各有2位基金经理进入前10名。其中，嘉实的雒唯、邵健分别以242.55亿元、152.97亿元的盈利额居于第1位、第3位；易方达的吴欣荣、伍卫分别以159.90亿元、114.33亿元的盈利额居于第2位、第8位。但是随着资本市场的日益火爆，广大"外行人"纷纷投身这个行业，作为专业人士的基金经理顿时显得"供不应求"。基金经理频繁地更换东家，甚至转投私募，还有少数基金经理自己另起炉灶。随着基金管理资产规模的迅速膨胀，基金公司人员配备明显的不足暴露无遗，尤其在基金经理后备人才的培养上更凸显出前期人才储备的匮乏。据国金证券的研究显示，基金业人才流动已成为常态，2010年基金经理合计变动220次，数量上较前几年有明显的增多，但如果从变化频率来看，2010年变动次数占基金数量的比例为30%，与2009年基本持平，并且从基金经理变更的性质来看，2010年有近30%的基金经理调整属于内部调动。人才流失与业绩密切相关，人才稳定的公司往往实现了业绩与规模的突围。以2011年业绩表现出色的华商基金为例，其自2009年以来对投研力量做了较大扩容，目前华商基金管理6只基金，但基金经理有9个人，公司自成立以来尚未发生过投研团队的核心人物离职的情况。

和国外诸多对冲基金通过捕捉高频交易数据，进行事件性投资不同，国内更多的还是立足于信息的采集和分析，这对基金经理要求较高。事件驱动型投资要求基金经理有开阔的视野和独特的视角，非常考验基金经理的个人判断能力。王亚伟重组做得好，但是并不是人人都能成功复制。判断力是做事件驱动投资最核心的素质。做事件驱动投资不能跟风，不能把自己定位为追逐者，而是要提前发现会被市场认可的机会。事件驱动型投资不在于能够达到百发百中，而在于捕捉到获利的概率，可能20次里面有四五次成功就可以了。事件驱动型比较适合对风险和波动有一定接受能力的投资者，而且规模不宜过大，否则很难灵活操作。目前，国内基金业整体人才偏紧，各家基金虽然已开始从各方面留住并扩大人才，但远水解不了近渴，面对2011年开始的基金业规模新一轮扩充，补充这些方面人才的缺口已迫在眉睫。

第三节　管理期货（CTA）策略研究报告

一、管理期货基金概述

（一）期货的定义

期货是现在进行买卖，但是在将来进行交收或交割的标的物，这个标的物可以是某种商

品,也可以是金融工具,还可以是金融指标。交收期货的日子可以是一星期之后、一个月之后、三个月之后,甚至一年之后。买卖期货的合同或者协议叫作期货合约。

(二)管理期货基金的定义和特征

管理期货是对冲基金投资策略之一。使用该策略的基金是指将资金委托于专业的资金管理人,由其自主决定投资于全球期货市场和期权市场以获利,并且同意资金管理人收取相应的管理费用。根据美国 2000 年《商品期货现代法》的规定,管理期货(Commodity Trading Advisor,CTA)即商品交易顾问,是通过给他人提供商品期货期权相关产品买卖建议和研究报告,或是直接代理客户从而获取报酬的一种组织。

相比其他的对冲基金投资策略,管理期货有其独有的特征:

(1)非常透明,所以投资者能够准确地看到其账户中正在发生何种变化。

(2)管理期货受到严格的监管,投资者的投资安全有保障。

(3)只办理交易所交易的证券,管理期货是标准化的并且流动性很强。

(4)管理期货提供了一种对抗通胀或紧缩的机制。

(5)存在着大量不同的管理期货策略,每一种策略都能够通过投资于全球市场和金融工具实现其自身的多样化。

(6)与股票、债券等传统投资的关联性极低,因此投资者能够独立于市场条件而获利。

(7)管理期货所使用的收益来源完全不同于股票、债券等传统投资所使用的收益来源。

(三)管理期货基金的市场份额

管理期货基金的资产管理总规模依然偏小。从图 8 - 25 可见,截至 2010 年 12 月,全球管理期货基金管理的资产规模占对冲基金总规模的 9.6%。管理期货基金的管理规模高于专注于投资固定收益类金融工具的对冲基金,但相对于其他策略仍占较小的比例。

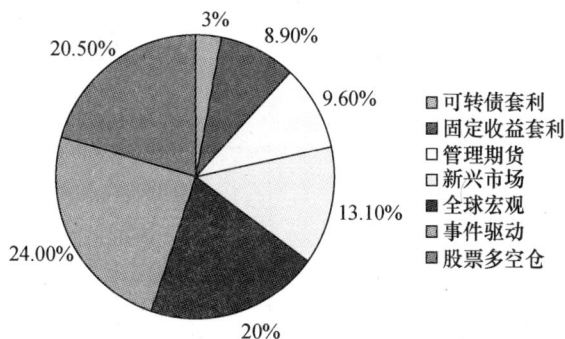

图 8 - 25 管理期货基金的市场份额

资料来源:IFSL;中金阿尔法;数据截至 2010 年 12 月 31 日。

二、投资工具和投资模式

CTA 基金的投资品种不仅局限于商品期货,而且涉及股指期货、外汇期货、国债期货以及电力期货等几乎所有的期货品种。按照市场参与面和交易方法,管理期货可以分成以下几大类。

(一)程序化投资模式

此种投资模式按照一个通常由计算机系统产生的系统信号来做出交易决策,这种交易决策在一定程度上避免了决策的随意性。如果系统长期运行正常,会产生比较稳定的收益。另外,程序化交易类 CTA 基金是 CTA 基金中最大的组成部分。

(二)多元化投资模式

多元化管理期货基金投资的期货合约有时候可达到百种之多,涉的品种也非常多。采用多元化投资模式进行投资的 CTA 仅次于程序化投资模式。

(三)各专项期货品种投资模式

专项期货品种投资模式包括金融期货、金属期货、农产品期货和货币期货 4 类。专项期货品种投资模式的特点是该 CTA 主要投资于某一大类的期货品种,如农产品 CTA 的主要投资标的是农产品期货品种,并且主要是利用某种套利技巧进行投资。

(四)自由式投资模式

这类 CTA 的投资策略一般建立在基本分析或者关键经济数据分析的基础上,由于他们经常使用个人经验来做出并执行交易决策,所以他们一般都只专注于某个他们熟悉的特殊或者相关的市场领域。从长期来看,自由式投资模式产生的风险和收益不够稳定。当然,这类模式现在也是整个期货投资基金行业的组成部分。

从表 8 – 15 可以看出,2011 年第四季度,在 3140 亿美元的资产规模中有接近 2600 亿美元采用程序化投资模式,比重超过 80%。采用多元化投资模式的金额仅仅次于程序化投资,有超过 1800 亿美元的资金采用这类模式。另外,有超过 260 亿美元的资金采用自由式投资模式进行期权期货的交易,表明该投资模式在行业中也占有一定的地位。

表 8 – 15　2011 年管理期货各投资策略资产管理规模　　　　单位:10 亿美元

管理资产	4th Qtr11	3rd Qtr11	2nd Qtr11
管理期货	314.6	320.3	299.2
行业			
农产品交易	1.09	1.38	1.38
货币交易	27.28	28.09	27.21
多品种交易	181.91	186.59	174.91
金融/金属交易	81.64	86.84	82.61
主观交易	26.98	27.57	29.82
程序化交易	259.88	269.33	250.65

资料来源:barclayhedge.com。

三、美国管理期货运作流程

美国管理期货运作流程如图 8 - 26 所示。

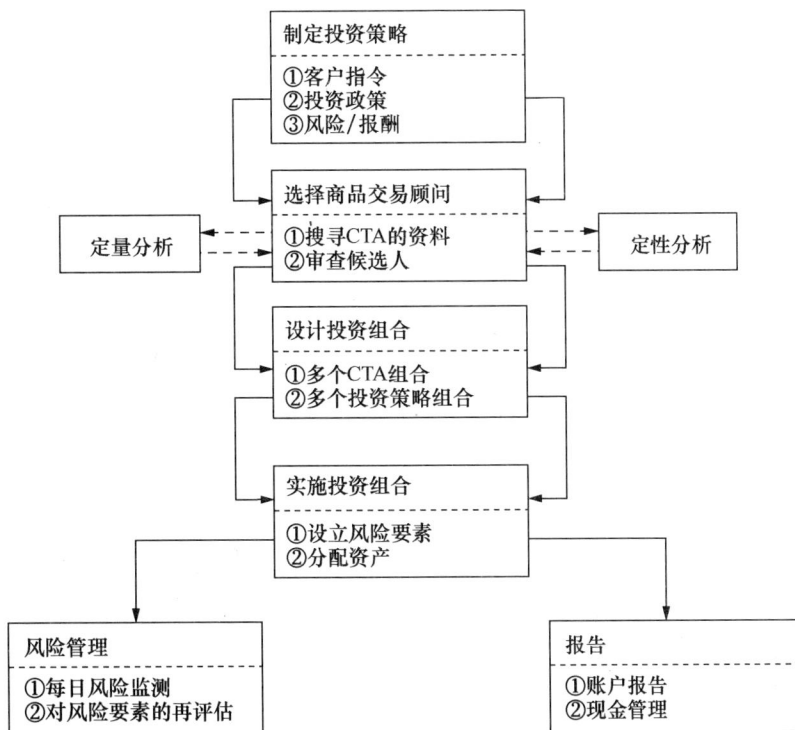

图 8 - 26　美国管理期货运作流程

（一）制定投资政策和目标

投资过程的第一阶段是制定一个与投资目标、程序以及委托人（机构投资者）的指令相一致的投资策略。商品基金经理（CPO）和机构投资者必须确定如下因素：

（1）某一特定资产或者整个投资组合的目标收益率。

（2）风险厌恶程度和市场波动性。

（3）交易策略的分散化。

（二）鉴定和挑选商品交易顾问

制定投资目标以后，CPO 将根据机构投资者的特定投资政策要求来设计一个由多个 CTA 构成的组合。大部分 CPO 都建立了一套独有的分析研究工具来鉴定和筛选 CTA，运用的是非常严密的定量和定性分析程序。

（三）设计和构造投资组合

FPM 挑选几个 CTA 构成一个组合，而不同的 CTA 有不同的投资策略，这样就形成了一个多投资策略的组合。在设计投资组合时，研究重点应该是各个 CTA 的交易策略之间的内在联系，应该分别评估各个 CTA 在整个组合中的业绩表现。

（四）实施投资组合

该阶段包括几个重要的步骤：
（1）完成所有当事人的法律协议。
（2）调查并确定经纪公司等交易代理。
（3）开立交易账户，完成现金管理安排。
（4）商议管理费率。

（五）风险管理、监测和审查

要求每天对期货投资基金进行风险监测，对构成风险的要素进行评估。目前，美国期货投资基金已经能够通过专门的计算机软件来对市场行情进行监控，当市场行情发生有利或者不利的变动时，软件会自动提醒商品交易顾问进行止损或者改进止损点。

（六）现金管理

期货交易实行保证金制度，这要求机构投资者必须持有一个最低数量的担保，形式可以是该机构投资者持有的现金或有价证券（大多数经纪公司都接受美国国库券、国债券等作为抵押担保品）。

（七）报告

管理期货投资策略实施以后，FPM 就向机构投资者提供量身定做的报告，包括日报、月报、季报和年报，报告的内容主要包括：
（1）市场行情回顾。
（2）每日交易行为总览。
（3）对风险要素（波动率、杠杆率、利润/损失等）的审查。
（4）已交割和未交割的头寸。
（5）交易集中度。
（6）对 CTA 的评估。
（7）对组合的评估。

四、管理期货基金的发展演进

（一）初始和起步阶段（1949 年至 20 世纪 70 年代）

1949 年，美国海登斯通证券公司的经纪人理查德·道前（Richard Donchian）建立了第一只公开发售的期货基金，成为世界上第一只真正意义上的期货投资基金。1965 年，唐（Dunn）和哈哥特（Hargitt）作为 CTA 建立了第一个著名的管理期货账户。1967 年，计算机交易系统被试用于期货交易。1969 年，人们开始将商业化的交易系统大量运用于美国期货市场的投机交易。当时期货投资基金开始引起人们的兴趣，但投资者主要是小额资金客户。

1971 年，管理期货行业协会（Managed Futures Association）成立，标志着期货投资基金行业的形成。1972 年 5 月，芝加哥商品交易所开始进行金融期货交易，从此以农产品交易为主的期货市场开始转向以金融期货交易为主，为货币和资本市场提供避险工具。1975 年，美国商品期货交易委员会（CFTC）成立，监管期货投资基金经理（CPO）和商品交易顾问（CTA）的活动。

（二）平稳发展时期（20 世纪 70 年代至 21 世纪初）

20 世纪 80 年代，期货品种由农产品发展到债券、货币、指数等金融领域，期货投资基金在资产的风险管理与运作方面的作用日趋重要。随着现代投资组合理论的诞生和投资技术的不断提高，期货投资基金规模迅速扩大。由于期货投资基金在 1987 年美国股市大跌期间所表现出的高收益特征，期货投资基金日益受到金融界的重视和大众投资者的欢迎，管理期货也正是在这个时候在全球范围内兴起的，如图 8 - 27 所示。

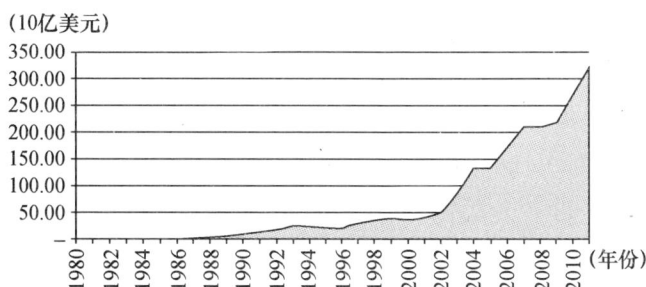

图 8 - 27　管理期货的资产管理规模

资料来源：Barclayhedge.com，数据取自 2011 年 12 月 31 日。

其中，日本 CTA 基金始发于 1987 年。最初是由一些投资者将私募的资金转移至美国，在巴拿马等一些避税天堂国家设立投资公司，并将资金委托给美国的投资顾问公司在世界各地的期货市场进行专家理财。1989 年，日本第一只期货基金正式成立。两年后，日本政府颁布了《商品基金法》，逐步规范商品基金市场的秩序，经随后多年对补充修正案的不断查漏补缺，最终于 2000 年 12 月由 JCFA（Japan Commodities Fund Association）正式将多年来不断完善的日本《商品基金法》编印成册。

管理期货从美国走出实现全球化，可以从其资产规模中看出在 20 世纪 80 年代到 21 世纪初的平稳发展趋势。短短 20 年间其资产管理规模已由 1980 年的 3.1 亿美元增加到 509 亿美元。根据美国期货交易委员会（CFTC）的资料显示，截至 2000 年 9 月，美国共有基金经理（CPO）1416 个、交易顾问 935 个。目前，美国期货投资基金不仅成为期货市场上的主要投资工具，而且已成为机构投资组合中不可缺少的部分，在繁荣美国期货市场及促进美国资本市场发展方面发挥着重要作用。

（三）黄金发展阶段（21 世纪初至今）

从图 8 - 27 可以看到，自从 2002 年以来，管理期货的规模出现爆炸式增长。这是由于 21世纪以来世界经济发展并不平稳，其中 2003 年股市出现的"网络泡沫"以及 2007 年以来的次级债危机都导致投资者对未来的经济发展信心不足。管理期货基金由于与股票、债券等传统投资的关联性极低，是投资者列入投资组合，降低投资风险的不二选择。从图 8 – 28 可以看到，2007 年下半年由次级债引发的全球金融危机以来，全球股市大幅下挫，整体对冲基金规模缩减超过 1 万亿美元，但同期全球五大期货 CTA 基金旗下的资产却依然取得了正回报，整体期货管理基金也因此而跑赢全球股指逾 40 个百分点。

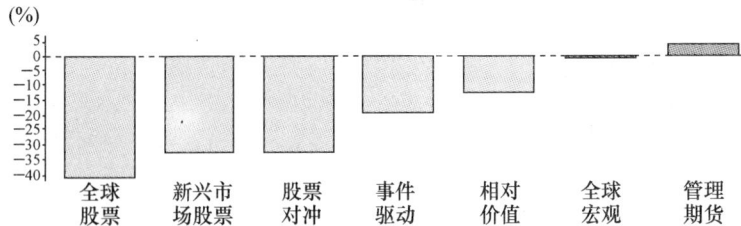

图 8 – 28　全球各类基金的表现对比（2008 年 8 月 1 日至 2009 年 3 月 31 日）

资料来源：MF Global 年报。

从表 8 – 16 中可以看出，现在全球最大的 CTA 基金都在欧美，其中又以美国和英国为主，像英国的 Winton Capital Management Ltd. 管理的期货基金规模就超过 280 亿美元，美国的期货基金 Man AHL 的规模也将近 200 亿美元。

表 8 – 16　全球五大 CTA 基金规模及收益率

CTA 基金名称	CTA 基金规模（亿美元）	2012 年收益率（%）
Winton Capital Management Ltd.	288.40	14.59
Man – AHL（USA）Limited	196.00	13.97
BlueCrest Capital Management Ltd.	140.217	15.55
Transtrend B. V.	76.48	15.06
Aspect Capital Limited	66.66	10.33

资料来源：Altegris Analytics；数据收集于 2012 年 2 月。

五、管理期货的优势

（一）低相关性

管理期货基金与各主要股票指数和商品期货指数之间相关性极小（见表 8 – 17），并且为负相关。据 2006 年 1 月至 2010 年 12 月的统计资料，管理期货基金与标普 500 指数、道琼斯世界指数、高盛商品指数之间的相关系数分别为 – 0.11、– 0.05、– 0.01，因而管理期货成为重要的分散化投资工具。

表 8 – 17 管理期货基金与主要股票及商品指数的相关系数

	管理期货	标普 500 指数	高盛商品指数	道琼斯世界指数
标普 500 指数	– 0.11	1.00	0.52	0.96
道琼斯世界指数	– 0.05	0.96	0.61	1.00
高盛商品指数	– 0.01	0.52	1.00	0.61

资料来源：Hedge index；中金阿尔法；统计时间为 2006 年 1 月至 2010 年 12 月。

（二）提升资产组合的收益率

管理期货基金多空开仓，杠杆操作及模型化运作的特点，使得采取该策略类别的对冲基金无论是在平均收益，还是所承担的风险上，均优于主要股票及商品指数（见表 8 – 18）。

表 8 – 18 管理期货基金收益及风险优于主要基准指数

	管理期货	标普 500 指数	道琼斯世界指数	高盛商品指数
平均每月收益率（%）	0.85	0.42	0.36	– 0.01
平均月标准差（%）	3.60	4.98	5.56	7.79
平均年标准差（%）	12.47	17.24	19.25	26.98
夏普比率	0.63	0.09	0.02	– 0.22

资料来源：Hedge index；中金阿尔法；统计时间为 2006 年 1 月至 2010 年 12 月。

管理期货不仅能降低资产组合风险，还能够增加总体资产的表现。在传统的资产组合中加入管理期货能够降低风险，同时提高收益。仅仅有股票和债券组成的资产组合，其标准差为 8.3%，而收益率为 7.2%。在资产组合中加入 20% 的管理期货，资产组合的标准差将降至低于 7%，而收益率将上升至 8%。若资产组合中仅仅包括管理期货，则标准差将超过 12%，而收益率也将超过 11%。

（三）多元化投资

从图 8 – 29 可以看到期货市场的多元化，有 44% 的期货产品是与利率相关的，如一个月的 LIBOR，也有 24% 的产品是与各大权益指数相关。外汇、金属、能源，还有其他商品，如大豆、小麦等也在期货市场中占据一定份额。

由于存在不同的期货市场，且在不同的金融和商品市场中管理期货也具有高度可行性，所以通过在全球市场分散化投资，管理期货能从股票债券市场的价格变动中赢得利润。

在全球范围内不同增长的期货交易允许交易顾问通过不同的地域市场、不同的产品来进行多元化投资。交易顾问因而有充足的机会在不相关的市场选择，从而降低风险和提升盈利。管理期货能够提供对地理因素波动（如天气变化、政治动荡）的保护，这些因素原本能够影响商品期货或者金融期货。

（四）不同的经济环境中盈利

由于能在看涨市场中持有多头或看跌市场中持有空头，所以管理期货能够在不同的市场中赚取利润。而且，管理期货能够很容易就持有多头或者空头。伴随着与其他市场较低的相

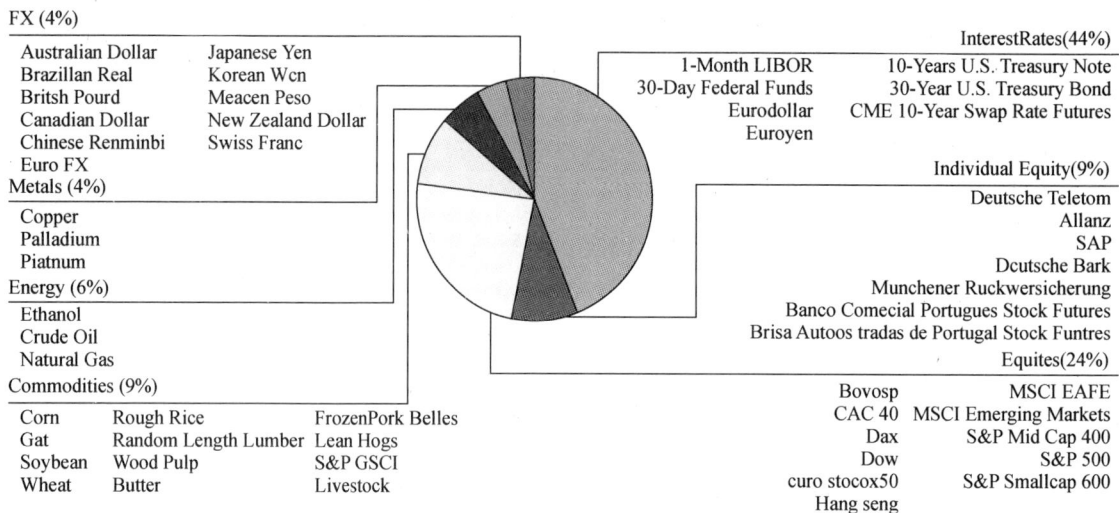

FX (4%)	
Australian Dollar	Japanese Yen
Brazillan Real	Korean Wcn
Britsh Pourd	Meacen Peso
Canadian Dollar	New Zealand Dollar
Chinese Renminbi	Swiss Franc
Euro FX	

Metals (4%)
Copper
Palladium
Piatnum

Energy (6%)
Ethanol
Crude Oil
Natural Gas

Commodities (9%)

Corn	Rough Rice	FrozenPork Belles
Gat	Random Length Lumber	Lean Hogs
Soybean	Wood Pulp	S&P GSCI
Wheat	Butter	Livestock

InterestRates(44%)

1-Month LIBOR	10-Years U.S. Treasury Note
30-Day Federal Funds	30-Year U.S. Treasury Bond
Eurodollar	CME 10-Year Swap Rate Futures
Euroyen	

Individual Equity(9%)
Deutsche Teletom
Allanz
SAP
Dcutsche Bark
Munchener Ruckwersicherung
Banco Comecial Portugues Stock Futures
Brisa Autoos tradas de Portugal Stock Funtres

Equites(24%)

Bovosp	MSCI EAFE
CAC 40	MSCI Emerging Markets
Dax	S&P Mid Cap 400
Dow	S&P 500
curo stocox50	S&P Smallcap 600
Hang seng	

图 8 – 29　期货市场的组成

资料来源：FIA 2007.

关性，相比传统资产市场，这种优势导致管理期货在低迷的股票和债券市场中能有更好的绩效。

图 8 – 30 列出了传统资产组合与管理期货在股票市场衰退时期的表现对比，在列出的 10 个时期中管理期货在其中 9 个时期仍能保持盈利，而传统的资产组合均处于亏损状态。

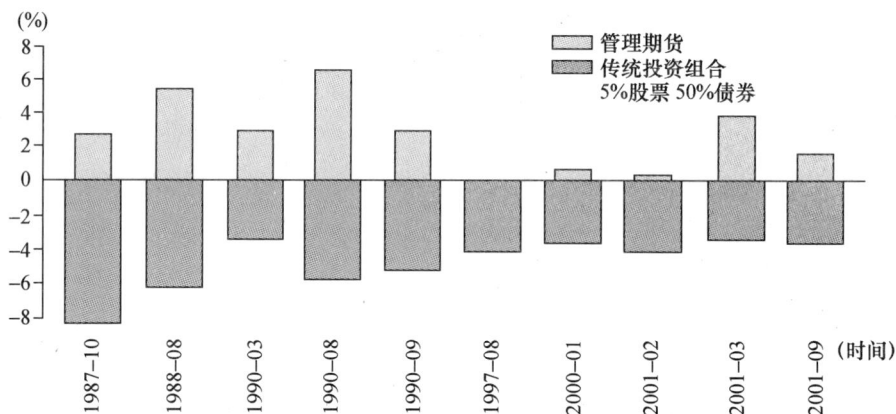

图 8 – 30　在股票市场衰退时期，管理期货和传统资产组合表现的对比（1987～2010 年）

资料来源：中金阿尔法。

从图 8 – 31 可以看出，在 1987 年的"黑色星期一"中，道琼斯指数大跌，而管理期货仍能保持超过 20% 的盈利，相同的事情在"9·11"事件之后仍能发生，股票市场大跌 16.3%，而管理期货市场仍能保持 8.3% 的盈利。

（五）损失有限

损失是任何一个基金在股票紧缩中都必须经历的。然而，因为管理期货能够持有空头或者多头，因而其能比其他的投资工具更有效率地减少损失。如图 8 – 32 所示，管理期货相比于其他全球权益指数有更少的损失。

风险事件发生时 (01/1984~02/2008)

长期资本损失46亿(1998)   +1600%
                          +1200%
                          +1000%
管理期货   +800%
                          +600%
黑色星期一   +400%
              9月 11.2001
              美国股票   +200%

海湾战争 (1990)   0%

1984 1986 1988 1990 1992 1994 1996 1998 2000 2002 2004 2006 2008 (年份)

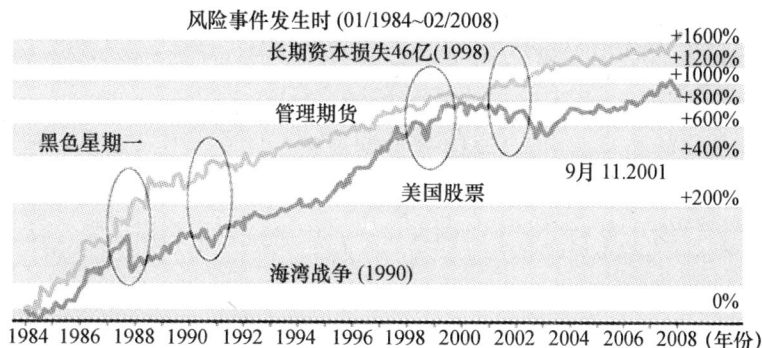

图 8 - 31 道琼斯指数和 CTA 指数的波动对比

资料来源：Bloomberg.

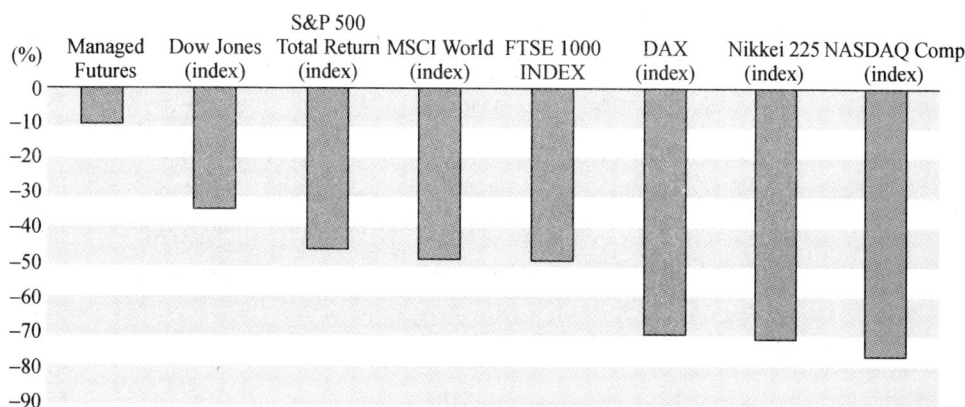

(%) Managed   Dow Jones S&P 500   MSCI World FTSE 1000 DAX   Nikkei 225 NASDAQ Comp
    Futures   (index)   Total Return (index)   INDEX   (index) (index)   (index)
                         (index)

图 8 - 32 管理期货与各指数的损失对比

资料来源：Bloomberg.

　　除了损失有限之外，管理期货也能较快地从损失中恢复过来，部分原因是由于其能够在衰退市场中采用空头交易，也由于管理期货本身的损失较少。由于其不能够在衰退市场中采用看空策略，传统的股票指数在熊市中会经历非常剧烈的下降。如图 8 - 33 所示，可以看到股票市场在 2000 年 9 月到 2002 年 9 月下降了 44.7%，因此也需要更长的时间从这么大的损失中恢复。

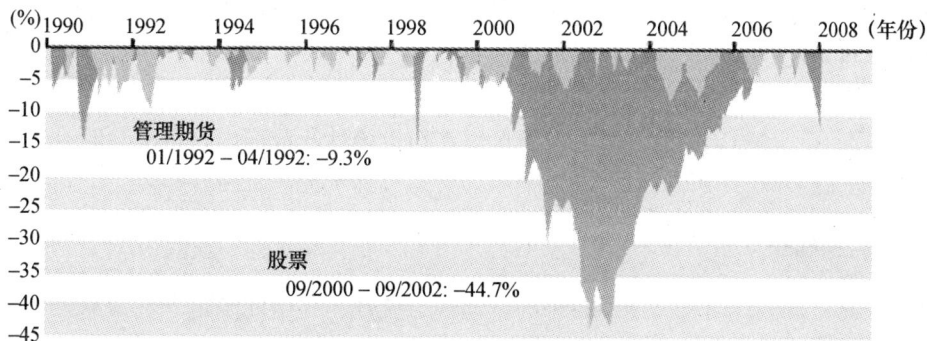

(%) 1990 1992 1994 1996 1998 2000 2002 2004 2006 2008 (年份)

管理期货
01/1992 - 04/1992: -9.3%

股票
09/2000 - 09/2002: -44.7%

图 8 - 33 管理期货和股票市场损失持续期的对比

资料来源：Bloomberg.

六、管理期货基金投资策略分析

管理期货通过固定收益和递增收益两个方式投资设计产品。其主策略可以被进一步分成7个子策略：固定收益套利子策略、无风险套利子策略、统计套利子策略、趋势套利子策略、多商品组合投资子策略、跨市套利投资子策略和单品种组合投资子策略。

（一）固定收益套利子策略

套利交易依据其指导思想的不同可以粗略地分为3种：依据现货价差和期货价差严重背离时挖掘的无风险套利；参考历史交易的情况，结合现实基本面，以统计套利思想为指导的市场统计套利；在相关品种出现明显趋势时，从技术分析层面上挖掘的趋势套利。

（二）无风险套利子策略

由于期货价格的自身属性，其时常会大大偏离理论价格，这导致期货市场的一个显著特点就是总有无风险套利操作机会。无风险套利模型主要体现在跨期套利和期现套利上。跨期套利是指当两个不同到期月份的同种商品期货合约产生较大价格偏差时，通过做多被低估合约、做空被高估合约的方法，待其价差恢复正常时获利平仓。期现套利是指当商品的期货价格高过现货价格的幅度超出卖出交割费用时，商品生产商可在期货市场上抛售，实现高于正常销售的利润。

当实际价差＞套利成本时，跨期利润＝实际价差－套利成本，当利润达到一定程度的时候，进行获利平仓。当两合约价差逆向走高时，到期可进行交割，获取稳定套利利润，达到无风险套利的目的。当然，无风险套利的机会不可能经常出现，但一旦出现，将是一种最稳健的获取收益的方法。

（三）统计套利子策略

由于无风险套利机会不经常出现，所以主要的投资方向是跨品种套利。跨品种套利策略中的两个品种间不具有确定的因果关系，只具备一定程度的相关关系。这种相关关系来源于上市品种间具有相互替代性或均处于同一产业链。跨品种套利正是利用这种相关性在不同品种的期货合约分别做多和做空，以期在有利时机分别对冲在手合约以获利。在制定跨品种套利策略时，不仅要分析品种相关性的机理，还要考虑相关性的影响因素。根据品种间相关性的原理，可将跨品种套利大致分为替代性套利和产业链套利。

据此，使用数学统计的方式进行套利机会的挖掘，根据大量历史数据统计，便可以计算出这两种商品的置信区间图，置信区间的设定可以在历史统计的范围内进行交易时有一个概率性的方向，因为从概率论的角度来说，做概率大的交易有利于提高交易胜率。

（四）趋势套利子策略

利用统计套利方法对期货市场各品种的价差进行统计，并由此确定套利策略。但大部分期货品种的价差并不遵循一定的规律，即该价差往往存在着一种趋势，而这对于统计套利所要确定的一种均衡关系无法满足，从而使得投资者无法用统计套利的模型进行套利分析，而这就需要使用趋势套利的方法进行套利。

趋势套利操作方法主要是指套利交易者在进行套利时参考当时两个市场同种商品或同一市场两个合约的强弱表现来决策，买进强势合约而卖出弱势合约形成的套利。这种套利操作适用于所有具有套利条件的合约，其理论基础是"趋势仍将延续"，弱势合约在没有其他因素的影响下后期还将表现出弱势，而强势合约同时继续保持强势，这和技术分析中的3个理论基础中"价格沿趋势运动"相似。在实际操作中，套利交易者还可以通过绘制两个商品的价差图来进行技术分析，决策是否进行"正套"或者"反套"，平仓或者建仓，从而达到获利的目的。笔者在实际研究中发现，趋势套利多出现于金属品种。趋势套利其实相当于"单边交易"，只是在建立一个品种合约的时候相应地在另外一个品种建立反头寸进行风险对冲，以达到买强抛弱的目的，其风险较统计套利模型大，但收益较为可观。

（五）多商品组合投资子策略

多品种组合交易的基本设计思想是分散化投资组合的标准交易模式，在这样的模式中，所有的流程都是标准化的。组合的商品类别、头寸控制、进出规则等都有标准的设计。这样便解决了"怎么做、做什么、做多少"的3个期货交易的基本问题。

怎么做，指实际交易中进出场的具体时机和点位。在这里可以采用智能程式化交易的运作模式。通过计算机程序把历史数据模型化，然后进行数据的优化处理，最终形成一套可以进行实际交易的模型，然后让计算机告诉我们具体的买入及卖空点以对相关品种进行投资的分析方法。同时，在计算机的指令中增加资金管理的要素，并融合风险控制模型，最终形成一套完整的多品种组合交易方法。通常采用的交易模型应该具备以下特点：①跟随趋势为主，力求不放过任何一个可能的趋势；②采用不同的模型进行组合，争取做到优势互补。

做什么，指品种的选择和配比。通常采用的办法就是把所要交易的品种进行一揽子处理，通过分类来确定哪些品种之间存在竞争关系，哪些品种之间是相互独立的关系。竞争关系就是指当选择交易某个品种之后就不能选择另外一个品种，两者是互斥的。由于互斥的品种在交易信号上往往是相似的，比较容易形成系统共振，所以必须做出选择和取舍。

做多少，实际上是一个资金管理的问题。期货市场是一个杠杆化的市场，高杠杆率在通常的观念中就代表着高风险。如果不做好资金管理，即使不会血本无归，也很难达到较好的收益率。最基本的资金管理可以采用固定比例资金交易法。交易员在每次交易的时候总是使用现有资金的固定比例部分进行开仓。也就是说，交易员将按照前一次的结果逐渐增加或减少用于交易的资金数量。可以采用下列公式简单计算资金使用：

$$F = [(A + 1) \times P - 1]/A$$

其中，F为开仓应采用的资金比值，A为系统平均报酬率，P为交易成功率，而A和P都是由历史交易统计计算得出的结果。

（六）跨市套利投资子策略

跨市套利是指在某个交易所买入（或卖出）某一交割月份的某种商品合约，同时在另一个交易所卖出（或买入）同一交割月份的同种商品合约，以期在有利的时机分别在两个交易所对冲而获利。

跨市套利一般先对实物进出口费用进行比较，之后确定是否存在跨市套利机会。接下来要确认上述选项中的内外套利品种的比值或者价差（一般选取比值）是否在某一区间内进行波动，也就是要观察假如进行相关套利操作，风险是否可控。接着要对上述数据的分布及相关性进行确认。下一步还应对相应数据进行置信区间的分析及状态的确认。上述套利机会识别都是从数据计算和分析的角度展开的，但基本面也是不可忽视的决定性因素，所以有必要进行基本面分析。由于跨市套利中涉及国外品种，但外盘基本面的分析难度较大，在此可以借助 CFTC 与外盘品种价格趋势的关系来判断相关国外品种的价格走势。最后，当实际操作中出现不利的行情变动时，可采取对相关品种加仓、止损或蝶式套利的方法进行补救和头寸保护。具体采取的补救措施及使用前提和状态为：当亏损超过止损位时，可执行止损策略；当亏损未到止损位，且行情处于区间震荡状态时，可视化为上有顶、下有底的区间波动，可通过加仓摊平成本的方式来降低损失；当跨市套利两个品种中的某一品种亏损过大时，可在投资配比中反方向持有与该亏损品种相关性较大的品种，从而对冲掉一定的风险，防止亏损进一步扩大，此时便构成了蝶式套利。

（七）单品种组合投资子策略

单品种组合交易策略是单一品种的不同参数、不同周期的期货组合投资。其基本原理就是程式化交易，将交易者的交易思想固化为一定公式化的系统，采用固定化的公式对期货价格的走势进行量化分析，以找出买入点和卖出点，从而对相关品种进行投资的分析方法。依据这些技术指标建立一定的交易规则并按其执行，即构成了智能程式化交易的运作过程。此过程以定量分析为基础，将品种的价格编辑为指数信号反映于价格趋势中，再通过计算机技术加载到交易系统中，形成信号监控和交易一体的模式。

由于品种自身特性的差异，不同参数、不同周期对品种价格指标反映走势的正确率是有差异的。组合交易模型需要通过精确性测试，筛选信号准确度高的指标模型。其一般控制在 10 个模型以内，便于监控操作和风险控制，同时具备分散风险的作用。模型组合由于指标包括长周期和短周期等多种信号，一般短周期信号的翻转频率会高于长周期，对短期价格趋势的判断敏感度较高，可以对长周期信号形成对冲，从而起到控制风险的作用。

在交易中实时可以提取交易记录进行账户分析。评估单品种组合收益模型的收益是非常重要的一步，从长期和客观的角度检测在既定的交易方法和策略下各种资金管理模式的优缺点，从而寻找到一种适合此种交易方法和策略的资金管理法则，这样才是对账户中长期权益负责的做法。

七、管理期货基金的绩效分析

（一）管理期货基金的四大风险

期货市场作为价格风险管理工具，在实现规避价格风险功能的同时，自身也承担着巨大风险。期货投资作为资本市场中的一个特殊组成部分，其保证金交易的杠杆原理使得风险和收益的波动程度大大高于其他投资品种。期货市场的高风险性决定了一项风险事件的发生可能会影响公司的持续经营，甚至导致公司倒闭。

管理期货基金的主要风险因素如下：

1. 交易风险

期货交易过程中接触的交易风险包括价格的波动、市场的不确定性、期货交易"以小博大"。这些都会使期货交易的风险大于传统的股票市场。期货微小的价格变动有可能造成客户权益的重大变化，在获得高额投资回报的同时也会面临价格波动的风险。

2. 技术风险

交易员的交易行动受到了技术中断或失败、持续增长能力以及人为错误或不当行为的风险。对于技术风险，很大程度上依赖于运用可靠性高的计算机及通信系统进行规避。

3. 操作风险

操作风险是指交易员由于缺乏内部控制、程序不健全或者执行过程中违规操作，对价格变动反应不及时或错判行情，操作系统发生故障等原因造成的风险。主要表现有越权交易、隐瞒头寸、隐瞒亏损、超限持仓和过度投机等。

4. 流动性风险

期货交易过程中的流动性风险即由于市场流动性差，期货交易难以迅速、及时、方便地成交所产生的风险。这种风险在建仓与平仓时表现得尤为突出。如建仓时，交易者难以在理想的时机和价位入市建仓，难以按预期构想操作，套利者不能建立最佳套利组合；平仓时则难以用对冲方式进行平仓，尤其是在期货价格呈连续单边走势或临近交割，市场流动性降低，使交易者不能及时平仓而遭受惨重损失。

（二）管理期货基金的整体表现

管理期货基金在 2006 年 1 月至 2011 年 5 月的长期表现略优于同期对冲基金指数（见图8 – 34）。值得注意的是，管理期货基金的净值走势与对冲基金整体表现并不相关。在 2008年的金融危机中，管理期货基金跟上了市场行情，在对冲基金出现整体性亏损时，管理期货基金取得了高额收益；在 2009 年的市场大幅反弹中，管理期货基金反而出现了持续亏损。

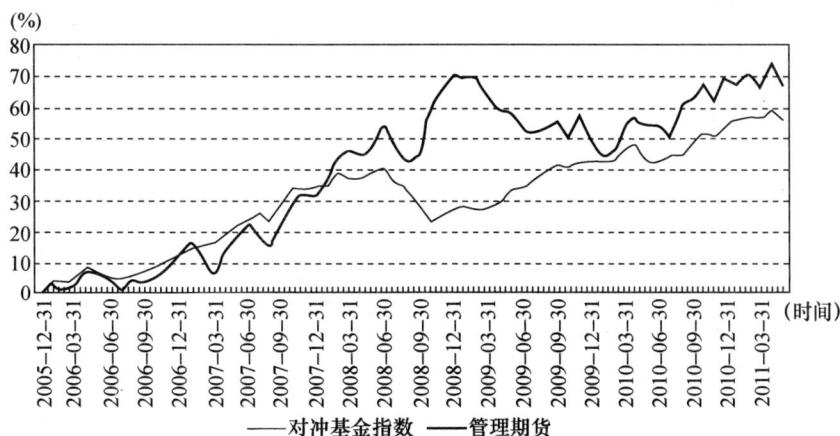

图 8 – 34　管理期货基金长期表现优于对冲基金指数

资料来源：Eureka hedge；中金阿尔法；统计时间为 2006 年 1 月至 2011 年 5 月。

图 8 – 35 显示了 10 年以来管理期货经过调整后的标准差和收益均存在较大的波动性。大部分时间都是维持正的标准差和正的收益率，但并无明显的移动趋势。

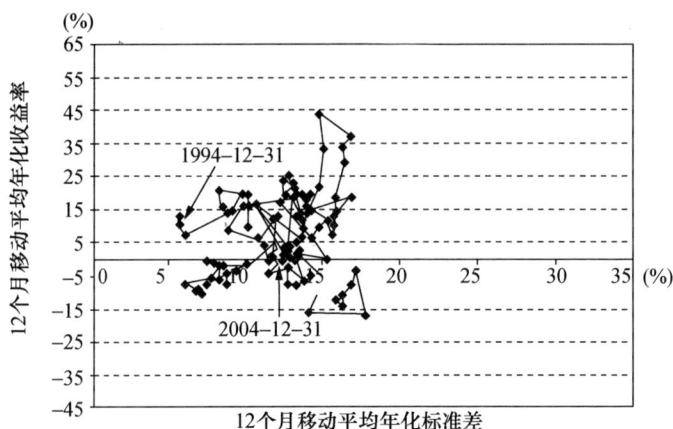

图 8 - 35 10 年来管理期货基金风险调整后的标准差和收益率

资料来源：中金阿尔法。

（三）对比对冲基金各投资策略

从图 8 - 36 可以看出，2011 年各策略的表现更加平和。相比 2010 年，管理期货基金的表现下降 19%，相比其他策略下降明显。比管理期货下降更厉害的是新兴市场策略，达到 28%，但专门看空的策略盈利上升 36%。

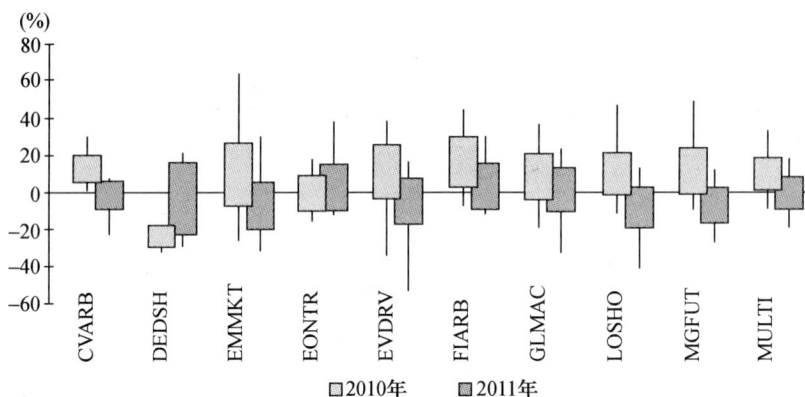

图 8 - 36 不同策略的基金表现

资料来源：Hedgeindex.

八、管理期货基金在国内的发展

（一）中国期货业协会成立

中国期货业协会（以下简称协会）成立于 2000 年 12 月 29 日，中国的期货市场逐步发展。从图 8 - 37 可以看到 2003 年以来，市场开始稳步增长，特别是 2007 年以后，成交额与成交量以几何级的速度在增长。随着中国期货市场的发展，管理期货这一新型的投资方式也有快速的需求。2009 年，我国商品期货成交量超过 200000 万手，成交金额超过 130 万亿元人民币，分别比 2008 年增长 58.18% 和 81.48%。同时，中国期货业协会公布的数据显示，2010 年 1 ~ 2 月全国期货市场累计成交期货合约 38066 亿元，成交金额为 28 万亿元，同比分别增长 120.34% 和 166.52%。

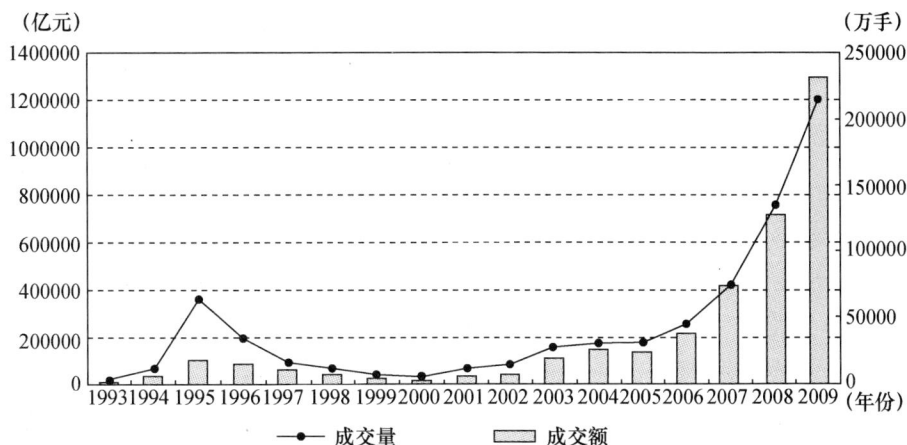

图 8 - 37　全国期货市场历年交易情况统计（1993 ~ 2009 年）

资料来源：中国期货业协会。

（二）基金、信托公司参与股指期货交易

2010 年 3 月 26 日，中金所发布了《关于沪深 300 股指期货合约上市交易有关事项的通知》，正式公布沪深 300 股指期货合约自 2010 年 4 月 16 日起上市交易，同时其对冲系统性风险功能吸引了大量机构投资者参与。2010 年 9 月，国投瑞银在"一对多"专户产品中加进股指期货投资，拉开了基金产品介入股指期货市场的序幕，基金中的对冲基金由此亮相。2012 年 2 月 22 日，南方小康 ETF 及连结基金已率先开始了股指期货的交易，南方基金下单应是公募基金的首单股指期货交易，标志着公募基金投资股指期货进入了实质性运作阶段。

2011 年 6 月银监会发布《信托公司参与股指期货交易指引》，而在 12 月华宝信托获得中国银监会批准，成为第一家获得股指期货交易业务资格的信托公司。

（三）阳光私募基金的发展

国内资本市场上的阳光私募基金被视为真正意义上对冲基金的"雏形"。作为国内新生代的阳光私募是我国金融市场逐渐开放和完善、逐渐走向全球的重要一步，是我国对冲基金发展的一个平台和前身。

2004 年 2 月，深国投推出了一只名叫"赤子之心"的证券投资集合资金信托计划。私募基金公司可以用"投资顾问"的身份，正大光明地进入基金管理领域。2007 年尚诚投资和星石投资的成立，标志着阳光私募结束了"草莽英雄"时代，开始走进新时代。

目前阳光私募基金公司已经超过 500 家，产品总数已超过 1000 只，规模达到 1500 多亿元。有多家私募基金公司的资产管理规模超过了 50 亿元，多只私募产品的首发规模超过了 10 亿元，已堪比公募。

（四）国内机构投资者的对冲元年

2010 年相继推出的融资融券和股指期货，结束了 A 股市场的单边市时代，也为在海外成熟市场发展多年的对冲基金进入中国市场创造了条件。伴随着各类资产管理机构纷纷"试水"，中国资本市场在其诞生的第 21 个年头迎来"对冲基金元年"。当然从某种角度来说 2011 年只能算是我国对冲基金的半个元年，因为目前机构参与股指期货还有很多限制，譬如持仓限制，机构投资者数量有限等，这些都限制了对冲基金的发展。

（五）国内应用管理期货的机构概况

就目前而言，国内仍未出现专门采用管理期货策略的基金，而在 2012 年 3 月 6 日，由淘利资产推出的淘利 1 号，采用股指期货跨期对冲套利的策略，是第一只明确提出采用期货对冲套利的策略。截至 3 月 23 日，该基金盈利 1.13%，跑赢沪深 300 指数。

但国内具体到投资中涉及期货的基金在 2004 年的青马投资就已经出现，所涉及的基金概况由笔者统计如表 8-19 所示。

表 8-19　涉及期货交易的基金概况统计

序号	基金名称	产品类型	基金公司	收益率*（%）
1	南昌稳健	单账户期货	稳赢理财	301.47
2	感恩成长	单账户期货	感恩在线	280.00
3	乐融精诚	单账户期货	—	177.48
4	非却波段基金	单账户期货	非却投资	149.82
5	成长 2 号	单账户期货	感恩在线	138.00
6	凯丰基金	单账户期货	凯丰投资	129.94
7	成长 1 号	单账户期货	感恩在线	128.00
8	骐骥股指	单账户期货	—	127.54
9	寰宇期货稳健一号	单账户期货	寰宇期货	97.88
10	成长 3 号	单账户期货	感恩在线	91.00
11	实盘一号螺纹钢	单账户期货	实盘一号工作室	87.48
12	中钜资产	单账户期货	中钜资产	83.18
13	尚银股指	单账户期货	尚银投资	77.34
14	猎鹰基金	单账户期货	猎鹰基金工作室	75.51
15	青马投资	单账户期货	青马投资	74.35
16	101 期货基金	单账户期货	101 期货工作室	72.73
17	柒福 1 号	单账户期货	柒福投资	65.49
18	天宝波段	单账户期货	天宝期汇	62.81
19	非却投资交易二部	单账户期货	非却投资	59.56
20	众玺资产	单账户期货	众玺资产	58.27
21	一飞对冲基金	单账户期货	一飞工作室	33.85
22	鸿鼎先行 1 期	单账户期货	鸿鼎资本	33.39
23	中钜股指	单账户期货	中钜资产	30.86
24	向日葵基金 1	单账户期货	向日葵工作室	28.85
25	富达一期	创新类	德源富锦	26.51

续表

序号	基金名称	产品类型	基金公司	收益率*（%）
26	向日葵基金2	单账户期货	向日葵工作室	25.21
27	黑天鹅基金	单账户期货	百仕旺	19.98
28	乐投锐意进取	创新类	乐投	19.62
29	华华金融电子量化基金	单账户期货	—	12.92
30	青马股指	单账户期货	青马投资	12.62
31	汇财日内交易	单账户期货	汇财添富	11.50
32	柴福2号	单账户期货	柴福投资	11.33
33	汇财程序化趋势交易	单账户期货	汇财添富	10.77
34	挺浩套利	单账户期货	挺浩投资	9.42
35	鸿鼎先行2期	单账户期货	鸿鼎资本	9.34
36	弧度趋势1号	单账户期货	弧度金融实验室	5.72
37	嘉誉基金	单账户期货	嘉誉期货工作室	3.47
38	鸿鼎永富1期	单账户期货	鸿鼎资本	3.37
39	淘利套利1号	创新类（股指期货跨期对冲套利）	淘利资产	1.13
40	尚银波段	单账户期货	尚银投资	0.00
41	天津混沌道然	创新类［商品期货、股指期货（30%），证券（70%）］	天津混沌道然	0.00
42	领航合伙量化1期	创新类（期指套保套利）	领汇	0.00
43	富达二期	创新类	德源富锦	0.00
44	实盘一号稳健	单账户期货	实盘一号工作室	-0.81
45	非却投资未来成长	单账户期货	非却投资	-1.94
46	成长4号基金	单账户期货	感恩在线	-2.00
47	火凤凰期货基金	单账户期货	聚财投资	-2.42
48	瑞铖基金2012	单账户期货	—	-3.02
49	QMAI指数	单账户期货	—	-3.04
50	期货小将	单账户期货	—	-4.52
51	嘉兴雄鹰	单账户期货	嘉兴雄鹰	-7.73
52	富麟股指探路先锋	单账户期货	富麟量展投资	-10.39
53	德衍量化壹所	单账户期货	—	-12.16
54	璟唐基金	单账户期货	—	-13.83
55	南方小康ETF	开放式指数	南方基金	-15.68
56	实盘投资有限合伙	单账户期货	实盘一号工作室	-16.01
57	瑞铖基金	单账户期货	银闰投资	-16.92
58	南方小康ETF连结	开放式指数	南方基金	-22.47
59	非却投资交易一部	单账户期货	非却投资	-33.94
60	智业一号	单账户期货	智业期货	-42.08
61	常青藤期货基金	单账户期货	常青藤	-46.24
62	非却投资日内趋势把握	单账户期货	非却投资	-46.74
63	实盈稳健一号	单账户期货	实盈投资	-51.45
64	非却投资交易三部	单账户期货	非却投资	-56.23
65	实盈稳健三号	单账户期货	实盈投资	-57.17
66	守成期货基金	单账户期货	守成投资	-62.48

注：*是指基金成立至今的收益率。

资料来源：中金阿尔法。

从表8-19可以看出，在金融市场表现不理想的情况下，采用期货投资策略的基金仍有2/3实现盈利，这极大体现出期货良好的风险对冲性。同时，也可以看到创新型私募采用期货作为投资对象的较少，这与监管机构的要求有关，也可以看出，我国有很大的空间将管理期货作为创新型基金的投资工具。

九、管理期货在我国的发展制约和"瓶颈"

期货私募大多属于"月光式"模式，他们在缺乏法律认可的环境中野蛮生长，但也因此带来业绩难以公正、客户群体狭窄、与客户间缺乏信任等问题，日益成为管理期货发展的制约。其主要的"瓶颈"可以概括如下：

（一）人才的欠缺

在CTA业务的各个组成要素中，人的因素即从业人员的素质是非常重要的一环。只有将人的监管落到实处，才能对我国未来CTA业务（期货特定客户资产管理业务，也可称为管理期货业务）的健康运转提供根本性保障。一般来说，CTA执业主要包括两部分：执业资格和执业行为。执业资格涉及CTA的市场准入问题，即什么样的人员可以申请成为CTA执业人员；执业行为则涉及CTA执业人员在投资行为中的合规性监管问题，即CTA执业人员在执业过程中不能违背市场"公平、公正、公开"的原则等。对CTA执业进行有效监管，其核心就在这两个方面，本质上还要落脚到对CTA从业人员的监管。

在我国CTA业务呼之欲出之际，如何针对未来我国CTA从业人员建立有效的CTA执业监管模式成为时下迫切需要解决的问题。

（二）法律的约束

最新颁布的《期货交易管理条例》于2007年4月5日起实施。此条例相对于旧条例有了很大进步。新条例首次确立了期货经纪公司金融机构的地位，同时也将其业务范围扩展到除境内经纪以外的咨询、境外经纪等。但是，在许多方面，仍然存在法律上的约束。例如：期货经纪公司禁止从事期货自营业务；国有企业只能在期货市场进行套期保值；对投机者（中小投资者）收取相对较高的保证金、手续费等。另外，我国要发展期货投资基金，首先就必须从法律上承认期货投资基金的法律地位，然后才能进一步落实到具体环节。《期货法》尚未出台，不能最大程度地规范场内交易，服务场外交易，对行业发展不利。

（三）交易品种不全面和不均衡

交易品种的数量多少是衡量期货市场规模大小的一个重要指标。与国外成熟的期货市场相比，我国的市场交易品种相当缺乏。目前，交易的商品期货只有26种，金融期货也是刚起步。这些品种覆盖的范围小，因此不足以吸引更多的投资者参与。同时，交易品种发展不均衡，交易量过于集中。如图8-38所示，在上海期货交易所，铜、锌、天然橡胶、螺纹钢四个品种成交金额占交易所总金额的92%，而其他5个品种仅占有8%。过度集中的成交额将中国期货的交易额推到世界第一名的位置，而真实的市场发展并不如成交额所体现的发达。

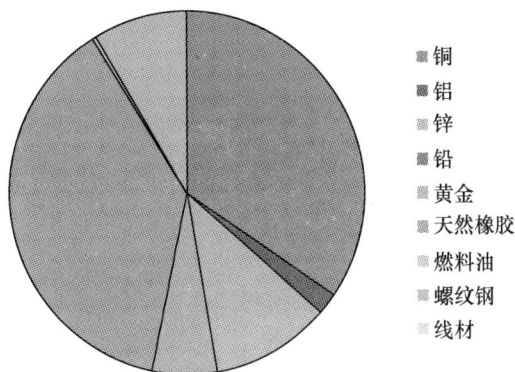

图 8 - 38　上海期货交易所各交易品种比例

资料来源：中国期货业协会。

（四）交易制度不合理

期货交易采用保证金交易、T + 0 交易和双向交易的交易制度，同时又采用涨跌停板、持仓限额、大户报告、每日结算、强行平仓等交易控制制度来抑制期货交易的风险，以此来维护期货市场公开、公平、公正的交易秩序，促进期货市场健康、稳定地发展。

但是，这些制度在抑制了期货交易风险的同时，也给期货市场的快速发展带来了障碍。例如：保证金比率设置不合理，以至于一些期货品种很少有人问津，缺乏足够的流动性；T + 0 交易增加了投机气焰，提高了市场风险；持仓限额、大户报告制度之间的配合存在漏洞，给违规者提供了操纵市场的机会，不利于对整个期货市场的监管；另外，没有对投资者当日单边的交易量进行限制，降低了大资金操纵市场的难度，同时也不利于防范经纪人的道德风险。

（五）对投资者的宣传教育严重滞后

从理论上讲，对于投资者来说，期货市场应该是一个规避风险的市场。在现阶段，大多数投资者都认为期货市场是一个高风险、投机严重的市场，人人"谈期色变"。广大群众对期货知识缺乏足够的了解，甚至有的相关商品的现货商都不知道存在期货市场。造成以上结果的主要原因还是对投资者的宣传教育不足，没有普及期货投资的知识。正是由于认识上的不足，因此参与期货投资的人数很少，资金规模也是相当有限。可以说，我国现在的期货市场已经完全不能与高速发展的经济相适应，存在严重滞后的问题。

第四节　对冲基金的基金研究报告

一、对冲基金的基金发展演进

（一）对冲基金的基金初创期（1969～2000 年）

第一只 FOF 产品是由著名的罗斯柴尔德家族于 1969 年 11 月推出的 Leveraged Capital Holdings，距今已经有 40 多年的历史。

然而，整体而言，在全球范围内 FOF 无论是在数量上还是在规模上都是在 19 世纪 90 年代之后才开始进入快速发展轨道的。由表 8 - 20 可以看出，对比其他各大指数，FOF 的波动率较小，但收益率较高。

表 8 - 20　FOF 风险收益特征

	月份个数	年化收益率（%）	波动率（%）	夏普比率	最差月收益率（%）	负收益月个数	最差年收益率（%）
标普 500 指数	156	9.65	15.26	0.55	- 14.44	59	- 26.59
MSCI	156	2.6	15.07	- 0.09	- 13.45	66	- 29.05
国债指数	156	9.7	4.96	0.89	- 2.87	44	- 5.44
HFRI	156	16.39	8.67	1.23	- 7.37	43	- 5.13
FOF	156	10.19	5.94	0.83	- 7.47	42	- 7.44

注：时间从 1990 年 1 月到 2002 年 12 月。

资料来源：HFRI，中金阿尔法。

（二）对冲基金的基金快速成长期（2001 ~ 2007 年）

2000 年，网络泡沫破灭给对冲基金业带来了一定的冲击，促使了该行业的洗牌和 FOF 基金经理的反思。从此，FOF 稳健快速发展起来，基金资产规模每年增长 50% 左右，从 2000 年的 1000 亿美元增长到 2007 年顶峰时期的 11920 亿美元，充分展示了投资者对 FOF 的追捧。

（三）对冲基金的基金成熟期（2008 年至今）

2008 年，由美国次级抵押贷款违约引起的金融危机，导致 FOF 资产缩水，但仍然保持着相当大的规模，HFR 统计显示，截至 2011 年 4 月资产总数为 5097 亿美元。在这 40 多年里，FOF 已经逐渐成为国外养老基金、保险公司、私人银行以及高净值家庭和个人等间接参与对冲基金的一个重要方式。

二、对冲基金的基金投资管理体系

（一）投资策略

按照投资对象的归属分，有关联基金的 FOF（Affiliated FOF）和非关联基金的 FOF（Unaffiliated FOF）。关联基金的 FOF 只对本公司旗下基金打包，其销售渠道创新的含义更多；非关联基金的 FOF 主要投资其他基金管理公司的基金，是一种有一定主动性的投资组合。理性者判断和市场的判断，是一种经过双重风险控制的产品。

按照管理类型分类，可以分为主动管理的 FOF 和被动管理的 FOF。被动管理的 FOF（Passively Managed FOF）按照事先设定的投资比例对特定基金投资，建仓后不再改变投资组合。主动管理的 FOF（Actively Managed FOF）根据基金经理对未来市场趋势的判断和对基金经理的判断，其投资管理过程中会发生基金的买卖行为。

按照 HFR 投资策略分类，可以分为保守策略，通过投资保守性策略的基金来寻求持续稳定的收益，波动性较小；多样化策略，投资于许多不同种类基金，收益与 FOF 指数相似；市场防御策略，投资于短期波动套利策略的基金，收益与市场呈负相关；活跃策略，通过投资较为活跃性策略基金来获取超级准收益，波动性较大。各策略收益差别较大，具体如表 8-21 所示。

表 8-21　对冲基金的基金指数

	月度收益			历史收益		
	2012 年 2 月收益率（%）	2012 年 2 月指数值	2012 年累计收益率（%）	过去 1 年收益率（%）	过去 3 年收益率（%）	过去 5 年收益率（%）
HFRI FOF 指数	1.97	4995.24	3.83	-3.06	4.75	-0.42
HFRI FOF：保守策略指数	2.46	4047.28	3.76	-1.43	4.48	-0.56
HFRI FOF：多样化策略指数	1.35	4508.15	3.00	-3.24	4.48	-0.43
HFRI FOF：市场防御策略指数	0.36	5711.68	0.78	-6.50	0.53	3.40
HFRI FOF：活跃策略指数	2.44	8015.49	4.92	-3.35	5.62	-0.66
HFRI：对冲基金混合指数	2.14	10904.37	4.95	-2.18	10.04	2.84

资料来源：HFR，中金阿尔法。

（二）投资流程

挑选好的对冲基金仅仅是构建好的对冲基金型基金投资组合中的一个必要部分，需要考虑到标的对冲基金在不同市场条件下的有效多元化以及对冲基金型基金的投资组合的风险集中程度等的交互作用。因此，好的对冲基金的基金拥有投资组合构建流程，在对冲基金型基金层面上给予适当的风险程度和稳健性。

1. 确定 FOF 目标和候选基金

FOF 目标即指基金最终需要达到的最终要求，包括收益率、波动率、最大跌幅等。这些指标可以与相关指数对比，或者是同业的基本指标对比，或者是人为确定的绝对指标。

在基金策略上需要设置参数筛选基金，如基金公司经理人数、资产分散度、杠杆程度、基金存续期等，以确保基金策略的稳定性和持续性。

在基金结构上也需要指标选择，如基金流动性、透明度、报告期、风险水平等，以保障基金在结构上符合 FOF 的要求。

最后，通过权威数据机构，如 HFN、Presqin、Barclay，进行已确定指标的层层筛选，即可确定备选基金库。

2. 基金公司调查

对基金公司尽职调查是必需的，主要分为背景资料、基金产品资料和基金业绩。首先，调查基金公司，如员工人数、职责分配、人事架构、重要员工的福利待遇和晋升机制、公司股权结构和历史变动、日常资产管理活动、目标客户群体、目前资产规模和分布等，从基本面把握公司背景，初步判断其发展前景。其次，关注基金公司产品特征，即基金产品投资策略、封闭期、赎回期、佣金结构等，从产品层次分析基金公司实力。最后，研究基金公司历史业绩，得出其正常收益率、波动程度、夏普比率，进而确定该基金公司投资与否。

3. 策略管理

基金产品在投资于其他金融产品的过程中遵守一定的策略规则，在一定的间隔期可能会跟随市场波动调整，因而对基金公司策略管理能力进行分析是必不可少的。很明显，首先要找出其运用的整体策略，如股票市场中性、新兴市场策略等，各策略具体如图 8 - 39 所示。

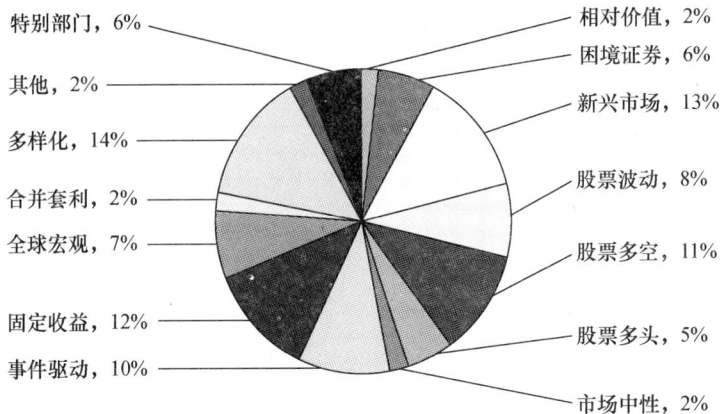

图 8 - 39　各策略管理资产规模比例

注：数据截至 2011 年第四季度末。

资料来源：Barclayhedge，中金阿尔法。

其次，找出其在该策略中使用的定性和定量指标，并分析在该策略期间内的离职状况，以及策略透明度。

最后，研究基金公司的整体能力，如操盘能力、经济基本面研究能力等，进而得出其相对于同策略基金的竞争优势。

（三）投资风险管理

投资者需要即时的市场信息来判断资产的安全系数，透明度则是必须考虑的因素之一。透明度又可以分为以下三类：不透明，即基金没有任何即时市场信息和资产配置信息，那么基金策略就有很大的不确定性，外部风险监管作用力就很弱；半透明，即可以获得基金目前执行的策略类别，可以提供策略层面的风险监督——赎回，但并没有其他的资产配置信息；完全透明，即可以提供交易记录、定期报告、资产配置状况等，那么就可以完全追踪交易状况，实时监控风险。在投资过程中，风险管理一般需要考虑以下因素，见表 8 - 22。

表 8 - 22　对冲基金风险管理一般因素

因　素	条　件
风险管理书面记录	时刻记录资产交易和风险变化状况，有助于将资产损失最小化
风险管理规范	合理的投资规范较易约束行为，使基金投资规范化
量化风险管理工具	了解基金公司使用的量化工具，判断其可靠性和风险管理能力
财务杠杆	了解财务杠杆使用程度，初步确定风险程度
公司层面风险管理系统	由公司建立的系统，包括操作、合法合规、声誉和商业风险等

资料来源：中金阿尔法。

风险的来源在不同的对冲基金之间是很不一样的，而且风险的量度不是一个静态的流程，对标的对冲基金的投资和对其风险进行持续性监控是对冲基金型基金成功的关键。对冲基金中使用较多的风险度量方法是风险价值法。这种方法关注投资组合中历史要素的波动性以及它们之间是如何关联的，然后对其最大损失的可能性做出估计。对冲基金的风险关联流程和投资流程是一样重要的，需要明确风险管理流程是否充分度量了风险，是否有清楚的框架，并得到理解和遵守。

VaR（Value at Risk）方法，称为风险价值模型，也称受险价值方法、在险价值方法，其含义指在市场正常波动下，某一金融资产或证券组合的最大可能损失。更为确切的是指，在一定概率水平（置信度）下，某一金融资产或证券组合价值在未来特定时期内的最大可能损失。

VaR：$P（\Delta P\Delta t\leqslant VaR）=a$

式中，P为资产价值损失小于可能损失上限的概率；ΔP为某一金融资产在一定持有期Δt的价值损失额；VaR为给定置信水平a下的在险价值，即可能的损失上限；a为给定的置信水平。

要确定一个金融机构或资产组合的VaR值或建立VaR模型，必须首先确定以下三个系数：持有期Δt，即确定计算在哪一段时间内的持有资产的最大损失值，也就是明确风险管理者关心资产在一天内一周内还是一个月内的风险价值。置信水平a，一般来说对置信区间的选择在一定程度上反映了金融机构对风险的不同偏好。选择较大的置信水平意味着其对风险比较厌恶，希望能得到把握性较大的预测结果，希望模型对于极端事件的预测准确性较高。第三个系数是观察期间，观察期间是对给定持有期限的回报的波动性和关联性考察的整体时间长度，是整个数据选取的时间范围。

对冲基金风格的转换、风险的变化、快速的资金成长以及关键人物的离开等事项都是可能在短时间发生的，持续的监控和投资组合管理势在必行，这也是对冲基金型基金提供的最大附加价值。监控的程度会被投资组合透明度的程度以及能触及对冲基金经理的程度所约束。持续的风险监控和投资组合管理可以轮流驱动投资流程，以使过往的决策根据任何对冲基金或策略发生的重大变化而得到重新评估，以保证对冲基金任何层面上的改变都被反映在投资组合中。

三、对冲基金的基金评价体系

（一）历史业绩评价

历史业绩主要是用来分析国外对冲基金的基金历史表现，主要从收益指标、风险指标、风险调整指标几个方面来分析历史业绩。

1. 收益指标

（1）净值增长率 =（单位净值 – 单位初值）/单位初值。单位初值等于上一年度基金单位净值扣除单位实际分配收益后的余额。这个指标将所有基金的比较基准统一到一个相同的时点，在一定程度上反映基金在一段时间内的运作绩效，但它会受到基金分红的影响。

累计净值 = 单位净值 + 基金设立以来累计派发红利金额，由于各基金运作的期间长度不同，因而无法由此对基金绩效加以评价。

（2）业绩指数，国内外大量实证研究表明，证券及其组合的收益率并非服从正态分布，而是呈现尖峰厚尾的非正态分布特征,如图 8 - 40 所示。为此 Stutzer(2000)提出了衰减度(Decay Rate)业绩评价方法,也称业绩指数。

$$I_P = max\left[-ln\frac{1}{T}\sum_{t=1}^{T}e^{\theta r} \right]$$

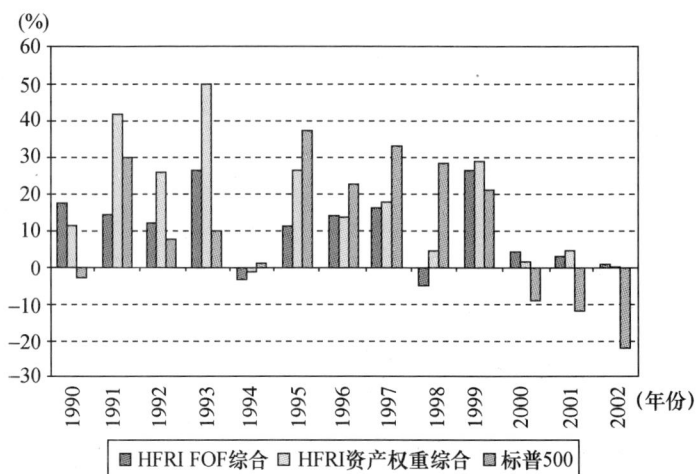

图 8 - 40   FOF 年化收益率和标普 500 指数收益

资料来源:HFRI,中金阿尔法。

2. 风险指标

标准差(Standard Deviation),反映计算期内总回报率的波动幅度,即基金每周的总回报率相对于平均周回报率的偏差程度,波动越大,标准差也越大,如图 8 - 41 所示。

$$\sigma = \sqrt{\frac{\sum_{t=1}^{n}(TR_t - \overline{TR})^2}{n-1}}$$

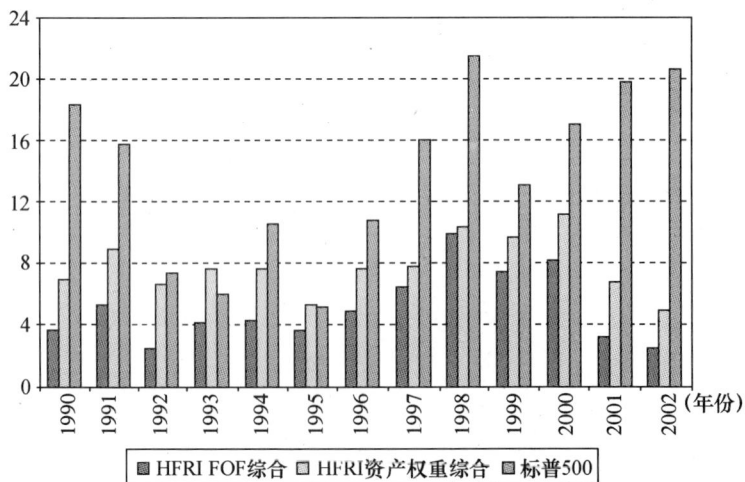

图 8 - 41   年化标准差(1990 ~ 2002 年)

资料来源:HFR,中金阿尔法。

从图 8−41 中可以看出，对比标普 500 指数和 HFRI 指数，FOF 的波动性较小，尤其是在市场较差年份格外明显，如 2001 年。

（1）β 系数，基金收益率相对于基准市场指数波动的敏感性，用以衡量基金的系统性风险。

$$\beta_i = cov_{im} / \sigma_m^2$$

（2）估价比率，由 Treynor 和 Black（1973）提出的以 Markowitz（1952）的均异模型为基础的估价比率用以来衡量投资组合的均异特性。其计算公式如下：

$$IR = \frac{D_P}{\sigma_{D_P}}$$

3. 风险调整收益

（1）特雷纳指数，Treynor（1965）假设投资者可以以无风险利率借贷，理性的风险回避型的投资者总会选择那些具有较大斜率的投资组合，由此将无风险资产与组合连线的斜率作为组合业绩衡量的一个指标：

$$T_P = \frac{E(r_p) - r_f}{\beta_p}$$

特雷纳指数是以资产组合有效为前提的，隐含了非系统风险已全部分散的假设，当资产组合的非系统风险没有全部消除时，特雷纳指数可能给出错误的评价信息，因此特雷纳指数只适用于资产组合的非系统风险已全部分散的情况。

（2）夏普比率，以 CAPM 为理论依据，以 CML（资本市场线）为评价的基点，并考虑基金总风险，Sharpe（1966）创立了夏普比率。其计算公式如下：

$$S_P = \frac{E(r_P) - r_f}{\sigma_p}$$

一般情况下，该比率越高，基金承担单位风险得到的超额回报率越高。分子反映基金在计算期内超额回报率的平均值，分母表示基金在计算期内超额回报率的标准差。图 8−42 中展示了对比其他各大指数 FOF 的夏普比率走势。在投资组合已完全分散了非系统风险的情况下，夏普比率与特雷纳指数的评价结果一致。

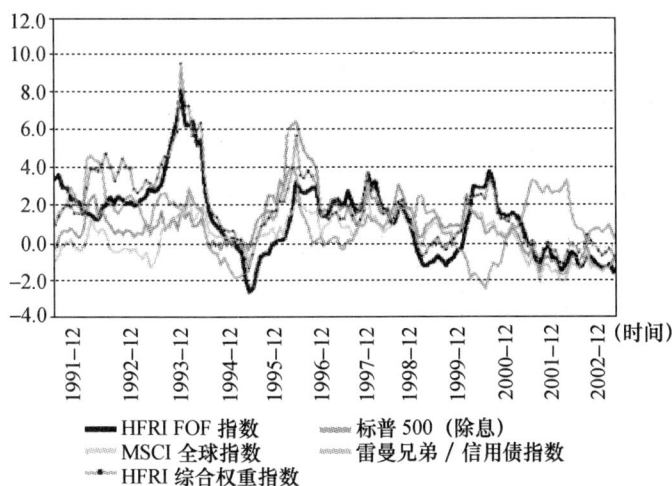

图 8−42 滚动年化夏普比率（1991~2002 年）

资料来源：HFR，中金阿尔法。

（3）詹森指数，Jensen（1968）在严格遵循 CAPM 和 SML 的基础上提出了对组合业绩衡量的绝对指标。从现有文献来看，该指标是资产组合业绩评价研究中使用最多的一种方法。詹森指数：

$$r_{pt} - r_{ft} = \alpha_p + \beta_p \ (r_{Mt} - r_{ft}) \ + \varepsilon_{pt}$$

詹森指数的优点在于可以非常方便地进行显著性检验，因此成为学术界最为常用和推崇的业绩评价方法。但詹森指数也隐含了非系统风险已完全分散的假设，在投资组合并没有完全分散非系统风险的情况下，詹森指数也可能给出错误信息。

（4）M^2 测度，针对夏普比率不易解释的缺点，Modiligliani Franco 和 Leah Modiligliani（1997）提出了方法（被称为"改进的夏普比率"）。

$$M^2 = r_{pt} - r_{Mt} = S_P \sigma_{Mt} - (r_{Mt} - r_{ft})$$

（二）对冲基金的基金团队评价

投资对冲基金的基金也是对对冲基金的基金团队力量的投资，而团队能力也可以从很多方面来具体评估。

（1）管理水平：基金管理公司的管理水平主要体现在管理层素质、员工素质、公司组织制度、人力资源管理等各项制度上，这些人力资本都是公司的无形资产，代表着公司的发展潜力。

（2）投资管理与风险控制：这两项是基金公司评价最主要的环节，也是基金业绩水平和风险收益的决定性因素。投资管理包括基金投资战略、投资目标制定情况、投资计划的执行情况、投资决策程序是否有效，投资流程遵守状况、止损安排等。内部风险管理包括风险控制架构是否合理，风险控制体系是否建立以及贯彻程度，是否有合理的授权分责制度等。

（3）研发与创新能力：基金管理公司的研究力量，基金产品的开发、设计与创新是基金公司不断为客户创造价值、吸引新资金流入的重要手段，也是一个公司持续发展的动力所在。创新能力的评价主要包含研究实力、产品研发和创新。

（4）公司实力：基金管理公司的实力主要体现在基金发起人的主要情况，旗下基金的规模和数量，基金公司所处的行业地位、再融资能力等。

（5）历史经营状况：经营状况主要通过财务状况、基金净资产值、基金历年分红情况、基金各种费用及成本等指标反映。

（三）基金业绩持续性评价

基金业绩持续性分析就是按照发生的时间顺序对基金的业绩座次进行分析，以检验前期表现良好的基金目前是否也有较好的表现，而前期表现较差的基金是否仍然没有提升自己的业绩。采用以下两种方法：

（1）自相关检验法，检验基金超额收益序列的自相关是否显著，是一种短期绝对业绩的持续性检验。如果检验的超额收益序列 k 阶自相关系数都很小，不显著大于 0，则可以认为该基金在短期内没有持续性；反之，则有持续性。

计算公式：

$$r_k = \frac{\sum_{i=1}^{n-k} (x_i - \overline{x})(x_{i-k} - x)}{\sum_{i=1}^{n} (x_i - \overline{x})}$$

检验统计量：

$$Q = n \sum_{k=1}^{m} r_k^2$$

（2）回归检验法，可以用于基金长期业绩的持续性评价。一般把整个样本期分为相等的两个子样本，分别进行前后期业绩指标的计算，以前后期业绩指标进行回归分析并进行回归系数的 T 检验。

$$r_{pt} - r_{ft} = \alpha_{p1} + \beta_p (r_{Mt} - r_{ft}) + \varepsilon_{pt}$$

$$r_{pt+k} - r_{ft+k} = \alpha_{p2} + \beta_p (r_{Mt+k} - r_{ft+k}) + \varepsilon_{pt+k}$$

式中，α_{p1}、α_{p2} 分别为前期詹森指数和后期詹森指数，利用下式进行回归检验：

$$\alpha_{p2} = \alpha + b\alpha_{p1} + \varepsilon_i$$

当 $b > 0$，且具有统计显著性时，说明基金具有长期持续性；当 $b < 0$，且不具有统计显著性时，说明基金不具有长期显著性。

基金评价的目的在于指导投资者对基金的选择，因此可以采用绝对评价和相对评价相结合、分项评价和综合评价相结合、以定量分析为主的评价方法，进行全面、综合的评价，以便选取优秀的基金。

四、国内发展状况

（一）证券投资基金发展概述

我国投资基金业萌芽于在国外金融市场发行国家基金，最早的投资基金是在 1987 年中国国际信托投资公司与中国银行和国外的一些投资机构联合推出的、面向海外投资者的投资基金。1989 年 5 月，中国香港新鸿基信托管理有限公司推出的"新鸿基中华基金"是第一只中国概念的基金。投资基金业的真正起步之年是 1991 年，并在 1992 年得到了迅猛的发展。1992年 11 月，中国农村发展信托投资公司等 5 家金融机构共同发起，由中国人民银行总行批准的第一家规范化的公司型封闭式投资基金——淄博基金发行，标志着我国新兴的投资基金事业开始得到国家的重视。1997 年 11 月颁布《证券投资基金管理暂行办法》，2000 年颁布《开放式证券投资基金试点办法》，对开放式基金的设立、销售与赎回都有明确的规定；2003 年 10 月颁布《中华人民共和国证券投资基金法》，对基金业有了全面的监督管理，使投资基金行业的发展具备了法律与制度的指引。随后，出现了封闭式基金、ETF、LOF、阳光私募等各种金融产品，大大丰富了我国的金融市场。

由于我国金融市场还未达到发达国家的水平，国内目前还没有完全意义上的对冲基金和FOF，但存在相似的理财产品。

阳光私募基金是借助信托公司发行的，经过监管机构备案，资金实现第三方银行托管，会发布定期业绩报告，阳光私募基金与一般私募证券基金的区别主要在于规范化、透明化，借助信托公司平台发行能保证私募认购者的资金安全。与阳光私募基金对应的有公募基金，可以将其认为是私募中的"私募"，其在操作方式上与对冲基金相似，是国内早期的对冲基金。国内第一只阳光私募对冲基金《华宝——海集方 1 期股指期货套利投资集合资金信托计划》于2011 年 12 月 31 日完成募资宣告成立，该信托计划由信托行业内第一家获得股指期货交易业务资格的华宝信托有限责任公司与上海富晶资产管理中心合作推出，上海富晶资产管理中心担任投资顾问。该信托计划以股指期货期现套利、阿尔法组合套利对冲套利投资为主要投资模式，现货组合可以为全复制组合、不少于 50 只成份股的组合，追求低风险稳健绝对收益，预期收益率为 10% ~ 20%。这是中国完全意义上的对冲基金，必将促使中国对冲基金业快速发展。图 8 - 43 展示了对冲基金相比沪深 300 指数的绝对收益。

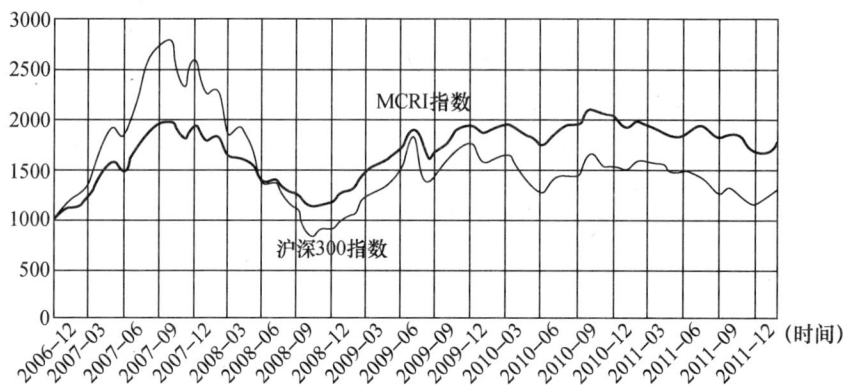

图 8 - 43　晨星中国·华润信托对冲基金指数

资料来源：华润信托，晨星中国。

国内也有许多"类 FOF"产品，如私募投资 FOF、私募股权 FOF、TOT。其中，TOT 是最接近 FOF 的基金产品，下面重点介绍 TOT 的发展状况。

（二）TOT 简介及其分类

TOT（Trust of Trusts）是一种专门投资信托产品的信托，从广义上来讲，TOT 是 FOF 的一个小分类。2005 年 5 月招商证券基金宝 1 号的发行拉开了我国以"类 FOF"产品作为载体的证券投资 FOF 的发展序幕。我国的 TOT 产品才刚刚起步，所占阳光私募总规模的比例仍然很小。同时，投资者的自身研究能力不足也导致了 TOT 产品需求的增长。因此，伴随阳光私募行业的前行，TOT 产品也将迎来快速发展。TOT 具体分类见表 8 - 23。

表 8 - 23　TOT 分类表

分类标准	类别	特　点
发行平台	信托 TOT	于信托公司平台上以集合资金信托计划形式发起设立
	银行 TOT	以银行理财产品的形式成立母基金
投资对象	单一信托型 TOT	母信托直接投资于为设立该只母信托而设立的阳光私募
	集合信托型 TOT	母信托直接投资于市场上已有的阳光私募
母基金投资顾问	银行系 TOT	投资顾问主体为银行
	信托系 TOT	投资顾问主体为信托
	券商系 TOT	投资顾问主体为券商
	专业投顾系 TOT	投资顾问主体为专业投资顾问
	第三方理财系 TOT	投资顾问主体为第三方理财公司

资料来源：中金阿尔法。

（三）TOT 发展的特点

（1）母信托投资顾问逐渐多元化。目前，银行、信托、券商、专业投顾和第三方理财公司在现有产品中都充当了母信托投资顾问的角色，其各有特色。信托公司拥有最直接的阳光私募运作数据，能够最直接的了解私募高管的风格与管理能力，但其经常局限于自身发行平台上的基金，限制了其发展潜力。专业投顾和第三方理财公司可以进行全市场海选，标的的涉猎面较广，但也会受制于最终产品总费率较高、对私募高管缺乏了解和二级市场走势难以把握。银行作为母信托投资顾问，需要建立一支专业化私募团队，并能够自主性较高地进行产品后期持续性管理的团队，这并非易事。券商更加熟悉二级市场，自身对未来市场具备一定的判断能力，更容易了解子信托的操作理念和投资能力，因而是较好的选择。在市场上成立满一年定期公布业绩的 TOT 中，无论是收益能力，还是风险控制能力，最好的仍然是由东海证券担任投资顾问的"平安财富——东海盛世 1 号"。

（2）子信托的集中化和知名化。从目前发行的 TOT 来看，大多数都是投资于过往业绩较好的"明显私募"旗下的产品，这样既可以捆绑优秀的私募投资顾问，又可以吸引广大投资者。

（3）"被动管理"成为主流。所谓被动管理，即 TOT 发行完毕后仅投资于起初选择的子信托，并不进行子信托的删减，也不根据不同行情的变化和已有子信托表现进行仓位重新配置。主动管理能充分体现母信托择时和择人的能力，优化配置资源，但并不能保证最终效果。目前，缺乏权威阳光私募研究、评价与投资管理人员，因而两种管理方式并无伯仲之分。

（四）TOT 发展规模

中国信托业协会公布《2011 年 4 季度末信托公司主要业务数据》显示，2011 年以来，信托业发展迅速。截至 2011 年 4 季度末，我国信托总资产达到 48114.38 亿元，全年净增长17709.83 亿元，增长率达到 58.25%，其中，新增信托资产超过 3.17 万亿元，到期的资金量为 1.40 万亿元。

私募排排网统计显示，2011 年累计发行证券信托类产品 696 只，数量同比上年增长42.62%，其中管理型产品 378 只，结构化产品 299 只，TOT 产品 19 只；2010 年发行的私募证券类信托产品数量达 488 只，其中非结构化产品 279 只，结构化产品 176 只，TOT 产品 33 只。由于国内对冲基金投资理念仍不成熟，虽然证券信托总体数量在上升，TOT 产品数量却在下降。截至 2012 年 3 月，中国共有 71 只现存 TOT 产品，具体如附录 3 所示。

五、国内对冲基金的基金发展"瓶颈"和构建设想

（一）FOF 历史发展规律

海外成熟市场的对冲基金，主要来自机构投资者，其中 FOF 是最主要的部分。据统计，截至 2010 年年底，全球对冲基金总资产规模大约为 19200 亿美元，FOF 的规模占到了全球对冲基金资产总额的将近 30%，具体如图 8 - 44 所示。相比而言，我国现在的 TOT 产品规模仅占阳光私募总规模的 5% 左右。

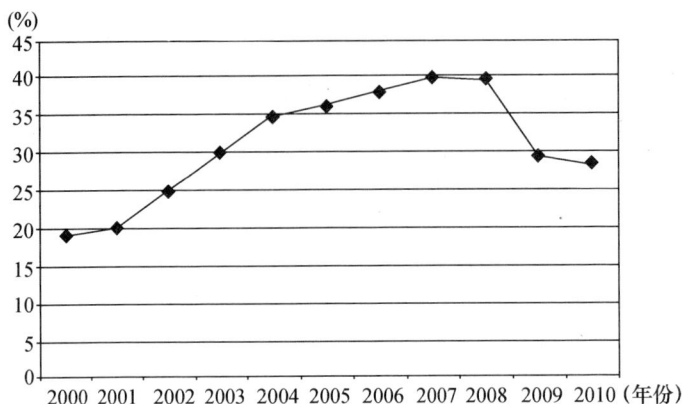

图 8 - 44　FOF 占全球对冲基金比例历史变化

资料来源：国泰君安，中金阿尔法。

（二）国内 FOF "瓶颈" 制约分析

国内对冲基金发展不到 10 年时间，还存在诸多弊端，如规章比较复杂、门槛较高、宣传太少、投资无门等，主要制约因素如下。

（1）投资理念陈旧。在国外，LP 一般不参与被投资基金的具体管理及项目投资，但是国内 LP 更愿意参与基金的决策管理，这样很容易造成 LP 与 GP（General Partner，基金管理人）之间沟通的问题。

（2）职业管理人才缺乏。国内对冲基金发展只有几年时间，目前管理人多是从共同基金转型，因而职业管理极度缺乏，所以国内 LP 需要与国际 LP 加强沟通，多吸引国外人才，加快国际化的节奏。

（3）缺失相关法律制度。目前，我国与私募股权 FOF 有关的法律规范主要有《中华人民共和国证券法》（2006 年 1 月 1 日实施，通常与修订前《证券法》比较时被称作新《证券法》，以下简称《证券法》）、《中华人民共和国公司法》（2005 年实施，以下简称《公司法》）、《中华人民共和国证券投资基金法》（即现行《基金法》）、《中华人民共和国合伙企业法》（2007 年实施，以下简称《合伙企业法》）和《中华人民共和国信托法》（2007 年实施，以下简称《信托法》）。因此，我国对私募股权 FOF 的法律制度仅有与私募基金同质的原则性规定，需要立法机关进一步完善，使得长期游离在法律之外的私募股权 FOF 的发展有法可依。

（4）监管难以企及。FOF 在国外发展多年，资本运作相当成熟，而发达资本市场的市场监管也相当成熟，由于我国对私募的特别规定一直没有出台，我国监管部门对私募市场一直放任其发展，使得我国私募股权 FOF 市场早已成为国际投资专家们竞相争抢的香饽饽。《公司法》、《信托法》对私募股权 FOF 仅做了与私募基金相同的原则性规定，它们作为位阶高、调整范围广、调整对象多的法律，也不可能对私募股权 FOF 做更进一步的规定，而国务院对私募基金尚未出台相关规定，更难以涉及私募股权 FOF 这样一种特别的私募基金。

（三）国内 FOF 发展建议

（1）本土 FOF 应该强调练好"内功"。虽然当前中国本土 FOF 刚刚破土而出，市场潜力巨大，但是随着后续跟进者的增多，本土 FOF 之间的竞争也将无法避免。为此，本土 FOF 应该从设立伊始就强调学习发达国家成熟 FOF 的运作模式和管理要求，切实做好信息采集、分析整理、科学决策、严格管理的内部运行制度，深度研究 GP 的全面情况，从而为国内外 LP 提供真正有价值的 FOF 服务，最终在未来的行业竞争中保持优势地位。

（2）注重对合格 LP 和优秀 GP 的培养。合格的投资者——既有一定的财富，又有先进的投资理念，在一定的风险下追求最大的收益。优秀管理人——既有风险控制意识，又能够收益最大化，充分保障客户权益和自身利益。这不仅需要来自高等学校教育，而且需要自下而上的宣传和培训，只有这样才能日益促进 FOF 的快速发展。

（3）加强风险教育与风险控制。虽然分散风险是 FOF 突出的特征，但是对冲基金市场本身的高收益和高风险的特征同样会体现在 FOF 的运作过程中。为此，我国本土 FOF 在募集资金时应该做好风险宣传和教育工作，不要故意夸大收益预期而掩饰存在的高风险，应该对各类 LP，尤其是国内民营企业和富裕个人 LP，加强风险教育，防止在实际运行中出现不必要的摩擦与矛盾。

（4）国家监管机构应该在鼓励的前提下适度监督。随着我国对冲基金产业的快速发展，各类弊端与问题也不断出现，例如近来讨论比较热烈的 PE 腐败以及 GP 内部人跟投问题，对于对冲基金产业加强监管的呼声开始越发高涨。一国对于对冲基金产业的监管尺度应该根据该国对冲基金发展水平而定。对于我国而言，整个对冲基金产业方兴未艾，对冲基金产业以及本土 FOF 对于我国整体经济社会的健康发展起到了积极的推动作用。

（四）国内 FOF 构建设想

我国目前存在券商集合理财计划主要是投资于基金的一种基金，而非完全意义上的对冲基金的基金。我国的集合理财计划以价值投资理念为核心，多采取主动投资方式，投资范围包括封闭式基金、开放式基金、ETF/LOF，部分涵盖了股票投资和新股申购。投资策略以资产配置为主，基金品种遴选多依赖于自身构筑的评价体系，部分参考晨星等第三方评价机构，评选的标准多从择股能力、择时能力和风险水平等方面进行量化选择。

随着中国衍生品市场的发展，股指期货、融资融券的推出完善了股票市场内在的稳定机制，丰富了单边市场，为市场提供了做空手段和双向交易机制，降低了市场的波动幅度，为市场提供了避险的工具，完善了金融产品体系，增加了市场的广度和深度，改善了股市生态，为中国对冲基金的发展奠定了产品基础。

因此，需要进一步完善国内基金市场制度，加强对冲基金监管和宣传教育，培养合格的第三方评级机构，这样才能构建真正的 FOF。

第五节　相对价值策略研究报告

一、对冲基金概况

随着产品范围的扩大，资产管理行业迅速成长，以满足投资者特定多样的需求。除了传统资产管理产品，如共同基金外，所谓的另类投资渐渐凸显。主要的另类投资产品包括对冲基金和对冲基金的基金，也包括私人股权投资和风险投资基金。另类投资与传统投资相关性较低。

（一）对冲基金的规模发展及业绩

自 1949 年 Alfred Winslow Jones 推出第一只对冲基金以来，对冲基金交易占到金融市场每日交易量的很大部分。从创造的交易费用来看，他们被看作是最好的券商客户。

1. 对冲基金的市场规模

据 HFR 报告显示，整个对冲基金市场在 2011 年第一季度超过 2 万亿美元的水平，在年中达到 2.04 万亿美元的历史最高水平，经过第三季度的市场急剧波动后，整个规模一度下跌至 1.97 万亿美元。市场在 2011 年第四季度结束后回到 2.01 万亿美元的水平，其中第四季度的业绩上涨带来的资本增长冲销掉了 1.27 亿美元的资本净流出，该流出量仅占整个市场规模的 0.007%。回顾过去的一年，投资人共投入 700 亿美元新净资本到对冲基金市场，整个业绩波动很大，HFRI 基金权重综合指数下跌了 5%，是自 1990 年以来第三个业绩为负的年度。

2. 各对冲策略资金、收益情况

投资人在整年都表现出对宏观和相对价值套利策略的钟爱。积极投资于流动性强的货币、大宗商品、固定收益产品以及股市的人为决策和量化分析宏观对冲基金得到 279 亿美元的净流入。相对价值套利策略主要投资于固定收益产品，年度净流入为 359 亿美元。相对价值套利策略是 2011 年唯一业绩为正的策略，HFRI 相对价值套利指数年度业绩为 0.51%。经过困难的第三季度后，股票对冲和事件驱动策略在第四季度分别遭受了 86 亿美元和 53 亿美元的净赎回，使得股票对冲策略年度净资本流入减少到 22 亿美元，事件驱动策略则减少到 46 亿美元。

3. 对冲基金资金的流入与流出

近 60% 对冲基金在第四季度面临资金净流出，而剩下的 40% 得到新资金流入。从整年来看，507 亿美元新资本投入到资金规模超过 50 亿美元的巨型基金，规模小于 50 亿美元的基金仅得到 200 亿美元净流入。组合基金（FOF）经历了非常困难的一年，投资人在第四季度撤出了 72 亿美元，使得整个组合基金（FOF）市场规模减小到 6290 亿美元。

（二）对冲基金与共同基金的比较

对冲基金和共同基金的区别主要有以下几点：

（1）共同基金有衡量基准，是一个相对表现情况。共同基金经理会抓住任何跟踪误差，即与基准的偏差，因此风险并非以绝对值的形式体现，而是由与基准的相关性衡量。与此相反，即使市场狂跌，对冲基金也会寻求任何情况下的绝对收益。也就是说，对冲基金没有基准，只有不同的投资策略。

（2）市场下跌时，除了出售或保持流动性，共同基金无法保护资产。对冲基金却可以实施策略产生正向收益。卖空为对冲基金提供了新的投资机会，最终起决定作用的不是市场表现，而是股票的相对变化。

（3）共同基金的未来收益取决于它们所投资的市场方向，而对冲基金与市场方向的关联性很小。

（4）对冲基金和共同基金的另一主要区别在于，后者在投资组合配置和许可证书等方面受监管部门的管制和监督，投资者可受到在公司资本流动性、有效组织和业务流程方面的进一步保护。与此相反，对冲基金由于缺乏严格的管理框架，经理有更大的动力去建立运用独特金融工具、管理形式、组织形式和法律形式的对冲基金。

因此，具有不同投资策略和规模的对冲基金使该行业与共同基金有显著的差异性。

（三）相对价值套利策略概况

相对价值策略是寻求两个证券间的价差而不是跟随一般市场方向获利的套利交易策略。其主要操作方式是通过买多和做空获取与市场无相关性的投资报酬。由于多空仓位都有，相对价值策略的风险比传统投资或单一趋势的避险策略大为降低，过去所取得的绩效也始终稳定。对于保守型投资人或是寻求与股市无相关性回报的投资人来说，相对价值策略是理想的选择。

相对价值策略包括可转换债券套利、固定收益套利、股票市场中性套利和抵押担保套利。

"相对价值策略最大的优势在于可以减少基金业绩的波动性。"HFRI亚太区研究总监谷佳在接受第一财经日报《财商》采访时表示，对于新市场的基金来说，基金业绩波动太大会影响其长期投资策略，所以新兴市场的对冲基金做相对价值套利的更多。

二、华尔街最牛对冲基金：大奖章基金

（一）文艺复兴公司与大奖章基金

文艺复兴公司于1982年在纽约成立。其公司董事、总裁和首席执行官三职为一身的就是该公司的创始人——詹姆斯·H. 西蒙斯。作为一家私人对冲基金管理公司，复兴科技公司拥有275名雇员。其旗下3只基金管理着150亿美元资产。该公司由西蒙斯于1982年成立，从1989年起，复兴科技公司的大奖章基金（Medallion）的年回报率平均高达35%，大奖章基金被誉为"最成功的对冲基金"。

大奖章基金主要采取相对价值套利，并且面对全球市场。其在美国国内的交易工具包括商品期货（能源、玉米、小麦、大豆等）和美国债券。境外交易包括汇率期货、商品期货和外国债券。截至1999年12月底，大奖章基金累计回报达2478.6%，是原资产的25倍。根据对冲基金观察家Antonie Bernheim的数据，在同时期的离岸基金中，仅次于此的是乔治·索罗斯的量子基金，而他的回报率为1710.1%。2009年，大奖章基金名列获利最高的对冲基金之首，获利超过10亿美元。

（二）量化大师西蒙斯：捕捉市场瞬间的机会来赚钱

大奖章基金的投资组合包含了全球上千种股市以及其他市场的投资标的，模型对国债、期货、货币、股票等主要投资标的的价格进行不间断的监控，通过模型发现这些资产相对价值的差异来做出买入或卖出的指令。和流行的"买入并长期持有"的投资理念截然相反，西蒙斯认为市场的异常状态通常都是微小而且短暂的，大奖章基金会通过数千次快速的日内短线交易来捕捉稍纵即逝的机会，交易量之大甚至有时能占到整个纳斯达克市场交易量的10%。

西蒙斯透露，公司对交易品种的选择有3个标准，即公开交易品种、流动性高，同时符合模型设置的一些要求，尽量减少人为的影响，成交量和成交额是很重要的因素。他表示，"我是模型先生，不想进行基本面分析，模型的优势之一是可以降低风险，而依靠个人判断选股，你可能一夜暴富，也可能在第二天又输得精光"。

三、相对价值策略绩效分析

（一）相对价值套利策略风险

相对价值套利策略依赖于关联资产价格对其均衡价值的回归，因此对市场波动的风险管理是策略成功的极其重要的一部分。相对价值策略基金面临着各种风险，其中主要包括：市场风险、信用风险、流动性风险，如图 8 – 45 所示。相对价值策略中主要面临的风险包括市场风险和流动性风险。

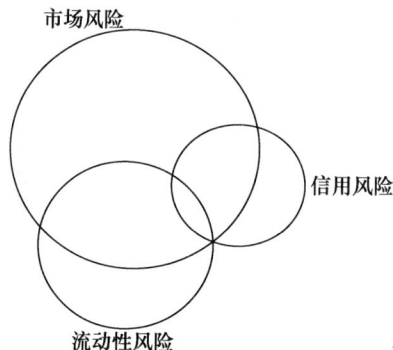

图 8 – 45　对冲基金公司面临的三大风险

市场风险主要是和一些影响资本市场的相关变量的波动相关联，如金融工具价格、市场利率以及汇率波动等。相对价值套利活动中杠杆的频繁运用会进一步放大市场风险对对冲基金公司的影响程度。

流动性风险被理解为投资标的物的市场容量问题，当一个对冲基金公司想退出其持有的市场头寸却由于流动性问题而不能以比较好的价格退出时，流动性风险便出现了，最简单的就是冲击成本等非必要性支出。西蒙斯的大奖章基金对交易品种的选择有 3 个标准，即公开交易品种、流动性高，同时符合模型设置的一些要求。其中流动性要求就是要保证资产能及时成交，降低冲击成本，达到预定的成交量和成交额的要求。

（二）策略波动率与收益

资本市场线由股票和债券投资的线性组合形成。在图 8 – 46 中，它是摩根大通全球债券和摩根士丹利世界指数之间的直线。在所有投资策略中，除了偏空策略和固定收入套利策略，其他策略都比传统投资更有效率，因为它们处在资本市场线以上。在 1994 ~ 2004 年 10 年间，相对价值策略基金整体波动率较低，在股票长短仓、全球宏观、事件驱动和管理期货等策略波动率之下。由于采取相对保守的套利策略的缘故，其总体收益率水平在多空仓策略之下，但仍然接近于 7% 的较高水平。其中可转债套利策略收益率达 9.8%，风险套利策略收益率约为 8%，固定收益类证券收益率达 6.6% 左右。因此总体而言，在把策略风险控制在较低水平的基础上，相对价值套利策略获得了较为可观的收益。

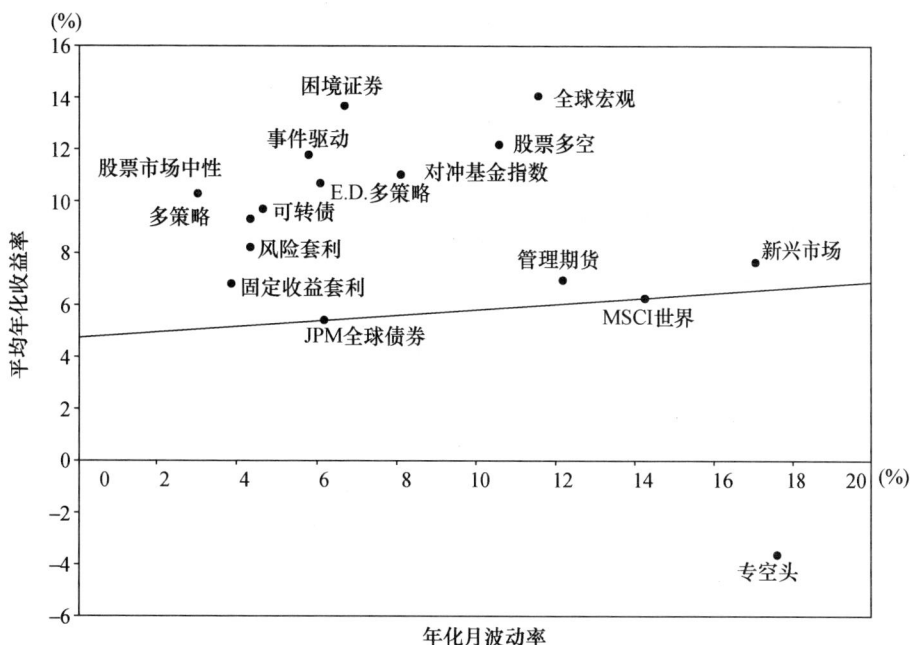

图 8 - 46   对冲基金策略收益/风险组合（1994~2004 年）
资料来源：Credit Suisse/Tremont Index LLC.

四、可转换债券套利策略

（一）可转换债券概念

可转换债券赋予持有人在发债后一定时间内，可根据本身的自由意志选择是否依约定的条件将持有的债券转换为发行公司的股票或者另一家公司股票的权利。换言之，可转换债券持有人可以选择持有至债券到期，要求公司还本付息；也可选择在约定的时间内转换成股票，享受股利分配或资本增值。

对于套利者来说，可转换债券由于其转换权的存在而成为理想的套利工具，即标的股票和相关衍生品随着预测比率交易，任何价格偏离都会给对冲基金带来套利机会。

如果可转换债券只简单包括债券和标的股票的看涨期权（将债券转换为固定数量股票的权利），则其称为传统可转换债券。传统可转换债券也可以看作是股票加上执行价等于转换价的看跌期权。

如果认为可转换债券由债券和看涨期权组成，则相对普通债券来说，可转换债券的利息应更低。拥有期权的持有人有无限获利的可能，债券的性质为可转换债券提供了资本保护，除了发行人违约的情况以外。

如果将可转换债券看作是由股票和执行价等于转换价的看跌期权组成的，则持有人拥有转换价值被支付的保证（除非发行者违约），但购买者必须以高于目前股价购买，即存在标的股票价格上涨的风险。

（二）可转债混合证券的特征

可转换债券是混合证券，可看作不同的金融工具：

（1）债券持有人会得到周期利息及到期时的本金，即为看涨的单纯债券。

（2）做多美国看涨期权，将债券转换为标的股票，允许持有人在交割前任意时间执行转换权利。

（3）债券到期后做空美国看涨期权。该期权只能在发行人规定的特定条件下执行，其条件通常与股价有关。可转换债券持有人将以固定价格回售可转换债券的权利卖给发行者，即有了强制转换。

（4）做空美国期权，防止发行人违约，也可以看作卖出深度虚值看跌期权。

（5）在公司破产的情况下做多虚值看跌期权，由于破产程序最后所评估的债券具有残值，其向下风险有限。

在此还应考虑到与发行者无关的外部风险敞口，例如发行公司被另一公司收购。当实值或平价可转换债券被收购时，债券的溢价被掩盖，与收购者提出的目标公司股票价格重合。收购公司发生的事件可能成为影响可转换债券价值的重要因素。

（三）可转债发售说明书条款

可转换债券的发售说明书（与私募配售过程不同）非常复杂，包括了许多对冲基金经历投资前必须全面分析的条款和规定：

（1）螺丝条款。

（2）特别股息。

（3）收购保护。

（4）无股息评级股票。

（5）回售陷阱。

传统可转换债券的标准条款如下：

（1）5 年期限。

（2）2%～3%的利息。

（3）25%～30%的溢价。

（4）发行者 3 年后可赎回。

可转换债券为购买者能在股价上涨时享受标的股票的成长收益提供了机会，即使股价下跌，其损失也是有限的。同时，可转换债券对于需要融资的公司来说也是一个有趣的金融工具。

（四）使用可转换债券的意义

（1）灵活的融资方式。根据不同的发行条款，可转换公司债券既可以是债券，又有股票的特点；既可以是优先债权，也可以是次级债券；既可以不赎回，又可以到期还本付息。另外，可转换债券通常赋予发行人赎回权利，因此当利率过低或股价高涨的时候，发行公司可以赎回可转换债券然后再行融资。为了防止可转换债券转股对公司业绩的稀释，发行公司也可以收回可转换债券。因此，可转换债券为发行公司提供了非常灵活的融资工具。

（2）延期股权融资。一般企业通过可转换债券进行融资的主要目的是增加资本，从获取长期稳定的资本供给的角度来看，企业更愿意金融股权融资，而非债权融资，这对于负债较多、自有资金不足的企业来说尤其如此。如果股市不利于进行股权融资，有着股票期权性质的可转换债券必然成为公司首选，通过投资者长期持有可转换债券并转化成股票，获得永久性资本。

（3）缓解对现有股权的稀释。在二级市场和企业状况不佳、股权融资时机不成熟的时候，发行股票融资成本较高，融资规模受限；同时，大量的发行股票会直接稀释公司的每股业绩，可能导致二级市场股票价格大幅下跌。此时，可转换债券的逐步转股可减缓对现有每股业绩的稀释，避免股价的波动。

（4）较低的融资成本。由于投资者愿意为未来获得有利的股价上涨而付出代价，因此可转换债券的发行者能够以相对于普通债权较低的利率及较少的条款限制发行可转换债券。即使未来可转换债券到期没有转换成股票，企业以较低利率借入资金，对股东也是有利的。

（5）具有避税功能。可转化债券利息作为企业的财务费用，而股票红利则不可以，所以适当运用可转换债券可以起到节约税收的效果。

（6）较高的发行价格。发行人可以通过发行可转换债券获得比直接发行股票更高的股票发行价格。即使一家公司能够有效运用新的募集资金，但购买新设备并产生回报需要一段时间，直接发行新股一般会在短期内造成业绩稀释。因此，该公司的股票发行价格通常低于股票市场价格。相比之下，由于发行可转换债赋予投资者未来可转可不转的权利，可转股有一个过程，业绩稀释可得到缓解。因此，在目前的国际市场上，通过认购可转化债券获得的标的股票，其价格通常比直接从市场上购买股票的价格高出 5% ~30%。

（7）对投资者具有吸引力。附加转换特性对于追求投机性和收益性于一身的投资者颇具吸引力，特别是在债券市场疲软、投资者对股权市场较有兴趣时，非常有助于促进可转换债券的发行。

（五）国际可转换债券的市场概况

表 8 – 24　2011 年世界前 10 位可转换债券套利对冲基金及其收益率

	对冲基金公司	2011 年 12 月收益率（%）	年收益率（%）
1	Waterstone Market Neutral Master Fund Ltd.	1.58	0.73
2	SC Convertible Bonds	1.31	-1.16
3	Steelhead Pathfinder Fund	0.85	6.74
4	Wolverine Convertible Arbitrage Trading Fund Limited	0.67	3.68
5	Investcorp Silverback Arbitrage Fund Limited	0.40	4.97
6	Symphony Rhapsody Fund, L. P.	0.34	2.66
7	SSI Convertible Income Fund LP	0.29	1.15
8	Whitebox Concentrated Convertible Arbitrage Fund L. P.	0.22	0.41
9	Castle Creek Arbitrage, LLC	0.18	1.96
10	Sage Strategic Income L. P.	0.16	-2.45

资料来源：Barclay Hedge.

1. 美国市场

美国是可转换债券的诞生地，并在 20 世纪 70 年代后迅速发展。美国可换债市场中的发行公司基本以信用等级较低的中小成长型企业为主，平均信用等级为 B，欧洲市场则相对较高。

2. 欧洲市场

欧洲市场不属于某单一国家，是世界上出入最为自由的市场，而且无论是按可转换债券发行量还是按市场深度、专业程度来衡量，欧洲市场都是世界上最重要的国际可转换债券市场之一。与美国可转换债券市场不同的是，欧洲可转换债券市场中普遍信用等级较高并且单只可转换债券发行规模较大，规模的庞大对可转换债券市场的流动性非常有利。

3. 日本市场

在日本交易所上市的各类债券中，可转换债券的数量一般在 75% 以上，1999 年前日本在全球可转换债券市场上一直维持市值第一的水平，但到 2000 年由于美国和欧洲债券市场的迅速发展，日本市场失去了霸主地位。日本可转换债券市场以欧元转债为主，2007 年欧元可转换债券占日本转债市场的 69%。另外，与欧洲相似，日本可转换债券的评级相对较高。

4. 亚太市场

亚太市场是全球发展最快的可转换债券市场（见图 8 - 47），其中中国香港地区和印度市场发展最为迅猛。中国香港市场的发展主要依赖内地公司在香港地区的规模发行，如 2007 年中国石油在香港地区发行了 117 亿港元。

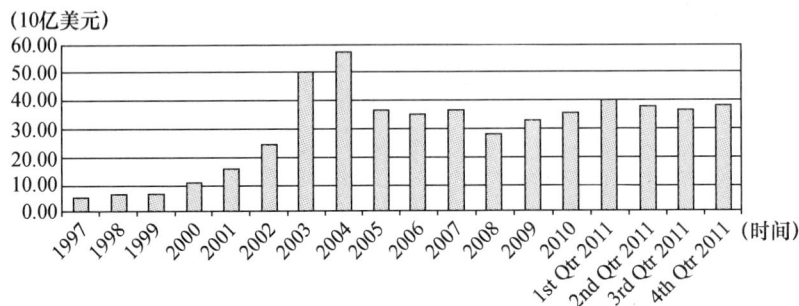

图 8 - 47　全球可转换债券套利管理资产

资料来源：Barclay Hedge.

五、可转换债券的定价模型

到期时，可转换债券的价格为其面值或转换的股票市值两者中高的价格。结算前，其定价很复杂。可转换债券的价格是标的股票价格函数，如图 8 - 48 所示。

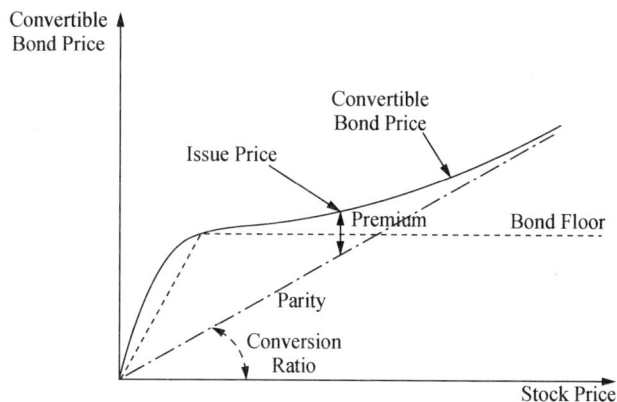

图 8 - 48   可转换债券价格与标的股票价格间的函数关系

资料来源：Investment Strategies of Hedge Funds.

可转换债券的价格要经历如下 4 个阶段，如图 8 - 49 所示：

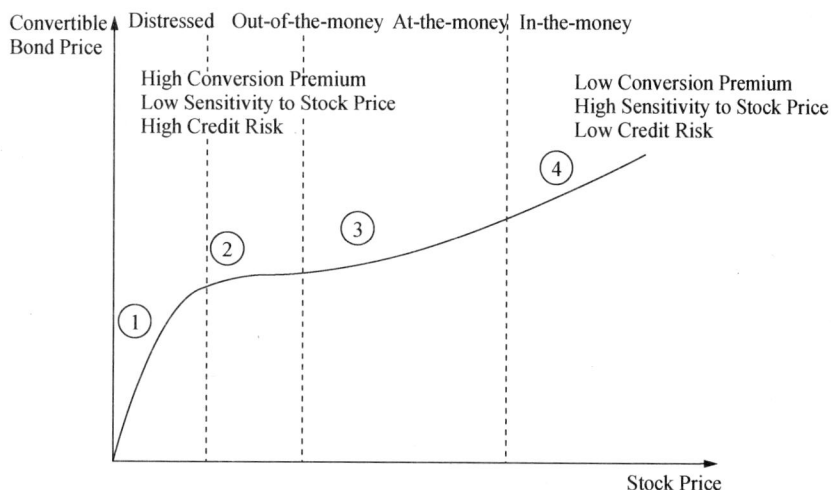

图 8 - 49   可转换债券的 4 个阶段

资料来源：Investment Strategies of Hedge Funds.

（一）可转换债券市场的划分

1. 国际可转换债券市场的划分

可转换债券是一个全球性的金融品种，通常以国内、国外以及欧洲可转换债券三种形式发行。国内可转换债券在本国发行并以本国货币标价，遵从当地监管制度并且通常主要针对本地投资者。国外可转换债券是借款人在另外一个国家当地市场以当地货币标价发行。欧洲可转换债券是：①同时不止在一个境外国家发行；②由国际辛迪加发行；③以欧洲货币进行标价。

2. 全球可转换债券的市场概况

（1）问题债券：股价过低，质疑发行者偿还债券本金的能力。

（2）债券代理：股价较低时，转换权利不太可能执行，转换期权属于价外期权。

（3）真正转换：股价接近转换价格时为评价期权。

（4）股权代理：股价很高时，转换很大可能被执行，为实值期权。

相对于对标的股票价格变化更敏感的溢价可转换债券来说，如果可转换债券在纯债券价值附近交易，其价值对于利率变化更为敏感。

3. 可转换债券的定价模型划分

（1）解析模型。1976年，Ingersoll发表了一篇基于布莱克—舒尔斯期权定价模型的可转换债券定价模型的论文。其模型的主要假设为：市场同步交易，无交易成本，股价遵循伊藤扩散过程，证券价格服从正态分布，标的股票波动率恒定。

Ingersoll的模型假设价格不断变化，市场上没有证券借贷和卖空限制。在这些假设条件下可建立计算可转换债券价值的解析模型。

Ingersoll的模型只能被用于欧洲债券，即可转换债券只能在到期日转换。模型证实了可转换债券定价的复杂性，为用解析方法解决可转换债券定价提供了理论参考。

尽管利率、信用价差、货币、股息都在变换，可转换债券发售说明书里的条款和规定通常非常复杂多变，运用解析定价模型有一定困难，因此需要转向数量模型。

（2）数量模型。对冲基金经理应用最广泛的数学模型是数量模型，包括二叉树、三叉树、三维二叉树模型和蒙特卡洛模拟。

二项期权定价模型假设股价波动只有向上和向下两个方向，且假设在整个考察期内，股价每次向上（或向下）波动的概率和幅度不变。模型将考察的存续期分为若干阶段，根据股价的历史波动率模拟出正股在整个存续期内所有可能的发展路径，并对每一路径上的每一节点计算权证行权收益和用贴现法计算出的权证价格。对于美式权证，由于可以提前行权，每一节点上权证的理论价格应为权证行权收益和贴现计算出的权证价格两者较大者。

1986年，Boyle发表了三叉树模型。股价在每个节点上有3个波动方向，每一步数值可由二叉树中的方法得到。

蒙特卡洛（Monte Carlo）模拟是一种通过设定随机过程，反复生成时间序列，计算参数估计量和统计量，进而研究其分布特征的方法。其原理是当问题或对象本身具有概率特征时，可以用计算机模拟的方法产生抽样结果，根据抽样计算统计量或者参数的值；随着模拟次数的增多，可以通过对各次统计量或参数的估计值求平均的方法得到稳定的结论。

这些模型对做决定是有帮助的，但可转换债券中各种期权并不完全适用，基金经理的技能和风险管理能力更为重要，其艺术性就在于不限于小细节，发现新方法评价可转换债券。

（二）隐含波动率和历史波动率

（1）隐含波动率是指可转换债券价格的市场隐含波动率，是对冲基金经理选择的可转换债券定价公式的阿尔法价值，使可转换债券获得与市场价值相同的理论价值有了可能。隐含波动率可以检验某给定证券的市场期望波动率。

（2）历史波动率反映了某股票过去一段时间（100天、180天或250天）的价格波动，一般用股票历史每日收益率的标准差代表。一般来说，可转换债券中的期权在标的股票更低的隐含波动率上交易，而不是其历史波动率。

在给定预计的风险之下，信用价差和隐含波动率是投资者期望潜在收益溢价的衡量标准。波动率和信用风险越大，投资者的风险越大。

（三）可转换债券套利

可转换套利指数见表8-25。

表8-25　可转换套利指数　　　　　　　　　单位:%

	1月	2月	3月	4月	5月	6月	7月	8月	9月	10月	11月	12月	全年
1997	1.59	1.10	0.71	0.89	1.55	2.23	2.15	1.05	1.40	0.77	0.46	0.77	15.68
1998	1.45	1.29	1.25	1.09	0.17	-0.08	0.48	-2.05	-1.24	-0.99	2.91	1.84	6.19
1999	1.97	0.69	1.30	2.54	1.43	0.52	0.61	0.44	0.80	0.05	1.10	1.65	13.86
2000	2.26	2.52	2.03	1.65	1.34	1.96	0.67	1.70	1.15	0.45	-0.96	-0.38	15.31
2001	3.93	1.78	1.88	1.74	0.75	0.08	0.92	1.23	0.77	1.25	0.79	0.37	16.57
2002	1.44	0.23	0.76	0.92	0.74	0.21	-1.07	0.53	1.46	1.06	2.50	1.42	10.64
2003	2.54	1.31	0.80	1.46	1.30	-0.60	-0.65	-0.73	1.35	1.52	0.74	0.40	9.80
2004	0.95	0.13	0.53	0.38	-1.32	-1.09	0.45	0.40	-0.18	-0.53	0.85	0.44	0.98
2005	-1.09	-0.69	-1.70	-3.43	-1.48	1.28	1.57	0.47	1.41	-0.10	-0.10	0.73	-3.21
2006	2.39	1.23	0.87	0.50	1.06	0.24	0.72	0.98	0.80	0.41	0.84	1.12	11.75
2007	1.37	1.18	0.61	0.26	0.98	-0.07	-0.36	-1.47	1.43	1.72	-1.54	-1.41	2.66
2008	-0.41	-1.50	-2.16	0.31	1.03	-0.91	-1.75	-0.58	-9.49	-13.76	-4.02	2.56	-27.66
2009	5.66	2.76	2.32	4.28	5.55	3.47	7.14	3.80	4.18	1.32	1.47	1.93	53.63
2010	0.81	0.43	1.81	2.21	-1.70	-0.07	1.73	1.38	1.44	2.09	0.02	1.45	12.15
2011	1.95	1.60	1.05	0.19	-0.05	-0.75	-0.40	-1.47	-1.84	1.19	-1.36	-0.03	-0.01

资料来源：Barclay Hedge.

（四）套利策略概况

大多数可转换债券套利是做多可转换债券，用标的普通股卖空来对冲。

可转换债券是混合证券，可被分为不同的金融工具，在市场的力量下表现出价值偏离。对冲基金经理的目标就是发现与理论价值不一样的市场价格偏离，并执行使其不受市场风险套利交易。通常来说，利率波动风险可用利率互换对冲，有时可转换债券发行者的信用风险也可用信用违约互换对冲。

通常，对冲基金经理寻找具有如下特点的可转换债券：

（1）标的股票具有高波动性，从delta和gamma交易中获利。

（2）可转换债券流动性好，标的股票容易借贷。

（3）低转换溢价，可转换债券对于利率风险和信用风险敏感性低。

（4）股票无股息或分红少。

（5）可转换股票具有高度凸性，以从伽马交易中获利。

（6）以低隐含波动率发行。

定价模型的复杂性和交易的多样性表明进行可转换债券套利需要依靠复杂、昂贵的技术设施。

基金经理需要单独及整体评估组合的收益和风险，包括发行者信用、行业风险分摊、发行者市场融资分摊，以保证投资组合有足够的流动性。基金经理需使组合多样化，利用杠杆，依靠严格的销售条例构建组合。

（五）策略分类

1. 现金流套利

买入可转换债券并卖空标的债券构造了一个产生高现金流的仓位，股票卖空的资金用于购买可转换债券。

举个例子，某可转换债券以10%的溢价购买，即 $110，标的股票卖空 $100。在此不考虑卖空所需保证金追加且套利者只需集资其中差价，即 $10。假设可转换债券有5%的年收益率（假设套利过程中发行者的信用风险不变），即 $5；卖空成本为每年2%（$2）；标的股票每年分红为2%（$2）；套利者有 $1，即10%（本金 $10）的收益。

在现实世界中，有这种套利机会时，其他套利者也会趋之若鹜，使可转换债券价格上升，如15%的溢价使收益降低到6.7%，20%的溢价使收益降低到5%。

交易成本，即交易券商的管理费和杠杆所需贷款的利息，会使套利机会变小。

2. 波动交易

在布莱克—舒尔斯期权定价公式中，波动性是最重要的变量。交易者将波动率视为可与任何证券联系的合成证券。

当可转换债券在接近其纯债券价值处交易时会产生现金流，但对冲基金经理真正的收益来源于其波动性。

可转换债券的 delta 是指其价格对于标的股票价格变化的敏感性。理论上，delta 是可转换债券价格对于标的股票价格的一阶导数；在几何学中，delta 是股价一定时的可转换债券价格曲线的斜率，如图 8−50 所示。

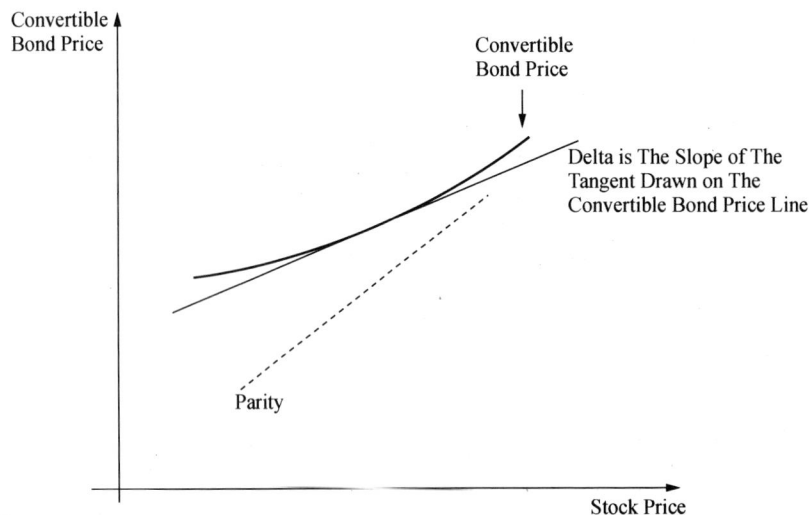

图 8−50　可转换债券 delta 的几何意义

资料来源：Investment Strategies of Hedge Funds.

大多数可转换债券套利者建立了如下套利策略：做多可转换债券，做空由可转换债券delta决定的固定数量的标的股票。看涨可转换债券捕获了其相对理论值的折价，看空标的股票减少了股票风险暴露。

对冲比率是指为了构造 delta 中性的债券股票组合所必须卖空的股票数量。

为了保证 delta 中性，当股价上涨使 delta 变大时，基金经理需要卖空更多股票。相反，当股价下跌使 delta 减小时，基金经理需要买回部分股票。在 delta 对冲中，基金经理实际上是在稳定股票价格。

可转换债券价格曲线的凸性对套利者有利：如果股价大幅上涨，可转换债券价格的提高大于卖空股票的损失；如果股价显著下跌，可转换债券价格的损失小于卖空股票的获利。

delta 中性策略看涨波动同波动性交易一样。看涨波动相当于为资本市场危机提供保护。如果在一定时间内标的股票波动率高于可转换债券买时价格的隐含波动率，那该交易会产生正收益。

可转换债券 vega 是债券价格对于标的股票波动率变化的敏感性。理论上，vega 是可转换债券价格对于标的股票价格波动率的一阶导数。

衡量 delta 是套利策略中的关键，定价模型的运用需要经验。另外，交易费用和证券的流动性也是可转换债券套利中的主要约束。

3. 伽马交易

除了 delta 交易，对冲基金经理可以用交易标的股票获得收益。

可转换债券的 gamma 是指债券的 delta 对于标的股票价格变化的敏感性。理论上，gamma 是可转换债券价格 delta 对于股价的一阶导数，即可转换债券价格对于股价的二阶导数；在几何学上，gamma 代表当标的股票价格一定时可转换债券价格曲线的凸性。

gamma 对冲是对市场行为进行调整的 delta 对冲，从标的股票的波动中获利。每天基金经理都会买卖标的股票，计算最佳买卖乘数的方法，主要是在考虑交易费用后，测试最近 50 天不同交易量每日的价格。交易的规模取决于债券发行量、可转换债券的 gamma 和一手交易的规模。如果 gamma 的绝对值很小，delta 变化很慢，则不需频繁调整以保持组合 delta 中性。然而，如果 gamma 的绝对值很大，delta 对股价变化很敏感，则需要频繁调整组合。可见 gamma 越大，潜在的收益越大。只要市场在波动，delta 和 gamma 交易就会盈利。若市场波动降低到一定水平，采取该两种策略则会产生损失。

当发行的可转换债券相对于流通股的数量很大时，gamma 交易会减少股票价格的波动性。

高凸性可转换债券。当标的股价上涨时，高凸性可转换债券价值随着增长（对于股价变化很敏感），并且下跌风险有限（纯债券价值的存在）。

通常来说，如果可转换债券溢价相对较低，则其 gamma 值较大，投资溢价较低。

4. 信用套利

对于 delta 和 gamma 交易来说，最大的潜在风险是可转换债券发行者的信用风险。当股价很低并将可转换债券推入问题区域时，delta 和 gamma 交易将不再有效。虽然这种情况很少发生，但对于采用可转换债券套利的对冲基金来说最差的情况便是信用风险系统性增长，同时影响所有的交易。

垃圾可转债（Busted Convertibles）是指发行者处于金融危机，股价快速下跌，债券信用危机被毁的债券。为了对冲发行者的信用风险，基金经理可以买入信用违约互换。该期权发行者则收到其保费，发行者的信用质量将改善。

信用违约互换（Credit Default Swap）是为公司违约风险提供保护的合约。购买者拥有在债券发行公司违约后以债券面值将其卖出的权利。互换购买者需向售出者定期支付一定费用，直到公司违约或合约期满。它表明投资者对债券发行公司持有一定的负面看法。

利率互换（Interest Rate Swap）是基于一定本金及年限，某公司承诺以事先约定的利率支付给合约对方利息的协议。为此，合约对方以付相同本金相同年限的浮动利息作为交换。

利率上升时，投资者应被付以更高利息，以较低利率发行债务的价值下跌。对冲基金经理可以通过互换协议消除利率风险，即交付等于可转债利息的固定费用，得到浮动利息，通常在LIBOR的基础上加一个差额。通过信用违约互换和利率互换可将可转债分解为股票看涨期权、浮动和固定利率债券。由此，交易方都将不想承担的风险转移给他人。

波动性交易对冲基金运用互换将信用风险和利率风险转至他人，如果发行者的信用改善，自会为其带来收益。在信用互换投资者和波动性基金交易的情况中，可转债到期时将有以下几种可能的结果。

如果债券发行者破产，对冲基金经理将不会转换债券，信用投资者在公司清算时会收到可转债的残值。

如果可转债没有破产，将有两种可能：期权到期时如果是虚值，基金经理将不会转换债券；债券发行人将以可转债面值支付信用投资者。

期权到期时如果是实值，基金经理将执行该期权，以可转债面值付给信用投资者。发行者按照转换比例将股票交给基金经理。这种情况下，转换价值和债券面值间的价差就是基金经理的利润。

如果发行者赎回可转债，将有两种可能：期权虚值，则基金经理不执行期权，发行者以赎回价格付给投资者。期权实值，基金经理从信用投资者那里赎回债券，以赎回价格付给投资者，对冲基金经理会执行转换并得到其比赎回价格更高的平衡价格。

5. 倾斜套利

这是适用于宏观对冲基金的投资策略。基金经理将卖空股票的钱用于购买相应可转债。由于只需支付可转债的溢价，基金经理构造了高杠杆仓位。该策略与购买看跌期权不同，因为它有现金流产生，并且期限更长。在此种情况下，基金经理构建了一个下跌风险有限、长时间跨度的看跌仓位。

6. 利差交易

利差交易是指用借到的钱购买更高收益的债券。当然，高收益伴随高风险。例如，利差交易旨在从短期可转债中获利。该交易基于可转债发行者足以偿付可转债费用。利差交易中，收益的主要来源是实际利率而非波动性。

7. 再融资

市场上存在为了高信用价差而持有的可转债，预期催化事件则是宣布新融资计划，如此便可消除对于发行者在可转债到期时偿还债务能力的疑虑。对冲基金经理可以通过对发行者信用情况的基本分析来预计其新融资计划的可能性。

8. 后期重组

当可转债发行公司出现重大问题成为问题公司时，其股东和管理层尝试依靠自身重组公司。对于经历重组的公司来说，成活概率会提高，但信用问题依然很严重。

在这个阶段，大部分可转债持有人都是受损投资者，他们以较低价格购买，然后再转移目标、寻求获利机会。正常情况下，购买者寥寥无几，出售者却很多，这给对冲基金经理提供了抓住市场机会的可能。

9. 多策略

该方法包括以上分析的所有套利技巧，对冲基金投资负责人将根据现有市场环境决定资产在不同策略交易者之间的分配。这给资金的快速配置和投资跳出单个策略提供了可能。

强制可转换债券是指债券到期自动转换为股票的混合证券。与可转换债券相比，强制可转债付给投资者更高利息和股息。基于以上特点，强制可转债到期时，强制可转债被转换为基于标的股票价格的一定数量的股票，如图 8-51 所示。

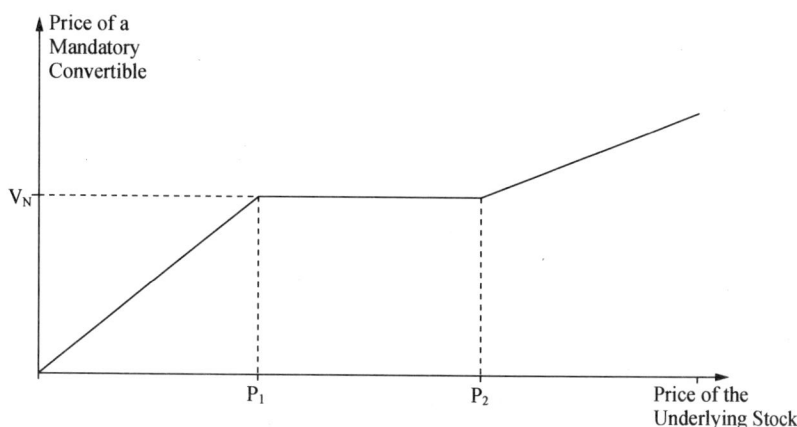

图 8-51 强制可转换债券

资料来源：Investment Strategies of Hedge Funds.

情况 1，如果股价低于某给定价格（小于 P_1），则转换为固定数量的股票。

情况 2，如果股票介于两执行价格之间，则转换为可变数量的股票。由此收到的股票价值介于两执行价格（P_1 和 P_2）之间。

情况 3，如果股价高于某给定价格（大于 P_2），则转化为低于情况 1 中股票数量的固定数量股票。

强制可转债没有纯债券价格，由于其到期自动转换为股票，因此没有下跌风险保护。

由于以下原因，公司可能决定发行强制可转债而不是可转债。

（1）利息免税，可减少资金成本。

（2）避免到期现金偿还。

（3）通常情况下强制可转债在资产负债表上被当作股权，可降低杠杆。

（4）以高于目前股价的价格延期卖出股票。

（5）以股权直接融资，节省佣金。

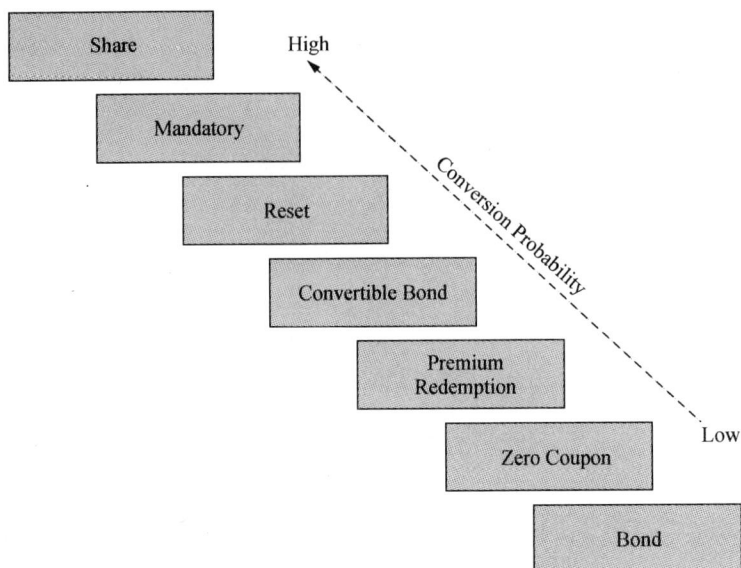

图 8 - 52　类似股票到类似债券金融工具

资料来源：Investment Strategies of Hedge Funds.

（6）评级机构将强制可转债看作股权类似工具，获得相关利益（见图 8 - 52）。

（六）风险控制

可转债提供了投资机会但也包含风险：信用风险、利率风险、股权部分和流动性风险。以下是可转债面临的主要风险：

股票市场风险：如果不是股市中性对冲，那么套利交易会受市场波动的影响。

利率风险：可转债价格越接近其纯债券价格，它对利率的敏感性越高。利率上升使可转债价值下跌，但高利率对股市来说也是坏消息，因此卖空标的股票可看作是对利率上升的对冲。同时，利率上升，可转债中的期权价值也会上涨，为利率风险提供了又一对冲。当然，套利者也可以用利率互换进行对冲。

信用风险：信用利差增大风险。当信用利差增大时，股价会下跌，卖空标的股票减少了该风险。当然也可以用信用违约互换进行对冲。

杠杆放大了收益，也同时增加了风险。

特殊事件风险：如股票分红。如果公司发放股息，卖空股票的红利需由基金经理付给股票借出者。因此 delta 对冲面临公司分红风险。

流动性风险：可转债和股票的买入卖出价差增大的风险。信用不佳的公司证券尤其有此风险，小型可转债发行的流动性风险也很高。套利者不能对冲此风险。

卖空夹仓风险：也就是股票借方突然召回借出股票。

可借股票缺乏可能妨碍构造对冲策略。

发行说明书中可能给予发行者如下权利：如果特定比例的可转债被赎回，可转债必须被转换（清空赎回）。如果股利收益率低于可转债的利率，可转债必须被转换（有条件赎回）。可转债持有人执行转换权利后的债券利息不必支付（螺丝条款）。

货币风险：投资组合里包括多种货币时会出现此风险，但可用远期合约进行对冲。

为了减少风险，对冲基金经理通常用多种工具分散风险，这些金融产品的发行者拥有不同的信用等级，属于不同商业领域。

（七）策略前景和方向

可转换债券套利是非方向性策略的一个实例，其收益与市场无关，取自于基金经理捕获方向性利差的能力。

可转债套利策略是对冲基金世界中的经典策略，但因太多交易者竞争使用该策略而稍显拥挤，缩小了策略的获利概率，使基金经理开始基于自身交易并预期承担方向性风险。

目前趋势表明，对冲基金经理从单纯可转换债券套利策略转向多策略方法，与统计套利、驱动套利及长短仓套利相结合，甚至宏观分析经济经理也愿意承担可转债的股票、信用、利率、波动风险而获利。这种现象由资产达到20亿~50亿欧元或高杠杆的大对冲基金开始。

新金融工具在兴起，如强制可转换债券，对冲基金经理分析其特点和复杂结构的能力使其开阔资本市场的新国际，投资机会也许就在眼前。

六、固定收益套利（Fixed Income Arbitrage）

（一）固定收益套利概况

固定收益套利者主要针对债券，通过同时建立多头和空头仓位（抵消），寻求相关证券间的暂时性不匹配而获利。一般情况下，由于利差很小，通常会运用杠杆。因此建立与利率变化不相关的投资组合，由此消除或至少减小组合的总体久期（见图8-53）。

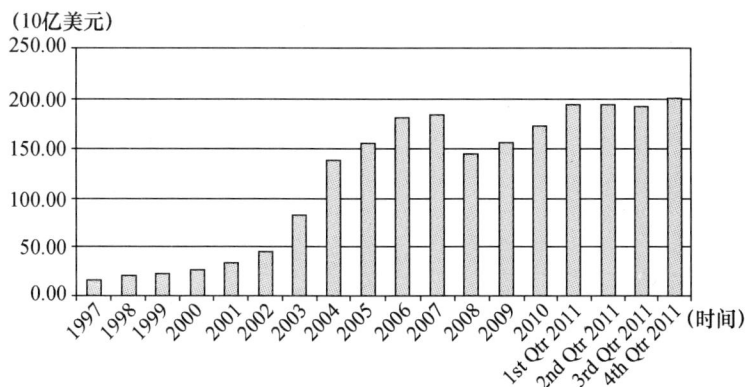

图8-53　全球固定收益套利管理资产

资料来源：Barclay Hedge.

固定收益套利旨在抓住微小价格错位的机会，对冲利率变化风险。

大多数情况下，基金经理用数学或历史上相关并被错位定价的证券建立套利仓位，交易的证券可以是国债、企业债券、机构证券、市政债券和新兴国家的国库证券。

由于大型机构投资者的存在，如退休金计划、保险公司和中央银行，固定收益市场有着不同的投资目标和约束，因此是分割的。对冲基金经理应尝试利用异常结构和市场分割来影响全球固定收益市场。

　　固定收益证券的价格取决于各种因素，基金经理利用强大的计算机运行复杂的分析模型来发现市场上的错位定价。可以说，基金经理从固定收益证券的复杂估值和分析影响这些证券价格的因素中获利。通常价差都非常小，套利者会利用杠杆来最大化套利机会。

　　进行卖空债券的基金经理必须在卖空的时段向债券借出者支付相应的利息，表明证券卖空会产生负利差，基金经理保持仓位时间越长，损失越大。

（二）全球固定收益套利表现（见表8-26和表8-27）

表8-26　固定收益套利指数　　　　　　　　　　　　　　　　单位:%

	1月	2月	3月	4月	5月	6月	7月	8月	9月	10月	11月	12月	全年
1997	1.26	0.67	1.16	1.98	1.59	0.86	1.49	1.01	1.62	0.69	0.35	0.99	14.54
1998	0.02	1.07	1.51	0.96	0.36	0.49	0.96	-1.99	-2.32	-4.67	2.61	2.00	0.76
1999	3.24	2.23	1.91	1.47	0.36	0.58	0.41	-0.16	0.71	1.04	1.22	1.38	15.30
2000	1.70	1.24	0.80	0.62	0.59	0.93	0.97	1.09	1.04	0.34	0.85	1.00	11.76
2001	1.54	0.49	0.71	1.12	0.68	-0.38	0.31	0.47	0.49	1.14	-0.29	-0.36	6.07
2002	0.64	0.15	0.27	1.20	0.53	0.14	-0.50	0.18	-0.79	1.78	1.82	1.49	7.07
2003	1.06	0.68	0.64	0.81	1.23	0.87	0.30	0.61	0.97	0.78	0.58	1.08	10.03
2004	0.95	0.20	0.13	1.27	0.66	0.69	0.58	0.23	0.09	0.51	0.70	0.90	7.11
2005	0.43	0.58	0.31	0.42	-0.13	-0.07	0.73	0.33	0.82	0.55	0.19	0.47	4.73
2006	0.70	0.24	0.88	0.96	0.67	0.15	0.65	0.03	-0.14	0.84	0.34	0.58	6.05
2007	1.17	1.52	0.48	0.60	0.29	-3.27	-0.59	-1.30	1.84	1.18	-2.23	-0.17	-0.60
2008	-0.12	-0.20	-5.64	1.52	1.90	0.43	-1.11	-0.22	-4.18	-13.55	-3.27	-3.18	-25.20
2009	0.17	0.16	-1.06	0.83	2.46	1.94	2.18	1.88	4.23	2.55	1.22	1.77	19.83
2010	1.91	0.26	1.52	1.98	-1.21	0.82	1.50	1.19	1.32	0.79	0.49	0.55	11.65
2011	1.74	1.30	0.43	1.11	0.49	-0.32	0.26	-1.39	-0.51	1.15	-0.25	0.44	4.48

资料来源：Barclay Hedge.

表8-27　2011年世界前10位固定收益套利对冲基金收益率　　　　单位:%

	对冲基金公司	2011年12月收益率	全年
1	Barnegat Fund Limited Class B	3.83	11.17
2	Danske Invest Hedge Fixed Income Strategies	3.60	19.18
3	Element Capital Fund Limited	1.91	5.54
4	NGA Capital Fund Limited (Feeder I Class)	1.57	15.68
5	Symphony Andante Fund, L. P.	1.46	4.76
6	Symphony Adagio Fund	1.45	4.66
7	Raven Rock Credit Fund L. P.	1.22	6.53
8	Coast Value Fund I Ltd.	1.14	3.70
9	Concordia Municipal Opportunities Fund Ltd.	1.04	7.34
10	Sanctum Fixed Income Fund	0.79	6.58

资料来源：Barclay Hedge.

（三）固定收益策略分类

1. 发行驱动套利（临时交易）

套利者预期最新发行的国债（on‐the‐run）的价格和接近最新发行的国债有着相近的到期日，当新国债发行时，对当前存在国债的需求下降，两者的价格会交会。

相近到期日的债券交易业绩取决于发行周期的各种因素，套利者从收益率曲线的扭曲而不是斜率中寻求获利。另外，也有涉及不同到期日证券的交易，同收益率曲线套利一样，它们之间的关系取决于宏观因素而不是简单的价差。

2. 收益率曲线套利

基金经理期望特定利率曲线多个区域的斜率发生变化。有一种收益率套利叫"蝴蝶交易"，也就是在建立同时有价格更贵的七年国债及相对便宜的六年国债和八年国债的相对价值仓位。

收益率曲线是某国不同到期日固定收益国库证券的收益率的跟踪曲线。收益率曲线形状和斜率的变化是关于发行政府的信誉、供需平衡，该国政府正经历的不同经济周期环境的整体函数。

收益率曲线套利是指交易者在某国国债收益率曲线的不同时点建立多头和空头仓位，从错误的定价中获取利益。这些价格的偏离会导致收益率曲线的扭曲，这就是套利者的获利机会。然而，由于市场上可能出现没有可借证券或贷款费用过高使得套利无利可寻，也就出现了高于收益率曲线的国债收益。

收益率曲线套利可以分成两种情况：

内部曲线交易：只交易相同国家的证券，即在一条收益率曲线内交易。

跨曲线交易：交易不同国家的证券，即在不同货币的两条收益率曲线间交易。

按照多头和空头债券到期日差异将交易分类，内部曲线套利有如下三种：

平坦收益率曲线：看跌快到期的债券，看涨期限更长的债券，是看涨波动的仓位，如图8‐54所示。

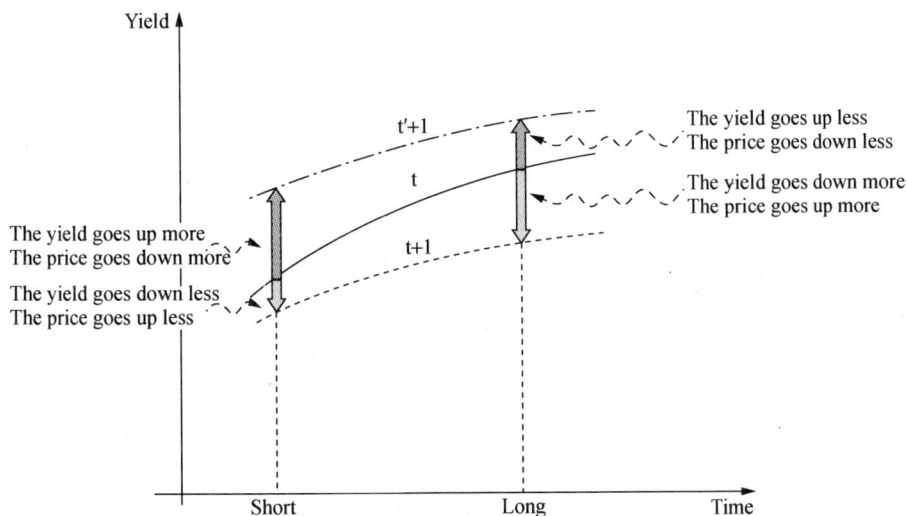

图8‐54　平坦收益率曲线

资料来源：Investment Strategies of Hedge Funds.

陡峭收益率曲线：看涨快到期的债券，看跌期限更长的债券，是看跌波动性的仓位，如图 8－55 所示。

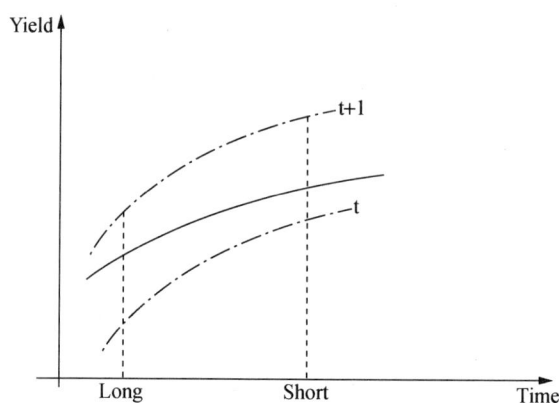

图 8－55 陡峭收益率曲线

资料来源：Investment Strategies of Hedge Funds.

蝴蝶收益率曲线：收益率曲线有个平滑的形状。这种套利策略涉及相应三个到期日的收益率。当收益率曲线出现波谷，套利需要看涨到期日在蝴蝶翅膀间的债券，同时看跌在蝴蝶身体里的债券。相反，如果收益率曲线出现波峰，套利则需要看跌到期日在蝴蝶翅膀间的债券，同时看涨在蝴蝶身体里的债券。如果当前的收益率曲线变成或平行于未来收益率曲线，则套利获利，如图 8－56 所示。

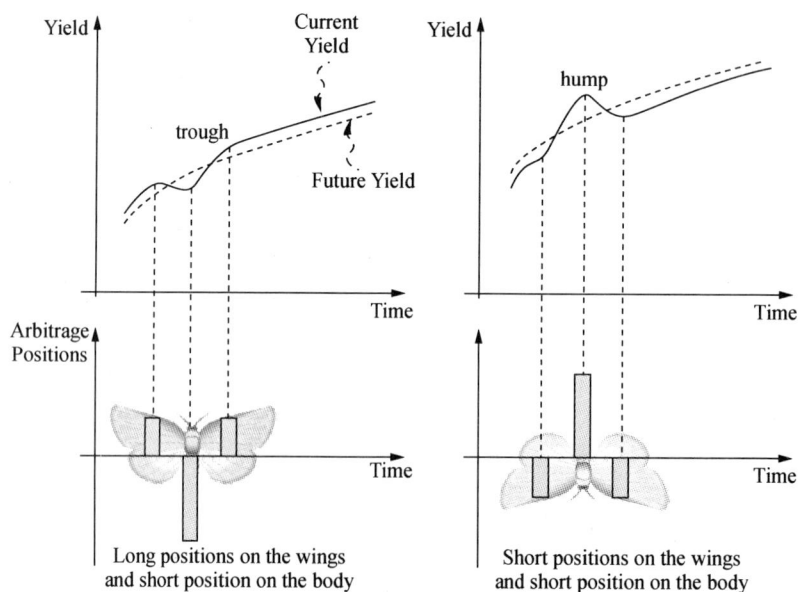

图 8－56 蝴蝶收益率曲线

资料来源：Investment Strategies of Hedge Funds.

平坦或陡峭收益率曲线取决于宏观因素，如通货膨胀、GDP 增长和中央银行采取的货币政策。这是体现基金经理对于宏观经济看法的方向性仓位。该策略中，基金经理预测收益率曲线的形状而不是预测利率的水平。

例如，基金经理可以如下操作：预测短期内英国英镑收益率曲线陡峭；预测短期内日元收益率曲线陡峭；预测美国收益率曲线平坦。

3. 跨市价差交易

利用两种不同货币的收益率进行套利交易。

跨市价差交易是一种基金经理交易不同国家证券的内部曲线套利，即不同货币收益率曲线间的交易。比如看涨 10 年国债同时看空 10 年德国债券。

4. 期货基础交易

该策略寻求在期货合同和相同期限的金融产品间价差，从而进行套利。

国债期货持有人会在期货到期时收到国债。通常来说，国债期货需要交付国债的一方可以选择交付之前决定的一篮子债务证券，以此避免短期挤压并保持市场流动性。国债期货到期时，"最便宜交割"的证券将被交付。因此，国债期货到期时，"最便宜交割"债券和期货合同的价格会交会。"最便宜交割"债券具有不确定性，这为套利者提供了盈利机会。

基于单个证券的期货合同基础是其标的现货价格和期货价格的不同。两者的差价为套利者提供了机会。

期货合同中的交割期权表现在"最便宜交割"债券变化的可能性及在交割月中何时结算债券的时间。期货合同中持有空头的交易部分同时也是看涨交割期权。期货定价中最难的就是评估交割期权的价值。对冲基金经理创造了各种逐步成熟的数学模型为期货定价。由于资金流向不同市场，期货市场会定期与其平行的债券和债券期权市场发生偏离。这些传统投资者的资金流动为对冲基金经理创造了套利机会。

5. 互换价差交易

基金经理利用市场上国债参与者愿意购买利率互换的固定收益和拥有相似久期的国债收益间的价差进行套利。

以短期利率借入资金买入国债产生了浮动利率的出口及固定利率的入口。该仓位相当于在一定时期内以浮动利率购买利率互换，得到固定收益。互换曲线由不同到期日利率互换的固定利率组成。互换的固定利率通常不会与国债的收益率重合。价差的扩大和缩小为对冲基金经理提供了套利机会。

不同货币有自己的互换曲线：美元、欧元、英镑、挪威克朗等。

比如，基金经理可做如下操作：预测澳大利亚元互换曲线陡峭、预测英镑互换曲线是蝴蝶状、预测美元互换曲线长期陡峭、预测挪威克朗互换曲线短期平坦。

6. 其他价差交易

如市政债券和国债间的利差。基金经理总是寻求金融产品观察值和理论值之间的暂时偏离而获利。

7. 资本结构套利（见图 8 −57）

投资者分割金融工具并专注于企业结构的单个板块，由此使组成资本架构不同部分相对价值的不一致暴露出来。这为可自由移动资本结构不同组成部分的交易者提供了盈利机会。

Merton 的模型解释了不同类型的资本结构选择股票和债券以公司价值为基础。股东拥有公司偿还债务后的剩余价值，股票可以看作是认为公司增值的期权。然而，债券持有人要承担公司破产时其资产少于债务的风险，因此债券可以看作是认为公司贬值的期权。

Merton 的模型解释了债务可以看作是看空公司资产的看跌期权，以及股票可以看作是看涨公司资产的、执行价与公司债务账面价值相同的看涨期权。根据期权定价理论，公司资产的价值可由证券的价格分布得到。

根据公司财务报表，资产价值等于债务和股票的市值。如果减去股票市值得到债务市值，则得到公司信誉的隐含价差。因此，股票和债券组成了代表公司资本架构的统一体。

在发行者破产的情况下，清算从高级银行贷款开始，然后是高级债券、次级债券，如果还有剩余流动资金，则是股东的。资本结构套利的一个简单方法是买高级银行债券并卖空次级债券。

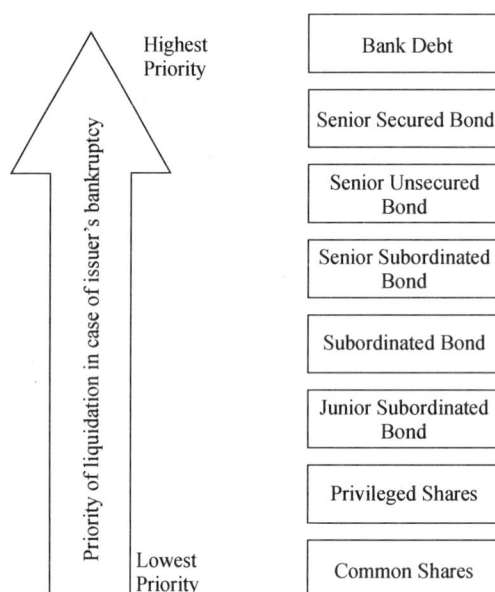

图 8 −57　公司资本结构

资料来源：Investment Strategies of Hedge Funds.

资本结构套利策略旨在捕捉同一发行者资本架构中不同成分间的价差。对冲基金可以同时投资一家公司的所有证券（企业债券，可转换债券，普通股，优先股，担保高级、中间级或次级债务），以此抓住某资本结构的可行套利机会。该策略基于两个证券的相对价值，对冲掉市场系统风险。

基金经理创造的阿尔法依赖于其在资本结构证券间鉴别出更多复杂而不是简单而明显的关系，比如复杂性可以通过公司破产情况下的索赔经历、合同权利、法律问题等增加。

下面是不同的交易策略：

债券和股票：固定收益投资者和股票投资者的价值感知。

债券和债券：市场上存在不同档次的优先索赔或抵押担保债券，这些债券暂时未被市场定价。

债券和信用违约互换：机会来源于供需的暂时性不平衡。

信用违约互换和股票期权：信用违约互换和股票期权波动差价间的不对称。

银行债务和信用违约互换。

以欧元计价和以美元计价。

担保债务和无担保债务。

8. 长短仓信贷或信贷配对交易

信贷始终处于银行业心脏的中心位置。如今，它已经成为高增长的金融领域之一，同时对冲基金也在该领域市场的前线积极地输入流动性并获益，抓住不断增加的新兴市场中的信用违约互换机会。

信用违约互换使推行长短仓信用策略成为可能。该策略允许对冲基金经理去做多或做空给定公司的信贷仓位而无须交易标的债券。

购买一家公司的信用违约互换需要做空该公司在信贷市场的仓位，例如，如果一家公司的信用质量下降，换句话说，如果信贷息差扩大，则可盈利。相反，卖出一家公司的信用违约掉期需要做多该公司在信贷市场上仓位，例如，如果一家公司的信用质量提升，即信用息差缩小，则也可盈利。

一些公司的债券由评级公司根据其信用质量来升级与降级。对冲基金经理分析这些参与信用评级机构评级的公司的信用状况，然而过度依赖评级公司给出的信用报告将会使所有投资者的投资方向与决定趋向同化。只有通过独立审慎的调查、广泛持续监测以及专门的量化分析，才能让一家对冲基金拥有开发争取利润的机会。

对冲基金经理们同时也从宏观分析的角度去评估宏观经济因素对息差变化的影响，以及对单独一个行业或单独一家公司的息差可能产生的影响。分析师也会特别关注货币与商品市场的变动，以及其他变化因素，如股价、波动性、标准分数等。基于外部资源提供的数据，例如穆迪与标准普尔评级机构，从它们的数据里，可以获得一家公司的全面分析，包括流动性、未来发展、盈利状况、现金流状况等。

对冲基金经理利用做多做空公司债券来建立投资组合，凭自己的能力来分析公司信用可信度，以此推断这家公司的价值；公司债券的净风险也将随着经理人对宏观经济的看法而改变。

基金经理通过对债券发行公司的仓位估价来评估发行人的信用状况和鉴定评级变化，以此发现投机机会。该策略提供了从同行业拥有相近信用评级的两家公司的价差中获取利润的机会。

使用长短仓信贷策略的基金经理可建立以下仓位：有相同到期日的公司 A 与公司 B 的债券；公司 A 的长期债券与公司 B 的短期债券；行业 C 的借贷与行业 D 的借贷等。

9. 利差交易

利差交易是指购买收益率高于借入资金利率的债券。当然，高风险伴随高收益，股市上没有免费午餐。利差交易可分为以下两种类型：

内部曲线交易：如以 3 个月利率借入资金购买 10 年到期的债券。

跨曲线交易：如借入美元购买土耳其国债。这种情况下，对暴露的汇率风险的评估显得尤为重要。

利差交易的资金代价下，一个合理的利率获得资金很容易。在美国短期利率达到 1% 的时候，利差交易被对冲基金广泛应用，而美国利率上升，利差交易的获利记录在减小。

10. 跨国货币相对价值交易

新兴市场固定收益基于某一公司在一定时间内有违约可能，不管该概率是大是小。

假设以美元计价的 2015 年 9 月到期的通用汽车债券收益率为 6.875%，而以欧元计价的 2015 年 6 月到期的通用汽车债券收益率为 5.375%。通用汽车在 2015 年前有违约可能，它发行的两种债券应该被付以反映其相应违约风险的信用补偿。由于两种债券面临相同的违约风险，因此如果两者信用补偿有差异，则存在套利机会。

这里用同一货币计价的债券和无风险国债间的收益率差说明该交易：美国国债和美元计价的通用汽车债券，德国国债和欧元计价的通用汽车债券，这就是信用价差，可看作是违约风险或概率的大概值。利率上，收益率差应该是相近的，但各种原因也能导致其偏离：债券到期日不同（约 3 个月），债券在不同时区交易，债券投资者不同，债券的融资成本不同。

11. 杠杆贷款

银行贷款中，银行集团（债权人）对某公司（债务人）部分或全部资产有着私人优先索赔权。

银行贷款是债务人资本结构中最优先的债务。银行贷款是浮动利率工具，因此对利率敏感性较低。杠杆贷款是指银行将资金借贷给具有高杠杆的公司。杠杆贷款发行通常是为了杠杆收购、合并，资本重组或内部增长。违约的存在使这些贷款的残值高于债券。其契约比债权合同更为严格，债权人对公司更具可视性和控制性。与相同发行者发行的高收益债券相比，杠杆贷款有着更高的评级、高回收率、高级担保、更少的波动以及更小的流动性。

12. 抵押交易

寻求抵押产品、衍生品和相关金融工具的价值差并由此套利获利。

（四）策略前景和方向

在实际套利中，基金经理尝试将已发现价格偏离的利率敞口和风险中性化；但在方向性交易中，基金经理试着预测利率的变化，更接近于典型的宏观管理交易。

固定收益套利中最有前景的是收益率曲线套利、多头空头信用、结构融资，以及抵押支持证券套利。

七、股票市场中性策略（Equity Market Neutral）

（一）股票市场中性策略概况

股票市场中性策略以持有股票市场中性的投资组合为特点，该基金绩效与市场走向无关。股票市场中性基金与股市长短仓基金非常相近，但是它们在系统风险上有着一定的区别。

在上升趋势的股市中，如果组合中长仓价值上升的速度大于短仓下降的速度，那么股票市场中性基金将盈利；反之亦然，在下降的股市中，如果组合中短仓价值上升的速度大于长仓下降的速度，那么也会盈利。

投资组合的 beta 调整净风险值接近于零是每一个市场中性投资组合的最终目标。尽管市场中性投资组合可能会得出一个非常接近零的 β 调整净风险值，但并不是组合内的每个行业或地区的 beta 调整净风险值都是零，因此组合容易遭受特定的风险，如行业风险或国家风险。如果消除所有的系统风险，也将失去利润。一个真正的市场中性投资组合应当是非常多样化的（超过 100 只股票），以此减小行业风险与国家风险。另外，每一个股票仓位都应该用同行业的另一只或一篮子股票仓位来对冲。

这时将谈到资本资产定价模型（CAPM）。它是一种以均衡的简化市场为假设前提的证券市场的数学统计模型。根据这个模型，特定投资的预期收益是基于两个参数：无风险资产的预期收益率和平均风险溢酬（风险投资与无风险投资的差额）。

α 和 β 是根据投资组合历史表现（R_i）与参考市场表现（R_m）而获得的线性回归方程投资组合的两个系数。

$$R_i = \alpha + \beta \cdot R_m$$

α 是用来衡量每只被低估的股票的预期超额收益，并且它也是平均预期收益与基于市场风险溢酬和股票 β 的预计收益的不同之处。因此，从 α 可以看出一名基金经理在建立投资组合时的选股能力。

当基金经理在使用市场中性策略时，他的目的就是整体综合地而不是分开地管理各个长短仓，为了使长短仓之间的 α 最大化，如一个全球投资组合。

人们常常接受这样一个说法：股票市场中性策略是为了寻找建立一个拥有正的 α 值同时 β 值接近于零的投资组合，如此产生的收益就与市场的方向无关了。然而，事实并非如此，以为一个接近于零的 β 值并不是与市场无关的保证，为了更好地解释并接受，这里将采用一些数学分析手段。

股市收益率与市场收益率的关系可以用下面的公式来表示：

$$\beta = \frac{\text{cov}(R_i, R_m)}{\text{var}(R_m)} = \rho_{i,m} \cdot \frac{\sigma_{R_i}}{\sigma_{R_m}}$$

其中，$\dfrac{\sigma_{R_i}}{\sigma_{R_m}}$ 是比例因子。

所以，β 等于投资组合的市场关联度乘以一个比例因子（扩大或减少关联度）等于投资组合风险与市场风险的比率。

由此可知，即使一个投资组合的 β 接近于零，但是也不能太早下判断，说这是一个市场中性的投资组合。比例因子解释了一个低的 β 值是如何与市场走向有着相当高的关联度。

因此，用 β 值来判断某金融资产的市场风险与市场风险有着较低的关联度是不够的。值得注意的是，在实际中，一名基金经理不能始终保持投资组合的 β 值接近于零，因为组合中的股票价格变化都会带来它们在组合中的权重变化。保持中性 β，及时调整组合是很有必要的。

最后应该指出，这些组合本身防范风险的功能并不是真正的有用，因为风险的潜在分布并不是正态分布。

有许多种方法可以做到股票市场中性，除了同时持有数量大致相等的多头和空头头寸之外，还可以卖空股指期货，买进奇异衍生品等方式来对冲市场风险。由于不承担市场风险，股票市场中性基金的回报率一般都不会太高，但风险更低，而且与大盘几乎没有相关性。

（二）全球股票市场中性策略表现（见图 8－58 和表 8－28 ～ 表 8－29）

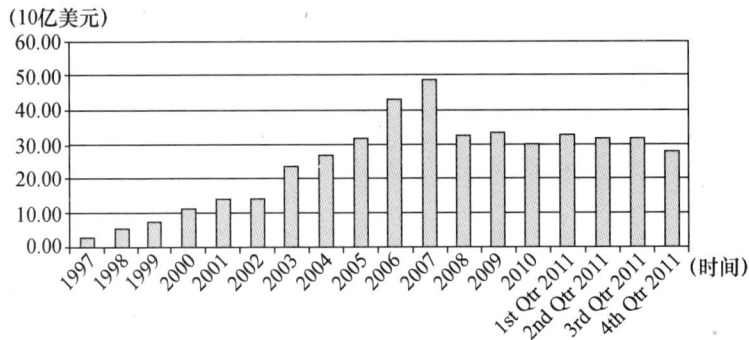

图 8－58　全球股票市场中性套利管理资产

资料来源：Barclay Hedge.

表 8－28　股票市场中性套利指数　　　　　　　　　　　　　单位：%

	1月	2月	3月	4月	5月	6月	7月	8月	9月	10月	11月	12月	全年
1997	1.84	-0.68	0.48	1.55	1.51	1.75	2.63	-0.19	2.96	2.18	0.61	0.71	16.41
1998	-0.47	1.27	2.13	1.20	0.88	1.79	-0.80	-1.00	1.08	0.48	0.71	2.93	10.60
1999	0.13	-0.91	0.22	-0.23	0.05	2.30	1.43	0.91	1.22	1.79	1.01	3.07	11.48
2000	-0.69	2.62	1.04	2.41	0.15	1.62	0.41	2.97	0.43	-0.10	-0.44	1.60	12.60
2001	-1.71	1.68	1.78	-0.16	0.40	0.53	0.39	1.61	1.58	-0.31	-0.79	0.47	5.53
2002	1.05	-0.14	-0.26	1.33	0.60	1.03	0.30	0.74	0.81	-0.08	-0.65	0.57	5.41
2003	0.47	0.40	0.46	0.20	0.80	0.08	-0.31	0.34	0.51	0.96	0.43	-0.32	4.07
2004	0.90	0.33	0.49	-1.24	0.25	0.64	0.18	-0.72	1.00	-0.13	1.70	0.37	3.80
2005	1.00	1.08	0.15	-0.37	0.55	0.80	0.79	0.48	0.94	-0.15	0.36	0.45	6.23
2006	0.99	0.15	1.03	1.34	-0.60	0.59	0.43	-0.88	-0.41	0.43	0.44	1.09	4.67
2007	0.58	-0.04	1.09	0.61	0.82	0.97	0.09	-2.16	1.11	1.26	-0.31	0.56	4.64
2008	-1.85	1.66	-0.30	0.76	1.67	2.34	-1.31	-2.02	-2.87	0.97	-0.15	0.16	-1.09
2009	0.79	-0.03	-0.56	-1.36	0.38	-0.07	0.30	0.08	0.24	-0.10	-0.27	-0.35
2010	0.26	0.36	0.15	0.31	-0.35	-0.38	0.36	-0.35	0.92	0.81	0.73	0.76	3.64
2011	-0.07	0.45	0.19	0.49	-0.20	0.20	0.03	-0.94	-1.33	1.29	0.33	-0.19	0.22

资料来源：Barclay Hedge.

表 8－29　2011 年世界前 10 位股票市场中性套利对冲基金收益率　　　　　单位：%

	对冲基金公司	2011 年 12 月收益率	全年
1	Aphilion SIF	4.53	2.44
2	Wada Capital Japan Trust	3.00	18.25
3	Talentum Enhanced Fund EUR – Class A	1.93	2.93
4	CSat Market Neutral	1.13	5.66
5	MNJ Asia – Pacific Absolute Return Fund	1.09	6.83

	对冲基金公司	2011 年 12 月收益率	全年
6	Talentum Activedge Fund EUR	0.94	1.65
7	Artorius Partners Ⅱ, L. P.	0.90	− 0.19
8	Wisdom of Japan Fund Class F	0.71	1.37
9	Cerebellum ATM Fund, L. P.	0.68	7.12
10	Brookdale International Partners, L. P.	0.55	1.78

资料来源：Barclay Hedge.

八、抵押支持证券套利

（一）抵押支持证券套利概况

抵押支持证券是指金融机构把自己所持有的流动性较差但具有未来现金收入的住房抵押贷款按照贷款期限、利率、抵押房产类型等条件进行标准化组合，再配以相应的信用担保和信用增级，使其产生的未来现金流的收益权转变为可在金融市场流动、信用等级较高的债券型证券。抵押担保证券是一系列按揭房产的证券化。通过所谓的证券化，金融机构将持有的按揭汇集并卖给投资者。MBS 是最早的资产证券化品种。最早产生于 20 世纪 60 年代的美国。它主要由美国住房专业银行及储蓄机构利用其贷出的住房抵押贷款，发行的一种资产证券化商品。其基本结构是，把贷出的住房抵押贷款中符合一定条件的贷款集中起来，形成一个抵押贷款的集合体（Pool），利用贷款集合体定期发生的本金及利息的现金流入发行证券，并由政府机构或政府背景的金融机构对该证券进行担保。因此，MBS 实际上是一种具有浓厚的公共金融政策色彩的证券化商品。

（二）抵押支持证券发展历史

将抵押贷款包装成以这些集合按揭为抵押的新证券的做法出现的时间相对稍晚。1978 年，所罗门兄弟公司的交易员 Bob Dall 和 Stephen Joseph 在美国银行成立了第一个私人抵押贷款。1981 年的秋天，美国国会通过一项促进抵押贷款证券化的减税政策。此时，唯一运行良好的抵押交易就在所罗门兄弟，该公司在美国抵押贷款证券化的起步和发展中占据重要地位。

（三）套利策略分析

和可转换债券一样，抵押支持证券也是为特定对冲基金经理提供理想套利目标的混合型证券。从投资者的角度来看，抵押支持证券是拥有提前还款权的固定收益证券。在贷款的整个期限中，业主可以在任何时间选择提前付清所有或者部分贷款，这样贷款就有了未来现金流以及 MBS 不确定的价值。

传统模型不适用于评估 MBS 中的提前还款权。MBS 套利者用特有模型来估计 MBS 未来现金流的现值，即评估该期权的调整价差（Option – Adjusted Spreads，OAS）。

MBS 的期权调整价差是高于国债收益率曲线的平均价差，它使 MBS 的市场价与 MBS 未来现金流的现值评估价相等。换句话说，它是与同时到期的国库债券相比，调整利率波动和 MBS 提前还款可能性影响后的证券的增量值。可见，价差越高，MBS 越便宜。

由此可见，MBS 以期权调整价差相互区分，提供最高 OAS 价值的 MBS 将被购买并以卖空相同久期的国债或国债期货来对冲，从而构建久期为零的仓位，即对利率风险进行对冲的仓位。由于多头和空头之间的价差通常相对很小，因此专注于此策略的对冲基金经理通常使用杠杆。基金经理承担券商可能要求追缴保证金的风险，迫使清算也许出现在最糟时点而亏损。事实上，MBS 对国债收益率曲线的变化高度敏感。

对冲基金所采取的抵押支持证券套利策略可按照基金经理决定操作的不同类型的 MBS 来分类，它们呈现出不同的风险、收益率和流动性。

（四）套利示例

比如，一个基金经理通过建立如下 3 个仓位来实施一个复杂的套利：
（1）购买 30 年某公司 5.5% 的抵押支持证券。
（2）沿利率曲线卖出利率互换（2 年、5 年、10 年和 30 年）。
（3）购买期权作为提前还款风险的对冲。

（五）风险因素

卖空国债对冲 MBS 会使基金经理面临很多风险，最重要的是流动性风险，因为国债的流动性比 MBS 强。

就像上面已经解释的那样，和 MBS 相关的其他风险是市场膨胀和萎缩风险。主要的宏观经济风险是下列因素突然地在预期之外的改变：
（1）名义利率水平。
（2）收益率曲线形状。
（3）潜在利率水平波动率。
（4）流动性互换速率。
（5）预付款率。
（6）破产率。

因此，专门进行 MBS 套利对冲基金投资者必须在 MBS 价格的评估标准上特别留意。事实上，MBS 不通过交易所而是直接售给顾客的。很显然，对冲基金管理者使用的评估方法随着时间而保持不变是很重要的。

第六节　股指期货套利策略研究报告

一、沪深 300 指数期货

（一）沪深 300 指数期货简介

沪深 300 股指期货是指以沪深 300 指数作为标的物的金融期货合约。沪深 300 股指期货合约的合约月份为当月、下月及随后两个季月。季月是指 3 月、6 月、9 月、12 月。沪深 300 股指期货合约的最后交易日为合约到期月份的第三个周五，最后交易日即为交割日。最后交易日为国家法定假日或者因异常情况等原因未交易的，以下一个交易日为最后交易日和交割日。到期合约交割日的下一个交易日，新的月份合约开始交易。

（二）沪深 300 指数期货套利模式

所谓套利交易，是指交易者利用市场上两个相同或相关资产暂时出现的不合理的价格关系同时进行一买一卖的交易。当这种不合理的价格关系缩小或消失时再进行相反的买卖，以获取无风险利润的交易行为。

股指期货套利的实质是对基差或合约的价差进行投机。基差或合约之间价差的变动是可以分析和预测的，分析正确可以获利，即使分析失误套利的风险也远比单向投机的风险低。那么，股指期货套利有哪些类型呢？

期现套利又叫指数套利。现货指数和期货指数价格之间在理论上应该存在一种固有的平价关系，但实际上期货指数价格常受多种因素影响而偏离其合理的理论价格。一旦这种偏离出现，就会带来套利机会。如果期货价格高于合理价格，可以根据指数成份股构成及权重买进复制指数的一篮子股票，并放空价格相对高估的期货合约，在期货合约到期时，根据现货和期货价格收敛的原理卖出股票组合，平仓期货合约，将获得套利利润。这种策略称为正基差套利。如果散户能够融券，那么还可以进行负基差套利，即融券卖出股指现货组合，买入股指期货。

股指现货可由沪深 300 股票样本股组成或者由沪深 300ETF 股替代，目前国内存在两只沪深 300ETF：华泰柏瑞沪深 300ETF（510303）自 2012 年 4 月 5 日至 2012 年 4 月 26 日进行发售，嘉实沪深 300ETF（159919）自 2012 年 4 月 5 日至 2012 年 4 月 27 日进行发售。这标志着两只沪深 300ETF 几乎是同时诞生的。

套利条件：股指现货价 < 股指期货价，买入沪深 300 指数样本股一篮子股票或者沪深 300ETF 基金，卖出股指期货。

套利公式：$F = Se(r-d)(T-t)$，其中 F 为期货价格，S 为现货指数价格。持有成本主要是资金成本，由资金年利息率 r、股指股息率 d 和持有时间（T−t）确定。

（三）沪深 300 指数期货套利风险

从目前看来，沪深 300 指数套利风险主要来自两个方面：

一是现货指数运行存在不稳定性。股指期货套利中往往会涉及现货指数或组合的买卖。对于沪深 300 指数来说，成份股多达 300 种，各成份股的流动性存在差别，因此在同一时间内完成现货指数的建仓存在难度。

二是流动性风险。如果使用与沪深 300 指数相关的现货组合，那么在一定条件下可以采取沪深 300ETF 基金替代，但是这种方法在操作上较为复杂，而且运用指数跟踪型基金还存在流动性风险。

二、套利策略分析

（一）套利策略概述

大部分套利策略原理都是建立在统计分析基础上的，运用统计分析工具对一组相关联的价格之间的关系的历史数据进行研究分析，研究该关系在历史上的稳定性，并估计其概率分布，确定该分布中的极端区域，即否定域，当真实市场上的价格关系进入否定域时，则认为该种价格关系不可长久维持，套利者有较高成功概率进场套利，如图 8－59 所示。

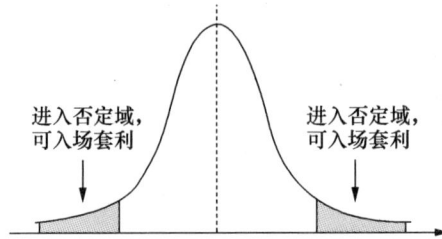

图 8－59　入场套利机会

这里需要特别说明一点：统计套利策略需要依赖于有做空机制的证券市场，如股票指数期货、融资融券市场和股票期权等衍生品市场。

统计套利交易策略主要包括：套利对象的选择、套利信号机制的建立与交易组合的建立。

本书统计的套利对象为沪深 300 指数期货与沪深 300 指数现货。其中，沪深 300 指数现货由沪深 300ETF 指数基金代替或者沪深 300 指数现货样本股，二者的优劣性后续将进行研究，在此不做详细的对比分析。

（二）样本数据统计汇总

以下为沪深 300 指数现价及各月合约价格各种类型统计数据（2010 年 4 月 20 日至 2012 年 8 月 22 日）。

（三）样本相关性分析

从图 8－60 中可以直观地看出，沪深 300 指数期货及现货走势吻合度较高，有着比较强的相关性。

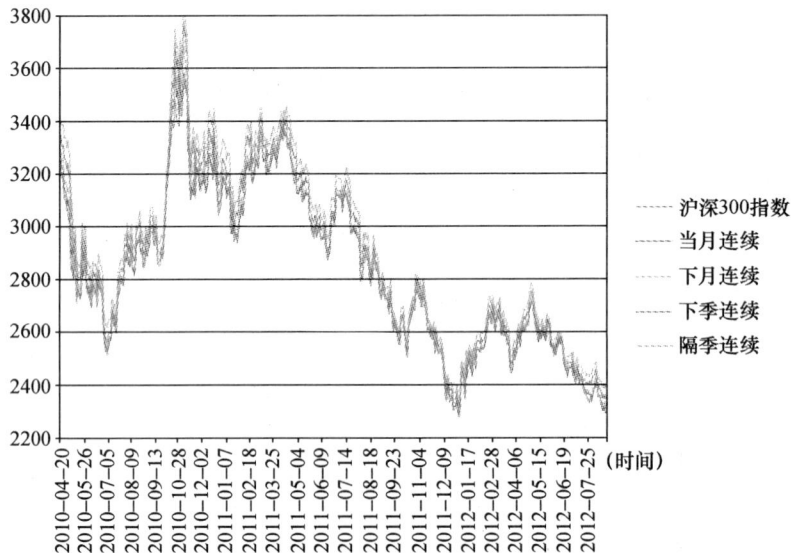

图 8－60　沪深 300 指数现价及各月合约价格对比

资料来源：通达信。

从图 8－61、图 8－62、表 8－30 中可以看出，期现价差呈现一定的规律性，符合正态分布的特点。相比远期合约，近期月份差集中度更高，基差波动规律性更强，在股指期货推出一段时间之后，基差一直呈现来回波动的特点，存在高基差位置做空期指、做多现货套利条件。

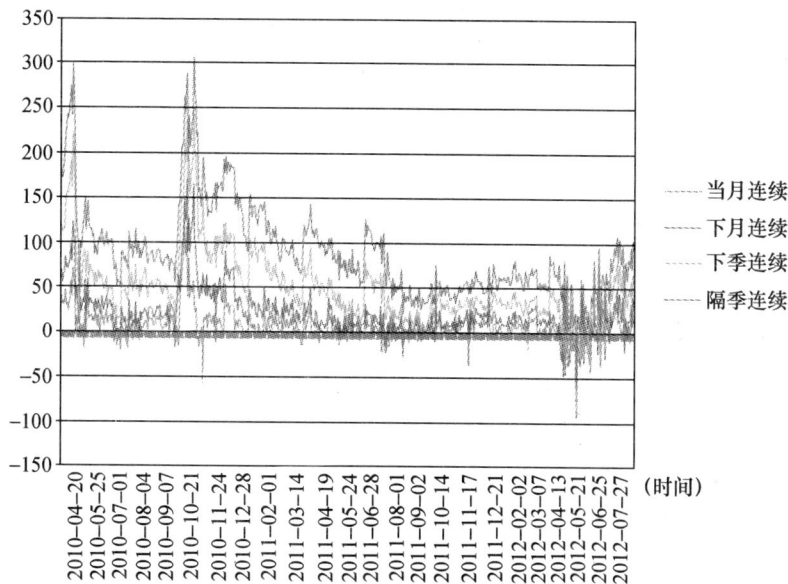

图 8-61　沪深 300 指数现货与各月期货合约基差

资料来源：通达信。

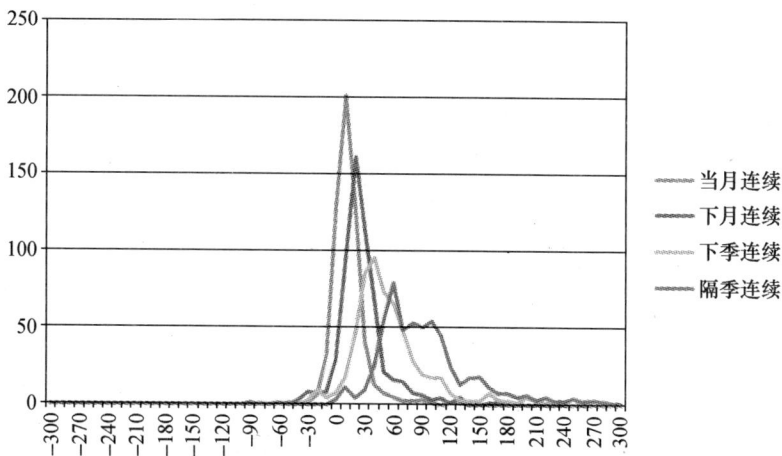

图 8-62　沪深 300 指数现货与各月合约基差频率分布

表 8-30　沪深 300 指数现货与各月合约基差的平均值及 95% 置信区间

	当月连续	下月连续	下季连续	隔季连续
平均基差	7.78	22.36	51	89.49
95% 置信区间	［-15，35］	［-5，75］	［0，120］	［0，200］

（四）样本套利策略

完成一次简单的沪深300指数样本股票、沪深300指数期货对冲交易，买入后一直持有直至到期卖出，为了确保实际操作可产生盈利，将股指样本股（或者相应ETF基金）交易费用设为一个较高的值，这里假设股指样本股买入总费用为0.4%（交易手续费、过户费、市场冲击成本等），加上印花税卖出总费用为0.5%、期货交易总费用为0.05%，以股指2500点、20%的保证金计算，完成一笔对冲交易约为90万元，其交易成本约为7500元，即股指25个点的价位，加上5个点以上的套利空间，股指期货与现货价基差超过30个点才有套利机会，如表8-31所示。

表8-31 当月合约基差波动范围

	基差最大值	基差最小值	变动幅度	备注
2010年5月	70.54	-5.42	75.96	
2010年6月	41.42	-0.74	42.16	
2010年7月	24.82	-20.13	44.95	
2010年8月	23.68	-10.81	34.49	
2010年9月	21.14	1.79	19.35	
2010年10月	23.17	-18.13	41.3	
2010年11月	124.92	-17.29	142.21	
2010年12月	21.95	-12.28	34.23	
2011年1月	53.89	-3.65	57.54	
2011年2月	21.35	-3.71	25.06	
2011年3月	26.29	-5.4	31.69	
2011年4月	22.89	-6.36	29.25	
2011年5月	33.42	-11.4	44.82	
2011年6月	24.86	-14.33	39.19	交割日不计算在内
2011年7月	17.43	-9.01	26.44	
2011年8月	21.67	-22.38	44.05	
2011年9月	13.9	-26.43	40.33	
2011年10月	18.61	-9.56	28.17	
2011年11月	34.61	-10.93	45.54	
2011年12月	21.52	-6.57	28.09	
2012年1月	26.8	1.85	24.95	
2012年2月	11.74	-3.01	14.75	
2012年3月	20.88	-6.51	27.39	
2012年4月	13.36	-13.17	26.53	
2012年5月	3.56	-29.07	32.63	
2012年6月	17.27	-8.81	26.08	
2012年7月	30.28	-10.08	40.36	

由表 8-31 可知，自股指期货推出至今，当月合约仅有 7 个月基差超过 30 个点，采用买入当月合约空单和买入股指样本股（或相应 ETF 基金）简单的对冲套利的方法显然不合适，由于其交易成本过高且交易机会少，套利空间小，因此可以采用以下方法优化。

可以适当选择远期合约代替当月合约，这样做有三个优势，一是远期合约与现货价格对比基差大，隔季合约平均基差达 89.49，基差超过 100 个点发生概率高，套利空间大；二是交易次数少，仅需半年交易一次，交易成本较低；三是交易策略简单，未知异常状况少，仅需买入持有到期即可。做一次简单的估算，当基差超过 100 个点时入市，买入一手期指空单和相应股指样本股（或 ETF 基金），减去成本每次无风险套利 75 个点，即 22500 元，共投入资金约为 90 万元，一年交易两次盈利为 45000 元，年化收益率为 5%，略高于银行定期存款。存在的问题是远期合约交易量小，隔季合约日均交易量不超过 1000 手，不适合大笔资金操作且不容易以一个较优价格成交，为确保期指以一个较为合理的价格成交，可采取挂单形式下单，确定期指成交之后才迅速买入股票，此方法操作简单、交易次数少、存在不确定风险小，但收益率不高。

由此可知，能否产生盈利主要取决于交易成本的高低，而交易成本绝大部分是由股指样本股交易费用组成，于是可以做出以下改进，尽可能减少股指样本股（或者 ETF 基金）的交易次数，在期指持有至到期之前，若后续合约存在套利机会，可不卖出股指样本股（或者 ETF 基金），平空（平掉空仓）已经买入空头期指再买空另一有套利空间期指。

假设股指现货价格为 P，股指期货当月合约价格为 P_0，下月合约价格为 P_1，下季合约价格为 $P(T)$，隔季合约价格为 $P(T+3)$，则有当月合约、下月合约、下季合约、隔季合约理论月度套利收益，分别记为 R_0、R_1、$R(T)$、$R(T+3)$，则有：$R_0 = P_0 - P$、$R_1 = (P_1 - P)/2$、$R(T) = (P(T) - P)/(T+1)$、$R(T+3) = (P(T+3) - P)/(T+4)$。其中，T 表示该月份与当前合约月份的间隔月份数；设 R 为预先设置好某变动数值 N，N 等于某个固定数值 M 减去上一次交割日到现在交易日数，具体操作策略如下：

（1）R_0、R_1、$R(T)$、$R(T+3)$ 4 个数中最大值对应的合约为最优先考虑买入合约，当收益相差不大时，由合约流动性考量，优先选择近期合约。

（2）当股指期货价格与股指现货价格之差大于 R 时，存在对冲套利机会，做空期货同时买入相应股指样本股（或 ETF 基金），由期指流动性及波动性特点，理应在确保期指成交之后迅速买入相应股指样本股（或者 ETF 基金），本过程可以通过计算机控制达到瞬间成交。

（3）在套利交易过程中，保持股指样本股（或 ETF 基金）不动，按照步骤（1）中的方法不断寻找月度套利收益最大的合约，当该合约与目前持仓合约不是同一合约时，满足以下条件时可以换仓。①新的合约与目前持仓合约之间的差价大于 R 或者达到近 5 天最高值（此为统计优化结果）。②新的合约与目前持仓合约之间的差价大于零。

（4）当股指期货与股指现货基差小于或者等于零时，则有：①当另外 3 个股指期货合约存在与股指现货基差大于零的合约，由条件所列选择标准选择平掉原有合约买入新的空单股指合约。②当另外 3 个股指期货合约基差均小于零但不足以抵消交易手续费时，维持原有持仓不操作。③当另外 3 个股指期货合约基差均小于零但足以抵消交易手续费时，则同时平掉股指样本股（或 ETF 基金）和持仓合约，完成一次完整对冲，重新寻找机会入场。

（5）当买入样本股（或 ETF 基金）与沪深 300 指数样本股高度一致时，理论上不存在套利亏损的情况，故不需要止损机制，仅在买入样本股（或 ETF 基金）与沪深 300 指数期货存在差异时才须有止损机制，但其不在本文讨论的范围内，在此不做详述。

（五）历史数据回测

通过以上数据分析可知，股指期货自上市以来不存在当月合约、下月合约、下季合约、隔季合约理论套利收益均小于零的情况，故在历史数据回测的情况下，仅需一次买入股票样本股（或者 ETF 基金），之后就一直不动，但由于下季合约、隔季合约成交量小，模拟测试可能与实际情况之间的误差较大，因此在以下模拟测试过程中不考虑开仓范围内。期指对冲合约随着行情而不断改变，这样可以最大程度地减小交易成本，当股指期货与股指现货价差超过 20 个点位时，选择进场对冲套利，其模拟交易收益状况如下。

为方便计算，均按照当天收盘价计算，进行 1 笔交易，将股指现货买入各种费用设为 0.4%，将卖出各种费用设为 0.5%，将股指期货买卖各种费用均设为 0.05%，交易时间为 2010 年 4 月 20 日至 2012 年 5 月 23 日，投资金额为 90 万元，除去手续费，盈利 131673 元，按照 365 天计年化收益率为 7.00%。表 8-32 为模拟套利交易的详细数据，在不同的进场时间其最终套利收益结果稍有不同，但误差不大，如图 8-63 所示。常用资金管理数据见表 8-33。

表 8-32　模拟交易记录

日期	多头持仓	空头持仓	买卖操作	基差	盈利点数	交易费用	套利盈亏
2010-04-20		IF1005	开空 IF1005			375	0.00
2010-04-20	股指现货		开多股指现货	41.23		3000	0.00
2010-04-27	股指现货		平空 IF1005	30.39	10.84	375	3252.00
2010-04-27	股指现货	IF1006	开多 IF1006	71.99		375	0.00
2010-05-24	股指现货		平空 IF1006	28.53	43.46	375	13038.00
2010-05-24	股指现货	IF1007	开空 IF1007	57.93		375	0.00
2010-06-23	股指现货		平空 IF1007	6.70	51.23	375	15369.00
2010-06-23	股指现货	IF1008	开空 IF1008	25.10		375	0.00
2010-07-21	股指现货		平空 IF1008	-2.93	28.03	375	8409.00
2010-07-21	股指现货	IF1009	开空 IF1009	11.27		375	0.00
2010-09-13	股指现货		平空 IF1009	5.08	6.19	375	1857.00
2010-09-13	股指现货	IF1010	开空 IF1010	17.68		375	0.00
2010-10-11	股指现货		平空 IF1010	4.70	12.98	375	3894.00
2010-10-11	股指现货	IF1011	开空 IF1011	21.5		375	0.00
2010-10-29	股指现货		平空 IF1011	40.02	-18.52	375	-5556.00
2010-10-29	股指现货	IF1012	开空 IF1012	89.82		375	0.00
2010-11-22	股指现货		平空 IF1012	17.06	72.76	375	21828.00
2010-11-22	股指现货	IF1101	开多 IF1101	54.66		375	0.00
2010-12-20	股指现货		平空 IF1101	30.54	24.12	375	7236.00
2010-12-20	股指现货	IF1102	开空 IF1102	62.94		375	0.00
2011-01-20	股指现货		平空 IF1102	15.97	46.97	375	14091.00
2011-01-20	股指现货	IF1103	开空 IF1103	41.77		375	0.00
2011-02-22	股指现货		平空 IF1103	15.82	25.95	375	7785.00
2011-02-22	股指现货	IF1104	开空 IF1104	39.62		375	0.00
2011-03-23	股指现货		平空 IF1104	4.27	35.35	375	10605.00
2011-03-23	股指现货	IF1105	开空 IF1105	22.67		375	0.00

续表

日期	多头持仓	空头持仓	买卖操作	基差	盈利点数	交易费用	套利盈亏
2011 - 04 - 18	股指现货		平空 IF1105	- 4.04	26.71	375	8013.00
2011 - 04 - 18	股指现货	IF1016	开空 IF1106	12.76		375	0.00
2011 - 05 - 23	股指现货		平空 IF1106	- 0.58	13.34	375	4002.00
2011 - 05 - 23	股指现货	IF1017	开空 IF1107	10.22		375	0.00
2011 - 06 - 21	股指现货		平空 IF1107	- 7.27	17.49	375	5247.00
2011 - 06 - 21	股指现货		开多 IF1108	3.53		375	0.00
2011 - 07 - 27	股指现货	IF1108	平空 IF1108	- 5.85	9.38	375	2814.00
2011 - 07 - 27	股指现货		开空 IF1109	7.75		375	0.00
2011 - 08 - 26	股指现货	IF1109	平空 IF1109	- 6.62	14.37	375	4311.00
2011 - 08 - 26	股指现货		开空 IF1110	2.18		375	0.00
2011 - 09 - 21	股指现货	IF1110	平空 IF1110	- 5.61	7.79	375	2337.00
2011 - 09 - 21	股指现货		开空 IF1111	0.19		375	0.00
2011 - 10 - 24	股指现货	IF1111	平空 IF1111	- 0.27	0.46	375	138.00
2011 - 10 - 24	股指现货		开空 IF1112	6.73		375	0.00
2011 - 11 - 29	股指现货	IF1112	平空 IF1112	- 6.57	13.30	375	3990.00
2011 - 11 - 29	股指现货		开空 IF1201	0.23		375	0.00
2012 - 01 - 20	股指现货	IF1201	平空 IF1201	0	0.23	375	69.00
2012 - 01 - 20	股指现货		开空 IF1202	11.71		375	0.00
2012 - 02 - 10	股指现货	IF1202	平空 IF1202	- 1.42	13.13	375	3939.00
2012 - 02 - 10	股指现货		开多 IF1203	8.98		375	0.00
2012 - 02 - 22	股指现货	IF1203	平空 IF1203	- 1.68	10.66	375	3198.00
2012 - 02 - 22	股指现货		开空 IF1204	10.52		375	0.00
2012 - 03 - 19	股指现货	IF1204	平空 IF1204	- 0.61	11.13	375	3339.00
2012 - 03 - 19	股指现货		开空 IF1205	10.99		375	0.00
2012 - 05 - 07	股指现货	IF1205	平空 IF1205	- 3.58	14.57	375	4371.00
2012 - 05 - 07	股指现货		开空 IF1206	5.42		375	0.00
2012 - 05 - 23	股指现货	IF1206	平空 IF1206	- 29.07	34.49	375	10347.00
2012 - 05 - 23			平多股指现货			3750	0.00
合计						26250	157923

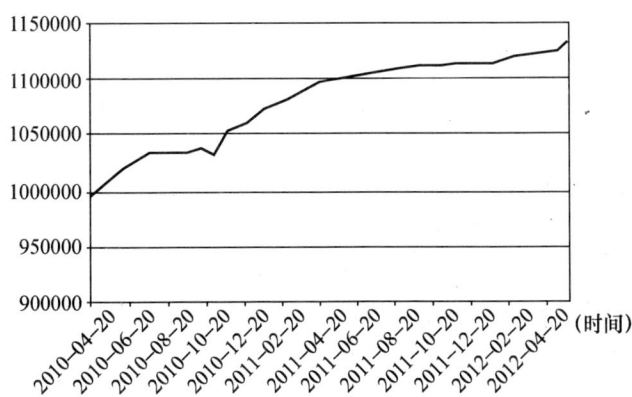

图 8 - 63　模拟交易资金曲线

表 8－33　常用资金管理数据

项　目	数　据	备　注
测试天数	764	
初始资金	900000	
最终资金	1031673	开一手
盈利笔数	25	
亏损笔数	1	非真正亏损，在换仓过程中发生
胜率（%）	96.2	
回报风险率		在期现标的一致时，理论上不存在亏损
风险百分比		在期现标的一致时，理论上不存在亏损
破产风险	0	在期现标的一致时，理论上不存在亏损
最大回撤	－5556	
最大回撤比（%）	0.62	

三、小结

本研究报告介绍了一种比较简单的股指期货套利模型，本方法的交易逻辑简单且交易次数少，收到了良好的效果，其收益稳定、风险小，且其收益率远远跑赢银行一年期存款利率，适合追求低风险的资产保值人群使用。

四、结论

本研究报告主要工作：

对沪深 300 指数与沪深 300 指数各月期货合约理论上的价格关系进行检验，并且发现二者存在长期均衡关系，呈现一定的规律性。

通过实证分析本文还得到了一些有意义的结论以及今后可以持续改进的地方：

（1）通过完整的统计验证。

（2）统计套利实际上是基于市场的非有效性，首先需要进行基本面分析，缩小搜索范围，提高套利收益。

（3）统计套利最大的优势在于：基于市场中性的判断，不需要对市场走势进行独立的研判，运用统计套利所得的收益率基本上与市场整体收益不相关，按照 Markowitz 的投资组合理论，将这样的投资品种加入现有的投资组合可以扩张组合的有效性边界（Effioi）；在统计套利模型中，除了初期圈定交易对象（实际上也可以由计算机自动运行）外，不需要依赖于人的判断，如选股和选时；所有的步骤都可以通过统计参数进行判断，因此适合开发自动交易系统进行统计套利。

（4）本研究所运用的方法对样本点相当敏感，股指波动大时收益较高，波动小时收益较低，其收益率与特定行情有着密切的关系。为了保证对样本以外数据的有效性，建议至少每半年利用新的样本数据重新估计其样本规律。

第七节 分级基金套利研究报告

一、分级基金概述

（一）分级基金的定义和分类

1. 分级基金的定义

分级基金（全称为分级证券投资基金，下文统称分级基金）是指通过收益分配安排，将基金份额划分成预期收益与风险不同的两类份额，并且一般将其中一类份额或者两类份额上市进行交易的结构化证券投资基金。

分级基金一般存在三类份额：被划分的份额称为母基金份额或基础份额，包括场内基础份额和场外基础份额；由基础份额划分出来的两类份额称为子基金份额，包括预期收益与风险均较低的 A 类份额和预期收益与风险均较高的 B 类份额（不同的分级基金的子基金份额名称各异）。很明显，A 类份额适合风险偏好程度较低的稳健型投资者，B 类份额适合风险偏好程度较高的激进型投资者，而基础份额则适合风险偏好程度适中的投资者。与其他结构化金融产品类似，这一分层安排的实质就是采用内部资本分级的信用增强方法来进行融资，相当于 B 类份额"借用" A 类份额的资金来放大收益，从而具备一定的杠杆特性。同时，也正是因为"借用"了资金，B 类份额一般会支付 A 类份额一定基准的"利息"，而这一"利息"则往往是以各种优先份额保护机制来体现的，如图 8 - 64 所示。

图 8 - 64　分级基金的份额结构

资料来源：阿尔法研究中心。

其实，从基金管理人的角度来看，分级基金不过是一只普通的基金，基金的资金运用别无二致，不同之处仅在于其根据风险和收益的匹配对基金份额做了不对称分割；从 A 类份额的角度来看，分级基金则是一只带有固定收益性质的基金，它往往约定了收益，并且设置了一些限制性条款，例如累积条款和折算条款等来保证其最低收益；从 B 类份额的角度来看，分级基金却是一只带有杠杆的基金，因为其从 A 类份额借贷了基金的部分资金。相对于传统产品，分级基金拥有更为复杂的内部资本结构，而非线性收益特征也使其隐含期权。分级基金品种与数量的丰富契合了基金在工具型金融产品上创新的发展方向，一方面，分级基金有利于满足不同类型的投资者更为精细的风险收益匹配需求；另一方面，分级基金相对复杂的资本结构、收益特征也要求投资者在投资时需要考虑更多因素。

2. 分级基金的分类

根据不同的标准分级基金有不同的分类方式：首先，根据运作方式的不同，可以把分级基金分为：封闭式分级基金和开放式分级基金；其次，根据基金投资对象的不同，可以把分级基金分为股票型分级基金和债券型分级基金，而股票型分级基金又可分为主动型股票分级基金和被动型股票分级基金，即指数型分级基金，债券型分级基金也可分为纯债型分级基金和偏债型分级基金。相较之下，开放式指数型分级基金在操作上更为透明，受人为因素影响较少，投资者进行套利的可操作度更高。具体的分类情况见表8-34。

表8-34　分级基金的分类

	分类	共同特点	代表产品
按照运作方式分	封闭式分级基金	基础份额只能在申购和赎回期购买，虽然定期开放，但只能通过二级市场买卖子基金份额，因此不具有套利机会。封闭期多为3年期和5年期，到期后大多转为普通LOF，分级机制不再延续，也有的转为开放式分级基金或者以此过渡	长盛同庆、国泰估值优势、富国汇利
	开放式分级基金	投资者在基金运作期间能够申购赎回基础份额，从而实现一、二级市场联动。采用开放式的分级基金多为指数型和股票型，而债券型多为契约封闭式。分级机制在正常情况下长期有效。低风险份额的收益来源于定位折算，不能真正收回本金，风险略高于固定存续期的，通常折价率较高	国联安双禧中证100、银华中证100、申万深成指
按照投资类型分	债券型分级基金	通常没有分场内市场和场外市场，只在场内进行交易，无法利用一、二级市场的差价进行套利。但是，也有某些债券型分级基金具有配对转换机制，可以用来进行套利活动	大成景丰、富国汇利、国泰信用互利
	股票型分级基金	灵活性较强，体现了管理者的管理能力，与大盘并不一定同步	长盛同庆、国投瑞福、国泰估值优势
	指数型分级基金	被动管理，盯住某一指数，杠杆机制使得B份额涨跌幅大于跟踪的指数	国联安双禧中证100、银华深证100

资料来源：阿尔法研究中心。

（二）分级基金的形成和发展

1. 分级基金的发展阶段

自从国投瑞银基金管理公司于2007年推出国内第一只分级基金——国投瑞银瑞福分级基金至今，分级基金的发行数量逐年递增，发展势头迅猛，睥睨群侪，一时无两。虽然我国分级基金市场从发轫到现在仅短短几年的时间，但也完成了从滥觞至格局初具的转变，其发展主要经历了以下几个阶段：

（1）横空出世露峥嵘，筚路蓝缕斩荆棘。2007年，除传统的开放式基金、封闭式基金、ETF和LOF以外，中国基金市场进化出了一个新的种群——分级基金。首个分级基金是国投瑞银基金公司设计推出的国投瑞银瑞福分级基金，这个产品融合了定期开放和封闭两种方式，并且同时满足了低风险偏好投资者以及高风险偏好投资者的需求，但是由于产品条款比较复杂，导致投资者较难理解，为了让分级基金能获得更多投资者的关注，随后的产品在设计上逐渐简化：长盛同庆和国泰估值在条款上做了简化，并且采用了统一募集自动分拆的方式，但是依然没有脱离一个子基金份额获得类固定收益另一个子基金份额获得剩余收益的模式；国投瑞和300分级基金和兴业合润分级基金继而在收益分配上进行了突破，蕴含在对赌大涨小涨以及可转债的概念与产品之中，满足了投资人的需求。

（2）忽如一夜春风来，千树万树梨花开。为了鼓励基金产品创新，监管部门于2009年以后陆续启动了5条产品审批通道，2010年和2011年的分级基金正是趁着这股春风获得了快速发展。这一时期发行的分级基金产品主要包含以下特征：第一，除了股票型分级产品外，出现了纯债型分级产品和偏债型分级产品，偏债类的产品相对于纯债类的产品较少；第二，股票型分级产品以被动管理为主，方便投资者能根据标的指数走势、杠杆比例以及折溢价率迅速找到合适的分级产品进行投资；第三，股票型分级产品以及个别债券型分级产品采用开放式管理，具有配对转换机制，有利于抑制整体折溢价率，多数债券分级产品则是采用封闭运作，可以有效放大债券投资比例；第四，为了保护投资人的利益，不少产品都设置了折算条款，同时也带来了很多阶段性投资机会；第五，这些主流产品在收益分配上都采用较为简单的结构，即稳健类份额获得约定收益，如一年期定存上浮3%，激进类份额获得剩余收益，投资群体定位非常清晰；第六，债券型分级产品半数采用分开募集的方式，激进类份额上市交易。稳健类份额定期申购赎回，股票型分级产品多采用统一募集的方式。

（3）格局初具乾坤定，方寸规矩起腾挪。随着分级基金产品的快速增长，监管层注意到当分级基金杠杆过大时，即使市场小幅变动也会引发B类份额净值的大幅波动，投资者的亏损风险也会显著加大。2011年12月18日正式实施《分级基金产品审核指引》，其对分级基金的产品设计、募集方式、投资策略、申请材料和销售推介等方面均做了规定，未来分级基金产品在产品设计上可能会有一定的同质化，但是基金公司为了寻求差异化竞争可能会在运作周期、分红机制、投资标的等方面寻求突破，因此投资标的、业绩表现、瞬时杠杆比例以及条款细节将是吸引投资人的关键因素。

图8-65简要地描述了中国分级基金市场的发展历程。

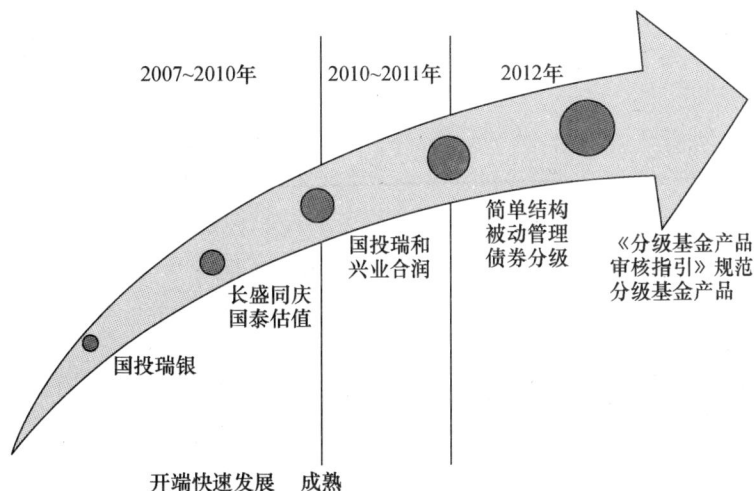

图8-65 分级基金的发展历程

资料来源：阿尔法研究中心。

2. 分级基金的现状

中国分级基金产品自诞生之日起每年的发行规模和发行数量情况如图 8-66 所示，从图 8-66 可以很明显地看出其具有以下特征：

第一，从发行数量上来看，经过头两年的试水，其增长势头强劲。2007 年仅有 1 只分级基金产品孤军奋战，2008 年更是颗粒无收。很明显，各机构都在坐壁观望，看分级基金的运行实效究竟如何。2009 年也没有太大起色，拥趸者也不过 2 只而已，但至少说明已经有其他的机构开始接纳分级基金这一新兴事物。果然，等到 2010 年之后，分级基金产品一扫先前的颓势，高歌猛进，各个机构纷纷发行自己的分级基金产品，分级基金市场顿显一派热闹繁华的景象。2012 年，仅上半年的发行数量就超过了 2011 年整整一年的发行数量，井喷之势可见一斑。

第二，发行规模也在扩大，但其增长速度明显低于发行数量的增长速度。首先，总的来看，除 2008 年的一片空白之外，分级基金的发行规模在逐年增加；其次，发行规模的增速慢于发行数量的增速，并且增速也更不稳定，例如 2009 年和 2010 年的发行规模相差无几，而 2011 年的增速也并不明显，但是 2012 年的增速明显加快，仅仅上半年时间的发行规模就远远超过 2011 年全年的发行规模，市场容量进一步扩大。

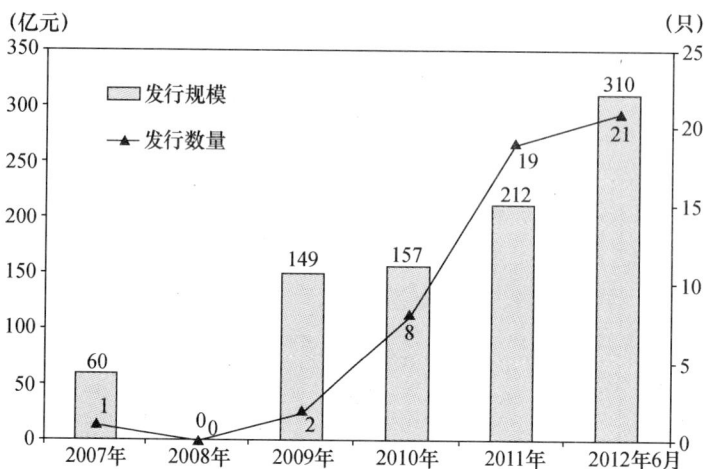

图 8-66 分级基金的发行规模与发行数量

资料来源：对冲网数据库。

另外，分级基金的结构也具有较为明显的特征，具体情况如图 8-67 所示，通过分析笔者得出以下结论：

第一，复制指数型分级基金的增长趋势明显。从 2009 年的一枝独秀到 2012 年上半年的数量就超过了 2011 年全年的数量，这些现象都表明复制指数型分级基金渐成趋势。这是源于复制指数型分级基金产品本身的特点，它无须过多的操作，更加透明清晰，也更便于采用股指期货等衍生品进行套期保值。

第二，股票型分级基金变化不大，而债券型分级基金的数量则在增加，只是增速不如复制指数型分级基金。

第三，纯债型分级基金多于偏债型分级基金的数量，正如前面所言，各个机构都已经对分级基金进行简化处理，偏债型分级基金投资标的的不清不楚可能并不讨喜，因此 2012 年上半年没有一只偏债型分级基金出现。

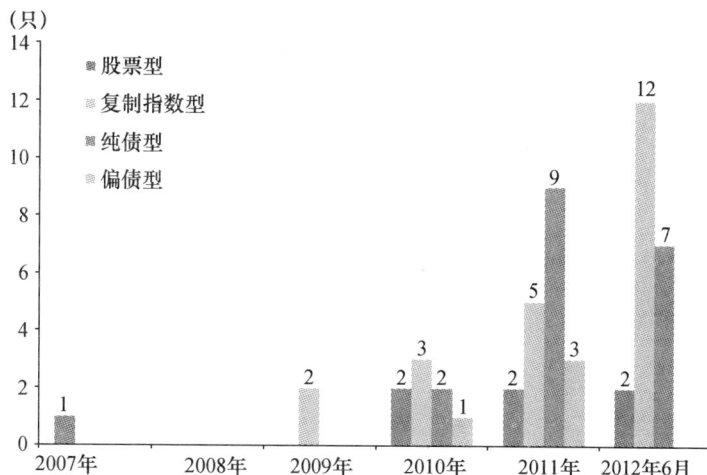

图 8 - 67　分级基金类型的结构变化

资料来源：对冲网数据库。

（三）分级基金的主要条款和特征

分级基金合同往往包含一系列条款，例如参与条款、累积条款等，本书仅仅分析与分级基金套利相关的主要条款，其内容结构如图 8 - 68 所示。

1. 配对转换机制

配对转换机制并不是与分级基金相伴而生的，直到 2010 年它才到来。2010 年 4 月 27 日，国投瑞银基金管理公司发布提示公告称，由瑞和 300 分级基金首创的"配对转换"业务自该日起正式开通，投资者可在深交所交易时间内按照相关规定通过份额配对转换业务办理机构提交分拆或合并转换业务申请。至此，配对转换机制才正式登上分级基金的舞台，而配对转换机制一现世就受到了人们的热烈追捧，其后成立的分级基金纷纷将配对转换机制嵌入产品之中。

所谓基金"配对转换"业务，就是指分级基金的场内份额分拆及合并业务。场内份额的分拆，是指场内份额持有人将其所持有的基础份额按照两类份额的比例约定分拆成 A 类份额及 B 类份额的行为。场内份额的合并，则是指场内份额持有人将其所持有的 A 类份额与 B 类份额按照约定的比例合并成基础份额的行为。分级基金配对转换机制的思路框架如图 8 - 69 所示。

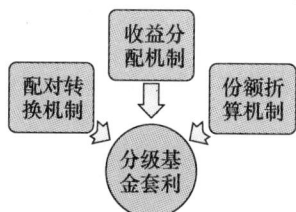

图 8 - 68　分级基金的主要条款与特征

资料来源：阿尔法研究中心。

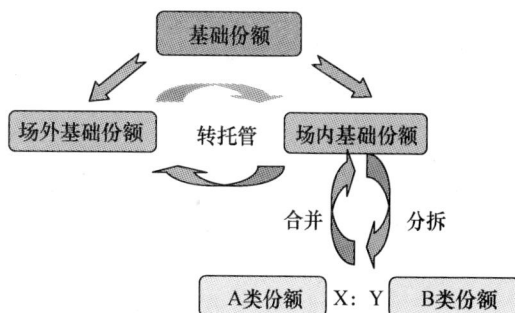

图 8 - 69　分级基金配对转换机制

资料来源：阿尔法研究中心。

　　基础份额和子基金份额之间的配对转换业务是瑞和300分级基金的一个创新。结构化分级基金的基本结构是将市场分割成不同的区间，在每个区间内，其中一个子基金份额给另一个子基金份额提供杠杆，投资者可根据对未来市场走势的区间预期，选择有利的子基金份额进行投资。但是，分级也隐含了一个潜在风险，即在某一个市场区间分级基金的风险收益是不匹配的，市场变动方向不利的分级可能遭遇抛售，从而有可能提高折价率。分级基金配对转换机制的存在使分级基金中以类封闭式基金存在的A类份额的可交易性大大提高。除了申购和赎回外，投资者还可以通过分拆和合并达到参与和退出的目的。

　　基金份额配对转换遵循的基本原则是等净值交换，即借助基础份额使子基金份额实现以份额净值进行（配对）交易的机制，从而为平抑上市交易中的子基金份额的整体折溢价提供了一种有效机制。正反套利理论上可以消除场内子基金份额的折溢价现象。笔者认为，转换时间差和市场波动风险等因素使得市场运用基金份额配对转换去做实际折溢价套利的行为不会很活跃，但是基金份额配对转换是一种有效的折溢价自我纠偏机制，但毕竟套利机制的存在对基金折溢价会产生约束作用，从而将折溢价率维持在一定的范围内。

　　从另一个角度来看，配对转换机制促使分级基金整体无折溢价，因此A类份额与B类份额的折溢价率有一个此消彼长的"跷跷板效应"。由于市场资金倾向于杠杆份额博取市场反弹杠杆收益，导致杠杆类份额的溢价率迭创新高。同时，B类份额的溢价率攀升对A类份额的价格形成了压力，在套利资金和场内交易者的共同作用下，进一步促使低风险的A类份额折价率大幅提高，直接表现为这类份额的二级市场价格不断下跌。然而，由于B类份额的高溢价是建立在资金看好后市反弹的基础上的，一旦市场反弹结束，收益得到确认，高溢价的产品溢价率会逐步下降，对应的A类份额则会顺势上涨，折价率也相应收窄。另外，由于配对转换套利仍有一定风险，故子基金份额整体上仍将存在一定的折价或溢价。

　　以瑞和沪深300指数分级基金为例，份额配对转换是利用1份瑞和小康（A类份额）与1份瑞和远见（B类份额）的净值之和与2份瑞和300（基础份额）的净值恒等的特点，允许1份瑞和小康与1份瑞和远见配对后换2份瑞和300，即合并转换；也允许2份瑞和300换1份瑞和小康与1份瑞和远见，即分拆转换。引入份额配对转换，实质上打通了瑞和小康与瑞和远见整体交易价格与净值的转换通道，提供了折溢价套利方式，有利于平抑上市交易型基金的折溢价交易问题。这样做一方面为投资者提供了套利机会，另一方面也在一定程度上控制了交易价格偏离净值的市场风险。

　　这里需要说明一下，分级基金只对基础份额开放申购赎回业务，而两类子份额往往分别在交易所以不同的代码进行交易；场外途径认购的基金以基础份额的形式存在，不会拆分，场内途径认购的基金会自动拆分为A、B两类份额。

2. 收益分配机制

　　分级基金的收益分配机制大致可分为以下几种模式：股债搭配模式、双高模式、可转债模式、增强收益模式和混合模式，下面分别对它们进行简要的分析。

　　（1）股债搭配模式。大多数分级基金都是采用的这一模式，它将两个子基金份额的风险和收益进行明显的高低区分，A类份额获得约定收益，B类份额获得剩余收益，同时承担本金损失的风险，相对应地，B类份额的本金则正好是A类份额的本金损失保护垫。股债搭配型收益分配机制具体内容和特征见表8-35和图8-70。

表 8 - 35 股债搭配型收益分配机制

基金名称	收益分配	A 类份额约定收益
长信利鑫、中欧鼎利、万家添利	A 类份额获得约定收益 B 类份额获得剩余收益	1 年期定存利率×（A% + B%）
泰达聚利		5 年期国债到期收益率×1.3
嘉实多利、天弘添利、大成景丰		A%

资料来源：阿尔法研究中心。

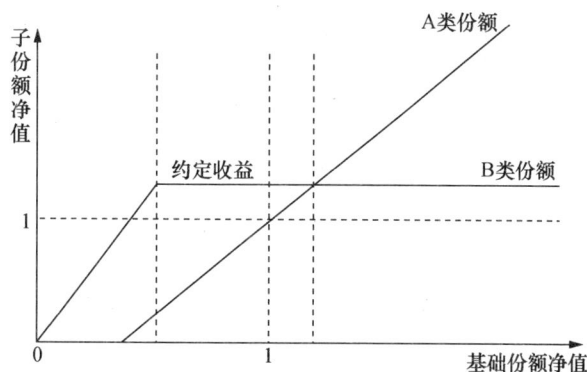

图 8 - 70 股债搭配型收益分配机制

资料来源：阿尔法研究中心。

从图 8 - 70 可以看出，有一点必须注意，即虽然 A 类份额约定了收益，但这并不表示它最后一定能够得到约定的收益，而其究竟能否取得约定收益的关键还在于基金资产的变化。如图 8 - 70 所示，当基金资产缩减至一定程度时，B 类份额的净值耗尽，这时候基金资产的缩水就会直接侵吞 A 类份额的约定收益甚至本金。

（2）双高模式。在这种模式下，分级基金不再拆分成明显的高、低风险份额，两个子基金份额具有较高的风险，共同承担基金下跌的损失。同时，A 类份额在母基金涨幅较小的时候获得更多收益，B 类份额在母基金涨幅较大时获得更高收益，分别适合预期市场小涨和大涨的投资者。所以，这一模式实质上就是一种对赌，其具体内容和特征见表 8 - 36 和图 8 - 71。

表 8 - 36 双高型收益分配机制

基金名称	收益分配
国投瑞和 300	当净值小于等于 1 元时，瑞和小康、瑞和远见的净值一样 当净值大于 1 元时，对于在年阈值（10%）以内的部分，瑞和小康、瑞和远见按照 8：2 划分，在年阈值以外的部分按照 2：8 划分

资料来源：阿尔法研究中心。

（3）可转债模式。这一模式类似于可转换债券，A 类份额获得在基础份额下跌时不跌而在基础份额涨幅较大时获取共同收益的权利；B 类份额则承担所有下跌的风险，获得基础份额涨幅较小时加倍上涨、基础份额涨幅较大时正常上涨的权利。这种模式其实也具有一定的对赌性质，可转债型收益分配机制的具体内容和特征如表 8 - 37 和图 8 - 72 所示。

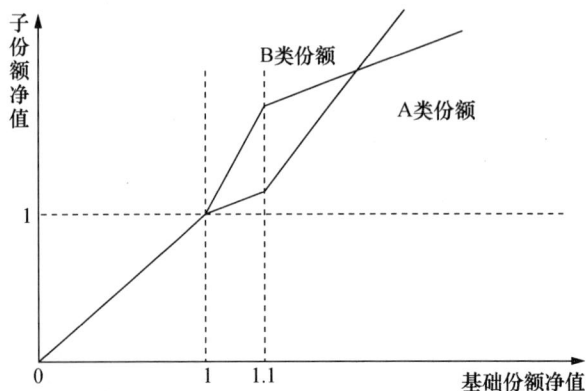

图 8 - 71　双高型收益分配机制

资料来源：阿尔法研究中心。

表 8 - 37　可转债型收益分配机制

基金名称	收益分配
兴业合润	当净值在 1.21 元以下，合润 A 保本无收益，盈亏全部由合润 B 享有或承担；当净值在 1.21 元以上，合润 A、B 净值增长率相同

资料来源：阿尔法研究中心。

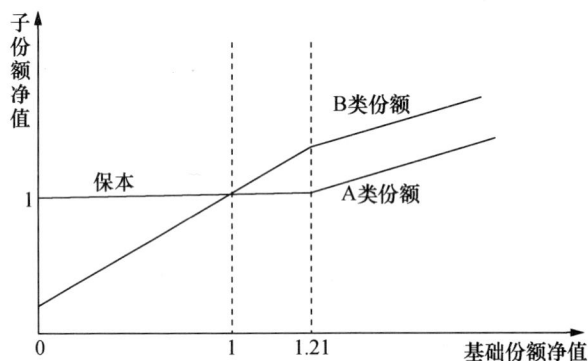

图 8 - 72　可转债型收益分配机制

资料来源：阿尔法研究中心。

（4）增强收益模式。当基础份额净值在阈值以下时该模式类似于可转债模式，A 类份额获取约定收益，B 类份额获得剩余收益；当基础份额净值在阈值以上时 A 类份额获取增强收益，只是 B 类份额的净值增长率高于 A 类份额。该模式的具体情况见表 8 - 38 和图 8 - 73。

表 8 - 38　增强收益型收益分配机制

基金名称	收益分配	约定收益率（%）
长盛同庆	若基金净值在 1.6 元以下，则剩余收益全部归 B 若基金净值在 1.6 元以上，对超出 60% 的收益，A 类基金将获得其中 10% 的增强收益	5.6

资料来源：阿尔法研究中心。

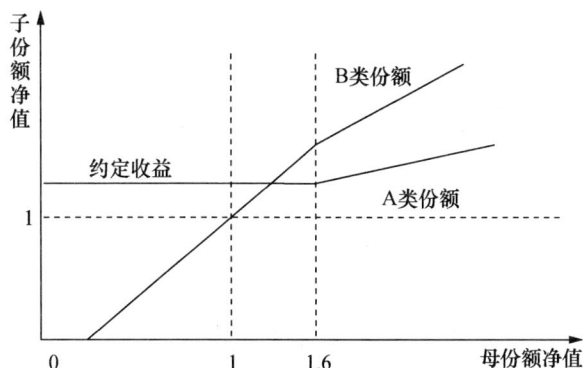

图 8 - 73　增强收益型收益分配机制

资料来源：阿尔法研究中心。

（5）混合模式。该模式类似于增强收益模式，A 类份额获取约定收益，剩余收益按比例分配。其特点是不存在阈值，具体情况如表 8 - 39 和图 8 - 74 所示。

表 8 - 39　混合型收益分配机制

基金名称	收益分配	约定收益率
国投瑞银瑞福分级	瑞福优先获取约定收益；剩余收益由瑞福优先和瑞福进取按 1：9 分配	1 年期定期存款利率 +3%

资料来源：阿尔法研究中心。

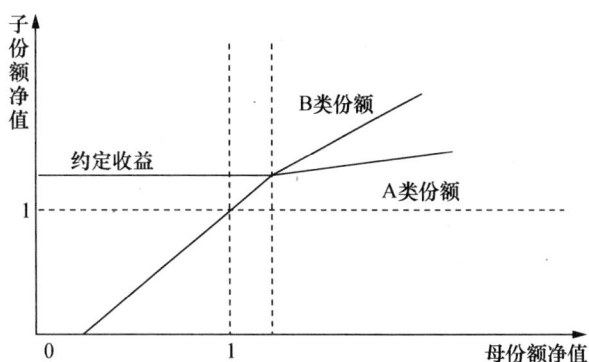

图 8 - 74　混合型收益分配机制

资料来源：阿尔法研究中心。

3. 份额折算机制

自从国联安双禧中证 100 和银华深证 100 在 2010 年发行以来，越来越多的分级基金采用了 B 级份额价值过高或者过低触发折算的条款。这些令人费解的条款规定了折算时两类分级投资者的利益再分配，对子基金份额二级市场的价格以及套利活动都产生了重要影响，因此有必要理解折算条款的含义和影响。

折算条款主要分为两种：一种是定期折算条款，另一种是不定期折算条款。不定期折算条款分为向上到点折算和向下到点折算。这里主要阐述的是定期折算条款，不定期折算条款会在"分级基金套利的条件"中进行分析。

例如，银华中证等权重90指数分级基金的招募说明书对每年的定期折算进行了如下规定：在基金份额折算前与折算后，银华金利份额（A类份额）和银华鑫利份额（B类份额）的份额配比保持1:1的比例。对于银华金利份额期末的约定应得收益，即银华金利份额每个会计年度12月31日份额净值超出1元部分，将折算为场内银华90份额（基础份额）分配给银华金利份额持有人。银华90份额持有人持有的每2份银华90份额将按1份银华金利份额获得新增银华90份额的分配。持有场外银华90份额的基金份额持有人将按前述折算方式获得新增场外银华90份额的分配；持有场内银华90份额的基金份额持有人将按前述折算方式获得新增场内银华90份额的分配。经过上述份额折算，银华金利份额和银华90份额的基金份额净值将做相应调整。

设T为基金份额净值计算日，T = 1，2，3，…，N；N为当年的实际天数；t = min｛自年初至T日，自基金合同生效日至T日，自最近一次会计年度内份额折算日至T日｝；NAV是指基金份额净值；NUM是指份额数量；"前""后"是指折算前和折算后。每个会计年度的第一个工作日进行银华金利份额上一年度应得收益的定期份额折算时，有关计算公式如下：

$$NAV_{银华金利} = (1 + R)^{\frac{1}{N}}$$

$$NAV_{银华鑫利} = \frac{NAV_{银华90} - 0.5 \times NAV_{银华金利}}{0.5}$$

$$NAV^{后}_{银华90} = \frac{折算前银华90份额的资产净值 - [（每份银华金利份额期末资产净值-1）/2] \times NUM^{前}_{银华90}}{NUM^{前}_{银华90}}$$

$$银华金利份额持有人新增的场内银华90份额的份额数 = \frac{NUM^{前}_{银华90} \times（每份银华金利份额期末资产净值-1）}{NAV^{后}_{银华90}}$$

每个会计年度的定期份额折算不改变银华鑫利份额净值及其份额数。

$$银华90份额持有人新增的银华90份额 = \frac{NUM^{前}_{银华90}}{2} \times \frac{每份银华金利份额期末资产净值-1}{NAV^{后}_{银华90}}$$

定期份额折算后银华90份额的份额数 = 定期份额折算前银华90份额的份额数 + 银华90份额持有人新增的银华90份额的份额数

举例说明：假设该基金成立后第3个会计年度的第一个工作日为定期份额折算基准日，银华90份额当天折算前资产净值为7458000000元。当天场外银华90份额、场内银华90份额、银华金利份额、银华鑫利份额的份额数分别为50亿份、5亿份、30亿份、30亿份。前一个会计年度末每份银华金利份额资产净值为1.058元，且未进行不定期份额折算。定期份额折算的对象为基准日登记在册的银华金利份额和银华90份额，即30亿份和55亿份。银华金利份额持有人折算后持有银华金利份额 = 折算前银华金利份额 = 30亿份。

$$NAV^{后}_{银华90} = \frac{折算前银华90份额的资产净值 - [（每份银华金利份额期末资产净值-1）/2] \times NUM^{前}_{银华90}}{NUM^{前}_{银华90}}$$

$$= \frac{7458000000 - [（1.058 - 1）/2] \times 5500000000}{5500000000} = 1.327$$

$$\frac{\text{银华金利份额持有人新增的}}{\text{场内银华90份额的份额数}} = \frac{\text{场内新增的}}{\text{银华90份额}} = \frac{\text{NUM}^{前}_{银华90} \times (\text{每份银华金利份额期末资产净值} - 1)}{\text{NAV}^{后}_{银华90}}$$

$$= \frac{3000000000 \times (1.058 - 1)}{1.327} = 131122833.46$$

银华金利份额新增份额折算成银华90份额的场内份额取整计算（最小单位为1份），余额计入基金财产，因此新增银华90份额为131122833份，持有的银华金利份额为30亿份。

$$\text{场外新增的银华90份额} = \text{NUM}^{前}_{银华90} \times \frac{\text{每份银华金利份额期末资产净值} - 1}{\text{NAV}^{后}_{银华90}}$$

$$= \frac{5000000000}{2} \times \frac{1.058 - 1}{1.327} = 109269027.88$$

折算后场外银华90份额的份额数 = 定期份额折算前场外银华90份额的份额数 + 场外新增的银华90份额 = 5000000000 + 109269027.88 = 5109269027.88

$$\text{场内新增的银华90份额} = \text{NUM}^{前}_{银华90} \times \frac{\text{每份银华金利份额期末资产净值} - 1}{\text{NAV}^{后}_{银华90}}$$

$$= \frac{500000000}{2} \times \frac{1.058 - 1}{1.327} = 10926902.79$$

定期份额折算后场内银华90份额的份额数 = 定期份额折算前场内银华90份额的份额数 + 场内新增的银华90份额 = 500000000 + 10926902 = 510926902

在份额折算中，现有的银华鑫利持有人不受任何影响，而折算改变的是基础份额银华中证90个持有人所持有的份数和单位净值，以及A类份额银华金利的单位净值和数量。

（四）分级基金套利

经过上面的分析，笔者对分级基金套利给出一个简单的定义，至于更细致的分析会在后面的部分详细给出。

分级基金套利是指利用分级基金的配对转换机制以及子基金份额的折溢价，即两类子基金份额在二级市场的加权交易价格与其自身加权基金净值的差异来进行的套利活动。

二、分级基金套利的条件

（一）折溢价与杠杆

如图8-75所示，分级基金配对转换套利的两个基本条件是折溢价与配对转换机制，折溢价提供套利空间，配套转换机制则提供套利渠道，只有两者结合，才能真正实施配对转换套利，实现那惊险的一跳。那么，分级基金的折溢价又是如何形成的呢？答案是杠杆，因此笔者也将杠杆加入这一部分，作为配对转换套利的前提条件之一。

1. 折溢价

可以上市交易的分级基金子基金份额存在两个价格：一个是基金净值，一个是二级市场的交易价格。理论上这两个价格应该一致，但是由于二级市场的价格反映的是投资者对于未来的预期，因此这两个价格往往存在差异。当两个价格发生偏离时，称之为"存在折溢价"。折溢价是指子基金份额二级市场的交易价格针对于其份额净值。当交易价格大于净值时，称之为溢

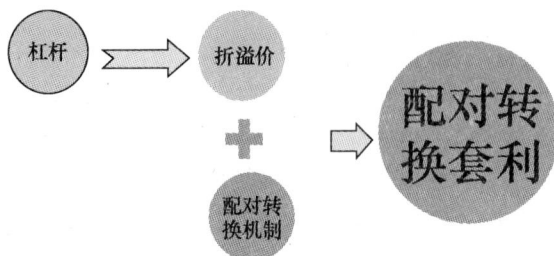

图 8 - 75　配对转换套利的条件框架

资料来源：阿尔法研究中心。

价。相反，当交易价格小于净值时，称之为折价。目前一般使用折溢价率这一指标来描绘折溢价的程度，其计算公式如下所示：

$$F(t) = \frac{P(t)}{NAV(t)} - 1 = \frac{aP_A(t) + bP_B(t)}{NAV(t)} - 1$$

其中，NAV 表示基础份额的份额净值，P 表示子基金份额二级市场加权交易价格，P_A 表示分级基金 A 类份额的交易价格，P_B 表示分级基金 B 类份额的交易价格，a、b 分别表示 A 类、B 类份额的占比，即加权权重。

下面以某分级基金为例，说明如何计算分级基金的整体折溢价率。

假定 T 日，A 类份额的收盘价为 1.031 元，B 类份额的收盘价为 0.828 元，A 类份额、B 类份额的基金份额配比为1:1，当日该分级基金的整体单位净值为 0.94 元，那么该分级基金整体的交易价格为（1.031 + 0.828）÷ 2，即 0.9295 元，因此该分级基金整体 T 日的折溢价率 = (0.5 × 1.031 + 0.5 × 0.828) ÷ 0.94 - 1 = 1.12%。

如果换算后子基金份额的价格偏离净值，出现较大的折溢价率，则存在套利机会，具体的套利思路和操作过程参见下文。

分级基金折溢价的特点主要有三个：第一是互补性，A 类份额的折价和 B 类份额的溢价互补，A 类份额与 B 类份额合成的基础份额基本无折溢价；第二是单边性，A 类份额折价而 B 类份额溢价；第三是趋同性，不同的分级基金的 A 类份额折价在同一时间类似，并且历史趋势类似。

只有市场供求状况可以解释 A 类份额折价和 B 类份额溢价的现象，B 类份额的成交量一般远大于 A 类份额的成交量，带有一定杠杆的 B 类份额经常被投资者用作赌牛市的工具。当他们赌市场上涨的时候，在二级市场大量购进 B 类份额，导致 B 类份额溢价飙升，而上涨预期落空后又不惜代价地将 B 类份额抛出。另外，分拆合并的套利行为又会把 B 类份额的溢价波动传导给 A 类份额的折价波动。

理论上，股票型分级基金在市场上涨的过程中倾向于出现溢价，因为它的预期收益会超越市场的平均水平；在市场下跌的过程中，倾向于出现折价。但是，实际上并非完全如此。作为封闭式基金，在封闭期内不对 A 类份额进行收益分配，根据目前市场上 A 类份额的表现来看，多数 A 类份额上市后均处于折价状态。另外，还需从基金经理的历史业绩来考量，市场对于债券型基金给予的折溢价主要基于基金经理历史业绩的考量，因而其 B 类份额上市后同样有可能处于折价状态，但如果未来基金业绩表现较好或是债市走强，市场同样有可能给予一定的溢价。

如何把握折溢价的走势成为一大难题，主要的方法有杠杆率比较和折溢价历史考察。杠杆率比较可以帮助投资者进行横向挑选，而历史的折溢价水平可以与现在的折溢价相比，以此来确定现在的折溢价是否过深或过浅，有没有变浅或加深的风险。但是，本质上折溢价的走势是不能被准确预测的。

2. 杠杆

杠杆是分级基金运作的核心所在，笔者在前面已经说过，折溢价是配对转换套利的前提条件，折溢价又来自市场供求状况，而市场供求的变化在很大程度上正是受到了有无杠杆以及杠杆大小的影响，尤其是当投资者预期后市上涨时，更会大量购买存在杠杆的 B 类份额，从而使得 B 类份额的市场价格超过其净值，即出现溢价现象；反之，当投资者预期后市下跌时，就会大肆抛售含有杠杆的 B 类份额，从而使得 B 类份额的价格低于其净值，即出现折价现象。因为 A 类份额风险较低，缺乏投机性，因此一般都处于折价状态，随着到期日或者折算日的临近价格不断向净值收敛，但总体上其价格变化的幅度远低于 B 类份额，因此，仅就 B 类份额的变化来阐述杠杆如何影响折溢价。

获取杠杆的方式大致有三种，分别是结构化分层、发债或借贷融资以及投资衍生品。目前，中国分级基金不允许发债融资，对于衍生品投资也存在极大的限制，并且衍生品投资从严格意义上来说不属于融资范畴，而属于投资范畴，故可以忽略不计。因此，现有的分级基金主要还是采用结构化分层的办法来获取杠杆。

本书开篇就已经详细阐述了分级基金如何进行份额分级，这就是一种典型的结构化分层。B 类份额相当于向 A 类份额进行借贷，从而获得杠杆。一般使用杠杆率来描绘分级基金的杠杆程度，其计算公式如下所示：

$$L = \frac{\dfrac{\Delta V_B}{V_B}}{\dfrac{\Delta V}{V}}$$

其中，L 表示杠杆率，V_B 表示 B 类份额的价值，V 表示基础份额的价值，而 Δ 表示变动量。从公式中可以看出，分级基金的杠杆就是表示 1 单位基础份额价值的变动引起的 B 类份额价值的变化幅度，也就是 B 类份额价值变动对于基础份额价值变动的敏感度。这里之所以用价值这个抽象的指标，是因为子基金份额存在两种价格，究竟使用基金净值还是二级市场交易价格来表征其价值确实是一件颇费思量的事情。与之相对应的基础份额的价值就很简单，它只有基金净值，因此就用基金净值来表示。

对于分级基金的杠杆，笔者需要厘清以下几个问题：

（1）分级基金的初始杠杆、理论杠杆与实际杠杆。分级基金的初始杠杆非常简单，假设 a、b 分别表示 A 类份额和 B 类份额的占比，那么该分级基金的初始杠杆就等于（a + b）/b。举例说明，设定某一分级基金规定 1 份母基金份额可以分拆成一份 A 类份额和一份 B 类份额，此时其初始杠杆 =（1 + 1）/1 = 2。理论杠杆就是初始杠杆，这是静态地来看待分级基金杠杆，无视整个分级基金的资产净值以及子基金份额的二级市场交易价格会随着市场状况的变化而变化的客观事实。为了更确切地刻画分级基金的真实杠杆程度，人们又提出了实际杠杆的概念。

实际杠杆的应用性远强于初始杠杆。因为初始杠杆只能代表产品成立时点上当基础份额上涨时 B 类份额涨幅的放大倍数，但随着两类份额价值在运作过程中的相对变化，B 类份额在特定时点上的放大倍数也会随之变化，所以更具有投资指导意义的是特定时点上 B 类份额的实际杠杆。实际杠杆的计算公式已经在上面给出，问题在于我们究竟应该采用哪一个价值尺度来衡量 B 类份额的价值。实际上，人们还是倾向于采用基金净值。但是，笔者在前面的分析中也很清楚地认识到，分级基金 B 类份额的净值和交易价格并不是以同样的方式在变动着，这就意味着采取两种价值尺度来计算的结果也会存在一定的差异。因此，为谨慎起见，我们在计算分级基金的实际杠杆时最好把两个价值尺度都计算一下并进行相互比较。

（2）分级基金的杠杆如何变化。首先，分级基金的杠杆会随着市场状况的变化而变化。在市场大幅下跌时，B 类份额单位净值相对较低，此时杠杆水平不断上升；反之，当市场大幅上涨时，B 类份额单位净值较高，杠杆水平会逐步下降。其次，分级基金的份额折算机制也会影响到其杠杆率。到点折算将导致 B 类份额杠杆大幅变动。为了防止极端杠杆水平的出现，大多数产品均设计了到点折算条款来进行杠杆回拨，其具体影响将在下一部分中详细分析。在此需要说明的是，向下到点折算将极端高杠杆回拨至正常水平，B 类份额对于交易型投资者的吸引力大幅下降，将带来溢价率回落，但此时会给 A 类份额带来折价回归的收益。与之相反，向上到点折算将极端低杠杆回拨至正常水平，以增加 B 类份额的吸引力。

（3）分级基金的杠杆率是否存在限制。2011 年 9 月底，证监会草拟了《分级基金产品审核指引》，并向社会公开征求意见，这是监管层首次发布分级基金产品的审核指引。该指引明确了分级基金的设计原则，规定了仅发展融资模式分级基金，限制了分级份额的杠杆率，并要求相关机构须向分级基金投资者充分揭示投资风险。根据证监会的规定，为降低风险，分开募集的分级基金仅限于债券型分级基金。分级基金还需限定分级份额的初始杠杆率，债券型分级基金不超过 10/3 倍，股票型分级基金不超过 2 倍。无固定分级运作期限的分级基金需限定分级份额的最高杠杆率，债券型分级基金不超过 8 倍，股票型分级基金不超过 6 倍。业内人士认为，对分级基金初始杠杆率及最高杠杆率的限制有助于控制分级基金的投资风险，对分级基金杠杆率的限制可以将激进份额的风险水平控制在合理范围内，以保护投资者。

（二）配对转换机制

分级基金 A 类份额和 B 类份额常见的配对比例有以下几种：1:1、4:6 和 7:3 等，由此可以得到分级基金常见的初始杠杆有 2、1.67 和 3.33 等。

分级基金配对转换机制的含义在上文已经详细阐述，这里只是简单说明一下配对转换机制对于分级基金套利的意义。分级基金的配对转换机制不但能够起到平复折溢价的作用，同时也为投资者提供了双向套利的机会。在配对转换套利中，配对转换机制的存在是折溢价转化为套利收益的中间渠道，具体的套利过程请参见下文。

（三）折算机制

有一点必须说明，折算机制对于配对转换套利来说并非必要条件，但是它会对其产生非常重要的影响。上文已经详细分析了定期折算机制，下面就对不定期折算，包括向上到点折算机制和向下到点折算机制进行分析。

1. 向上到点折算机制

有些基金在 B 类份额单位价值涨到一定限度时会进行提前折算。以下就是泰达中证 500 指数分级基金的相关条款：

当泰达中证 500 份额的基金份额净值大于或等于 2 元后，本基金将分别对泰达稳健份额（A 类份额）、泰达进取份额（B 类份额）和泰达中证 500 份额（基础份额）进行份额折算，份额折算后本基金将确保泰达稳健份额和泰达进取份额的比例为 4∶6，份额折算后泰达稳健份额和泰达进取份额的参考净值以及泰达中证 500 份额的基金份额净值均调整为 1 元。基金份额折算日折算前泰达中证 500 份额净值、泰达稳健份额和泰达进取份额的基金份额参考净值超出 1 元的部分均将折算为泰达中证 500 份额分别分配给泰达中证 500 份额、泰达稳健份额和泰达进取份额的持有人。

当泰达中证 500 份额的份额净值大于或等于 2 元时，泰达稳健份额、泰达进取份额、泰达中证 500 份额将按照如下公式进行份额折算：

$$NUM_{稳健}^{后} = NUM_{稳健}^{前}$$

泰达稳健份额的持有人新增的泰达中证 500 份额的份额数 $= \dfrac{NUM_{稳健}^{前} \times (NUM_{稳健}^{前} - 1)}{1}$

$$NUM_{进取}^{后} = NUM_{进取}^{前}$$

泰达进取份额的持有人新增的场内泰达中证 500 份额的份额数 $= \dfrac{NUM_{进取}^{前} \times (NUM_{进取}^{前} - 1)}{1}$

场外泰达中证 500 的持有人份额折算后获得新增场外泰达中证 500，场内泰达中证 500 的持有人份额折算后获得新增场内泰达中证 500。

$$NUM_{500}^{后} = \dfrac{NUM_{500}^{前} \times (NUM_{500}^{前} - 1)}{1}$$

折算后泰达中证 500 份额的总份额数 = 不定期份额折算前泰达中证 500 份额的份额数 + 泰达中证 500 份额的持有人新增的泰达中证 500 份额数 + 泰达稳健份额持有人新增的泰达中证 500 份额数 + 泰达进取份额持有人新增的泰达中证 500 份额数

此条款包含的主要内容是设定基础份额泰达中证 500 的新单位净值为 1 元，并且把基础份额、A 类份额和 B 类份额所有超出 1 元的价值以新基础份额替换。这一操作类似于股票的合并。在这个过程中，基础份额泰达中证 500 的持有人不受实质影响，只是价值单位发生了变化。

A 类份额泰达稳健的持有人的利息部分转化为随行就市的母基金，这部分固定收益被变动资产替换了。但总体而言，其变动较小，因此总体的 A 类份额净值相对于 B 类份额净值的比例并未发生太大变化。

B 类份额的持有人虽然得到了杠杆变小的新 B 类份额，但是也得到了新的母基金，而对应的 A 类份额债权总值没有太多变化，所以整体杠杆没有太多变动。

这种折算和定期折算具有相似之处，都是 A 类份额的利息部分转化为母基金，造成总债务的略微缩减，因此 B 类份额的持有人在转换后会得到略高的杠杆。不同点在于此折算大幅降低了新的 B 类份额的杠杆率。

2. 向下到点折算条款

与定期份额折算条款同等重要的是单位向下到点折算条款，2011 年发行的绝大部分分级基金采用了此种折算方式，以处理基础份额单位净值过低的问题。如果不采用此条款，基础份额的单位净值可以跌到小于或等于 A 类份额的债权值，这样分级基金就处于资不抵债的状况——B类份额价值已经归零，而A类份额不再能要求固定收益，而只能得到母基金的所有资产，等同于一家破产企业债转资产的情形。这种情况的发生无论对于B类份额的投资者还是A类份额的投资者都是突然打击，而单位向下到点折算条款可以一定程度上缓解此风险。下面以建信双利策略主题分级基金为例，介绍此条款。

当建信进取份额的基金份额净值达到0.2元后，本基金将分别对建信稳健份额（A类份额）、建信进取份额（B类份额）和建信双利基金份额（基础份额）进行份额折算，份额折算后本基金将确保建信稳健份额和建信进取份额的比例为4∶6，份额折算后建信双利基金份额、建信稳健份额和建信进取份额的基金份额净值均调整为1元。建信稳健份额、建信进取份额、建信双利基金份额三类份额按照如下公式进行份额折算。

份额折算前建信进取份额的资产与份额折算后建信进取份额的资产相等。

$$NUM_{进取}^{后} = \frac{NUM_{进取}^{前} \times NUM_{进取}^{前}}{1}$$

份额折算前后建信稳健份额与建信进取份额始终保持4∶6配比；份额折算前建信稳健份额的资产与份额折算后建信稳健份额的资产及其新增场内建信双利基金份额的资产之和相等；份额折算前建信稳健份额的持有人在份额折算后将持有建信稳健份额与新增场内建信双利基金份额。

$$NUM_{稳健}^{后} = \frac{NUM_{进取}^{后}}{6} \times 4$$

份额折算前建信双利基金份额的资产与份额折算后建信双利基金份额的资产相等。

$$NUM_{双利}^{后} = \frac{NUM_{双利}^{前} \times NUM_{双利}^{前}}{1}$$

举例说明，假设某投资者持有建信双利基金份额、建信稳健份额、建信进取份额为10000份、4000份、6000份，在本基金的不定期份额折算日，三类份额的基金份额净值如表8－40所示，折算后，建信双利基金份额、建信稳健份额、建信进取份额三类基金份额净值均调整为1元。

表8－40　折算条款对分级基金各类份额的影响

	折算前		折算后	
	基金份额净值（元）	基金份额	基金份额净值（元）	基金份额
建信双利基金份额	0.526	10000	1	5236
建信稳健份额	1.018	4000	1	792＋3280场内建信双利基金份额
建信进取份额	0.198	6000	1	1188

资料来源：阿尔法研究中心。

以上条款的第一步是提高B类份额的单位价值，并以等资产原则缩减它的数量。在B类份额的单位净值达到0.2元时，将5份原B类份额合并成一份新的B类份额，因此新的B类份额的单位净值重新恢复为1元。第二步是以新的B类份额总额为基准，相应地缩减A类份额的数额。但是这种缩减会带来一些问题，缩去的部分该如何处理？答案是A类份额缩减的份额以及累积的利息以新的单位净值为1元的基础份额的形式发放。

因此，这个条款对于 B 类份额的投资者的影响很大。在这个例子中，B 类份额的投资者拥有的 4432 元债权总额在折算后只剩下 792 元和价值相当于 3280 元的总资产。由于债权的绝对减少，A 类份额的投资者也承受了杠杆比率的大幅下降。此折算过程大幅降低了 B 类份额的杠杆，并给原 A 类份额添加了杠杆，从而使杠杆率重新回到发行时，在折算前投资者理解这个信息是非常必要的。

三、分级基金套利的模式

配对转换套利是分级基金最常用的一种套利模式，就是利用分级基金的配对转换机制和折溢价进行套利活动，包括分拆套利和合并套利两种基本形式。虽然也有人提出所谓的首日套利、跨市套利、利用折算条款套利（包括到期折算套利、上拆套利和下拆套利）等，但是首日套利的实质还是配对转换套利，跨市套利与配对转换套利则仅仅是"同人不同衣"罢了，而利用折算条款套利的本质是一种收益分配机制，从严格意义上来说并不具有套利的性质，因此本书不对这些进行讨论。下面将分别对分拆套利、合并套利以及影响分级基金配对转换套利收益率的主要因素进行分析和阐述。

（一）分拆套利

分拆套利也叫溢价套利，其思路如图 8 - 76 所示。

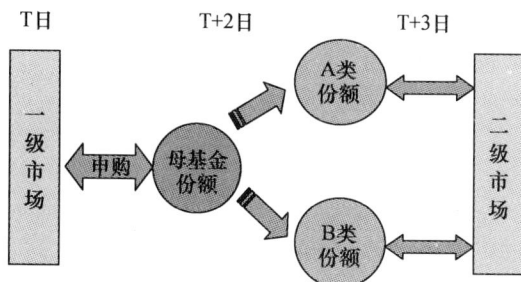

图 8 - 76 分拆套利的流程框架

资料来源：阿尔法研究中心。

$$a \cdot P_a + b \cdot P_b > a \cdot NAV_A + b \cdot NAV_B = (a + b) \cdot NAV$$

不等式中各符号的含义与前文相同，整个分拆套利的流程可以归纳为申购—分拆—卖出这 3 个步骤，具体情况为：

（1）T 日，场内申购母基金份额，成交价格为当日基金份额净值。

（2）T + 1 日，基础份额确认到账。

（3）T + 2 日，场内申请分拆基础份额。

（4）T + 3 日，确认子基金份额，并在二级市场卖出，结束套利。

申购分拆卖出：

下面以银华中证内地资源主题指数分级基金为例详细阐述一下分拆套利的过程，如图 8 - 77 所示。

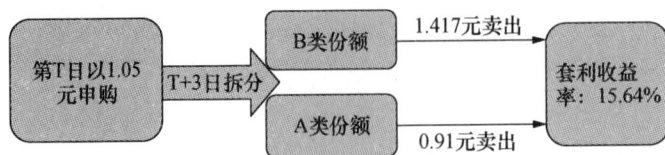

图 8-77　分拆套利的操作流程

资料来源：阿尔法研究中心。

银华中证内地资源主题指数分级基金是 2011 年 12 月 8 日成立的一只行业指数股票型分级基金，它以中证内地资源主题指数为标的指数。该基金 A、B 类份额配对转换比例为 4∶6，即把 10 份银华资源基金（基础份额）分成 4 份银华金瑞（A 类份额）和 6 份银华鑫瑞（B 类份额）。

2012 年 2 月 10 日，银华金瑞净值为 1.008 元，银华鑫瑞净值为 1.078 元，基础份额净值为 1.05 元。同时，银华金瑞二级市场收盘价为 0.848 元，银华鑫瑞二级市场收盘价为 1.301 元，子基金份额加权二级市场价格为 1.1198 元，整体溢价率为 6.65%，存在明显的分拆套利机会。假设笔者于 2 月 10 日申购了 10000 份银华资源基金，10 日的基础份额净值为 1.0500，共需花费 10500 元。2 月 13 日银华资源基金到账，2 月 14 日申请拆分后获得 4000 份银华金瑞和 6000 份银华鑫瑞。笔者于 2 月 15 日收盘时卖出上述金瑞和鑫瑞份额，按照 2 月 15 日的收盘价计算，银华金瑞 0.91 元、银华鑫瑞 1.417 元，最后可以获得 12142（4000 × 0.91 + 6000 × 1.417）元，套利收益率高达 15.64%。

这里的分拆套利以及下面的合并套利假设不存在成本费用，至于分级基金套利的成本费用会在下一部分详细阐述。

（二）合并套利

当分级基金的子基金份额在二级市场处于折价状态时，即满足以下不等式条件时，套利者在二级市场买入子基金份额，合并成场内基础份额后进行基金的赎回，即可获利，如图 8-78 所示。

$$a \cdot P_a + b \cdot P_b < a \cdot NAV_A + b \cdot NAV_B = (a + b) \cdot NAV$$

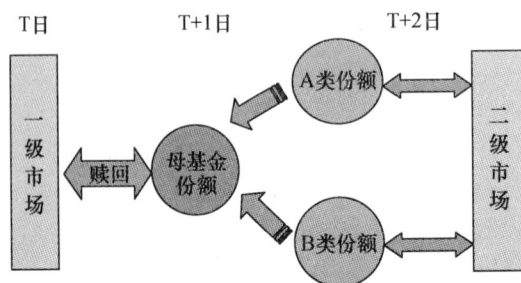

图 8-78　合并套利的流程框架

资料来源：阿尔法研究中心。

整个分级基金分拆套利的流程可以归纳为买入—合并—赎回这 3 个步骤，具体流程为：

（1）T日，二级市场按比例买入子基金份额。

（2）T＋1日，将子基金份额申请配对交易为场内基础份额。

（3）T＋2日，基础份额确认到账，申请赎回基金份额，结束套利。

下面以国泰信用互利分级基金为例详细阐述合并套利的过程，如图8－79所示。

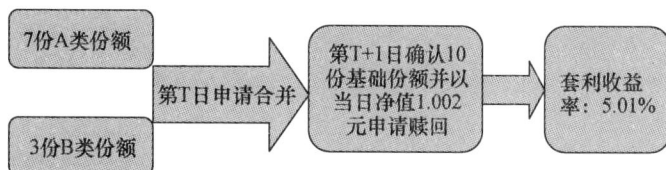

图8－79　合并套利的操作流程

资料来源：阿尔法研究中心。

国泰信用互利分级基金是2011年12月29日成立的一只债券型分级基金，母基金跟踪中证全债指数，子基金份额于2012年1月17日上市。该基金A、B类份额的配对转换比例为7∶3，即把10份国泰信用互利分级基金分成7份国泰信用互利分级A和3份国泰信用互利分级B。

2012年1月17日，互利A净值为1.003元，互利B净值为1元，基础份额净值为1.0021元。同时，互利A二级市场收盘价为0.914元，互利B二级市场收盘价为1.08元，子基金份额加权二级市场价格为0.9638元，整体折价率为3.82％，存在明显的合并套利机会。假设笔者于1月18日在二级市场买入7000份国泰信用互利A和3000份国泰信用互利B，假设均按收盘价购买，1月19日申请合并成基础份额国泰信用互利，1月20日按照母基金净值1.002元在场内赎回10000份国泰信用互利，整个过程获利478元，套利收益率为5.01％。

最后补充一点，对于复制指数型分级基金而言，其A类份额收益相对稳定，体现出较强的债性，而B类份额以母基金跟踪的指数为基础，通过杠杆放大收益，体现出较强的股性。由于市场对债市与股市的不同预期将分别影响到A类、B类份额的需求，进而影响到其二级市场价格，最终造成分级基金折溢价率的波动。一般而言，当某类份额溢价或折价超过另一类份额的折价或溢价时，母基金整体将表现出溢价或折价的情况。当债市、股市同时向好或向差时，两类子基金份额会同时出现溢价或折价，进而导致母基金整体溢价或折价水平进一步提高。当母基金一级市场及二级市场的价差超过一定幅度时，分级基金则会出现套利机会。

（三）分级基金套利收益率的影响因素

1. 折溢价率

折溢价是分级基金配对转换套利的利润源泉，而折溢价率的高低则直接决定了套利空间的大小。一般来说，A类份额存在一定的折价，而B类份额存在一定的溢价，最后的结果则是基础份额基本上不存在明显的折溢价。前面已经对分级基金折溢价率进行了详细的分析，此处不再赘述。

2. 套利成本费用

分级基金配对转换套利的成本费用会侵吞套利收益，甚至使得整个套利活动出现亏损。关于套利成本费用的种类、大小以及其对分级基金配对转换套利的具体影响会在下面的"分级基金套利的成本费用与风险障碍"部分详细阐述。

3. 市场流动性

分级基金套利依托于配对转换机制，而配对转换机制具有固定的配对转换比例。但是，A类份额和B类份额的市场流动性不同，A类份额的市场流动性较差，有时候A、B类份额并不能实现完全的无缝对接。对于以固定金额进行套利交易的套利投资者而言，二级市场流动性越高，套利投资者的市场成交量越高，套利收益率越高。

4. 参与套利的金额

准确地说，参与套利的金额不会影响套利收益率而只会影响套利收益的绝对数额。另外，根据统计，并非参与套利的金额越大，套利收益率就越高，不同的分级基金存在不同的最优套利金额；同时，当套利投资金额不超过成交额30%的时候，套利交易一般不会影响到交易价格，从而能够较好地确保套利收益。

四、分级基金套利的成本费用与风险障碍

（一）分级基金套利的成本费用

前面笔者已经分析了分级基金的套利过程，认为子基金份额的加权二级市场价格与加权净值之差表示可行的套利空间，但本质上是默认整个套利过程是没有成本费用的。实际上，分级基金套利会产生一些成本费用，而这些成本费用无疑会侵吞或减少套利的利润。

一般来说，分级基金套利相关的成本费用主要包括以下几项：场内外申购赎回费用、二级市场交易费用以及基金托管费用、管理费用和衍生品相关费用。表8-41是兴业合润分级基金的费用结构。

表8-41 分级基金套利的交易费率结构

场外认购金额（M）	费率（%）	场内外申购金额（M）	费率（%）	场外赎回期限（N）	费率（%）
M＜50万元	1.00	M＜50万元	1.20	N≤1年	0.50
50万元≤M＜200万元	0.50	50万元≤M＜200万元	0.80	1年＜N≤2年	0.25
200万元≤M＜500万元	0.10	200万元≤M＜500万元	0.50	M＞2年	0
M≥500万元	每笔1000元	M≥500万元	每笔1000元	场内赎回费率	0.50
管理费率	1.50	托管费率	0.25	转托管费	—
二级市场交易费率	佣金、过户费，无印花税				

资料来源：阿尔法研中心。

由于基金的管理费和托管费与其他费用不同，不是在交易过程中支付，而是直接从基金资产中扣除，因此本书在分析分级基金套利相关的成本费用时不考虑这部分费用；无论是分

拆套利还是合并套利转托管费和二级市场交易费率都是不可避免的，但是不同机构的交易费率会有所差别；衍生品相关费用只有在使用股指期货对套利进行套期保值时才会涉及；分拆套利和合并套利在费用上的不同在于分拆套利需要支付申购费用而合并套利则需要支付赎回费用。

下面选择不同的资金量对套利交易成本的测算，以南方消费分级基金为例，假设二级市场整体交易费率为0.2%。场内份额在开放上市交易后，子基金份额的交易费用均按照LOF交易费率收取，为0.1%。场外份额转为场内份额无手续费，场内份额转为场外份额需收取30元的转托管费，见表8-42。

表8-42　资金量对分级基金套利成本费用的影响

套利类型	资金量（元）	申购费（元）	赎回费（元）	二级市场交易费（元）	转托管费用（元）	总计（元）
分拆套利	300000	3600		300		3900
	1000000	8000		1000		9000
	3000000	15000		3000		18000
	10000000	1000		10000		11000
合并套利	300000		1500	300	30	1830
	1000000		5000	1000	30	6030
	3000000		15000	3000	30	18030
	10000000		50000	10000	30	60030

资料来源：阿尔法研究中心。

最后，笔者对上面的分拆套利和合并套利的示例考虑了成本费用的影响：首先是分拆套利，考虑到1.2%的申购费、0.1%的佣金等交易成本，最终投资者可以获得1504元的收益，收益率为14%；其次是合并套利，考虑到0.2%的佣金等交易成本和0.5%的赎回费率，最终投资者可以获得410.8元的收益，套利收益率为4.3%。

（二）分级基金套利的风险障碍

分级基金套利除了成本费用之外，还存在一定的风险，这些风险包括交易时滞与折溢价收敛风险、流动性风险、价格风险、交易成本风险和配对风险。

1. 交易时滞与折溢价收敛风险

由前面的分析可知，分级基金配对转换套利存在明显的交易时滞。其中，分拆套利至少需要3个工作日过渡，而合并套利也至少需要2个工作日过渡。正是这种交易时滞给分级基金套利带来了非常严重的折溢价收敛风险：分拆套利时，当子基金份额的二级市场价格下降时，套利空间会缩小。相反地，合并套利时，当子基金份额的二级市场价格上升时，套利空间也会缩小。有时候，这种交易时滞和折溢价收敛风险甚至会将原本的套利空间吞噬殆尽。

2. 流动性风险

流动性风险是指在二级市场的交易过程中，由于各分级基金的交易不够活跃，价格可能会出现跳跃甚至涨跌停的情况，额外增加了交易成本和风险，选择套利品种，尤其是新基金时要注意流动性风险。另外，受到 A、B 类份额二级市场流动性的影响，套利者可能无法按计划金额进行套利交易，从而影响套利收益。另外，流动性不足的风险也会造成交易成本风险及配对风险。

3. 价格风险

申购、赎回分级基金的价格由收市后的基金净值决定，基金的净值是每一交易日公布一次，而二级市场的买卖价格需在交易时间内确定。因此，由于时间的不匹配，盘中的实时折溢价情况存在较大的不确定性，实际的价格波动可能会影响套利收益。

4. 交易成本风险

套利成本会受到二级市场交易手续费及基金申购赎回费的影响。由于不同的申购金额对应不同的申购手续费，因此若套利者因种种原因未能按预设的套利交易金额进行交易时，套利成本将可能发生变化，从而影响套利收益。除此之外，各个券商机构的费率结构也不尽相同，且费率结构本身也并非固定不变的，这些都会给分级基金套利带来一定的风险。

5. 配对风险

由于不同的子基金份额在二级市场上的流动性不同，因此可能造成两种子基金份额无法按配对比例进行交易，从而无法完成配对转换过程，进而影响到整个套利交易活动。

五、分级基金套利的风险管理

由上面的分析可知，分级基金套利并非一帆风顺的，其中也会有一些风险，这些风险可能会使最后的结果与套利预期截然不同。比如，利用分级基金进行分拆套利需要 T+3 个交易日，这期间如果分级基金溢价率小于套利过程的费用率甚至出现折价的话，那么套利者则面临亏损。为了降低套利风险，可以利用股指期货建立相应的空头头寸，以对冲市场风险。除此之外，也可以选择进行 T+0 套利或者选择正确的套利时机来削弱套利风险，下面分别对这几种风险管理方法进行阐述。

（一）使用股指期货套期保值

1. 思路与操作流程

利用股指期货在分拆套利和合并套利中进行套期保值的流程如图 8-80 和图 8-81 所示，很明显，无论是在分拆套利中还是在合并套利中，股指期货的作用都是对冲系统风险，削弱由于交易时滞带来的折溢价收敛风险。

下面将用数学化的语言来描述整个过程。

假设分级基金折溢价率 f_t，$P_{A,t}$、$P_{B,t}$ 分别为 A、B 类份额 t 日在场内的交易价，k_A、k_B 为 A、B 类份额在基础份额中的占比，N_t 为分级基金基础份额在 t 日的净值，可以得出折溢价率的计算公式：

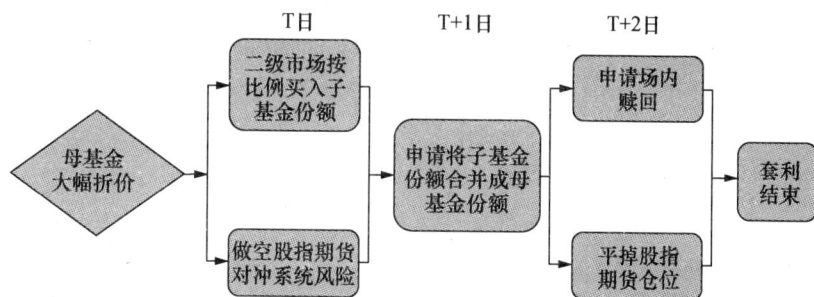

图 8 – 80 在合并套利中使用股指期货套期保值

资料来源：阿尔法研究中心。

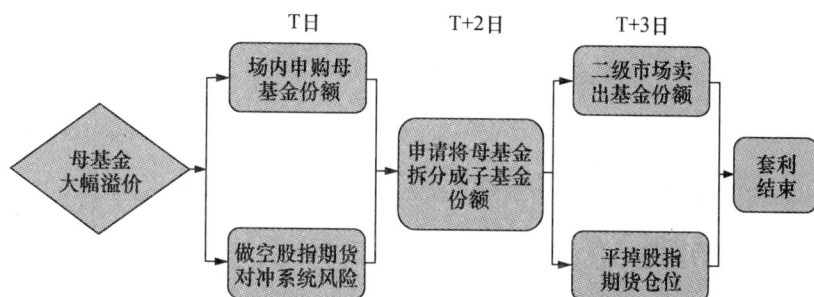

图 8 – 81 在分拆套利中使用股指期货套期保值

资料来源：阿尔法研究中心。

$$f_t = \frac{P_{A,t}k_A + P_{B,t}k_B}{N_t} - 1$$

选取某分级基金 A、B 类份额某一时间段的日成交量，由于 A、B 类份额需要配对转换，所以取两者的较小值，并依次对其进行降序排列，以尾端一定比例的平均流动性瓶颈作为日均可成交量的测度，或者取一定比例的均值，计算某分级基金 A、B 类份额日可成交量。由于现在市场上只存在沪深 300 股指期货合约，因此计算标的指数相对于沪深 300 指数的 Beta 值：

$$Y = \alpha + \beta X + \varepsilon$$

虽然可以用股指期货来控制操作过程中的净值变化的风险，但是在分拆套利期间二级市场价格变化风险仍然是暴露的，无法控制。

根据交易成本来估算折溢价可套利区间，合并套利时，场内买入 A、B 类份额进行合并赎回并卖空股指期货交易成本为：

$$(P_{A,t}k_A + P_{B,t}k_B)c_1 + N_{t+1}c_3 + c_4(F_t + F_{t+1})$$

其中，F_t 为在 t 日买卖股指期货金额，c_1 为场内佣金费率，c_3 为场外赎回费率，c_4 为股指期货手续费率。估算时笔者假设，基础份额场内的交易价 $P_{A,t}$、$P_{B,t}$，基础份额净值 N_t，股指期货买卖金额 F_t 在近日内变动幅度不大，即 $P_{A,t} \approx P_{A,t+1} \approx P_{A,t+2} \approx P_{A,t+3}$，$P_{B,t}$、$N_t$、$F_t$ 同样满足上述条件。

则进行合并套利需满足以下条件：

$$N_{t+1} - P_{A,t}k_A - P_{B,t}k_B + F_t - F_{t+1} > (P_{A,t}k_A + P_{B,t}k_B)c_1 + N_{t+1}c_3 + c_4(F_t + F_{t+1})$$

由此可得：

$$\frac{P_{A,t}k_A + P_{B,t}k_B}{N_t} - 1 < \frac{c_3 + c_1 + 2c_4\beta}{1 + c_1 + 2c_4\beta}$$

即合并套利区间为：

$$S = \left(-\infty, \frac{c_3 + c_1 + 2c_4\beta}{1 + c_1 + 2c_4\beta} \right)$$

当分拆套利时，买入 A、B 类份额进行合并赎回并卖空股指期货交易成本为：

$$(P_{A,t+3}k_A + P_{B,t+3}k_B)c_1 + N_t c_2 + c_4(F_t + F_{t+3})$$

其中，c_2 为场外申购费率。

则进行分拆套利需满足以下条件：

$$P_{A,t+3}k_A - P_{B,t+3}k_B - N_t + F_t - F_{t+3} > (P_{A,t+3}k_A + P_{B,t+3}k_B)c_1 + N_t c_2 + c_4(F_1 + F_{t+3})$$

由此可得：

$$\frac{P_{A,t}k_A + P_{B,t}k_B}{N_t} - 1 < \frac{c_2 + c_1 + 2c_4\beta}{1 - c_1 - 2c_4\beta}$$

即分拆套利区间为：

$$T = \left(\frac{c_3 + c_1 + 2c_4\beta}{1 - c_1 - 2c_4\beta}, +\infty \right)$$

由于套利区间是估算的，所以在实际操作中为了保险起见会将合并套利区间上限设得再低一点儿，分拆套利区间的下限设得再高一点儿。

不同于 ETF，在对分级基金套利的时候，其实并不知道当前时间点基金的具体净值。笔者做合并套利和分拆套利时预测基金净值的方法不同：合并套利时，用前一交易日的基金净值与标的指数当前交易日从开盘到现在的涨跌幅的乘积来预测当时的基金净值；分拆套利时，用标的指数和基金净值的历史数据做回归来预测当时的基金净值：

$$EN_i = a + bD_i$$

需要注意的是，分级基金在进行拆分折算前后单位净值有所改变，所以选取历史数据时应该避免含有份额折算的时间段。在场外进行基金申购赎回的时候最快的渠道是 T+2 日。另外，在当日 15:00 之前申请申购赎回按当日基金净值计算；在当日 15:00 之后申请申购赎回则按下一日基金净值计算。所以，在分级基金套利时要注意在 15:00 之前申请申购赎回。

由于股指期货在 T+1 日或 T+3 日平仓，为隔日交易，则存在股指期货主力合约交割的问题：在做合并套利时，要在主力合约交割日前一天更换到用下月合约下单；在做分拆套利时，要在主力合约交割日前三天更换到用下月合约下单。

2. 最优套期保值率的计算

在运用股指期货的套期保值中，一个重要的问题就是最优套期保值比率的确定，也就是说对于一份现货需要购买多少比例的股指期货来进行套期保值。由于风险度量方法和效用函数的选择不尽一致，学者们提出了许多模型并进行了大量的实证研究。最优套期保值比率的计算模型主要有风险最小化套期保值、单位风险补偿最大化套期保值和效用最大化套利保值三种，如图 8-82 所示。目前，基于最小风险的套期保值策略的应用最为广泛，尤其是其中的方差最小化套期保值策略。

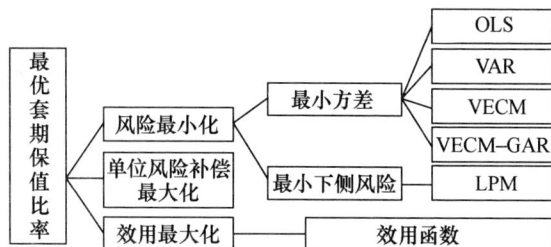

图 8 - 82 最优套期保值比率计算方法

资料来源：阿尔法研究中心。

本书中的最优套期保值比率分析都是在方差最小化的框架下进行，假设进行多头套期保值，现货持有数量为1，在 t 期的收益率为 $r_{s,t}$，需要卖空比例 h 的股指期货来进行套期保值，股指期货在 t 期的收益率为 $r_{f,t}$，那么整个的套期保值组合的收益率为：

$$r_{p,t} = r_{s,t} - hr_{f,t}$$

$$r_{s,t} = hr_{f,t} + r_{p,t}$$

求 h^* 使得 $r_{p,t}$ 的方差最小化，实际上就相当于把 $r_{p,t}$ 看成误差项后的回归系数，可以得到：

$$h^* = \rho \frac{\sigma_s}{\sigma_f}$$

可以采用最小二乘法来进行估计，模型如下：

$$r_{s,t} = \alpha + \beta r_{f,t} + \varepsilon_t$$

其中，β 就是求得的最优套期保值比率。

3. 套期保值效率

套期保值效率是指套期保值减少现货价格风险的程度。Ederington 1997 年给出了套期保值效率的衡量指标，即与未参与套期保值时的收益方差相比，参与套期保值后的收益方差的减少程度。

未参与套期保值和参与套期保值的收益方差可以分别表示为：

$$Var(U_t) = Var(\Delta \ln S_t) = Var(\ln S_t - \ln S_{t-1})$$

$$Var(H_t) = Var(\Delta \ln S_t) + h^2 Var(\Delta \ln F_t) - 2h Cov(\Delta \ln S_t, \Delta \ln F)$$

其中，$H_t = \Delta \ln S_t - \Delta h \ln F$。

于是，可以得到套期保值绩效的指标：

$$H_e = \frac{Var(U_t) - Var(H_t)}{Var(U_t)}$$

该指标反映了进行套期保值相对于不进行套期保值风险降低的程度。

4. 示例

下面以银华深证 100 分级基金为例，分析股指期货对分级基金配对转换套利的影响。

银华深证 100 分级基金是 2010 年 4 月 1 日成立的指数型分级基金，其标的指数为深证 100 指数，其 A、B 类份额的配对转换比例为 1∶1。2010 年 7 月 26 日，银华稳进净值为 1.011 元，银华锐进净值为 1.067 元，基础份额净值为 1.039 元。同时，银华金瑞二级市场收盘价为 1.03

元，银华鑫瑞二级市场收盘价为 1.1 元，子基金份额加权二级市场价格为 1.065 元，整体溢价率为 2.5%，分拆套利机会显现。假设该日在场外申购银华深证 100 基金两份，当日该基金净值为 1.039 元，两份即 2.078 元。T + 2 日后申购的基金便可以查到份额，当日申请拆分，拆成 1 份银华稳进和 1 份银华锐进；再过一个交易日即 7 月 29 日可在二级市场卖掉该基金。7 月 29 日，银华锐进的收盘价为 1.248 元，银华稳进的收盘价为 1.032 元，合计 2.28 元，不考虑套利成本费用，用 2.28 元减去买入成本 2.078 元，在短短 4 个交易日里，两份银华深证 100 基金即可获得利润 0.202 元，利润率高达 9.72%。

假设现有资金为 3000 万元，于 7 月 26 日申购银华深证 100 分级基金，首先需要计算一下如何分割这 3000 万元资产，以便一部分用以卖空股指期货，以对冲买入银华深证 100 分级基金的风险。本书采用银华深证 100 分级基金的复制标的深证 100 指数来计算其最优套期保值比率。利用普通最小二乘回归模型（OLS）可以得到最优套期保值率为 1.0625，因此经计算可得出投资大约 14545455 元用于申购银华 100 份额，申购费用按笔计算为 1000 元，则最后可有 14544455 元用于申购银华 100 份额。由于 7 月 26 日的银华 100 份额的基金净值为 1.039，大约能申购到 13998512 份（向下取双数）银华 100 份额。余下的资金则可建立股指期货的空头头寸以控制风险，当日沪深 300 的收盘价大约为 2802.46 元，扣除 0.010% 的佣金费用，即 1545.455 元后，大约可购买 18 手合约。继续使用之前分拆套利的例子，依旧在 7 月 29 日出售子基金份额。假设二级市场交易费率为 0.2%，交易费用为 29088.91 元，子基金份额全部售价为 15958304 元，最后获利 1384760.1 元，套利收益率为 9.52%。

与此同时，在股指期货方面，对建立的空头头寸进行平仓，当天沪深 300 股指的均价为 2874.14 元，亏损大约 18 × (2874.14 - 2802.46) × 300 = 387072 元。另外，还需扣除 0.01% 的卖出佣金费用和 0.005% 的印花税，以及建仓时的佣金费用，总计费用成本为 3873.5079 元，最后在股指期货方面亏损大约 390946 元。

这样，3000 万元资金通过套期保值的方式净获利为 993814.1 元，在短短 4 个交易日里，利润率为 3.3127%。在每完成一个套利过程后，需要重新对现有资金进行分割，以进入新一轮的套保分拆套利。

很明显，使用股指期货对冲风险，虽然降低了风险，但也摊薄了投资收益。不使用股指期货时套利收益率高达 9.52%，但使用股指期货进行套期保值之后套利收益率锐减至 3.3127%。所以，是否使用股指期货进行套期保值需要谨慎考虑，并且依据投资者的风险偏好程度。同时，从上面这个例子也可以看到套利成本费用对套利收益率的影响，由于本例投资数额较大，所以影响较小。另外，对于合并套利也可以使用股指期货做套保套利，但由于合并套利的空间一般都不大，再加上使用股指期货对冲后会进一步压缩套利空间，而合并套利的赎回费率也较高，一般为 0.5%，所以其实际操作意义有限。

5. 风险管理

对一般的股指期货套期保值者而言，其所要保值的资产不会和指数成份股及数量完全一致，这就存在交叉保值的风险。所谓交叉保值风险，是指投资者所要保值的资产并不是所使用的股指期货的标的资产，在实际运行过程中，两类资产的价格走势并不完全一致，这就产生了风险。除此之外，即使投资者要保值的资产与股指期货的标的资产一致，但是保值资产的价值与股指期货价格的走势也很可能出现不一致的情形，即基差风险。因此，股指期货套期保值的风险可以分解为交叉套期保值风险和基差风险。

为了规避交叉保值风险，应该尽量使所要保值的资产与股指期货的标的资产相同或者相近，并且需要对组合 β 值随时间的变化进行动态跟踪；为了规避基差风险，应当尽量使保值期与期货合约到期日保持一致或接近，一般来说期货合约到期日应当在保值期对应的交割月份。

（二）T＋0 套利

1. 思路

T＋0 套利的思路是持有定量的基金份额能够在一定程度上降低折溢价波动所带来的风险。同时，持有母、子基金份额，在享受基础份额净值增长的同时一旦发现折溢价空间，对母、子基金份额进行相反方向操作，可以实现 T＋0 的无风险套利，从而锁定折溢价套利收益。例如，如果套利者在二级市场上已经持有子基金份额，则当溢价套利机会出现时，套利者可以直接卖出子基金份额，同时在一级市场进行基金申购，从而在一天之内完成前述套利交易。

仍然以银华深证 100 分级基金为例，如果购买 20000 份该基金，并将其托管到交易所内，保留 10000 份银华深证 100，同时将另 10000 份拆分成 5000 份稳进和 5000 份锐进。分级基金出现溢价的当天，就可以同时进行如下操作：将 5000 份稳进和 5000 份锐进都在场内卖出，并申购 10000 份银华深证 100 份额，并将以前购买的 10000 份银华深证 100 份额进行拆分。如果出现折价，则反向操作即可。这样操作的结果就是维持持有份额不变的同时实现了 T＋0 无风险套利。

2. 不足之处

T＋0 套利的不足之处在于套利者需始终持有一定的基金份额，这样一方面会降低套利者的现金流，损失机会成本；另一方面套利者持有的基金份额本身面临着市场系统性风险，在市场行情不佳的情况下，套利收益可能无法弥补净值下降的损失。

（三）套利时机的选择

1. 折算日前后

个别基金折算日前后出现过较大的溢价波动，比如 2011 年某基金在折算日前后连续 3 日二级市场出现较高的折价率，其中最高单日折价率高达 17.45%。

2. 上涨行情中

2010 年 7 月 5 日至 2012 年 2 月 16 日，沪深 300 指数共出现 4 次上涨行情及 3 次下跌行情。在上涨行情中，分级基金平均可套利概率明显高于下跌行情时平均可套利概率，如总上涨行情中折溢价率超过 1.5% 的可套利概率为 11.28%，大于总下跌行情中的 3.29%。

3. 指数快速上涨时

统计发现，大多数指数型分级基金历史最高溢价率出现在其标的指数快速上涨的行情下，且高溢价率维持时间较长。如 2010 年 9 月 30 日，中证 100 指数开始连续上涨，截至 11 月 1 日，18 个交易日指数累计涨幅为 18.32%。在此期间，以此为跟踪标的的一只指数分级基金出现连续 15 个交易日溢价率高于 2% 的情况，最高溢价率达 17.39%，套利机会明显。

六、目前市场上存在的分级基金套利机会

笔者就分级基金产品的实际市场表现进行了深入的研究和分析，已发现可能存在的套利机会。分析样本包括 35 只现有的包含配对转换机制的分级基金产品，其中包含指数型分级基金、股票型分级基金和债券型分级基金，样本期间为 2012 年 8 月 1 日至 2012 年 8 月 15 日，主要的变量包括分级基金基础份额净值、A 类份额折溢价率、B 类份额折溢价率以及分级基金整体折溢价率。

笔者通过数据分析发现，这 35 只分级基金产品中有 25 只的整体折溢价率都在零附近震荡徘徊，表明它们整体无折溢价，不存在任何可行的配对转换套利空间。其余的 10 只分级基金产品中有 4 只存在一定的分拆套利空间，6 只存在一定的合并套利机会。图 8 - 83 和图 8 - 84 就分别展示了目前存在的分级基金分拆套利机会与合并套利机会。

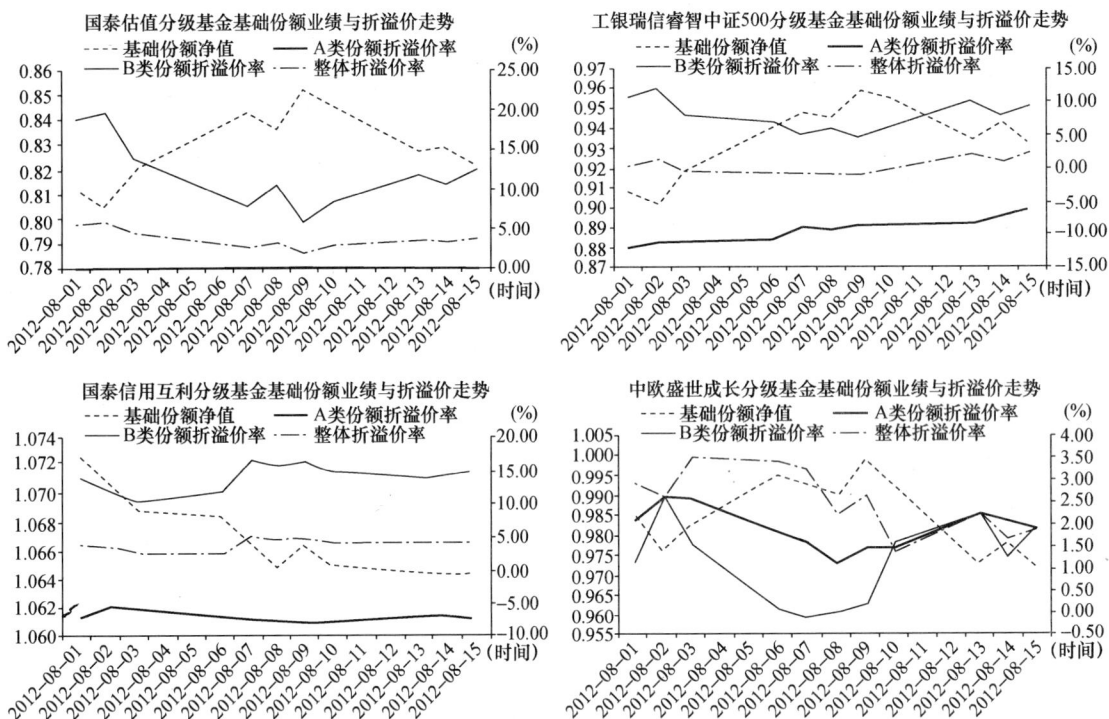

图 8 - 83　目前市场上存在的分拆套利机会

资料来源：同花顺，阿尔法研究中心。

虽然这 4 只产品都存在分拆套利空间，但它们之间还是存在一定的差异。其中，国泰估值分级基金和国泰信用互利分级基金的整体折溢价率接近 4%，分拆套利的空间较大；工银瑞信睿智中证 500 分级基金和中欧盛世成长分级基金的整体折溢价率则只在 2% 左右，考虑套利的成本费用，套利的空间很小，更遑论利用股指期货去进行配对转换套利的套期保值。

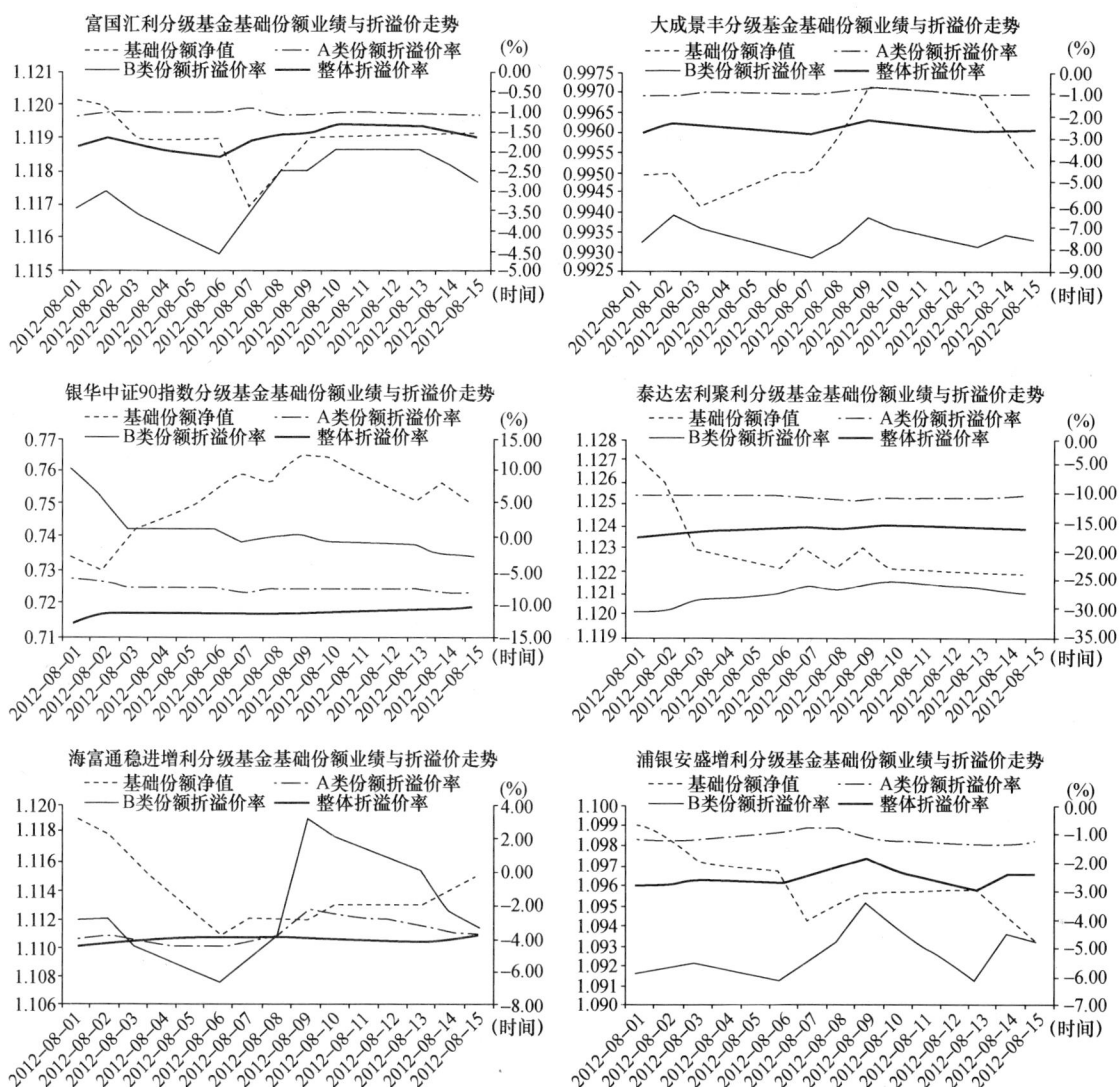

图8-84 目前市场上存在的合并套利机会

资料来源：同花顺，阿尔法研究中心。

相较而言，目前市场上的合并套利机会明显多于分拆套利机会。这不仅反映在存在套利机会的产品数量上，更反映在各产品整体折溢价率的高低上。在存在合并套利的6只分级基金产品中，富国汇利分级基金的整体折溢价率在-1.5%左右，费后套利机会微乎其微；大成景丰分级基金和浦银安盛增利分级基金的整体折溢价率在-2.5%左右，套利空间也不值一提；海富通稳进增利分级基金的整体折溢价率呈现上升趋势，目前已经达到-3.75%，套利前景可观。真正让人惊奇的是另外两个产品：银华中证90指数分级基金长时间维持很高的整体折溢价率，并且折溢价率呈现缓慢的上升趋势，已经达到-8%以上的水平；泰达宏利聚利分级基金的表现更为突出，其整体折溢价率竟然长时间维持在-16%以上的高水平，即使考虑到配对转换套利的成本费用以及可能的风险管理费用，其套利收益仍然非常可观。

另外，通过数据分析，可以很明显地观察到A类份额往往存在折价现象，而B类份额则往往存在溢价现象。同时，A、B 类份额的折溢价率有可能达到很高的水平，例如申万深成指分级基金 B 类份额的溢价率长时间保持在 100% 以上，而很多 A 类份额的折价率则常常在 10% ~ 30% 游走。

2007 年中国分级基金才踏上历史的舞台，发展时间较短，但无论是新产品发行数量还是发行规模都在迅速增长。随着配对转换机制的引入以及分级基金产品的不断丰富，分级基金套利这一策略也引起越来越多的关注。同时，分级基金套利活动也会促使中国的分级基金市场不断健康地发展。分级基金套利的思路并不复杂，其模式只有两种，流程一目了然。但是，分级基金的整个套利过程还是会涉及很多需要深思熟虑的因素，例如之前所说的"成本费用"和"逃离风险管理"等。所以，做套利决策必须慎之又慎。

第八节 统计套利研究报告

一、统计套利策略概述

（一）定义和特征

统计套利是指在不依赖于经济环境的情况下，运用数量手段构建资产组合，从而对市场风险进行免疫，获取一个稳定的、无风险的 alpha（超额收益率）。统计套利代表着投资机会：获取特定资产价格变化动态中的可以被预测部分，并且从统计意义上来讲，该部分与市场整体变化或者是其他一些市场风险因素无关。由于只基于特定资产相互的变动并不能被市场参与者直接观察到，因此虽然这种动态的规律存在，但并不容易被市场参与者直接观察到。所以，这种套利机会被"套利掏空"（Arbitrage Away）的概率比较小。

统计套利并非是金融界最新的研究成果，这种交易策略早已被国外很多对冲基金采用。对冲基金往往运营灵活、监管较松，比较适合采用这种投资策略的主体。统计套利特别适合作为对市场持中性态度的投资策略。不管最终采用该策略的是什么人，统计套利代表了如下投资理念：收益的稳定性、低波动率和市场中性（Market Neutral）的态度。

S. Hogan、R. Jarrow 和 M. Warachka 对统计套利进行了精确的数学定义，他们强调统计套利是具有零初始成本的自融资的交易策略，用 $(x(t):t \geq 0)$ 表示，并且累计的折现值为 $v(t)$，满足如下条件：①$v(0) = 0$；②$\lim_{t \to \infty} E^p(v(t)) > 0$；③$\lim_{t \to \infty} P(v(t) < 0) = 0$；④$\lim_{t \to \infty} \frac{Var^p(v(t))}{t} = 0$。

条件①表明零初始成本以及自融资的交易策略；条件②意味着利润的贴现值为正，说明统计套利有限地向存套利收敛；条件③说明时间平均的方差趋近于零；条件④表示出现亏损的概率接近于零，这一点可以通过组合的重新调整或者控制空头头寸和多头头寸的总额来避免过度的净头寸暴露。条件④是至关重要的，因为：第一，它将统计套利与纯套利区别开来，无风险套利要求某些发生损失的概率为零，而统计套利仅要求随时间的推移损失的概率收敛于零，两者具有本质的区别；第二，在 Black - Scoles 模型经济中，统计套利仅仅只依靠①~③的条件，这等同于买入并持有（buy and hold）的策略。

尽管统计套利比无风险套利具有更高的风险，但是在实际的市场中它却能提供一种更加持续和更加普遍的期望。这种套利机会更具持续性，因为无风险套利机会随着市场行为的调整将迅速衰减；其更加普遍存在是因为在任何资产间都可能出现错误定价（Mispricing）的投资机会，不局限于只有无风险对冲策略出现的情形。

（二）投资工具和投资模式

统计套利具体操作策略的种类非常丰富，包括成对／一篮子交易，多因素模型，均值回归策略，基于协整的指数跟踪和增强型指数投资策略。

1. 成对／一篮子交易（Pair/Basket Trading）

成对交易，通常也被称作利差交易（Spread Trading）。这种策略能让交易者维持对市场的中性头寸，可以捕捉到两只股票或者股票篮子之间相互关系的异象，这来源于个股的相对估值或者基本面的差异。

该策略可以通过两只处于同行业的股票的一个多头头寸和一个空头头寸进行匹配。这将创造出一个头寸对冲掉这两只股票所处的行业和市场的风险，而仅仅是对两只股票的走势进行对赌，做多的股票头寸减去做空的股票头寸。这种策略非常适合主动管理的基金，因为股票的选择是该策略的基础，而市场的整体走势在这里不起作用。如果市场或者行业朝某个方向变动，那么多头头寸的收益将与空头头寸的损失相互抵消。该组合的收益来源于二者间利差的变动。因此，这种策略并非建立于整体市场走势的判断，只基于特定公司或者特定部门的相关性。

2. 多因素模型（Multi – Factor Models）

对于本类统计套利策略属于建立在股票收益与多种选择因素相关，这类方法的代表是套利定价模型（Arbitrage Pricing Theory）。

该策略包括定义影响股票收益的因素，运用股票收益对这些因素进行多元回归，然后建立在这些相关性上选择个股来建立投资组合。

3. 均值回归策略（Mean – Reverting strategies）

这种策略是建立假设条件——股票价格是均值回归的。因此，如果股票价格超过它的平均价格，它被预计在未来将朝反方向运行。依照该策略，卖出超越市场表现的股票（预期下跌），而买入低于市场表现的股票（预期上涨）。相当于逆向交易（或者动量交易）。

4. 协整（Cointegration）

将协整技术运用于资产配置最先由 Lucas（1997）和 Alexander（1999）提出，具有如下主要特征：第一，跟踪误差的均值回复、增加投资比例的稳定性和更好地运用股票价格所反映的信息；第二，允许灵活设计多种融资和自融资交易策略；第三，从指数投资和增强型指数投资到空头多头（Long – Short）市场策略和 alpha 转移技术。许多交易策略能够通过使用协整关系来建立。

（1）指数追踪（Index Tracking）。第一种基于协整的交易策略是经典的指数追踪，旨在复制某种指数的收益和波动。指数追踪包括两种同等重要的阶段：第一，筛选股票进入追踪账户；第二，基于协整技术确定组合中各资产的配置。

（2）增强型指数追踪（Enhanced Index Tracking）和统计套利。在建立简单的指数追踪策略后，自然的扩展是挖掘协整组合跟踪潜力的方法：首先，复制某种自制的指数，该组合通过"加减"组建的组合是线性的超越或者落后大势一定收益率的。然后，自融资的多头—空头组合能够通过卖空组合来追踪"减"基准指数，同时可以组合头寸的多头来跟踪"加"基准指数。这种统计套利策略可以利用"加"或"减"利差（双重 alpha）来产生收益，并且拥有相当低的波动率，且与市场回报没有显著的相关关系。市场指数和它的成份股之间的协整关系有比较，但是这并不能理所当然地被用来构建追踪自制指数组合，例如，该指数可能超越市场指数 50% 以上。寻找恰当的协整关系的困难导致了组合中股票权重的不稳定性，更高的交易成本和更高的收益波动，为了避免这点，最关键的就是保证所有追踪"加"或"减"基准指数的组合通过协整检验。

（三）统计套利原理

1. 均值回归理论

均值回归理论是行为金融学中的一个重要概念，是指股票价格无论高于或低于均衡价格（或均值）在不远的将来都会以极高的概率向价值中枢回归。依据这个理论，股票价格总是围绕其均值水平上下波动的。偶尔的上涨或者下跌的短暂背离不管其延续的时间长短都不可能永远持续下去，最终均值回归的现象一定会出现：涨得太高了，就会向平均价格下跌；跌得太低了，就会向平均价格上升。

所谓均值回复策略，就是考察两个投资组合的价差（或其他套利标的），利用统计手段确定一个相对合理的均值走势和相对正常的波动范围，当价差（或其他套利标的）超出正常的波动范围时就入场套利。具体而言：当价差（或其他套利标的）超出套利上限时，做空高价组合，做多低价组合，当价差（或其他套利标的）回复到均值时就平仓出场；当价差（或其他套利标的）超出套利下限时，做多低价组合，做空高价组合，当价差（或其他套利标的）回复到均值时就平仓出场，如图 8 − 85 所示。

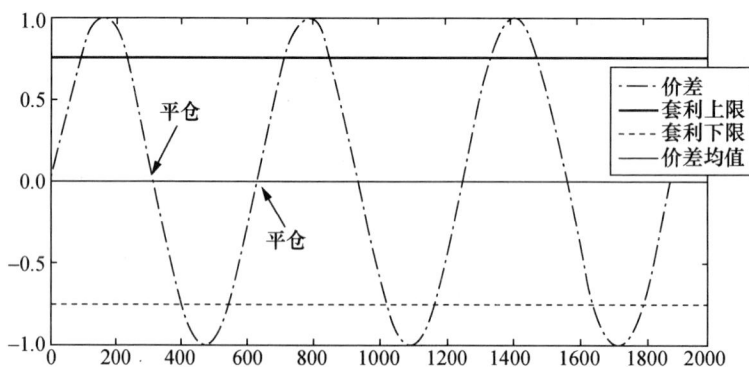

图 8 − 85　均值回复策略原理

2. 协整理论

在各种统计套利策略中，协整套利无疑是理论基础最坚实、应用最广泛的一种策略。Lucas（1997）和 Alexander（1999）最早提出将协整方法运用于套利策略。协整方法的主要特征——均值回复跟踪误差、增加投资比例的稳定性和更好地运用资产价格所反映的信息，使得可以用从指数和增强型指数追踪到多头空头市场中性和 alpha 转移等技术来灵活设计多种融资和自融资交易策略。许多交易策略都能够通过使用协整关系来建立。

Burgess（1999）提出了协整套利的 3 个步骤：①构造由多头头寸和空头头寸组成的复合资产组合，检验动态价格或收益的预测能力；②构造协整回归，建立误差修正机制；③实施交易系统，开发资产收益可预测的成分。

K 维向量 $Y_t = (y_{1t}, y_{2t}, y_{3t}, \cdots, y_{kt})'$ 的分量间被称为 d, b 阶协整的，记为 $Y_t - CI(d, b)$，如果满足：①$Y_t - I(d)$，要求的每个分量 $y_{it} - I(d)$；②存在非零向量 β，使得 $\beta'Y(t) - I(d-b)$，$0 < b < d$。

简称 Y_t 是协整的，向量 β 称为协整向量。

Ganapathy Vidyamurthy 在 *Pairs Trading：Quantitative Methods and Analysis* 一书中较详尽地介绍了协整套利方法。其主要思路是先找出相关性最好的若干对股票，再找出每一对股票的长期均衡关系（协整关系），当某一对股票的价差（协整方程的残差）偏离到一定程度时开始建仓——买进被相对低估的股票、卖空被相对高估的股票，等到价差回归均衡时获利了结即可。当残差序列是平稳的，并且服从正态分布时，统计套利就会变得很容易——投资者只需在价差出现在分布的尾部时建仓，在价差出现在零附近时平仓即可。事实上，残差序列往往不是服从正态分布的，Ganapathy Vidyamurthy 建议采用混合正态分布或直接用非参数的方法来拟合其收益率的分布。当然，残差中可能还存在自相关性或异方差性，可以考虑用 ARMA 模型或 ARCH 模型来刻画这些特性。另外，书中还提到，可以采用 kalman 滤波来排除噪声干扰，并利用最新的信息来估计残差的可预测部分，当实际残差与预测值发生较大偏离时入场套利。

协整套利的基本流程如下：①平稳性检验。②协整检验。③ECM 估计。④时变方差估计。⑤样本内检验。⑥样本外套利。

3. GARCH 波动率估计

在经济领域，许多时间序列均存在条件异方差现象。Engle（1982）开创性地提出自回归条件异方差模型（Autoregressive Conditional Heteroscedasticity Model，ARCH）的概念，Bollerslev（1986）对其进行了扩展形成广义自回归条件异方差（Generalized ARCH，GARCH）模型。之后，一些学者又对 GARCH 模型作了改进，产生了非对称性 GARCH、TARCH 和 EGARCH 等模型，可以将这些模型统称为 ARCH 模型簇。这些模型被广泛应用于经济学的各个领域，描述金融时间序列的波动性特征。GARCH 模型适合在计算量不大时，方便描述高阶的 ARCH 过程，因而具有更大的适用性。一般的 GARCH 模型可以表示为：

$$y_t = x'_t \beta + \varepsilon_t$$
$$\varepsilon_t = \sigma_t v_t$$
$$\sigma_t^2 = \alpha_0 + \alpha_1 \varepsilon_{t-1}^2 + \cdots + \alpha_q \varepsilon_{t-q}^2 + \theta_1 \sigma_{t-1}^2 + \cdots + \theta_q \sigma_{t-q}^2$$

称序列服从 GARCH（p, q）过程。其中 $\sigma_t^2 = Var(\varepsilon_t / \varphi_{t-1})$，其中 φ_{t-1} 是 $t-1$ 时刻及 $t-1$ 时刻之前的全部信息，v_t 独立同分布，且参数满足条件：

$$E(v_t) = 0, \quad D(v_t) = 1, \quad E(v_t \cdot v_s) = 0 \quad (t \neq s)$$

$$\alpha_0 > 0, \quad \alpha_i > 0, \quad \theta_i > 0, \quad \sum_{i=1}^{q} \alpha_i + \sum_{j=1}^{q} \alpha_i \theta_j < 1, \quad i = 1, \cdots, q, \quad j = 1, \cdots, q$$

这里 σ_t^2 可以理解为过去所有残差的正加权平均，这与波动率的聚集效应（Volatility Clusting）相符合，即大的变化后倾向于有更大的变化，小的变化后倾向于有更小的变化。模型的系数之和 $\sum_{i=1}^{q} \alpha_i + \sum_{j=1}^{q} \alpha_i \theta_j$ 的值的大小，反映了序列波动的持续性，即序列在过去时刻波动的大小特征在当前时刻被"继承"下来，$\sum_{i=1}^{q} \alpha_i + \sum_{j=1}^{q} \alpha_i \theta_j$ 越接近于1，"继承"的就越多，整个序列的波动性就越大。

在运用 ARCH 模型或 GARCH 模型之前，要先对时间序列的异方差性进行检验，即进行 ARCH 效应检验，最常用的检验方法是拉格朗日乘数法，即 LM 检验。若随机扰动项 $\varepsilon_t \sim$ ARCH（q），则可建立辅助回归方程：

$$\sigma_t^2 = \alpha_0 + \alpha_1 \varepsilon_{t-1}^2 + \cdots + \alpha_q \varepsilon_{t-q}^2$$

检查序列是否存在 ARCH 效应，即检验上式中的所有回归系数是否同时为0。

（四）统计套利实例——配对交易

本节运用一种具体的统计套利策略——成对交易来发现中国市场中的套利机会，主要运用协整技术对银行股的成对交易进行研究，同时利用 GARCH 模型对以前的研究方法进行改进。虽然目前的大陆股票市场缺乏做空机制，但是笔者认为随着股指期货的推出，做空机制也将尽快推出，未来以基金公司为代表的专业投资机构应该转向多种盈利模式，借助做空机制推动机构投资者开始进入对冲基金的时代，这也是中国股市走向成熟化、健全化的重要一步。

为了保证数据的有效性，选取 2006 年 1 月 4 日至 2007 年 12 月 28 日两年的日收盘价数据（前复权）作为研究样本，通过参考联合证券有限责任公司关于银行股的基本面分析，初步认为银行股价之间具有协整关系，通过简单比较银行股之间的相关性，笔者选取了相关性最大的浦发银行和招商银行两个股票作为成对交易测试对象。两只股票的每个价格序列都有 483 个数据，如图 8-86 所示。

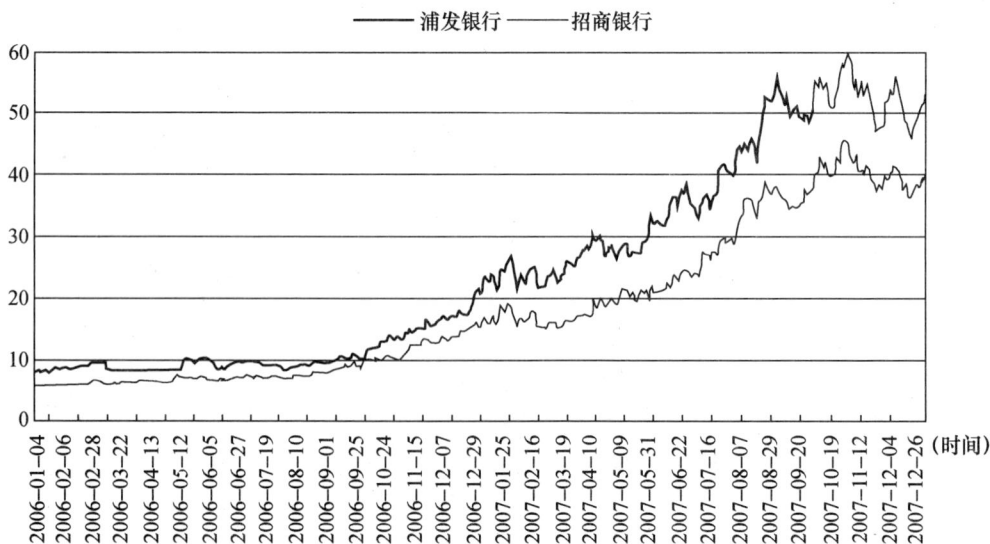

图 8-86 股价时序

分析图 8 - 86 可知，浦发银行和招商银行两只股票走势非常相近，且二者的相关系数高达 0.99，具有较大的相关性。为了减少舍入误差，在以下的计算中，对价格序列进行自然对数处理，分别记浦发银行和招商银行的价格对数为 lpf 与 lzs。

对 lpf 与 lzs 两个序列进行平稳性检验，检验结果见表 8 - 43。

表 8 - 43 平稳性检验结果

序列	ADF 检验值	1% 临界值	5% 临界值	10% 临界值	Prob.	平稳性
lpf	- 0.307758	- 3.443691	- 2.867317	2.569909	0.9210	不平稳
lzs	- 0.321085	- 3.443691	2.867317	2.569909	0.9190	不平稳
dlpf	- 20.83906	- 2.569779	1.941483	1.616257	0.0000	平稳
dlzs	22.25853	2.569779	1.941483	1.616257	0.0001	平稳

结果显示，lpf 和 lzs 本身都不是平稳序列，但是它们的一阶差分是平稳的，表明两者都是一阶协整的（I（1）），可能存在协整关系（见表 8 - 44）。

表 8 - 44 残差单位根检验

序列	ADF 检验值	1% 临界值	5% 临界值	10% 临界值	Prob.	平稳性
ε_t	- 2.768528	- 2.569768	- 1.941482	1.616258	0.0056	平稳

EG 检验法检验协整关系，两个价格对数序列的 OLS 回归方程为：

$lpf_t = 1.104lzs_t + \varepsilon_t$

利用误差修正模型的直接估计法对序列 lpf 和 lzs 进行估计得：

$dlpf_t = 0.00934 + 0.76839dlzs_t - 0.4114lpf_{t-1} + 0.04246lzs_{t-1} + \varepsilon_t$，写成误差修正模型的形式如下：

$dlpf_t = 0.76839dlzs_t - 0.4114（lpf_{t-1} - 1.03209lzs_{t-1} - 0.22703）+ \varepsilon_t$

由上式可得 lpf 和 lzs 序列的标准化协整向量为（1，- 1.03209）。从长期均衡关系的角度，lpf 和 lzs 序列的价差为：$spread_t = lpf_t - 1.032091lzs_t$，根据价差序列均值对该序列进行中心化处理（见图 8 - 87）。

$mspread_t = spread_t - mean（spread_t）$

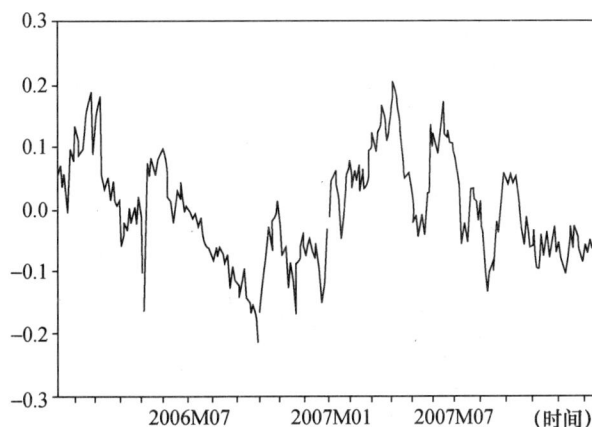

图 8 - 87 中心化价差序列走势

价差序列表明了 lpf 和 lzs 之间的差距水平，所以可以根据对价差的分析来构建跨期套利的交易策略。以往的研究在确定交易策略时，主要是直接根据价差序列的简单标准差的倍数确定交易触发条件与止损边界，没有考虑价差序列方差的时变特性。就金融时间序列来讲，价差的方差不随时间而发生变化是不大可能的，因此，假定模型的方差不是常数是一种合理的考虑。为了更符合价差序列的波动情况，提高套利交易效率，下面用 GARCH 模型计算价差序列的条件异方差来代替价差的简单方差。分析 spread，序列的自相关函数和偏自相关函数，初步判断 spread，序列是一个 AR（1）过程：

$$spread_t = 0.00806 + 0.95990 spread_t（-1）+ \varepsilon_t$$

观察图 8－88，可以注意到波动的"成群"现象：波动在一些时间内非常小，在其他一些时间内非常大，这说明残差序列存在高阶 ARCH 效应。因此，对上式进行条件异方差的 ARCH－LM 检验，得到了在滞后阶数 q＝5 时的 ARCH－LM 检验结果（见表 8－45）。

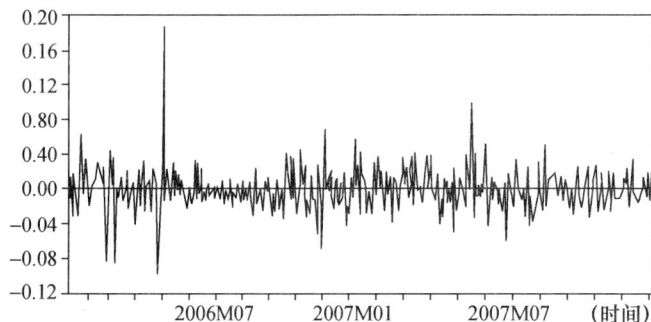

图 8－88　对数价差序列回归残差

表 8－45　ARCH 效应检验结果

F 检验值	3.965329	P	0.001562
Obs * R－squared	19.26813	P	0.001713

此处 F 统计量和 LM 统计量均非常显著，且 P 值接近于 0，拒绝原假设：残差中直到 q 阶都没有 ARCH，说明 spread，序列具有 ARCH 效应。然后用 GARCH（1，1）模型估计序列 spread，的条件方差方程。将 spread，序列（共有 483 个数据）分为两部分，由于对于样本外数据，预测区间过长会造成过大的预测误差，所以选择前半部分的 337 个数据作为样本内数据（2006 年 1 月 4 日至 2007 年 5 月 31 日），后半部分的 146 个数据作为样本外数据。根据样本内数据建立 GARCH 模型，用样本内数据的无条件方差作为异方差方程的初始值，由条件方差公式递推求得第 338 个数据（样本外第一个数据）对应的条件方差，依此类推，求得整个样本外数据序列的条件方差。用 Eviews 软件估计 GARCH 模型结果，如表 8－46 所示。

表 8－46　GARCH 模型估计结果

Dependent Variable：SPREADI
Method：ML－ARCH（Marquardt）－Normal distribution
Included observations：337

续表

Bollerslev – Wooldrige robust standard errors & covariance			
GARCH = C（1）+ C（2）* RESID（ - 1）^2 + C（3）* GARCH（ - 1）			
	Coefficient	Std. Error	z – Statistic	Prob.
Variance Equation			
C	0.001671	0.000739	2.260650	0.0238
RESID（ - 1）^2	1.189714	0.086309	13.78431	0.0000
GARCH（ - 1）	- 0.198275	0.083763	- 2.367107	0.0179
R – squared	- 5.694813	Mean dependent var		0.210889
Adjusted R – squared	- 5.734902	S. D. dependent var		0.088503
S. E. of regression	0.229681	Akaike info criterion		- 0.430281
Sum squared resid	17.61963	Schwarz criterion		- 0.396274
Log likelihood	75.50232	Durbin – Watson stat		0.011666

$\sigma_t^2 = 0.00167 + 1.1897\varepsilon_{t-1}^2 - 0.19828\sigma_{t-1}^2$，条件方差方程中三项的系数均高度统计显著，此外，滞后平方误与滞后条件方差系数的和非常接近 1（约等于 0.99），表明冲击对条件方差的影响具有很强的持续性。

求得样本内数据无条件方差为 $\sigma_0^2 = 0.00783$，根据 $\varepsilon_t^2 = \sigma_t^2 v_t^2$，$v_t - （0，1）$，由 $\sigma_t^2 = 0.00167 + 1.1897\varepsilon_{t-1}^2 - 0.19828\sigma_{t-1}^2$ 可以求得样本外数据对应的异方差，将计算求得的时变标准差在图 8 - 89 中表示。

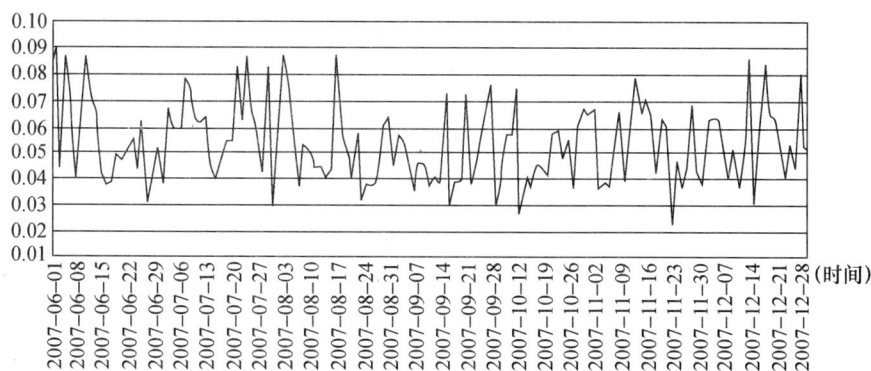

图 8 - 89 时变标准差序列

在求得时变标准差以后，需要建立交易触发条件与止损边界和制定交易策略。根据确定的组合比例，构建可供交易的区间，可以将这样的区间分为三类：

第一类，无套利区间，在该区间内被视为不存在套利机会，无须构建套利组合。

第二类，套利区间，在该区间内，投资者应积极行动建立套利组合。

第三类，止损区间，一旦价差达到该区间，则应立即对冲套利组合出局。

对于套利区间的确定，首要原则是一个可行的交易触发条件应该至少大于双边交易成本。如何确定套利区间可以利用不同的信息和方法，关键在于对去掉均值后的价差序列如何进行建模。本书对于交易触发条件与止损边界的设定见表 8 - 47。

表 8 - 47   交易触发条件和止损边界的设定

	样本外数据	
	策略 1	策略 2
套利边界	$\pm \sigma$	$\pm \sigma_t$
止损边界	$\pm 2\sigma$	$\pm 2\sigma_t$

表中，σ 为样本内简单标准差；σ_t 为 GARCH 模型计算的时变标准差。

具体的交易策略为：当 $mspread_t > \sigma_t$（或 σ）时，卖空 1 股浦发银行空头，买入 1.03209 股招商银行多头；当 $mspread_t < -\sigma_t$（或 $-\sigma$）时，买入 1 股浦发银行多头，卖空 1.03209 股招商银行空头；具体资产配置比例，要根据当时的股票价格来确定。建立交易头寸后，$mspread_t$ 回落至 $[-\sigma_t, \sigma_t]$ 或 $[-\sigma, \sigma]$ 区间时，进行反向操作，了结头寸；当 $mspread_t < -2\sigma_t$（或 -2σ）时或者 $mspread_t > 2\sigma_t$（或 2σ）时，反向了结头寸，及时平仓止损。以相应的每日收盘价作为交易头寸的买入和卖出价格。

在选取的样本外区间（2007 年 6 月 1 日至 12 月 28 日）中，我们采用的策略 1 共有 3 次套利机会；策略 2 共有 16 次套利机会。

根据下述交易时机图（见图 8 - 90、图 8 - 91），当触发交易条件出现时，就可以马上入场进行交易，建立头寸，并且进行逐日盯市（Marked - To - Market），该头寸一直处于开放状态，直到价差回归到均衡水平则进行平仓，相应地，一个交易期结束，这样我们就可以记录所有持有期的收益。以超过 1 倍标准差作为交易触发条件，为方便计算，我们只考虑了 0.5% 的交易费用。我们计算了选取的样本外区间的持有期收益情况。

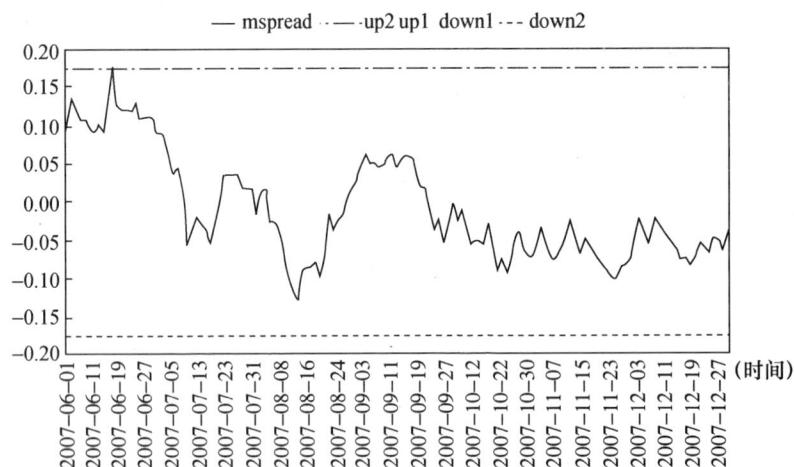

图 8 - 90   策略 1 的交易时机

分析表 8 - 48 可知，策略 1 的波动率为 0.223%，策略 2 的波动率为 0.062%，组合的区间波动率都非常小，说明该组合的收益是相当稳定的；同时，策略 1 的 beta 值为 -0.0475，策略 2 的 beta 值为 0.0312，两个策略的 beta 系数都非常小，符合统计套利策略与市场中性的定位。由此可知，笔者建立的组合是在不关心市场涨跌的情况下进行的投资策略，无论在什么市场行情下都能保证有一定的投资收益，市场波动性和风险性都比较小。

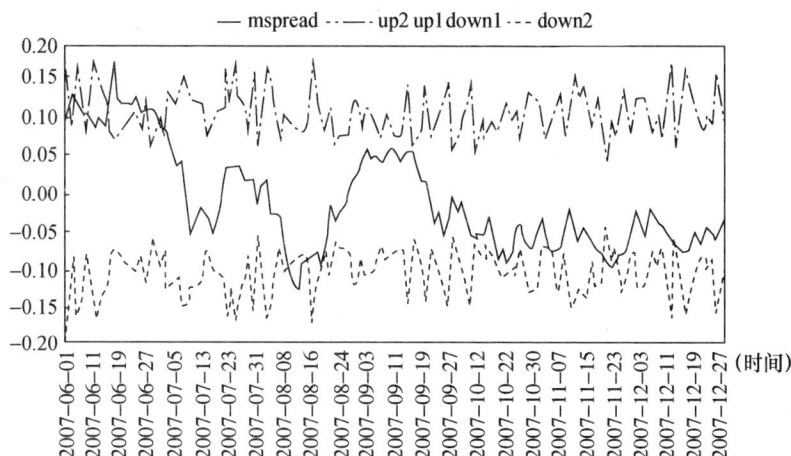

图 8 – 91　策略 2 的交易时机

表 8 – 48　样本外区间收益情况统计

区间累计（2007 年 6 月 1 日至 12 月 28 日）		
项目	策略 1	策略 2
全部交易数据	483	483
套利交易次数	3	16
套利交易占全部交易比例（%）	6.63	9.11
平均每笔交易收益率（%）	1.12	1.8
阶段总收益率（%）	3.36	28.69
beta 值	– 0.0475	0.0312
波动率（%）	0.223	0.062

　　策略 1 和策略 2 中的套利交易占全部交易的比例分别为 6.63% 和 9.11%，概率在总样本期间的 10% 左右，套利的机会并不多，但是抓住 1/10 的交易机会便会获得超额收益。策略 1 在样本外区间内共有 3 次套利机会，获得总收益为 3.36%，而策略 2 在样本外区间内出现了 16 次套利机会，获得的总收益高达 28.69%。市场基准采用沪深 300 指数，通过计算沪深 300 指数在策略 1 和策略 2 对应套利时段的收益率，分别为 – 0.302% 和 6.882%，都小于两个策略的收益率，显示出统计套利策略的获利性，同时，策略 2 的收益远远大于策略 1 的收益，策略 2 产生的套利机会也多于策略 1（见表 8 – 49），说明基于 GARCH 模型的时变方差的策略效果明显优于基于恒定方差的策略效果。综合两个策略的交易结果，可以看出，统计套利最大的优势在于基于市场中性的判断，不需要对市场走势进行独立判断，运用统计套利所得到的收益率基本上与市场整体收益不相关，按照 Markowitz 的投资组合理论，将这样的投资品种加入现有的投资组合可以扩张组合有效边界；并且，在统计套利模型中，除了初期圈定交易对象外，不需要依赖于人的判断，如选股和选时，所有步骤都可以通过统计参数进行判断，因此适合开发自动交易系统进行统计套利。

表 8 – 49　沪深 300 指数收益统计

区间累计（2007 年 6 月 1 日至 12 月 28 日）		
项目	策略 1	策略 2
收益率（%）	− 0. 302	6. 882
beta 值	1	1
波动率（%）	0.029	0.088

二、统计套利对冲基金风险分析

（一）对冲基金所面临的三大风险

风险管理是一个对冲基金公司能否在激烈的市场竞争中获得成功的极其重要的部分。为了在一个高度波动性的市场中赢得市场、赢得生存，原先单一地选择优秀股票的技术不再是一个对冲基金公司投资经理人持久的竞争优势，在当下，择股能力必须要与一个充分规划和严格执行的风险管理系统相结合，方能取得较好的市场表现。

对冲基金公司在市场中所面临的风险主要可以分为三大类，如图 8 – 92 所示。

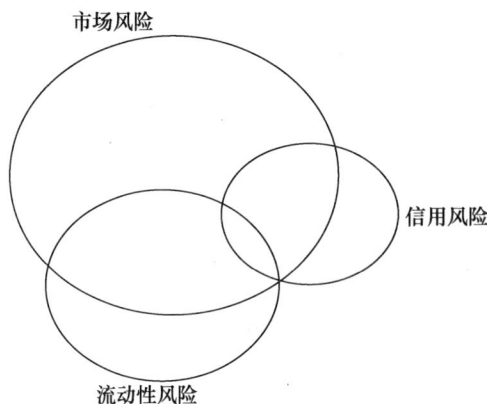

图 8 – 92　对冲基金公司面临的三大风险

资料来源：中金阿尔法。

（1）市场风险：市场风险主要是和一些影响资本市场的相关变量的波动相关的，如金融工具价格、市场利率以及汇率波动等。在对冲基金的投资活动中，杠杆的频繁运用进一步放大了市场风险对对冲基金公司的影响程度，也就是风险暴露值被进一步放大。

（2）信用风险：信用风险主要是与其基金管理公司运作架构和投资命令下达进程的通达性有效性以及其服务提供商的可靠性相关的，在投资运作过程中任何一个决策进程的延迟都可能给基金管理公司的最后绩效表现造成致命性的影响，同时，服务提供商尤其是在追加保证金的及时性和资金敞口方面的便利性，对对冲基金管理公司更是具有决定性的影响。

（3）流动性风险：流动性风险简单的理解就是投资标的物的市场容量问题，当一个对冲基金公司想退出其持有的市场头寸然而却由于流动性问题而不能以比较好的价格退出时，流动性风险便出现了，最简单的就是冲击成本等非必要性支出。

由于对冲基金管理公司所选用投资策略的不同，这三种投资风险的划分对投资管理活动所造成的影响也是不同的，如困境投资策略主要面临的风险是市场流动性风险和违约风险，新兴市场国家投资策略主要面临的风险是国别风险，固定收益套利策略主要面临的风险是信用利差扩大风险。

（二）统计套利策略的风险控制措施

统计套利是针对有稳定性的价格关系进行的，那些没有稳定性的价格关系的套利风险是很大的。价格关系是否稳定直接决定着统计套利能否成立，因此在对价格关系的历史数据进行统计分析的时候，首先要检验价格关系在历史数据中是否稳定。一组价格关系如果是稳定的，那么必定存在着某一种均衡关系维持机制，一旦价格关系偏离均衡水平，维持机制就会起作用，将价格关系或快或慢地拉回到均衡水平。所以，要分析一组价格关系是否稳定，需要先定性分析是否存在这样的均衡关系维持机制，然后对历史数据进行统计分析，以证实该通过定性分析得到的关系维持机制在历史上确实发挥了作用。

风险控制体系是统计套利必需的配套体系，主要作用是将风险控制在统计套利者可以承受的范围内，并且在风险演变成真实的亏损的时候令亏损不至于对套利资金的增长造成严重破坏。具体规则如下：

（1）一般情况下，单次损失不能超过总投资的5%，预期盈利要超过总资金的15%，盈亏比达到1:3，方可入市交易。

（2）总交易资金不要超过总资金的75%，以避免单向强平风险。

（3）个人户在资金不宽裕的情况下，其持仓一定要在交割月前两个月同时了结头寸，以防止未能及时追加保证金而被强平的风险。

（4）根据财务与投资者的风险承受能力，建立跟踪交易盈亏系统，根据盈亏及时发出止损、止赢预警信号。

对于套利者不愿意承担的风险，必须彻底规避，因为套利者不会让套利头寸暴露在多种风险之下，其愿意承担的只是少量的风险，因此必须谨慎选择套利品种及套利时机。针对套利者愿意主动承担的风险，必须加以评估，以确保套利资金的盈利能力不受到大的亏损的破坏。这需要我们根据风险评估选择恰当的套利头寸。

所以，相对于无风险套利空间而言，统计套利是适当承受少量风险则可以获取大的利润的一种投资工具。相对于单向投机来说，统计套利是一种相对风险小、收益稳健的投资方式，适用于资金量大而且追求稳健性投资的机构投资者。

三、统计套利策略的优势与局限

优点1：统计套利是对无风险套利条件的放松，以增加少量的风险来换取更多的套利机会，最大损失远小于预期收益。毕竟对于财富的增长风险只是起着阻碍作用，但是没有风险，财富绝不会自动增长。如果稍微多承担一点儿风险能换来更多的盈利机会，那么这种交换将是值得的。

优点2：相关联品种各自的价格走势受到共同外因的影响，而品种本身的因素往往决定了相对价格（价差或比价）的走势，对于来自外界的突发性因素对价差影响不大，因此相对价格的走势的分析往往可以忽略外围的不确定性因素，只需要把握品种本身的供求因素即可，其价差走势相对于品种走势较容易把握，这也是套利风险相对较小的原因。

局限1：统计套利完全依据对历史数据的统计分析来判断套利机会，因此存在着一个根本性的局限，即历史数据只能反映过去，而过去所发生的在未来并不一定会发生。历史不能代表未来，但是如果不去依靠历史，我们对未来将一无所知。只有漫长的历史是套利者可以用来分析未来的唯一依据。所以，对待历史数据的正确态度不是因为看到历史数据的局限性而弃之不用，而是在运用历史数据的同时能采取措施应对它的局限性。在分析历史的基础，充分结合品种的基本面数据进行估计未来相对价格的走势，从而评估套利的可行性。

局限2：回归均衡关系所需要的时间跨度难以准确预知。这个跨度只能根据历史统计或季节规律性做到大致估计。如果预期的目标价差提前到来，则可以提前了结套利离场，或反向进行新的套利。但如果超过估计时间段一周、两周或者更长时间，这将会提高套利者的资金使用成本，如果时间太长才回归，那么有可能套利者等不到预期利润的实现就平仓了，这样将可能导致套利失败。

因为在未来相当长的一段时间里，它们之间还会继续延续这种偏离又回归的关系，可以利用历史数据来进行统计分析，估计出价差的均衡范围，以及偏离均衡范围的时间长度的概率分布与偏离幅度的概率分布，然后根据品种基本面信息与投资者的财务状况做出是否执行套利的决定。事实上，只要10次套利中有8~9次成功，则所积累的套利收益将足以抵补剩余的一两次套利失败所遭受的亏损，况且每次止损带来的最大损失还远小于单次预期收益。所以，这种套利相对于单向投机来讲风险很小，而且收益相对稳定，适应于资金量大而且追求稳健性投资的机构投资者。

四、统计套利策略的发展演进

早在19世纪20年代，传奇交易员 Jesse Livermore 就通过选取"姐妹股"来获得大量利润，这种配对交易（Pair Trading）正是早期的统计套利策略。"姐妹股"的交易流程主要有三步：选择两个走势基本一致的股票，当股票价格发生分化时分别构建多空头寸、持有多空头寸直至价格重新收敛。正是 Livermore 对于"姐妹股"的分析和交易，使他成为"统计套利第一人"。

1986年，一个名叫 Nunzio Tartaglia 的神学院学生带着天体物理博士学位加入了 Morgan Stanley，他随即招揽了一批拥有物理、数学或计算机博士学位的佼佼者，开始了资本市场量化交易策略的探索。不久，他们找到了"统计套利"（Statistical Arbitrage）这一量化策略并取得了成功，称为"Morgan Stanley's Black Box"；一直到20世纪90年代末，Morgan Stanley 的大部分自营资金都被投入其中。Tartaglia 小组在1989年就解散了，但他们积淀的量化投资策略和思想却开始在华尔街开枝散叶，他们之中的一员 David Shaw 在离开 Morgan Stanley 之后组建了以自己名字命名的"Quant"投资公司 D. E. Shaw Group，而此时互联网下的在线实时交易系统进一步推动了统计套利在对冲基金中流行开来。

作为20世纪后期最大的统计套利中心之一，Morgan Stanley 认为统计套利是一种基于数理模型的投资方式，目的是通过对相对价格偏离其理论价格或模型预测价格的资产组合构建多头和空头组合而获利。这种技术基于定价理论、统计决策、模式识别、系统理论、数据挖掘、机器学习、时间序列分析、计量经济学和现代计算方法等知识，是一种跨学科的综合投资技术。

发展至今，其已被华尔街的各大投行和基金公司广泛采用。最为著名的例子是"模型先生"James Simons 创立的 Renaissance Technologies，旗下 Medallion Fund 连续 20 年创下平均每年 34%的惊人回报率。时至今日，一些投资技术精湛的个人甚至也在投资过程中通过运用该技术而获得丰厚利润。

然而，统计套利的发展历程并非一帆风顺。1998 年 8 月，盛极一时的 LTCM 宣告破产，起因是俄罗斯政府宣布卢布贬值并延期偿付其 135 亿美元的政府债券，从而引发全球固定收益证券市场的流动性不足，加之 LCTM 投资组合的过度杠杆交易，使其发生巨额亏损，使这家拥有数位诺贝尔奖获得者豪华阵容的著名对冲基金昙花一现。这说明，统计套利策略并不是万能的，它的缺陷有时甚至是致命的。

五、统计套利对冲基金在我国的发展

（一）基金公司参与股指期货交易

2010 年 3 月 26 日中金所发布了《关于沪深 300 股指期货合约上市交易有关事项的通知》，正式公布沪深 300 股指期货合约自 2010 年 4 月 16 日起上市交易。

（二）国内对冲基金的雏形——阳光私募

阳光私募是指经过监管机构备案，资金实现第三方银行托管，有定期业绩报告的投资于股票市场的基金，阳光私募基金与一般（所谓"灰色的"）私募证券基金的区别主要在于规范化、透明化，由于借助信托公司平台发行能保证私募认购者的资金安全。与阳光私募基金对应的有公募基金，国内资本市场上的阳光私募基金被视为真正意义上的对冲基金的"雏形"，其收取总资金 2%左右的管理费和投资盈利部分的 20%作为佣金收入的盈利模式，即"2－20"收费模式（2%管理费＋20%盈利部分提成），更是国际上对冲基金的基本范式，作为国内新生代的阳光私募是我国金融市场逐渐开放和完善、逐渐走向全球的重要一步，是我国对冲基金发展的一个平台和前身。

（三）国内机构投资者的对冲基金元年

2011 年是中国机构投资者的"对冲基金元年"，2010 年相继推出的融资融券和股指期货结束了 A 股市场的单边市时代，也为在海外成熟市场发展多年的对冲基金进入中国市场创造了条件。伴随着各类资产管理机构纷纷"试水"，中国资本市场在其诞生的第 21 个年头迎来了"对冲基金元年"。当然，从某种角度来说，2011 年只能算是我国对冲基金的半个元年，因为目前机构参与股指期货还有很多限制，譬如持仓限制、机构投资者数量有限等，这些都限制了对冲基金的发展。

（四）国内第一只统计套利对冲基金

随着股指期货以及融资融券在国内的推出，国内的卖空机制已初步形成，统计套利策略越来越受到国内对冲基金的重视。国泰君安证券资产管理公司于 3 月 15 日推出国内首只统计套利产品——君享成长。该产品不仅引入套利统计策略，还采用更加高效敏锐的高频统计套利数学模型，通过研究市场历史数据来发现统计相关性，以预测期货、货币、股票市场的短期运动，并通过数千次快速的日内短线交易来捕捉稍纵即逝的市场机会，以获取长期稳定的收益。

这里所谓的高频与传统技术分析中的以交易日、小时、分钟为分析的最小时间单位不同，而是利用大型计算机设备及快速传输数据的光缆通过并行计算的软件系统，实时对证券市场的交易数据进行分析、判断并下达交易指令，其计算及交易速度能够到秒级甚至毫秒级。高频统计套利只能捕捉各种短期的市场机会，并不承担市场风险，因此大盘的涨跌与策略本身的收益没有直接关系。

六、国内对冲基金发展的制约和瓶颈

（一）目前国内对冲基金发展的制约因素

（1）人民币利率和汇率市场已经开始出现衍生品交易工具，但持牌机构太少，积极主动的参与方更少。

（2）中国本地的对冲基金管理人才的缺乏将大大制约对冲基金行业在短时间内的大发展。

（3）内地投资者重储蓄和股票投机的投资理念根深蒂固，对风险较大的对冲基金的接受和认可度较低。

（4）国内相关政策、法律法规体系的缺乏，相关投资工具和金融衍生产品的单一严重阻碍了机构投资者进军对冲基金的步伐。

（二）促进国内对冲基金发展的方法

（1）完善相关法律法规，建立规范严密的法律监管体系。

（2）发展金融市场，进一步完善股指期货、融资融券以及转融通等相关的金融产品工具，拓宽投资渠道。

（3）加强对投资者的教育和监管，提高其职业素养和专业水准、金融衍生品的风控和收益意识。

（4）稳步改革金融生态环境，积极鼓励和引进国际知名的投资者和知名的投资管理机构介入国内的金融市场，改革投融资方面的现行规章制度，降低投资者的交易成本和进出障碍，营造和谐、有序高效的金融环境。

第九节　基于沪深300ETF的统计套利研究报告

一、沪深300ETF

1. 沪深300ETF简介

沪深300ETF是以沪深300指数为标的的在二级市场进行交易和申购/赎回的交易型开放式指数基金。投资者可以在ETF二级市场交易价格与基金单位净值之间存在差价时进行套利交易。沪深 300ETF 是中国市场推出的重量级 ETF。标的指数为沪深 300 指数。

2. 沪深 300ETF 的诞生与认购时间

目前国内分别存在两只沪深 300ETF，一只为华泰柏瑞沪深 300ETF（510303），自 2012 年 4 月 5 日至 2012 年 4 月 26 日进行发售，另一只为嘉实沪深 300ETF（159919），自 2012 年 4 月 5 日至 2012 年 4 月 27 日进行发售，标志着两只沪深 300ETF 几乎是同时诞生的。

3. 沪深 300ETF 的常规套利模式

ETF 的套利类型主要包括两种：

（1）折溢价套利。

折价套利：当 ETF 市价＜净值时，买入 ETF，赎回 ETF 得到一篮子股票，然后卖出一篮子股票。

溢价套利：当 ETF 市价＞净值时，买入一篮子股票，申购成 ETF，然后卖出 ETF。

（2）事件套利。

事件套利主要指由于 ETF 成份股因公告、股改、增发等事项而停牌，利用该成份股在此停牌期间，预估它的价格在开盘会有暴涨暴跌的可能性，从而进行溢价或者折价套利操作，获取套利收益。

本处主要研究内容为统计套利，由于 ETF 可以实现 T＋0 交易，主要的统计套利将会在下面表述。

二、统计套利概念

1. 统计套利概述

所谓统计套利就是指在不依赖于经济含义的情况下，运用数量手段构建资产组合，从而对市场风险进行规避，获取一个稳定的、无风险的 alpha（超额收益率）。统计套利代表着投资机会，获取特定资产价格变化动态中的可以被预测部分，并且从统计意义上讲，该部分与市场整体变化或者是其他一些市场风险因素无关。由于只基于特定资产相互的变动并不能被市场参与者所直接观察到，这种动态的规律虽然存在，但并不容易被市场参与者直接观察到，因此，这种套利机会会被"套利掏空"（Arbitrage Way）概率比较小。

这里需要特别说明的一点是：统计套利策略需要依赖于有做空机制的证券市场，如股票指数期货、融资融券市场和股票期权等衍生品市场。目前，国内沪深 300ETF 刚刚推出，并且可以实现 T＋0 交易。由于数据的不足，本书主要研究样本期内的套利，从中获得套利所需数值。样本期外的套利将会在下面研究报告中提出。

2. 统计套利原理

统计套利的原理，是基于两个相关性较高的股票或者其他证券，如果在未来保持这种良好的相关性，那么一旦两者之间出现了背离的走势，而且这种背离在未来将会得到纠正，从而可以产生套利的机会。对于统计套利的实践来讲，如果两者之间出现背离，那么就应该买进表现相对较差的，卖出表现相对较好的。当未来两者之间的背离得到纠正，那么进行相反的平仓操作。统计套利的原理背后的基本概念就是均值回复，也就是说资产价格将会回复到长期的均值，如果这种均值存在的话（在实践中一般表现为资产的时间序列统计上的平稳过程）。

如果时间序列是平稳的，那么就可以构造统计套利交易的信号发现机制，该信号机制将会显示是否资产价格已经偏离了长期均值从而存在着套利的机会。进一步说，在某种意义上存在着共同点的两个证券，其市场价格之间存在着良好的相关性，即价格往往表现为同向变化，从而价格的比值或者价格的差值往往围绕着某一固定值进行波动。

3. 协整与误差修正模型（时间序列平稳检验）

（1）单位根检验。由于变量间存在协整关系，首先要求所涉及的变量具有相同个数的单位根，即同阶单整。单位根检验（Unit Root Testing）目前主要有 DF 检验（Diekey & Fuller 检验）、ADF 检验（增广的 DF 检验）和 PP 检验三种方法。

本书拟采用目前应用最为广泛的 ADF 检验来考查各时间序列的单整性。1976 年 Fuller 和 Diekey 提出 T 时间序列数据稳定性检验方法，即 DF 检验。1979 年、1980 年 Fuller 和 Diekey 经过对 DF 检验进行修订，得到扩展的 DF 检验，即 ADF 检验。ADF 检验通过假定其序列是一个 p 阶自回归过程，在回归方程右边加入因变量的滞后差分项来解决误差项 et 的高阶序列相关问题。

（2）协整检验。如果一些经济指标被某种经济系统联系在一起，那么从长远来看这些变量应该具有均衡关系，这是建立或检验模型的基本出发点，协整可以被视为这种均衡关系的统计表达式。Engle 和 Granger 提出的协整（Cointegration）理论及其方法，是非平稳序列建模的有效途径。虽然一些经济变量（例如股票价格）本身是非平稳序列，但是它们的线性组合却有可能是平稳序列。这种平稳的线性组合被称为协整组合，并且可被解释为变量之间的长期稳定的均衡关系。在短期内，由于政策、公司和投资者等方面的信息干扰或者市场中的随机干扰，两只股票有可能偏离长期均衡关系。如果这种偏离是暂时的，那么随着时间推移偏离会得到修正，两只股票将会恢复到均衡状态；如果这种偏离是持久的，就不能说存在均衡关系。这里将主要介绍 Engle 和 Granger（1987）提出的协整检验方法。这种协整检验方法是对回归方程的残差进行单位根检验。从协整理论的思想上看，自变量和因变量之间存在协整关系，即因变量能被自变量的线性组合所解释，两者之间存在稳定的均衡关系，因变量不能被自变量所解释的部分构成一个残差序列，这个残差序列应该是平稳的。因此，检验一组变量之间是否存在协整关系等价于检验回归方程的残差序列是否是一个平稳序列。应用 ADF 检验来判断残差的平稳性，进而判断因变量和解释变量之间的协整关系是否存在。

（3）误差修正模型。误差修正模型描述的是变量的短期变化，而协整关系所揭示的是经济系统的长期稳定关系，反映了趋于均衡的动态调整过程。误差修正模型是一种具有特定形式的计量经济模型。其基本思路是，若变量间存在协整关系，即表明这些变量间存在着长期稳定的关系，而这种长期稳定的关系是在短期动态过程的不断调整下得以维持的。任何一组相互协整的变量都存在误差修正模型，反映短期调节行为。将长期关系模型中的误差项作为解释变量引入到 ECM 模型中，它代表着在取得长期均衡的过程中各时点上出现的"偏误"程度。

4. 统计套利策略

统计套利交易策略主要包括：套利对象的选择、套利信号机制的建立、交易组合的建立。

（1）套利对象的选择。本处统计套利对象选择了华泰柏瑞沪深 300ETF 和嘉实沪深 300ETF。首先，选择这只 ETF 的主要原因是目前能在国内实现 T+0 交易，并且交易成本低，无须印花税。其次，流动性对于统计套利的交易对象的选择也是一个必须要考虑的因素。因为统计套利的策略往往为一些机构交易者所利用，机构投资者的交易量一般较大，因此为了尽量降低交易的流动性成本，使得套利策略能够在最优价格上进行，最好选择流动性较好的证券进行交易。由于 ETF 提供了一种方便的分散化投资策略，其流动性相对其他证券来说具有很大的优势，而且随着股指期货和融资融券的推出，其流动性必将得到更大的改善。

（2）套利信号机制的建立。信号机制分为进场信号与止损信号，是统计套利策略的重要组成部分。进场交易信号一般通过考察对象与均衡值的偏离产生。笔者将采用证券价差对其长期均值的偏离程度作为交易信号产生机制。如果当期证券价差超过或者低于其长期均值达到一定程度，则可以进行交易。如果是超出的，将卖出表现相对较好的证券，而买进表现相对较差的证券；因为价差是均值回复的，那么现有价差对长期均值的偏离预计在未来将会发生逆转，从而表现相对较好的证券价格将会下跌（并不一定是绝对下跌，而是相对于表现较差的证券发生下跌）而表现相对较差的证券价格将会上升；进行相应的平仓操作将会获得一定收益。如果现有价差低于长期均值达到一定程度，过程将相反。止损信号的建立也是套利机制的重要组成部分，由于套利的基础是基于价差序列依概率向均衡值统计收敛的，而不是必然收敛的，所以为了将风险限制在可控的范围内，必须建立止损机制，当价差序列偏离了一定的限度时则必须进行止损。

（3）交易组合的建立。通过确立协整关系后，用线性回归的方法确定配对系数进行建仓。

三、套利策略与实证检验

1. 数据说明

在本次的研究报告中，主要是对样本期内的两只沪深 300ETF 进行协整检验以及样本期内的套利收益风险分析，从而建构最优的统计套利策略。在第一期，笔者利用 2012 年 5 月 28 日到 2012 年 7 月 2 日的历史收盘价数据检验协整关系。由于数据缺少的原因，本报告同时会使用每日历史收盘价、最高价、最低价，开盘价根据正态分布重新组合成 100 个数据作为历史收盘价，进行统计套利的模拟。

2. 相关性分析

样本期间内 25 天的日收盘数据，研究华泰柏瑞沪深 300ETF 与嘉实沪深 300ETF 的相关性。

图 8-93 可直观看出华泰 ETF 与嘉实 ETF 走势比较一致，它们之间存在较强的相关性。为了更好地说明它们的相关性，下面进行单位根检验。

3. 单位根检验

在协整检验之前，必须确定各变量具有相同的单整阶数，故需先对变量进行单位根检验，本书采用 ADF 单位根检验法。单位根检验以每手股指期货的价格和每手 ETF 的价格为研究对象。检验结果见表 8-50。

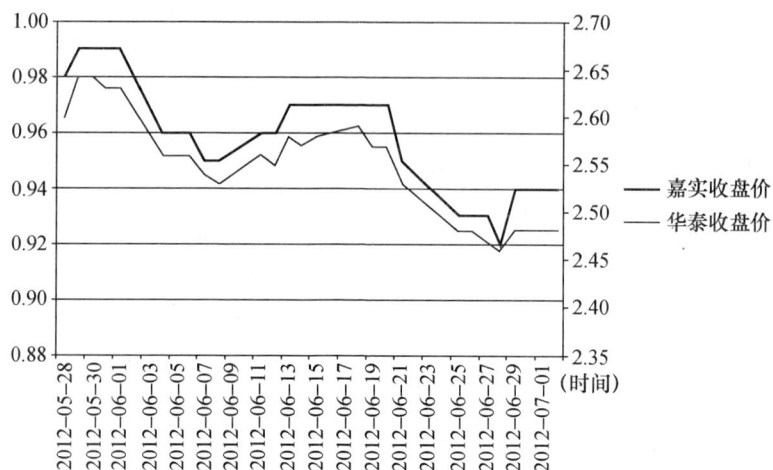

图 8 - 93　华泰 ETF 与嘉实 ETF 日收盘价

表 8 - 50　ADF 单位根检验结果

	T - Statist	Prob . *
华泰 ETF	- 0. 82345	0. 7492
嘉实 ETF	- 1. 24772	0. 6362
Δ 华泰 ETF	- 5. 0239	0. 0005
Δ 嘉实 ETF	- 4. 50817	0. 0018

表 8 - 50 分别计算了华泰柏瑞沪深 300ETF 与嘉实沪深 300ETF 价格序列及一阶差分的单位根 ADF 值。检验结果表明，在 5% 的显著性水平上，华泰 ETF 与嘉实 ETF 的概率 ADF 值大于 5% ，接受原假设，认为它们都是非平稳的。因此，进一步差分序列 Δ 华泰 ETF，Δ 嘉实 ETF。检验结果表明，在 1% 、5% 、10% 的显著水平上，ADF 概率均低于 5% ，差分序列为平稳序列。因此，华泰柏瑞沪深 300ETF 与嘉实沪深 300ETF 收盘价序列都是一阶单整的，即它们都是 I（1）过程。

4. 协整检验

通过上述的单位根检验，得出了华泰柏瑞沪深 300ETF 与嘉实沪深 300ETF 价格序列都是一阶单整的结论，所以可以利用 "E - G 两步法" 来检验其协整关系或长期均衡关系，即首先用最小二乘法对向量进行协整回归，再把协整回归所得残差进行单位根检验。

首先用 OLS 方法估计协整回归方程：

华泰 ETF = 2. 6599 嘉实 ETF + e

（0. 0019）R - square = 0. 9716

其残差方程为：

e = 华泰 ETF - 2. 6599 嘉实 ETF

根据以上的概率值与 R - square 可以看出，回归方程结果较好。

对残差进行协整检验，确定其平稳性。

由表 8 - 51 检验结果可看出，在显著性水平为 5% 的条件下残差序列拒绝存在单位根的原假设，可以认为残差序列是平稳的。这表明华泰柏瑞沪深 300ETF 与嘉实沪深 300ETF 之间存在协整关系，即华泰柏瑞沪深 300ETF 与嘉实沪深 300ETF 价格之间存在着长期稳定的均衡关系。

表 8 - 51　残差序列单位根检验

	T – statis	Pro b. *
e	− 3.5140	0.0165

5. 误差修正模型

协整检验已经证明序列华泰柏瑞沪深 300ETF 与嘉实沪深 300ETF 之间都存在协整关系，即长期均衡关系。这种长期均衡关系是在短期波动的不断调整下得以实现的，故可建立误差修正模型（ECM）分析这种调节机制。检验结果见表8 - 52。

表 8 - 52　误差修正模型

Variable	Coefficient	Std. Error	t – Statistic	Prob.
D（嘉实）	2.265694	0.166887	13.57623	0.0000
ECM（−1）	− 0.724326	0.212718	− 3.405104	0.0025

由表 8 - 52 可以看出非均衡误差以 72% 的比率对本期的 Δ 华泰 ETF 作反向修正，使其价差向均值回复。回复速度比较迅速。

四、样本期内套利

样本期间，对 k 从 0.01 取到 2，以 0.01 为步长，共 200 个值，分别计算 k 取不同值的套利收益，对 k 取不同值时套利收益的计算用 Matlab 编程实现。

由图 8 - 94 可以看出，当 k 取 0.5 ~ 0.65 时套利收益取得最大值。样本期间套利实证研究取能获得最大套利收益的阈值作为交易触发条件，在此 k 取 0.55。考虑手续费及流动性成本，考察样本期间最大可套利空间。本处建立的头寸配比结构是：买入 1 手华泰 ETF 和卖空 3 手嘉实 ETF，或者卖空 1 手华泰 ETF 和买入 3 手嘉实 ETF。当触发交易条件出现时，就可以建立头寸，并且进行逐日盯市，该头寸一直处于开放状态，直至价差回归到均衡水平则进行平仓，相应一个交易期结束，等待下一个触发条件的出现，这样就可以记录所有持有期的收益。

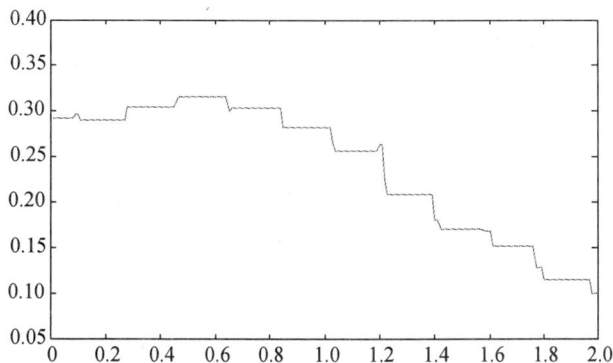

图 8 - 94　k 取不同值的套利收益

当阈值取定后，由 Matlab 程序根据设置的触发点自动判断进出场的时机，并对每次进场和出场进行记录，当一次完整套利结束后计算此次套利收益。

图 8-95 对样本期间四次统计套利的进出场点进行了直观的描述：

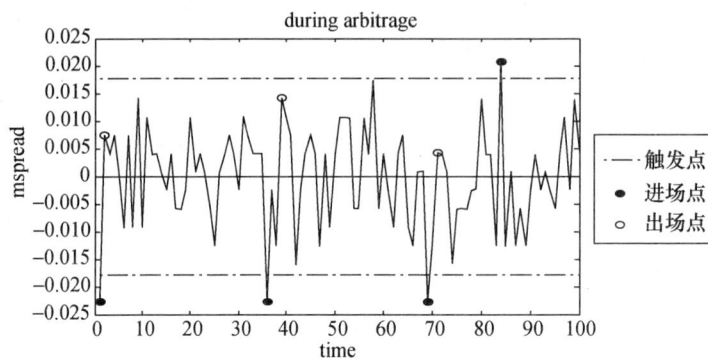

图 8-95   样本期间套利进出场示意图

表 8-53 为样本期间套利详细数据：由于数据为 100 天模拟收盘价，所以使用天数作为日期。样本期间的套利每手为 1 元。

表 8-53   样本期间套利详细数据

	第一次	第二次	第三次	第四次
入场点	第 1 天	第 36 天	第 69 天	第 84 天
Mspread	-0.0226	-0.0226	-0.0226	0.0208
出场点	第 2 天	第 39 天	第 71 天	第 85 天
Mspread	0.0075	0.0143	0.0043	-0.0126
总成本	0.0070	0.0071	0.0070	0.0070
净套利成本	0.0231	0.0298	0.0199	0.0264

五、小结

本节介绍了一种比较简单的统计套利模型——基于协整的成对交易，从样本期效果来看，统计套利策略收到了良好的效果。等待数据进一步完善后即可使用同样的方法进行样本期外的套利。随着国内越来越多的沪深 300ETF 上市，加上融资融券的推出，T+0 将日益剧增。统计套利将会有一个大展拳脚的机会。

六、结论

本节的主要工作：

第一，对华泰柏瑞沪深 300ETF 与嘉实 300 沪深 ETF 进行了理论上的协整检验。并且发现两只沪深300ETF存在协整关系，即存在长期均衡关系。

第二，确立协整系数作为统计套利交易系数，并确立协整系数作为统计套利的配对交易系数，检验结果表明华泰柏瑞沪深300ETF与嘉实300沪深ETF之间存在长期均衡关系，并进一步确定了套利交易期望收益最大化的最优触发点。进而利用样本期数据所构建的套利策略来进行模拟交易，从而检验其可行性。

通过实证分析还得到一些有意义的结论以及今后可以持续改进的地方：

（1）统计套利实际是基于市场的非有效性，如何从成千上万种股票价格中发现错误定价的机会，首先需要进行基本面分析，缩小搜索范围。

（2）统计套利成对交易中值得注意的就是对风险的控制，如果没有良好的风险控制系统，不及时止损可能导致巨额亏损。

（3）本节所运用的协整模型对样本点相当敏感，因此一般应选用一年以上的数据进行建模，同时，为了保证对样本外数据的有效性，建议至少每半年利用新的样本数据重新估计协整关系。

第十节　量化投资研究报告

一、程序化交易是投资的必然趋势

程序化交易是投资的必然趋势，主要基于以下三点理由：

首先，从交易特点来分析，程序化交易事先验证、交易专业、反应迅速、纪律严明和交易理性的特点，符合交易的内在要求，是市场和信息技术发展的必然结果。和人工交易方式相比，程序化交易通过历史行情测试和外推检验，可以事先检验交易策略的有效性，建立投资者对交易策略的信心。程序化交易通过对海量历史行情数据的实时计算，能够迅速发现并捕捉市场中存在的各种稍纵即逝的套利机会。程序化交易在交易过程中，能够严格遵守交易纪律，长期保持交易逻辑的一致性，这有助于提高投资的长期绩效。程序化交易克服了人性的贪婪和恐惧，能够理性对待各种交易机会，在下跌时及时止损，在上涨时及时跟进，使投资者免于各种情绪的困扰，保持一种良好的投资心理。正是这些鲜明的特点，程序化交易受到了投资者的热烈欢迎，并逐步得到了推广和普及。

其次，从长期投资收益而言，程序化交易代表着投资的未来方向。程序化交易代表人物是西蒙斯，他管理的文艺复兴技术公司（Renaissance Technologies Corp.）旗下的大奖章（Medallion）对冲基金（1988年成立），1989～2007年的年均收益率高达38%，傲视群雄。同期索罗斯管理的量子基金年均收益率为22%左右，巴菲特的伯克希尔公司投资的年均收益率为20%左右。虽然投机大师索罗斯和投资大师巴菲特的长期回报率远远超过标普500指数的10%长期回报率，但和西蒙斯相比依然逊色不少。在2008年全球金融危机的重挫中，西蒙斯管理的基金回报率更是高达80%，程序化交易的威力可见一斑。随着程序化交易理论和实务的进一步发展，程序化交易的长期投资收益必将得到广泛的认同，投资者借助程序化交易追求投资收益的行为将成为一种时尚和趋势。

最后，从发展进程来看，程序化交易是投资者的必然选择。目前程序化交易在金融交易中的比例在欧美已经达到一个比较高的比例。在我国，越来越多的投资者已经开始使用程序化交易，同时潜在需求旺盛，随着融资融券、股指期货等业务的推出和发展，我们相信程序化交易一定会得到长足的发展。国内证券市场只有 20 年的历史，相比欧美以及亚太其他发达地区市场成熟度还有很大差距，不仅如此，国内市场的一些特性也使程序化交易在国内发展受到限制。尽管如此，我们仍然看好程序化交易在国内的发展前景。自 4 月沪深 300 股指期货被正式推出以来，大量的程序化套利策略纷纷出炉并创造出惊人的交易量。

二、程序化交易系统

（一）程序化交易系统的概念

程序化交易系统是指设计人员将交易策略的逻辑与参数在电脑程序运算后，并将交易策略系统化。当趋势确立时，系统发出多空信号锁定市场中的价量模式，并且有效掌握价格变化的趋势，让投资人在上涨或下跌的市场行情中，都能轻松抓住趋势波段，进而获利。程序化交易的操作方式不求绩效第一、不求赚取夸张利润，只求长期稳健地获利，于市场中成长并达到财富累积的获利效果。经过长时期操作，年获利率可保持在一定水准之上。一句话：极其开放的模型（策略）设计、风险动态管理技术、误差矫正反馈检验准确率、快捷的下单速度。这四项组成了整个程序化交易系统。

程序化交易系统的形式：价值发现型；趋势追逐型；高频交易型；低延迟套利型。

（二）程序化交易系统的投资模式

（1）将交易模式系统化：程序化交易的买卖决策完全决定于系统化、制度化的逻辑判断规则，通过电脑的辅助，将各种信息转化为程序语言，借由电脑来代替人为发出买卖信号，再根据系统使用者发出的委托方式，执行下单程序。

（2）克服人性的四大心理障碍：排除人为情感因素，用电脑取代人性，消除交易时人性的恐惧、贪婪、迟疑及赌性四大负面情绪因子。

（3）确保交易方法的一致性：严守既定的操作纪律及交易的基本原则，通过电脑将既定的操作规范、获利以及风险管理等条件写成程序语言，依据程序发出进出场买卖的信号。

（三）程序化交易系统的量化

在确定了总体的构建思路后，应该对一个完整的交易系统的每一部分进行量化，包括：

（1）最大单笔和总体交易头寸的确立，笔者觉得以总资金的固定比例同时结合单个品种的平均震荡幅度来确定比较合适。

（2）开仓时机的选择。既然确定了追随趋势，那么价格就应该是我们最为关心的指标，可以以价格突破某个高点作为开仓的信号，但是这个开仓信号可以加以其他不同条件进行过滤，把明显的假信号或者风险很大的开仓信号过滤掉。比如，可以结合价格与均线的距离来确定。

（3）加仓次数和时机的选择。关于加仓，是比较难掌握的一个操作步骤，笔者初步认为加仓应该是在趋势已经确立后再进行，突破了明显压力或者支撑，而这个压力或者支撑是否可以直接采用在技术分析上的价位？这样做会不会与整个程序化交易系统产生比较大的冲突？因为这毕竟是主观的东西，而且还难以在操作之前量化，与程序化交易系统的构造初衷有所背离，究竟可不可行还值得商榷。

（4）止损位的设定。止损是整个交易系统中比较重要的部分，与确定最大头寸相似，我们可以把止损设定为固定比例，同时根据不同品种的不同特征区别对待，并在加仓之后调整止损点位。

（5）盈利头寸的平仓。关于平仓，因为是追随趋势，那我们就不能让价格的小波动影响到总体的操作，但在数量上如何界定是小回调还是大调整，抑或是价格反转，还是比较困难的。当然，运用统计方法可以算出历史数据的大小波动及其对应的价格表现，但这样的历史数据对以后的操作有多大的借鉴意义还值得进一步验证。

总体上，以追随趋势为思路来设计的交易系统，其成功率一定达不到50%，因为市场的运动特征必然会导致出现这样的结果，但是在趋势明确的时候，盈利率却可能很高。如果不考虑交易成本，那么期货市场本身就是个零和市场，赚钱的人赚到的钱和亏钱的人亏损的钱是相同的，而长期以来针对这样的一个市场能不能做出一套保赚不亏的交易系统一直都是有争议的，因为历史的经验证明无论是多么成功的交易者，都会在这个市场中出现反复，市场只要存在交易就必然进行，而在交易者退出市场之前什么事情都有可能发生，现在能赚钱的交易系统在今后的一段时间里可能就不好用了，所以说这个市场上根本就没有，也不可能有那么一套在任何时间任何情况下都能屡试不爽的交易系统，可见不断地验证和修正对于交易系统是非常重要的。最后提一点，程序化交易最大好处就是可以帮助系统使用者最大限度地克服人性贪婪和恐惧的弱点。

（四）系统设计的流程

（1）交易策略的提出。
（2）交易策略的程序化。
（3）程序化交易系统的检验。
程序化交易系统的设计必须符合三个原则：准确性、稳定性、简单性。
（4）程序化交易系统的优化。
交易系统设计流程如图8-96所示。

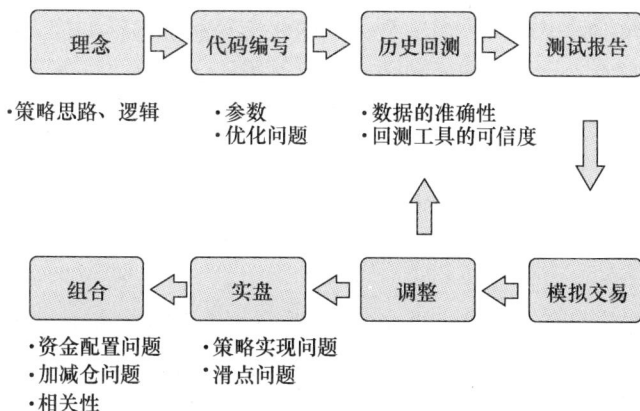

图8-96　交易系统设计流程

（五）程序化交易的优点和缺点

1. 程序化交易的优点

第一，使用程序化交易可以在交易过程中克服人性的弱点，这是程序化交易最大的优点，也是笔者喜爱程序化交易的最主要原因，人是有弱点的，人的情绪化——贪婪、恐惧、做事不果断、赌性等因素都会让一个人正在交易的时刻突然改变原有的计划，而这种行为是不断重复发生的，正如德国的哲学家、心理学家叔本华所说，"一个人在相同的时间和环境条件下会犯同样的错误，是不可避免的，这就是人的劣根性"。程序化交易是一切功课在先，电脑是不折不扣的执行者，应当说几乎百分之百地做到知行合一。这样也让人从盘面的辛劳中解脱出来。多少年来我们天天面对着盘面，我们的心每天都被跌宕起伏的行情所牵扯着，其实笔者多年的想法就是希望能做快乐期货的模式。轻轻松松地赚钱，快快乐乐地生活。因为笔者前期为期货付出的太多，应当有个回报了，所以更希望程序化交易能给笔者新的突破。

第二，使用程序化交易可以突破人的生理极限。我们都知道人的反应速度是有限的，我们交易从大脑所想到手动需要一段时间来完成，而电脑程序交易显然比人工快得多，特别是当我们为了分散风险而进行多品种组合时，人的能力是有限的，如果选择品种多一点更能降低交易风险，如果我们想同时持有四个以上的商品品种，当行情激烈时多品种同时发生信号交易，那一个人的行为是顾及不了的，但电脑可以轻松完成。程序化交易可以让你远离期货，享受生活。

2. 程序化交易的缺点

第一，只有系统性交易者才能做到程序化交易，而其他类型的交易方法，没办法用程序化交易来完成，这就把一部分人挡在了门外。

第二，程序化交易的不稳定性：笔者认为程序化交易系统不可以永远包打天下，总会在特定的时候出现一定问题。有的人高估程序化交易的效果，把程序化吹得很神奇，但也有人很排斥程序化交易，质疑程序化交易的作用，认为用程序化交易来赚钱是不是有点像发明永动机一样可笑，所以一棒子把它打死。其实这是不妥的，这和程序化交易本质是没有关系的，我们正确看待程序化交易，应当是把它作为一种工具来看待，怎么样做得好，是你怎么样利用好这个工具，程序化交易是人设计出来的，当然某个程序化交易系统赚钱的能力会直接反映设计者的期货水平。设计思想实质上是集成了交易理念、交易思路、交易方法甚至包括交易经验在内的一种积累与沉淀，但我们是不能保证一种方法就一定能永远适用期货的，程序化交易系统背后的设计者，是不能一劳永逸的，而要面对这个市场，不断学习、不断进取、不断掌握先机。

第三，目前程序化交易技术门槛高。不能平民化，国内的一些知名软件平台，有时还是不能全面完成反映交易者的执行思路，现在软件业越来越发达，但还是做不到无所不能，总有缺陷的，编写程序是一个比较有深度的技术，很多人都不会，学起来也不是那么轻松的事，有一部分人望而却步，就是资深的软件师，也不可能随心所欲地反映所有系统性交易者的交易思路，一套真正能长期稳定赚钱的系统，可能要求很复杂，不但在交易信号上，而且在资金管理上、头寸管理上、多策动重叠上有各种各样的要求。

三、CCI 趋势捕捉系统

（一）CCI 技术指标介绍

CCI 中文译名为顺势指标。它属于超买超卖指标中较特殊的一种。波动于广向正值无限大和微向负值无限小之间。但是不需要以 0 为中轴线，这一点也和波动于正值无限大和负值无限小的指标不相同。它专门用以测量股价是否已超出常态分布范围。然而每一种的超买及超卖指标都有其"天线"与"地线"。除了以 50 为中轴的指标，天线与地线分别为 80 和 20 以外其他超买超卖指标的天线和地线位置，都必须视不同的市场，如黄金、外币、期货……不同的个股特性而有所不同，但是只有 CCI 指标的天线与地线分别为正 100、负 100，这一点是其原作者相当独到的见解。在意义上也和其他超买超卖指标的天线地线有很大的区别，股友们必须相当了解它的原理，才能把 CCI 和其他指标如 BOLL、BANDS、INGER 做一个更全面完整的运用及操作。

那么什么是超买超卖指标？顾名思义，超买就是已经超出买方的能力，买进股票的人数超过了一定数量比例。根据反市场投资心理，这时候应该反向卖出股票。超卖则代表卖方卖股票超出了特有区间，卖股票的人数超过一定比例时，反而更应该持有买进股票。这也是在一般常态行情下，经常被重视的反市场，反头寸人群理论。但是如果行情是超乎寻常的超强势，则超买超卖指标会突然间失去了方向，行情一刻不停地持续上攻前进，股民思想似乎失去了控制，对于股价狂牛般的脱序行为，CCI 指标是提供不了不同角度的看法的。依照波浪理论的原理，股价以五波的方式前进上攻，但是发展到最后第五波段时，无论处于上涨波或下跌波，都是行情波动最凶猛的时候，说明股民投资毫无理性的疯狂，股票的价格在很短的时间内以极快的加速度完成最大幅度的上涨波动到达高山之巅。股友们都想在最安全的范围内买卖股票，但是对于部分赌性高的股民而言，他们宁可选择在高风险的环境下介入速度快利润大的市场，这种市场经常是一翻两瞪眼，下"赌注"要快，沽出逃的也要快，可以让投资人在无炮声的战场上打得痛快淋漓，给投机性强的股民一种快刀斩乱麻的畅快感。如果说以 0～100 为范围的超买超卖指标专门是为常态行情设计的，那么 CCI 指标就是专门对付极端行情的。也就是说，在一般常态行情下 CCI 指标不会发生作用，当 CCI 扫描到异常股价波动时，战斗机就立刻升入高空作战，而且力求速战速决，胜负瞬间立见分晓，战败方也必须立刻加速逃逸。请注意：CCI 的天线是 +100，地线是 −100，这个范围也有可能因为个股股性不同而稍有变化。这可要靠各位股民明察秋毫了，但是总体上不会有太大差异。

（二）CCI 指标的计算方法

和其他技术分析指标一样，由于选用的计算周期不同，顺势指标 CCI 也包括日 CCI 指标、周 CCI 指标、年 CCI 指标以及分钟 CCI 指标等多种类型。经常被用于股市研究判断的是日 CCI 指标和周 CCI 指标。虽然它们计算时取值有所不同，但是基本方法一样。

CCI 的计算方法为：

$$CCI = \frac{1}{0.015} \frac{p_t - SMA(p_t)}{\sigma(p_t)}$$

其中，p_t 等于最高价、最低价和收盘价之和除以 3；SMA（p_t）等于最近 N 日 p_t 的平均值；σ（pₜ）等于最近 N 日 p_t 的平均绝对偏差；0.015 为计算系数。

（三）运行原理

（1）CCI 从 +100 ~ -100 的常态区，由下往上突破 +100 天线时为短线炒手抢进时期，亦为涨停板抢盘法（见图 8 - 97）。

（2）CCI 从 +100 天线之上，由上往下跌破 +100 天线时为加速逃逸时机（见图 8 - 98）。

（3）CCI 从 +100 ~ -100 的常态区，由上往下跌破 -100 地线时为重打落水狗的放空卖出时机（见图 8 - 99）。

（4）CCI 从 -100 下方由下往上突破 -100 地线时是打落水狗的空头，投资人应尽快回补买进股票（见图 8 - 100）。

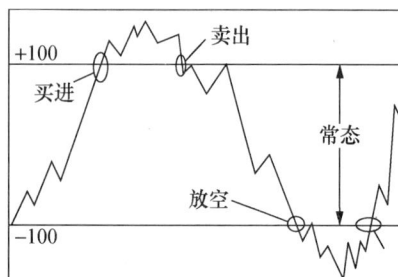

图 8 - 97

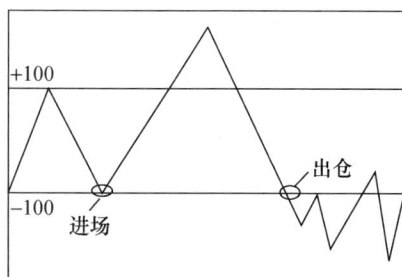

图 8 - 98

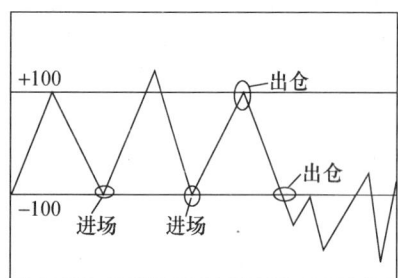

图 8 - 99

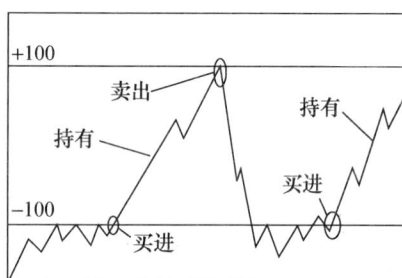

图 8 - 100

（四）CCI 指标区间的判断

（1）当 CCI 指标从下向上突破 +100 线而进入非常态区间时，表明股价脱离常态而进入异常波动阶段，中短线应及时买入，如果有较大的成交量配合，买入信号则更为可靠。

（2）当 CCI 指标从上向下突破 -100 线而进入另一个非常态区间时，表明股价的盘整阶段已经结束，将进入一个比较长的探底过程，投资者应以做空为主。

（3）当 CCI 指标从上向下突破 +100 线而重新进入常态区间时，表明股价的上涨阶段可能结束，将进入一个比较长时间的盘整阶段，投资者应及时逢高卖出股票。

（4）当 CCI 指标从下向上突破 -100 线而重新进入常态区间时，表明股价的探底阶段可能结束，将进入一个盘整阶段，投资者可以逢低少量买入股票。

（5）当 CCI 指标在 +100 线 ~ -100 线的常态区间里运行时，投资者则可以用 KDJ、W%R

等其他超买超卖指标进行研究判断。

（五）CCI 指标的背离

CCI 指标的背离是指 CCI 指标的曲线的走势和股价 K 线图的走势方向正好相反。CCI 指标的背离分为顶背离和底背离两种。

（1）当 CCI 曲线处于远离 +100 线的高位，但它在创出近期新高后，CCI 曲线反而形成一峰比一峰低的走势，而此时 K 线图上的股价却再次创出新高，形成一峰比一峰高的走势，这就是顶背离。顶背离现象一般是股价在高位即将反转的信号，表明股价短期内即将下跌，是卖出信号。在实际走势中，CCI 指标出现顶背离是指股价在进入拉升过程中，先创出一个高点，CCI 指标也相应在 +100 线以上创出新的高点，之后，股价出现一定幅度的回落调整，CCI 曲线也随着股价回落走势出现调整。但是，如果股价再度向上并超越前期高点创出新的高点时，而 CCI 曲线随着股价上扬也反身向上但没有冲过前期高点就开始回落，这就形成 CCI 指标的顶背离。CCI 指标出现顶背离后，股价见顶回落的可能性较大，是比较强烈的卖出信号。

（2）CCI 的底背离一般是出现在远离 -100 线以下的低位区。当 K 线图上的股价一路下跌，形成一波比一波低的走势，而 CCI 曲线在低位却率先止跌企稳，并形成一底比一底高的走势，这就是底背离。底背离现象一般预示着股价短期内可能将反弹，是短线买入信号。与 MACD、KDJ 等指标的背离现象研判一样，在 CCI 指标的背离中，顶背离的研判准确性要高于底背离。当股价在高位，CCI 在远离 +100 线以上出现顶背离时，可以认为股价即将反转向下，投资者可以及时卖出股票；而股价在低位，CCI 也在远离 -100 线以下低位区出现底背离时，一般要反复出现几次底背离才能确认，并且投资者只能做战略建仓或做短期投资。

（六）CCI 曲线的走势

（1）当 CCI 曲线向上突破 +100 线而进入非常态区间时，表明股价开始进入强势状态，投资者应及时买入股票。

（2）当 CCI 曲线向上突破 +100 线而进入非常态区间后，只要 CCI 曲线一直朝上运行，就表明股价依旧强势，投资者可以一路持股待涨。

（3）当 CCI 曲线在 +100 线以上的非常态区间，在远离 +100 线的地方开始掉头向下时，表明股价的强势状态将难以维持，是股价比较强的转势信号。如果前期的短期涨幅过高时更加可以确认，此时投资者应及时逢高卖出。

（4）当 CCI 曲线在 +100 线以上的非常态区间，在远离 +100 线的地方处于一路下跌时，表明股价的强势状态已经结束，投资者还应以逢高卖出股票为主。

（5）当 CCI 曲线向下突破 -100 线而进入另一个非常态区间时，表明股价的弱势状态已经形成，投资者应以持币观望为主。

（6）当 CCI 曲线向下突破 -100 线而进入另一个非常态区间后，只要 CCI 曲线一路朝下运行，就表明股价弱势依旧，投资者可以一路观望。

（7）当 CCI 曲线向下突破 -100 线而进入另一个非常态区间，如果 CCI 曲线在超卖区运行了相当长的一段时间后开始掉头向上，表明股价的短期底部初步找到，投资者可以少量建仓。CCI 曲线在超卖区运行的时间越长，越可以确认短期的底部。

为了保证交易系统的稳定性，我们将进行历史数据回测和模拟实盘。

（七）历史数据回测

历史数据回测，效果预览见图8－101。

图8－101　效果预览（其中白线为资金曲线）

（八）测算报告

IF1208　1分钟　CCI趋势捕捉

名称	全部交易	多头	空头
合约	IF1208		
K线周期	1分钟		
开始时间	2011－06－20		
结束时间	2012－08－02		
单位	300（吨/手，元/点）		
保证金	12%		
手续费	1.00%		
下单价格	指令价位		
开仓手数	1		
参数	[17, 0, 0, 0, 0, 0]		
测试天数	410		
测试周期数	20760		
指令总数	4056		

续表

名称	全部交易	多头	空头
初始资金	1000000.00		
最终权益	1786572.95		
空仓周期数	6043		
最长连续空仓周期数	31		
最长交易周期	33		
标准离差	1335.89		
标准离差率	5.08		
盈亏总平均/亏损平均	0.69		
最大回撤	16286.03		
最大回撤时间	2011-06-28 13:13		
最大回撤比	1.56%		
最大回撤比时间	2011-06-28 13:13		
每手最大回撤	8216.11		
每手平均盈亏	263.06		
盈利率	78.66%	42.05%	36.60%
胜率	44.58%		
平均盈利/最大回撤	0.07		
平均盈利/平均亏损	2.80	2.60	3.36
净利润	786557.31	420548.41	366008.91
总盈利	1415911.00	870595.38	545315.56
总亏损	629353.69	450047.00	179306.67
总盈利/总亏损	2.25	1.93	3.04
其中持仓浮盈	239.98	239.98	0.00
交易次数	2990.00	1800.00	1190.00
盈利比率	0.45	0.43	0.47
盈利次数	1333.00	768.00	565.00
亏损次数	1657.00	1032.00	625.00
持平次数	0.00	0.00	0.00
平均交易周期	6.94	11.53	17.45
平均盈利交易周期	15.57	27.03	36.74
平均亏损交易周期	12.53	20.12	33.22
平均盈亏（利润）	263.06	233.64	307.57
平均盈利	1062.20	1133.59	965.16
平均亏损	379.82	436.09	286.89

名称	全部交易	多头	空头
最大盈利	25634.27	12114.32	25634.27
最大亏损	8216.11	8216.11	5332.73
最大盈利/总盈利	0.02	0.01	0.05
最大亏损/总亏损	0.01	0.02	0.03
净利润/最大亏损	95.73	51.19	68.63
最大持续盈利次数	10.00	8.00	7.00
最大持续亏损次数	11.00	16.00	10.00
平均持仓手数	1		
最大持仓手数	1		
平均使用资金额	20198.79		
最大使用资金额	113399.99		
平均资金使用率	1.51%		
最大资金使用率	10.69%		
扣除最大盈利后收益率	76.09%	40.84%	34.04%
扣除最大亏损后收益率	79.48%	42.88%	37.13%
期间最大权益	1786643.42		
期间最小权益	995490.09		
手续费	495458.37		
成交额	4954583701.83		

(九) 数据统计

程序里将设置 17 个最小变动价位止损，53 个价位止盈，最大仓位为 4 手。

测试天数	410
盈利次数	741
亏损次数	811
胜率	44.58%
总盈利	1415911.00
总亏损	629353.69
回报风险比	$53 \div 17 \approx 3.1$

风险百分比	$17 \times 300 \times 0.2 \times 4 \div （1000000 \times 12\%）\times 100\% = 3.47\%$
最大回撤	16286.03
最大回撤比	1.56%
利润因子	总盈利/总亏损 = 2.25
清算率	平均盈利/平均亏损 = 2.80
破产风险	1%

四、三重指标交易系统

（一）系统指标介绍

三重指标交易系统将移动平均线交叉与来自两个变动速率指标的信号结合起来，它们是10周的简单移动平均线、6周的变动速率以及13周的变动速率。这样，我们有了两类不同的指标：一类是跟随趋势的移动平均线，另一类是两个震荡指标，系统还包括了三个不同的时段。买入和卖出规则十分简单，当价格上升到10周移动平均线上方且是两个变动速率都为正值时买入，当三个全部为负时，也就是说，两个变动速率小于零，而价格也与其移动平均线交叉时卖出。只有当全部三项都同时为正或同时为负时，才会产生信号。这是因为我们希望确保体现在三个不同时限之内的不同周期都相互拟合。让我们密切关注图8－102，了解在1974年年中到1976年期间，该系统怎样用简单的10周移动平均线交叉来产生信号。我们再次用向上的箭头表示买入信号，用向下的箭头表示空头头寸。图中共有13个信号，整体利润为最初投资1美元基础上的19美分，做多和做空都一样。与买入并持有方法相比。这一系统的损失约为70美分。从其本身而言，这是值得赞扬的业绩，但我们要记住，那占了很长一段时间；也就是说，1975年大半年以及整个1976年，英镑都持续下跌。确实，1975年年末和1976年年初出现了大量的锯齿波，在两个椭圆中予以标注，但如它所证明的那样，这些都不重要。

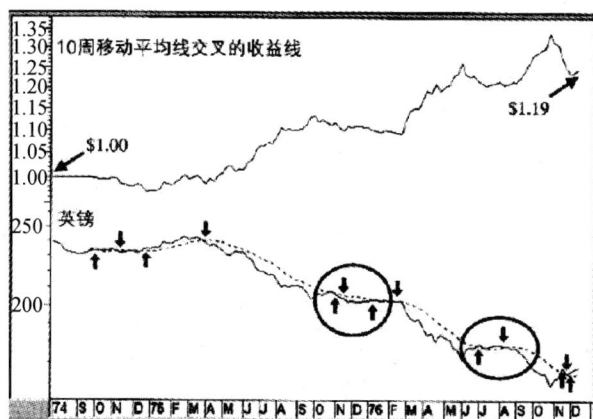

图8－102 英镑系统1

下一步便是引入 13 周的变动速率。当 13 周的变动速率在其零参考线上方和下方交叉时，便产生了买入和卖出信号。如图 8 - 103 所示，这种方法用 6 个信号获得了 23 美分的收益。这比移动平均线交叉的结果更好，特别是由于信号较少，大幅减少了锯齿状波动的可能。即使这样，1976 年仍然出现了一些令人厌恶的锯齿状波动。

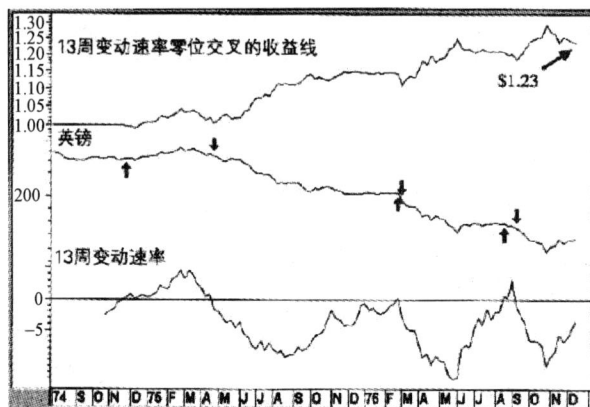

图 8 - 103　英镑系统 2

第二个变动速率指标，以过滤掉一些锯齿状波动。选择 6 周的变动速率，主要因为它几乎跨越 13 周变动速率的一半。其结果，如图 8 - 104 所示它实现了更大盈利（35 美分），但信号的数量也增加了。

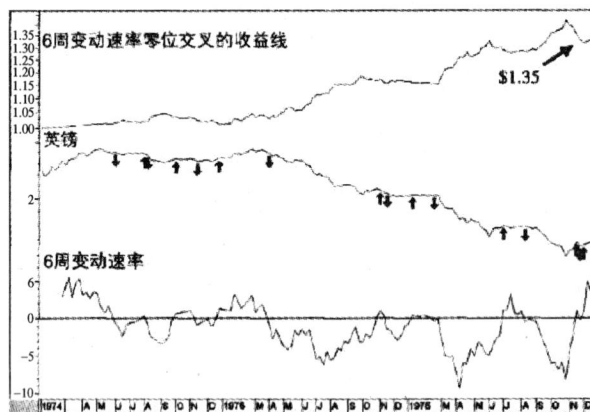

图 8 - 104　英镑系统 3

将这三个指标全部综合到图 8 - 105 中，这样可以发现，它们的综合使利润变得更好。实际的结果是，在上一个 6 周的变动速率测试中，利润稍有增加。但重要的是，信号减少到只有 3 个。请注意，图上方的收益线显示了较大而稳定的增长。

更密切地观察图 8 - 105，第一个卖出信号出现在 1974 年 10 月，当时 6 周的变动速率跟随另外两个进入到负值区域。然后，到 12 月，13 周的变动速率在零位上方交叉。紧接着，移动平均线也在零位上方交叉。最后 6 周变动速率也成正值，因此产生了买入信号。后来到 1975

年4月，3个指标全部变为负值。移动平均线和6周的变动速率同时变为下跌趋势，随后13周变动速率也变为跌势，系统在整个1976年年末都处于跌势之中。1976年2月时，系统几乎由跌转升，当时价格与平均线交叉，而且6周的变动速率由负转正。然而，13周的变动速率一直为负，后来也开始变为正值。但到这时，汇率已经滑落到其移动平均线下方，而且6周的变动速率也再次变为负值。结果，所有3个指标的这段时间从来没有同时为正值。1976年6月到8月的情况也是一样，当时，两个变动速率指标相互在正值与负值之间交替。人们把这种现象认为是某种形式的复杂的负背离，在这样的环境中，将全部3个指标综合起来的系统，运行得极为出色，现实也是如此。

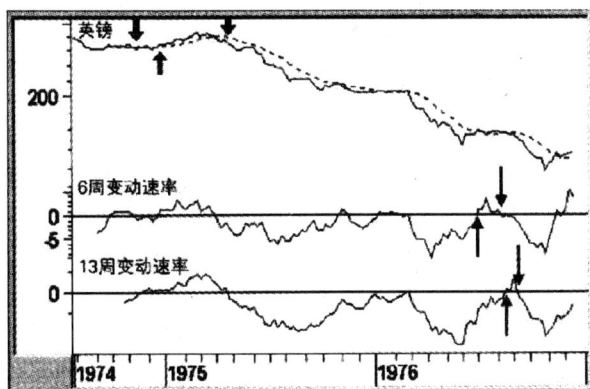

图8-105 英镑系统4

（二）三重指标实际运用

1. 进场原则

当价格上升到10周移动平均线上方且两个变动速率都为正值时买入，当三个全部为负时，也就是说，两个变动速率小于零，而价格也与其移动平均线交叉时卖出。只有当全部三个都同时为正或同时为负时，才会产生信号。这是因为我们希望确保体现在三个不同时限之内的不同周期都相互拟合。

2. 加仓原则

当变动速率不断增加的时候可以加仓。

3. 平仓原则

变动速率由正变为零，或者变动速率下穿平均变动速率，卖平。
变动速率由负变为零，或者变动速率上穿平均变动速率，买平。
为了保证交易系统的稳定性，我们将进行历史数据回测和模拟实盘。

（三）历史数据回测

历史数据回测，效果预览见图8-106、图8-107。

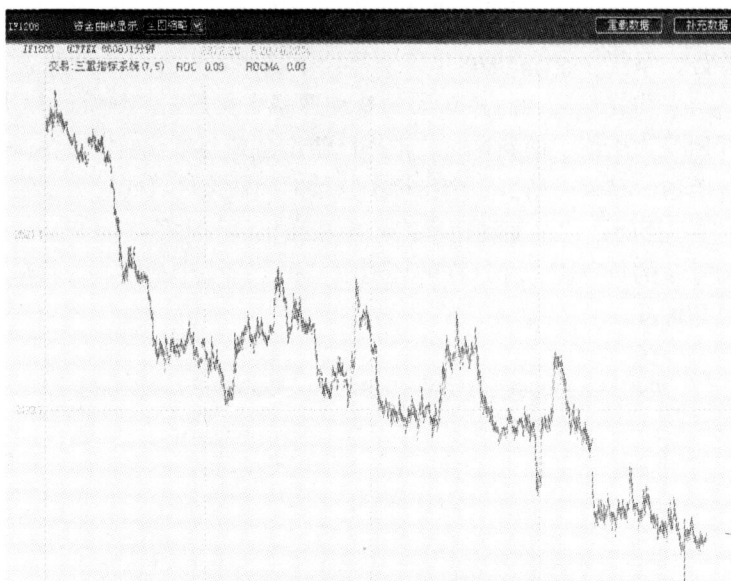

图 8 – 106　效果预览（其中白线为资金曲线）

图 8 – 107　三重指标的应用

（四）测算报告

IF1208　1 分钟　三重指标系统

名称	全部交易	多头	空头
合约	IF1208		
K 线周期	1 分钟		
开始时间	2012 – 06 – 18		
结束时间	2012 – 07 – 27		

名称	全部交易	多头	空头
单位	300 元/点		
保证金	12%		
手续费	1.00%		
下单价格	指令价位		
开仓手数	1		
参数	[7, 5, 0, 0, 0, 0]		
测试天数	40		
测试周期数	7782		
指令总数	2748		
初始资金	1000000.00		
最终权益	1203150.75		
空仓周期数	2094		
最长连续空仓周期数	10		
最长交易周期	18		
标准离差	794.54		
标准离差率	6.07		
盈亏总平均/亏损平均	0.40		
最大回撤	11000.39		
最大回撤时间	2012 – 06 – 19　13：38		
最大回撤比	1.09%		
最大回撤比时间	2012 – 06 – 19　13：38		
每手最大回撤	8663.43		
每手平均盈亏	130.90		
盈利率	20.32%	7.11%	13.21%
胜率	47.74%		
平均盈利/最大回撤	0.06		
平均盈利/平均亏损	1.92	1.91	2.01
净利润	203157.08	71080.91	132076.17
总盈利	471337.81	229103.73	242234.06
总亏损	268180.72	158022.83	110157.90
总盈利/总亏损	1.76	1.45	2.20
其中持仓浮盈	599.97	599.97	0.00
交易次数	1552.00	768.00	784.00
盈利比率	0.48	0.43	0.52
盈利次数	741.00	331.00	410.00
亏损次数	811.00	437.00	374.00

续表

名称	全部交易	多头	空头
持平次数	0.00	0.00	0.00
平均交易周期	5.01	10.13	9.93
平均盈利交易周期	10.50	23.51	18.98
平均亏损交易周期	9.60	17.81	20.81
平均盈亏（利润）	130.90	92.55	168.46
平均盈利	636.08	692.16	590.81
平均亏损	330.68	361.61	294.54
最大盈利	8134.65	8134.65	3993.03
最大亏损	8663.43	8663.43	2482.21
最大盈利/总盈利	0.02	0.04	0.02
最大亏损/总亏损	0.03	0.05	0.02
净利润/最大亏损	23.45	8.20	53.21
最大持续盈利次数	7.00	9.00	10.00
最大持续亏损次数	10.00	13.00	10.00
平均持仓手数	1		
最大持仓手数	1		
平均使用资金额	24109.58		
最大使用资金额	93276.00		
平均资金使用率	2.23%		
最大资金使用率	9.30%		
扣除最大盈利后收益率	19.50%	6.29%	12.81%
扣除最大亏损后收益率	21.18%	7.97%	13.46%
期间最大权益	1207439.51		
期间最小权益	995822.99		
手续费	228552.47		
成交额	2285524742.43		

（五）数据统计

交易次数	1552
盈利次数	741
亏损次数	811
胜率	47.74%

总盈利	471337.81
总亏损	268180.72
回报风险比	$53 \div 17 \approx 3.1$
风险百分比	$17 \times 300 \times 0.2 \times 4 \div (1000000 \times 12\%) \times 100\% = 3.47\%$
最大回撤	9463.31
最大回撤比	6.11%
利润因子	总盈利/总亏损 = 1.76
清算率	平均盈利/平均亏损 = 1.92
破产风险	1%

五、移动平均线和震荡指标结合

（一）移动平均线和震荡指标结合原理

移动平均线和震荡指标结合原理是用指标来增强业绩的方法。这种方法，即结合移动平均线与某个震荡指标的办法，使投资者可以利用趋势市场和交易区间两类市场。移动平均线交叉用于产生买入和卖出信号，而震荡指标用于获取部分利润这种方法的原理是，移动平均线信号产生之后，通常会出现可盈利的走势，但到抵消信号出现之时，利润要么变成了亏损，要么被大幅侵蚀。一方面，2月的交叉是很好的信号，因为价格首先上涨，然后回调到移动平均线之上，没有出现负交叉。价格随后继续创下新高，因此，交叉产生了一个可盈利的信号。另一方面，在4月的买入信号之后，出现了一次非常剧烈的反弹和同样剧烈的下滑（见图8-108）。到负交叉出现的时候，这次买入信号产生的所有利润全都化为乌有。

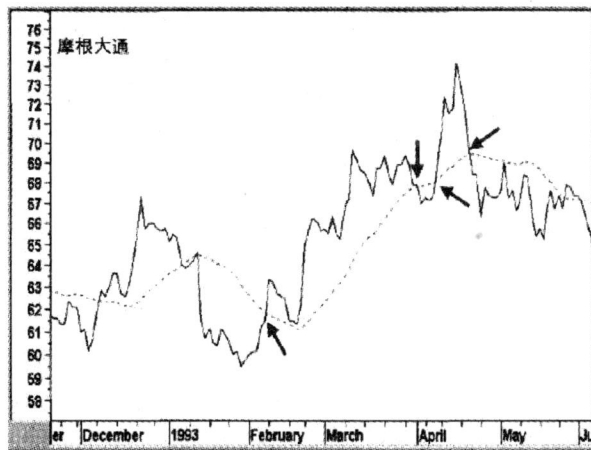

图8-108 摩根大通

将移动平均线与某个震荡指标相结合，可以设法获取部分头寸剧烈的反弹带来的利润，同时还允许剩下的头寸继续顺势操作，期待趋势依然继续发展。这一系统可能稍稍限制了利润，但更重要的是，它也限制了亏损。此方法还可以充分利用趋势市场的潜力，但如果随后的市场走势成了波动性很强的交易区间的一部分，它会将一部分利润收入囊中（见图 8－109）。如果我们提前知道该趋势会持续发展下去，我们就不必担心在其发展途中获取利润。遗憾的是，目前尚没有一种已知的方法来预测走势的幅度，因此，这种方法是一种折中。如果部分的利润被收入囊中，而价格走势仍然有利于我们，这就是一个错误（本来不应该将利润收回，而是任凭其继续发展）。但另一种情况是，如果价格走势不利于我们，这也是一个问题，因为事后将告诉我们，本应根据震荡指标的信号清算所有头寸。这一游戏的目标不是实现最大利润，因为那是不可能的，游戏的目标是获取可观的回报，同时能够稳定、切合实际地盈利。

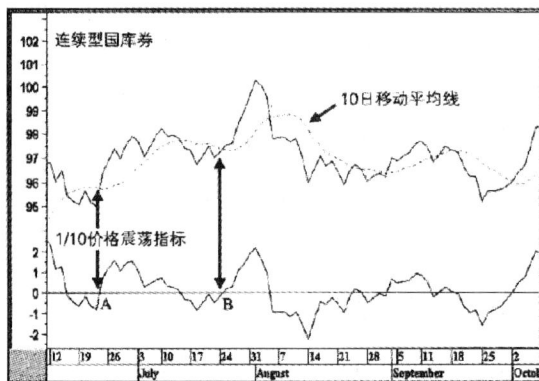

图 8－109　国库券与 1/10 价格振荡指标 1

（二）移动平均线和震荡指标介绍

移动平均线和震荡指标的系统是结合了一个预测趋势和交易区间价格走势两种方法来建立一个实际的系统。它包括：一根移动平均线、一个价格震荡指标。

这里价格震荡指标用较短期的移动平均值减去长期的移动平均值而计算。在这次系统设计里使用一个单时期的移动平均线，也就是说，收盘作为较短期的平均线，10 日简单移动平均线作为较长期的平均线。

（三）系统的平仓方法

（1）限价止损和止盈。

（2）限价止损和追踪止盈。

（3）利用超买超卖指标。

本系统中是用限价止损和止盈与超买超卖指标相结合。

（四）系统运行原理

当价格在移动平均线上方交叉时买入（比如在 7 月末的 A 点）。然后，要么当价格在低于平均线的位置上交叉，要么将震荡指标达到一个特定的预先确定的水平时卖出。可以发现，震荡指标几天以后到达指定的超买水平（B）。在这一系统中，选择 +2.5% 和 -2.5%。这意味着，超买和超卖线相当于价格到了 10 日移动平均线上方或下方的 2.5% 的位置。这样，在 8 月初，价格在平均线下方交叉，于是发出了一个做空信号（C），头寸在月底非常接近实际低点的位置轧平，因为震荡指标触及了它的超卖区（D），在移动平均线交叉上出现的下一个买入信号于9月初出现（E）。震荡指标没有机会移动到+2.5%的水平，因为移动平均线交叉首先到达。下一个做空信号是一次锯齿波，随后便是最后的买入信号（F）。它带来了小幅盈利（见图8－110）。

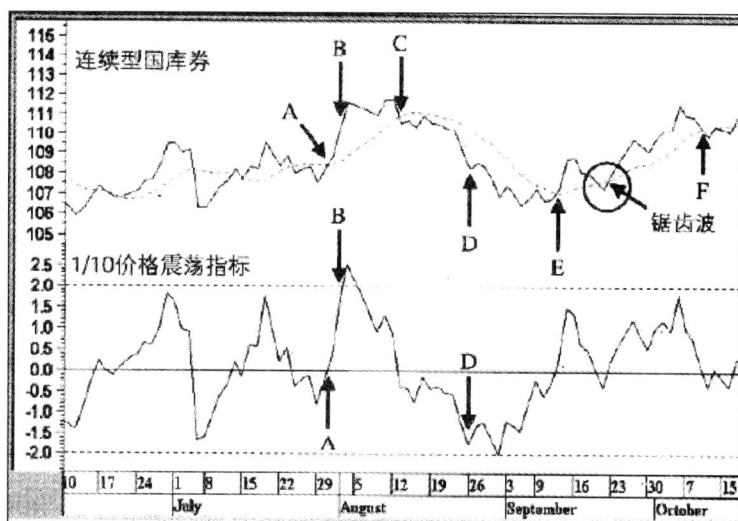

图8－110　国库券与1/11价格振荡指标2

为移动平均线和震荡指标使用一个变量，为超买和超卖条件使用另一个变量，采用这种方法来优化上述系统。在进行预演分析之后，总体的最佳回报是由26/2/－4的组合提供的，这可从表中看出。它并不是最后选择的系统，因为亏损次数比较多，本来可以选择26/2/－2组合，但其利润只是略好一点。28日的移动平均线产生的信号更少，达到234个，而信号更少，意味着犯错误的机会也更小。表面上看来，亏损信号达到234个而盈利信号只有131个，似乎这一系统是十分糟糕的。但如果你更仔细研究表8－54、表8－55中的报告，平均的盈利交易比亏损交易大2.2倍，这表明系统在合理地止损。

表8－54　国库券

美国芝加哥交易所国库券，2000～2003年连续型							
百分比	总交易次数	盈利交易次数	亏损交易次数	平均盈利交易次数	优化1	优化2	优化3
160.39	387	126	261	2.6001	26	2	－4
156.80	388	137	251	2.2558	26	2	－2
155.73	365	131	234	2.2056	28	2	－2
153.62	425	133	292	2.7005	24	2	－4
149.68	426	145	281	2.3202	24	2	－4
144.52	365	119	246	2.6470	28	5	－2
143.89	365	119	246	2.6598	28	6	－2
130.52	387	127	260	2.4372	26	2	－3
129.80	353	110	243	2.7424	30	5	－2

表 8 – 55

全部结束的交易	365	支付的佣金	0.20
每笔交易的平均利润	0.00	平均盈利交易/平均亏损交易的比率	2.21
全部多头交易	183	全部空头交易	182
盈利的多头交易	70	盈利的空头交易	61
盈利交易总数	131	亏损交易总数	234
盈利交易的金额	4.15	亏损交易的金额	– 3.36
平均盈利	0.03	平均亏损	– 0.01
最大盈利	0.10	最大亏损	– 0.06
平均的盈利时间长度	8.06	平均的亏损时间长度	4.52

为了保证交易系统的稳定性，笔者将进行历史数据回测和模拟实盘。

（五）历史数据回测

历史数据回测，效果预览见图 8 – 111。

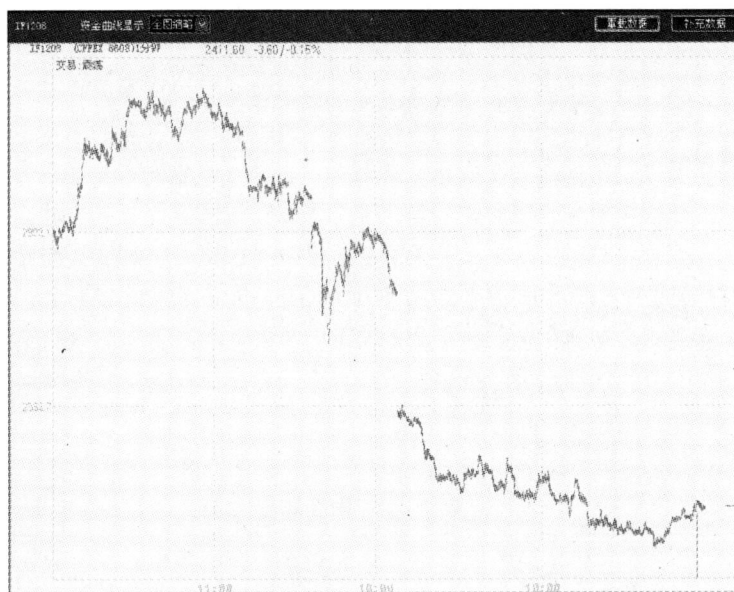

图 8 – 111　效果预览（其中白线为资金曲线）

（六）测算报告

IF1208　1 分钟　震荡

名称	全部交易	多头	空头
合约	IF1208		
K 线周期	1 分钟		
开始时间	2011 – 06 – 20		
结束时间	2012 – 08 – 10		

续表

名称	全部交易	多头	空头
单位	300（吨/手，元/点）		
保证金	12%		
手续费	1.00%		
下单价格	指令价位		
开仓手数	1		
参数	[0, 0, 0, 0, 0, 0]		
测试天数	418		
测试周期数	22399		
指令总数	1565		
初始资金	1000000.00		
最终权益	1265718.77		
空仓周期数	12487		
最长连续空仓周期数	105		
最长交易周期	72		
标准离差	2725.14		
标准离差率	9.96		
盈亏总平均/亏损平均	0.45		
最大回撤	27123.02		
最大回撤时间	2011-06-29 15：07		
最大回撤比	2.68%		
最大回撤比时间	2011-06-29 15：07		
每手最大回撤	5988.87		
每手平均盈亏	273.67		
盈利率	26.57%	7.70%	18.87%
胜率	40.58%		
平均盈利/最大回撤	0.06		
平均盈利/平均亏损	2.57	2.24	2.85
净利润	265730.19	77038.91	188691.28
总盈利	617846.94	249453.81	368393.16
总亏损	352116.78	172414.91	179701.88
总盈利/总亏损	1.75	1.45	2.05
其中持仓浮盈	479.93	479.93	0.00
交易次数	971.00	479.00	492.00
盈利比率	0.41	0.39	0.42
盈利次数	394.00	188.00	206.00
亏损次数	577.00	291.00	286.00
持平次数	0.00	0.00	0.00
平均交易周期	23.07	46.76	45.53
平均盈利交易周期	56.85	119.14	108.73
平均亏损交易周期	38.82	76.97	78.32
平均盈亏（利润）	273.67	160.83	383.52
平均盈利	1568.14	1326.88	1788.32

名称	全部交易	多头	空头
平均亏损	610.25	592.49	628.33
最大盈利	64705.39	11341.34	64705.39
最大亏损	5988.87	5988.87	4285.09
最大盈利/总盈利	0.10	0.05	0.18
最大亏损/总亏损	0.02	0.03	0.02
净利润/最大亏损	44.37	12.86	44.03
最大持续盈利次数	5.00	5.00	5.00
最大持续亏损次数	11.00	9.00	8.00
平均持仓手数	1		
最大持仓手数	1		
平均使用资金额	9638.65		
最大使用资金额	113299.21		
平均资金使用率	0.86%		
最大资金使用率	11.17%		
扣除最大盈利后收益率	20.10%	6.57%	12.40%
扣除最大亏损后收益率	27.17%	8.30%	19.30%
期间最大权益	1277744.15		
期间最小权益	983650.09		
手续费	159219.14		
成交额	1592191437.23		

（七）数据统计

由于程序里将设置 17 个最小变动价位止损，53 个价位止盈，最大仓位为 4 手。

测试天数	418
盈利次数	394
亏损次数	577
胜率	40.58%
总盈利	617846.94
总亏损	352116.78
回报风险比	$53 \div 17 \approx 3.1$
风险百分比	$17 \times 300 \times 0.2 \times 4 \div (1000000 \times 12\%) \times 100\% = 3.47\%$
最大回撤	27123.02
最大回撤比	2.68%
利润因子	总盈利/总亏损 = 1.75
清算率	平均盈利/平均亏损 = 2.57
破产风险	4

第十一节　洛氏霍克交易法研究报告

一、1-2-3结构

（一）市场的语言——1-2-3结构

高位1-2-3结构和低位1-2-3结构是市场中几乎所有大趋势运行的最初始结构。因为几乎每段趋势，无论是大趋势还是小一些的趋势，都可以从高位1-2-3结构或低位1-2-3结构开始。高位1-2-3结构和低位1-2-3结构不仅是一段趋势的开始，而且也确定了一段趋势。高位1-2-3结构和低位1-2-3结构出现在市场的主要高低点和中期高低点位置。

市场的运行通常是由那些有能力操纵市场价格的人推动的，而他们的目的是获取利润。特别是许多当日价格的运行，完全是被人为操纵的。是市场参与者对价格运行的感知以及对盈利的预期引发交易者的买卖行为，从而引发价格持续地上下波动。任何一根普通K线的开盘价、最高价、最低价、收盘价都揭示了市场参与者的情绪和行为对价格运行的驱动作用。在任何时间周期中，无论是从秒线、分钟线、小时线、日线、周线、月线还是年线中都可以看到这点。正确解读市场是为了对市场运行做出正确的判断，进一步在K线图中找到好的价格点位。对K线运行关键点位的正确解读可以提高交易的成功率。

1-2-3结构是利用市场动能的有效途径。市场动能的产生是由于市场参与者在感情驱使下的交易行为对不同市场的影响。市场参与者的情绪是通过他们对价格运行方向的判断表现出来的，是不能精确预测的。我们定义高位1-2-3结构和低位1-2-3结构的目的是为了在2点被突破时入市交易。

（二）低位1-2-3结构的形成

典型的低位1-2-3结构在下降趋势结束时形成。通常，价格会出现一个最后的低点"1"，进而向上运行到点"2"，然后开始向下的回调；向下运行到某一点后重新开始向上的运行，从而形成一个次低点"3"。价格从1点到2点可能不止一根K线，价格从2点到3点也可能不止一根K线。2点和3点要经过完整的回调而确认（见图8-112）。

图8-112　低位1-2-3结构

当价格向下的运行结束，并开始向上运行时，点1的低位才形成。最后一轮下降趋势中的最后一根出现新低的K线的最低点被定义为1点。回调完成后，低位1-2-3结构的2点才形成。回调完成是指价格从潜在的 2 点开始向下运行时，要有一根 K 线较前面的 K 线有更低的高点和更低的低点，或者是由两根或三根 K 线的组合，形成了更低的高点和更低的低点。更低的高点和更低的低点可以以任何顺序出现。三根 K 线以上的组合被我们称为停顿。1 点和 2 点可以出现在同一根 K 线上（见图 8 – 113）。

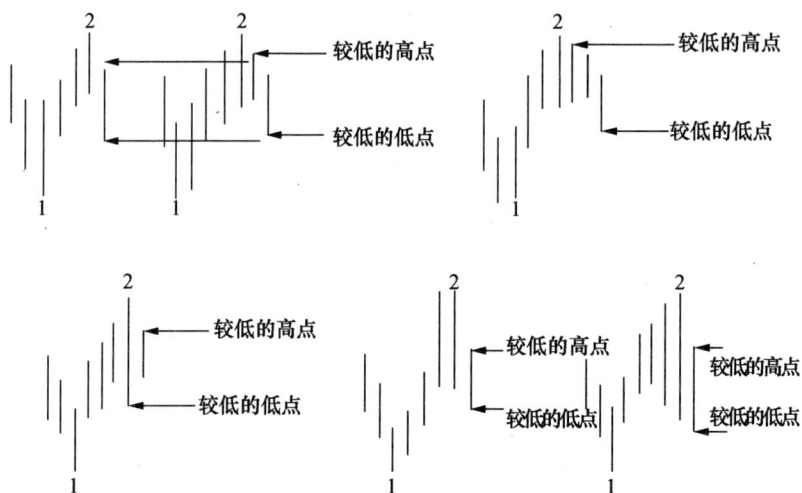

图 8 – 113　停顿结构 1

低位 1 – 2 – 3 结构的 3 点也是在回调完成后才形成的。回调完成是指价格从潜在的 3 点向上运行时，至少要有一根 K 线但不超过两根 K 线，比前面的 K 线有较高的高点和较高的低点。2 点和 3 点可以同时形成于同一根 K 线（见图 8 – 114）。

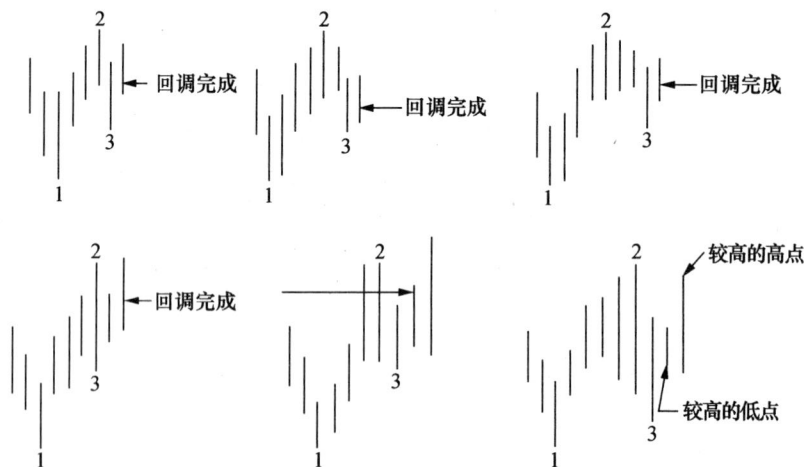

图 8 – 114　停顿结构 2

（三）低位 1 – 2 – 3 结构的市场意义

既然低位 1 – 2 – 3 结构是在一个下跌趋势或整理结构结束时形成的，我们很有必要深入探讨一下这种结构形成的市场原因。如图 8 - 115 所示，低位 1 - 2 - 3 结构在下跌趋势结束时形成，点 1 的形成过程如下：

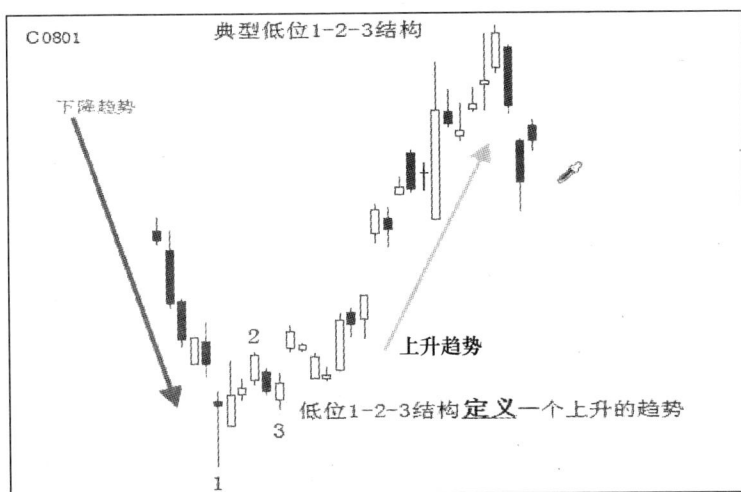

图 8 - 115　卖方力量减弱，买方力量增强

　　卖方力量减弱、买方力量增强并开始占据优势时，形成低位 1 - 2 - 3 结构。

　　随着价格下跌到低位，市场中不再有交易者愿意卖出。从这点开始，市场从供给过多变成供给过少，价格从而开始向上运行。之前推动价格下跌的卖出交易者，发现价格开始上涨，就会买入平仓获利。他们为了平空单而买入的交易行为引发价格上涨。一直等待机会做多的交易者看到空方结束了表演，开始入市做多，从而使市场进一步向上运行，价格于是从 1 点运行至 2 点。之后这些做多的交易者，特别是短线交易者，很快开始将部分或全部的多头头寸平仓获利，进行卖出操作。从而使市场再一次向下，于是价格开始从 2 点向 3 点运行。那些看空的交易者会认为之前的上升只是市场的短暂反弹，价格将会继续下跌趋势，他们开始入市做空。他们的卖出行为促使价格继续向下运行或者说使价格继续向下回调。

　　如果空方是正确的，价格会一直向下运行并突破 1 点，导致之前向上的趋势无效。如果空方是错误的，价格将不会进一步向下运行。新的做多者会进入市场推动价格重新从 3 点向 2 点运行。如果价格进一步突破了 2 点，可能会形成新的趋势。

　　如果多空双方的较量使市场进入横向运行，2 点被突破后就不会形成任何趋势。这种横向运行可能是力量的积聚而使市场向上突破，也可能是力量的释放而使市场开始向下运行。这时只能静观其变。

　　如果市场进入横向运行，1 - 2 - 3 结构有可能在价格横向运行结构的内部形成。值得注意的是，在横向结构的上沿可能形成高位 1 - 2 - 3 结构并向下突破；相反，低位 1 - 2 - 3 结构可能在横向结构的下沿形成并向上突破。如果横向运行确实是力量的积聚，价格会向上突破。供给量的萎缩使得供给短缺而使需求增加，一旦商品的供给在低价位被吞噬殆尽，价格会随需求量的增加而上涨。

　　通常一个低位 1 - 2 - 3 结构向上的突破显示多空较量的结束，并且表明多头获得了胜利。

（四）高位 1 - 2 - 3 结构的形成

典型的高位 1 - 2 - 3 结构在上升趋势结束时形成（见图 8 - 116）。通常，价格会出现一个最后的高点 1，进而向下运行到点 2，然后开始向上的回调；向上运行到某一点后重新开始向下运行，从而形成一个次高点 3。价格从 1 点运行至 2 点之间可能不止一根价格 K 线，价格从 2 点到 3 点也可能不止一根 K 线。2 点和 3 点要经过完整的回调才能得到确认。如图 8 - 117 所示，当价格向上的运行结束，并开始向下运行时，1 点的高位才形成。

图 8 - 116　高位 1 - 2 - 3 结构　　　　图 8 - 117　高位 1 - 2 - 3 结构

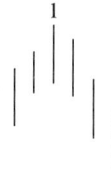

最后一轮上升趋势中的最后一根出现新高的 K 线的最高点定义为 1 点。向下的回调完成后，高位 1 - 2 - 3 结构的 2 点才形成。回调完成的意思是价格从潜在的 2 点向上运行时，必须有一根 K 线或两根至三根 K 线的组合较前面的 K 线有更高的高点和更高的低点。更高的高点和更高的低点可以以任何顺序出现。三根 K 线以上的组合我们称为 CS 结构（见图 8 - 118）。

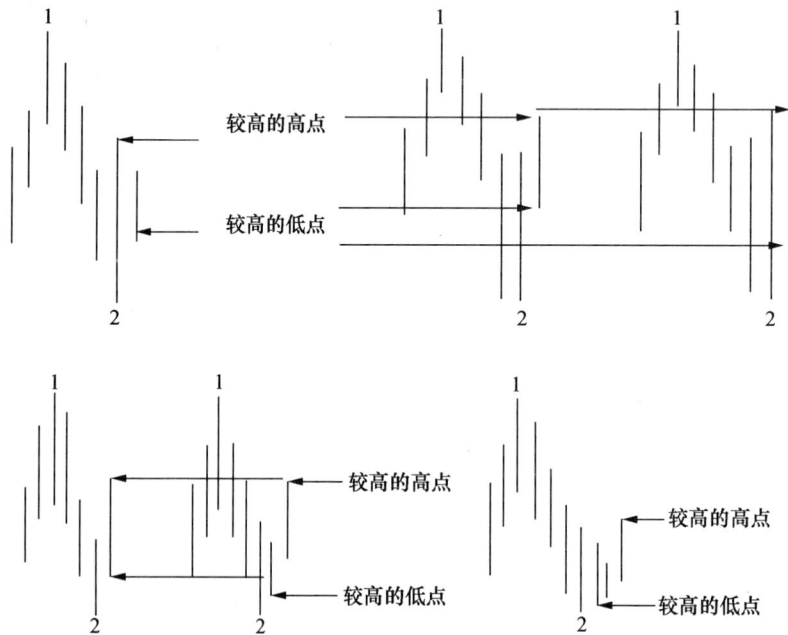

图 8 - 118　CS 结构 1

高位 1 - 2 - 3 的 3 点也是在回调完成后才形成。回调完成是指价格从潜在的 3 点向下运行时至少要有一根 K 线但不超过两根 K 线比前面的 K 线有较低的低点和较低的高点。2 点和 3 点可以形成于同一根 K 线上（见图 8 - 119）。

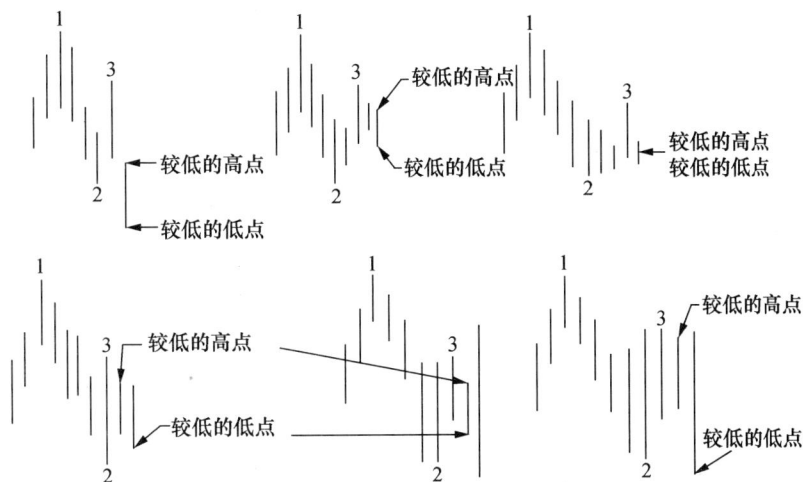

图 8 - 119 CS 结构 2

（五）高位 1 - 2 - 3 结构的市场意义

高位 1 - 2 - 3 结构是在与低位 1 - 2 - 3 结构完全相反的情形下形成的。当市场中不再有新的买入者加入时，价格开始稳定，不再上涨，进而开始下跌。多方预感到市场向上的运行暂时结束了，开始卖出平仓获利。多方的平仓行为是通过卖出所持有的头寸来实现的，使得价格进一步下跌，因而形成 1 点。市场向下的运行吸引了寻找机会做空的交易者，他们的入市使价格进一步下跌。价格从 1 点的高位向潜在的 2 点运行。很快，持有空头的交易者会将所持头寸的一部分或全部买入获利平仓。这样价格在形成了低点（潜在的 2 点）后重新向 1 点运行。看多的交易者们迫不及待地开始买入，他们认为之前的下跌只是上升趋势的回调，市场会出现新的高点。他们推动市场价格进一步上涨。如果价格一路向上突破了 1 点，这个高位 1 - 2 - 3 结构就不存在了，上升趋势依然继续，多方取得了胜利。

如果因为 1 点价位过高未能被突破，价格再次向下运行就形成了 3 点。多方将会平仓卖出，同时空方加入做空，因而可能推动价格向下突破 2 点。2 点被向下突破可能会形成下跌趋势。价格是否会继续下跌，我们不知道。价格有可能进入横向运行，如果是这样，我们就又回到了前面所讲的横向市场可能的突破方式。

高位 1 - 2 - 3 结构向下突破显示多空较量结束而空方获得胜利。市场中很多向下的趋势是在高位 1 - 2 - 3 结构之后形成的。在大多数市场中，高位 1 - 2 - 3 结构从高点到低点的区间更大，因为一般情况下，价格的下跌速度比上升要快。外汇交易市场是一个例外，因为在外汇市场交易的是两种货币的比值，一种货币上涨时，另一种货币就会相应下跌。一种货币价格的急剧下跌是由另一种货币价格的急剧上涨来表现的（见图 8 - 120）。

当市场中买卖双方力量发生转换，买方力量减弱卖方力量增强并开始占据优势时，形成高位 1 - 2 - 3 结构（见图 8 - 120）。

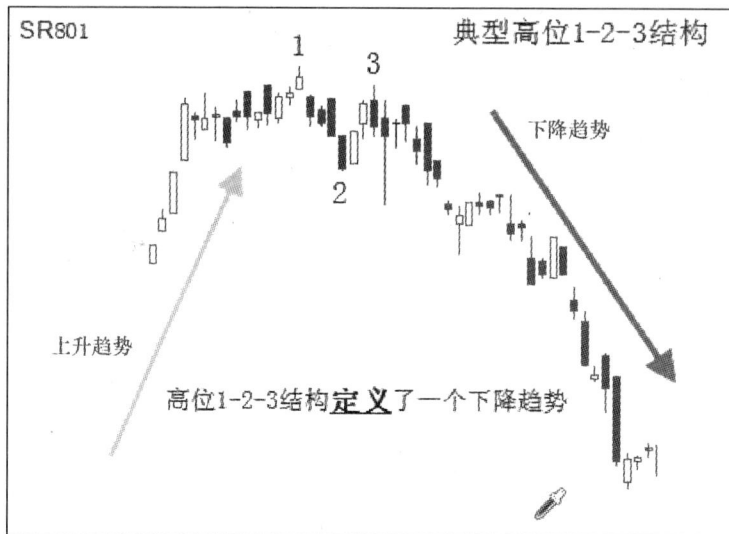

图 8 - 120　高位 1 - 2 - 3 结构的形成

二、洛氏霍克结构

（一）洛氏霍克结构的形成

一个洛氏霍克结构（简称 Rh 结构）的形成有以下 4 种情况：

（1）一个低位 1 - 2 - 3 结构被突破后第一根没有出现更高高点的 K 线使 Rh 结构形成低位 1 - 2 - 3 结构的 2 点被突破后，第一根不创新高的 K 线使洛氏霍克结构形成（见图 8 - 121）。

（2）一个高位 1 - 2 - 3 结构被突破后第一根没有出现更低低点的 K 线使 Rh 结构形成高位 1 - 2 - 3 结构的 2 点被突破后，第一根不创新低的 K 线使洛氏霍克结构形成（见图 8 - 122）。

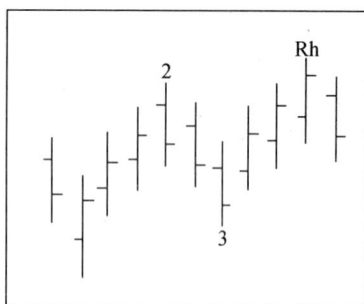

图 8 - 121　Rh 结构 1

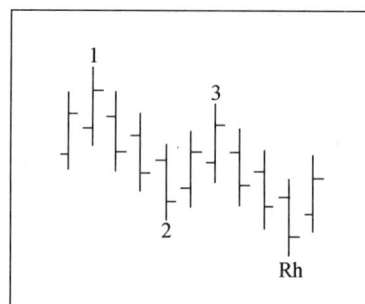

图 8 - 122　Rh 结构 2

（3）任何一个横向运行结构，包括停顿结构（即 LG 结构）、整理结构（即 CG 结构）、震荡结构（即 TR 结构）被向上突破后第一根没有出现更高高点的 K 线使 Rh 结构形成横向运行结构被向上突破后，第一根不创新高的 K 线使洛氏霍克结构形成（见图 8 - 123）。

（4）任何一个横向运行结构，没有出现更低低点的 K 线使 Rh 包括停顿结构、整理结构、震荡结构被向下突破后第一根结构形成横向运行结构被向下突破后，第一根不创新低的K线使洛氏霍克结构形成（见图8-124）。

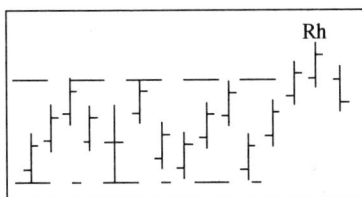

图8-123　Rh结构3

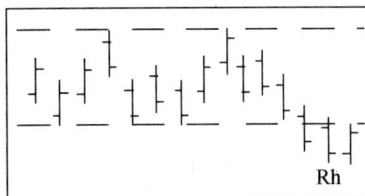

图8-124　Rh结构4

（二）趋势运行的判断

除了用突破后回调形成洛氏霍克结构来判断市场是否结束横向移动，并开始趋势运行之外，还能有什么其他的方法吗？

高位或低位1-2-3结构中2点的突破定义了一个趋势，而随后洛氏霍克的突破则确定了前面这个趋势。奇克入市法是一个最安全的入市方法，可以用它来交易高位或低位1-2-3结构和所有的洛氏霍克结构。

横向移动市场中的1-2-3结构也定义了一个趋势，这时使用奇克入市法的入市效果不好。这是因为在整理结构和震荡结构中，通常都是由反向的1-2-3结构组成。如果在一个横向移动的市场中形成了一个∧∖∧形态或∖∧∕形态，这些形态通常是由一个高位1-2-3结构紧跟一个低位1-2-3结构，或者一个低位1-2-3结构紧跟一个高位1-2-3结构组成的。这时2点的突破通常不能引发市场走势的变化，当然也不是一个好的交易位置。

我们需要一个打破常规的方法，这个方法不但可以增加交易的成功率，而且是市场突破方向的指示信号。这种方法就是使用洛氏霍克结构交易。当市场横向移动时，交易者应该注意在1-2-3结构后紧跟着的洛氏霍克结构（见图8-125）。使用奇克入市法在洛氏霍克点被突破前入市是最好的方法。

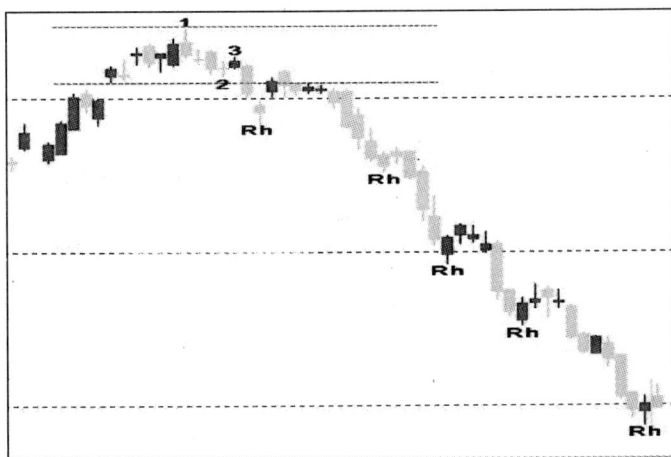

图8-125　洛氏霍克结构的应用

当然，不会每一次都成功，也有失败的突破。然而统计表明，价格横向移动时交易洛氏霍克结构的突破，成功率是很高的。也可以使用奇克入市法在洛氏霍克点被突破前入市，这是更好的做法。

三、交易依据

（一）如何交易 1 - 2 - 3 结构

有很多人问如何交易 1 - 2 - 3 结构。他们问我："你在什么位置做多，在什么位置做空？"我个人更愿意尽可能地使用奇克入市法入市，下面我用图例来讲解用奇克入市法如何入市（见图 8 - 126）。

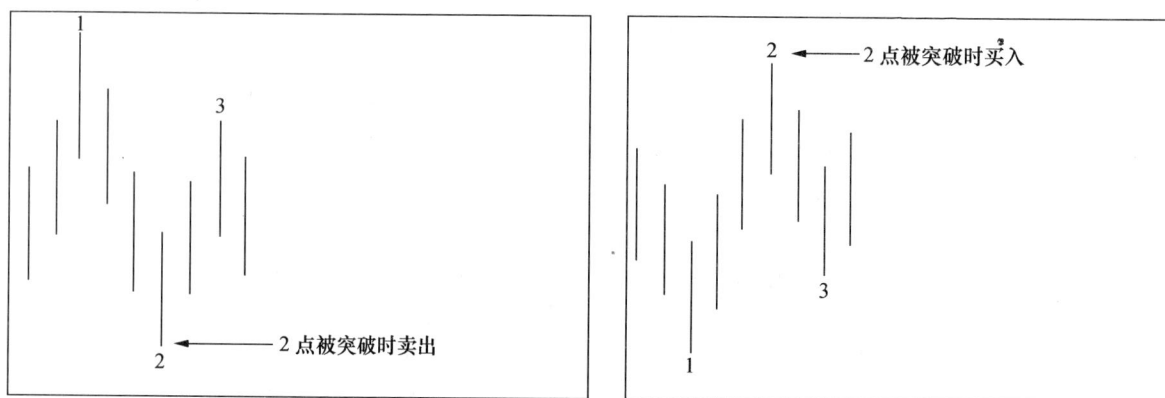

图 8 - 126　1 - 2 - 3 结构的交易

（1）在高位 1 - 2 - 3 结构的 2 点被突破时卖出；

（2）在低位 1 - 2 - 3 结构的 2 点被突破时买入。

注：在上升趋势中 3 点不能低于 1 点；在下降趋势中 3 点不能高于 1 点。

当价格即将突破这些关键点位时，我们提醒自己，如果价格跳过我们的入市点就不入市，只有当价格穿过我们的入市点时才进行交易。高位 1 - 2 - 3 结构和低位 1 - 2 - 3 结构只在市场趋势反转时形成，即只在市场的主要高低点或中期高低点才起作用。当市场可能正在形成一个底部或者向下回调达到 50% 或更多的时候，我们就要看是否形成低位 1 - 2 - 3 结构。当市场可能正在形成一个头部或者向上回升达到 50% 或更多的时候，我们就要看是否会形成高位 1 - 2 - 3 结构。准确的入市位置是在真正的突破发生之时或之前。

（二）如何交易洛氏霍克

当我不能用奇克入市法入市时，就在 Rh 点被突破时入市，如图 8 - 127、图 8 - 128 所示。

但一定要记住：当 Rh 点被突破时经常只是诱多（空），而形成假突破。

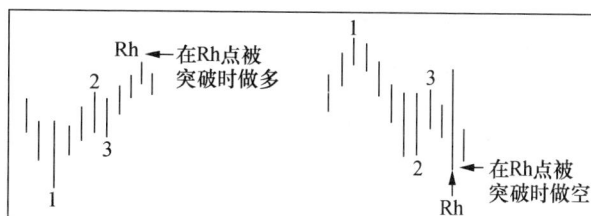

图 8 - 127　洛氏霍克结构的交易 1

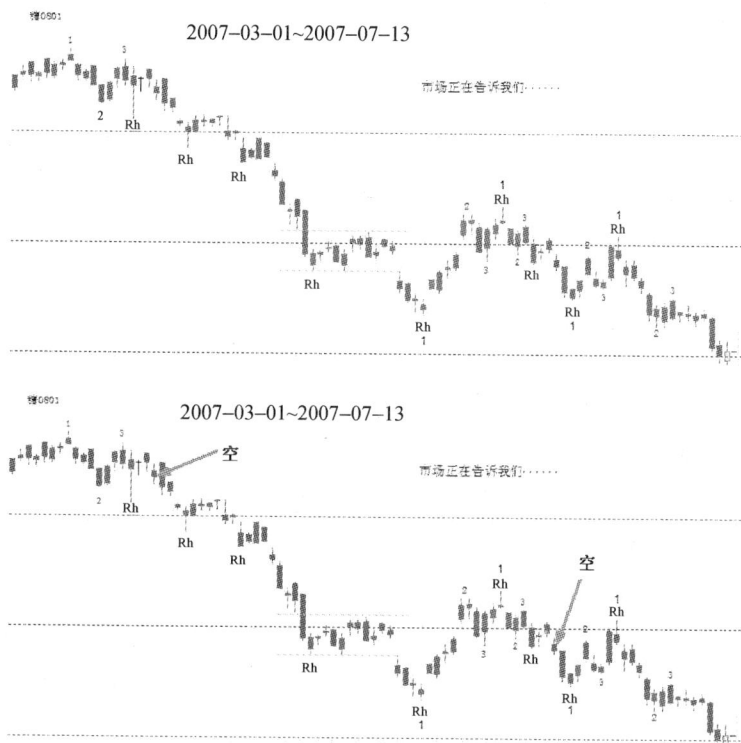

图 8 - 128　洛氏霍克结构的交易 2

（三）洛氏霍克结构的实际运用

如图 8 - 129 所示价格在最后一个助位置形成了双重高点之后回调。很多职业交易者一旦意识到双重高点形成，就会立刻在这里做空。仔细看图我们可以从较低位置的 Rh 点到其回调低点，即 3 点，再到双重高点 Rh 后的回调低点开始画一条真实的趋势线。

这里市场向下的突破形成了一个高位 1 - 2 - 3 和 Rh。市场向上的突破形成了一个低位 1 - 2 - 3 结构和 Rh。如果价格向上突破双重头部 Rh，我们就可以在市场突破双重阻力位之后回调时形成的助位置做多。

双重头部 Rh 是建立空头头寸的低风险入市点。但在图 8 - 130 我们要在向下的 Rh 突破后再入市。更有经验的交易者会在价格离开双重头部时就入市做空。这种交易风险低是因为止损可以暂时设置在高点之上。注意我说的是暂时。双重头部是一个很危险的止损位置，因为场内交易者知道这些止损的位置，他们可以操纵市场形成假突破。

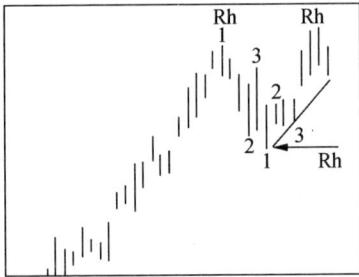

图 8 - 129　双重高点 Rh

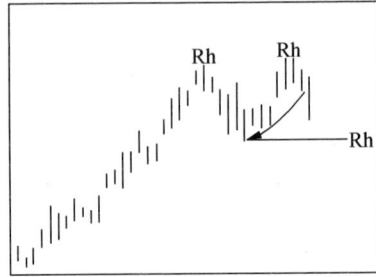

图 8 - 130　双重头部 Rh

　　用奇克入市法可以使我们在双重头部 Rh 突破前入市做多。当我们认为价格会再次向上验证市场头部时，更谨慎的交易方法是用奇克入市法入市。图 8 - 131 中奇克入市法的入市位置在回调的第三根 K 线之上。我们可以在奇克入市法的入市点建立部分或全部的头寸，这要看每个交易者的选择，而我选择在奇克入市法的入市点建立全部头寸。然而价格却继续向下突破了更低位置，见图 8 - 132。我们应该已经在这个 Rh 之下设置了限价卖出单。我们可以在这个 Rh 被突破时建立全部或部分空单。

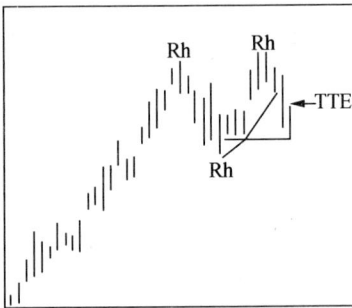

图 8 - 131　奇克入市法 1

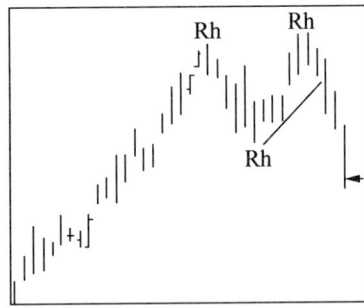

图 8 - 132　奇克入市法 2

　　接着，价格向下急跌。然而，因为在 Rh 被突破之前，市场已经连续走出 4 根 K 线，我们不能用在助突破后的每根 K 线低点埋空单的方法贸然入市（见图 8 - 133）。市场随时可能会反弹。

图 8 - 133　奇克入市法 3

注意图 8 - 134 中右侧箭头所示 K 线，这里的当日反弹非常重要，它使我们有了提前入市的机会。由于市场在前一日 K 线的高点位置开盘并高走，之后又突破了前一日 K 线的低点，表明我们至少还有一个做空的交易日。如果是日内交易者，就可以在日内回调形成的助突破之前入市。实际上，做日内交易时，如果有可能就在前一日 K 线低点突破前使用奇克入市法入市。

在日内反弹后市场走出了一根反向 K 线。市场给了我们一个信号！注意这个跳空低开的缺口和这个交易日余下时间的价格走势。有经验的交易者在这样跳空低开的市场会做多，有些是在开盘后立刻开仓，而有些是在价格穿过开盘价向上时再开仓。当你看到很强趋势市场中像这样跳空开盘时，获利的机会就来了。如果你有勇气并且控制能力很强的话，获利后立刻反向开仓。大部分时候交易成果都会令你满意的（见图 8 - 135）。事实上，在很多职业交易者认为市场正在进行整理时会在跳空开盘时将头寸加倍，以顺趋势时两倍的头寸逆趋势交易。

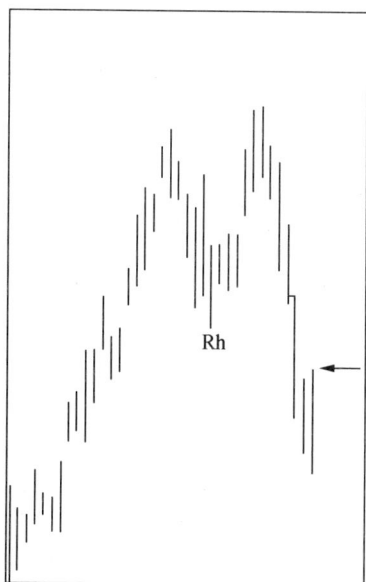

图 8 - 134 奇克入市法 4

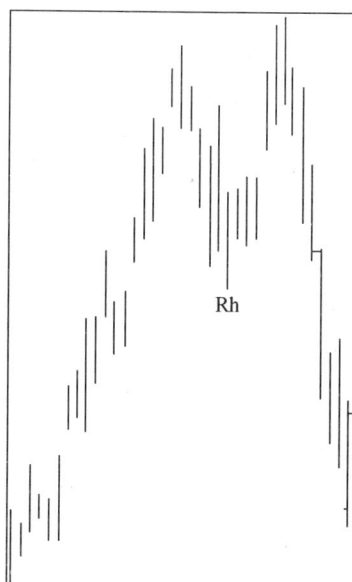

图 8 - 135 奇克入市法 5

接下来价格反弹，它在前一日 K 线上部开盘，并在前一日 K 线高点之上运行时，也许你还没有意识到反弹要结束了（见图 8 - 136）。

图 8 - 137 中最后一根 K 线与前面 4 根 K 线一起组成一个区域，用长方形画出。这个区域是 K 线交替形成的整理结构。

图 8 - 138 中虽然没有显示，但如果在图中绘制一条 3×3 收盘价移动平均线，就会发现它从中间穿过了这个 5 根 K 线组成的整理区域。

你也许会想起 3×3 移动平均线是反转 Rh 的过滤器。在这里，它也起到了过滤器的作用，我们可以断定这是一个 K 线交替组成的整理结构。由于图 8 - 139 的这根 K 线是在 Rh 低点之下跳空开盘，因而交易被过滤掉，我们就不能入市交易助的突破。这里的跳空开盘会使场内交易者加倍头寸做多，价格向上形成反转 K 线。记住，当场内交易者认为市场在整理或回调时，

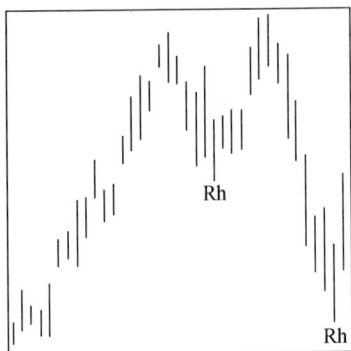

图 8 - 136　奇克入市法 6

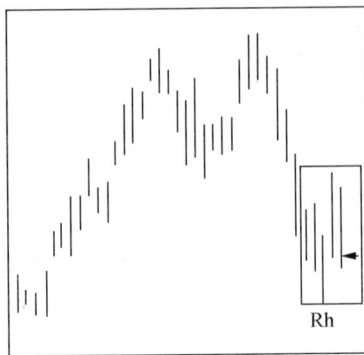

图 8 - 137　奇克入市法 7

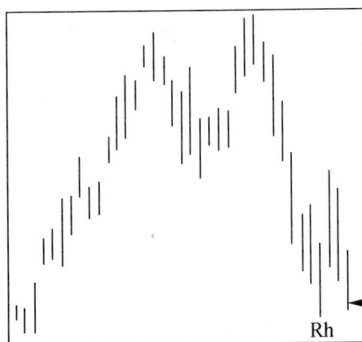

图 8 - 138　奇克入市法 8

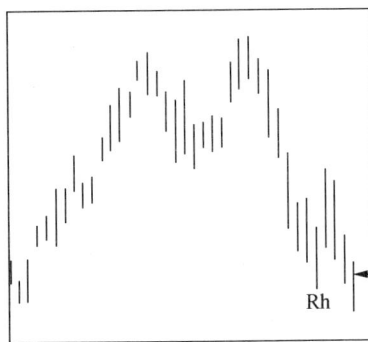

图 8 - 139　奇克入市法 9

如果出现跳空开盘他们就会将头寸加倍。这种加倍可以作为我们交易的过滤方法，因为我们预期场内交易者会试图使缺口回补。当日交易者可以利用场内交易者的这种方法进行交易。

价格向下跳空开盘越过 Rh 点之后向上运行，我们可以在即将形成的新 Rh 点之下设置卖单。接下来的一个交易日，价格向上跳空开盘形成缺口。由于价格在前一交易日高点之上，因此也会带来双倍的空单。这根反弹 K 线可以和前面的反弹 K 线画一根连线（见图 8 - 140）。

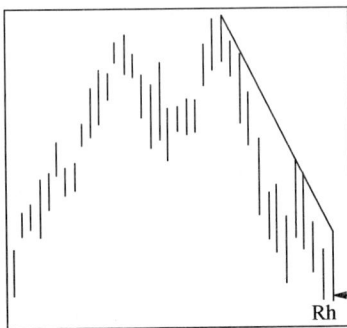

图 8 - 140　奇克入市法 10

第十二节　网格交易法研究报告

一、网格交易法策略概况

网格交易法，最早出现于外汇交易市场，其思想主旨为捕捉市场的噪声，而非趋势！
网格交易法具体策略为：
（1）买卖规则：确定网格间距后（如每 10 点为一格），双向开仓、浮亏加码、光止盈、不止损；
（2）策略优势：震荡市道中的交易利器；
（3）策略风险：在强趋势行情中，可能会导致"鱼死网破"。
网格交易法能否成功应用，关键因素取决于风控，可考虑采取以下方法来防范风险：
（1）动静态扩大网格间距，以控制单边风险暴露的速度；
（2）达到固定金额亏损上限时，临时关闭网格；
（3）拟定单边风险暴露的手数（格数）上限；
（4）应用于价差套利或低波动性品种；
（5）动态网格，移动网格的价格中枢，以增强时效适应性；
（6）建立多层嵌套大小不同的网格，既控制风险，又强调获利速度。

二、网格交易法策略设计

（一）模型构思

适合于震荡市行情，通过高抛低吸方法获利。
策略期望：获取震荡行情大部分利润。

（二）仓位管理

假设某品种期货最高价为 H，预测在最坏情况下会跌到 L，当价位小于 P（P! =L）时开间隔 X 个点布买单，当价位大于 P（P! =H）时开间隔 Y 个点布卖单，总投资金额为 T，期货经纪商提供保证金杠杆为 N（N>1），在保证下跌过程中有足够资金建仓，则当价格小于 P 时买单仓位配置管理如下：

需要建仓次数 =（P－L）/X（取整）
最大建仓手数 =2NT/〔每手交易单位 ×（L＋2NP－2NL）〕（取整）
每次建仓手数 =2NTX/〔每手交易单位 ×（L＋2NP－2NL）×（P－L）〕（取整）
当价格每下跌 X 个点再回到原先价格时，则该次买卖：
收益率 =每手交易单位 × 每次建仓手数/T
当价格大于 P 时卖单仓位配置管理如下：
需要建仓次数 =（H－P）/X（取整）

最大建仓手数 = 2NT/［每手交易单位 ×（H + 2NH − 2NP)］（取整）

每次建仓手数 = 2NTX/［每手交易单位 ×（H + 2NH − 2NP）×（H − P)］（取整）

当价格每下跌 X 个点再回到原先价格时，则该次买卖：

收益率 = 每手交易单位 × 每次建仓手数/T

从以上收益率公式看出，收益率跟建仓间隔（即网格线）呈正相关，与选择建仓时机（目前价位与最坏情况价格差价）负相关，预测的差价越大，其期望收益率越低，故应挑选波动率小的品种。此外，建仓间隔越小，越容易成交获取点数收益，但交易成本越高，需要有一个综合衡量。

（三）交易策略设计

（1）设定一个买卖价格中枢，此价格中枢可由历史均价或自由设定，高于此价格布空头网格线，低于此价格布多头网格线。

（2）当市场价格高于价格中枢一定间距（网格点）做空，此后价格继续上涨一定间距（网格点）做空，下跌一定间距（网格点）平空单，以此类推。

（3）当市场价格低于价格中枢一定间距（网格点）做多，此后价格继续下跌一定间距（网格点）做多，上涨一定间距（网格点）平多单，以此类推。

（4）为了防止出现较大亏损，不确定性较大品种最大仓位可做出限制，其余按照上述仓位管理规则执行。

适合于震荡市行情，其简化流程如图 8 − 141 所示。

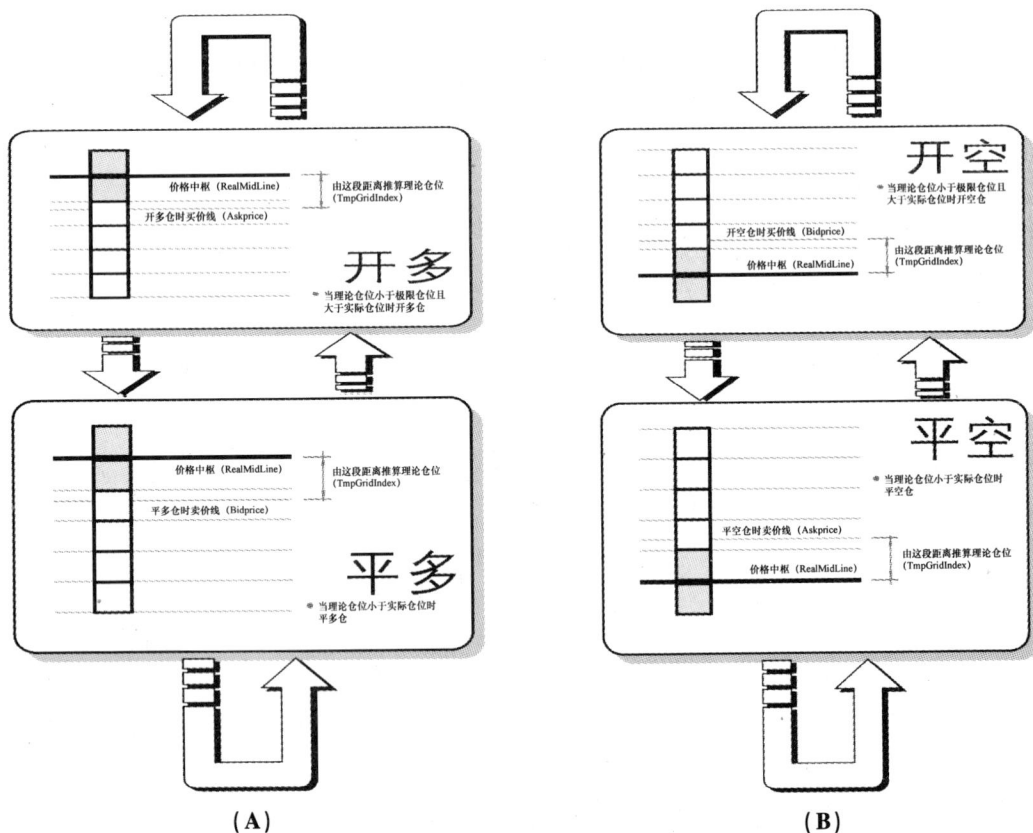

（A） **（B）**

图 8 − 141　网格交易法策略示意图

三、数据汇总报告（股指期货）

（一）仓位管理

数据测试时间为 2010 - 04 - 28 ~ 2012 - 09 - 18 的股指期货当月（连续）合约 1 分钟 K 线图，开 1 手仓，网格间距为 5 个点，限制最大持仓量为 20 手（股指不确定性较大，执行最大仓位限制），2700 点为价格中枢线，初始资金为 10000000 元。

（二）历史数据回测

历史数据回测、效果预览如图 8 - 142 所示。

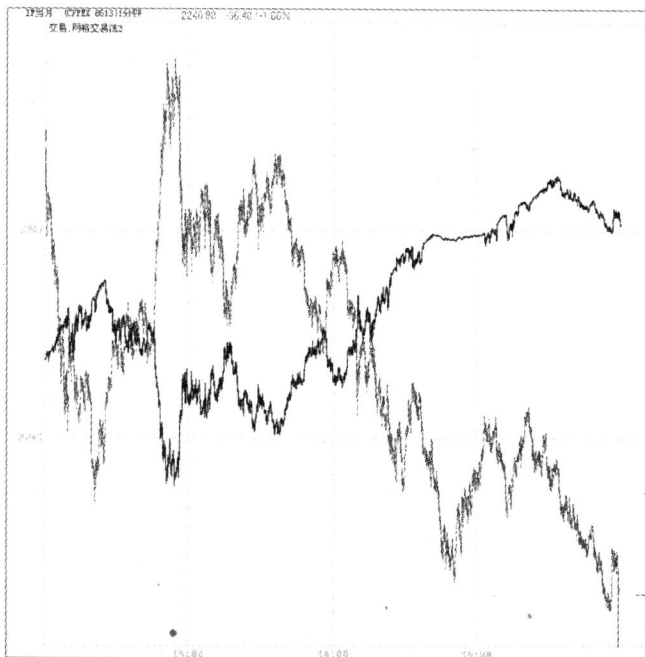

图 8 - 142　网格交易法历史回测图（股指期货）

（三）资金管理统计数据指标

表 8 - 56　网格交易法资金管理统计数据指标（股指期货）

项目	数据	备注
测试天数	875	2010 - 04 - 28 ~ 2012 - 09 - 18
初始资金	10000000	
最终权益	11355459.43	
收益率	13.55%	
手续费	1%	实际交易手续费比此低，预留足够冲击成本
盈利笔数	121	
亏损笔数	7	
胜率	94.53%	
总交易数	128	

项目	数据	备注
报酬风险比		不设止损
风险百分比		不设止损
盈利能力		不设止损
利润因子		不设止损
清算率		不设止损
破产风险	0	
最大回撤	1622177.25	
最大回撤比	16.22%	

（四）历史数据回测汇总

名称	全部交易	多头	空头
初始资金	10000000		
合约	IF加权		
K线周期	1分钟		
开始时间	2010-04-28		
结束时间	2012-09-18		
单位	300(吨/手,元/点)		
保证金	8%		
手续费	1.00%		
参数	[0,0,0,0,0,0]		
测试天数	875		
测试周期数	157533		
指令总数	1687		
初始资金	10000000.00		
最终权益	11355459.43		
空仓周期数	542		
最长连续空仓周期数	249		
最长交易周期			
标准离差	36066.33		
标准离差率	3.41		
盈亏总平均/亏损平均	0.34		
最大回撤	1622177.25		
最大回撤时间	2010-11-05 09:26		
最大回撤比	14.95%		
最大回撤比时间	2010-11-05 09:26		
每手最大回撤	2196.54		
每手平均盈亏	1598.52		
盈利率	13.56%	2.98%	10.58%
胜率	94.53%		
平均盈利/最大回撤	0.01		
平均盈利/平均亏损	0.42	0.40	0.44
净利润	1355543.50	297567.03	1057976.50
总盈利	1573081.00	362430.06	1210651.00
总亏损	217537.52	64863.04	152674.47
总盈利/总亏损	7.23	5.59	7.93
其中持仓浮盈	-117203.52	-117203.52	0.00
交易次数	128.00	15.00	113.00
盈利比率	0.95	0.93	0.95
盈利次数	121.00	14.00	107.00
亏损次数	7.00	1.00	6.00
持平次数	0.00	0.00	0.00
平均交易周期	1230.73	10502.20	1394.10
平均盈利交易周期	1301.93	11252.36	1472.27
平均亏损交易周期	22504.71	157533.00	26255.50
平均盈亏(利润)	10590.18	19837.80	9362.62
平均盈利	13000.67	25887.86	11314.50
平均亏损	31076.79	64863.04	25445.75
最大盈利	233422.02	230617.53	233422.02
最大亏损	79075.40	64863.04	79075.40
最大盈利/总盈利	0.15	0.64	0.19
最大亏损/总亏损	0.36	1.00	0.52
净利润/最大亏损	17.14	4.59	13.38
最大持续盈利次数	29.00	14.00	29.00
最大持续亏损次数	1.00	1.00	1.00

空仓周期数：空仓的周期数

续表

名称	全部交易	多头	空头
平均持仓手数	9		
最大持仓手数	14		
平均使用资金额	3606.26		
最大使用资金额	934718.37		
平均资金使用率	0.03%		
最大资金使用率	8.64%		
扣除最大盈利后收益率	11.22%	0.67%	8.25%
扣除最大亏损后收益率	14.35%	3.62%	11.37%
期间最大权益	11482637.44		
期间最小权益	9231624.62		
手续费	141631.24		
成交额	1416312389.21		

四、数据汇总报告（强麦主力合约）

（一）仓位管理

强麦 1301 的历史最高价为 3046，依照历史价格数据后续可能的最大回撤为 50%，也就是说最坏情况下会跌到 1524，为方便计算，假设强麦最高价为 3000 点，最坏情况下会下跌到 1500 点（一般是发生经济危机时才会发生），在无重大经济危机发生情况下，不过分悲观预测，把最坏价格线设为 2200 点，每下跌 20 个点建立多头仓位，上涨 20 个点卖出一份多头仓位，总投入资金 100 万元，买卖临界点价格中枢为 2600 点，则有：

当价格低于 2600 点时，建立多头仓位：

需要建仓次数 = （2600 − 2200）/20 = 20（次）

最大建仓手数 = 2 × 10 × 1000000/10 × (2200 + 2 × 10 × 2600 − 2 × 10 × 2200) = 196

每次交易笔数 = 196/20 = 10（手）

当价格高于 2600 点时，建立空头仓位：

需要建仓次数 = （3000 − 2600）/20 = 20（次）

最大建仓手数 = 2 × 10 × 1000000/10 × (3000 + 2 × 10 × 3000 − 2 × 10 × 2600) = 181

每次交易笔数 = 181/20 = 9（手）

当价格低于 2600 点时，每下跌 X（20 < X < 40）个点再回到原先价位时，则该次买卖：

收益率 = 10 × 20 × 10/1000000 = 0.2%

收益 = 2000 元

当价格高于 2600 点时，每下跌 X（20 < X < 40）个点再回到原先价位时，则该次买卖：

收益率 = 9 × 20 × 10/1000000 = 0.18%

收益 = 1800 元

数据测试时间为 2011 − 07 − 20 ~ 2012 − 09 − 18 强麦主力合约（连续）合约 1 分钟 K 线图，开 10 手仓（实际交易过程中的波动会产生盈利，故可用资金会比原始资金略多，故开仓手数可取多头仓位和空头仓位每次交易次数较高值），网格间距为 20 点，最大持仓量为 200 手，2600 点为价格中枢线，初始资金为 100 万元。

（二）历史数据回测

历史数据回测，效果预测如图 8 − 143 所示。

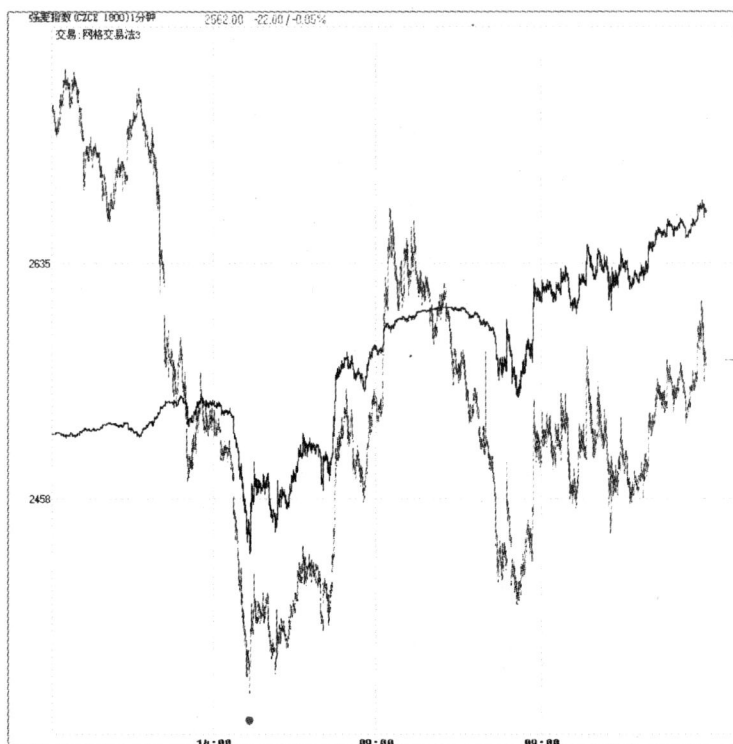

图 8 - 143　网格交易法历史回测图（强麦主力合约）

（三）资金管理统计数据指标

表 8 - 57　网格交易法资金管理统计数据指标（强麦主力合约）

项目	数据	备注
测试天数	427	2011 - 07 - 20 ～ 2012 - 09 - 18
初始资金	1000000	
最终权益	1254580.00	
收益率	25.46%	
手续费	2 元/笔	
盈利笔数	181	
亏损笔数	0	
胜率	100%	
总交易数	181	
报酬风险比		不设止损
风险百分比		不设止损
盈利能力		不设止损
利润因子		不设止损
清算率	0	不设止损
破产风险	0	
最大回撤	181500	
最大回撤比	17.37%	

（四）历史数据回测汇总

名称	全部交易	多头	空头
初始资金	1000000		
合约	强麦指数		
K线周期	1分钟		
开始时间	2011-07-20		
结束时间	2012-09-18		
单位	10(吨/手,元/点)		
保证金	8%		
手续费	2.00元/手		
参数	[0,0,0,0,0,0]		
测试天数	427		
测试周期数	63869		
指令总数	181		
初始资金	1000000.00		
最终权益	1254580.00		
空仓周期数	2010		
最长连续空仓周期数	1246		
最长交易周期	24833		
标准离差	35162.91		
标准离差率	1.66		
盈亏总平均/亏损平均	0.00		
最大回撤	181500.00		
最大回撤时间	2011-11-29 10:05		
最大回撤比	17.37%		
最大回撤比时间	2011-11-29 10:05		
每手最大回撤	0.00		
每手平均盈亏	273.74		
盈利率	25.46%	19.90%	5.56%
胜率	100.00%		
平均盈利/最大回撤	0.12		
平均盈利/平均亏损	0.00	0.00	0.00
净利润	254580.00	199000.00	55580.00
总盈利	254580.00	199000.00	55580.00
总亏损	0.00	0.00	0.00
总盈利/总亏损	0.00	0.00	0.00
其中持仓浮盈	18079.78	18079.78	0.00
最大盈利	109760.00	109760.00	19320.00
最大亏损	0.00	0.00	0.00
最大盈利/总盈利	0.43	0.55	0.35
最大亏损/总亏损	0.00	0.00	0.00
净利润/最大亏损	0.00	0.00	0.00
最大持续盈利次数	12.00	3.00	9.00
最大持续亏损次数	0.00	0.00	0.00
平均持仓手数	57		
最大持仓手数	130		
平均使用资金额	312.92		
最大使用资金额	243984.00		
平均资金使用率	0.03%		
最大资金使用率	27.50%		
扣除最大盈利后收益率	14.48%	8.92%	3.63%
扣除最大亏损后收益率	25.46%	19.90%	5.56%
期间最大权益	1267820.00		
期间最小权益	863280.00		
手续费	3720.00		
成交额	47091300.00		

五、优化总结

在实际运用中，价格走势不是直线下跌到最低价位之后反弹，是具备一定波动性的，也就是说在下跌（或者上涨）过程中，中间部分交易会产生盈利，实际产生的亏损比预期的小得多，因此在下跌过程中可用资金比预期的多，风险较小，可以在偏离中枢价格位较远距离网格点时适当增加每次建仓的仓位量。

对于品种选择的考虑，应当选择最高价格线及最低价格线处于可控，震荡区间较小的品种，否则会有可能出现大幅度亏损状态。

此外，选择两个测试品种股指期货和强麦都取得了不错的成绩，那是因为知道了原先历史走势，获取了合理的中枢价位，而对于未来价格走势并不能百分之百准确预测，故必须预测最坏情况下的最低价位及最好情况下的最高价位，获取合理的波动区间。

第十三节　KDJ 震荡策略系统交易研究报告

一、KDJ 简介

（一）KDJ 震荡策略概况

KDJ（随机指标）起源于期货市场，由乔治·莱恩首创，它在通过周期内（1 分钟、5 分钟、一天等）最高价、最低价及收盘价等价格波动的波幅，反映价格趋势的随机指标。适用于震荡行情，低位买入，高位卖出，如图 8 – 144 所示。

图 8 – 144　KDJ 震荡策略示意图

（二）KDJ 应用举例——急涨急跌行情捕获

以沪深 300 指数期货举例，经常会看到行情在短短几分钟之内直线下跌之后直线反弹，或者反之先涨后跌；常常还没反应过来，行情已经走完，而以 KDJ 策略设计的程序化交易可以很好地捕获这一特征，自动完成低买高卖交易；如图 8 – 145 所示，此为 IF1207 2012 年 7 月 11

日 11：00 ~ 13：30 行情截图，左边为分时行情图，右边为程序交易买卖点位图。

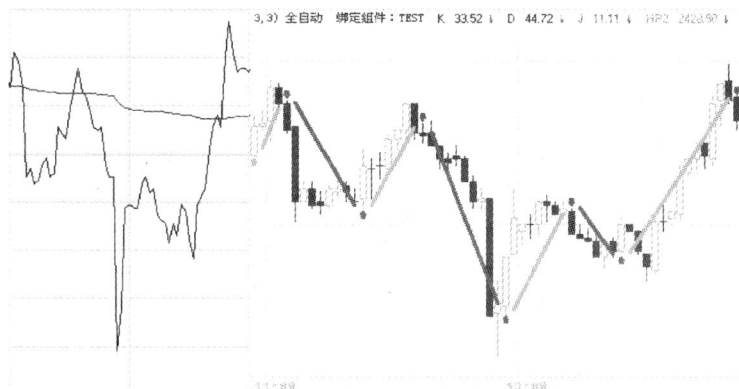

图 8 - 145　KDJ 震荡策略买卖点位图

实盘买卖点交割单如下：

图 8 - 145 行情实盘实际交易价位交割单，获取下跌过程中大部分点数利润，反手做多（见图 8 - 146）。

图 8 - 146　KDJ 震荡策略获取下跌利润

当天实盘交易交割单如图 8 - 147 所示：

图 8 - 147　KDJ 震荡策略实盘交易交割单

二、KDJ 系统交易策略设计

（一）KDJ 模型构思

KDJ 策略获取的是波段性高点与低点，非趋势性方向判断，不适合多次加减仓。

KDJ 策略适用于震荡型行情，较多次的买入卖出，交易成本较高，必须严格控制交易成本，尽可能用较低价格买入，较高价格卖出。

以一分钟周期为例，根据历史数据反馈，KDJ 原始模型一天会有两三次较大盈利的买入卖出机会，较大幅度亏损（周期内单方向涨跌）大概一到两次，十次左右临界于亏损与盈利之间。

策略期望：一天赚 2 笔，平 10 笔，亏 1 笔，其中赚的 1 笔能填补亏损单和平单的手续费及亏损金额，最终净赚 1 笔。

（二）交易策略设计（参照沪深 300 指数期货特点）

沪深 300 指数期货在现时价格上下 1 个点幅度内较容易成交，买卖信号出现时：

当价格波动较小，以较低价格挂单买入（1 个点内），较高价格挂单卖出（1 个点内），一定时间内未成交撤单重新挂单，尽可能降低交易成本，以一次 0.4 个点差价，一天有 10 笔成交单，可以降低 4 个点的交易成本。

当价格波动较大，以现价买入卖出；

当价格波动很大，以超价买入卖出，确保成交；

设定固定止损价格，防止不利行情带来的高额亏损；

箱体破位，止损；

依据近期历史波幅数据，设定一个动态止盈价格；

以买多为例，当 J 值向上穿破 20，第一次买入，顺势上涨出现金叉加仓；

以平多为例，当出现设定止损价格时，全部平仓，但出现止盈价格时，平一半仓位，另外一半出现 KDJ 卖出（买空）信号时卖出。

三、数据汇总报告

测试时间 2012 - 05 - 21 ~ 2012 - 07 - 13，IF1207、1 分钟、K 线数据，下 1 手单（见表 8 - 58、图 8 - 148）。

表 8 - 58　资金管理统计数据指标（股指期货 IF1207、1 分钟）

项目	数据	备　　注
测试天数	54	
测试周期	10526	
指令总数	1730	
初始资金	10000000	
最终权益	1379329.06	
手续费	1%	
盈利笔数	888	
亏损笔数	842	
胜率	51%	
总盈利	379329.06	
报酬风险比	1.88	
风险百分比	2.0%	止损设为2%
盈利能力	0.73	单位为一个点，即300元
破产风险	<1%	清算率2:1，胜率51%，查表获得
最大回撤	13185.51	
最大回撤比	1.31%	
最大盈利	18480	

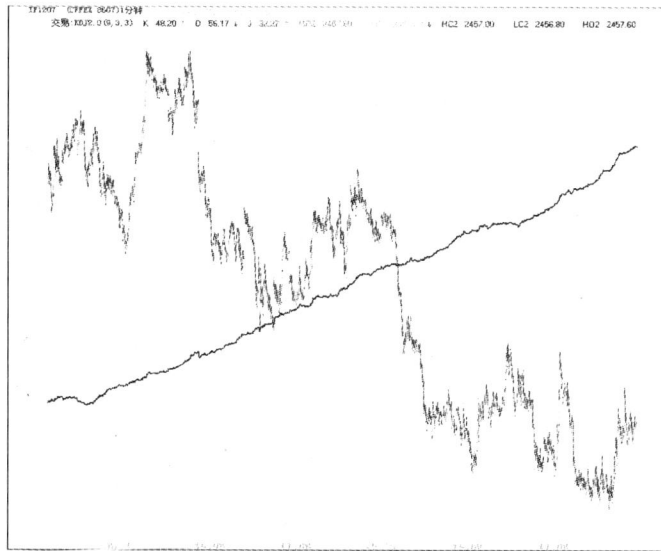

图 8 –148 KDJ 震荡策略回测（股指期货 IF1207、1 分钟）

测试时间 2012 –05 –21 ~ 2012 –07 –13，IF1207、5 分钟、K 线数据，下 1 手单（见表 8 – 59、图 8 –149）。

表 8 –59 资金管理统计数据指标（股指期货 IF1207、5 分钟）

项目	数据	备　　注
测试天数	54	
测试周期	2106	
指令总数	388	
初始资金	10000000	
最终权益	1224338.86	
手续费	1%	
盈利笔数	212	
亏损笔数	176	
胜率	54.64%	
总盈利	224338.86	
报酬风险比	2.9	
风险百分比	2.0%	止损设为 2%
盈利能力	1.92	单位为一个点，即 300 元
破产风险	0	清算率 2.9:1，胜率 54.64%，查表获得
最大回撤	8592.73	
最大回撤比	0.78%	
最大盈利	9501.23	

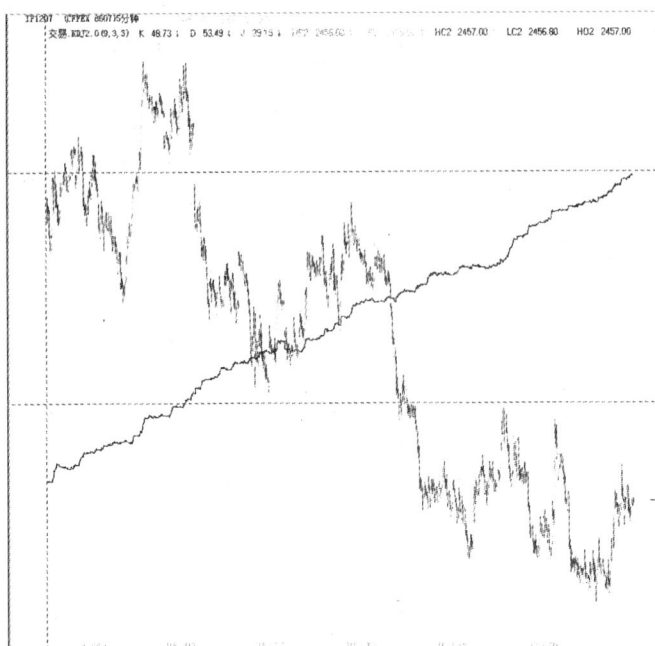

图8-149　KDJ震荡策略回测（股指期货IF1207、5分钟）

测试时间2012-04-05～2012-07-13，豆粕1209、1分钟、K线数据，下1手单（见表8-60、图8-150）。

表8-60　资金管理统计数据指标（豆粕1209、1分钟）

项目	数据	备　　注
测试天数	100	
测试周期	15523	
指令总数	3033	
初始资金	100000	
最终权益	110094	
手续费	3元/手	
盈利笔数	1122	
亏损笔数	1911	
胜率	36.99%	
总盈利	10094	
报酬风险比	2.24	
风险百分比	2.0%	止损设为2%
盈利能力	0.33	单位为一个点，即10元
破产风险	12%	清算率2.24∶1，胜率37%，查表获得
最大回撤	1464	
最大回撤比	1.46%	
最大盈利	588	

图 8 – 150 KDJ 震荡策略回测（豆粕 1209、1 分钟）

测试时间 2012 – 04 – 05 ～ 2012 – 07 – 13，豆粕 1209、5 分钟、K 线数据，下 1 手单（见表 8 – 61、图 8 – 151）。

表 8 – 61 资金管理统计数据指标（豆粕 1209、5 分钟）

项目	数据	备 注
测试天数	100	
测试周期	3105	
指令总数	611	
初始资金	100000	
最终权益	110848	
盈利笔数	284	
手续费	3 元/手	
亏损笔数	327	
胜率	46%	
总盈利	10848	
报酬风险比	2.81	
风险百分比	2.0%	止损设为 2%
盈利能力	1.77	单位为一个点，即 10 元
破产风险	1%	清算率 2.8:1，胜率 46%，查表获得
最大回撤	1094	
最大回撤比	1.09%	
最大盈利	508	

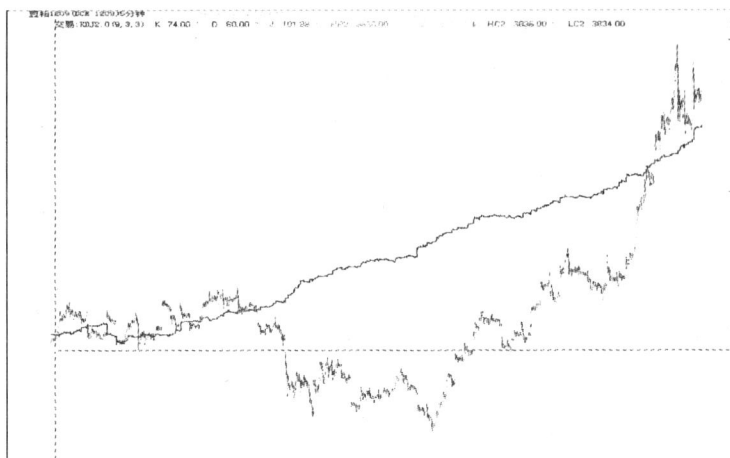

图 8 – 151   KDJ 震荡策略回测（豆粕 1209、5 分钟）

第十四节   海龟交易法则研究报告

一、海龟交易法则概论

（一）头寸规模——风险与资金管理

单个头寸大小的计算如图 8 – 152 所示。

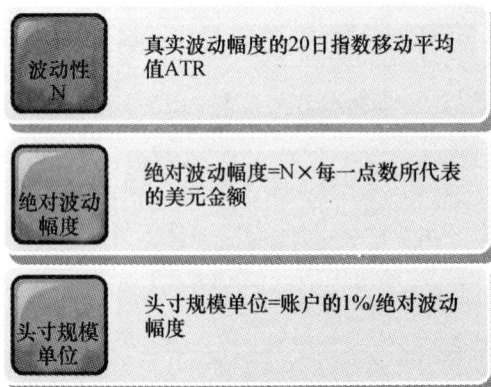

图 8 – 152   海龟交易头寸大小的计算

（二）入市（买卖点）

（1）系统一：以 20 日突破为基础的短期系统。突破是指价格超越了过去一定时期内的最高点或最低点。突破发生时立即入市交易，不会等到当日收盘或次日开盘。如果价格超越了 20 日高点，买入一个头寸单位；如果价格超越了 20 日低点，卖空一个头寸单位。

（2）系统二：以 55 日突破为基础的长期系统。只要价格超越 55 日最高点或最低点一个最小单位就入市。如果价格超越了 55 日高点，买入一个头寸单位；如果价格超越了 55 日低点，卖空一个头寸单位。

（3）逐步建仓。首先在突破点建立一个单位的头寸。

然后按 0.5N 的间隔一步一步扩大头寸。这个过程继续下去，直到头寸规模达到上限。

如果市场足够活跃，有可能在一天内加满 4 个头寸单位。

（三）退出（止损）

（1）缺省止损策略：2N 止损；根据头寸风险设定止损标准，任何一笔交易的风险程度都不超过 2%；海龟止损标准是 2N。如果（按 0.5N 的价格间隔）后续补充了头寸，那么之前头寸单位的止损点将调整，跟进，与新头寸止损价格一致。

（2）备选止损策略：双重损失。止损标准是 0.5N。不调整跟进前面头寸的止损。

（四）退出（止盈）

（1）系统一采用 10 日突破退出法则：对多头头寸来说，在价格跌破过去 10 日最低点时退出；对空头头寸来说，在价格超过过去 10 日最高点时退出。

（2）系统二采用 20 日突破退出法则：对多头头寸来说，在价格跌破过去 20 日最低点时退出；对空头头寸来说，在价格超过过去 20 日最高点时退出。

（五）收益

海龟法则是很难坚持的，因为它以捕捉相对少见的大趋势为基础。正因为大趋势难得一见，所以在迎来盈利期之前可能要等上几个月，有时甚至是一两年。在漫长的等待中，你很容易对海龟系统产生怀疑，忍无可忍地放弃这个系统。你会想：如果这些法则不再有效了怎么办？如果市场已经变了怎么办？如果这些法则有重要的错漏怎么办？我怎么知道这个系统一定有效？

然而，丹尼斯用这套交易系统培养大批海龟的结果是：最成功的海龟柯蒂斯·费思在大约一年的海龟培训计划期间为理查德·丹尼斯赚了 3150 万美元，海龟们获得了年均 80% 以上的收益率和超过 1 亿美元的利润。

风险与收益并存。下面，我们将逐步测试和改进海龟交易系统的程序，目的是逐步清除错误，堵塞漏洞，完善系统。

二、海龟交易法则的编程、测试与改进（回顾测试）

回顾测试，也就是历史数据回测，优点是能够快速测试大量数据，检验交易程序可能存在的逻辑判断错误等一般性问题，节省模型测试时间，促进交易模型快速完善、成熟。

以下为几个基本模型：

1. TURTLE_ GAOZHI_ 1. trd

只有基本的买卖开仓指令，并在平仓时反手，不完全符合海龟法则，无信号过滤。指令价测试及收盘价测试都是亏损的。

2. TURTLE_ GAOZHI_ 1. 01. xtrd

启用 AUTOFILTER；指令价测试盈利 2.88 及收盘价测试还是亏损的（10%）。这说明，必须过滤信号才行，否则，信号忽闪会造成很多不必要的交易，增加交易成本。解决方法：

（1）使用 AUTOFILTER 指令。

（2）使用 SELLVOL，BUYVOL，BKPRICE，SKPRICE 来管理信号过滤，加减仓，止盈止损，或

（3）自编下单组件。

3. TURTLE_ GAOZHI_ 2. trd

增加了资金管理：计算下单手数，加仓，限制总手数。

无信号过滤。因为 AUTOFILTER 与资金管理函数不能一起使用，使用 AUTOFILTER 不能在模型中设置信号手数，如 BK（3）。

注意：含有 BKPRICE 或 SKPRICE 的模型，不能使用指令即时价测试，只能使用收盘价测试！指令价测试盈利，但是，很可能收盘价测试亏损！

4. TURTLE_ GAOZHI_ 3. xtrd

资金管理提出来，到上一个层次管理计算手数 LOTS，也就是说，离线计算手数，然后使用参数 LOTS 控制下单手数。

由于开仓使用 LOTS 规定手数，以及引用 BKPRICE 判断加仓以及止损，还有 &&BUYVOL = 0 判断空仓才开新仓，所以严格的算法必定不能使用 AUTOFILTER。

5. TURTLE_ GAOZHI_ 4. trd

文华提示，有资金管理函数，计算量大，还有，AUTOFILTER 与资金管理函数不能一起使用。因此，去掉所有资金管理函数，例如 BK（LOTS）或 BKPRICE 或 BUYVOL 之类，加入 AUTOFILTER 做信号过滤。

由于止损必不可少，因此要换其他规则判断止损，例如，跌破 10 根 K 线范围内的最低点。

指令价测试盈利，见图 8 - 153。

收盘价测试亏损，见图 8 - 154。

图 8-153 海龟交易法收益率测算 1

图 8-154 海龟交易法收益率测算 2

6. TURTLE_ GAOZHI_ ST. trd

短周期和长周期开平仓在一起，容易混乱。到底是 20 日还是 55 日的入市系统更优越？后面分成两个模型，分别完善，并进行测试。

文件名 TURTLE_ GAOZHI_ ShortTime 太长，保存失败，换成缩写 TURTLE_ GAOZHI_ ST。

注意：AUTOFILTER 自动合并同一根 K 线上的两个指令 SP、SK，为 SPK 指令。

指令价测试，见图 8-155。

收盘价测试，见图 8-156。

图 8-155 海龟交易法收益率测算 3

图 8-156 海龟交易法收益率测算 4

7. TURTLE_ GAOZHI_ LT. trd

文件名 TURTLE_ GAOZHI_ LongTime 太长，保存失败，换成缩写 TURTLE_ GAOZHI_ LT。
指令价测试，见图 8 – 157。
收盘价测试，见图 8 – 158。

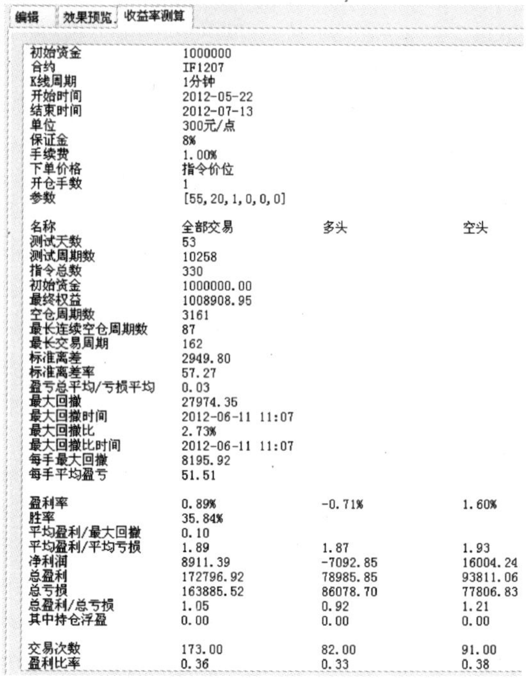

图 8 – 157　海龟交易法 20 日突破收益率测算

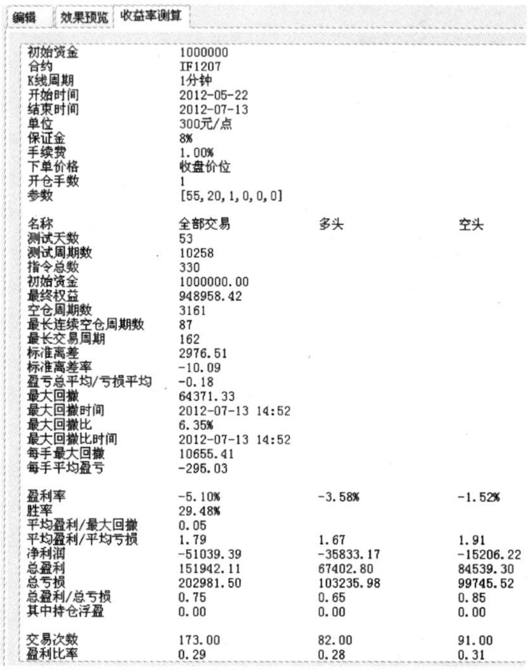

图 8 – 158　海龟交易法 55 日突破收益率测算

比较表格，见表 8 – 62：

表 8 – 62　20 日突破与 55 日突破各指标比较

	指令价测试盈亏	收盘价测试盈亏	指令价测试回撤	收盘价测试回撤
20 日突破 ST	1.58%	– 12.48%	2.42%	12.98%
55 日突破 LT	0.89%	– 5.10%	2.73%	6.35%

由此可见：指令价测试结果优于收盘价测试；20 日突破 ST 的盈利较大，回撤也较大。两个系统优劣区别不大，都不令人满意。下面通过参数优化寻找较佳的参数。

（一）参数优化

TURTLE_ GAOZHI_ 优化，XTRD：
在 TURTLE_ GAOZHI_ ST. trd 的基础上优化参数，20 日或 55 日突破改为 11 日突破，指令价测试盈利 9.69%，最大回撤 2.02%（见图 8 – 159 至图 8 – 161）。

编辑 | 效果预览 | 收益率测算

初始资金	1000000		
合约	IF1207		
K线周期	1分钟		
开始时间	2012-05-22		
结束时间	2012-07-13		
单位	300元/点		
保证金	8%		
手续费	1.00%		
下单价格	指令价位		
开仓手数	1		
参数	[11,11,1,0,0,0]		

名称	全部交易	多头	空头
测试天数	53		
测试周期数	10258		
指令总数	406		
初始资金	1000000.00		
最终权益	1096921.16		
空仓周期数	13		
最长连续空仓周期数	12		
最长交易周期	173		
标准离差	2222.41		
标准离差率	9.29		
盈亏总平均/亏损平均	0.23		
最大回撤	21175.85		
最大回撤时间	2012-06-11 11:27		
最大回撤比	2.02%		
最大回撤比时间	2012-06-11 11:27		
每手最大回撤	7535.93		
每手平均盈亏	239.32		
盈利率	9.69%	2.74%	6.95%
胜率	41.98%		
平均盈利/最大回撤	0.09		盈利率:盈利占初始资金的百分比
平均盈利/平均亏损	1.94	1.94	1.96
净利润	96925.35	27408.99	69516.37
总盈利	337152.13	159192.02	177960.11
总亏损	240226.77	131783.02	108443.75
总盈利/总亏损	1.40	1.21	1.64
其中持仓浮盈	239.91	239.91	0.00
交易次数	405.00	203.00	202.00
盈利比率	0.42	0.38	0.46

图 8-159　海龟交易法 11 日突破收益率测算(盈利)

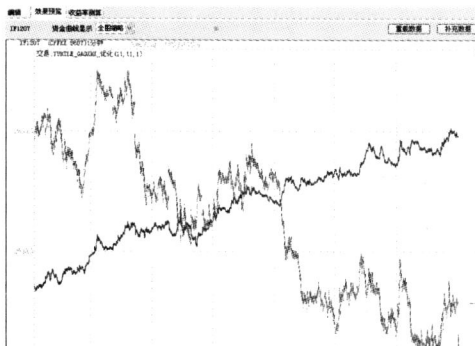

图 8-160　海龟交易法 11 日突破资金曲线

编辑 | 效果预览 | 收益率测算

初始资金	1000000		
合约	IF1207		
K线周期	1分钟		
开始时间	2012-05-22		
结束时间	2012-07-13		
单位	300元/点		
保证金	8%		
手续费	1.00%		
下单价格	收盘价位		
开仓手数	1		
参数	[11,11,1,0,0,0]		

名称	全部交易	多头	空头
测试天数	53		
测试周期数	10258		
指令总数	406		
初始资金	1000000.00		
最终权益	899439.17		
空仓周期数	13		
最长连续空仓周期数	12		
最长交易周期	173		
标准离差	2277.13		
标准离差率	-9.17		
盈亏总平均/亏损平均	-0.18		
最大回撤	111134.80		
最大回撤时间	2012-07-12 11:10		
最大回撤比	11.06%		
最大回撤比时间	2012-07-12 11:10		
每手最大回撤	10235.44		
每手平均盈亏	-248.29		
盈利率	-10.06%	-7.13%	-2.93%
胜率	32.35%		
平均盈利/最大回撤	0.02		
平均盈利/平均亏损	1.53	1.49	1.57
净利润	-100556.64	-71292.18	-29264.46
总盈利	274018.50	126521.67	147496.81
总亏损	374575.13	197813.84	176761.28
总盈利/总亏损	0.73	0.64	0.83
其中持仓浮盈	-0.03	-0.03	0.00
交易次数	405.00	203.00	202.00
盈利比率	0.32	0.30	0.35

图 8-161　海龟交易法 11 日突破收益率测算（亏损）

（二）增加日内交易限制

1. TURTLE_ GAOZHI_ TL_ PM. XTRD

增加下午收盘前的平仓处理，以及临近收盘不再下单的处理，TL = TIME LIMIT，PM = 下午收盘临近时限制开仓及收市前强制平仓。

有信号自动过滤。

指令价测试（见图 8 - 162）。

可见，与 TURTLE_ GAOZHI_ 优化 . XTRD 相比，增加收盘前平仓后，最大回撤减少到 1.93%。同时，盈利也略有降低。不过，夜持仓对于降低风险是有作用的。

2. TURTLE_ GAOZHI_ TL_ AMPM. XTRD

增加上午及下午收盘前的平仓处理，以及临近收盘不再下单的处理。

TL = TIME LIMIT，上午 = AM，下午 = PM

目的是避免受到上午收盘到下午开盘之间重大突发消息的冲击。

指令价测试，最大回撤减少到 1.87%（见图 1 - 163）。

图 8 - 162　增加下午收盘前平仓处理的收益率测算　　图 8 - 163　增加上午及下午收盘前的平仓处理

3. TURTLE_ GAOZHI_ TL3. XTRD

在前面的基础上更进一步，增加开盘操作时间限制。

TL3，共有 3 类时间限制：

（1）开盘几分钟内不做，避免跳空回补缺口对系统的不利冲击。

（2）上午收盘前几分钟停止下单，几分钟强制平仓。

（3）下午收盘前几分钟停止下单，几分钟强制平仓。

指令价测试最大回撤略有增加，为1.92%，有点儿意外，后面要进一步增大测试样本。也许这个想法是有效的，但受限于样本数量太少，也许开盘限制得不偿失，后面进一步验证再下结论（见图8－164）。

编辑	效果预览	收益率测算		
初始资金	1000000			
合约	IF1207			
K线周期	1分钟			
开始时间	2012-05-22			
结束时间	2012-07-13			
单位	300元/点			
保证金	8%			
手续费	1.00%			
下单价格	指令价位			
开仓手数	1			
参数	[10,10,1,18,3,8]			
名称	全部交易	多头	空头	
测试天数	53			
测试周期数	10258			
指令总数	488			
初始资金	1000000.00			
最终权益	1085201.71			
空仓周期数	1084			
最长连续空仓周期数	32			
最长交易周期	116			
标准离差	1892.33			
标准离差率	9.15			
盈亏总平均/亏损平均	0.23			
最大回撤	20279.03			
最大回撤时间	2012-06-21 09:33			
最大回撤比	1.92%			
最大回撤比时间	2012-06-21 09:33			
每手最大回撤	3391.49			
每手平均盈亏	206.81			
盈利率	8.52%	2.42%	6.10%	
胜率	41.02%			
平均盈利/最大回撤	0.09			
平均盈利/平均亏损	2.01	2.04	1.98	
净利润	85205.35	24240.75	60964.60	
总盈利	299666.03	139289.58	160376.44	
总亏损	214460.67	115048.83	99411.84	
总盈利/总亏损	1.40	1.21	1.61	
其中持仓浮盈	0.00	0.00	0.00	
交易次数	412.00	207.00	205.00	
盈利比率	0.41	0.37	0.45	

图8－164 增加开盘操作时间限制的收益率测算图

附　录

附录1　2012 年中国高端财富管理与对冲基金高峰论坛

——"创新私募·高端理财"

一、论坛背景

当前，正值我国经济发展方式转变和产业结构调整的时期，投资渠道越来越少，公私募基金表现欠佳，高净值人士资产保值增值、财富管理、财富继承、税收规划等需要新的金融创新工具来支持。对冲基金等另类投资工具在国外的高净值人群、家族办公室、捐赠基金的投资比例已经达到30% ~50%，目前国内发展空间巨大。对冲网主办中国高端财富管理与对冲基金高峰论坛，顺应了资本市场的发展脉络和市场需求。笔者把对冲基金、量化投资理念引入高端财富管理这个领域，为各金融机构与高净值群体、中小企业家搭建沟通交流的平台，为高净值群体和中小企业家族成员提供更多的产品选择和投资机会。届时，在高峰论坛中，将着重就投资者关心的宏观经济走势、政策脉搏走向、股指期货操作策略和技巧、高端财富管理、家族办公室、量化投资、对冲基金等问题进行重点解读，点拨投资热点，丰富投资之道，开启高端财富管理时代，共享财富增长盛宴。

对冲网一直致力于发展中国创新型私募基金，并专业服务和重点扶持中国创新型私募基金，让其成为中国资本市场的一支新生力量，并促其苗壮成长。

二、宗旨及意义

2012 年，国内资本市场节节下挫，传统的多头策略私募受到了严峻的考验。但股市极寒却给创新策略私募带来了大发展的机会，股票多空、股票量化、股票行业、事件驱动等另类策略私募快速增长，在过去的两个月中，每月超过100 只的此类产品面市。在市场单边下跌的环境下，如果墨守成规，只有死路一条。所谓"穷则变，变则通，通则久"，在股指期货、融资融券推出之后，适时对产品策略进行创新，对于阳光私募行业发展具有极大的推动作用。

附图 1　2012 年中国高端财富管理与对冲基金高峰论坛

附图 2　对冲网总经理兼研究总监、深圳量化投资学会理事长卢扬洲发表演讲

　　面对变幻莫测的国内资本市场，投资者该如何理清资本脉络，找准投资方向呢？在各种投资市场、投资品种、投资收益均处于迷茫的时刻，高净值人士迫切期待市场专业人士为其指点迷津，提供投资机会。

　　2012 年，首届中国高端财富管理与对冲基金高峰论坛以"创新私募·高端理财"为主题，以专业服务和重点扶持中国创新型私募基金为己任。本届论坛得到了深圳市有关部门的高度肯定和重点支持，并成为 2012 年中国（深圳）国际金融博览会分论坛之一。

　　创新是私募行业发展的不竭动力。随着国内资本市场的发展和投资工具的广泛应用，私募在策略运用上更加多元化，产品更加丰富，满足了不同客户的投资需求，行业的发展面临着巨大的空间和动力。对冲网在业内率先推出"对冲网·基于策略分类的对冲基金指数与评级体系"，全新奠定了迄今为止中国正式与国际对冲领域接轨最为完善领先的分类体系和指数体系。对冲网在对冲基金策略研究、基金评级、量化投资、程序化交易等领域具有很高的研究水平、领先的研究理念，是中国创新型对冲基金最专业网站。

附图3　上海财经大学现代金融研究中心副主任、教授、博士生导师奚君羊发表主题演讲

三、中国"创新型绝对收益私募基金"奖项设置

为了更好地扶持和服务国内对冲基金的发展，特别是中国创新策略私募基金发展，笔者结合目前行业运行的现状以及国内对冲基金的发展趋势，将根据创新型私募基金的不同策略以及在对冲基金创新上做出贡献和业绩优秀的创新型私募基金公司进行颁奖，并鼓励对冲基金行业的全面创新活动。

1. 2012 年中国相对价值策略对冲基金业绩第一名（二、三）

第一名：倚天阁投资顾问有限公司
第二名：上海申毅投资咨询有限公司
第三名：天津民晟资产管理有限公司

2. 2012 年中国事件驱动策略对冲基金业绩第一名（二、三）

第一名：瑞安思考投资管理有限公司
第二名：博弘数君（天津）资产管理有限公司
第三名：东源（天津）股权投资基金管理有限公司

3. 2012 年中国股票多空仓策略对冲基金业绩第一名（二、三）

第一名：陕西创赢投资理财有限公司
第二名：成都德源富锦投资有限责任公司
第三名：深圳悟空投资管理有限公司

4. 2012 年中国管理期货策略对冲基金业绩第一名（二、三）

第一名：北京颉昂投资管理有限公司
第二名：上海淘利资产管理有限公司

第三名：金顶新光资产管理公司

5. 2012 年中国对冲基金的基金（FOF）业绩第一名（二、三）

第一名：上海鼎锋资产管理有限公司
第二名：平安罗素投资管理（上海）有限公司
第三名：深圳展博投资发展有限公司

6. 2012 年固定收益方向型策略对冲基金业绩第一名（二、三）

第一名：天津民晟资产管理有限公司
第二名：上海银叶投资管理有限公司
第三名：中信证券

7. 2012 年中国最优秀的海外私募基金业绩第一名（二、三）

第一名：倚天阁投资顾问有限公司
第二名：赤子之心资本亚洲有限公司
第三名：锦宏资本有限公司

四、创新型绝对收益私募基金颁奖现场

附图 4　倚天阁代表领奖

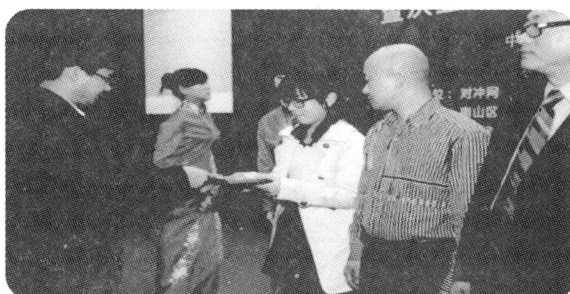

附图 5　瑞安思考——岳志斌领奖

附图 6　博弘数君——刘宏领奖

附图 7　陕西创赢——崔军领奖

附录2　中国现有的分级基金概况

母基金名称	主动/被动	类型	子基金名称	风险级别	收益分配
国投瑞福	主动	股票型	瑞福优先	中低	当基金净值未达到分红要求时不分红，产生基准收益差额，在未来净值上涨时弥补
国投瑞福	主动	股票型	瑞福进取	高	总收益优先满足低风险基准收益，剩余部分按1:9分配
长盛同庆	被动	复制指数型	同庆A	中低	当同庆B净值不小于0.25元时，可获得1年期同期银行定期存款利率+3.5%
长盛同庆	被动	复制指数型	同庆B	高	初始杠杆1.67倍
国投瑞和	被动	复制指数型	瑞和小康	高	基金整体份额净值位于1元以下无杠杆，基金整体份额净值位于 [1，1.1] 元时，1元以上部分小康、远见按照8:2比例分成，超过1.1元以上部分小康、远见按2:8的比例分成
国投瑞和	被动	复制指数型	瑞和远见	高	基金整体份额净值位于1元以下无杠杆，基金整体份额净值位于 [1，1.1] 元时，1元以上部分小康、远见按照8:2比例分成，超过1.1元以上部分小康、远见按2:8的比例分成
国泰估值	主动	股票型	国泰优先	中低	初始杠杆2倍。当基金整体份额净值上涨到1.6元以上时，杠杆减小
国泰估值	主动	股票型	国泰进取	高	3年净值累计涨幅大于 −41.4% 时，可获约定年收益的5.7%，当基金整体份额净值上涨1.6元以上时，可分享部分额外收益
国联安双禧中证100	被动	复制指数型	双禧A	中低	未到期且双禧B的净值大于0.15元，可获得约定年收益1年银行定期存款年利率+3.5%
国联安双禧中证100	被动	复制指数型	双禧B	高	初始杠杆1.67倍。存在到点折算条款，使得双禧B的份额在市场大幅下跌时份额急剧缩小
兴业合润	主动	股票型	合润A	高	当母基金净值位于 (0.5，1.21) 元时，获得期初净值1元；当母基金净值大于1.21元时，与母基金同比例上涨
兴业合润	主动	股票型	合润B	高	当母基金净值位于 (0.5，1.21) 元时，有高杠杆；当母基金净值大于1.21元时，杠杆为1倍
银华深证100	被动	复制指数型	银华稳进	中低	未到期且银华锐进净值不小于0.25元以及银华深证100的净值不大于2元，可获得1年期同期银行定期存款利率（税后）+3%
银华深证100	被动	复制指数型	银华锐进	高	初始杠杆2倍，存在到点折算条款

续表

母基金名称	主动/被动	类型	子基金名称	风险级别	收益分配
申万深成指	被动	复制指数型	申万收益	中低	当申万进取大于 0.1 元，每年可获得 1 年期银行定存利率 +3%
申万深成指	被动	复制指数型	申万进取	高	初始杠杆 2 倍
信诚中证 500	被动	复制指数型	中证 500A	中低	B 份额净值不小于 0.25 元以及基础份额的净值不大于 2 元，可获得 1 年银行定期存款年利率（税后） +3.2%，收益周年兑现
信诚中证 500	被动	复制指数型	中证 500B	高	初始杠杆 1.67 倍
银华中证 90	被动	复制指数型	银华金利	中低	银华鑫利净值不小于 0.25 元以及银华 90 的净值不大于 2 元，每年可获得同期银行人民币 1 年期定期存款利率（税后） +3.5%
银华中证 90	被动	复制指数型	银华鑫利	高	初始杠杆 2 倍
建信双利	主动	股票型	建信稳健	中低	建信进取净值不小于 0.2 元以及建信双利的净值不大于 2 元，可获得 1 年期银行定期存款利率 +3.5%
建信双利	主动	股票型	建信进取	高	始终保持杠杆 1.67 倍
银华消费	主动	股票型	银华瑞吉	中低	当银华消费份额的净值不小于 0.350 元时，可获得 1 年期银行定期存款年利率 +4%，每年 1 月 1 日调整收益
银华消费	主动	股票型	银华瑞祥	高	初始杠杆 1.25 倍
银华中证内地资源	被动	复制指数型	银华金瑞	中低	当银华中证内地资源份额的净值不小于 0.25 元时，可获得 1 年期银行定期存款年利率 +3.5%，每年 1 月 1 日调整收益
银华中证内地资源	被动	复制指数型	银华鑫瑞	高	初始杠杆 1.67 倍
泰达宏利中证 500	被动	复制指数型	泰达稳健	中低	当泰达进取份额的净值不小于 0.25 元时，可获得 1 年期银行定期存款年利率 +3.5%，每年 1 月 1 日和 7 月 1 日调整收益
泰达宏利中证 500	被动	复制指数型	泰达进取	高	初始杠杆 1.67 倍
长盛同瑞中证 200	被动	复制指数型	长盛同瑞 A	中低	当同瑞 B 净值不小于 0.25 元以及长盛同瑞的净值不大于 2 元，可获得 1 年期同期银行定期存款利率（税后） +3.5%
长盛同瑞中证 200	被动	复制指数型	长盛同瑞 B	高	初始杠杆 1.67 倍
长城久兆中小板 300	被动	复制指数型	长城久兆稳健	中低	当长城久兆积极净值不小于 0.25 元以及长城久兆中小板 300 的净值不大于 2 元，可获得单利 5.8%/年
长城久兆中小板 300	被动	复制指数型	长城久兆积极	高	初始杠杆 1.67 倍
信诚沪深 300	被动	复制指数型	信诚沪深 300A	中低	当信诚沪深 300B 净值不小于 0.25 元时，可获得 1 年期同期银行定期存款利率 +3%
信诚沪深 300	被动	复制指数型	信诚沪深 300B	高	初始杠杆 2 倍

母基金名称	主动/被动	类型	子基金名称	风险级别	收益分配
工银瑞信睿智中证500	被动	复制指数型	工银瑞信睿智A	中低	当工银瑞信睿智B净值不小于0.25元时，可获得1年期同期银行定期存款利率+3.5%
工银瑞信睿智中证500	被动	复制指数型	工银瑞信睿智B	高	初始杠杆1.67倍
南方新兴消费增长	主动	股票型	南方新兴消费收益	中低	当南方新兴消费进取净值不小于0.20元时，可获得1年期同期银行定期存款利率+3.2%
南方新兴消费增长	主动	股票型	南方新兴消费进取	高	初始杠杆2倍
国联安双力中小板	被动	复制指数型	国联安双力中小板A	中低	当B份额净值不小于0.25元时，可获得1年期同期银行定期存款利率+3.5%
国联安双力中小板	被动	复制指数型	国联安双力中小板B	高	初始杠杆2倍
中欧盛世成长分级	主动	股票型	中欧盛世成长A	中低	未到期且中欧盛世成长B净值不小于0.25元时，中欧盛世成长A净值可获得6.5%/年的约定收益
中欧盛世成长分级	主动	股票型	中欧盛世成长B	高	初始杠杆2倍
诺安中证创业成长	被动	复制指数型	诺安稳健	中低	当诺安进取净值不小于0.25元时，可获得1年期同期银行定期存款利率+3.5%
诺安中证创业成长	被动	复制指数型	诺安进取	高	初始杠杆1.67倍
浙商沪深300	被动	复制指数型	浙商稳健	中低	当浙商进取净值不小于0.27元时，可获得1年期同期银行定期存款利率+3%（以12%封顶）
浙商沪深300	被动	复制指数型	浙商进取	高	初始杠杆2倍
广发深证100分级	被动	复制指数型	广发深证100A	中低	当广发深证100B净值不小于0.25元时，可获得1年期同期银行定期存款利率+3.5%
广发深证100分级	被动	复制指数型	广发深证100B	高	初始杠杆2倍
申万菱信中小板分级	被动	复制指数型	申万菱信中小板A	中低	当申万菱信中小板B净值不小于0.25元时，可获得1年期同期银行定期存款利率+3.5%
申万菱信中小板分级	被动	复制指数型	申万菱信中小板B	高	初始杠杆2倍
金鹰中证500指数分级	被动	复制指数型	金鹰中证500A	中低	当金鹰中证500B净值不小于0.25元时，可获得1年期同期银行定期存款利率+3.5%
金鹰中证500指数分级	被动	复制指数型	金鹰中证500B	高	初始杠杆2倍
富国汇利	主动	纯债型	汇利A	中低	3年净值累计涨跌大于-21.9%，到期获得年化收益为3.87%
富国汇利	主动	纯债型	汇利B	中高	初始杠杆3.33倍
大成景丰	主动	偏债型	景丰A	中低	3年净值累计涨幅大于-21.45%，到期获得年化收益为3年期银行定期存款利率+0.7%
大成景丰	主动	偏债型	景丰B	中高	初始杠杆3.33倍
天弘添利	主动	纯债型	天弘添利A	中低	1.3×1年期银行定期存款利率
天弘添利	主动	纯债型	天弘添利B	中高	初始杠杆3.33倍，但随着A份额的申购赎回杠杆变动

母基金名称	主动/被动	类型	子基金名称	风险级别	收益分配
嘉实多利	主动	偏债型	多利优先	中低	约定收益5%，每年兑现
嘉实多利	主动	偏债型	多利进取	高	初始杠杆5倍
泰达宏利聚利	主动	纯债型	聚利A	中低	约定收益1.3×5年期国债到期收益率，季度调整
泰达宏利聚利	主动	纯债型	聚利B	中高	初始杠杆3.33倍
富国天盈	主动	纯债型	天盈A	中低	不上市，每半年定期打开申购赎回，约定收益1.4×1年期银行定期存款利率，半年调整
富国天盈	主动	纯债型	天盈B	中高	初始杠杆3.33倍
万家添利	主动	纯债型	万家添利A	中低	不上市，每半年定期打开申购赎回，约定收益1.1%+1年期银行定期存款利率，半年调整
万家添利	主动	纯债型	万家添利B	高	初始杠杆3.5倍
博时裕祥	主动	纯债型	裕祥A	中低	不上市，每半年定期打开申购赎回，约定收益1.5%+1年期银行定期存款利率，半年调整
博时裕祥	主动	纯债型	裕祥B	高	初始杠杆5倍
中欧鼎利	主动	偏债型	鼎利A	中低	约定收益1年期银行定期存款利率+1%
中欧鼎利	主动	偏债型	鼎利B	中高	初始杠杆3.33倍
长信利鑫	主动	纯债型	利鑫A	中低	不上市，每半年定期打开申购赎回，约定收益1.1×1年期银行定期存款利率+0.8%，半年调整
长信利鑫	主动	纯债型	利鑫B	中高	初始杠杆3倍
海富通稳进增利	主动	偏债型	海富稳进增利A	中低	3年期银行定期存款利率+0.5%，每季度按照季度初第一个工作日利率进行调整
海富通稳进增利	主动	偏债型	海富稳进增利B	高	初始杠杆5倍
鹏华丰泽	主动	纯债型	鹏华丰泽A	中低	不上市，每半年定期打开申购赎回，约定收益1.35×1年期银行定期存款利率，半年调整
鹏华丰泽	主动	纯债型	鹏华丰泽B	高	初始杠杆3.33倍
浦银安盛增利	主动	纯债型	浦银安盛增利A	中低	3年净值累计涨跌大于−18.98%，到期获得年化收益为5.25%
浦银安盛增利	主动	纯债型	浦银安盛增利B	高	初始杠杆3.33倍
国泰信用互利分级	主动	纯债型	国泰信用互利A	中低	1年期银行定期存款利率+1.5%，每年按照年初第一个工作日利率进行调整
国泰信用互利分级	主动	纯债型	国泰信用互利B	高	初始杠杆3.33倍
天弘丰利分级	主动	纯债型	天弘丰利A	中低	不上市，每半年定期打开申购赎回，约定收益1.35×1年期银行定期存款利率，半年调整
天弘丰利分级	主动	纯债型	天弘丰利B	高	初始杠杆4倍

续表

母基金名称	主动/被动	类型	子基金名称	风险级别	收益分配
诺德双翼分级	主动	纯债型	诺德双翼A	中低	不上市，每半年定期打开申购赎回，约定收益1.3×1年期银行定期存款利率，半年调整
诺德双翼分级	主动	纯债型	诺德双翼B	高	初始杠杆3倍
金鹰持久回报分级	主动	纯债型	金鹰持久回报A	中低	不上市，每半年定期打开申购赎回，约定收益1年期银行定期存款利率+1.1%，半年调整
金鹰持久回报分级	主动	纯债型	金鹰持久回报B	高	初始杠杆3.33倍
信诚双盈分级	主动	纯债型	信诚双盈分级A	中低	不上市，每半年定期打开申购赎回，约定收益1年期银行定期存款利率+1.5%，半年调整
信诚双盈分级	主动	纯债型	信诚双盈分级B	高	初始杠杆3.33倍
中欧信用增利分级	主动	纯债型	中欧信用增利A	中低	不上市，每半年定期打开申购赎回，约定收益1年期银行定期存款利率+1.25%，半年调整
中欧信用增利分级	主动	纯债型	中欧信用增利B	高	初始杠杆3.33倍
银河通利分级	主动	纯债型	银河通利A	中低	不上市，每半年定期打开申购赎回，约定收益为1年期银行定期存款利率×1.3，半年调整
银河通利分级	主动	纯债型	银河通利B	高	初始杠杆3.33倍
信达澳银稳定增利分级	主动	纯债型	信达澳银稳定增利A	中低	不上市，每半年定期打开申购赎回，约定收益为1年期银行定期存款利率×1.3，半年调整
信达澳银稳定增利分级	主动	纯债型	信达澳银稳定增利B	高	初始杠杆3.33倍
国联安双佳信用分级	主动	纯债型	国联安双佳信用分级A	中低	不上市，每半年定期打开申购赎回，约定收益为1年期银行定期存款利率×1.4，半年调整
国联安双佳信用分级	主动	纯债型	国联安双佳信用分级B	高	初始杠杆3.33倍
招商中证大宗商品股票指数分级	被动	复制指数型	招商中证商品A	中低	约定收益为1年期银行定期存款利率+3.5%
招商中证大宗商品股票指数分级	被动	复制指数型	招商中证商品B	高	初始杠杆2倍
长盛同庆中证800指数分级	被动	复制指数型	同庆800A	中低	约定收益为1年期银行定期存款利率+3.5%
长盛同庆中证800指数分级	被动	复制指数型	同庆800B	高	初始杠杆1.67倍
华安沪深300指数分级	被动	复制指数型	华安沪深300指数分级A	中低	约定收益为1年期银行定期存款利率+3.5%
华安沪深300指数分级	被动	复制指数型	华安沪深300指数分级B	高	初始杠杆2倍

注：数据截止时间为2012年6月。

资料来源：阿尔法研究中心。

附录3　FOF策略对冲基金

序号	产品名称	托管人	成立时间	最新净值	更新时间
1	"精·赢"2009年第4期后续投资	—	2012/1/16	1.0423	2012/2/28
2	华宝·"时节·好雨"2号－Ⅲ	华宝信托	2011/12/29	1	2011/12/29
3	华宝·时节·好雨4号	华宝信托	2011/11/17	1	2011/11/17
4	中海信托·鑫晖1号	中海信托	2011/10/12	1.0283	2012/2/20
5	华宝·"时节·好雨"2号	华宝信托	2011/8/26	1	2011/8/26
6	"精·赢"2011年第1期	—	2011/8/18	0.9457	2012/2/28
7	粤财信托·融智潮商组合宝1期	粤财信托	2011/7/27	0.9255	2012/3/2
8	江西信托·工行专享阳光私募组合	江信国际	2011/7/12	0.9864	2012/3/8
9	西藏信托·秋水证券	西藏信托	2011/6/7	1	2011/6/7
10	外贸信托·中银成长组合	外贸信托	2011/5/4	0.9721	2011/9/16
11	平安财富·双核动力5期3号	平安信托	2011/4/26	87.92	2012/3/2
12	陕国投·极元私募优选2期	陕国投	2011/4/25	89.3	2012/3/5
13	华宝·"时节·好雨"1号	华宝信托	2011/4/1	1	2011/4/1
14	平安财富·双核动力5期2号	平安信托	2011/3/28	85.07	2012/3/2
15	建信信托·建信私募精选2期	建信信托	2011/3/23	0.9178	2012/3/2
16	华润信托·金致五号	华润信托	2011/3/18	86.71	2012/2/29
17	平安财富·双核动力5期1号	平安信托	2011/3/10	83.61	2012/3/2
18	平安财富·双核动力2期2号	平安信托	2011/3/10	80.69	2012/3/2
19	华润信托·新方程私募精选4号	华润信托	2011/2/28	92.06	2012/3/1
20	华润信托·金致一号	华润信托	2011/1/24	86.33	2012/2/29
21	华润信托·金致二号	华润信托	2011/1/24	88.09	2012/2/29
22	华润信托·金致三号	华润信托	2011/1/24	86.49	2012/2/29
23	厦门信托·金蛋基金宝	厦门信托	2010/12/30	0.8295	2012/3/2
24	平安财富·双核动力4期1号	平安信托	2010/12/28	85.96	2012/3/2
25	陕国投·弘酬优选8期	陕国投	2010/12/13	76.02	2012/2/20
26	陕国投·极元私募优选1期	陕国投	2010/12/10	78.95	2012/2/20
27	华润信托·新方程私募精选3号	华润信托	2010/12/2	82.53	2012/3/1
28	陕国投·弘酬优选6期	陕国投	2010/11/15	80.39	2012/3/1
29	陕国投·弘酬优选7期	陕国投	2010/11/15	82.17	2012/3/9
30	平安财富·双核动力3期1号	平安信托	2010/11/11	78.38	2012/3/2
31	建信信托·建信私募精选1期	建信信托	2010/11/10	0.8884	2012/3/2
32	华润信托·金牛精选1期TOT	华润信托	2010/11/10	0.7442	2012/2/29
33	华润信托·新方程私募精选2号	华润信托	2010/11/4	79.92	2012/3/1
34	华润信托·融智组合宝1期	华润信托	2010/9/17	97.56	2012/3/9

序号	产品名称	托管人	成立时间	最新净值	更新时间
35	"精·赢"2010 年第 2 期	—	2010/8/31	0.9189	2012/2/28
36	陕国投·弘酬优选 5 期	陕国投	2010/8/27	82.19	2012/3/1
37	外贸信托·汇聚成长 1 期	外贸信托	2010/8/25	0.8035	2012/3/2
38	陕国投·弘酬优选 4 期	陕国投	2010/8/16	85.5	2012/3/1
39	"精·赢"2010 年第 1 期	—	2010/8/12	1.0939	2012/2/27
40	平安财富·黄金组合 2 期 1 号	平安信托	2010/7/28	93.04	2012/3/2
41	平安财富·双核动力 2 期 1 号	平安信托	2010/7/27	93.19	2012/3/2
42	华润信托·新方程私募精选 1 号	华润信托	2010/7/27	88.79	2012/3/1
43	外贸信托·汇富（3 号）	外贸信托	2010/7/21	1.0133	2012/3/2
44	平安财富·双核动力 1 期 7 号	平安信托	2010/6/28	95.49	2012/3/2
45	陕国投·弘酬优选 3 期	陕国投	2010/6/8	83.32	2012/3/1
46	华润信托·托付宝 TOF－2 号	华润信托	2010/5/31	99.58	2012/2/29
47	平安财富·双核动力 1 期 5 号	平安信托	2010/5/26	91.25	2012/3/2
48	平安财富·双核动力 1 期 4 号	平安信托	2010/5/26	90.56	2012/3/2
49	平安财富·双核动力 1 期 6 号	平安信托	2010/5/26	90.61	2012/3/2
50	陕国投·弘酬优选 2 期	陕国投	2010/4/29	93.15	2012/3/1
51	平安财富·双核动力 1 期 1 号	平安信托	2010/4/27	88.61	2012/3/2
52	平安财富·双核动力 1 期 2 号	平安信托	2010/4/27	88.86	2012/3/2
53	平安财富·双核动力 1 期 3 号	平安信托	2010/4/27	88.43	2012/3/2
54	华润信托·中银国际精英汇 1 期	华润信托	2010/4/22	87.25	2012/1/31
55	平安财富·黄金组合 1 期 4 号	平安信托	2010/4/12	94.5	2012/3/2
56	陕国投·弘酬优选 1 期	陕国投	2010/3/30	83.74	2012/2/29
57	上海国信·红宝石安心进取	上海国信	2010/3/4	0.8761	2012/3/2
58	平安财富·黄金组合 1 期 3 号	平安信托	2010/2/9	98.16	2012/3/2
59	平安财富·黄金组合 1 期 1 号	平安信托	2010/1/22	98.98	2012/3/2
60	"精·赢"2009 年第 5 期	—	2010/1/18	0.7323	2012/2/28
61	"精·赢"2009 年第 4 期	—	2009/12/30	0.879	2011/12/21
62	中铁信托·金鼎优选配置 1 号	中铁信托	2009/12/29	0.9404	2012/2/29
63	陕国投·"金种子"理财	陕国投	2009/11/12	0.8882	2012/3/9
64	华润信托·托付宝 TOF－1 号	华润信托	2009/11/6	96.74	2012/1/31
65	外贸信托·阳光私募基金宝	外贸信托	2009/9/15	0.9465	2012/3/5
66	中铁信托·稳健增值 1 号	中铁信托	2009/7/10	1	2009/7/10
67	平安财富·东海盛世一号	平安信托	2009/5/26	109.44	2012/3/2
68	"精·赢"2009 年第 1 期	—	2009/5/18	1.0451	2012/2/29
69	"精·赢"2009 年第 2 期	—	2009/5/18	0.8632	2012/3/1
70	北方信托·招商智远 FOF（一期）	北方国信	2008/8/12	—	—
71	平安财富·黄金组合一期二号	平安信托	2007/12/28	39.06	2012/3/2

资料来源：私募排排网，中金阿尔法。